ΟΣ ΤΑ ΚΛΕΙΝ'
ΑΙΝΙΓΜΑΤ
ΗΙΔΕΙ ΚΑΙ
ΚΡΑΤΙΣΤΟΣ ΗΝ
ΑΝΗΡ
EX LIBRIS
SIEGMUND FREUD

IV

Nachträge zur Traumdeutung
von
Sigm. Freud

a) Einige Beispiele von Traumsymbolen.

Unter den vielen Einwendungen gegen die psychoanalytische Praxis, die Befremdenden, und wenn man so sagen darf: Missignoranten scheint mir der Zweifel an der Giltigkeit der Symbolik im Traume und im Unbewussten, da niemand, der psychoanalytisch arbeitet, auf die Annahme einer solchen Symbolik verzichten kann, und da sich dem Traum die Auflösung durch Symbole seit den ältesten Zeiten geübt wird. Ich gebe nun gern zu bereit zuzugeben, dass der Beweis dieser Symbolik mit besonderer Strenge erfolgen soll um die hier herrschende Mannigfaltigkeit gering zu machen.

Im folgenden habe ich einige Beispiele aus meiner jüngsten Erfahrung zusammengestellt, in denen die Lösung durch ein bestimmtes Symbol besonders einleuchtend erscheint. Der Traum erhält dann einen Sinn, den er sonst niemals haben könnte, findet seine Einreihung in den Gedankenzusammenhang des Träumers und wird ~~[illegible]~~ dem Analytiker selbst als gedeutet anerkannt.

Zur Technik bemerke ich, dass gerade bei den symbolischen Elementen des Traumes die assoziierten Einfälle des Träumers zu versagen pflegen, so dass nicht Verhalten an sich nur Kritik einer symbolischen Deutung anregt. In der Darstellung der einigen ausgewählten Traumbeispiele habe ich mein eigenes Eingreifen und die selbständige Arbeit des Patienten (und Träumers) jedesmal scharf zu sondern gesucht.

1) Der Hut als Symbol des Mannes (des männlichen Genitales.)

(Theilstück aus dem Traum einer jungen, in Folge von Versuchungsangst agoraphobischen Frau)

„Ich gehe im Sommer auf der Strasse spazieren, trage einen Strohhut von eigentümlicher Form, dessen Mittelstück nach oben aufgebogen ist, dessen Seitentheile nach abwärts hängen [Beschreibung

BELLE VUE.

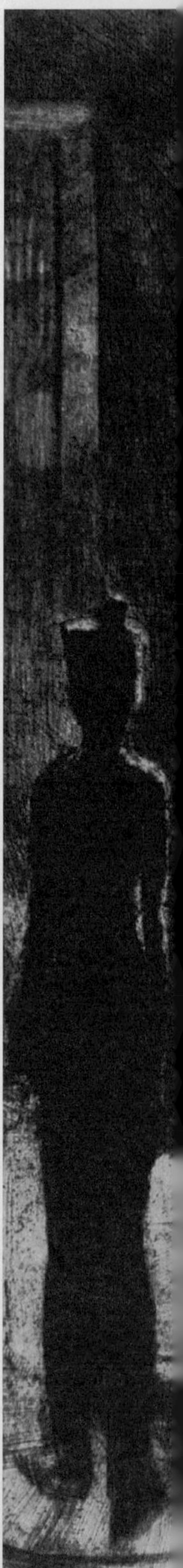

Ex-libris de Freud, representando Édipo e a Esfinge, feito por Bertold Löffler em 1901. A citação de Sófocles diz: "Aquele que resolveu o célebre enigma e foi um homem de imenso poder".
(REPRODUÇÃO/EUPPUBLISHING)

Sigmund Freud, em 1863, com cerca de sete anos, sentado sobre o tampo da escrivaninha, com um livro aberto no colo.
(REPRODUÇÃO/MUSEU SIGMUND FREUD VIENA)

Sigmund Freud com seu pai, Jakob, que faleceu aos 81 anos, em 1896, durante a escrita de *A interpretação do sonho*.
(HISTORIC COLLECTION/ALAMY)

A família Freud por volta de 1876. Em pé, da esquerda para a direita: Paula (Pauli), Anna, uma menina não identificada, Sigmund, Emanuel (meio-irmão), Rosa, Marie (Mitzi) e o primo Simon Nathanson (de uniforme). Sentados: Adolfine (Dolfi), Amalia (mãe) e Jakob (pai). Em primeiro plano: Alexander e um menino não identificado. Vários desses personagens aparecem no livro.
(WELLCOME COLLECTION)

Freud fez inúmeras alterações manuscritas, especialmente acrescentando novos materiais, ao texto original de *A intepretação do sonho*. A figura ao lado é um desses "Acréscimos a *A interpretação do sonho*", datado de 1911.
(LIBRARY OF CONGRESS, MANUSCRIPT DIVISION, SIGMUND FREUD PAPERS)

Palácio Bellevue, nos arredores de Viena, no final do século XIX. Abaixo, o mesmo local, em 1923. Bellevue funcionava como hotel de veraneio e sanatório. O edifício não existe mais. Atualmente, no local, há uma placa comemorativa onde se lê: "Aqui se revelou, em 24 de julho de 1895, ao Dr. Sigmund Freud, o segredo do sonho".
(CHRONICLE/ALAMY | REPRODUÇÃO/WIEN MUSEUM MAGAZIN)

Berchtesgaden, estância alpina na Baviera, local onde Freud redige partes importantes de *A interpretação do sonho*, durante o verão de 1899. (CHRONICLE/ALAMY)

Desenho de Max Pollack, 1913: primeiro retrato de Freud em seu escritório, cercado algumas de suas estatuetas preferidas.
(REPRODUÇÃO/MAX POLLACK)

Sigmund Freud em Londres, 1938. Freud costumava escrever em papéis de grandes formatos, como se vê na fotografia.
(PHOTO 12/ALAMY)

OBRAS INCOMPLETAS DE **SIGMUND FREUD**

A interpretação do **sonho**

TRADUÇÃO
Maria Rita Salzano Moraes

REVISÃO DE TRADUÇÃO
Pedro Heliodoro

EDIÇÃO
Gilson Iannini

autêntica

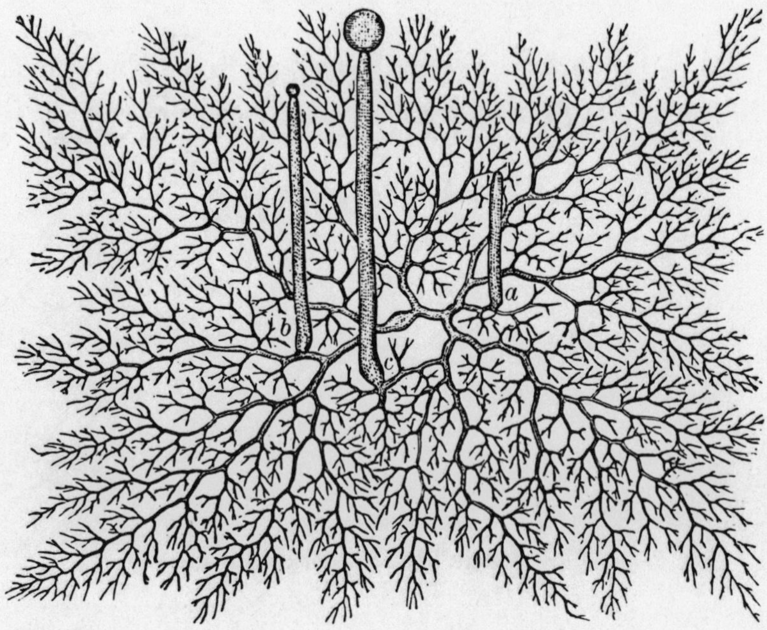

Gravura científica publicada em Daniel C. Eaton, *Elements of Botany* (1897). Representação diagramática do micélio de fungo. A rede de hifas que se ramifica subterraneamente remete à metáfora freudiana do "umbigo do sonho".
(PAUL FEARN/ALAMY)

Flectere si nequeo superos, Acheronta movebo
[Se não posso dobrar os poderes superiores,
revolverei o Aqueronte]
Virgílio. *Eneida*, VII, 312.

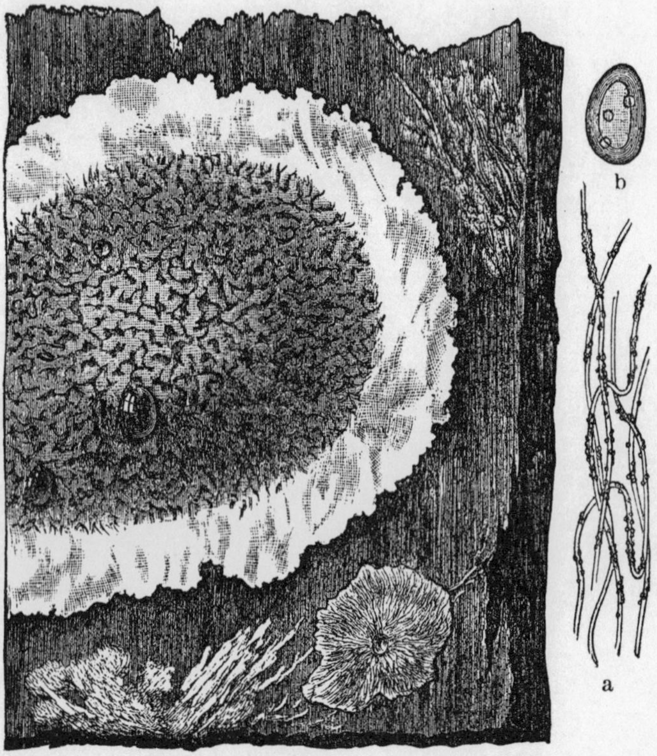

Gravura científica do final do século XIX (1897), mostrando o micélio de um fungo em expansão. Imagens como esta funcionam como paralelo visual da metáfora freudiana do "umbigo do sonho".
(ZU_09/ISTOCK)

A interpretação do sonho: prólogo à edição brasileira

Gilson Iannini
Pedro Heliodoro

Este livro dispensa apresentações. É como aquele convidado ilustre que irrompe no salão, e todos sabem de quem se trata. Mesmo assim, cumprimenta gentilmente, um a um, os presentes. Para muitos, trata-se simplesmente da carta de fundação da própria psicanálise. É nele que Sigmund Freud não apenas apresenta uma teoria inovadora sobre o sonho, mas, além disso, depreende da investigação detalhada e multifacetada desse fenômeno psíquico uma teoria geral do psiquismo humano, marcada, fundamentalmente, pela introdução do inconsciente e de suas leis de funcionamento. Um pouco como Lavoisier, que, ao tentar compreender a natureza do fogo, descobriu o papel do oxigênio na combustão e, com isso, lançou os alicerces da química moderna. Procurando o sonho, Freud encontra não apenas ele, mas também o psiquismo que o fabrica. É esse o passo inaugural que abre o século da psicanálise.

Mas nem sempre foi assim. Nos primeiros anos, *Die Traumdeutung* foi ignorado pela crítica especializada, silenciado pelos periódicos científicos e marginalizado pela comunidade acadêmica. Verdadeiro fracasso editorial, levou quase uma década para que se esgotassem os modestos 600 exemplares da primeira edição. Quando chegou à festa, ninguém lhe estendeu a mão: foi visto mais como um intruso do que como um convidado. Isso não impediu que a *Traumdeutung* funcionasse não apenas como obra teórica, mas também como manual formativo – um guia tácito da técnica emergente, cujos exemplos clínicos e sonhos pessoais serviram de modelo para os primeiros analistas e seguem orientando, mais de um século depois, tanto a formação psicanalítica quanto o interesse de leitores não especializados pela experiência do sonho e pelas vias de acesso ao inconsciente.

O sonho já era um interesse antigo de Freud. Sua correspondência com a então noiva, Martha Bernays, revela o hábito precoce de anotar os próprios sonhos e o fascínio pelo que eles poderiam lhe revelar sobre si mesmo. Mas é na correspondência com Wilhelm Fließ que podemos acompanhar os movimentos vertiginosos de elaboração das linhas mestras que culminariam nesta obra seminal. Esse período de intensa elaboração teórica coincide com um momento de profunda inflexão pessoal para Freud, catalisada pela morte de seu pai, em 1896. Afinal, a escrita e a publicação do livro que introduz a dinâmica do Édipo na sequência desse evento não podem ser pensadas como mera coincidência. Tornou-se, então, fundamental o recurso à análise sistemática de seus próprios sonhos – um trabalho amplamente documentado em sua correspondência.

Em carta de 12 de junho de 1900, ao evocar uma visita posterior a Bellevue – onde ocorrera o sonho inaugural, conhecido como "sonho da injeção de Irma" –, Freud confessa seu desejo de que um dia houvesse naquela casa uma placa de mármore com os seguintes dizeres:

> "Aqui se revelou, em 24 de julho de 1895,
> ao Dr. Sigmund Freud,
> o segredo do sonho."

É nesse espírito que Freud analisa seus próprios sonhos – um gesto que, mais do que ilustrativo, é metodologicamente decisivo. Ao se colocar como primeiro analisando, ele incorpora sua própria subjetividade ao campo de investigação e inaugura um modo novo de produzir saber: implicado, arriscado, não isento. Tal como aqueles cientistas pioneiros que inoculam em si mesmos uma toxina para, fazendo-se de cobaia de seus próprios experimentos, ousarem bancar a aposta numa eficácia de sua proposição de tratamento e antídoto, Freud paga com a perda da privacidade em nome de um "bem maior": a conquista de uma nova concepção sobre o psiquismo e seu possível tratamento. Freud expressava em suas cartas o desconforto com essa exposição, referindo-se a ela como "penosa, mas inevitável". A decisão de incluir os próprios sonhos foi tomada após constatar que os exemplos da literatura eram pouco confiáveis, e que os sonhos dos pacientes estavam atravessados por conteúdos neuróticos que inviabilizavam, em muitos casos, sua publicação integral. A exposição de seus sonhos mais íntimos não é, portanto, um efeito colateral, mas parte constitutiva do método que está sendo forjado. Ao oferecer sua subjetividade como campo de análise, Freud inaugura um novo paradigma clínico: a verdade do inconsciente exige risco e testemunho, dissolvendo a distância entre sujeito e objeto de saber.

Ao longo do livro, Freud menciona ou analisa cerca de 150 sonhos, provenientes de uma ampla variedade de fontes. Muitos são seus próprios, desdobrados em detalhe, mas há também sonhos de pacientes em análise, familiares, amigos, crianças, além de sonhos extraídos da literatura, de textos religiosos, da mitologia e de relatos anedóticos. Alguns aparecem como narrativas completas; outros, como fragmentos; e há ainda os que servem para ilustrar mecanismos específicos do trabalho do sonho. A *Traumdeutung* constitui, assim, ao mesmo tempo, um acervo onírico – pela variedade e pela riqueza dos sonhos compilados – e um arquivo do sonhar, no qual Freud forja, a partir da escuta e da escrita, uma nova forma de saber sobre o nosso psiquismo. O resultado – inesperado – é duplo: por um lado, uma expansão do conceito moderno de razão que passa a incluir o inconsciente, com seus modos de funcionamento próprios e passíveis de investigação científica; por outro, sua implosão, ao revelar as fissuras internas da modernidade e explorá-las a partir de dentro.

Alguns dos sonhos relatados aqui se tornaram clássicos na tradição psicanalítica e fazem parte de nosso repertório onírico: o da injeção de Irma, o da monografia botânica, o da criança morta – "Pai, não vês que estou queimando?" – e o célebre sonho do "*Autodidasker*", em que Freud se vê citado como autoridade em um tema que ignora. Também aqui são formuladas algumas das teses que viriam a compor não apenas os fundamentos da psicanálise, mas também uma espécie de concepção moderna do sonho: que a vida onírica processa restos diurnos ao lado de materiais inconscientes, inclusive desejos infantis; que todo sonho é uma realização – disfarçada – de desejo; que o conteúdo do sonho deve ser lido como um enigma pictográfico; que há mecanismos específicos – como a condensação e o deslocamento – responsáveis por sua elaboração formal.

Com efeito, os sete capítulos que compõem a obra diferem amplamente em natureza e escopo. Para Sigmund Freud, o ponto de partida sonhado para *A interpretação do sonho* deveria ser inequivocamente a análise do "sonho da injeção de Irma". Ali residia, para ele, não apenas a revelação do "segredo do sonho", mas também o *sonho-modelo* (*Traummuster*), o exemplo paradigmático capaz de demonstrar em ato seu método interpretativo radicalmente novo. No entanto, fiel à sua ambição de construir um tratado científico completo e contextualizado, ele próprio se impôs a tarefa – que descreveria em cartas a Fließ, já em 1898, como penosa e aborrecida – de redigir também o extenso capítulo inicial com a revisão crítica da literatura sobre o tema, um fardo assumido em nome do rigor.[1]

Vale a pena destacar a inflexão decisiva entre a economia dos primeiros capítulos e o salto de escala operado no último. Após seis capítulos dedicados aos múltiplos aspectos da atividade onírica – suas fontes, seus materiais e seus mecanismos –, Freud propõe, no capítulo final, um movimento audacioso: desloca o foco da lógica interna do sonho para a instância que o produz. Quem, ou o que, afinal, sonha um sonho assim? É aí que se inaugura a metapsicologia, com a primeira formulação sistemática – e notavelmente completa – do aparelho psíquico e de seus sistemas. Poderíamos ousar dizer que, embora Freud raramente utilize o termo "*Subjekt*", a teoria do aparelho aqui formulada aponta para o sujeito como "o pressuposto necessário da experiência freudiana" (cf. Assoun, 1996, p. 33). Do sonho ao sujeito: esse é o percurso que esta obra seminal nos convida a percorrer.

Contudo, para seguir esse percurso de forma crítica, é essencial reconhecer a própria história complexa e dinâmica da obra que temos em mãos. Convém notar que esse percurso não se revela numa obra estática ou monolítica. A *Traumdeutung* que hoje lemos é o resultado de um longo processo de escrita e reescrita. Ao longo de mais de três décadas, Freud reviu e ampliou seu texto fundamental em oito edições sucessivas publicadas durante sua vida. Longe de ser um monumento intocado, o livro transformou-se consideravelmente, testemunhando a evolução do pensamento de seu autor e da comunidade de trabalho em torno dele. Capítulos inteiros foram extensamente retrabalhados, com destaque para o sexto, dedicado ao "trabalho do sonho", que recebeu inúmeros exemplos e análises novas a cada revisão, e o sétimo, sobre a "psicologia dos processos oníricos", cujas adições posteriores foram cruciais para o desenvolvimento da metapsicologia. Também a questão do "simbolismo do sonho" sofreu intensa reelaboração ao longo das sucessivas edições. Entretanto, apesar de tantos incrementos e ampliações posteriores à sua primeira versão, cabe dizer que, em contraste à "doutrina das pulsões" (*Trieblehre*), sua outra grande empresa epistemológica da metapsicologia, por sua vez, em constante revisão e reformulação, a concepção do inconsciente aqui apresentada não sofre mudanças substanciais nas quatro décadas posteriores, até o final da vida produtiva de seu autor.

Essa própria dinâmica de crescimento e refinamentos contínuos confere ao texto uma complexidade particular, reconhecida pela pesquisa genética e filológica contemporânea. Como apontam comentadores como Ilse Grubrich-Simitis, Andreas Mayer e Lydia Marinelli, a *Traumdeutung* chega a incorporar, sobretudo nas primeiras edições, contribuições e relatos de interlocutores próximos a Freud, como Wilhelm Stekel ou Otto Rank, numa escrita em que por vezes ecoam vozes alheias. A quarta edição incorporou de tal maneira colaborações de Otto Rank que seu nome chegou a constar na folha de rosto da obra – tanto esse crédito quanto suas contribuições textuais foram posteriormente suprimidos por Freud. Além disso, a obra se reconfigura, também, em resposta às reações dos leitores, dos interlocutores clínicos e dos primeiros círculos institucionais da psicanálise, funcionando como espaço de troca entre o autor e uma comunidade em formação. Essa polifonia discreta, somada às camadas de adições e cortes nem sempre fáceis de rastrear com precisão, faz com que ainda hoje não exista uma edição crítica definitiva da obra, nem mesmo em alemão.

O livro que temos em mãos é, assim, também o arquivo vivo das transformações da psicanálise em seus anos de formação e consolidação. Isso resulta, por vezes, em um texto estilisticamente heterogêneo, em especial nos capítulos mais extensivamente revisados. Sabemos que supressões costumam deixar rastros ou hiatos.

Entre os conceitos que emergem desse laboratório onírico, talvez nenhum tenha alcançado repercussão tão duradoura – e polêmica – quanto o que mais tarde será denominado "complexo de Édipo". A expressão só aparece explicitamente a partir da quarta edição da obra, publicada em 1914, mas o recurso à lenda de Édipo já cumpria, desde a primeira edição, uma função que ultrapassa a simples analogia literária. Freud apresenta o impacto duradouro do mito – tal como consagrado na tragédia de Sófocles – como indício da realidade psíquica de desejos e impulsos inconscientes que operariam universalmente desde a infância. Não se trata apenas de uma metáfora ilustrativa, mas de um gesto teórico que mobiliza o mito como narrativa inaugural de um desejo inconsciente, cuja estrutura só será formalizada posteriormente sob o nome de "complexo de Édipo" (cf. Carone, 2024; ver também Mayer, 2021; Grubrich-Simitis, 1999).

Sonhar deixa de ser apenas uma experiência íntima e obscura – ou coletiva e simbolista – e passa a ter interesse clínico e científico. Há um antes e um depois: o século XX, quer queira, quer não, sonha *com* Freud. Contudo, o desafio desta edição é traduzir Freud para o século XXI.

***

Diante desse legado e do desafio de traduzir Freud para o século XXI, as escolhas editoriais e de tradução desta edição foram cuidadosamente ponderadas, a começar pelo próprio título. O leitor brasileiro ou lusófono provavelmente perceberá a diferença no título em relação a edições mais antigas e populares. Acostumado ao plural *A interpretação do**s** sonho**s***, poderá estranhar o uso do singular: *A interpretação do sonho*. Contudo, a palavra composta alemã emprega o termo "sonho" (*Traum*) no singular, e não em sua forma plural (*Träume*). Embora essa nuance não invalide a opção pelo plural – o substantivo alemão pode abranger implicitamente o sentido coletivo ou múltiplo, tal como o substantivo da língua portuguesa, em sua forma plural, pode acolher interpretação múltipla ou genérica –, o ganho teórico-conceitual que o singular oferece vai além de mera escolha linguística. Trata-se, para Freud, de fundar um dispositivo que propõe um método para interpretar o *fenômeno do sonho*, tanto em sua singularidade quanto em sua unicidade e sua generalidade.

Desde as primeiras incursões da filosofia ou da psicologia nas faculdades do psiquismo até as ciências contemporâneas da mente e do cérebro, o interesse pela vida psíquica jamais se dirigiu às "percepções", "atenções", "memórias" ou "linguagens", mas à percepção, à atenção, à memória, à linguagem e assim por diante – concebidas como funções estruturantes do psiquismo. Na psicanálise, não seria diferente. Não temos uma teoria dos desejos, dos sintomas ou das angústias, mas do desejo, do sintoma e da angústia. Freud não trata *os sonhos* como fenômenos desprovidos de unidade ou sentido, mas *o sonho* como uma formação do inconsciente dotada de lógica própria. É esse estatuto conceitual que justifica o uso do singular no título *A interpretação do sonho*: o que Freud propõe não é a classificação de conteúdos oníricos, mas a formulação de uma teoria do sonho como função psíquica dotada de sentido.

Não por acaso, algumas traduções modernas da *Traumdeutung* sugerem uma tendência a adotar o singular. Em 2003, sob a direção de Jean Laplanche, os tradutores das Obras Completas publicadas pela PUF também optaram pelo singular: *L'Interprétation du rêve*.[2] Mais tarde, em 2010, Jean-Pierre Lefebvre publica nova tradução pela Seuil, que reduplica a aposta e também opta pelo singular, justificando sua escolha para manter a conotação de "um método" ou "um ato" interpretativo, não "interpretações" dispersas.[3] Essas edições se sobrepõem às edições até então mais difundidas: *L'Interprétation des rêves* (A intepretação dos sonhos), que, por sua vez, já corrigia a primeira e mais polêmica tradução por *La Science des rêves* (A ciência dos sonhos). Em seu monumental *Dictionnaire des œuvres psychanalytiques* (2009), Paul-Laurent Assoun ratifica a opção pelo singular, com argumentação sólida: o singular mostra que "há uma instância do sonho, como formação psíquica sui generis, que permite consequentemente a interpretação do(s) sonho(s)" (Assoun, 2009, p. 681). No Brasil, Luiz Alfredo Garcia-Roza, em 1993, numa série de livros de introdução à metapsicologia, já optava pelo singular *A interpretação do sonho*. O uso do singular não remete à variedade empírica dos sonhos, mas à sua estrutura formal como formação do inconsciente.[4]

Essa preferência pelo singular, que busca respeitar a estrutura e o tom do original, também se manifesta em traduções modernas como a hebraica פירוש החלום (Pirush Ha-Ḥalom), em que o uso do singular (החלום) reforça a concepção do sonho como função psíquica. No árabe, embora exista também a forma singular تفسير الحلم (*Tafsīr al-Ḥulm*), predomina o plural تفسير الأحلام (*Tafsīr al-Aḥlām*), sobretudo em traduções do Egito e do norte da África. Nas línguas nórdicas, como o sueco (*Drömtydning*), e também no holandês (*De droomduiding*), a solução mais comum é um substantivo composto que incorpora a forma singular de "sonho", reforçando a ideia de um ato interpretativo coeso. O grego *Η ερμηνεία του ονείρου* (I ermineía tou oneírou) é outro exemplo europeu que opta pelo singular.

Por outro lado, foi a tradução para o inglês (*The Interpretation of Dreams*) aquela que pode ter difundido amplamente e influenciado a opção pelo plural em outras línguas.[5] Além dela vimos também o caso do espanhol (*La interpretación de los sueños*) e do italiano (*L'interpretazione dei sogni*), que tradicionalmente empregam o plural. Outras traduções importantes também preservam essa preferência, como a russa (*Толкование сновидений* [*Tolkovaniye snovideniy*]), a romena (*Interpretarea viselor*) e a turca (*Rüyaların Yorumu*). Nesses casos, a escolha pelo plural, embora legítima, tende a obscurecer parte da pretensão teórica de Freud: não apenas oferecer um método para a análise de sonhos, mas também elaborar uma teoria do sonho como função psíquica singular. No caso do português, esta edição é a primeira a destacar deliberadamente esse aspecto da singularidade.

Não menos controversa é a tradução da outra parte do título: "*Deutung*". A opção por "interpretação", consagrada no Brasil, assim como na maioria das línguas românicas e no inglês, enfatiza – mas não esgota – o sentido original. Outras tradições linguísticas e culturais, no entanto, revelam matizes distintos do termo. O hebraico פירוש (*Pirush*) e o árabe تفسير (*Tafsīr*) remetem a práticas de exegese textual, marcadas por atenção detalhada à decifração de sentido. Já as versões em chinês – 梦的解析 (*Mèng De Jiěxī*) –, japonês –夢判断 (*Yume Handan*) – e coreano – 꿈의 해석 (*Kkumui Haeseok*) – tendem a associar a interpretação à análise racional ou ao julgamento lógico. Línguas germânicas como o sueco (*Tydning*) e o holandês (*Duiding*) empregam cognatos diretos de "*Deutung*", que mantêm uma ambiguidade produtiva entre decifração, atribuição de sentido e esforço de tornar algo compreensível. Reconhecer essa diversidade terminológica não apenas evidencia a dificuldade intrínseca da tradução, mas também ilumina as diferentes formas de recepção do método freudiano nas culturas em que o texto circula. Além disso, a polissemia do verbo "interpretar" em português complica ainda mais o quadro: caso se traduzisse "interpretar" para o alemão, os equivalentes possíveis incluiriam "*auslegen*" (explicitar, destrinchar), "*wiedergeben*" (interpretar musicalmente), "*dolmetschen*" (traduzir oralmente), "*darstellen*" (desempenhar um papel), "*interpretieren*" (buscar o sentido) – ou *deuten*. A diversidade desses termos já indica a densidade conceitual do gesto interpretativo que Freud procurou nomear.

O verbo "*deuten*" traz em si a raiz "*deut-*", que é a mesma utilizada para os alemães caracterizarem a si mesmos como povo e, por extensão, sua língua: "*deutsch*". Causa certa confusão que em inglês os referidos como *dutch* (claro cognato) sejam outro povo germânico e seu idioma: os neerlandeses ou holandeses. Não por acaso, foi num livro em latim escrito em solo atualmente britânico que tivemos o primeiro registro do cognato, "*thiudiscus*", para se referir à fala vulgar, vernacular, do povo em oposição ao latim como língua culta e literária. "*Deutsch*", "*dutch*", "teuto" ou "tedesco" tratam daquilo que para os povos germânicos remete ao popular, ao comum, ao acessível em oposição ao estrangeiro, ao desconhecido, ao hermético. Daí termos no adjetivo "*deutlich*" o que denota o que é "claro", "compreensível". "*Bedeutung*" seria assim o "significado", podendo por extensão conotar "importância", ou, em alguns contextos discursivos, "referência" ou ainda "significação". Ainda no campo da significação ou do sentido, vemos que essa raiz se apresenta em "*eindeutig*" (unívoco), "*zweideutig*" (ambivalente, de duplo sentido), "*vieldeutig*" ou "*mehrdeutig*" (polissêmico). Importante dizer que, quando Martinho Lutero ousou traduzir a Bíblia para sua língua, não designou sua empreitada simplesmente como "*Übersetzung*" (tradução), mas como uma "*Ver**deutsch**ung*". Muitos católicos viram como uma heresia escandalosa a ousadia fáustica de transpor as sagradas escrituras para a fala vernacular, logo *vulgar. Divulgar* parecia ali se confundir com *vulgarizar*.

Pois Freud, na virada do século XIX para o século XX, também causou grande estranheza e controvérsia, não exatamente entre os clérigos, mas entre seus pares pesquisadores, ao trazer a palavra "*Deutung*" para o título de um tratado de pretensões científicas. Didier Anzieu (*apud* Roudinesco; Plon, 1998, p. 390), aliás, é quem nos aponta o claro incômodo (*Unbehagen*) que a palavra provocava, já que remetia muito mais claramente à "interpretação popular", parecendo mais um título a ser encontrado num almanaque de uma banca de revistas do que num texto científico. Seria, talvez, uma impressão que nos causaria o título "A *explicação* do sonho".

Mas, se falamos da ousadia faustiana de Lutero com sua *Verdeutschung*, lembremos que Freud traz como epígrafe para seu livro uma frase da *Eneida*, de Virgílio, que justamente parece apontar para uma ruptura com os "elevados" poderes da ciência de sua época, quando ele se propõe investigar o que não parecia ser digno dos "sacerdotes e vestais" da academia: o sonho, o desejo, a alma, o inconsciente, a pulsão. Temas tão negligenciados pelos iluministas e, mais tarde, pelos positivistas e, em contrapartida, tão valorizados desde o romantismo alemão, surgido cerca de um século antes, por volta de 1799, com o grupo de Jena. Aliás, poderíamos defender que Freud submeteu um "léxico" romântico a determinada "sintaxe" do racionalismo científico.

Não por acaso, a teoria não está só no conteúdo, mas também na forma que a linguagem assume para enunciá-la. Freud constrói sua teoria com palavras que não apenas dizem, mas também fazem: vestem, disfarçam, tecem, enredam – literalmente. Como demonstra Janine Altounian (2003), o psicanalista explora intensamente os recursos morfológicos e associativos da língua alemã, ativando ramificações que se distribuem tanto no plano do significante, por continuidade de radicais, como em "*-kleid-*", presente em "*be**kleid**en*" (revestir), "*ver**kleid**en*" (disfarçar), "*ent**kleid**en*" (despir); quanto no plano do significado, por meio de campos metafóricos que evocam funções análogas, como em "*verbergen*" (ocultar), "*weben*" (tecer), "*verweben*" (entrelaçar), "*verwickeln*" (embaraçar). Termos como "*ver**dräng**en*" e "*durch-**dring**en*" exemplificam essa densidade morfológica, em que o valor conceitual emerge de uma rede lexical – "*Drang*", "*Druck*", "*Bewegung*" – que reduz, na língua de origem, a distância entre o conceito e sua articulação verbal.

Essa coerência dinâmica, difícil de transpor, desafia qualquer tradução. A versão brasileira procurou, sempre que possível, sinalizar ao leitor essa topologia de relações – por vezes assinalada entre colchetes –, ciente de que tal tarefa, longe de ser satisfatória, confirma o estatuto liminar da tradução como operação à altura das "tarefas impossíveis" indicadas por Freud. A língua de Freud é pretensamente simples. A clareza do estilo, que por vezes nos dá a impressão de que o autor nos conduz pelas mãos, dissimula redes de referenciação múltiplas, nas quais a complexidade do inconsciente se condensa em estruturas linguísticas que continuam operando em segundo plano. A linguagem freudiana não remete a uma "profundidade abissal" nem a uma "noite escura", como às vezes sugere a literatura psicanalítica, mas se assemelha antes a uma floresta – esse espaço nem primitivo nem plenamente civilizado, onde a abundância de luz não garante orientação. As trilhas são sinuosas, bifurcam-se, entrelaçam-se. Traduzir Freud é escutar essa operação – em que o trabalho conceitual se encarna na escrita.

***

"*Flectere si nequeo superos, Acheronta movebo.*" Quer dizer, "Se não posso dobrar os poderes superiores, revolverei o Aqueronte". Freud sela aqui um pacto que o retira das "alturas" da ciência *mainstream* e o coloca em contato com a vida cotidiana e com aquilo a que a ciência não atribuía o devido valor. De fato, o sonho, diferentemente dos sintomas histéricos ou das alucinações psicóticas, é um fenômeno comum, que diz respeito a todo sujeito comum, e não à exceção da doença ou do distúrbio. O autor não se constrange, aliás, em se dizer mais próximo do entendimento popular do que da ciência de seu tempo.

A interpretação do sonho é, em certo sentido, o próprio sonho de Freud. Em alguma medida, cada um de nós, leitores, fazemos parte dele: somos desejo realizado. É neste livro que Freud estabelece a íntima relação entre inconsciente e desejo. Cabe aqui, porém, um esclarecimento linguístico sobre a noção de "desejo". Na língua alemã, "*Wunsch*" se aproxima do inglês "*wish*" e do francês "*souhait*", ao passo que "*Begierde*" remete ao inglês "*desire*" e ao francês "*désir*". Em português, ambas as acepções são geralmente absorvidas sob o termo genérico "desejo", o que pode obscurecer uma distinção conceitualmente relevante. Em alemão, "*Wunsch*" designa um desejo orientado a objetos específicos, representáveis e potencialmente satisfazíveis – como comer morangos, alcançar um cargo acadêmico ou simplesmente continuar dormindo (os exemplos são do próprio Freud). Em certos casos, esse desejo aparece disfarçado sob formas banais ou cifradas, como quando uma paciente sonha com um pagamento desproporcional, expressando o desejo inconsciente de seguir em análise, mas por um custo menor. Trata-se, portanto, de um desejo direto, que tende a encontrar solução ao realizar seu objeto. Já "*Begierde*" refere-se a uma disposição mais fundamental e perturbadora. Seu objeto é instável. Freud recorre a esse termo, por exemplo, ao explicar que celebramos a infância como feliz "porque ela ainda não conhece o desejo [*Begierde*] sexual" (neste volume, p. 166). Em outros trechos, "*Begierde*" comparece sob a forma de impulsos mais veementes: como no episódio em Spalato, em que a urgência de viver o instante – *carpe diem* – condensa o aparecimento de um desejo que não se intimida diante da injustiça, mas que, por isso mesmo, precisa ser disfarçado para escapar à censura moral. Ou ainda no sonho em que Freud evoca uma ária de *As bodas de Fígaro*, em que o prazer da música se entrelaça com pensamentos impertinentes e proibidos, revelando um desejo ousado, quase insolente, cuja irrupção exige uma encenação sutil.

Como Freud utiliza ambos os termos ao longo da obra, optamos por indicar, entre colchetes, o termo alemão correspondente sempre que essa distinção se mostrar relevante. Cabe ao leitor decidir se esta ou aquela distinção tem valor conceitual. Freud costuma desautorizar leituras rígidas. Em uma mesma frase, afirma a equivalência entre os dois registros: "aprendemos que os desejos [*Wünsche*] sexuais da criança despertam muito precocemente – tanto quanto, em estado germinal, eles mereçam esse nome – e que a primeira inclinação da menina diz respeito ao pai, e os primeiros desejos [*Begierden*] infantis do menino, à mãe" (neste volume, p. 279).

Mas o sonho seria, afinal, "a realização de um desejo" ou "uma realização de desejo"? A tese central do livro aparece pela primeira vez com estatuto de hipótese, logo após a análise do sonho da injeção de Irma, ao final do segundo capítulo. Ao longo da obra, essa hipótese será submetida a uma série de testes – sobretudo pela comparação com sonhos que parecem contradizê-la – e confrontada com diversos contra-argumentos. Essa prova de resistência começa já no capítulo seguinte, que, não por acaso, intitula-se "O sonho é uma realização de desejo" ("Der Traum ist eine Wunscherfüllung"). Tanto do ponto de vista linguístico quanto do conceitual, uma análise minuciosa da palavra composta "*Wunscherfüllung*" corrobora, sem muita margem de erro, a tradução aqui adotada: "uma realização de desejo".

O uso do artigo indefinido (*eine*) e a estrutura do termo composto indicam que Freud não está formulando uma tese metafísica sobre *o desejo*, mas descrevendo um processo recorrente, que se inscreve na lógica do funcionamento psíquico. "*Wunsch*", como vimos, remete a desejos que podem ser satisfeitos com objetos – ainda que às vezes o objeto esteja disfarçado, deslocado ou cifrado. O que Freud propõe é que todo sonho contém a realização de algum desejo: isso é invariante.

O que poderia parecer um impasse terminológico rapidamente se dissolve diante da própria economia do texto freudiano. Quando, no capítulo IV, ele oferece sua fórmula definitiva, escreve: "O sonho é a realização (disfarçada) de um desejo (reprimido, recalcado)". E o mesmo ocorre em outras passagens, nas quais a expressão "um desejo" se impõe de forma natural, sem sugerir qualquer distinção ontológica entre um desejo específico e um desejo genérico. Na maior parte dos casos, "realização de desejo" e "realização de um desejo" parecem ser equivalentes e intercambiáveis. Nossa expectativa de fazer Freud dizer mais do que de fato diz, ou de obrigá-lo a escolher entre uma e outra formulação, acaba frustrada. De toda forma, quando relevante, destacamos o original alemão entre colchetes, para que o leitor se inclua no processo interpretativo da obra.

Esse debate remete ainda ao campo semântico do termo "*Erfüllung*" – geralmente traduzido como "realização" ou "cumprimento". Em português, "realização" tende a evocar conotações positivas, ligadas à conquista de metas, à satisfação pessoal ou à conquista de um ideal. Já em alemão, o verbo "*erfüllen*" e seu substantivo "*Erfüllung*" significam, ao mesmo tempo, "cumprir" uma exigência externa – uma obrigação, uma promessa, uma norma – sem necessariamente envolver satisfação subjetiva. Essa ambivalência é decisiva: o que em português sugere liberdade pode, em alemão, remeter à execução de algo imposto a partir de outra instância. Freud explora precisamente essa tensão e essa ambiguidade fundamental. É isso que torna o conceito fecundo. O que aparece como liberdade para uma instância psíquica pode significar imposição para outra. Sonhar, nesse sentido, é realizar um desejo – mas nem sempre um desejo que o sujeito reconheceria como seu.

Não por acaso, as traduções francesas oscilaram entre "*satisfaction de désir*" (J.-P. Lefebvre, Seuil) e "*accomplissement de souhait*" (Altounian *et al.*, PUF). A primeira destaca o aspecto afetivo e sexual; a segunda, a concretização (ou cumprimento) de uma vontade. Mantivemos a fórmula consagrada em português – "realização de desejo" –, pois ela conserva a ambiguidade necessária, sem forçar uma definição prévia do que se realiza nem do que se deseja. Além disso, a noção difundida de "realização", apontando para o fato fundamental de que, a partir de um psiquismo cindido, o que é liberdade para uma instância confunde-se com o que é determinista e impositivo para outra.

A interpretação do sonho é uma realização de desejo – que não é apenas o de Freud, mas também o nosso.

***

Esta tradução foi baseada na edição da Editora Fischer (Fischer Verlag), publicada em Frankfurt am Main, Alemanha, em novembro de 1999, ou seja, exatamente 100 anos após a primeira publicação pela Editora Franz Deuticke, pré-datada de 1900. O texto compõe as *Gesammelte Werke: chronologisch geordnet* (Obras reunidas: organizadas cronologicamente) num volume designado *Zweiter und dritter Band: Die Traumdeutung/Über den Traum*. As "obras reunidas" foram originalmente publicadas em língua alemã em 1942 pela Imago Publishing Co., em Londres, Inglaterra. A edição de estudos alemã (*Studienausgabe*), também publicada pela Fischer, serviu ainda como referência fundamental para a revisão e o estabelecimento final do texto. A tradução foi cotejada com as principais línguas ocidentais nas quais a psicanálise se desenvolveu e foi difundida. Como de costume nesta coleção, as notas do próprio Freud estão localizadas no rodapé. As notas da tradutora, do revisor e do editor foram inseridas como notas de fim. Procurou-se verter para o português a complexidade estilística e a precisão conceitual de Freud, buscando um equilíbrio, nem sempre alcançado, entre a fidelidade ao original e a fluência no português contemporâneo. Em "Apêndice", o leitor encontrará a publicação integral da célebre "Carta 112 [52]", datada de 6 de dezembro de 1896, dirigida a Wilhelm Fließ. Nela, Freud apresenta pela primeira vez um modelo rudimentar do aparelho psíquico, que será desenvolvido e sistematizado no Capítulo VII da presente obra. A importância desta carta reside não apenas na teoria que ela antecipa, mas também naquilo que abandona.

AGRADECIMENTOS

Levar a cabo um projeto dessa magnitude, buscando o equilíbrio delicado entre fidelidade conceitual e fluência no português contemporâneo, seria impossível sem a conjunção de esforços e a dedicação de muitos. Expressamos aqui nossa profunda gratidão, primeiramente, à infatigável tradutora Maria Rita Salzano Moraes, por seu compromisso com a letra de Freud. Agradecemos igualmente a João Pedro Santana Motta, pela revisão atenta e cuidadosa do complexo capítulo VI, e a Rejane Dias, por sua aposta e seu apoio inabaláveis. Agradecemos a Ricardo Augusto de Souza por sua consultoria linguística, assim como a Jésus Santiago, a primeira pessoa a ventilar a opção pelo singular no título deste livro. Por fim, um reconhecimento especial e entusiasta a Sidarta Ribeiro e Hanna Limulja, que generosamente aceitaram o desafio de compor um posfácio a várias mãos – ou múltiplas vozes –, instaurando um diálogo instigante e original que faz ressoar a psicanálise com pesquisas de ponta na antropologia e nas neurociências, enriquecendo sobremaneira a leitura desta edição.

REFERÊNCIAS

Altounian, Janine. *L'Écriture de Freud: traversée traumatique et traduction*. Paris: Presses Universitaires de France, 2003.

Assoun, P.-L. *Dictionnaire des œuvres psychanalytiques*. Paris: Presses Universitaires de France, 2009.

Assoun, P.-L. *Metapsicologia freudiana: uma introdução*. Rio de Janeiro: Jorge Zahar, 1996.

Carone, André. As edições e reedições de *A interpretação dos sonhos* entre 1900 e 1930. *Revista Lacuna*, n. 16, 12 ago. 2024. Disponível em: https://revistalacuna.com/2024/08/12/n-16-05/. Acesso em: 11 fev. 2025.

Freud, Sigmund. *Cartas a Wilhelm Fließ (1887-1904): a edição completa*. Edição de Jeffrey Moussaieff Masson. Tradução de Vera Ribeiro. Rio de Janeiro: Imago, 1986.

Freud, Sigmund. *Die Traumdeutung*. *In*: *Gesammelte Werke: chronologisch geordnet*. Frankfurt am Main: Fischer Taschenbuch Verlag, 1999. Bd. II-III. (Originalmente publicado em 1899, com data editorial de 1900.)

Freud, Sigmund. *Die Traumdeutung*. Leipzig; Wien: Franz Deuticke, 1899. (Datado como 1900.)

Freud, Sigmund. *L'Interprétation du rêve (1899-1900)*. *In*: *Œuvres complètes: Psychanalyse*. Direction scientifique par Jean Laplanche. Traduction et édition par Janine Altounian, Pierre Cotet, René Lainé, Alain Rauzy et François Robert. Paris: Presses Universitaires de France, 2003. v. IV.

Freud, Sigmund. *L'Interprétation du rêve*. Traduction Janine Altounian, Pierre Cotet, René Lainé, Alain Rauzy, François Robert. Paris: Presses Universitaires de France, 2012.

Freud, Sigmund. *L'Interprétation du rêve*. Traduction par Jean-Pierre Lefebvre. Paris: Éditions du Seuil, 2010. (Points Essais).

Garcia-Roza, Luiz Alfredo. *Introdução à metapsicologia freudiana: A interpretação do sonho*. 2. ed. Rio de Janeiro: Jorge Zahar, 2008.

Grubrich-Simitis, Ilse. *De volta aos textos de Freud: fazer falar documentos silenciosos*. Tradução de Claudia Berliner. Rio de Janeiro: Imago, 1999.

Marinelli, Lydia; Mayer, Andreas. *Soñar por Freud: la historia de la Interpretación de los sueños*. Traducción de Ana Poljak. Buenos Aires: Katz Editores, 2009.

Mayer, Andreas. *The Science of the Soul: The Early Writings of Sigmund Freud*. Translated by Jane Marie Todd. Princeton: Princeton University Press, 2021.

Roudinesco, Élisabeth; Plon, Michel. *Dicionário de psicanálise*. Tradução de Vera Ribeiro. Rio de Janeiro: Zahar, 1998.

NOTAS

[1] Cf. cartas de Freud a Wilhelm Fließ: 10 de março de 1898 (sobre as dificuldades com a "parte histórica"); 6 de agosto de 1899 (Carta 114), em que descreve o capítulo como um "caminho penoso"; e 11 de setembro de 1899 (Carta 119), ao revisar as provas, quando o chama de "aborrecido", embora "indispensável" – um "fardo" que o "sobrecarrega". Cf. Freud, Sigmund. *Cartas a Wilhelm Fließ (1887-1904): a edição completa.* Edição de Jeffrey Moussaieff Masson. Tradução de Vera Ribeiro. Rio de Janeiro: Imago, 1986. Edição brasileira cotejada com o original alemão. Devemos essa pesquisa à tradutora, Maria Rita Salzano Moraes.

[2] Freud, Sigmund. *L'Interprétation du rêve (1899-1900). In*: *Œuvres complètes: Psychanalyse.* Direction scientifique par Jean Laplanche. Traduction et édition par Janine Altounian, Pierre Cotet, René Lainé, Alain Rauzy et François Robert. Paris: Presses Universitaires de France, 2003. v. IV. François Robert publicaria ainda, em 2010, em volume avulso, com a mesma tradução, mas prefácio de sua autoria: FREUD, Sigmund. *L'Interprétation du rêve.* Paris: Presses Universitaires de France, 2012.

[3] Freud, Sigmund. *L'Interprétation du rêve.* Traduction par Jean-Pierre Lefebvre. Paris: Éditions du Seuil, 2010. (Points Essais).

[4] Garcia-Roza, Luiz Alfredo. *Introdução à metapsicologia freudiana: A interpretação do sonho.* 2. ed. Rio de Janeiro: Jorge Zahar, 2008.

[5] Vale notar que, em língua portuguesa, a forma "sonho" permite uma leitura tanto singular quanto genérica, o que contrasta com a estrutura gramatical do inglês. Nessa língua, um substantivo contável como "*dream*" só pode ser lido genericamente quando usado no plural e sem o artigo definido "*the*". Assim, o título da tradução inglesa da obra, *The Interpretation of Dreams,* não deixa de oferecer ao leitor anglófono o efeito teórico-conceitual que buscamos ao optar, em português, pelo título no singular: *A interpretação do sonho.*

A interpretação
do **sonho**

MODO DE USAR

Nesta edição, foram adotadas as seguintes convenções:

- As notas do próprio autor aparecem no rodapé e identificadas por algarismos romanos minúsculos (i, ii, iii etc.).
- As notas da edição estão reunidas ao final de cada capítulo e são indicadas por algarismos arábicos (1, 2, 3 etc.). As siglas designam sua autoria: N.T. (nota da tradutora), N.R. (nota do revisor de tradução) e N.E. (nota do editor).
- Para assinalar os acréscimos introduzidos por Freud nas diferentes edições de *A interpretação do sonho*, esta edição emprega as seguintes marcas gráficas:

  | ... [Ano] – A barra vertical indica o início de um trecho acrescentado por Freud na edição do ano indicado entre colchetes no final do parágrafo ou trecho.

  [Ano] – Colchetes ao final de um parágrafo indicam que o parágrafo inteiro foi inserido naquela edição.

  [Ano] após títulos ou subtítulos – Indica que toda ou quase toda a seção ou subseção foi introduzida na edição correspondente.

  Essas marcas permitem ao leitor acompanhar, em detalhe, a construção progressiva da obra. Informações adicionais sobre as modificações editoriais encontram-se na Nota do Editor Brasileiro, ao final deste volume.

  Obs.: Os itens E (A figuração por símbolos no sonho – Outros sonhos típicos) e F (Exemplos – Cálculos e falas no sonho), ambos no capítulo VI, exigiram alguns pequenos ajustes nessas convenções, sempre indicados em nota.

OBSERVAÇÃO PRELIMINAR (1900)

Ao tentar caracterizar aqui a interpretação do sonho, não creio ter ultrapassado o âmbito de interesses neuropatológicos. Pois o sonho se revela, quando da investigação psicológica, o primeiro elemento na série de formações psíquicas anormais, cujos outros elementos tais como a fobia histérica, a representação obsessiva e a delirante devem necessariamente ocupar o médico por razões práticas. O sonho não pode reivindicar – como se verá – uma importância prática semelhante; mas seu valor teórico enquanto paradigma é um tanto maior, e quem não souber explicar a origem das imagens do sonho se esforçará em vão para também compreender as fobias, as ideias obsessivas e as delirantes e eventualmente exercer sobre elas uma influência terapêutica.

Mas o mesmo contexto ao qual nosso tema deve sua importância deve também ser responsabilizado pelas falhas do presente trabalho. Rupturas que serão tão abundantemente encontradas nesta exposição correspondem a outros tantos pontos de contato nos quais o problema da formação do sonho intervém em problemas mais abrangentes da psicopatologia que não puderam ser tratados aqui, e às quais, se o tempo e a energia forem suficientes e se um material suplementar vier a se oferecer, devem ser reservadas a elaborações posteriores.

As peculiaridades do material com o qual eu elucido a interpretação do sonho também me dificultaram esta publicação. Surgirá do próprio trabalho a razão pela qual todos os sonhos relatados na literatura ou que puderam ser coletados por desconhecidos tiveram de se tornar inutilizáveis para os meus fins; a mim coube apenas a escolha entre os meus próprios sonhos e os dos meus pacientes em tratamento psicanalítico. A utilização desse último material me foi impedida pela circunstância de que, nesse caso, os processos do sonho estavam submetidos a uma complicação indesejável devido à intervenção de características neuróticas. Mas se revelou que à comunicação de meus próprios sonhos estava indissoluvelmente ligado o fato de eu franquear mais das intimidades de minha vida psíquica a olhares alheios do que eu gostaria e do que normalmente cabe a um autor que não é literato, mas investigador da natureza. Isso foi penoso, mas inevitável; portanto, tive de aceitá-lo para não ter de renunciar inteiramente a apresentar as provas dos meus resultados psicológicos. Naturalmente não pude resistir à tentação de aparar as arestas de algumas indiscrições por meio de omissões e substituições; sempre que isso aconteceu, foi em detrimento do valor dos exemplos utilizados por mim. Só posso expressar a expectativa de que os leitores deste trabalho se coloquem na minha difícil situação para que se mostrem indulgentes a meu respeito e, além disso, de que todas as pessoas que se encontrem envolvidas de alguma maneira nos sonhos comunicados não queiram impedir a liberdade de pensamento ao menos na vida onírica.

PREFÁCIO À SEGUNDA EDIÇÃO (1909)

Se uma segunda edição deste livro difícil de ler tornou-se necessária antes mesmo de completado o primeiro decênio, isso não se deve ao interesse dos círculos de especialistas aos quais me dirigi anteriormente. Meus colegas da psiquiatria não parecem ter-se esforçado para ir além do desconcerto inicial que a minha nova concepção do sonho conseguiu despertar, e os filósofos de profissão, habituados a tratar em algumas frases – na maioria, as mesmas – os problemas da vida onírica como apêndice dos estados de consciência, evidentemente não perceberam que justamente nessa extremidade poderia ser extraída toda uma série de coisas que deve conduzir a uma reconfiguração radical de nossas doutrinas psicológicas. A conduta da crítica de livros científicos pôde apenas justificar a expectativa de que o destino deste meu trabalho devesse ser um silêncio de morte; e mesmo o pequeno grupo de adeptos corajosos que seguem a minha orientação no manejo médico da psicanálise e interpretam sonhos de acordo com o meu exemplo, para explorar essas interpretações no tratamento de neuróticos, não teria esgotado a primeira edição do livro. Sinto-me, então, em dívida para com esse círculo mais amplo de pessoas instruídas e ávidas de saber, cuja participação me proporcionou o convite a retomar novamente, depois de nove anos, este trabalho difícil e, por muitas razões, fundamental.

Alegro-me por poder dizer que encontrei poucas coisas a modificar. Intercalei, aqui e ali, material novo, acrescentei alguns conhecimentos a partir da minha experiência mais vasta, tentei fazer reelaborações em pontos pouco numerosos; mas tudo o que é essencial sobre o sonho e sua interpretação, bem como sobre as teses psicológicas que daí podem ser derivadas, permaneceu inalterado; ao menos subjetivamente isso resistiu à prova do tempo. Quem conhece meus outros trabalhos (sobre a etiologia e o mecanismo das psiconeuroses) sabe que jamais dei algo inconcluso por concluído e que sempre me esforcei em modificar minhas afirmações de acordo com o avanço dos meus pontos de vista; no campo da vida onírica me permiti ater-me às minhas primeiras comunicações. Nos longos anos de meu trabalho sobre os problemas das neuroses, cheguei a vacilar repetidas vezes e me desnorteei em algumas; nesses casos, era sempre na "Interpretação do sonho"[1] que eu reencontrava a minha segurança. Meus numerosos adversários científicos mostraM, portanto, um instinto infalível quando justamente não querem me seguir no campo da investigação do sonho.

Até mesmo o material deste livro – meus próprios sonhos, em grande parte desvalorizados ou superados pelos acontecimentos e nos quais elucidei as regras da interpretação do sonho – revelou, na revisão, um poder de persistência que se opunha a modificações radicais. É que, para mim, este livro tem ainda outra importância subjetiva, que eu só pude entender depois de seu término. Ele revelou ser uma parte de minha autoanálise, minha reação à morte de meu pai, portanto, ao acontecimento mais importante, à perda mais decisiva na vida de um homem. Depois de tê-lo reconhecido, senti-me incapaz de apagar os vestígios dessa influência. Mas para o leitor pode ser indiferente com qual material ele aprende a apreciar e a interpretar os sonhos.

Onde não pude inserir no antigo contexto uma observação indispensável indiquei por meio de colchetes que ela provém da segunda edição.

Berchtesgaden, verão de 1908.

PREFÁCIO À TERCEIRA EDIÇÃO (1911)

Enquanto, entre a primeira e a segunda edição deste livro, decorreu um período de nove anos, a necessidade de uma terceira se fez notar pouco mais de um ano depois. Posso alegrar-me por essa mudança; mas, se antes eu não quis considerar a negligência dos leitores como prova de seu demérito da obra, tampouco posso agora explorar o interesse que veio à tona como prova de sua excelência.

O avanço do conhecimento científico também não deixou intocada a *Interpretação do sonho*. Quando a redigi, em 1899, a "Teoria sexual" ainda não existia, a análise das formas mais complicadas de psiconeuroses estava ainda em seus primórdios. A interpretação dos sonhos devia ser um recurso para possibilitar a análise psicológica das neuroses; a partir de então, a compreensão mais profunda das neuroses retroagiu sobre a concepção do sonho. A doutrina da interpretação do sonho, por sua vez, continuou a se desenvolver em uma direção sobre a qual, na primeira edição deste livro, não recaiu ênfase suficiente. Pela própria experiência, bem como através dos trabalhos de Wilhelm Stekel e outros, aprendi, a partir de então, a apreciar mais acertadamente o alcance e a importância do simbolismo no sonho (ou, antes, no pensamento inconsciente). Foi assim que no curso desses anos acumulou-se muita coisa que exigia consideração. Tentei levar em conta essas inovações por meio de numerosas inserções no texto e de adição de notas de rodapé. Apesar disso, se eventualmente esses acréscimos ameaçam romper o quadro da caracterização ou se, de fato, não se logrou em todas as passagens elevar o texto antigo ao nível de nossos pontos de vista atuais, peço indulgência para com essas falhas do livro, pois elas são apenas consequências e indicações do desenvolvimento agora mais acelerado do nosso saber. Ouso também predizer em que outras direções as edições posteriores da *Interpretação do sonho* – caso alguma ainda se faça necessária – diferirão das anteriores. Deveriam, por um lado, procurar uma conexão mais estreita com o rico material da criação literária, do mito, do uso da língua e do folclore, e, por outro, tratar, ainda mais a fundo do que aqui foi possível, das relações do sonho com a neurose e com a perturbação mental [*Geistesstörung*].

O Sr. Otto Rank prestou-me valiosos serviços na seleção dos acréscimos e providenciou sozinho a revisão das provas de impressão. Sou grato a ele e aos muitos outros por suas contribuições e retificações.

Viena, primavera de 1911.

PREFÁCIO À QUARTA EDIÇÃO (1914)

No ano passado (1913), o Dr. A. A. Brill, de Nova York, realizou uma tradução inglesa deste livro (*The Interpretation of Dreams*. G. Allen & Co., Londres).

Desta vez, o Dr. Otto Rank não apenas providenciou as correções, mas também enriqueceu o texto com duas contribuições autônomas (anexas ao cap. VI).

PREFÁCIO À QUINTA EDIÇÃO (1919)

O interesse pela *Interpretação do sonho* não foi suspenso mesmo durante a Guerra Mundial e, mesmo antes de ela terminar, tornou-se necessária uma nova edição. Mas nessa não pode ser considerada a nova literatura a partir de 1914; tendo em vista estar em língua estrangeira, ela não chegou absolutamente ao meu conhecimento ou ao do Dr. Rank.

Uma tradução húngara da *Interpretação do sonho*, providenciada pelo Dr. Hollós e pelo Dr. Ferenczi, está próxima de ser publicada. Em minhas *Conferências introdutórias à psicanálise*, publicadas em 1916-1917 (por H. Heller, Viena), a parte central, que compreende 11 conferências, é consagrada a uma exposição do sonho que visa a ser mais elementar e se propõe a estabelecer uma conexão mais íntima com a doutrina das neuroses. Em seu conjunto, ela tem o caráter de um extrato da *Interpretação do sonho*, embora, em certas passagens, ela ofereça mais detalhes.

Não consegui me decidir a uma reelaboração fundamental deste livro, que o elevaria ao nível de nossos atuais pontos de vista psicanalíticos, mas, em compensação, destruiria sua singularidade histórica. Penso, no entanto, que, em quase 20 anos de existência, ele tenha cumprido sua tarefa.

Budapeste-Steinbruch, julho de 1918.

PREFÁCIO À SEXTA EDIÇÃO (1921)

As dificuldades nas quais se encontra atualmente a indústria do livro tiveram como consequência o fato de que esta nova edição tenha aparecido muito mais tarde do que teria correspondido à necessidade e de que – pela primeira vez – ela se apresente como reimpressão inalterada daquela que a precede. Apenas a bibliografia no final do livro foi completada e continuada pelo Dr. Otto Rank.

Minha suposição de que este livro teria concluído sua tarefa em quase 20 anos de existência não encontrou, portanto, confirmação. Em vez disso, eu poderia dizer que ele tem uma nova tarefa a realizar. Se antes se tratava de oferecer alguns esclarecimentos sobre a essência do sonho, agora se tornou igualmente importante enfrentar os persistentes mal-entendidos aos quais esses esclarecimentos estão expostos.

Viena, abril de 1921.

PREFÁCIO À OITAVA EDIÇÃO (1930)

No período entre a última edição deste livro, a sétima (1922), e a nova revisão, situa-se a publicação de meus *Gesammelten Schriften* [*Escritos reunidos*], promovida pela Internationalen Psychoanalytischen Verlag [Editora Psicanalítica Internacional], de Viena. Neles, o texto reimpresso da primeira edição compõe o segundo volume, e todos os acréscimos posteriores estão reunidos no terceiro volume. As traduções publicadas no mesmo período ajustam-se à forma independente de publicação do livro, como no caso da francesa, de Ignace Meyerson, de 1926, sob o título *La Science des rêves* (na Bibliothèque de Philosophie Contemporaine), a sueca, de John Landquist, de 1927 (*Drömtydning*), e a espanhola, de Luis López-Ballesteros e de Torres, que compõe os volumes VI e VII das Obras Completas. A tradução húngara, que já em 1918 eu considerava iminente, ainda hoje não está disponível.

Também na presente revisão da *Interpretação do sonho* tratei a obra essencialmente como documento histórico e apenas realizei as alterações que foram sugeridas em função da elucidação e do aprofundamento de minhas próprias opiniões. De acordo com essa posição, renunciei, de uma vez por todas, a acolher neste livro a literatura sobre os problemas do sonho posterior à primeira publicação da *Interpretação do sonho* e eliminei as seções correspondentes de edições anteriores. Da mesma forma, foram suprimidos os dois artigos "Sonho e criação literária" [Traum und Dichtung] e "Sonho e mito" [Traum und Mythus], com que Otto Rank contribuiu para as edições anteriores.

Viena, dezembro de 1929.

NOTA

[1] Quando Freud se refere aos seus próprios livros, ele o faz quase sempre de forma abreviada e mesmo mais carinhosa. Por exemplo, para se referir à *Psicopatologia da vida cotidiana*, ele costuma dizer minha "Vida cotidiana"; para se referir aos *Três ensaios sobre à teoria sexual*, ele dizia minha "Teoria sexual"; para *A interpretação do sonho*, ele dizia "Interpretação do sonho" (sem o artigo definido). (N.E.)

I A literatura científica sobre os problemas do sonho

Nas páginas que se seguem, apresentarei a prova de que existe uma técnica psicológica que permite interpretar sonhos e de que, na utilização desse procedimento, todo sonho se mostra como uma formação psíquica plena de sentido que deve ser inserida em um lugar identificável no movimento anímico do estado de vigília. Tentarei, além disso, esclarecer os processos dos quais provêm o caráter insólito e irreconhecível do sonho e deles extrair uma inferência sobre a natureza das forças psíquicas de cuja ação conjunta ou antagônica o sonho procede. Chegando aí, minha apresentação se interromperá, pois terá alcançado o ponto em que o problema do sonhar desemboca em problemas mais amplos, cuja solução deve ser analisada a partir de outro material.

Começo por apresentar um panorama das realizações de autores precedentes, bem como do estado atual dos problemas do sonho na ciência, porque, no curso deste trabalho, nem sempre terei ocasião de retornar a ele. Vale dizer que, a despeito dos esforços mais que milenares, a compreensão científica do sonho avançou muito pouco. Isso é tão universalmente reconhecido pelos autores que parece supérfluo mencionar vozes isoladas. Nos escritos, cujo índice eu incluo no final de meu trabalho, encontram-se muitas observações estimulantes e rica quantidade de material interessante para o nosso tema, mas pouco ou nada que diga respeito à essência do sonho ou possa resolver definitivamente algum de seus enigmas. E, naturalmente, menos ainda algo que tenha passado para o conhecimento de leigos instruídos.

Qual concepção de sonho pode ser encontrada nos primórdios da humanidade entre os povos primitivos e qual influência pode ter conquistado na formação de suas visões de mundo e da alma [*Seele*],[1] eis um tema de tão elevado interesse, que só a contragosto o excluo da elaboração nesse contexto. Remeto às obras conhecidas de *Sir* John Lubbock, Herbert Spencer, Edward Burnett Tylor e outros, e acrescento apenas que a dimensão desses problemas e dessas especulações só poderá se tornar compreensível depois de termos finalizado a tarefa da "interpretação do sonho" que temos diante de nós. [1914]

Um eco da concepção originária do sonho encontra-se, de maneira evidente, no fundamento da apreciação do sonho pelos povos da Antiguidade Clássica.[i] Havia entre eles o pressuposto de que os sonhos estariam em relação com o mundo de seres sobre-humanos, nos quais eles acreditavam, e de que eles trariam revelações da parte de deuses e demônios. Além disso, impunha-se a eles a ideia de que os sonhos teriam para o sonhador um propósito importante, via de regra, o de anunciar-lhe o futuro. A extraordinária diversidade no conteúdo e na impressão dos sonhos tornou, entretanto, difícil chegar a uma concepção unitária sobre eles e obrigou a múltiplas diferenciações e à formação de grupos de sonhos de acordo com seu valor e sua confiabilidade. Entre alguns filósofos da Antiguidade, o julgamento sobre os sonhos não era independente, naturalmente, da posição que eles estavam dispostos a conceder à *adivinhação* em geral. [1914]

Nos dois escritos de Aristóteles que tratam do sonho, ele já tinha se tornado objeto da psicologia. De acordo com eles, o sonho não é enviado pelos deuses, não é de natureza divina, mas sobretudo daimoníaca,[2] isto é, o sonho não se origina de nenhuma revelação sobrenatural, mas resulta das leis do espírito [*Geist*] humano, aparentado, entretanto, com a divindade. O sonho é definido como atividade da alma daquele que dorme, enquanto ele dorme.

Aristóteles conhece algumas das características da vida onírica, por exemplo, que o sonho reinterpreta como grandes pequenos estímulos que entram em cena durante o sono ("acreditamos atravessar um fogo e nos tornarmos quentes, quando o que ocorre é apenas um aquecimento bastante insignificante deste ou daquele membro"), e dessa conduta ele extrai a conclusão de que os sonhos poderiam muito bem revelar ao médico os primeiros indícios, não percebidos durante o dia, de uma alteração iniciada no corpo.[ii]

---

[i] O que se segue está de acordo com a minuciosa apresentação de Büchsenschütz (*Sonho e interpretação do sonho na Antiguidade* [*Traum und Traumdeutung im Altertum*]. Berlim, 1861).

[ii] [Nota acrescentada em 1914:] O médico grego Hipócrates trata da relação do sonho com as doenças em um capítulo de sua famosa obra.

Como é sabido, antes de Aristóteles, os antigos não tomavam o sonho como uma produção da alma que sonha, mas como uma inspiração vinda dos deuses, e as duas correntes opostas que encontraremos presentes o tempo todo na apreciação da vida onírica já se faziam valer entre eles. Havia uma distinção entre sonhos genuínos e valiosos, enviados àquele que dorme para adverti-lo ou anunciar-lhe o futuro, e sonhos fúteis, enganosos e vãos, cujo propósito era desencaminhá-lo ou precipitá-lo na perdição.

Gruppe (*Mitologia grega e história da religião* [*Griechische Mythologie und Religionsgeschichte*], p. 390) reproduz uma classificação dos sonhos como essa de acordo com Macróbio e Artemidoro: "Dividiram-se os sonhos em duas classes. Uma podia apenas ser influenciada pelo presente (ou pelo passado), mas não devia ter importância para o futuro; ela abrangia os ἐνύπνια [*enupnia*], *insomnia*, que reproduzem diretamente a representação dada ou seu oposto, por exemplo, a fome ou seu apaziguamento, e os φαντάσματα [*phantasmata*], que ampliam a representação de maneira fantástica, por exemplo, o pesadelo, *ephialtes*. A outra classe, ao contrário, era tomada como determinante para o futuro; a ela pertencem: 1) a profecia direta que se recebe no sonho (χρηματισμός [*chrematismos*], *oraculum*), 2) a predição de um acontecimento iminente (ὅραμα [*horama*], *visio*), 3) o sonho simbólico que necessita de explicitação [*Auslegung*] (ὄνειρος [*oneiros*], *somnium*). Essa teoria se conservou durante muitos séculos". **[1911]**

A tarefa de uma "interpretação do sonho" estava em relação com essa alternância na apreciação dos sonhos. Tendo em vista que, em geral, esperavam-se esclarecimentos importantes dos sonhos, mas não se entendiam todos os sonhos imediatamente e não se podia saber se, apesar de tudo, determinado sonho incompreensível não anunciaria algo importante, houve o incentivo para um esforço que pudesse substituir o conteúdo incompreensível do sonho por um conteúdo inteligível e ao mesmo tempo pleno de significado. Na Antiguidade Tardia, Artemidoro de Daldis foi considerado a maior autoridade na interpretação do sonho, e sua obra minuciosa nos compensará pelos escritos perdidos com o mesmo conteúdo.[i] **[1914]**

---

[i] Sobre os destinos posteriores da interpretação do sonho na Idade Média, vejam-se Diepgen e as investigações especializadas de M. Förster, Gotthard, entre outros. A interpretação do sonho pelos judeus é tratada por Almoli, Amram, Löwinger, bem como recentemente por Lauer, que considera o ponto de vista psicanalítico. O conhecimento árabe da interpretação do sonho é fornecido por Drexl, F. Schwarz e o missionário Tfinkdji; o japonês, por Miura e Iwaya; o chinês, por Secker, e o indiano, por Negelein.

Essa concepção pré-científica dos antigos sobre o sonho estava seguramente em total harmonia com o conjunto de sua visão de mundo, que costumava projetar no mundo exterior, como realidade, aquilo que só tinha realidade no interior da vida anímica. Além disso, ela levava em conta a impressão principal que a vida de vigília recebe do sonho através da lembrança que perdura de manhã, pois nessa lembrança o sonho se apresenta como algo alheio, proveniente, por assim dizer, de outro mundo, em face do conteúdo psíquico restante. A propósito, seria errôneo pensar que a doutrina da proveniência sobrenatural dos sonhos prescinde de adeptos em nossos dias; excetuando-se todos os escritores pietistas e místicos – que sem dúvida têm razão em manter investidos os restos do domínio do sobrenatural antes tão extenso, enquanto eles não forem conquistados por uma explicação das ciências naturais –, também encontramos, sem dúvida, homens perspicazes e avessos a toda aventura que tentam apoiar suas crenças religiosas na existência e na intervenção de forças mentais [*Geisteskräfte*] sobre-humanas justamente sobre o caráter inexplicável dos fenômenos do sonho (Haffner). O reconhecimento da vida onírica por parte de algumas escolas filosóficas, por exemplo, a dos seguidores de Schelling, constitui um eco perceptível da divindade incontestável do sonho na Antiguidade, e também não está encerrada a discussão sobre a força divinatória do sonho enquanto anunciadora do futuro, porque as tentativas de explicação psicológica não são suficientes para dominar o material reunido, por mais que as simpatias daquele que se dedicou ao modo de pensar científico tendam inequivocamente a rechaçar uma afirmação como essa.

É tão difícil escrever uma história de nosso conhecimento científico dos problemas do sonho porque nesse conhecimento, por mais valioso que ele tenha se tornado em alguns pontos, não se observa um avanço ao longo de determinadas direções. Não se chegou à formação de um alicerce de resultados seguros, sobre o qual outro investigador pudesse continuar a construir, mas cada novo autor aborda novamente os mesmos problemas e recomeça como que a partir da origem. Se eu quisesse me ater à sequência cronológica dos autores e relatar um resumo das opiniões que cada um deles expressou sobre os problemas do sonho, teria de renunciar a esboçar um quadro panorâmico do estado atual do conhecimento sobre o sonho; por isso preferi ligar a apresentação aos temas em vez de aos autores, e vou mencionar, para cada um dos problemas do sonho, o material consignado na literatura para a sua solução.

Mas, como não consegui dominar toda a literatura sobre o assunto, que é muito dispersa e avança para outros campos, preciso pedir aos meus leitores que se deem por satisfeitos, contanto que nenhum fato fundamental e nenhum ponto de vista importante se tenham perdido em minha apresentação.

Até recentemente, a maior parte dos autores se via movida a tratar do sono e do sonho no mesmo contexto, via de regra, acrescentando a apreciação de estados análogos que chegam à psicopatologia e episódios semelhantes ao sonho (como as alucinações, as visões etc.). Por outro lado, encontramos em trabalhos mais recentes o empenho em manter o tema restrito e em tomar como objeto, por exemplo, uma única questão que provenha do campo da vida onírica. Nessa modificação, eu gostaria de ver uma expressão da convicção de que, em coisas tão obscuras, esclarecimento e concordância só podem ser obtidos através de uma série de investigações em detalhe. Não posso oferecer aqui nada além de uma investigação em detalhe e, na verdade, de natureza especificamente psicológica. Tive poucos motivos para me ocupar com o problema do sono, pois esse é um problema fundamentalmente fisiológico, embora na caracterização do estado de sono seja necessário incluir a modificação das condições de funcionamento do aparelho anímico. Portanto, a literatura sobre o sono também não é considerada aqui.

O interesse científico pelos fenômenos do sonho enquanto tais conduz às seguintes questões que em parte se superpõem:

A
A RELAÇÃO DO SONHO COM A VIDA DE VIGÍLIA

O julgamento ingênuo daquele que acaba de despertar supõe que o sonho – mesmo que certamente não provenha de outro mundo – tenha, de fato, transportado aquele que dorme para outro mundo. O velho fisiólogo Burdach, a quem devemos uma descrição minuciosa e sagaz dos fenômenos do sonho, deu expressão a essa convicção em uma frase muito citada (p. 474): "...jamais se repete a vida diurna com seus desgastes e desfrutes, suas alegrias e dores, ao contrário, o sonho tem muito mais em vista libertar-nos dela. Mesmo que toda a nossa alma tenha sido preenchida por um objeto, mesmo que uma dor profunda tenha dilacerado o nosso interior ou uma tarefa tenha exaurido toda a nossa força mental, o sonho nos dá algo inteiramente alheio ou toma da realidade apenas elementos isolados para as suas combinações, ou então apenas se ajusta à tonalidade do nosso estado de ânimo e simboliza a realidade". | I. H. Fichte (I, p. 541), no mesmo sentido, fala diretamente de *sonhos complementares* e os nomeia um dos benefícios secretos da natureza autocurativa da mente [*Geist*]. [1914] Em um sentido semelhante pronuncia-se ainda L. Strümpell em seu estudo, com razão amplamente tido em alta conta, sobre a natureza e a gênese dos sonhos (p. 16): "Aquele que sonha dá as costas para o mundo da consciência de vigília...". (p. 17): "No sonho, perde-se inteiramente, por assim dizer, a memória sobre o conteúdo ordenado da consciência de vigília e sobre o seu comportamento normal...". (p. 19): "No sonho, o isolamento da alma quase desprovida de lembranças do conteúdo e do decurso regular da vida de vigília...".

No entanto, a imensa maioria dos autores sustentou a concepção oposta sobre a relação do sonho com a vida de vigília. Haffner (p. 19): "Em primeiro lugar, o sonho dá continuidade à vida de vigília. Nossos sonhos se conectam constantemente às representações que estiveram pouco antes na consciência. Uma observação acurada encontrará quase sempre um fio pelo qual o sonho é conectado às vivências do dia anterior". Weygandt (p. 6) contradiz diretamente a afirmação de Burdach, citada anteriormente, "pois é possível observar com frequência, aparentemente na imensa maioria dos sonhos, que estes justamente nos reconduzem à vida habitual, em vez de nos libertar dela". Maury (*Le Sommeil et les rêves*, p. 56) afirma, em uma fórmula concisa: "*Nous rêvons de ce que nous avons vu, dit, désiré ou fait*" [Sonhamos com o que vimos, dissemos, desejamos ou fizemos]; Jessen, em sua *Psicologia* [*Psychologie*], publicada em 1855 (p. 530), detalha um pouco mais: "Constantemente o conteúdo dos sonhos é mais ou menos determinado pela personalidade individual, idade, sexo, classe social, nível de educação, modo de vida habitual e pelos acontecimentos e experiências de toda a vida anterior".

O filósofo I. G. E. Maaß (*Sobre as paixões* [*Über die Leidenschaften*], 1805) assume a posição menos equívoca sobre essa questão: "a experiência confirma a nossa afirmação de que sonhamos mais frequentemente com as coisas para as quais são dirigidas as nossas mais ardentes paixões. Isso deixa ver que nossas paixões devem necessariamente exercer influência sobre a geração de nossos sonhos. O ambicioso sonha com os louros conquistados (talvez apenas em sua imaginação) ou ainda por conquistar, enquanto o apaixonado se ocupa em seus sonhos com o objeto de suas doces esperanças… Todos os desejos [*Begierden*][3] sensuais e abominações adormecidos no coração podem, quando são estimulados por uma razão qualquer, ter como efeito que um sonho surja das representações que lhe são associadas, ou que essas representações se imiscuam em um sonho já presente" (comunicado por Winterstein em *Zbl. für Psychoanalyse*). [1914]

Os antigos não pensavam de forma diferente sobre a dependência do conteúdo do sonho em relação à vida. Cito de acordo com Radestock (p. 139): "Quando Xerxes, antes de sua expedição contra a Grécia, foi dissuadido dessa sua decisão por um bom conselho, mas foi repetidamente encorajado a ela pelos sonhos, o velho intérprete de sonhos dos persas, o prudente Artabanos, já lhe disse com pertinência que as imagens do sonho continham a maior parte do que o homem já pensava enquanto acordado".

No poema didático de Lucrécio, *De rerum natura*, encontra-se a seguinte passagem (IV, v. 959):

> *Et quo quisque fere studio devinctus adhaeret,*
> *aut quibus in rebus multum sumus ante morati*
> *atque in ea ratione fuit contenta magis mens,*
> *in somnis eadem plerumque videmur obire;*
> *causidici causas agree et componere leges,*
> *induperatores pugnare ac proelia obire etc. etc.*
>
> [E quaisquer que sejam os objetos de nossa predileção e de nosso apego,
> ou aqueles que nos mantiveram ocupados por longo tempo
> e que exigiram de nosso espírito uma atenção particular,
> são esses mesmos que cremos ver se apresentar a nós no sonho;
> o advogado sonha que defende e confronta leis,
> o general, que combate e se lança na batalha…]

Cícero (*De divinatione II*) diz, de forma inteiramente análoga, tal como, bem mais tarde, Maury: "*Maximeque reliquiae earum rerum moventur in animis et agitantur, de quibus vigilantes aut cogitavimus aut egimus*" [E o que por excelência se mobiliza e agita na alma são os restos de coisas que no estado de vigília nos fizeram refletir ou agir].

A contradição entre essas duas visões sobre a relação entre a vida onírica e a vida de vigília parece de fato insolúvel. Por isso, aqui é o lugar de recordar a exposição de F. W. Hildebrandt (1875), em que estima que as particularidades do sonho não podem absolutamente ser descritas de outro modo a não ser como uma "série de oposições que aparentemente culminam em contradições" (p. 8). "A *primeira* dessas oposições é formada, por um lado, pelo *severo afastamento ou isolamento* do sonho em relação à vida real e verdadeira, e, por outro, pela constante *intromissão* do primeiro na segunda, pela constante dependência do primeiro em relação à segunda. – O sonho é algo inteiramente apartado da realidade vivenciada na vigília, poderíamos dizer, uma existência hermeticamente fechada em si mesma, separada da vida real por um abismo intransponível. Ele nos desprende da realidade, apaga em nós a lembrança normal da realidade e nos coloca em outro mundo e em uma história de vida inteiramente outra que, no fundo, nada têm a ver com a história real...". Hildebrandt expõe então como, com o adormecer, todo o nosso ser, com suas formas de existência, desaparece "como que por detrás de um alçapão invisível". É assim que no sonho fazemos, por exemplo, uma viagem marítima para Santa Helena, para oferecer a Napoleão, ali prisioneiro, requintados vinhos de Mosela. Somos recebidos da maneira mais amável pelo ex-imperador e quase lamentamos ver essa ilusão perturbada pelo despertar. Mas então comparamos a situação do sonho com a realidade. Nunca fomos comerciantes de vinhos e nunca quisemos sê-lo. Nunca fizemos uma viagem marítima, e Santa Helena seria o último lugar que tomaríamos como meta de uma viagem como essa. Em relação a Napoleão, não nutrimos absolutamente nenhum sentimento de simpatia, mas um feroz ódio patriótico. E, para além disso, o sonhador de modo algum estava entre os vivos quando Napoleão morreu na ilha; estabelecer uma relação pessoal com ele estaria fora do campo da possibilidade. Assim, a experiência do sonho aparece como algo estranho intercalado entre dois períodos de vida perfeitamente harmoniosos entre si e que se prolongam mutuamente.

"E, no entanto", continua Hildebrandt, "é igualmente verdadeiro e correto o *oposto* aparente. Quero dizer que a relação e a ligação mais íntimas andam de mãos dadas com esse isolamento e esse afastamento. Podemos dizer francamente: o que quer que o sonho ofereça, ele toma o material para fazê-lo da realidade e da vida intelectual [*Geistesleben*] que se desenrola nessa realidade... Por mais extravagante que seja o modo como ele o faz, ele não pode jamais se separar efetivamente do mundo real, e suas formações mais sublimes, bem como as mais grotescas, precisam sempre tomar emprestada a sua matéria-prima daquilo que se apresentou aos nossos olhos no mundo dos sentidos ou que já encontrou lugar no nosso pensamento de vigília, em outras palavras, daquilo que já vivenciamos exteriormente ou interiormente."

B
O MATERIAL DO SONHO – A MEMÓRIA NO SONHO

O fato de todo o material que compõe o conteúdo do sonho provir, de alguma forma, do que foi vivenciado e, portanto, ser reproduzido, *lembrado* no sonho pode valer para nós ao menos como um conhecimento incontestável. Entretanto, seria um erro supor que uma correlação como essa entre o conteúdo do sonho e a vida de vigília devesse surgir sem esforço, como resultado patente depois de empreendida a comparação. Ao contrário, essa correlação deve ser buscada atentamente e, em toda uma série de casos, ela sabe se ocultar por longo tempo. A razão para isso reside em certo número de peculiaridades que exibem a capacidade de lembrança no sonho e que, apesar de observadas de maneira geral, subtraíram-se até agora de qualquer explicação. Valerá a pena apreciar essas características em detalhe.

Ocorre primeiramente que no conteúdo do sonho surge um material que depois, no estado de vigília, não é reconhecido como pertencente ao nosso saber e à nossa vivência. Lembramo-nos, sem dúvida, de termos sonhado com o que está em questão, mas não nos lembramos de o termos vivenciado, nem quando. Ficamos, então, na dúvida sobre a partir de que fonte o sonho se inspirou, e somos tentados a acreditar em uma atividade produtora autônoma do sonho, até que, com frequência, depois de longo tempo, uma nova vivência restitui a lembrança da vivência anterior que se perdeu e assim descobrimos a fonte do sonho. Temos, então, de admitir que sabíamos e que nos lembrávamos de algo no sonho que, no estado de vigília, foi subtraído da capacidade de lembrança.[i]

Delboeuf relata um exemplo particularmente impressionante dessa espécie, extraído de sua própria experiência com o sonho. Ele viu no sonho o pátio de sua casa coberto de neve e encontrou duas lagartixas meio congeladas e enterradas sob a neve, que ele, como amigo dos animais, resgatou, aqueceu e recolocou no pequeno buraco do muro que lhes estava destinado. Além disso, colocou para elas no buraco algumas folhas de uma pequena

---

[i] Vaschide afirma também que se observou com frequência que no sonho falamos línguas estrangeiras com mais fluência e correção do que no estado de vigília.

samambaia que crescia no muro e de que elas, como ele sabia, gostavam muito. No sonho ele sabia o nome da planta: *Asplenium ruta muralis.* – O sonho então continuou e, depois de uma intercalação, retornou às lagartixas e mostrou a Delboeuf, para seu espanto, outras duas lagartixas que haviam se jogado sobre os restos da samambaia. Em seguida, ele voltou seu olhar para o campo aberto e viu uma quinta e uma sexta lagartixas tomando o caminho em direção ao buraco no muro, e, por fim, a rua inteira estava coberta por uma procissão de lagartixas, todas caminhando na mesma direção etc.

O conhecimento de Delboeuf no estado de vigília abrangia apenas alguns poucos nomes latinos de plantas e não incluía o conhecimento de um *Asplenium.* Para seu grande espanto, ele precisou convencer-se de que realmente existia uma samambaia com esse nome. *Asplenium ruta muraria* era a sua designação correta, que o sonho havia desfigurado um pouco. Certamente não se podia pensar em uma coincidência fortuita; mas de onde no sonho Delboeuf havia tirado o conhecimento do nome *Asplenium* é o que permaneceu enigmático para ele.

O sonho havia ocorrido no ano 1862; 16 anos mais tarde, o filósofo avista na casa de um de seus amigos onde fazia uma visita um pequeno álbum com flores secas, como esses que são vendidos aos estrangeiros como presentes de recordação em algumas regiões da Suíça. Uma lembrança aflorou nele, ele abriu o herbário, encontrou o *Asplenium* de seu sonho e reconheceu sua própria caligrafia no nome latino ali inserido. Agora era possível estabelecer a correlação. Uma irmã do amigo visitou Delboeuf em 1860 – dois anos antes do sonho com as lagartixas – em viagem de lua de mel. Na época, ela tinha em seu poder esse álbum destinado a seu irmão, e Delboeuf se deu ao trabalho de acrescentar, ditado por um botânico, o nome latino a cada uma das plantas secas.

A graça do acaso, que torna esse exemplo tão digno de ser comunicado, permitiu a Delboeuf ainda remontar à sua fonte esquecida outra parte extraída do conteúdo desse sonho. Um dia, em 1877, caiu-lhe nas mãos um velho volume de uma revista ilustrada na qual ele viu reproduzido todo o cortejo de lagartixas, tal como ele o havia sonhado em 1862. O volume trazia a data de 1861, e Delboeuf pode se lembrar de que desde a publicação da revista ele fez parte de seus assinantes.

Que o sonho disponha de lembranças inacessíveis ao estado de vigília é um fato tão notável e teoricamente importante que, por meio da comunicação de ainda outros sonhos "hipermnésicos", eu gostaria de reforçar a atenção sobre eles. Maury conta que durante certo tempo a palavra "*Mussidan*" costumava lhe vir à mente. Ele sabia que esse era o nome de uma cidade francesa, mas nada além disso. Certa noite veio-lhe em sonho uma conversa com determinada pessoa que lhe disse que vinha de Mussidan, e, assim que ele lhe perguntou onde ficava a cidade, ela lhe deu como resposta: *Mussidan* é uma sede distrital no *Département de la Dordogne.* Acordado, Maury não deu nenhum crédito à informação contida no sonho; mas o atlas geográfico lhe demonstrou que ela estava inteiramente correta. Nesse caso, o saber adicional [*Mehrwissen*] do sonho está confirmado, mas a fonte esquecida desse saber não foi rastreada.

Jessen conta (p. 55) um episódio de sonho bastante semelhante, datado de época mais remota: "A ele pertence, entre outros, o sonho do velho Scaliger (Hennings, 1. c. p. 300), que escreveu um poema em homenagem aos homens célebres em Verona e a quem apareceu em sonho um homem que chamava a si mesmo de Brugnolus e se queixava de ter sido esquecido. Embora Scaliger não se lembrasse de já ter ouvido falar dele, mesmo assim fez versos sobre ele, e seu filho ficou sabendo depois em Verona que antigamente esse tal Brugnolus havia sido famoso lá mesmo como crítico".

Um sonho hipermnésico que se caracteriza pela especial singularidade de que, em um sonho que o seguiu, complete-se a identificação de uma lembrança que de início não foi reconhecida é o que conta o marquês d'Hervey de St. Denis (de acordo com Vaschide, p. 232): "Uma vez sonhei com uma mulher jovem de cabelos dourados que vi conversando com minha irmã enquanto ela lhe mostrava um trabalho de bordado. No sonho ela me pareceu ser muito conhecida, pensei até já tê-la visto algumas vezes. Depois de acordar, tinha diante de mim esse rosto ainda cheio de vida, mas não conseguia absolutamente reconhecê-lo. Voltei a adormecer, a imagem do sonho se repete. Nesse novo sonho dirijo a palavra à dama loira e lhe pergunto se já não tive o prazer de encontrá-la em algum lugar. 'Certamente', responde a dama, 'basta que o senhor se lembre do balneário de Pornic.' De pronto desperto novamente e então posso me lembrar com toda a certeza dos detalhes aos quais esteve ligado esse encantador rosto do sonho". **[1914]**

O mesmo autor (citado por Vaschide, p. 233) relata:

"Um músico conhecido seu ouviu certa vez em sonho uma melodia que lhe pareceu completamente nova. Foi somente muitos anos mais tarde que ele a encontrou anotada em uma velha coleção de peças musicais que não conseguia se lembrar de algum dia ter tido em mãos". **[1914]**

Em um local ao qual infelizmente não tenho acesso (*Proceeding of the Society for Psychical Research*), Myers parece ter publicado toda uma coleção de sonhos hipermnésicos como esses. Penso que aquele que se ocupa com sonhos terá de reconhecer como um fenômeno muito habitual o fato de que o sonho dá testemunho de conhecimentos e lembranças que aquele em estado de vigília estima não possuir. Nos trabalhos psicanalíticos com pacientes nervosos, sobre os quais vou relatar mais tarde, encontro-me muitas vezes por semana em condições de provar aos pacientes, a partir de seus sonhos, que na verdade eles conhecem muito bem as citações, as palavras obscenas etc., e que delas se servem no sonho, embora eles as tenham esquecido na vida de vigília. Quero ainda comunicar aqui um caso inocente de hipermnésia no sonho, porque nesse caso pode ser facilmente encontrada a fonte de onde provinha o conhecimento acessível apenas ao sonho.

Um paciente sonhou, em um contexto mais longo, que pediu que lhe servissem uma "*Kontuszówka*" em um café, mas depois do relato perguntou o que isso poderia ser; pois nunca tinha ouvido esse nome. Eu pude responder que *Kontuszówka* era uma aguardente polonesa que ele não poderia ter inventado no sonho, pois o nome me era conhecido há muito tempo pelos cartazes. Alguns dias mais tarde, no café, depois de ter feito seu sonho se tornar realidade, ele notou o nome em um cartaz e, na verdade, em uma esquina pela qual há meses ele tinha de passar pelo menos duas vezes por dia.

| Eu mesmo aprendi com sonhos próprios o quanto ficamos dependentes do acaso no descobrimento da proveniência de alguns elementos do sonho. Foi assim que durante anos, antes da redação deste livro, perseguiu-me a imagem de uma torre de igreja de formato muito simples, que eu não conseguia me lembrar de ter visto. Eu a reconheci então, repentinamente, e na verdade com plena certeza, em uma pequena estação entre Salzburgo e Reichenhall. Isso foi na segunda metade dos anos 1890, e eu tinha feito o percurso pela primeira vez em 1886. Anos mais tarde, quando eu já me ocupava intensivamente do estudo dos sonhos, o retorno frequente da imagem onírica de uma localidade peculiar tornou-se francamente inconveniente para mim. Eu via, em uma relação espacial determinada com a minha pessoa, à minha esquerda, um compartimento escuro, de onde reluziam várias figuras grotescas de arenito. Um vislumbre de lembrança, no qual eu não queria verdadeiramente acreditar, disse-me que seria a entrada de uma cervejaria; no entanto, não consegui esclarecer o que essa imagem onírica pretendia significar nem de onde ela provinha. Em 1907 viajei por acaso

a Pádua, que lamentavelmente não pude visitar novamente desde 1895. Minha primeira visita à bela cidade universitária me deixou insatisfeito, não pude ver os afrescos de Giotto na Madonna dell'Arena e dei meia-volta na metade da rua que leva até lá quando me anunciaram que a pequena igreja estaria fechada naquele dia. Em minha segunda visita, 12 anos depois, pensei em compensar-me e procurei, antes de tudo, o caminho para a Madonna dell'Arena. Estando na rua que levava a ela, à minha esquerda em relação à direção do meu caminho, provavelmente no lugar em que, em 1895, eu dei meia-volta, descobri o local com as figuras de arenito que lá se encontravam e que eu tinha visto tão frequentemente no sonho. Era, de fato, a entrada para o jardim de um restaurante. [1909]

Uma das fontes das quais o sonho retira material para reprodução, material que, em parte, não é lembrado nem utilizado na atividade de pensamento do estado de vigília, é a vida infantil. Citarei apenas alguns dos autores que o observaram e acentuaram:

Hildebrandt (p. 23): "Já foi expressamente admitido que o sonho, por momentos com uma admirável força de reprodução, reconduz fielmente diante de nossa alma processos inteiramente isolados ou mesmo esquecidos dos tempos mais remotos".

Strümpell (p. 40): "A coisa intensifica-se ainda mais quando percebemos como o sonho por vezes extrai, por assim dizer, dos mais profundos e mais espessos sedimentos depositados por épocas posteriores sobre as experiências mais remotas da juventude, as imagens de lugares específicos, coisas, pessoas de forma inteiramente intacta e com seu frescor originário. Isso não se limita apenas àquelas impressões que, em sua origem, adquiriram uma consciência vívida ou ligaram-se a fortes valores psíquicos e que retornam mais tarde no sonho como lembranças propriamente ditas com as quais a consciência de vigília se alegra. A profundeza da memória onírica engloba também muito mais essas imagens de pessoas, coisas, lugares e experiências da época mais remota das quais possuíam uma consciência mínima ou nenhum valor psíquico ou que há muito tempo perderam uma ou outro e por isso aparecem tanto no sonho quanto após a vigília como algo completamente estranho e desconhecido, até que sua origem remota seja descoberta".

Volkelt (p. 119): "É particularmente notável como as lembranças da infância e da juventude entram de bom grado no sonho. Aquilo em que não pensamos mais há muito tempo, aquilo que há muito tempo perdeu toda a importância para nós: disso o sonho nos lembra incansavelmente".

O domínio do sonho sobre o material da infância, que, como é sabido, cai em grande parte nas lacunas da capacidade de lembrança consciente, proporciona o surgimento de interessantes sonhos hipermnésicos, dos quais quero novamente comunicar alguns exemplos.

Maury conta (*Le Sommeil*, p. 92) que quando criança ia com frequência de sua cidade natal, Meaux, para Trilport, situada nas proximidades, onde seu pai dirigia a construção de uma ponte. Uma noite, o sonho o transporta para Trilport e o faz brincar novamente nas ruas da cidade. Um homem, vestindo uma espécie de uniforme, aproxima-se dele. Maury lhe pergunta seu nome; ele se apresenta, diz chamar-se C… e ser o guarda da ponte. Depois de acordar, e ainda duvidando da realidade da lembrança, Maury pergunta a uma velha empregada que está com ele desde a infância se ela consegue se lembrar de um homem com esse nome. "Claro que sim", foi a resposta, "ele era o guarda da ponte que seu pai estava construindo na época."

Maury relata outro exemplo bem confirmado do caráter confiável da lembrança de infância que aflorou no sonho de um senhor F…, que foi criado em Montbrison quando criança. Esse homem decidiu, 20 anos após sua partida, voltar a visitar o país e os velhos amigos da família que ele não via desde então. Na noite anterior à sua viagem, ele sonha que chegou ao destino e que encontra, nas proximidades de Montbrison, um senhor que de vista lhe é desconhecido e que lhe diz ser o senhor T., um amigo de seu pai. O sonhador sabia que quando criança tinha conhecido um senhor com esse nome, mas no estado de vigília não se lembrava mais de sua aparência. Alguns dias depois, ao chegar realmente a Montbrison, ele reencontra o lugar do sonho, tido por desconhecido, e encontra um senhor que reconhece imediatamente como sendo o T. do sonho. A pessoa real estava apenas mais velha do que a imagem do sonho a havia mostrado.

Posso contar aqui um de meus próprios sonhos, no qual a impressão a ser lembrada é substituída por uma relação. Vi uma pessoa em um sonho, da qual eu sabia ser no sonho o médico de minha cidade natal. Seu rosto não estava nítido, mas se misturava com a representação de um de meus professores de ginásio, que ainda hoje encontro ocasionalmente. Não pude descobrir depois, acordado, a relação que ligava as duas pessoas. Mas, quando perguntei à minha mãe sobre o médico desses meus primeiros anos de infância, soube que ele não tinha um dos olhos, e também tinha apenas um olho o professor do ginásio cuja pessoa encobriu a do médico no sonho. Fazia 38 anos que eu não via o médico, e, de acordo com o meu conhecimento, eu nunca pensei nele na vida de vigília.

Soa como se devesse ser criado um contrapeso em relação ao papel demasiadamente grande das impressões da infância na vida do sonho quando diversos autores afirmam que, na maioria dos sonhos, poderiam ser comprovados elementos dos dias mais recentes. Robert (p. 46) declara até mesmo que: em geral, o sonho normal ocupa-se apenas com as impressões dos últimos dias que passaram. Veremos, no entanto, que a teoria do sonho construída por Robert exige imperativamente esse refreamento das impressões mais antigas e a antecipação das mais recentes. No entanto, o fato que Robert enuncia é justificado, como posso assegurar a partir de minhas próprias investigações. Um autor norte-americano, Nelson, afirma que são utilizadas com maior frequência no sonho impressões do dia anterior ao sonho ou de três dias antes, como se as impressões do dia que precedeu imediatamente o sonho não tivessem sido suficientemente atenuadas – afastadas.

O que chamou a atenção de vários autores que não queriam colocar em dúvida a íntima conexão do conteúdo do sonho com a vida de vigília é que as impressões que ocupam intensamente o pensamento da vigília só aparecerão no sonho quando tiverem sido pressionadas para o lado pelo trabalho do pensamento diurno. Assim, em geral, não se sonha nos primeiros tempos com um ente querido morto, enquanto quem lhe sobrevive estiver inteiramente tomado pelo luto (Delage). Contudo, uma das últimas observadoras, a Srta. Hallam, também reuniu exemplos de conduta contrária e, sobre esse ponto, ela defende o direito da individualidade psicológica.

A terceira mais notável e mais incompreensível particularidade da memória no sonho revela-se na escolha do material reproduzido, pois, ao contrário do estado de vigília, que recorda apenas o que é mais significativo, o sonho também lembra o que é mais indiferente e menos expressivo. A esse respeito, deixo a palavra aos autores que deram a impressão mais vigorosa ao seu assombro.

Hildebrandt (p. 11): "Pois o que é mais notável é que o sonho não toma seus elementos regularmente dos acontecimentos grandes e marcantes nem dos interesses poderosos e mobilizadores do dia que passou, mas de ingredientes casuais, por assim dizer, de migalhas sem valor do passado recentemente vivido ou mais remoto. O caso comovente de uma morte em nossa família, sob cujas impressões demoramos para adormecer, permanece apagado de nossa memória até que o primeiro momento de vigília o faça retornar com violência desoladora. No entanto, a verruga na testa de um estranho com quem nos deparamos e em quem não pensamos mais em nenhum instante depois de termos passado por ele, essa vem ter um papel em nosso sonho...".

Strümpell (p. 39): "...casos em que a decomposição de um sonho descobre nele componentes que na verdade provêm de vivências do dia anterior ou do anterior a este, mas que, no entanto, foram tão insignificantes e sem valor para a consciência de vigília, que sucumbiram ao esquecimento logo depois da experiência. Essas vivências constituem, por exemplo, manifestações ouvidas por acaso ou ações alheias que notamos superficialmente, percepções de coisas ou pessoas que deixamos passar rapidamente, pequenas passagens isoladas de uma leitura etc.".

Havelock Ellis (p. 727): "*The profound emotions of waking life, the questions and problems on which we spread our chief voluntary mental energy, are not those which usually present themselves at once to dream consciousness. It is so far as the immediate past is concerned, mostly the trifling, the incidental, the 'forgotten' impressions of daily life which reappear in our dreams. The psychic activities that are awake most intensely are those that sleep most profoundly*" [As emoções profundas da vida de vigília, as questões e os problemas sobre os quais distribuímos o essencial da nossa energia psíquica voluntária, não são aquelas que costumam se apresentar de imediato à consciência do sonho. Na medida em que o passado imediato está em causa, são principalmente as impressões insignificantes, fortuitas, "esquecidas" da vida cotidiana que reaparecem em nossos sonhos. As atividades psíquicas que estão mais intensamente despertas são aquelas que dormem mais profundamente].

Binz (p. 45) toma justamente essas mesmas particularidades da memória no sonho como pretexto para expressar sua insatisfação com as explicações sustentadas por ele mesmo: "E o sonho natural nos coloca questões semelhantes. Por que nem sempre sonhamos com as impressões de memória dos últimos dias vividos, mas com frequência mergulhamos, sem qualquer motivo reconhecível, em um passado quase apagado que deixamos num passado remoto? Por que a consciência obtém no sonho com tanta frequência a impressão de imagens *indiferentes* de lembranças, enquanto as células do cérebro, lá onde elas trazem em si mesmas as marcas mais estimuláveis do que foi vivido, permanecem em sua maioria mudas e imóveis, a não ser que uma atualização aguda as tenha excitado um pouco antes durante a vigília?".

Vemos facilmente como a predileção singular da memória do sonho pelo que é indiferente, e por essa razão negligenciado, das vivências do dia precisou levar sobretudo a desconsiderar absolutamente a dependência do sonho em relação à vida diurna e, depois, a dificultar pelo menos a sua comprovação em cada caso particular. Assim, foi possível que restasse à Srta. Whiton Calkins, na elaboração estatística de seus sonhos (e dos de seu companheiro), a quantidade de 11 por cento nos quais uma relação com a vida diurna não era visível. Certamente Hildebrandt tem razão ao afirmar que todas as imagens de sonho nos seriam explicadas geneticamente se a cada vez utilizássemos tempo e compilação suficientes para rastrear sua procedência. Evidentemente ele o chama de "um trabalho extremamente árduo e ingrato. Pois ele levaria quase sempre a descobrir nos cantos mais remotos da câmara da memória toda espécie de coisas sem nenhum valor psíquico, a recuperar toda espécie de momentos totalmente indiferentes de uma época remota, extraindo-os do soterramento que talvez os tenha submetido na hora seguinte". Mas só posso lamentar que esse autor perspicaz tenha se desencorajado de perseguir esse caminho cujo início era improvável; ele o teria levado imediatamente ao centro da explicação do sonho.

A maneira de se conduzir da memória onírica é certamente de grande importância para qualquer teoria na memória em geral. Ela ensina que "nada do que alguma vez tivemos em mente pode se perder totalmente" (Scholz, p. 34). Ou, como expressa Delboeuf, "*que toute impression même la plus insignifiante, laisse une trace inaltérable, indéfiniment susceptible de reparaître au jour*" [que toda impressão, mesmo a mais insignificante, deixa um traço inalterável, indefinidamente suscetível de vir à luz novamente], uma conclusão à qual pressionam igualmente tantos outros fenômenos patológicos da vida anímica. É preciso ter presente essa extraordinária capacidade de funcionamento da memória no sonho para perceber vivamente a contradição necessariamente colocada por certas teorias do sonho, a serem mencionadas mais tarde, que pretendem explicar o caráter absurdo e incoerente dos sonhos por um esquecimento parcial daquilo que nos é conhecido durante o dia.

Poderia eventualmente nos ocorrer de reduzir inteiramente o fenômeno do sonhar ao da memória e de ver no sonho a manifestação de uma atividade de reprodução que não descansa nem mesmo durante a noite e que constitui um fim em si mesma. Estariam de acordo com isso as comunicações como as de Pilcz, segundo as quais as sólidas relações entre o tempo do sonhar e o conteúdo dos sonhos são comprováveis, na medida em que no sono profundo são as impressões dos tempos mais remotos aquelas reproduzidas pelo sonho, enquanto de manhã são as mais recentes. Mas uma concepção como essa se torna de antemão improvável, tendo em vista a maneira como o sonho procede com o material a ser relembrado. Strümpell chama a atenção, com razão, para o fato de que no sonho não ocorrem repetições de vivências. O sonho faz, de fato, uma aproximação disso, mas o elo seguinte permanece apagado; ele entra em cena modificado ou em seu lugar aparece um dado completamente estranho. O sonho traz apenas fragmentos de reproduções. E isso tem constituído a regra tão seguramente, que permite uma exploração teórica. No entanto, ocorrem exceções, nas quais um sonho repete uma vivência de maneira tão completa quanto nossa lembrança é capaz no estado de vigília. Delboeuf conta que um dos seus colegas de universidade reviveu em sonho todos os detalhes de uma perigosa viagem de carro, na qual ele só escapou de um acidente como que por um milagre. A Srta. Calkins menciona dois sonhos que tinham como conteúdo a exata reprodução de uma vivência do dia anterior, e eu mesmo terei ocasião, mais adiante, de comunicar um exemplo que chegou ao meu conhecimento do retorno inalterado no sonho de uma experiência da infância.[i]

C
ESTÍMULOS E FONTES DO SONHO

O que devemos entender por estímulos do sonho e fontes do sonho pode ser ilustrado por uma referência ao dito popular: "Os sonhos vêm do estômago". Por trás do estabelecimento desses conceitos, esconde-se uma teoria que concebe o sonho como consequência de uma perturbação do sono. Não se teria sonhado se algo perturbador não tivesse se colocado em movimento no sono, e o sonho é a reação a essa perturbação.

As discussões sobre as causas excitadoras dos sonhos ocupam o maior espaço nas exposições dos autores. É evidente que o problema só pôde ser

[i] A partir de experiência posterior, acrescento que não é nada raro que ocupações inocentes e não importantes do dia sejam repetidas pelo sonho, por exemplo: fazer as malas, preparar refeições na cozinha etc. No entanto, em sonhos como esses, o sonhador não acentua o caráter de lembrança, mas o de "realidade". "Eu realmente fiz tudo isso durante o dia."

colocado a partir do momento em que o sonho se tornou um objeto da investigação biológica. Os antigos, para os quais o sonho era considerado algo enviado pelos deuses, não precisavam procurar uma fonte de estímulo para ele; da vontade do poder divino ou demoníaco fluía o sonho, e do saber e do propósito desse poder fluía seu conteúdo. Para a ciência, colocou-se em seguida a questão de saber se a incitação para sonhar seria sempre a mesma ou se poderia ser múltipla, e com ela a discussão para saber se a explicação causal do sonho seria da competência da psicologia ou, antes, da fisiologia. A maioria dos autores parece supor que as causas da perturbação do sono, portanto, as fontes do sonhar, podem ser de natureza variada, e que os estímulos corporais, assim como as excitações anímicas, acabam fazendo o papel de excitadores de sonho. Quando se trata da preferência por uma ou por outra das fontes do sonho, de estabelecer uma hierarquia entre elas de acordo com sua importância para o surgimento do sonho, as opiniões divergem amplamente.

Quando a enumeração das fontes do sonho está completa, resultam finalmente quatro espécies que também foram utilizadas para a classificação dos sonhos: 1) *excitação sensorial externa* (*objetiva*); 2) *excitação sensorial interna* (*subjetiva*); 3) *estímulo corporal interno* (*orgânico*); 4) *fontes de estímulo puramente psíquicas.*

1) Os estímulos sensoriais externos

O jovem Strümpell,[4] filho do filósofo cuja obra sobre o sonho já nos serviu muitas vezes de guia nos problemas do sonho, comunicou, como se sabe, a observação de um paciente que sofria de anestesia geral dos tegumentos do corpo e de paralisia de vários dos órgãos superiores dos sentidos. Quando se fechavam a esse homem as poucas portas ainda abertas ao mundo exterior, ele caía no sono. Quando queremos adormecer, todos nós costumamos buscar uma situação semelhante à do experimento de Strümpell. Nós fechamos as portas sensoriais mais importantes, os olhos, e tentamos manter à distância dos outros sentidos qualquer estímulo ou qualquer alteração dos estímulos que agem sobre eles. Então adormecemos, embora o nosso plano nunca seja inteiramente bem-sucedido. Não conseguimos manter os estímulos completamente afastados dos órgãos dos sentidos nem suprimir totalmente a excitabilidade de nossos órgãos dos sentidos.O fato de estarmos, a qualquer momento, susceptíveis de sermos acordados por estímulos mais fortes pode provar "que também no sono a alma permanece em ligação constante com o mundo exterior ao corpo". Os estímulos sensoriais que chegam até nós durante o sono podem muito bem converter-se em fontes do sonho.

Existe, então, uma grande série desses estímulos, desde os inevitáveis, que o estado de sono traz consigo ou que ocasionalmente precisa aceitar, até o casual estímulo despertador, que é adequado ou destinado a dar um fim ao sono. Uma luz forte pode penetrar nos olhos, um ruído pode se fazer ouvir, uma substância de odor pungente pode excitar a mucosa nasal. No sono, podemos descobrir algumas partes do corpo por meio de movimentos involuntários e expô-las a uma sensação de esfriamento, ou, através de uma mudança de posição, provocar em nós mesmos sensações de pressão e de contato. Um mosquito pode nos picar, ou um pequeno acidente noturno pode perturbar alguns sentidos ao mesmo tempo. A atenção dos observadores reuniu toda uma série de sonhos nos quais o estímulo constatado ao acordar e uma parte do conteúdo do sonho sobrepuseram-se a tal ponto que o estímulo pôde ser reconhecido como fonte do sonho.

Cito aqui, de acordo com Jessen, p. 527, uma coleção de sonhos dessa espécie que remetem a uma estimulação sensorial objetiva – mais ou menos acidental: todo ruído percebido de maneira indistinta desperta imagens de sonho correspondentes, o retumbar do trovão nos coloca no meio de uma batalha, o canto de um galo pode se transformar num grito de medo de um ser humano, o ranger de uma porta pode provocar sonhos de invasões de assaltantes.

Se, durante a madrugada, perdemos a nossa coberta, sonhamos talvez que estamos vagando nus ou que caímos na água. Se estivermos atravessados na cama com os pés para fora dela, talvez sonhemos que estamos na beira de um abismo assustador ou que caímos de um penhasco. Se nossa cabeça entra por acaso debaixo do travesseiro, então um grande rochedo se acha suspenso sobre nós, pronto para nos soterrar sob seu peso. Acumulações de sêmen produzem sonhos voluptuosos e dores localizadas causam a ideia de maus-tratos sofridos, ataques inimigos ou ferimentos corporais que nos infligem...

"Meier (*Versuch einer Erklärung des Nachtwandelns* [*Tentativa de explicação do sonambulismo*], Halle, 1758, p. 33) sonhou certa vez que foi atacado por algumas pessoas que o estenderam de costas para o chão e pregaram na terra uma estaca que lhe passava entre o dedão do pé e o dedo ao lado. Assim que isso se representou no sonho, ele acordou e sentiu que um pedaço de palha estava espetado entre esses dedos. De acordo com Hennings (*Von den Träumen und Nachtwandlern* [*Sobre os sonhos e sonâmbulos*], Weimar, 1784, p. 258), o mesmo Meier, quando outra vez deve ter apertado demais sua camisola no pescoço, sonhou que estava sendo enforcado. Hoffbauer sonhou, em sua juventude, estar caindo de um muro alto, e percebeu, ao acordar, que o estrado da cama havia quebrado e que ele realmente tinha caído... Gregory relata que uma vez, ao ir para a cama, colocou uma garrafa com água quente nos pés e a partir disso fez em sonho uma viagem ao topo do Etna, onde sentiu que o calor do chão era quase intolerável. Outro homem, depois de colocar um emplastro sobre a cabeça, sonhou que estava sendo escalpelado por um bando de índios; um terceiro, que dormiu com uma camisola úmida, acreditou estar sendo arrastado por uma correnteza. Uma crise de gota que ocorreu durante o sono fez um paciente acreditar que estava nas mãos da Inquisição e que sofria os tormentos da tortura (Macnish)."

O argumento fundado na semelhança entre o estímulo e o conteúdo do sonho pode ser reforçado quando se consegue, por meio do aporte planejado de estímulos sensoriais, produzir naquele que dorme sonhos correspondentes ao estímulo. De acordo com Macnish, Giron de Buzareingues já realizou experimentos como esses. "Ele deixou seus joelhos descobertos e sonhou que viajava durante a noite em uma diligência. A esse respeito ele observou que os viajantes de um coche certamente sabem que os joelhos se resfriam durante a noite. Outra vez, ele deixou a parte posterior da cabeça descoberta e sonhou que assistia a uma cerimônia religiosa ao ar livre. Era de fato costume, no país onde ele vivia, manter a cabeça sempre coberta, exceto em circunstâncias como a que acabou de ser mencionada."

Maury comunica novas observações de sonhos produzidos em si mesmo. (Uma série de outros experimentos não trouxe nenhum resultado.)

1) Fazem-lhe cócegas nos lábios e na ponta do nariz com uma pena. – Sonho com uma tortura assustadora; uma máscara de piche é colocada sobre o seu rosto e depois é arrancada, de modo que a pele sai junto.
2) Alguém afia uma tesoura com uma pinça. – Ele ouve sinos tocando, depois o alarme de tempestade, e é transportado para os dias de junho do ano 1848.
3) Fazem-no cheirar água-de-colônia. – Ele está no Cairo, na loja de Johann Maria Farina. A isso se ligam incríveis aventuras que ele não consegue reproduzir.

4) Beliscam-no ligeiramente no pescoço. – Ele sonha que lhe colocam um emplastro e pensa em um médico que o tratou quando criança.
5) Aproximam um ferro quente do seu rosto. Ele sonha com os "operadores de máquinas a vapor" [*Heizern* = aquecedores],[i] que se infiltram na casa e obrigam os moradores a entregarem seu dinheiro colocando seus pés no braseiro. Depois aparece a duquesa de Abrantes, de quem ele era secretário no sonho.
8)[5] Pingam-lhe uma gota de água na testa. – Ele está na Itália, transpira abundantemente e bebe o vinho branco de Orvieto.
9) Repetidas vezes deixa-se incidir sobre ele a luz de uma vela através de um papel vermelho. – Ele sonha com o clima, com o calor e se encontra novamente numa tempestade marinha que ele teve de enfrentar certa vez no Canal da Mancha.

Outras tentativas de produzir sonhos experimentalmente provêm de Hervey, Weygandt e outros.

Foi observada por muitos autores a "notável habilidade do sonho em inserir em suas estruturas impressões repentinas provenientes do mundo sensorial de tal maneira que elas formam nele uma catástrofe que foi pouco a pouco preparada e iniciada" (Hildebrandt). "Em anos da juventude", conta esse autor, "eu costumava, de tempos em tempos, para me levantar regularmente em determinada hora matinal, servir-me do conhecido despertador, que a maior parte do tempo é integrado aos mecanismos do relógio. Por centenas de vezes deve ter acontecido de o som desse instrumento vir a ser de tal forma integrado em um sonho aparentemente muito longo e coerente, como se esse sonho inteiro só existisse em função dele e nele encontrasse sua culminação específica, logicamente indispensável, sua meta final naturalmente indicada."

Com outro propósito, citarei mais adiante três desses sonhos provocados por despertador.

Volkelt (p. 68) conta: "Um compositor sonhou certa vez que estava dando aula e queria justamente explicar algo aos seus alunos. Logo que terminou, voltou-se a um dos meninos com a pergunta: 'Você me entendeu?'. Este grita como um possesso: '*Oh ja!*' [Ah! Sim!]. Indignado com isso, ele

---

[i] *Chauffeurs* ["fornalheiros" de trem, na origem francesa da palavra que depois migra seu sentido para motorista de automóvel] eram bandos de assaltantes da Vendeia que praticavam essa tortura.

repreende o aluno pelo grito. Logo a classe inteira está gritando: '*Orja*!'. E depois: '*Eurjo*!'. E finalmente: '*Feuerjo*!' [Fogo!], e então ele acorda com o grito real de 'Fogo!' na rua".

Garnier (*Traité des facultés de l'âme* [*Tratado das faculdades da alma*], 1865), citado por Radestock, relata que Napoleão I foi acordado de um sonho pela explosão de uma máquina infernal, sonho que teve enquanto dormia na carruagem e no qual revivia a passagem por Tagliamento e o bombardeio dos austríacos, até despertar assustado com o grito: "Fomos minados".

Um sonho vivido por Maury tornou-se célebre (*Le Sommeil*, p. 161). Ele estava doente e de cama em seu quarto; sua mãe estava sentada ao seu lado. Ele sonhou então com o Reinado do Terror na época da Revolução, testemunhou cenas atrozes de assassinato e, por fim, ele mesmo foi intimado a comparecer diante do tribunal. Lá, ele viu Robespierre, Marat, Fouquier-Tinville e todos os tristes heróis daquela época terrível, prestou contas a eles, foi condenado, após toda a espécie de episódios que não se fixaram em sua lembrança, e depois, acompanhado por uma multidão que se perdia de vista, foi levado ao local da execução. Subiu ao cadafalso, o carrasco o amarrou sobre a prancha; ela tomba; a lâmina da guilhotina cai; ele sente sua cabeça ser separada do corpo, acorda invadido pelo medo mais terrível – e descobre que a cabeceira da cama tinha caído e atingido suas vértebras cervicais, de maneira realmente semelhante à da lâmina da guilhotina.

A esse sonho se liga uma interessante discussão introduzida por Le Lorrain e Egger na *Revue Philosophique* sobre se e como seria possível ao sonhador, no curto espaço de tempo que se estende entre a percepção do estímulo que desperta e o despertar, comprimir um conteúdo de sonho de uma abundância aparentemente excessiva.

Exemplos dessa espécie fazem parecer que as estimulações sensoriais objetivas durante o sono são, entre as fontes do sonho, a mais assegurada. Elas são também aquelas que desempenham única e exclusivamente um papel no conhecimento do leigo. Se perguntarmos a uma pessoa instruída, mas para quem a literatura sobre o sonho permaneceu alheia, como se produzem os sonhos, ela responderá, sem a menor dúvida, invocando um caso que veio ao seu conhecimento no qual um sonho foi esclarecido por um estímulo sensorial objetivo reconhecido após o despertar. A abordagem científica não pode parar aí; ela encontra ocasião de formular outras questões a partir da observação de que o estímulo que age sobre os sentidos durante o sono não surge certamente em sua forma real, mas é substituído por alguma representação que se encontra em alguma relação com ele. Mas a relação que liga o estímulo do sonho e o resultado do sonho é, nas palavras de Maury, *une affinité quelconque, mais que n'est pas unique et exclusive* [uma afinidade qualquer, mas que não é única e exclusiva] (*Analogies*, p. 72). Vejamos, por exemplo, três dos sonhos de Hildebrandt provocados por despertadores; devemos então colocar a questão de saber por que o mesmo estímulo provoca resultados de sonho tão diversos e por que justamente esses:

> (p. 37) "Pois bem, em uma manhã de primavera, estou dando um passeio e caminho por campos verdejantes até uma aldeia vizinha; lá, vejo os moradores em roupas de festa, o livro de cânticos debaixo do braço, dirigindo-se em grande número à igreja. É verdade! É que hoje é domingo e logo terá início a missa matinal. Eu decido participar dela, mas antes, como eu estava sentindo um pouco de calor, vou me refrescar no cemitério que circunda a igreja. Enquanto ali leio diversas inscrições sobre as lápides, ouço o sineiro subindo a torre, e vejo então, no alto da torre, o pequeno sino da aldeia que dará o sinal para o início do culto. Por um bom tempo, ele fica pendurado lá, imóvel, depois começa a balançar – e de repente suas badaladas ressoam claras e penetrantes – tão claras e penetrantes que puseram um fim ao meu sono. Mas os sons do sino vêm do despertador."
>
> "Uma segunda combinação. É um dia claro de inverno; as ruas estão cobertas por uma camada espessa de neve. Confirmei minha participação em um passeio de trenó, mas tenho de esperar muito tempo antes que seja anunciado que o trenó se encontra diante da porta. Agora seguem os preparativos para o embarque – o casaco de pele é colocado, o saco para aquecer os pés é providenciado – e finalmente estou sentado em meu lugar. Mas a partida ainda tarda até que as rédeas transmitam o sinal aos cavalos que aguardam. Eles se põem então em marcha; os guizos vigorosamente sacudidos iniciam sua bem conhecida música de janízaros com uma potência que rasga instantaneamente a teia do sonho. E novamente não é outra coisa senão o som estridente do alarme do despertador."
>
> "Eis o terceiro exemplo! Vejo uma ajudante de cozinha com algumas dúzias de pratos empilhados caminhando ao longo do corredor que leva à sala de jantar. A pilha de porcelana em seus braços me parece em perigo de perder o equilíbrio. 'Preste atenção', advirto, 'todo esse peso vai cair no chão.' Naturalmente, a contestação inevitável não se faz esperar: ela já está acostumada com essas coisas etc., enquanto eu continuo a seguir com olhar preocupado a moça que avança. De fato, na soleira da porta acontece um tropeção – a louça frágil cai com barulho estridente,

espatifando-se em 100 cacos que se espalham pelo chão. No entanto – o barulho que prossegue sem cessar não é, como logo percebo, propriamente estridente, mas uma verdadeira campainha – e esse alarme, como agora o reconhece aquele que está acordado, era apenas o despertador cumprindo seu dever."

A questão de saber por que a alma no sonho compreende mal a natureza do estímulo sensorial objetivo foi respondida por Strümpell – e quase que da mesma maneira por Wundt – no sentido de que, em relação aos estímulos que irrompem no sonho, ela se encontra colocada entre as condições da formação de ilusões. Uma impressão sensorial é *reconhecida* por nós, *corretamente interpretada*, ou seja, inserida no grupo de lembranças ao qual, de acordo com todas as experiências anteriores, ela pertence, desde que essa impressão seja suficientemente forte, clara e durável, e desde que disponhamos do tempo necessário para essa reflexão. Se essas condições não forem preenchidas, negligenciamos o objeto do qual provém a impressão; com base nela formamos uma ilusão. "Se vamos passear em campo aberto e percebemos indistintamente um objeto distante, pode ocorrer que a princípio o tomemos por um cavalo." Se o olhamos mais de perto, pode impor-se a interpretação de que se trata de uma vaca deitada, e, por fim, a representação pode resolver-se com certeza na de um grupo de pessoas sentadas. De natureza igualmente indeterminada são as impressões que a alma recebe através de estímulos externos durante o sono; com base nelas, ela forma ilusões, pois através da impressão é evocado um maior ou menor número de imagens de lembranças, por meio das quais a impressão recebe seu valor psíquico. De qual dos muitos círculos de lembranças a se considerar são despertadas as imagens correspondentes, e quais das possíveis relações de associação entram em ação nesse caso, essa questão também permanece indeterminada para Strümpell e de alguma forma abandonada ao arbítrio da vida anímica.

Estamos aqui colocados diante de uma escolha. Podemos admitir que realmente não devemos continuar a perseguir a adequação da formação do sonho a uma lei interna e com isso renunciar à pergunta sobre se a interpretação da ilusão provocada pela impressão sensorial não está submetida a outras condições. Ou podemos vir a supor que a estimulação sensorial objetiva que incide sobre o sono só exerce um papel modesto enquanto fonte do sonho, e que outros fatores determinam a escolha das imagens de lembranças que são despertadas. De fato, se examinamos os sonhos produzidos experimentalmente por Maury, que comuniquei tão minuciosamente com essa intenção, somos tentados a dizer que o experimento efetuado só cobre, na verdade, um dos elementos do sonho a partir de sua origem, e o conteúdo restante do sonho parece autônomo demais, determinado demais no detalhe, para poder ser explicado pela única exigência de ter de entrar em acordo com o elemento introduzido experimentalmente. Começamos, então, a mesmo duvidar da teoria da ilusão e do poder da impressão objetiva de dar forma ao sonho, quando ficamos sabendo que ocasionalmente essa impressão experimenta no sonho a interpretação mais singular e mais remota. É assim que B. M. Simon conta um sonho em que viu pessoas gigantescas sentadas à mesa e ouviu claramente o barulho medonho que produziam suas mandíbulas entrechocando-se na mastigação. Quando ele acordou, ouviu o barulho dos cascos de um cavalo que passava galopando diante de sua janela. Se nesse caso o barulho dos cascos do cavalo despertou justamente representações do círculo de lembranças das *Viagens de Gulliver*, a estadia entre os gigantes de Brobdingnag e as virtuosas criaturas equinas – como eu gostaria talvez de interpretar sem qualquer apoio da parte do autor –, não deveria a escolha desse círculo de lembranças tão inusitado para o estímulo ter sido também facilitada por outros motivos?[i]

2) Excitação sensorial interna (subjetiva)

Apesar de todas as objeções, é preciso admitir que o papel de excitações sensoriais objetivas durante o sono está estabelecido de maneira indiscutível como excitador do sonho, e se esses estímulos, de acordo com sua natureza e sua frequência, podem parecer insuficientes para explicar todas as imagens do sonho, será indicado buscar outras fontes de sonho, mas que operem de maneira análoga a elas. Não sei dizer onde surgiu pela primeira vez o pensamento de considerar, além dos estímulos sensoriais externos, as excitações internas (subjetivas) nos órgãos dos sentidos; mas, de fato, é isso que acontece mais ou menos expressamente em todas as exposições recentes de etiologia do sonho. “Creio”, diz Wundt, “que, no caso das ilusões do sonho, possuem além disso um papel essencial aquelas sensações visuais e

[i] Pessoas gigantescas no sonho permitem supor que se trata de uma cena da infância da pessoa que sonha. A interpretação acima de uma reminiscência das *Viagens de Gulliver* é, a propósito, um exemplo de como uma interpretação não deve ser. O intérprete de sonho não deve deixar sua própria sagacidade entrar no jogo e negligenciar o apoio às ideias que ocorrem àquele que sonha.

auditivas subjetivas que nos são conhecidas no estado de vigília como caos luminoso do campo visual escuro, como zunido ou zumbido nos ouvidos etc., e entre elas especialmente as excitações subjetivas da retina. Assim se explica a singular inclinação do sonho de apresentar aos olhos objetos em sua maioria semelhantes ou inteiramente correspondentes. Vemos expostos diante de nós inúmeros pássaros, borboletas, peixes, pérolas coloridas, flores etc. Nesse caso, a poeira luminosa do campo visual escuro tomou uma forma fantástica, e os numerosos pontos luminosos dos quais ela é constituída são incorporados pelo sonho em outras tantas imagens singulares que, por causa da mobilidade do caos luminoso, são vistas como objetos *em movimento*. – Aí, sem dúvida, está enraizada a grande inclinação do sonho pelas figuras animais as mais variadas, cuja riqueza de formas ajusta-se facilmente à forma especial das imagens luminosas subjetivas."

As excitações sensoriais subjetivas, enquanto fontes das imagens do sonho, têm evidentemente a vantagem de não serem dependentes, como as objetivas, do acaso externo. Elas se encontram, por assim dizer, à disposição da explicação, quantas vezes esta necessite delas. Mas elas se encontram muito atrás dos estímulos sensoriais objetivos, no sentido de que, contrariamente a esses últimos, elas só são acessíveis com dificuldade ou de modo algum a qualquer confirmação de seu papel de excitadoras do sonho fornecido por observação e experimentação. A prova principal em favor do poder excitador de sonho das excitações sensoriais é fornecida pelas chamadas alucinações hipnagógicas que foram descritas por Johannes Müller como "fenômenos visuais fantásticos". Trata-se frequentemente de imagens muito vívidas e variáveis que costumam se configurar no período do adormecer, para muitas pessoas de maneira bastante regular, e que, mesmo depois de abrir os olhos, podem persistir por algum tempo. Maury, que era sujeito a elas em alto grau, dedicou-lhes uma apreciação detalhada e afirmou sua relação e até mesmo sua identidade com as imagens do sonho (como já fizera, aliás, Johannes Müller). Para o seu surgimento, diz Maury, faz-se necessária certa passividade anímica, um relaxamento do esforço da atenção (p. 59 e ss.). No entanto, basta que se entre, por um segundo, numa letargia como essa, e que haja predisposição, para que se veja uma alucinação hipnagógica, depois da qual talvez se acorde novamente, até que esse jogo repetido muitas vezes acabe se encerrando com o adormecimento. Se acordamos então, depois de não muito tempo, acontece frequentemente, segundo Maury, de podermos identificar no sonho as mesmas imagens que antes de adormecer flutuavam como alucinações hipnagógicas (p. 134). Foi o que aconteceu certa vez a Maury com uma série de figuras grotescas com rostos distorcidos e penteados bizarros que o perturbaram com insistência inacreditável no período de adormecer, e com as quais depois de acordar se lembrava de ter sonhado. Outra vez, quando justamente experimentava uma sensação de fome porque tinha se imposto uma dieta frugal, ele viu hipnagogicamente uma travessa e uma mão armada com um garfo que pegava um pouco da comida na travessa. No sonho, ele se encontrava diante de uma mesa ricamente guarnecida e ouvia o barulho dos garfos das pessoas que comiam. Outra vez, quando adormeceu com os olhos irritados e doloridos, ele teve a alucinação hipnagógica com pequenos sinais microscópicos que ele tinha de decifrar um a um com enorme esforço; despertado do sono depois de uma hora, ele se lembrava de um sonho no qual aparecida um livro aberto, impresso com caracteres pequenos, que ele penosamente tinha de ler.

De maneira bastante semelhante a essas imagens, podem surgir também alucinações auditivas de palavras, nomes etc. e se repetir então no sonho, como abertura, por assim dizer, que anuncia os temas principais da ópera que começa com ela.

Pelos mesmos caminhos de Johannes Müller e Maury transita um observador mais recente das alucinações hipnagógicas, G. Trumbull Ladd. Ele conseguiu, por meio de prática, dois a cinco minutos após o adormecimento gradativo, arrancar-se abruptamente do sono, sem abrir os olhos, e teve então a ocasião de comparar as sensações retinianas que acabavam de esvaecer com as imagens do sonho que sobreviviam na lembrança. Ele assegura que a cada vez podia ser reconhecida uma relação íntima entre ambas, de tal modo que os pontos e linhas luminosos da luz própria da retina traziam de alguma forma o desenho do contorno, o esquema para as figuras do sonho percebidas psiquicamente. Por exemplo, a um sonho em que via nitidamente diante de si linhas impressas que ele lia e estudava correspondia um ordenamento dos pontos luminosos na retina em linhas paralelas. Para dizê-lo em suas palavras: a página claramente impressa que ele leu no sonho diluiu-se em um objeto que, para a sua percepção de vigília, parecia um pedaço de uma folha impressa real, vista através de um pequeno buraco em um pedaço de papel, de uma distância grande demais para se discernir qualquer coisa. Ladd pensa, sem aliás subestimar a parte central do fenômeno, que dificilmente ocorre em nós um sonho visual que não se apoie no material dos estados de excitação interna da retina. Isso é válido particularmente para os sonhos que surgem pouco depois de adormecer em um quarto escuro, enquanto, para os sonhos que ocorrem de manhã, perto do despertar, é a luz objetiva, penetrando nos olhos em um quarto clareado, que fornece a fonte de estímulos. O caráter mutável, capaz de modificações infinitas da excitação da luz própria, corresponde exatamente ao fluxo incessante de imagens que os nossos sonhos nos apresentam. Se atribuirmos importância às observações de Ladd, não podemos subestimar a fecundidade dessa fonte subjetiva de estímulos para o sonho, pois, como sabemos, imagens visuais constituem o principal componente dos nossos sonhos. A contribuição de outros campos sensoriais, com exceção do auditivo, é menor e inconstante.

3) Estímulo corporal interno, orgânico

Se estamos no caminho de procurar as fontes do sonho não no exterior, mas no interior do organismo, então precisamos nos lembrar de que quase todos os nossos órgãos internos, que no estado de saúde dificilmente nos dão notícia de sua existência, tornam-se para nós, em estados de estimulação – como os chamamos – ou em doenças, uma fonte de sensações em sua maioria penosas, que deve ser equiparada aos excitadores externos dos estímulos dolorosos e sensitivos que chegam de fora. Experiências muito antigas levaram B. Strümpell, por exemplo, a declarar (p. 107): "No sono, a alma chega a uma consciência sensitiva muito mais profunda e mais vasta de sua corporeidade do que na vigília, e é obrigada a receber e a deixar agir sobre ela certas impressões de estímulo que provêm de partes e de alterações de seu corpo das quais ela nada sabia no estado de vigília". Aristóteles já declara ser perfeitamente possível que no sonho seja chamada a nossa atenção para estados de doença que principiam, dos quais ainda nada percebemos no estado de vigília (pelo fato da ampliação que o sonho confere às impressões, cf., acima, p. 50-51); e autores médicos, cujo ponto de vista estava certamente muito distante de uma crença em um dom profético do sonho, tem admitido esse significado do sonho ao menos no que concerne ao anúncio de doenças. (Cf. M. Simon, p. 31, e muitos autores mais velhos.[i])

---

[i] Além dessa avaliação diagnóstica dos sonhos (por exemplo, em Hipócrates), é preciso levar em conta a sua importância terapêutica na Antiguidade.

Parece que em época mais recente também não faltam exemplos comprovados dessas atividades diagnósticas do sonho. É assim, por exemplo, que Tissié relata, a partir de Artigues (*Essai sur la valeur séméiologique des rêves* [*Ensaio sobre o valor semiológico dos sonhos*]), a história de uma mulher de 43 anos que, durante alguns anos, aparentemente em plena saúde, foi assombrada por sonhos de angústia e que, no exame médico, apresentou então o início de uma afecção cardíaca à qual ela sucumbiu imediatamente.

Perturbações pronunciadas dos órgãos internos agem, evidentemente, para toda uma série de pessoas como excitadores do sonho. Em geral aponta-se a frequência dos sonhos de angústia em doentes do coração e dos pulmões, e, de fato, essa relação com a vida onírica foi tão evidenciada por muitos autores que posso me contentar aqui com a mera referência à literatura (Radestock, Spitta, Maury, M. Simon, Tissié). Tissié chega a pensar que os órgãos doentes imprimem no conteúdo do sonho um cunho característico. Os sonhos dos doentes do coração costumam ser muito curtos e terminam com um despertar assustado; quase sempre a situação da morte em circunstâncias atrozes tem um papel no seu conteúdo. Os doentes do pulmão sonham com sufocação, aglomerações, fuga e são, em número impressionante, submetidos ao conhecido pesadelo que Börner, aliás, pode provocar experimentalmente, deitando-se sobre o próprio rosto e obstruindo as vias respiratórias. No caso de perturbações digestivas, o sonho contém representações da esfera da fruição e do asco. Por último, a influência de excitação sexual sobre o conteúdo dos sonhos é suficientemente acessível na experiência de qualquer pessoa e contribui com sua mais forte sustentação para toda a doutrina da excitação do sonho por estímulo orgânico.

Quando analisamos a literatura sobre o sonho, é também inteiramente inequívoco que alguns autores foram levados a se ocupar com os problemas

---

Entre os gregos havia oráculos de sonho que costumavam ser visitados por doentes em busca de recuperação. O doente ia até o templo de Apolo ou de Esculápio e lá era submetido a diversas cerimônias, banhado, massageado, fumigado, e, colocado assim em um estado de exaltação, deitavam-no no templo sobre a pele de um carneiro sacrificado. Ele adormecia e sonhava com remédios que lhe eram mostrados em forma natural ou em símbolos e com imagens que os sacerdotes interpretavam em seguida.

Sobre os sonhos de cura dos gregos, ver Lehmann, I, 74, Bouché-Leclercq, Hermann, *Gottesd. Alterth. d. Gr.* 41, *Privataltert.* 38, 16, Böttinger na contribuição de Sprengel em *Gesch. d. Med.* II, p. 163 e ss., W. Lloyd, *Magnetism and Mesmerism in Antiquity*, London, 1877, Döllinger, *Heidentum und Judentum*, p. 130.

do sonho por influência de seus próprios estados de doença sobre o conteúdo de seus sonhos.

O crescimento do número de fontes de sonho a partir desses fatos estabelecidos acima de qualquer dúvida não é, aliás, tão importante quanto gostaríamos de pensar. O sonho é de fato um fenômeno que ocorre em pessoas saudáveis – talvez em todas, talvez todas as noites – e que evidentemente não conta o adoecimento orgânico entre suas condições indispensáveis. Mas, para nós, não se trata de saber de onde provêm certos sonhos especiais, mas qual pode ser a fonte de estímulos para sonhos habituais de seres humanos normais.

No entanto, precisamos agora apenas dar mais um passo para nos deparar com uma fonte de sonho que decorre com maior abundância do que qualquer uma das anteriores e que na verdade promete não se esgotar em nenhum caso. Se está estabelecido com segurança que o interior do corpo no estado de doença é a fonte dos estímulos do sonho, e se admitimos que a alma, no estado de sono, desviada do mundo exterior, pode dirigir uma maior atenção para o interior do corpo, somos tentados a supor que os órgãos não precisam primeiro adoecer para fazer chegar à alma que dorme excitações que, de alguma maneira, tornam-se imagens de sonho. Aquilo que no estado de vigília percebemos vagamente como sensação geral e apenas a partir de sua qualidade e para o que, de acordo com a opinião dos médicos, todos os sistemas orgânicos trazem sua contribuição é o que durante a noite, ao adquirir uma influência mais intensa e agindo segundo cada um de seus componentes, forneceria a fonte mais poderosa e ao mesmo tempo a mais comum para o despertar das representações do sonho. Restaria então investigar as regras a partir das quais os estímulos orgânicos se transpõem em representações de sonho.

Abordamos aqui aquela teoria da origem do sonho que se tornou a preferida de todos os autores médicos. A obscuridade na qual a essência do nosso ser, o "*moi splanchnique*" [eu esplâncnico], como o nomeia Tissié, esquiva-se ao nosso conhecimento e a obscuridade da origem do sonho correspondem uma à outra bem demais para não serem colocadas em relação entre si. O curso de ideias que transforma a sensação orgânica vegetativa em formadora de sonho tem, além disso, para o médico outro atrativo, o de permitir reunir etiologicamente sonho e perturbação mental, que mostram tantas coincidências em suas manifestações, pois as alterações da sensação geral e os estímulos que provêm dos órgãos internos também imputarão uma importância considerável na origem das psicoses. Por isso, não é de admirar que a teoria do estímulo corporal possa ser reconduzida a mais de um criador que a tenha enunciado independentemente.

Para uma série de autores foi decisivo o modo de pensar desenvolvido pelo filósofo Schopenhauer em 1851. A imagem do mundo nasce em nós pelo fato de nosso intelecto refundir as impressões recebidas de fora em formas de tempo, de espaço e de causalidade. Os estímulos do interior do organismo, provenientes do sistema nervoso simpático, exercem durante o dia no máximo uma influência inconsciente sobre o nosso estado de ânimo. Mas, durante a noite, quando cessa o efeito ensurdecedor das impressões do dia, aquelas impressões que surgem de dentro são capazes de conseguir atenção – da mesma forma como durante a noite ouvimos o murmúrio da fonte que o barulho do dia tornou imperceptível. Mas de que outra forma o intelecto deve reagir a esses estímulos, a não ser executando sua função específica? Ele vai, portanto, remodelar os estímulos em formas que ocupam espaço e tempo e se movem seguindo o fio da causalidade, e assim nasce o sonho. Scherner e, depois dele, Volkert tentaram então penetrar mais intimamente na relação entre estímulos corporais e imagens de sonho, cuja apreciação reservamos ao capítulo sobre as teorias do sonho.

Em uma investigação desenvolvida de maneira especialmente consequente, o psiquiatra Krauß fez derivar a origem do sonho, bem como os delírios e as ideias delirantes do mesmo elemento, da *sensação organicamente condicionada*. Dificilmente se poderia pensar em um lugar do organismo que não possa se tornar o ponto de partida de um sonho ou de uma imagem delirante. A sensação organicamente condicionada "pode, no entanto, ser dividida em duas séries: 1) naquela dos ânimos totais (sensação geral), 2) naquela das sensações específicas, imanentes aos sistemas principais do organismo vegetativo, das quais distinguimos cinco grupos, *a*) as sensações musculares, *b*) as pneumáticas, *c*) as gástricas, *d*) as sexuais e *e*) as periféricas" (p. 33 do segundo artigo).

Sobre o modo como se desenrola a gênese das imagens do sonho com base nos estímulos corporais, Krauß faz a seguinte suposição: uma vez despertada, a sensação evoca, seguindo alguma lei de associação, uma representação que lhe é aparentada e liga-se com ela em uma estrutura orgânica, em relação à qual, no entanto, a consciência se conduz de maneira diferente do normal. Pois esta não concede nenhuma atenção à própria sensação, mas se volta inteiramente às representações acompanhantes, o que ao mesmo tempo é a razão pela qual esse estado de coisas pôde ser mal compreendido por tanto tempo (p. 11 e ss.). Krauß também encontra para esse processo a expressão especial de *transubstanciação* das sensações em imagens de sonho (p. 24).

A influência dos estímulos corporais orgânicos sobre a formação do sonho é admitida hoje quase que de maneira geral, e a questão sobre a lei da relação entre ambos é respondida de maneira muito diversa e muitas vezes com informações obscuras. Surge então, no terreno da teoria do estímulo corporal, a tarefa especial da interpretação do sonho que é reconduzir o conteúdo de um sonho aos estímulos orgânicos que o causam, e, se não reconhecermos as regras de interpretação descobertas por Scherner, estaremos diante do fato embaraçoso de que a fonte orgânica de estímulos não se revela por meio de outra coisa a não ser justamente através do conteúdo do sonho.

Mas a interpretação de diversas formas de sonho que caracterizamos como "típicas", pois retornam em muitas pessoas com um conteúdo inteiramente semelhante, tomou uma forma bastante coincidente. Trata-se dos sonhos bem conhecidos de queda de uma altura, de queda de dente, de voar e de constrangimento por estar nu ou malvestido. Esse último sonho deve simplesmente vir da percepção tida durante o sono quando tiramos o cobertor e ficamos deitados descobertos. O sonho de queda de dente é reconduzido a um "estímulo dentário", mas sem que seja necessário aludir a um estado de excitação dos dentes por doença. O sonho de voar, segundo Strümpell, é a imagem adequada utilizada pela alma para interpretar o *quantum* de estímulo proveniente da elevação e do abaixamento dos lóbulos pulmonares quando ao mesmo tempo a sensação cutânea do tórax já se reduziu à ausência de consciência. Através dessa última circunstância é obtida a sensação ligada à forma da representação de flutuar. A queda da altura teria coincide com o momento em que intervém a perda de consciência da sensação de pressão cutânea, quando um braço cai ou um joelho flexionado é esticado repentinamente, provocando nova sensação consciente da pressão cutânea. Essa passagem, ao tornar-se consciente, corporifica-se psiquicamente como sonho de estar caindo (Strümpell, p. 118). A fraqueza dessas tentativas plausíveis de explicação reside evidentemente no fato de que, sem outro ponto de apoio, elas fazem desaparecer da percepção anímica este ou aquele grupo de sensações orgânicas, ou se fazem impor a ela, até que seja estabelecida a constelação favorável para a explicação. Além disso, mais adiante terei ocasião de voltar aos sonhos típicos e sua origem.

M. Simon tentou deduzir da comparação de uma série de sonhos semelhantes algumas regras sobre a influência dos estímulos orgânicos sobre a determinação de resultados de sonho. Ele diz (p. 34): se, durante o sono, algum aparelho orgânico, que normalmente participa da expressão de um afeto, encontrar-se, através de algum outro motivo, em estado de excitação no qual normalmente ele é colocado por esse afeto, então o sonho que surge conterá representações adequadas a esse afeto.

Outra regra enuncia (p. 35): se, no sono, um aparelho orgânico encontrar-se em atividade, excitação ou perturbação, o sonho trará representações que se relacionam ao exercício da função orgânica que esse aparelho cumpre.

Mourly Vold propôs-se a demonstrar experimentalmente, em um âmbito particular, a suposta influência da teoria do estímulo corporal sobre a produção do sonho. Ele fez experiências que consistiram em alterar a posição dos membros da pessoa que dormia e comparou os resultados dos sonhos com as suas alterações. Ele comunicou as seguintes proposições como resultado.

1) A posição de um membro no sonho corresponde aproximadamente à da realidade, ou seja, sonhamos com um estado estático do membro que corresponde ao estado real.
2) Quando se sonha com o movimento de um membro, esse movimento é sempre de tal forma que uma das posições que aparecem em sua execução corresponde à posição efetiva.
3) No sonho, podemos também atribuir a posição do próprio membro a uma pessoa alheia.
4) Também podemos sonhar que o movimento em questão está impedido.
5) O membro na posição em questão pode aparecer no sonho como animal ou monstro, caso em que se estabelece certa analogia entre ambos.
6) A posição de um membro no sonho pode suscitar pensamentos que têm uma relação qualquer com esse membro, é assim, por exemplo, que sonhamos com números quando movimentamos os dedos.

Eu concluiria a partir desses resultados que nem mesmo a teoria do estímulo corporal foi capaz de eliminar inteiramente a aparente liberdade na determinação das imagens de sonho que serão despertadas.[i]

---

[i] Ver adiante mais detalhes sobre os protocolos de sonho publicados em dois volumes por esse pesquisador.

4) Fontes psíquicas de estimulação

Quando estávamos tratando das relações do sonho com a vida de vigília e da proveniência do material do sonho, verificamos que a opinião dos mais velhos, bem como a dos mais recentes investigadores de sonho, era a de que as pessoas sonham com o que fazem de dia e com o que lhes interessa no estado de vigília. Esse interesse, que tem continuidade a partir da vida de vigília até o sono, não apenas seria um laço psíquico que conecta o sonho à vida, mas também nos forneceria uma fonte onírica que não deve ser desprezada e que, além daquilo que se tornou interessante durante o sono – os estímulos que agem durante o sono –, deveria ser suficiente para explicar a proveniência de todas as imagens oníricas. Mas contra a afirmação acima ouvimos também a objeção de que o sonho afasta quem está dormindo dos interesses do dia e que – na maioria das vezes – só sonhamos com coisas que mais nos comoveram de dia quando elas perderam o atrativo da atualidade para a vida de vigília. Assim, a cada passo na análise da vida onírica, ficamos com a impressão de que não podemos estabelecer regras gerais sem prever restrições tais como "com frequência", "via de regra", "na maioria das vezes", e sem estar preparado para a validade das exceções.

Se o interesse da vida de vigília, além dos estímulos internos e externos do sono, fosse suficiente para cobrir a etiologia do sonho, teríamos, necessariamente, de ser capazes de prestar contas, de maneira satisfatória, da proveniência de todos os elementos de um sonho; o enigma das fontes oníricas estaria resolvido e restaria ainda apenas a tarefa de delimitar a participação dos estímulos psíquicos e somáticos em cada um dos sonhos. Na realidade, ainda não se conseguiu em nenhum caso essa resolução completa de um sonho, e a qualquer um que a tenha tentado restaram partes constituintes do sonho – muito abundantes em sua maioria – para cuja proveniência nada se pode afirmar. O interesse do dia como fonte psíquica do sonho não tem, evidentemente, um alcance tão amplo quanto se poderia esperar, de acordo com as afirmações confiantes de que cada um dá continuidade aos seus assuntos no sonho.

Outras fontes psíquicas do sonho não são conhecidas. Todas as explicações de sonho representadas na literatura – com exceção talvez das de Scherner, que serão mencionadas mais tarde – deixam aberta uma grande lacuna, quando se trata da derivação do material de imagens de representação, que é o mais característico do sonho. Foi nesse embaraço que a maioria dos autores desenvolveu a tendência a rebaixar, tanto quanto possível, a participação psíquica na excitação do sonho, da qual é tão difícil dar conta. De fato, eles distinguem, como classificação principal, o *sonho por estímulo nervoso* e o *sonho por associação*, dos quais esse último encontra a sua fonte exclusivamente na reprodução (Wundt, p. 365), mas eles não conseguem se livrar da dúvida sobre "se esses sonhos se configuram sem ter sido dado um estímulo corporal" (Volkelt, p. 127). Até mesmo a característica do puro sonho por associação falha: "Nos sonhos associativos propriamente ditos, não se pode mais falar de um núcleo fixo como esse. Nesse caso, esse agrupamento frouxo invade o ponto central do sonho. Por sua vez, a vida das representações, liberta de razão e de entendimento, também nesse caso não se conserva coesa por essas excitações corporais e anímicas de maior peso e assim é abandonada à sua própria sorte desordenada e ao seu próprio cambalear confuso" (Volkelt, p. 118). Wundt considera então uma diminuição da participação psíquica na excitação do sonho declarando que "não temos razão ao considerar os fantasmas do sonho como puras alucinações. Provavelmente a maioria das representações no sonho são na verdade ilusões, tendo em vista que elas provêm das tênues impressões sensoriais que nunca se apagam durante o sono" (p. 359 e ss.). Weygandt adotou essa opinião e a generalizou. Ele afirma, para todas as representações do sonho, que "sua causa originária mais imediata são os estímulos sensoriais, aos quais só depois vêm se juntar associações reprodutivas" (p. 17). Tissié (p. 183) vai ainda mais longe no recalcamento das fontes psíquicas de estímulo: "*Les rêves d'origine absolument psychique n'existent pas*" [Os sonhos de origem absolutamente psíquica não existem], e em outra passagem (p. 6): "*les pensées de nos rêves nous viennent du dehors...*" [os pensamentos de nossos sonhos nos vêm de fora...].

Aqueles autores que, como o influente filósofo Wundt, assumem uma posição intermediária não deixam de observar que, na maioria dos sonhos, agem em cooperação estímulos somáticos e os incitadores psíquicos de sonho que são desconhecidos ou reconhecidos como interesse do dia.

Mais tarde verificaremos que o enigma da formação do sonho pode ser resolvido através da descoberta de uma insuspeitada fonte de estímulo psíquico. Provisoriamente, não nos admiremos da supervalorização dos estímulos não provenientes da vida anímica que levam à formação do sonho. Não apenas porque são os únicos que podem ser encontrados facilmente e confirmados mesmo através de experimento; a concepção somática da gênese do sonho corresponde também inteiramente à orientação de pensamento que hoje domina na psiquiatria. O domínio do cérebro sobre o organismo é na verdade acentuado expressamente, mas tudo o que poderia revelar uma independência da vida anímica em relação a alterações orgânicas demonstráveis ou uma espontaneidade em suas manifestações assusta o psiquiatra hoje de tal maneira, como se o seu reconhecimento tivesse de trazer de volta os tempos da filosofia da natureza e da essência metafísica da alma. A desconfiança do psiquiatra colocou a psique de alguma forma sob tutela e agora exige que nenhuma de suas moções revele uma capacidade que lhe seja própria. No entanto, esse procedimento não mostra outra coisa a não ser uma insignificante confiança na consistência no encadeamento causal que se estende entre o corporal e o anímico. Mesmo onde o psíquico pode ser reconhecido na investigação como o fator primário que ocasiona um fenômeno, uma observação mais aprofundada saberá um dia encontrar a continuidade da via até o fundamento orgânico do psíquico. Mas, se o psíquico deveria significar a estação final para o nosso conhecimento atual, nem por isso ele deve ser negado.

D
POR QUE ESQUECEMOS O SONHO DEPOIS QUE ACORDAMOS?

É proverbial que o sonho "se dissolve" de manhã. Sem dúvida, ele é passível de ser lembrado. Pois de fato conhecemos o sonho somente a partir da lembrança que temos dele depois de acordar; mas com muita frequência acreditamos que só nos lembramos dele de maneira incompleta, enquanto parecia haver mais dele durante a noite; podemos observar como uma lembrança de sonho, ainda vívida durante a manhã, desvanece-se no curso do dia, até restarem pequenos fragmentos; com frequência sabemos que sonhamos, mas não o que sonhamos, e estamos tão acostumados com a experiência de que o sonho se submeteu ao esquecimento que não rejeitamos como absurda a possibilidade de que tenha sonhado durante a noite aquele que de manhã não sabe nada sobre o conteúdo nem sobre o fato do sonhar. Por outro lado, acontece de os sonhos mostrarem uma extraordinária durabilidade na memória. Analisei de meus pacientes sonhos que lhes aconteceram havia 25 anos ou mais, e posso me lembrar de um de meus próprios sonhos que se distancia do dia de hoje em pelo menos 37 anos e que, entretanto, nada perdeu de seu frescor de memória. Tudo isso é muito curioso e de início não compreensível.

É Strümpell quem trata com mais detalhe do esquecimento dos sonhos. Esse esquecimento é evidentemente um fenômeno complexo, pois Strümpell não o remete a uma única razão, mas a toda uma série delas.

Em primeiro lugar, estão em ação no esquecimento dos sonhos todas aquelas razões que provocam o esquecimento na vida de vigília. Quando acordados, costumamos esquecer imediatamente um sem-número de sensações e percepções, porque elas eram muito frágeis, porque a excitação anímica conectada a elas era de um grau muito insignificante. É o mesmo caso que concerne às muitas imagens oníricas; elas são esquecidas porque eram muito frágeis, enquanto são lembradas imagens mais intensas próximas a elas. A esse propósito, certamente o fator da intensidade por si só não é decisivo para a conservação das imagens de sonho; Strümpell, como também outros autores (Calkins), admite que com frequência esquecemos rapidamente de imagens de sonhos que sabemos que eram vívidas, enquanto, entre as conservadas na memória, encontram-se muitas imagens sombrias, sensorialmente fracas. Além disso, na vida de vigília, costumamos esquecer facilmente aquilo que só aconteceu uma vez, e costumamos reter melhor aquilo que pudemos perceber repetidas vezes. Mas a maioria das imagens de sonho são vivências únicas;[i] essa particularidade vai contribuir na mesma medida para o esquecimento de todos os sonhos. Muito mais importante é uma terceira razão do esquecimento. Para que sensações, representações, pensamentos etc. alcancem certa capacidade de lembrança, é necessário que eles não permaneçam isolados, mas que contraiam ligações e agrupamentos do tipo apropriado. Se decompomos um pequeno verso em suas palavras e as embaralhamos, será muito difícil retê-lo. "Bem ordenada e em uma sequência adequada, uma palavra ajuda a outra, e o todo, pleno de sentido, fixa-se na lembrança facilmente e por muito tempo. Aquilo que é um contrassenso é em geral tão difícil de reter e tão raro para nós quanto o que é confuso e desordenado." Pois bem, faltam nos sonhos, na maioria dos casos, inteligibilidade e ordem. As composições de sonho estão desprovidas em si mesmas da possibilidade de sua própria memória e são esquecidas, porque, na maioria das vezes, já se desfazem em pedaços nos momentos que se seguem. – Em relação a essas considerações, não está inteiramente de acordo aquilo que Radestock

[i] Sonhos que retornam periodicamente têm sido observados com frequência, cf. a coletânea de Chabaneix.

(p. 168) pretende ter observado, a saber, que justamente retemos melhor os sonhos mais peculiares.

Outros fatores que derivam da relação do sonho com a vida de vigília parecem a Strümpell ainda mais eficazes para o esquecimento do sonho. A propensão dos sonhos a serem esquecidos pela consciência de vigília é visivelmente apenas a contraparte do fato mencionado anteriormente, de que o sonho (quase) nunca toma lembranças ordenadas da vida de vigília, mas apenas detalhes delas, os quais ele arranca de suas ligações psíquicas habituais, nas quais eles são lembrados na vida de vigília. Com isso, a composição do sonho não encontra lugar na companhia das séries psíquicas que soem ocupar a alma. Faltam-lhe todos os auxílios de lembranças. "Dessa maneira, a estrutura do sonho ergue-se, por assim dizer, do solo de nossa vida anímica e fica em suspenso no espaço psíquico, como uma nuvem no céu que o sopro de vento dissipa rapidamente" (p. 87). Na mesma direção age a circunstância de que, com o despertar, o mundo sensível atrai imediatamente e confisca a atenção, de modo que, diante dessa força, apenas poucas imagens de sonho conseguem resistir. Estas cedem diante das impressões do dia que nasce assim como o brilho das estrelas diante da luz do sol.

Em último lugar, como propício ao esquecimento dos sonhos, deve ser mencionado o fato de que a maioria dos seres humanos dedica em geral pouco interesse aos seus sonhos. Quem, por exemplo, como investigador, interessar-se por algum tempo pelo sonho sonhará, durante esse tempo, mais do que normalmente, e isso sem dúvida quer dizer: ele se lembra de seus sonhos com mais facilidade e maior frequência.

Duas outras razões que Bonatelli (citado por Benini) acrescenta às de Strümpell estão sem dúvida contidas nelas, a saber: 1) que a alteração da sensação geral entre o sono e a vigília é desfavorável à reprodução recíproca, e 2) que o ordenamento diferente do material de representações no sonho o torna, por assim dizer, intraduzível para a consciência de vigília.

Depois de todas essas razões para o esquecimento, torna-se ainda mais notável, como o próprio Strümpell destaca, que, apesar de tudo, ainda fique conservada na lembrança tanta coisa dos sonhos. Os esforços continuados dos autores para formular em regras a lembrança dos sonhos equivalem a uma confissão de que também nesse caso restou algo de enigmático e não resolvido. Certas características da lembrança do sonho com razão foram há pouco tempo observadas especialmente, por exemplo, a de que um sonho que pela manhã damos como esquecido pode ser lembrado ao longo do dia, ao ser evocado por uma percepção que casualmente toca no conteúdo – embora esquecido – do sonho (Radestock, Tissié). Mas a lembrança, como um todo, do sonho está sujeita a uma objeção susceptível de tornar seu valor consideravelmente rebaixado pelo olhar crítico. Podemos duvidar se a nossa lembrança, que deixa de fora tanta coisa do sonho, não falsifica aquilo que ela conservou.

Essas dúvidas quanto à exatidão da reprodução do sonho também são expressas por Strümpell: "Pode então facilmente acontecer de a consciência de vigília inserir algo involuntariamente na lembrança do sonho: imaginamos ter sonhado com todo tipo de coisas que o sonho ocorrido não continha".

Jessen se expressa de maneira particularmente decidida (p. 547):

> Mas, além disso, na investigação e na interpretação de sonhos coerentes e consistentes, é preciso levar em conta a circunstância que até agora, ao que parece, não recebeu atenção, de que, nesse caso, quase sempre a verdade vacila, porque, quando evocamos na memória um sonho que tivemos, sem perceber e sem querer, preenchemos e completamos as lacunas das imagens oníricas. Raramente ou talvez nunca um sonho coerente foi tão coerente quanto ele nos aparece na lembrança. Mesmo ao homem mais amante da verdade é dificilmente possível relatar um sonho curioso que teve sem qualquer acréscimo e qualquer adorno: a tendência do espírito [*Geist*] humano de ver tudo dentro da coerência é tão grande que, ao lembrar de um sonho em certa medida incoerente, ele completa involuntariamente as falhas da coerência.

Quase como uma tradução dessas palavras de Jessen soam as observações de V. Egger, mesmo que elas certamente tenham sido concebidas de maneira autônoma: "*...l'observation des rêves a ses difficultés spéciales et le seul moyen d'éviter toute erreur en pareille matière est de confier au papier sans le moindre retard ce que l'on vient d'éprouver et de remarquer; sinon, l'oubli vient vite ou total ou partiel; l'oubli total est sans gravité; mais l'oubli partiel est perfide; car si l'on se met ensuite à raconter ce que l'on n'a pas oublié, on est exposé à compléter par imagination les fragments incohérents et disjoints fourni par la mémoire...; on devient artiste à son insu, et le récit périodiquement répété s'impose à la créance de son auteur, qui, de bonne foi, le présente comme um fait authentique, dûment établi selon les bonnes méthodes...*" [...a observação dos sonhos tem suas dificuldades especiais, e o único meio de evitar qualquer erro nessa matéria é confiar no papel sem a menor demora, o que acabamos de experimentar e observar; caso contrário, o esquecimento sobrevém rapidamente, total ou parcialmente; o esquecimento total não é grave; mas o esquecimento parcial é traiçoeiro; pois se em seguida nos pomos a relatar aquilo que não esquecemos, corremos o risco de completar com a imaginação os fragmentos incoerentes e desarticulados fornecidos pela memória...; tornamo-nos artistas sem sabê-lo, e o relato periodicamente repetido se impõe à crença de seu autor, que, em boa-fé, apresenta-o como um fato autêntico, devidamente estabelecido segundo os métodos corretos...].

Inteiramente semelhante a Spitta (p. 338), que parece supor que, de maneira geral, introduzimos ordem nos elementos frouxamente associados uns aos outros apenas quando tentamos reproduzir o sonho: "fazemos da *justaposição* uma *sequência*, uma *cadeia*, portanto, acrescentando o processo de ligação lógica que falta no sonho".

Tendo em vista que não possuímos outro controle a não ser o objetivo para a fidelidade de nossa lembrança, mas que esse controle não é possível para o sonho, que é nossa própria vivência, e para o qual só conhecemos a lembrança como fonte, que valor ainda resta à lembrança que temos do sonho?

E
AS PARTICULARIDADES PSICOLÓGICAS DO SONHO

Na abordagem científica do sonho, partimos da suposição de que o sonho é um resultado da nossa própria atividade anímica; no entanto, o sonho acabado nos aparece como algo alheio, cuja autoria somos tão pouco impelidos a admitir que tanto podemos dizer: "me veio em sonho" [*mir hat geträumt*][6] como: "eu sonhei" [*ich habe geträumt*]. De onde provém essa "estranheza anímica" do sonho? De acordo com nossas discussões sobre as fontes do sonho, deveríamos pensar que ela não é condicionada pelo material que chega ao conteúdo do sonho; com efeito, ele é em grande parte comum à vida onírica e à vida de vigília. Podemos nos perguntar se não são modificações dos processos psíquicos no sonho que provocam essa impressão e assim podemos tentar uma caracterização psicológica do sonho.

Ninguém acentuou mais intensamente a distinção na essência do sonho e da vida de vigília nem a utilizou para tirar conclusões de maior alcance do que G. Th. Fechner em algumas observações de seus *Elementos da psicofísica* [*Elemente der Psychophysik*] (p. 520, IIª parte). Ele pensa que "nem a simples redução da vida anímica consciente abaixo do limiar principal" nem a retirada da atenção das influências do mundo externo bastariam para esclarecer as peculiaridades da vida onírica em relação à vida de vigília. Ele suspeita muito mais que mesmo a *cena dos sonhos é diferente da cena da vida representacional de vigília*. "Se a cena da atividade psicofísica durante o sono e durante a vigília fosse a mesma, o sonho, a meu ver, seria uma mera continuação da vida representacional de vigília, mantendo-se em um grau inferior de intensidade, e teria de, além disso, partilhar sua matéria e sua forma. Mas o que ocorre é inteiramente diferente."

O que Fechner quer dizer com uma realocação da atividade anímica certamente não ficou claro; também nenhum outro, tanto quanto sei, continuou a seguir o caminho cujo rastro ele apontou nessa observação. Uma interpretação anatômica, no sentido da localização cerebral fisiológica ou mesmo em referência à estratificação histológica do córtex cerebral, será sem dúvida descartada. Mas talvez esse pensamento se revele alguma vez pleno de sentido e fecundo, se o referirmos a um aparelho anímico que seja construído com várias instâncias interpoladas.

Outros autores se contentaram em destacar uma ou outra das particularidades psicológicas tangíveis da vida anímica e eventualmente torná-las o ponto de partida para outras tentativas de explicação de maior alcance.

Foi convenientemente observado que uma das peculiaridades principais da vida anímica já entra em cena no estado do adormecer e deve ser caracterizada como fenômeno que introduz o sono. O que é característico do estado de vigília é, segundo Schleiermacher (p. 351), que a atividade do pensar se desenrola em *conceitos* e não em *imagens*. Ora, o sonho pensa principalmente em imagens, e podemos observar que, com a aproximação do sono, na mesma medida em que as atividades voluntárias se mostram mais difíceis, surgem *representações involuntárias* que pertencem, todas, à classe das imagens. A incapacidade para esse trabalho de representação que sentimos como intencional e voluntário, e o surgimento de imagens regularmente conectado com essa *distração* são as duas características que perseveram no sonho e que em sua análise psicológica devemos reconhecer como características essenciais da vida onírica. Em relação às imagens – as alucinações hipnagógicas –, descobrimos que elas próprias são, por seu conteúdo, idênticas às imagens do sonho.[i]

---

[i] [Nota acrescentada em 1911:] H. Silberer mostrou, com belos exemplos, que mesmo pensamentos abstratos no estado de sonolência se transpõem em imagens plásticas nítidas que

O sonho pensa, portanto, predominantemente, em imagens visuais, mas não exclusivamente. Ele também trabalha com imagens auditivas e, em menor medida, com as impressões dos outros sentidos. Muita coisa também é simplesmente pensada ou representada no sonho (portanto, provavelmente representadas por restos de representações-palavra), inteiramente semelhante ao caso no estado de vigília. Entretanto, só são característicos do sonho aqueles elementos de conteúdo que se comportam como imagens, isto é, que se assemelham mais a percepções do que a representações-lembrança. Deixando de lado todas as discussões bem conhecidas do psiquiatra sobre a essência da alucinação, podemos declarar, com todos os autores especialistas, que o sonho alucina, que ele substitui pensamentos por alucinações. Por essa perspectiva, não há nenhuma diferença entre representações visuais e acústicas; foi observado que a lembrança de uma série de sons com a qual adormecemos transforma-se em uma alucinação da mesma melodia quando mergulhamos no sono, para dar lugar novamente, quando se volta a si, o que pode se alternar várias vezes com o adormecer, à representação-lembrança mais fraca e qualitativamente diferente.

A transformação da representação em alucinação não é a única divergência do sonho em relação a um pensamento de vigília eventualmente a ele correspondente. A partir dessas imagens, o sonho configura uma situação, figura algo como estando presente, *dramatiza* uma ideia, como Spitta (p. 145) o expressa. Mas a caracterização desse lado da vida anímica só será completa se acrescentarmos que ao sonhar – via de regra, pois as exceções requerem um esclarecimento especial – não parecemos pensar, mas vivenciar, e acolhemos as alucinações com crença plena. A crítica de que não vivenciamos nada, mas que apenas pensamos, sonhamos, sob uma forma peculiar, só intervém quando acordamos. Essa característica separa o verdadeiro sonho de quando se está dormindo do devaneio diurno, que nunca se confunde com a realidade.

Burdach resumiu as características da vida anímica abordadas até aqui nas seguintes proposições (p. 476): "Fazem parte das características distintivas essenciais do sonho *a*) a atividade subjetiva de nossa alma aparecer como objetiva, pois a faculdade de percepção concebe os produtos da fantasia como se fossem comoções sensoriais… *b*) o sono é uma suspensão

---

pretendem expressar a mesma coisa (*Jahrbuch*, de Bleuler-Freud, v. I, 1909). [Acréscimo de 1915:] Voltarei a essas descobertas em outro contexto.

do arbítrio. Daí certa passividade fazer parte do adormecer... As imagens do cochilo são condicionadas pelo relaxamento do arbítrio".

Trata-se agora de tentar explicar a credulidade da alma em relação às alucinações no sonho que só podem entrar em cena depois da suspensão de certa atividade de arbítrio. Strümpell explica que nesse caso a alma procede de maneira correta e de acordo com seu mecanismo. Os elementos do sonho não são, de forma alguma, meras representações, mas *vivências verdadeiras* e *reais da alma*, como as que surgem no estado de vigília pela mediação dos sentidos (p. 34). Enquanto a alma, no estado de vigília, representa e pensa por imagens verbais e por linguagem, no sonho ela pensa e representa por imagens sensoriais reais (p. 35). Além disso, acrescenta-se no sonho uma consciência espacial, visto que, tal como no estado de vigília, sensações e imagens são transpostos para um espaço exterior (p. 36). É preciso, portanto, admitir que no sonho a alma se encontra, no que diz respeito às suas imagens e percepções, na mesma situação que no estado de vigília (p. 43). Se, no entanto, ao fazê-lo ela se engana, isso vem do fato de que no estado de sono lhe falta o único critério que pode distinguir entre as percepções sensoriais dadas a partir de fora e a partir de dentro. Ela não pode submeter suas imagens às únicas provas que demonstram sua realidade objetiva. *Além disso*, ela negligencia a distinção entre imagens intercambiáveis *arbitrariamente* e outras nas quais esse arbítrio está ausente. Ela se engana porque não pode utilizar a lei da causalidade no conteúdo de seu sonho (p. 58). Em suma, seu afastamento do mundo exterior contém também a razão para a sua crença no mundo subjetivo do sonho.

À mesma conclusão chega Delboeuf, depois de desenvolvimentos psicológicos em parte divergentes. Concedemos às imagens oníricas a crença na realidade porque durante o sono não temos outras impressões com que compará-las, porque estamos separados do mundo exterior. Mas, se acreditamos na verdade das nossas alucinações, não é porque durante o sono nos é subtraída a possibilidade de apresentar provas. O sonho pode nos dar a ilusão de todas essas provas, ele pode, por exemplo, mostrar-nos que tocamos a rosa que vimos, e ainda assim estaremos sonhando. De acordo com Delboeuf, não existe nenhum critério convincente para saber se alguma coisa é um sonho ou realidade de vigília, a não ser – e isto só como generalidade prática – o fato do despertar. Declaro ser ilusão tudo o que foi vivenciado entre o adormecer e o despertar, quando percebo, ao despertar, que estou deitado despido em minha cama (p. 84). Durante o sono, tomei como verdadeiras as imagens do sonho, em consequência do hábito de pensar, que não pode ser adormecido, em consequência de supor um mundo exterior, diante do qual em coloco meu Eu em oposição.[i]

Se o retraimento em relação ao mundo exterior foi promovido à condição de fator determinante na formação das características mais notáveis da vida onírica, vale a pena citar algumas observações refinadas do velho Burdach que lançam luz sobre a relação da alma adormecida com o mundo exterior e que são adequadas para nos deter contra uma supervalorização das deduções anteriores. "O sono só acontece", diz Burdach, "sob a condição de que a alma não seja excitada por estímulos sensoriais... no entanto, a condição para o sono não é tanto a falta de estímulos sensoriais, mas muito mais a falta de interesse neles;[ii] alguma impressão sensorial é propriamente necessária na medida em que ela serve para apaziguar a alma, tal como o moleiro que só dorme quando ouve as pás do seu moinho e aquele que,

---

[i] Haffner fez uma tentativa semelhante à de Delboeuf para explicar a atividade do sonho pela modificação que é a consequência necessária de uma condição anormal introduzida no funcionamento normalmente correto do aparelho anímico intacto, mas ele descreveu essa condição em termos um pouco diferentes. Segundo ele, o primeiro signo distintivo do sonho é a ausência de espacialidade e de temporalidade, isto é, a emancipação da representação do lugar destinado ao indivíduo na ordem espacial e temporal. A ele se liga o segundo caráter fundamental do sonho, a confusão das alucinações, imaginações e combinações de fantasias com percepções externas. "Tendo em vista que as forças anímicas superiores, particularmente a formação de conceitos, o julgamento e a dedução, por um lado, e a livre autodeterminação, por outro, ligam-se às imagens sensoriais da fantasia e as têm a qualquer momento como suporte, essas atividades também participam da ausência de regras das representações do sonho. Dizemos que elas participam, pois, em si e por si, nossa capacidade de julgamento bem como nossa capacidade de vontade não são alteradas de nenhuma maneira durante o sono. No que concerne à atividade, nós somos tão perspicazes e tão livres quanto no estado de vigília. Mesmo no sonho, o homem não pode violar as leis do pensar em si mesmas, isto é, colocar como idênticas as coisas que a ele se figuram como opostas etc. Mesmo no sonho, ele só pode desejar [*begehren*] aquilo que ele se representa como um bem (*sub ratione boni*). Mas, nessa utilização das leis do pensar e do querer, a mente [*Geist*] humana é induzida ao erro no sonho, pela confusão de uma representação com outra. Acontece então de colocarmos e cometermos as maiores contradições no sonho, enquanto, por outro lado, podemos consumar os julgamentos mais perspicazes e as deduções mais consequentes, assim como podemos tomar as decisões mais virtuosas e mais santas. A *falta de orientação* constitui todo o segredo do voo com o qual se movimenta a nossa fantasia no sonho, e a *falta de reflexão crítica*, bem como de entendimento com outras pessoas, é a fonte principal das extravagâncias desmedidas de nossos julgamentos, como de nossas esperanças e nossos desejos no sonho" (p. 18).

[ii] [Nota acrescentada em 1914:] Cf. a esse propósito o "desinteresse" no qual Claparède encontra o mecanismo do adormecer.

não conseguindo dormir no escuro, acha por prudência necessário deixar uma vela ardendo" (p. 457).

"A alma se isola no sono contra o mundo exterior e se retira da periferia... Entretanto, as relações não são inteiramente interrompidas; se não ouvíssemos e sentíssemos durante o próprio sono, mas só depois de acordados, não poderíamos absolutamente ser despertados. A continuidade da sensação é comprovada ainda mais pelo fato de que não somos sempre despertados pela mera intensidade de uma impressão, mas pela sua relação psíquica; uma palavra indiferente não desperta aquele que está dormindo, mas, se o chamamos pelo nome, então ele acorda..., portanto a alma distingue no sono as sensações... Por isso também podemos ser despertados pela falta de um estímulo sensorial, se ele estiver relacionado a uma coisa importante para a representação; assim, acordamos quando se extingue a luz da vela acesa e o moleiro acorda com a paralisação do seu moinho, portanto, com cessação da atividade sensorial, e isso pressupõe que ela estava sendo percebida, mas, por ser indiferente, ou, antes, apaziguante, ela não incomodou a alma" (p. 460 e ss.).

Mesmo se quisermos fazer abstração dessas objeções, que não devem ser subestimadas, teremos, sem dúvida, de admitir que as propriedades da vida onírica apreciadas até aqui e que foram derivadas do afastamento em relação ao mundo exterior não conseguiram cobrir inteiramente o seu caráter de estranheza. Pois, em outro caso, deveria ser possível retransformar as alucinações do sonho em representações, as situações do sonho em pensamentos e com isso resolver a tarefa da interpretação do sonho. Ora, nós não procedemos de outra maneira quando depois de acordar reproduzimos o sonho a partir da lembrança, e, mesmo que logremos fazer essa retrotradução inteiramente ou em parte, o sonho conserva, sem redução, seu caráter enigmático.

Todos os autores também supõem, sem hesitar, que ainda ocorreram no sonho outras modificações mais profundas com o material de representação da vida de vigília. É uma dessas modificações que Strümpell procura destacar no seguinte comentário (p. 17): "Com a cessação da experiência sensorial ativa e a consciência da vida normal, a alma também perde o solo onde se enraízam os seus sentimentos, desejos [*Begehrungen*], interesses e ações. Também aqueles estados de espírito [*Geisteszustände*], sentimentos, interesses, avaliações que, no estado de vigília, aderem às imagens de lembranças estão submetidos... a uma pressão obscurecedora, em consequência da qual a sua ligação com as imagens se dissolve, as imagens da percepção de coisas, pessoas, localidades, acontecimentos e ações da vida de vigília são cada uma reproduzida em grande número, mas nenhuma delas traz consigo seu *valor psíquico*. Este foi desprendido delas e por isso elas flutuam na alma por seus próprios meios...".

Esse mesmo despojamento das imagens de seu valor psíquico, que novamente é remetido ao afastamento em relação ao mundo exterior, deve ter, segundo Strümpell, uma grande parte na impressão de estranheza, com a qual, em nossa lembrança, o sonho se contrapõe à vida.

Vimos que o adormecer já traz consigo a renúncia a uma das atividades da alma, a saber, o controle voluntário do curso das representações. Assim, impõe-se a nós a suposição, que além disso é plausível, de que o estado de sono poderia se estender também às funções anímicas. Uma ou outra dessas funções seria talvez inteiramente suspensa; se as funções restantes podem continuar trabalhando imperturbadas ou se sob essas circunstâncias elas podem produzir um trabalho normal é o que agora está em questão. Surge o ponto de vista de que as peculiaridades do sonho poderiam ser explicadas pela diminuição do rendimento psíquico no estado de sono, e, então, a impressão que o sonho causa em nosso julgamento de vigília vem ao encontro dessa concepção. O sonho é incoerente, reúne, sem se chocar, as piores contradições, admite impossibilidades, deixa de lado o nosso saber tão influente durante o dia, mostra-nos ética e moralmente embotados. Quem na vida de vigília se portasse da maneira como o faz no sono seria tido por nós como louco; quem na vida de vigília falasse ou quisesse comunicar coisas como as que aparecem no conteúdo do sonho iria nos passar a impressão de ser alguém confuso ou mentalmente [*geistig*] débil. Consequentemente, acreditamos apenas expressar esse estado de coisas quando avaliamos muito desfavoravelmente a atividade anímica no sonho e, em particular, quando declaramos suspensas ou ao menos severamente prejudicadas as funções intelectuais superiores no sonho.

Com uma unanimidade incomum – falaremos sobre as exceções em outra passagem –, os autores formularam sobre o sonho julgamentos como esses, que também levam diretamente a uma teoria ou explicação determinada da vida onírica. Chegou o momento em que substituo o resumo que acabei de expor por uma coletânea de citações de diversos autores – filósofos e médicos – sobre as características psicológicas do sonho:

De acordo com Lemoine, a *incoerência* das imagens do sonho é a única característica essencial do sonho.

Maury concorda com ele; ele diz (*Le Sommeil*, p. 163): "*Il n'y a pas des rêves absolument raisonnables et qui ne contiennent quelque incohérence, quelque anachronisme, quelque absurdité*" [Não existem sonhos absolutamente racionais e que não contenham alguma incoerência, algum anacronismo, algum absurdo].

Segundo Hegel, citado por Spitta, falta ao sonho qualquer coerência objetiva compreensível.

Dugas diz: "*Le rêve c'est l'anarchie psychique, affective et mentale, c'est le jeu des fonctions livrées à elles-mêmes et s'exerçant sans contrôle et sans but; dans le rêve l'esprit est un automate spirituel*" [O sonho é a anarquia psíquica, afetiva e mental, é o jogo das funções deixadas a si mesmas e se exercendo sem controle e sem meta; no sonho, o espírito é um autômato espiritual].

"O relaxamento, a dissolução e a mistura confusa da vida representacional que, na vida de vigília, se mantém coesa, pela força lógica do Eu central", admite até mesmo a doutrina de Volkelt (p. 14), que não considera a atividade psíquica de modo algum despropositada.

O caráter absurdo das ligações de representações que aparecem no sonho dificilmente poderá ser mais rigorosamente condenado do que já o fez Cícero (*De divin.* II): *Nihil tam praepostere, tam incondite, tam monstruose cogitari potest, quod non possimus somniare* [Nada se pode cogitar de tão transtornado, tão confuso, tão monstruoso, com que não possamos sonhar].

Fechner diz (p. 522): "É como se a atividade psicológica tivesse migrado do cérebro de um homem razoável para o de um louco".

Radestock (p. 145): "De fato parece impossível reconhecer leis fixas nessa louca agitação. Escapando do policiamento rigoroso da vontade racional que dirige o curso das representações de vigília e da atenção, o sonho faz tudo rodopiar desordenadamente em um jogo louco, como em um caleidoscópio".

Hildebrandt (p. 45): "A que saltos surpreendentes se permite aquele que sonha, por exemplo, em suas conclusões racionais! Com que despreocupação ele vê os mais conhecidos enunciados da experiência francamente de cabeça para baixo! Que contradições ridículas ele consegue tolerar nas ordenações da natureza e da sociedade, antes que, como se diz, a coisa fique muito colorida e a tensão excessiva do contrassenso o leve ao despertar! Ocasionalmente multiplicamos com toda a inocência: três vezes três são 20; não nos surpreende o fato de um cão nos recitar um verso, de um morto ir com os próprios pés até seu túmulo, de uma pedra flutuar na água; com toda a seriedade vamos ao condado de Bernburg ou ao principado de Liechtenstein, encarregados de alta missão, para observar a marinha de guerra do país, ou nos deixamos recrutar como voluntários por Carlos XII, pouco antes da batalha de Poltva".

Binz (p. 33), referindo-se à teoria sobre o sonho que resulta dessas impressões: "Entre 10 sonhos, pelo menos nove têm conteúdo absurdo. Neles, acoplamos pessoas e coisas que não têm a menor relação entre si. E já no momento seguinte, como em um caleidoscópio, o agrupamento se tornou outro, se possível ainda mais absurdo e mais louco do que antes; e assim prossegue o jogo variável do cérebro não completamente adormecido, até que acordamos, colocamos a mão na testa e nos perguntamos se de fato ainda possuímos a capacidade racional de representar e de pensar".

Maury (*Le Sommeil*, p. 50) encontra para o médico uma comparação impressionante entre a relação das imagens do sonho e os pensamentos da vigília: "*La production de ces images que chez l'homme éveillé fait le plus souvent naître la volonté, correspond, pour l'intelligence, à ce que sont pour la motilité certains mouvements que nous offrent la chorée et les affections paralytiques...*" [A produção dessas imagens, que nascem no homem desperto quase sempre por efeito da vontade, corresponde, para a inteligência, àquilo que são para a motilidade certos movimentos que nos são oferecidos pela coreia e pelas afecções paralíticas...]. No restante, o sonho é para ele: "*toute une série de dégradations de la faculté pensante et raisonnante*" [toda uma série de degradações da faculdade de pensar e de raciocinar] (p. 27).

Quase não é necessário citar as manifestações dos autores que repetem a proposição de Maury para cada uma das funções anímicas superiores.

De acordo com Strümpell, no sonho há um recuo – evidentemente, lá também onde o absurdo não é notável – de todas as operações lógicas da alma que se fundamentam sobre ligações e relações (p. 26). Segundo Spitta (p. 148), parece que no sonho as representações estão inteiramente subtraídas à lei da causalidade. Radestock e outros acentuam a fraqueza de julgamento e de inferência, própria do sonho. Segundo Jodl (p. 123), não há no sonho nenhuma crítica, nenhuma correção de uma série de percepções pelo conteúdo da consciência em seu conjunto. O mesmo autor declara: "Todas as espécies de atividade de consciência aparecem no sonho, mas incompletas, inibidas, isoladas umas das outras". As contradições em que o sonho se envolve com o nosso saber de vigília são explicadas por Stricker (e muitos outros) a partir de que os fatos no sonho são esquecidos ou as relações lógicas entre representações são perdidas (p. 98) etc. etc.

Os autores que em geral julgam tão desfavoravelmente as operações psíquicas no sonho admitem, entretanto, que nele permanece determinado resto de atividade anímica. Wundt, cujas teorias se tornaram decisivas para muitos daqueles que trabalharam com os problemas do sonho, admite-o expressamente. Poderíamos nos perguntar sobre a espécie e a natureza desse resto de atividade anímica que se manifesta no sonho. Sobre isso é admitido, de maneira bastante geral, que a capacidade de reprodução, a memória, parece ter sofrido menos, e que ela pode até mesmo revelar certa superioridade em relação à mesma função da vigília (cf. anteriormente, p. 57 e ss.), apesar de que uma parte dos absurdos do sonho deva ser explicada pela propensão a esquecer, que é justamente própria a essa vida onírica. De acordo com Spitta, é a vida emocional [*Gemütsleben*] da alma que não é afetada pelo sono e que então dirige o sonho. Ele caracteriza "*Gemüt*" [ânimo/emoção] como "a constante reunião dos sentimentos enquanto a essência subjetiva mais íntima do ser humano" (p. 84).

Scholz vê uma das atividades anímicas que se manifestam no sonho na "*reinterpretação alegorizante*", à qual o material do sonho é submetido. Siebeck também constata no sonho a "*capacidade complementar de interpretação*" da alma (p. 11), que é praticada por ela em relação a tudo o que é percebido e visto.

Há uma dificuldade particular para o sonho em relação ao julgamento da função psíquica supostamente mais elevada, a da consciência. Tendo em vista que só sabemos algo do sonho através da consciência, não pode haver dúvida quanto à sua conservação; no entanto, Spitta tem a opinião de que no sonho só está conservada a consciência, e não a *auto*consciência. Delboeuf confessa que não consegue entender essa distinção.

As leis de associação, de acordo com as quais as representações se conectam, valem também para as imagens do sonho, e seu domínio tem inclusive uma expressão mais pura e intensa no sonho. Strümpell (p. 70): "Ao que parece, ou bem o sonho transcorre exclusivamente de acordo com as leis de representações puras ou seguindo as leis dos estímulos orgânicos acompanhados dessas representações, quer dizer, sem que a reflexão e o entendimento, o gosto estético e o julgamento moral possam exercer algum papel". Os autores cujos pontos de vista aqui reproduzo representam a formação dos sonhos mais ou menos da seguinte maneira: a soma dos estímulos de sensações em ação no sonho a partir de diversas fontes citadas em outra passagem [sessão C] despertam na alma primeiramente um número de representações que figuram como alucinações (segundo Wundt, verdadeiras ilusões, por causa de sua origem em estímulos externos e internos). Estas se conectam entre si de acordo com as conhecidas leis de associação e, por sua vez, evocam, a partir das mesmas regras, uma nova série de representações (imagens). Todo o material é então elaborado, tão bem quanto possível, pelo resto ainda ativo das faculdades ordenadoras e pensantes da alma (cf., por exemplo, Wundt e Weygandt). Só que ainda não se logrou entender os motivos que decidem se o despertar das imagens que não provêm de fora acontecem de acordo com esta ou aquela lei de associação.

Mas foi repetidamente observado que as associações que ligam as representações oníricas entre si são de uma espécie muito particular e distinta daquelas que estão em ação no pensar desperto. Assim, diz Volkelt (p. 15): "No sonho, as representações se perseguem e se agarram segundo semelhanças casuais e contextos dificilmente perceptíveis. Todos os sonhos estão atravessados por essas associações descuidadas e casuais". Maury atribui o maior valor a essa característica da ligação de representações, o que lhe permite traçar uma analogia mais estreita entre a vida onírica e certas perturbações mentais. Ele reconhece duas características principais do "*délire*": 1) *une action spontanée et comme automatique de l'esprit* [uma ação espontânea e como que automática do espírito]; 2) *une association vicieuse et irrégulière des idées* [uma associação viciosa e irregular de ideias] (*Le Sommeil*, p. 126). Do próprio Maury provêm dois excelentes exemplos de sonho, nos quais a mera homofonia proporciona a conexão das representações do sonho. Ele sonhou certa vez que empreendia uma peregrinação (*pélerinage*) a Jerusalém ou a Meca, e depois de muitas aventuras ele se encontrava com o químico *Pelletier*, este lhe dava após uma conversa uma pá (*pelle*) de zinco, e esta se tornou, em uma passagem posterior do sonho, sua grande espada de combate (p. 137). Outra vez, ele ia no sonho por uma estrada e leu nas pedras de milhas os *quilô*metros, em seguida ele se encontrou em um merceeiro que tinha uma grande balança e um homem colocava pesos de um *quilo*grama no prato da balança para pesar Maury; então o merceeiro lhe disse: "O senhor não está em Paris, mas na ilha *Gilolo*". Seguiram-se a isso outras imagens, nas quais ele viu a flor *lo*bélia, depois o general *Lo*pez, sobre cuja morte ele havia lido um pouco antes; finalmente ele desperta, prestes a jogar uma partida de *lo*to.[i]

[i] [Nota acrescentada em 1909:] Mais adiante teremos acesso ao sentido de sonhos como esse, repletos de palavras com as mesmas letras iniciais e som inicial semelhante.

Mas sem dúvida estamos confiantes de que essa depreciação das funções psíquicas do sonho não tenha ficado incontestada. Na verdade, a contestação nesse caso parece difícil. Quando um dos depreciadores da vida anímica assegura (Spitta, p. 118) que as mesmas leis psicológicas dominantes na vida de vigília também regem o sonho, ou quando outro (Dugas) declara "*le rêve n'est pas déraison ni même irraison pure*" [o sonho não é desrazão, tampouco irracionalidade pura], isso também não pode significar muita coisa enquanto os dois autores não se derem ao trabalho de harmonizar essa apreciação com a anarquia e a dissolução de todas as funções no sonho descrita por eles. Mas a outros parece ter ficado clara a possibilidade de que a loucura do sonho talvez, na verdade, não seja sem método, talvez seja apenas dissimulação, tal como a do príncipe dinamarquês a cuja loucura se refere o julgamento perspicaz citado aqui. Esses autores devem ter evitado julgar a partir de aparências, ou então o sonho lhes forneceu outra aparência.

É assim que Havelock Ellis aprecia o sonho, sem querer se demorar em seu aparente absurdo: "*an archaic world of vast emotions and imperfect thoughts*" [um mundo arcaico de vastas emoções e pensamentos imperfeitos], cujo estudo poderia nos fazer conhecer estágios primitivos de desenvolvimento da vida psíquica. J. Sully (p. 362) defende a mesma concepção de sonho de uma maneira ainda mais abrangente e aprofundada. Suas declarações merecem ainda mais que sejam levadas em consideração, se acrescentarmos que ele estava convencido, talvez como nenhum outro psicólogo, da engenhosidade oculta do sonho. "*Now our dreams are a means of conserving these successive personalities. When asleep we go back to the old ways of looking at things and of feeling about them, to impulses and activities which long ago dominated us*" [Agora nossos sonhos são um meio de conservar essas sucessivas personalidades. Quando estamos dormindo, voltamos a velhas maneiras de ver as coisas e de senti-las, a impulsos e atividades que há muito tempo nos dominaram]. Um pensador como Delboeuf afirma – na verdade sem apresentar prova contra o material que o contradiz e, por isso, sem razão: "*Dans le sommeil, hormis la perception, toutes les facultés de l'esprit, intelligence, imagination, mémoire, volonté, moralité, restent intactes dans leur essence; seulement, elles s'appliquent à des objets imaginaires et mobiles. Le songeur est un acteur qui joue à volonté les fus et les sages, les bourreaux et les victimes, les nains et les géants, les démons et les anges*" [No sono, excetuando-se a percepção, todas as faculdades do espírito, inteligência, imaginação, memória, vontade, moral, permanecem intactas em sua essência;

só que elas se aplicam aos objetos imaginários e móveis. O sonhador é um ator que representa à vontade os papéis de loucos e sábios, de carrascos e vítimas, de anões e gigantes, de demônios e anjos] (p. 222). Quem parece ter contestado da maneira mais enérgica a depreciação do funcionamento psíquico no sonho foi o marquês d'Hervey, contra quem Maury polemizou vivamente e cuja obra, apesar de todo o meu esforço, não consegui obter. Maury diz sobre ele (*Le Sommeil*, p. 19): "*M. le Marquis d'Hervey prête à l'intelligence durant le sommeil, toute sa liberté d'action et d'attention et il ne semble faire consister le sommeil que dans l'occlusion de sens, dans leur fermeture au Monde extérieur; en sorte que l'homme qui dort ne se distingue guère, selon as manière de voir, de l'homme qui laisse vaguer sa pensée en se bouchant les sens; toute la différence que sépare alors la pensée ordinaire de celle du dormeur c'est que, chez celui-ci, l'idée prend une forme visible, objective et ressemble, à s'y méprendre, à la sensation déterminée par les objets extérieurs; le souvenir revêt l'apparence du fait présent*" [O senhor marquês d'Hervey outorga à inteligência durante o sono toda a sua liberdade de ação e de atenção, e para ele aparentemente o sono só consiste na oclusão dos sentidos, em seu fechamento ao mundo exterior; de modo que o homem que dorme não se distingue muito, segundo sua maneira de ver, do homem que deixa vagar seu pensamento, tamponando os sentidos; então, toda a diferença entre o pensamento comum e o pensamento de quem dorme seria que, nesse último, a ideia toma uma forma visível, objetiva, e se assemelha, até se confundir com ela, com a sensação determinada pelos objetos exteriores; a lembrança se reveste da aparência do fato presente].

Mas Maury acrescenta: "*qu'il y a une différence de plus et capitale à savoir que les facultés intellectuelles de l'homme endormi n'offrent pas l'équilibre qu'elles gardent chez l'homme éveillé*" [que há outra diferença, uma diferença capital, a saber, que as faculdades intelectuais do homem que está dormindo não mostram o equilíbrio que conservam no homem acordado]. [1914]

Em Vaschide, que nos proporciona um melhor conhecimento do livro de d'Hervey, encontramos que esse autor se expressa da maneira seguinte sobre a aparente incoerência dos sonhos: "*L'image du rêve est la copie de l'idée. Le principal est l'idée; la vision n'est qu'accessoire. Ceci établi, il faut savoir suivre la marche des idées, il faut savoir analyser le tissue des rêves; l'incohérence déviant alors compréhensible, les conceptions les plus fantasques deviennent des faits simples et parfaitement logiques*" [A imagem do sonho é a cópia da ideia. O principal é a ideia; a visão é só acessória. Isso estabelecido, é preciso saber acompanhar a marcha das ideias, é preciso saber analisar o tecido dos sonhos; a incoerência se torna então compreensível, as concepções mais fantásticas se tornam fatos simples e perfeitamente lógicos] (p. 146), e (p. 147): "*Les rêves les plus bizarres trouvent même une explication des plus logiques on sait les analyser*" [Mesmo os sonhos mais bizarros encontram uma explicação das mais lógicas quando sabemos analisá-los]. [1914]

J. Stärke chamou a atenção para o fato de que uma solução semelhante para a incoerência do sonho foi defendida em 1799 por um autor antigo, Wolf Davidson, que me era desconhecido (p. 136): "Todos os saltos singulares de nossas representações no sonho têm seu fundamento na lei da associação, só que às vezes essa ligação se produz na alma de maneira muito obscura, de modo que com frequência acreditamos observar um salto da representação onde não há nenhum". [1914]

A gama de apreciações do sonho como produto psíquico tem um grande alcance na literatura; ela se estende desde a depreciação mais profunda, cuja expressão nós conhecemos, passando pela suspeita de um valor ainda não revelado, chegando à supervalorização, que coloca o sonho muito acima das realizações da vida de vigília. Hildebrandt, que, como sabemos, esboça em três antinomias a caracterização psicológica da vida onírica, resume, na terceira dessas oposições, os pontos extremos dessa série (p. 19): "É aquele entre uma *intensificação*, uma *potencialização* que não raramente se eleva até uma *virtuosidade*, e, por outro lado, uma *redução* e um enfraquecimento decisivos da vida anímica, levando muitas vezes até abaixo do nível do humano.

"No que concerne ao primeiro, quem não poderia confirmar, por sua própria experiência, que no criar e no tecer do gênio do sonho vêm à luz ocasionalmente um aprofundamento e uma efusão da emoção, uma delicadeza da sensação, uma clareza da visão, um refinamento da observação, uma sagacidade no chiste, de tal modo que contestaríamos modestamente possuir tudo isso como propriedade constante durante a vida de vigília? O sonho tem uma poesia maravilhosa, uma alegoria perfeita, um humor incomparável, uma ironia deliciosa. Ele vê o mundo sob uma luz peculiarmente idealizadora que lhe é própria, e potencializa o efeito de suas manifestações, muitas vezes com a compreensão mais penetrante da essência que está em seu fundamento. Ele nos faz ver a beleza terrena com um brilho verdadeiramente celestial, o sublime com a mais alta majestade, o que tememos a partir da experiência, na forma mais horrível, o ridículo, com uma drástica comicidade indescritível; e por vezes, depois de despertos, estamos tão preenchidos com algumas dessas impressões que pode nos ocorrer que o mundo real nunca, jamais, tenha-nos oferecido algo semelhante".

Podemos nos perguntar se valem realmente para o mesmo objeto aquelas observações depreciativas e esse louvor entusiástico. Será que alguns deixaram de ver os sonhos tolos, e outros, os profundos e sofisticados? E, caso aconteçam as duas coisas, ou seja, sonhos merecendo este ou aquele julgamento, não parece, no caso, ocioso procurar uma caracterização psicológica do sonho, ou será que não basta dizer que no sonho tudo é possível, desde o mais profundo rebaixamento da vida anímica até uma intensificação incomum na vida de vigília? Por mais cômoda que pudesse ser essa solução, ela teria contra si o fato de que, no fundamento dos esforços de todos os investigadores de sonho, parece se encontrar a pressuposição de que existiria uma caracterização como essa, com uma validade universal em seus traços essenciais, e que deveria ajudar a suplantar aquelas contradições.

É incontestável que as realizações psíquicas do sonho encontraram um reconhecimento mais complacente e mais caloroso naquele período intelectual que agora ficou para trás, em que a filosofia, e não as ciências naturais exatas, dominava os espíritos. Declarações como a de Schubert, de que o sonho é uma libertação do espírito em relação ao poder da natureza exterior, um desprendimento da alma em relação aos grilhões dos sentidos, bem como julgamentos semelhantes do jovem Fichte[i] e de outros, que em conjunto figuram o sonho como elevação da vida anímica em direção a um estágio superior, parecem-nos hoje difíceis de compreender; em nossos dias, elas só são repetidas por místicos e devotos.[ii] A introdução do modo de pensar das ciências naturais trouxe consigo uma reação na apreciação do sonho. São justamente os autores médicos os mais inclinados a considerar a atividade psíquica no sonho insignificante e sem valor, ao passo que filósofos e observadores não profissionais – psicólogos amadores –, cujas contribuições a esse campo não podem ser negligenciadas, conquanto, ao reconhecer o valor psíquico dos sonhos, estão em maior sintonia com

---

[i] Cf. Haffner e Spitta.

[ii] [Nota acrescentada em 1914:] O brilhante místico Du Prel, um dos poucos autores por cuja negligência nas edições anteriores deste livro eu gostaria de me desculpar, declara que não é o estado de vigília, mas o sonho que é a porta para a metafísica, na medida em que ela concerne aos seres humanos (*Filosofia da mística* [*Die Philosophie der Mystik*], p. 59).

as intuições populares. Quem estiver inclinado a menosprezar o funcionamento psíquico favorecerá, compreensivelmente, as fontes somáticas de estímulos na etiologia do sonho; para aquele que deixou para a alma que sonha a maior parte de suas capacidades do estado de vigília, não há, naturalmente, nenhum motivo para não lhe conceder também incitações autônomas ao sonhar.

Entre as realizações superiores que podemos ser tentados, mesmo em uma sóbria comparação, a atribuir à vida onírica, a da memória é a mais notável; tratamos em detalhe das experiências que o provam, que absolutamente não são raras [sessão B, acima]. Outro privilégio da vida onírica, frequentemente apreciado pelos velhos autores, o de que ela é capaz de sobrepujar soberanamente as distâncias no tempo e no espaço, pode ser facilmente reconhecida como uma ilusão. Essa prioridade, como observa Hildebrandt, é justamente uma prioridade ilusória; o sonhar não sobrepuja tempo e espaço de maneira diferente daquela do pensar de vigília, e justamente porque ele é apenas uma forma de pensar. Em relação à temporalidade, o sonho deveria usufruir ainda de outro privilégio, ele deveria ser ainda, em outro sentido, independente do curso do tempo. Sonhos como o comunicado por Maury acima, na p. 28 *GW*, sobre sua execução pela guilhotina parecem provar que o sonho é capaz de comprimir, em um lapso muito curto de tempo, muito mais do conteúdo de percepção do que nossa atividade psíquica na vigília pode gerir de conteúdo de pensar. No entanto, essa conclusão foi contestada com argumentos variados; depois dos artigos de Le Lorrain e Egger "sobre a aparente duração dos sonhos", desenrolou-se a esse propósito uma interessante discussão que, nessa questão delicada e de profundo alcance, provavelmente ainda não chegou à última explicação.[i]

Que o sonho seja capaz de acolher os trabalhos intelectuais do dia e levá-los a uma conclusão não alcançada nesse dia, que ele possa resolver dúvidas e problemas, e que em poetas e compositores ele possa se tornar a fonte de novas inspirações parece ser incontestável, de acordo com numerosos relatos e com a coletânea estabelecida por Chabaneix. Mas, ainda que o fato seja incontestado, sua concepção está sujeita a numerosas dúvidas que trazem questões básicas.[ii]

---

[i] [Nota acrescentada em 1914:] Para literatura adicional e discussão crítica desses problemas, cf. a dissertação parisiense de Tobowolska (1900).

[ii] [Nota acrescentada em 1914:] Cf. a crítica em H. Ellis, *World of Dreams*, p. 268.

Por último, a defendida força divinatória do sonho forma um objeto de disputas no qual se reúnem inquietações dificilmente superáveis de certezas repetidas com obstinação. Evitamos – e, sem dúvida, com razão – negar tudo o que há de fatual nesse tema, porque, para uma série de casos, a possibilidade de uma explicação psicológica natural talvez esteja próxima.

F
OS SENTIMENTOS ÉTICOS NO SONHO

Por motivos que só poderão ser compreendidos depois de se tomar conhecimento de minhas próprias investigações sobre o sonho, separei do tema da psicologia do sonho o problema parcial de saber se, e em que medida, as disposições morais e as sensações do estado de vigília se estendem até a vida onírica. A mesma contradição na exposição dos autores, que só podemos observar com desconcerto em relação a todas as outras operações psíquicas, deixa-nos aqui também perplexos. Com a mesma firmeza, alguns asseguram que o sonho nada sabe sobre as exigências morais, e outros, que a natureza moral do homem permanece conservada também na vida onírica.

Parece que recorrer à experiência de sonhar todas as noites não levanta qualquer dúvida a respeito da correção da primeira afirmação. Jessen diz (p. 553): "Também não nos tornamos melhores ou mais virtuosos no sono, ao contrário, a consciência moral parece se calar nos sonhos, na medida em que não sentimos nenhuma compaixão e podemos cometer os mais graves crimes, roubo, assassinato e morte com total indiferença e sem arrependimento posterior".

Radestok (p. 146): "Cabe observar que no sonho as associações se desenrolam e as representações se ligam, sem que reflexão e entendimento, gosto estético e julgamento moral possam fazer qualquer coisa a respeito; o julgamento fica extremamente fraco e predomina a *indiferença ética*".

Volkelt (p. 23): "Mas o que no sonho se desenrola de maneira particularmente licenciosa, como todos sabem, diz respeito ao aspecto sexual. Assim como o próprio sonhador se encontra extremamente despudorado e extraviado de qualquer sentimento e julgamento moral, ele também vê todos os outros, e mesmo as pessoas que mais respeita, em meio a ações que, no estado de vigília, ele se envergonharia de associar a elas, mesmo que só em pensamento".

A oposição mais radical nesse caso são declarações como as de Schopenhauer, de que qualquer pessoa age e fala no sonho perfeitamente de acordo com seu caráter. R. Ph. Fischer[i] afirma que os sentimentos subjetivos e as intenções, ou os afetos e as paixões ficam evidentes na arbitrariedade da vida onírica, que as peculiaridades morais das pessoas se refletem em seus sonhos.

Haffner (p. 25): "Fora as raras exceções... um homem virtuoso também será virtuoso no sonho; ele resistirá às tentações, ele se fechará ao ódio, à inveja, à ira e a todos os vícios; mas o homem em pecado, mesmo em seus sonhos, encontrará, via de regra, as imagens que ele tinha diante de si na vida de vigília".

Scholz (p. 36): "No sonho está a verdade, apesar de todo o mascaramento em nobreza ou humilhação, voltamos a reconhecer nosso próprio si-mesmo... O homem honesto, mesmo no sonho, não pode cometer nenhum crime desonroso, ou, mesmo que esse seja o caso, ele ficará consternado, como sendo algo estranho à sua natureza. O imperador romano que mandou executar um de seus súditos porque este tinha sonhado que mandou cortar a cabeça do imperador não estava tão errado quando se justificou dizendo que quem sonha com isso deve ter pensamentos semelhantes na vida de vigília. É por isso que, em relação a alguma coisa que não pode ter nenhum lugar em nosso íntimo, também dizemos caracteristicamente: isso não me ocorreria nem em sonho".

Platão, em oposição a isso, pensa que os melhores homens são aqueles aos quais ocorre só em sonho o que os outros fazem acordados. **[1914]**

Pfaff[ii] diz francamente, modificando um ditado conhecido: "Conte-me os seus sonhos por algum tempo, e direi o que se passa em sua intimidade".

O pequeno escrito de Hildebrandt, do qual já extraí tantas citações e que em sua forma é a contribuição mais completa e a mais rica em pensamentos para a investigação dos problemas do sonho que encontrei na literatura, situa justamente o problema da moralidade no ponto central de seu interesse. Também para Hildebrandt é uma regra estabelecida: quanto mais pura é a vida, mais puro é o sonho; quando mais impura é aquela, mais impuro é este.

A natureza moral do homem persiste também no sonho: "Ao passo que nenhum erro de cálculo, por mais evidente que seja, nenhuma reviravolta

---

[i] *Elementos fundamentais do sistema da antropologia* [*Grundzüge des Systems der Anthropologie*]. Erlangen, 1850 (citado por Spitta).

[ii] *A vida onírica e sua interpretação* [*Das Traumleben und seine Deutung*]. 1868 (citado por Spitta, p. 192).

da ciência, por mais romântica que seja, nenhum anacronismo, por mais cômico que seja, não nos ofenda, nem provoque nossa suspeita, nunca perdemos de vista a diferença entre o bem e o mal, entre o justo e o injusto, entre a virtude e o vício. Por mais que se dissolvam durante as horas em que dormimos muitas coisas que nos acompanham durante o dia – o imperativo categórico de Kant, como um companheiro inseparável, está tão colado aos nossos calcanhares, que não nos livramos dele nem mesmo dormindo... Mas esse fato só pode ser explicado justamente porque o fundamental da natureza humana, o ser moral, está muito solidamente estabelecido para tomar parte no efeito da agitação caleidoscópica, à qual a fantasia, o entendimento, a memória e outras faculdades da mesma espécie estão sujeitas no sonho" (p. 45 e ss.).

Na discussão posterior sobre o assunto, surgem notáveis deslocamentos e inconsequências nos dois grupos de autores. Rigorosamente falando, para todos aqueles que são da opinião de que no sonho a personalidade moral do homem se desagrega, o interesse pelos sonhos imorais terminaria com essa explicação. Eles poderiam recusar a tentativa de responsabilizar o sonhador pelos seus sonhos, de inferir, da maldade de seus sonhos, uma moção maligna em sua natureza, com a mesma tranquilidade com que eles recusam a tentativa aparentemente semelhante de provar, a partir do absurdo de seus sonhos, a falta de valor de suas operações intelectuais no estado de vigília. Os outros, para os quais "o imperativo categórico" se estende também até o sonho, deveriam assumir, sem restrição, a responsabilidade pelos sonhos imorais; poderíamos apenas desejar-lhes que seus próprios sonhos dessa espécie rejeitável não os confundissem na apreciação, normalmente tão aferrada, de sua moralidade.

Mas parece que ninguém sabe com segurança sobre si mesmo, se é bom ou mau, e que ninguém pode renegar [*verleugnen*] a lembrança dos próprios sonhos imorais. Pois, além dessa oposição no julgamento da moralidade no sonho, aparecem esforços dos autores dos dois grupos para esclarecer a origem dos sonhos imorais, e desenvolve-se então outra oposição, dependendo de se a origem é buscada nas funções da vida psíquica ou em danos somaticamente condicionados desta. A força imperiosa dos fatos reúne então os defensores da responsabilidade bem como os da irresponsabilidade da vida onírica a se reunirem no reconhecimento de uma fonte psíquica particular para a imoralidade dos sonhos.

Todos aqueles que defendem que a moralidade persiste no sonho poupam-se, sem dúvida, de assumir a plena responsabilidade por seus sonhos.

Haffner diz (p. 24): "Não somos responsáveis pelos sonhos, porque de nosso pensar e querer foi subtraída a única base sobre a qual nossa vida possui verdade e realidade [...] Precisamente por isso nenhum querer ou agir no sonho podem ser virtude ou pecado". No entanto, o homem é responsável pelo sonho pecaminoso, na medida que ele o causa indiretamente. Surge para ele o dever, como na vida de vigília, de limpar moralmente a sua alma, muito especialmente antes de ir dormir.

Hildebrandt alcança uma profundidade muito maior na análise dessa mescla de recusa e aceitação da responsabilidade pelo conteúdo moral dos sonhos. Depois de ter exposto que o modo dramático de figuração do sonho, ou seja, a compressão dos processos de reflexão os mais complicados no menor lapso de tempo, e a desvalorização e a mistura, que ele também admite, dos elementos de representação no sonho devem ser destituídos das aparências imorais do sonho, ele admite que, ao negar responsabilidade por pecados e culpas no sonho, está sujeito às mais sérias objeções.

"Quando queremos rebater da maneira mais firme uma acusação injusta qualquer, nomeadamente uma acusação que se refere às nossas intenções e atitudes, certamente utilizamos a expressão: isso não me ocorreria nem em sonho. Com isso evidentemente expressamos, por um lado, que consideramos o domínio do sonho como o mais afastado e o último no qual responderíamos por nossos pensamentos, porque lá esses pensamentos se vinculam com a nossa essência real de maneira tão solta e frouxa, que quase não podem ainda ser vistos como os nossos; mas, quando nos sentimos levados a negar expressamente a existência de pensamentos como esses também nesse domínio, admitimos indiretamente, ao mesmo tempo, que nossa justificativa não seria perfeita se não chegasse até esse ponto. E acredito que aqui falamos, mesmo que inconscientemente, a língua da verdade" (*ibid*, p. 49).

"De fato, não se pode pensar em nenhuma ação onírica cujo primeiro motivo não tenha, de alguma forma, atravessado a alma daquele que está acordado como desejo [*Wunsch*], apetite [*Gelüste*], moção [*Regung*]." E dessa primeira moção caberia dizer: O sonho não inventou isso – ele apenas o copiou e o estendeu, ele apenas elaborou, de forma dramática, um tantinho de material histórico que encontrou em nós; ele colocou em cena a palavra do apóstolo: Quem odeia seu irmão é um assassino. E, enquanto, conscientes de nossa fortaleza moral, depois de despertar, podemos sorrir de toda a estrutura largamente desenvolvida do sonho vicioso, aquele material que originariamente formou o sonho não oferece nenhum aspecto ridículo. Sentimo-nos responsáveis pelos erros do sonhador, não por toda a soma, mas sem dúvida por certa porcentagem. "Em suma, se entendemos a palavra de Cristo nesse sentido dificilmente contestável: É do coração que provêm os pensamentos maus – então dificilmente podemos nos defender da convicção de que todo pecado cometido no sonho leva consigo pelo menos um mínimo sombrio de culpa" (*ibid.*, p. 51).

Nos germens e indícios de moções más que atravessam a nossa alma como pensamentos de tentação ao longo do dia, Hildebrandt encontra, portanto, a fonte da imoralidade dos sonhos e não hesita em incluir esses elementos imorais na avaliação moral da personalidade. Esses mesmos pensamentos e essa mesma avaliação desses elementos fizeram, como sabemos, com que os piedosos e os santos de todos os tempos se acusassem de ser grandes pecadores.[i]

De maneira geral, sobre a incidência dessas representações *em contraste* – na maioria das pessoas e também em outros campos que não os da ética –, certamente não existe nenhuma dúvida. Em certas ocasiões, elas foram julgadas menos seriamente. Em Spitta se encontra citada a seguinte declaração de Zeller a esse respeito (artigo "Desorientação" na *Enciclopédia geral das ciências*, de Ersch e Gruber) (p. 144): "Raramente um espírito [*Geist*] é tão bem organizado a ponto de possuir a qualquer momento o seu pleno domínio e de que representações, não apenas não essenciais, mas também completamente grotescas e absurdas, não interrompam repetidamente a marcha contínua e clara de seus pensamentos; até mesmo os maiores pensadores tiveram de se queixar dessa escória de representações de tipo onírico, zombadoras e desagradáveis que perturbava suas reflexões mais profundas e seu trabalho de pensamento mais sagrado e mais sério".

Uma luz mais viva recai sobre a posição psicológica desses pensamentos em contraste a partir de outra observação de Hildebrandt, de que, sem dúvida, o sonho nos permite, por vezes, um olhar nas profundezas e dobras

---

[i] [Nota acrescentada em 1914:] Não é sem interesse saber como a Santa Inquisição tomou posição em relação ao nosso problema. No *Tractatus de Officio sanctissimae Inquisitionis*, de Thomas Carena, Edição de Lyon, 1659, encontramos a seguinte passagem: "Se alguém falar heresias no sonho, os inquisidores devem tomar essa ocasião para investigar como ele conduz a sua vida, pois costuma retornar durante o sono aquilo que ocupa uma pessoa durante o dia". (Dr. Eniger, S. Urban, Suíça.)

de nosso ser que, no estado de vigília, permanecem para nós quase sempre fechadas (p. 55). Kant revela esse mesmo entendimento em uma passagem de sua *Antropologia*, quando diz que o sonho, sem dúvida, está aí para colocar a descoberto nossas disposições ocultas e para nos revelar não o que somos, mas o que poderíamos ter nos tornado se tivéssemos tido outra educação; Radestock (1879, p. 84) afirma que o sonho frequentemente coloca a descoberto aquilo que não queremos admitir, e que por isso é com injustiça que o tratamos como mentiroso e enganador. | J. E. Erdmann declara: "Nunca um sonho me revelou o que se deve pensar de um homem, só o que eu penso dele e como me sinto em relação a ele, e isso foi o que eu já aprendi algumas vezes com ele, para a minha própria grande surpresa". J. H. Fichte tem opinião semelhante: "O caráter de nossos sonhos acaba sendo um espelho muito mais fiel de nosso ânimo geral, do que o que aprendemos através da auto-observação no estado de vigília". [1914] Certas observações nos chamam a atenção para o fato de que a emergência desses impulsos alheios à nossa consciência moral não é senão análoga à disposição do sonho, já conhecida por nós, sobre outro material que falta na vida de vigília, ou desempenha nela um papel mínimo, observações como a de Benini: "*Certe nostre inclinazioni che si credevano soffocate e spente da un pezzo, si ridestano; passioni vecchie e sepolte rivivono; cose e persone a cui non pensiamo mai, ci vengono dinanzi*" [Algumas de nossas inclinações que acreditávamos sufocadas e extintas há muito tempo se despertam; paixões antigas e sepultadas revivem; coisas e pessoas em que não pensávamos mais aparecem diante de nós] (p. 149) e a de Volkelt: "Mesmo representações que adentraram a consciência desperta quase que desapercebidas, e que talvez nunca mais tenham sido retiradas por ela do esquecimento, costumam com muita frequência anunciar ao sonho sua presença na alma" (p. 105). Enfim, aqui é o lugar de nos lembrarmos de que, segundo Schleiermacher, já o adormecimento é acompanhado pelo surgimento de representações (imagens) involuntárias.

Como "*representações involuntárias*" nos autorizamos a reunir então todo esse material de representações cuja presença nos sonhos imorais, bem como nos sonhos absurdos, desperta o nosso desconcerto. Uma diferença importante reside apenas no fato de que as representações involuntárias no domínio moral se deixam reconhecer como oposição ao nosso sentir costumeiro, ao passo que as outras só nos parecem estranhas. Até agora não se deu nenhum passo que nos possibilitasse suspender essa distinção por meio de um conhecimento mais aprofundado.

Que significado tem então o surgimento de representações involuntárias no sonho, que conclusões podem ser tiradas para a alma desperta e para a alma que sonha sobre essa emergência noturna de moções éticas contrastantes? E aqui devemos registrar uma nova divergência de opiniões e outra vez uma distinção no agrupamento dos autores. Ao pensamento de Hildebrandt e de outros representantes de seu ponto de vista fundamental, certamente não podemos dar continuidade em qualquer direção, a não ser dizendo que também no estado de vigília é inerente às moções imorais certa força que na verdade está inibida para avançar até o ato, e que no sono falta algo que, agindo como uma inibição, impediu-nos de perceber a existência dessa moção. Assim, o sonho mostraria a verdadeira essência do ser humano, mesmo que não inteira, e faria parte dos meios de tornar acessível ao nosso conhecimento o interior escondido da alma. Só a partir dessas premissas Hildebrandt pode atribuir ao sonho o papel de advertir, que chama a atenção para os prejuízos morais de nossa alma, assim como ele pode, de acordo com o que concedem os médicos, também anunciar à consciência males corporais até ali não percebidos. E também Spitta não pode estar sendo guiado por outra concepção quando assinala as fontes de excitação que, por exemplo, afluem à psique e consolam o sonhador, dizendo que ele terá feito tudo o que está em seu poder se tiver levado no estado de vigília uma vida rigorosamente virtuosa e se tiver se esforçado por reprimir os pensamentos pecaminosos tão logo eles lhe ocorreram, não os deixando amadurecer e passar ao ato. Segundo essa concepção, poderíamos caracterizar as representações "involuntárias" como as que são "reprimidas" [*unterdrückten*] durante o dia, e deveríamos necessariamente ver em sua emergência um fenômeno psíquico legítimo.

De acordo com outros autores, não teríamos nenhum direito à última dedução. Para Jessen, as representações involuntárias figuram no sonho, como na vida de vigília e em delírios por febre e outros, "o caráter de uma atividade voluntária colocada em repouso e de um processo *até certo ponto mecânico* de imagens e representações devidas aos movimentos internos" (p. 360). Um sonho imoral não prova, para a vida anímica do sonhador, nada além de que este, de alguma forma, alguma vez, tomou conhecimento do conteúdo de representação em questão, e certamente não é uma moção anímica que lhe é própria. Em outro autor, Maury, poderíamos ser levados à dúvida sobre se também ele não atribui ao estado de sonho a capacidade de decompor a atividade anímica em seus componentes em vez de destruí-la sem plano. Sobre os sonhos nos quais ultrapassamos as barreiras da moralidade, ele diz: "*Ce sont nos penchants qui parlent et qui nous font agir, sans que la conscience nous retienne, bien que parfois elle nos avertisse. J'ai mes défauts et mes penchants vicieux; à l'état de veille, je tâche de lutter contre eux, et il m'arrive assez souvent de n'y pas succomber. Mais dans mes songes j'y succombe toujours ou pour mieux dire j'agis par leur impulsion, sans crainte et sans remords. [...] Evidemment les visions qui se déroulent devant ma pensée et qui constituent le rêve, me sont suggérées par les incitations que je ressens et que ma volonté absente ne cherche pas à refouler*" [São nossas inclinações que falam e que nos fazem agir, sem que a consciência nos detenha, embora às vezes nos advirta. Tenho meus defeitos e minhas inclinações viciosas; no estado de vigília procuro lutar contra eles e muitas vezes me acontece de não sucumbir. Mas, em meus sonhos, eu sempre sucumbo a eles, ou, melhor dizendo, ajo por seu impulso, sem temor nem remorso. [...] Evidentemente, as visões que se desenrolam diante de meu pensamento e que constituem o sonho me são sugeridas pelas incitações que sinto e que minha vontade ausente não procura recalcar] (*Le Sommeil*, p. 113).

Se acreditamos na capacidade do sonho de ocultar uma disposição imoral realmente presente do sonhador, mas reprimida [*unterdrückte*] ou escondida, não poderíamos dar a essa opinião uma expressão mais nítida do que com as palavras de Maury (p. 115): "*En rêve l'homme se révèle donc tout entier à soi-même dans sa nudité et sa misère natives. Dès qu'il suspend l'exercice de sa volonté, il devient le jouet des toutes les passions contre lesquelles, à l'état de veille la conscience, le sentiment d'honneur, la crainte nous défendent*" [Portanto, no sonho, o homem se revela a si mesmo por inteiro, em sua nudez e sua miséria natas. Tão logo ele suspende o exercício de sua vontade, ele se torna o joguete de todas as paixões contra as quais, no estado de vigília, a consciência, o sentimento de honra e o medo nos defendem]. Em outra passagem, ele encontra a palavra adequada (p. 462): "*Dans le rêve, c'est surtout l'homme instinctif qui se révèle... L'homme revient pour ainsi dire à l'état de nature quand il rêve; mais moins les idées acquises ont pénétré dans son esprit, plus* les penchants en désaccord *avec elles conservent encore sur lui d'influence dans le rêve*" [No sonho, é sobretudo o homem instintivo que se revela... O homem retorna, por assim dizer, ao estado de natureza quando sonha; mas, quanto menos as ideias adquiridas tenham penetrado em seu espírito [*Geist*], mais *as inclinações em desacordo* com elas conservam ainda sobre ele a influência no sonho]. Depois ele menciona como exemplo que não raramente seus sonhos o mostram como vítima justamente dessa superstição, que ele combateu em seus escritos com a maior intensidade.

Mas o valor de todas essas observações perspicazes para um conhecimento psicológico da vida onírica é diminuído em Maury pelo fato de ele não querer ver, nesses fenômenos tão corretamente observados por ele, nada além de provas para o *automatisme psychologique* que, de acordo com ele, domina a vida anímica. Ele concebe esse automatismo como oposição total à atividade psíquica.

Uma passagem em *Estudos sobre a consciência* [*Studien über das Bewußtsein*], de Stricker, diz: "O sonho não consiste pura e simplesmente de ilusões; quando, por exemplo, em um sonho temos medo de ladrões, estes são, na verdade, imaginários, mas o temor é real". Assim, chama a nossa atenção o fato de que o desenvolvimento de afeto no sonho não admite o mesmo julgamento que dispensamos ao conteúdo onírico restante, e diante de nós se desenrola então o problema sobre o que nos processos psíquicos no sonho pode ser real, ou seja, ele tem o direito de reivindicar seu lugar entre os processos psíquicos do estado de vigília?

G
TEORIAS SOBRE O SONHO E FUNÇÃO DO SONHO

Uma exposição sobre o sonho que tente explicar, a partir de um ponto de vista, preferencialmente muitas de suas características observadas e que, ao mesmo tempo, determine a posição do sonho em relação a um campo mais vasto de fenômenos poderemos chamar de uma teoria sobre o sonho. As diversas teorias vão se distinguir na medida em que destacarem como essencial esta ou aquela característica do sonho e a essas puderem ligar explicações e relações. Uma função, isto é, uma utilização ou qualquer operação do sonho, não precisará necessariamente ser dedutível da teoria, mas nossa expectativa, que se volta à teleologia, de acordo com o hábito, vai sem dúvida acolher aquelas teorias que estão ligadas com a perspectiva de uma função do sonho.

Já tomamos conhecimento de várias concepções de sonho que mereceriam mais ou menos, nesse sentido, o nome de teorias sobre o sonho. A crença dos antigos de que o sonho era um envio dos deuses para orientar as ações dos homens era uma teoria sobre o sonho completa, que proporcionava toda a informação sobre o que era digno de se saber quanto ao sonho. Desde que o sonho se tornou um objeto da investigação biológica, passamos a conhecer um número maior de teorias de sonho, mas entre elas também algumas muito incompletas.

Se renunciarmos a uma enumeração completa, talvez possamos tentar os seguintes agrupamentos aproximativos das teorias sobre o sonho, dependendo da suposição que os fundamenta quanto ao grau e ao modo de atividade psíquica no sonho:

1) Essas teorias que fazem continuar até o sonho a inteira atividade psíquica, como a de Delboeuf. Nesse caso, a alma não dorme, seu aparelho permanece intacto, mas, submetida às condições do estado de sono que divergem do estado de vigília, se seu funcionamento é normal, ela só pode fornecer resultados diferentes do que no estado de vigília. Em relação a essas teorias, pergunta-se se elas são capazes de inferir todas as diferenças entre o sonho e a vida de vigília a partir das condições do estado de sono. Além disso, falta-lhes um possível acesso a uma função do sonho; não se compreende para que sonhamos, por que o mecanismo complicado do aparelho psíquico continua jogando, mesmo quando é colocado em situações para as quais ele não parece calculado. Dormir sem sonho ou, quando chegam estímulos perturbadores, acordar restaram como as únicas reações adequadas, em vez da terceira, a de sonhar.

2) Essas teorias que, ao contrário, supõem para o sonho um rebaixamento da atividade psíquica, um relaxamento das relações, um empobrecimento do material apto a ser evocado. Segundo essas teorias, deveria ser dada uma caracterização psicológica do sono inteiramente diferente da de Delboeuf, por exemplo. O sono estende-se largamente sobre a alma, ele não consiste meramente em um bloqueio da alma ao mundo exterior, ao contrário, ele penetra no mecanismo da alma e o torna temporariamente inutilizável. Se me for permitido recorrer a uma comparação com o material psiquiátrico, eu gostaria de dizer que as primeiras teorias constroem o sonho como uma paranoia, e as mencionadas em segundo lugar o tornam o modelo da debilidade mental [*Schwachsinn*] ou de uma amência.

A teoria de que só chega à expressão na vida onírica uma fração da atividade da alma paralisada pelo sono é, de longe, a preferida pelos autores médicos e no mundo científico. Desde que se pressuponha um interesse geral pela explicação do sonho, podemos certamente caracterizá-la como a teoria *dominante* do sonho. É preciso destacar com que facilidade justamente essa teoria evita o mais terrível obstáculo para qualquer explicação de sonho, a saber, o fracasso em uma das oposições encarnadas pelo sonho. Como para ela o sonho é o resultado de uma vigília parcial ("um estado de vigília gradual, parcial e ao mesmo tempo muito anômalo", diz a *Psicologia* de Herbart sobre o sonho), ela pode, através de uma série de estados que vão de um despertar sempre progressivo até a plena vigília, cobrir toda a série que vai do funcionamento reduzido do sonho, que se revela através do absurdo, até o funcionamento do pensar plenamente concentrado.

Aquele para quem o modo fisiológico de apresentação se tornou indispensável ou parece mais científico encontrará expressa essa teoria sobre o sonho na descrição de Binz (p. 43):

> Mas esse estado (de letargia) só chega gradualmente ao seu fim nas primeiras horas da manhã. Diminuem cada vez mais os produtos da fadiga acumulados na albumina cerebral, e uma parte cada vez maior deles é decomposta e levada pelo fluxo sanguíneo incessante. Aqui e ali já brilham despertos alguns grupos isolados de células, enquanto, ao redor, tudo ainda repousa em letargia. Apresenta-se então à nossa consciência enevoada o *trabalho isolado de cada um desses grupos*, e a ela o controle de outras partes do cérebro que presidem a associação. É por isso que as imagens criadas, que quase sempre correspondem às impressões materiais de um passado mais recente, juntam-se uma à outra selvagemente e sem regra. Aumenta cada vez mais o número de células cerebrais liberadas e diminui cada vez mais a insensatez do sonho.

Encontraremos certamente em todos os fisiólogos e filósofos modernos essa concepção – ou pelo menos vestígios de sua influência – de sonho como sendo uma vigília incompleta e parcial. Ela é apresentada de maneira mais minuciosa em Maury. Esse caso com frequência nos dá a impressão de que o autor imagina o estar desperto e o estar adormecido como algo que se desloca de acordo com regiões anatômicas; para ele, uma província anatômica parece estar ligada a determinada função psíquica. Mas só gostaria de indicar aqui que se a teoria do despertar parcial fosse confirmada, muito teria de ser discutido sobre seu detalhamento.

Com essa concepção de vida onírica não se pode provar, naturalmente, nenhuma função do sonho. De fato, o julgamento sobre a posição e a importância do sonho é dado de maneira muito mais consequente pela declaração de Binz (p. 357): "Todos os fatos que vemos nos levam a caracterizar o sonho como um processo *corporal*, em todos os casos inútil e em muitos casos francamente patológico...".

O termo "corporal" em relação ao sonho, destacado pelo próprio autor, aponta, sem dúvida, para mais de uma direção. Ele se relaciona primeiramente com a etiologia do sonho, que era particularmente evidente para Binz, quando este estudava a produção experimental de sonhos através da administração de substâncias tóxicas. De fato, faz parte dessa espécie de teorias sobre o sonho deixar que a incitação para o sonhar parta, se possível, exclusivamente do lado somático. Apresentada na forma mais extrema, ela se enunciaria assim: depois que entramos no sono por meio do afastamento dos estímulos, não haveria nenhuma necessidade e nenhum motivo para sonhar até de manhã, quando o despertar gradual pelos estímulos que chegam novamente poderia se refletir no fenômeno do sonhar. Acontece que não conseguimos manter o sono livre de estímulos; de todos os lados, semelhante à queixa de Mefisto[7] sobre os germens vitais, chegam estímulos até aquele que está dormindo, de fora e de dentro, e até mesmo de todas as partes do corpo, com os quais, quando despertos, nunca nos importamos. Assim, o sono é perturbado, e a alma, sacudida por uma pontinha disto, uma pontinha daquilo, funciona então um tempinho com a parte acordada, contente por adormecer de novo. O sonho é a reação à perturbação do sono causada por um estímulo, a propósito, uma reação puramente supérflua.

Mas caracterizar o sonho, que apesar de tudo permanece sendo uma operação do órgão psíquico, como um processo corporal também tem ainda outro sentido. É a dignidade do processo psíquico que com isso está sendo negada. A comparação, já muito antiga em sua utilização no sonho, dos "10 dedos de um homem completamente ignorante em música que correm sobre as teclas do instrumento" é, talvez, a que ilustra melhor o tipo de apreciação que a operação do sonho encontrou entre os representantes da ciência exata. Nessa concepção, o sonho se torna algo total e completamente ininterpretável; pois como os 10 dedos de um leigo em música poderiam produzir uma peça musical?

Desde muito cedo não faltaram objeções à teoria da vigília parcial. Burdach dizia em 1830: "Quando dizermos que o sonho é uma vigília parcial, com isso não se explicam, em primeiro lugar, nem o estado de vigília nem o estado de sono, e, em segundo lugar, não se está dizendo nada além de que algumas forças da alma estão ativas no sonho, enquanto outras estão em repouso. Mas uma desigualdade como essa ocorre durante a vida inteira..." (p. 483).

Na teoria dominante do sonho, que vê no sonho um processo "corporal", apoia-se uma concepção interessante do sonho que só foi enunciada por Robert, em 1886, e que tem um efeito sedutor, porque consegue fornecer ao sonhar uma função, um resultado útil. Robert toma como fundamento de sua teoria dois fatos da observação nos quais já nos detivemos quando fizemos a apreciação do material do sonho (cf. p. 18 *GW*), a saber, que sonhamos muito frequentemente com as impressões mais secundárias do dia e que levamos conosco muito raramente para o sonho os grandes interesses do dia. Robert declara, como única verdade, que coisas que pensamos minuciosamente nunca se tornam incitadoras do sonho, sempre só aquelas que permanecem inconclusas para uma pessoa ou que tocam o espírito de maneira furtiva (p. 10). – "Por isso, na maioria das vezes, não conseguimos nos explicar o sonho, pois as suas causas são justamente *as impressões sensoriais do dia anterior que não chegaram a um reconhecimento suficiente por parte do sonhador*." Portanto, a condição para que uma impressão chegue ao sonho é que essa impressão tenha sido perturbada em sua elaboração ou que, por ter tido muito pouca importância, não pode pretender uma elaboração como essa.

O sonho afigura-se então, para Robert, "como um processo de excreção corporal que chega ao nosso reconhecimento em sua manifestação reacional da mente [*Geist*]". *Sonhos são excreções de pensamentos que foram sufocados em seus germens.* "Um homem de quem se tomasse a capacidade de sonhar iria, depois de certo tempo, ter a mente [*Geist*], perturbada porque em seu cérebro se acumularia uma massa enorme de pensamentos inconclusos, que não foram completamente pensados, e impressões superficiais, sob cujo peso só poderia sufocar aquilo que deveria ser incorporado à memória como um todo acabado." O sonho presta ao cérebro sobrecarregado o serviço de uma válvula de escape. *Os sonhos têm uma força curativa de alívio de carga* (p. 32).

Seria um mal-entendido perguntar a Robert como é que através do representar no sonho pode ser provocado um alívio de carga da alma. O autor conclui daquelas duas peculiaridades do material do sonho que, evidentemente, uma expulsão como essa de impressões sem valor se consuma durante o sono *de alguma maneira* como processo somático, e que o sonhar não é um processo psíquico particular, mas apenas a notícia que recebemos daquela eliminação. E, a propósito, uma eliminação não é a única coisa que se passa na alma de noite. O próprio Robert acrescenta que as incitações do dia também são elaboradas, e "o que não pode ser eliminado do material de pensamento não digerido que permaneceu na mente [*Geist*] é ligado pelos fios de pensamento tomados da fantasia para formar um todo acabado e assim é integrado à memória como um inofensivo quadro da fantasia" (p. 23).

Mas é na apreciação das fontes do sonho que a teoria de Robert entra na mais brusca oposição com a teoria dominante. Enquanto nesta não se sonha absolutamente se os estímulos das sensações externas e internas não cessarem de despertar a alma, segundo a teoria de Robert, a impulsão [*Antrieb*] para sonhar está na própria alma, em sua sobrecarga, que pede um descarregamento, e Robert julga, de maneira perfeitamente consequente, que as causas condicionantes do sonho que se encontram no estado corporal ocupam um lugar subordinado e não poderiam, em nenhum caso, levar a sonhar uma mente [*Geist*] na qual não existisse nenhum material para a formação do sonho tomado da consciência de vigília. O que ele meramente admite é que as imagens de fantasia que vão se desenvolvendo no sonho a partir das profundezas da alma podem ser influenciadas pelos estímulos nervosos (p. 48). Assim, segundo Robert, o sonho não é assim tão inteiramente dependente do somático, ele na verdade não é um processo psíquico, não se encontra entre os processos psíquicos da vigília, ele é um processo somático que ocorre todas as noites no aparelho da atividade da alma e tem uma função a cumprir, proteger esse aparelho da hipertensão ou, se for permitido trocar a comparação: purgar a alma.

Outro autor, Yves Delage, apoia sua teoria sobre as mesmas características do sonho que ficam evidentes na escolha do material do sonho, e é instrutivo observar como, através de um leve giro na concepção das mesmas coisas, ganha-se um resultado final de um alcance inteiramente diferente.

Delage, depois de ter perdido para a morte uma pessoa querida, fez em si mesmo a experiência de que *não* sonhamos com o que nos tenha ocupado intensamente durante o dia, ou que só sonhamos quando isso começa a dar lugar a outros interesses durante o dia. Suas investigações com outras pessoas lhe confirmaram a generalidade desse estado de coisas. Delage faz uma bela observação desse tipo, caso sua concepção provasse ter validade geral, a propósito do sonhar de recém-casados: "*S'ils ont été fortement épris, presque jamais ils n'ont rêvé l'un de l'autre avant le mariage ou pendant la lune de miel; et s'ils ont rêvé d'amour c'est pour être infidèles avec quelque personne indifférente ou odieuse*" [Se eles estavam intensamente apaixonados, quase nunca sonhavam um com o outro antes do casamento ou durante a lua de mel; e se tinham sonhos de amor, era para serem infiéis com alguma pessoa indiferente ou odiosa]. Mas então, com o que sonhamos? Segundo Delage, o material que surge em nossos sonhos consiste em fragmentos e restos de impressões dos últimos dias e de épocas anteriores. Tudo o que entra em cena em nossos sonhos e que podemos de início estar inclinados a considerar como criação da vida onírica revela ser, em um exame mais aprofundado, uma reprodução não conhecida, como "*souvenir inconscient*" [lembrança inconsciente]. Mas esse material de representação exibe uma característica comum, ele provém de impressões que provavelmente tenham afetado mais intensamente os nossos sentidos do que o nosso espírito, ou das quais foi novamente desviada a atenção muito depois de seu surgimento. Quanto menos consciente e ao mesmo tempo mais intensa tenha sido uma impressão, mais chance ela tem de desempenhar um papel no próximo sonho.

Em essência, trata-se das mesmas duas categorias de impressões sublinhadas por Robert, as secundárias e as não resolvidas. Mas Delage dá outra orientação a esse contexto, ao dizer que não é porque essas impressões são secundárias que não são capazes de ser sonhadas, mas sim porque elas não foram resolvidas. As impressões secundárias também não foram de certa forma resolvidas completamente; elas também são, enquanto impressões novas conforme sua natureza "*autant de ressorts tendus*" [como molas esticadas], que vão afrouxar durante o sono. Mais ainda do que a impressão fraca e quase desapercebida, terá direito a um papel no sonho uma impressão forte que foi detida casualmente em sua elaboração ou intencionalmente rejeitada. A energia psíquica acumulada durante o dia por inibição ou repressão se torna, de noite, a mola propulsora do sonho. No sonho vem à luz o psiquicamente reprimido.[i]

Infelizmente, o fluxo de pensamento de Delage se interrompe nesse ponto; ele só pode conceder a uma atividade psíquica autônoma no sonho o mais ínfimo papel, e assim ele reconecta sua teoria do sonho diretamente com a doutrina dominante do sono parcial do cérebro: "*En somme le*

---

[i] [Nota acrescentada em 1909:] De modo bastante semelhante se expressa o escritor Anatole France (*O lírio vermelho* [*Lys rouge*]): "*Ce que nous voyons la nuit, ce sont les restes malheureux de ce que nous avons négligé dans la veille. Le rêve est souvent la revanche des choses qu'on méprise ou le reproche des êtres abandonnés*" [O que vemos à noite são os restos deploráveis do que negligenciamos durante a vigília. O sonho é, com frequência, a vingança das coisas que desprezamos ou a repreensão dos seres abandonados].

rêve est le produit de la pensée errante, sans but et sans direction, se fixant successivement sur les souvenirs, que ont gardé assez d'intensité pour se placer sur sa route et l'arrêter au passage, établissant entre eux un lien tantôt faible et indécis, tantôt plus fort et plus serré, selon que l'activité actuelle du cerveau est plus moins abolie par le sommeil" [Em suma, o sonho é o produto do pensamento errante, sem meta e sem direção, fixando-se sucessivamente às lembranças que conservaram intensidade suficiente para se colocarem em seu caminho e deter-lhe a passagem, estabelecendo entre elas um vínculo ora fraco e indeciso, ora mais forte e mais estreito, conforme a atividade atual do cérebro esteja mais ou menos abolida pelo sono].

3) Podemos reunir em um terceiro grupo aquelas teorias do sonho que atribuem à alma que sonha uma habilidade e uma inclinação para executar operações psíquicas particulares que, no estado de vigília, de modo algum ou apenas de maneira imperfeita ela poderia fazê-lo. Na maioria das vezes, resulta uma função útil do sonho da ativação dessas habilidades. As apreciações que o sonho encontrou entre os antigos autores psicológicos pertencem, em sua maioria, a essa série. Mas quero me contentar em citar, em seu lugar, a declaração de Burdach, segundo a qual o sonho "é a atividade natural da alma, que não é limitada pela força da individualidade nem perturbada pela consciência de si, tampouco orientada pela autodeterminação, mas que é a vitalidade resultante do livre jogo dos pontos centrais sensíveis" (p. 486).

Evidentemente, Burdach e outros representam esse deleite no uso livre das próprias forças como um estado no qual a alma se revigora e reúne forças para o trabalho diário, portanto, um pouco à maneira de um período de férias. É por isso que Burdach cita e aceita também as amáveis palavras nas quais o poeta Novalis louva o efeito do sonho: "O sonho é um baluarte contra a regularidade e a normalidade da vida, um livre descanso da fantasia aprisionada, no qual ela lança desordenadamente todas as imagens da vida e interrompe a constante seriedade do adulto com uma alegre brincadeira infantil; sem os sonhos, certamente envelheceríamos mais cedo, e assim podemos considerar o sonho, se não como vindo diretamente das alturas, ao menos como uma tarefa preciosa, como um amistoso companheiro na peregrinação até o túmulo".

Essa atividade revigorante e curativa do sonho é descrita por Purkinje (p. 456) de maneira ainda mais veemente: "De maneira particular, os sonhos produtivos transmitiriam essas funções. São jogos leves da imaginação que não têm nenhuma relação com os acontecimentos do dia. A alma não quer dar continuidade às tensões da vida de vigília, mas dissolvê-las, descansar delas. Ela produz, antes de tudo, os estados opostos aos da vida de vigília. Ela cura a tristeza com a alegria, preocupações com esperanças e imagens joviais e divertidas, cura ódio com amor e gentileza, medo com coragem e confiança; a dúvida ela acalma com convicção e crença firme, expectativa vã com realização. Muitas feridas do ânimo que o dia conservaria constantemente abertas o sono cura, ao cobri-las e preservá-las de novas excitações. É nisso que se fundamenta, em parte, o efeito do tempo que cura as dores". Todos nós sentimos que o sono é um benefício para a vida anímica, e a obscura intuição da consciência popular evidentemente não se deixa subtrair o preconceito de que o sonho é um dos caminhos nos quais o sono dispensa seus benefícios.

A tentativa mais original e mais ampla de explicar o sonho a partir de uma atividade particular da alma que só pode se desenrolar livremente no estado de sono foi empreendida por Scherner, em 1861. O livro de Scherner, escrito em um estilo carregado e pomposo, sustentado por um entusiasmo quase que embriagado pelo objeto, entusiasmo que só pode ter efeito chocante se ele não conseguir nos arrastar consigo, opõe dificuldades à análise, que recorremos de bom grado à exposição mais clara e mais sucinta, na qual o filósofo Volkelt nos apresenta as teorias de Scherner: "Desses aglomerados místicos, de todas essas ondulações suntuosas e reluzentes, certamente um lampejo sugestivo de sentido brilha e resplandece, só que através deles não se iluminam os caminhos do filósofo". Um julgamento como esse é o que recebe a apresentação de Scherner de seu próprio discípulo.

Scherner não está entre os autores que permitem que a alma estenda, intactas, suas habilidades à vida onírica. Ele mesmo expõe como no sonho a centralidade fica enfraquecida, a energia espontânea do Eu é enervada; como, em consequência dessa descentralização, o conhecer, o sentir, o querer e o representar são alterados, e como aos resíduos dessas forças anímicas não convém nenhum verdadeiro caráter espiritual, mas nada mais do que a natureza de um mecanismo. Mas, em compensação, no sonho, a atividade da alma, que deve ser chamada de *fantasia* [*Phantasie*], livre de toda a dominação do entendimento e, assim, livre de uma rigorosa moderação, eleva-se no sonho à dominação irrestrita. Na verdade, ela toma os últimos tijolos da memória da vigília, mas constrói com eles edifícios que são enormemente distintos das formações do estado de vigília, e não se mostra apenas reprodutiva no sonho, mas também *produtiva*. Suas peculiaridades emprestam à vida onírica suas características específicas. Ela mostra uma preferência pelo desmedido, pelo exagerado, pelo monstruoso. Mas, ao mesmo tempo, liberando-se das categorias de pensamento que a entravam, ela adquire uma maior maleabilidade, agilidade e versatilidade; ela é sensível, da maneira mais refinada, aos ternos estímulos de humor do ânimo, aos afetos provocativos, ela transforma imediatamente a vida interior em imagem com visibilidade plástica exterior. À fantasia onírica falta a *linguagem conceitual*; o que ela quer dizer ela tem de pintar visualmente, e, como nesse caso o conceito não tem efeito debilitante, ela pinta com a abundância, a força e a grandeza da forma visual. Por isso, por mais nítida que seja, sua linguagem se torna prolixa, pesada e desajeitada. A clareza de sua linguagem se torna particularmente dificultada por ela ter aversão de expressar um objeto por sua própria imagem real, preferindo escolher uma imagem insólita, desde que esta seja capaz de expressar aquele único aspecto do objeto, cuja figuração lhe importa. Esta é a *atividade simbolizadora da fantasia*... Além disso, é muito importante que a fantasia onírica não reproduz os objetos de maneira exaustiva, mas apenas em seus contornos, e isso com a maior liberdade. É por isso que suas pinturas parecem inspiradas pelo gênio. No entanto, a fantasia onírica não se detém no mero posicionamento do objeto, mas se vê internamente obrigada a mais ou menos enredar o Eu do sonho [*Traum-Ich*] com ele, para assim produzir uma ação. O sonho por estímulo visual, por exemplo, pinta moedas de outro na rua; o sonhador as recolhe, alegra-se e as leva embora.

O material, tão obscuro durante o dia, no qual a fantasia onírica consuma sua atividade artística é, segundo Scherner, principalmente o dos estímulos corporais orgânicos (cf. p. 32 ss.), de modo que, na suposição sobre as fontes do sonho e sobre seus excitadores, a teoria demasiadamente fantástica de Scherner e a doutrina talvez excessivamente sóbria de Wundt e outros fisiólogos, que normalmente se comportam como antípodas umas com as outras, aqui coincidem plenamente. Mas, enquanto, por um lado, de acordo com a teoria fisiológica, a reação anímica aos estímulos corporais internos se esgota com o despertar de algum tipo de representações que lhes correspondem, e que então chamam outras representações em seu auxílio no caminho da associação, e enquanto com esse estágio parece estar encerrado o curso dos processos psíquicos do sonho, segundo Scherner, por outro lado, os estímulos corporais só dão à alma um material que ela pode colocar a serviço de seus propósitos fantásticos. A formação do sonho só começa, de acordo com Scherner, lá onde ela se esgota aos olhos dos outros.

É evidente que não podemos considerar adequado a uma finalidade o que a fantasia onírica faz com os estímulos corporais. Ela faz com eles um jogo provocativo, representando-se a fonte orgânica de onde partem os estímulos, no sonho em questão, como algum tipo de simbolismo plástico. Scherner pensa, efetivamente, embora Volkelt e outros não o sigam, que a fantasia onírica tem uma determinada figuração preferida para o organismo inteiro; essa seria a *casa*. Mas, por sorte, ela não parece estar ligada a esse material para as suas figurações; ela também pode, ao contrário, utilizar séries inteiras de casas para caracterizar um único órgão, por exemplo, longas ruas inteiras cheias de casas para o estímulo intestinal. Algumas vezes, partes separadas da casa figuram realmente partes do corpo, por exemplo, no sonho com a dor de cabeça, o teto do cômodo (que o sonhador vê coberto de repugnantes aranhas que pareciam sapos) figura a cabeça.

Independentemente do simbolismo da casa, quaisquer outros objetos são utilizados para a figuração das partes do corpo que enviam o estímulo onírico. "Assim, o pulmão que respira encontra seu símbolo no fogão flamejante com seu bramido que lembra o ar em movimento, o coração, em caixas ou cestas ocas, a bexiga, em objetos redondos em forma de bolsas ou simplesmente ocos. O sonho de homens provocado por estímulo sexual leva o sonhador a encontrar na rua a parte superior de um clarinete, e, ao lado, a mesma parte de um cachimbo de fumo, e, novamente ao lado, um casaco de pele. Clarinete e cachimbo de fumo figuram a forma aproximada do membro masculino, o casaco de pele, os pelos pubianos. No sonho sexual da mulher, a passagem estreita onde as coxas se unem pode ser simbolizada por um pátio estreito cercado de casas, a vagina da mulher, por uma trilha muito estreita, escorregadia, macia, que atravessa o espaço do pátio, por onde a sonhadora deverá passar para, por exemplo, levar uma carta a um senhor" (Volkelt, p. 39). É particularmente importante que, no final de um sonho por estímulo corporal como esse, a fantasia onírica se desmascara, por assim dizer, apresentando sem disfarce o órgão excitador ou sua função. Assim, o "sonho por estímulo dentário" termina quando o sonhador arranca um dente da boca.

Mas a fantasia onírica não pode voltar sua atenção meramente à forma do órgão excitador, ela pode da mesma maneira tomar como objeto de simbolização a substância contida nele. Assim, por exemplo, o sonho por estímulo intestinal pode levar, através de ruas enlameadas, o sonho por estímulo urinário até águas espumantes. Ou o estímulo como tal, o tipo de sua excitação, o objeto que ele deseja [*begehrt*] são figurados simbolicamente, ou o Eu do sonho [*Traum-Ich*] entra em ligação concreta com as simbolizações do próprio estado, por exemplo, quando, no caso de estímulos dolorosos, pelejamos desesperados com cachorros que mordem ou touros enraivecidos, ou quando, em um sonho sexual, a sonhadora se vê perseguida por um homem nu. Independentemente de toda a possível riqueza na execução, subsiste uma atividade de fantasia simbolizante como a força central de todo sonho. Penetrar mais fundo no caráter dessa fantasia, assinalar à atividade psíquica assim reconhecida a sua posição em um sistema de pensamentos filosóficos foi o que depois tentou Volkelt em seu belo e caloroso livro, que permanece, entretanto, demasiadamente difícil de entender para aquele que não tenha sido preparado por estudos anteriores para uma apreensão sensível dos esquemas filosóficos conceituais.

Nenhuma função útil pode ser imputada nos sonhos à atividade simbolizante da fantasia idealizada por Scherner. Sonhando, a alma brinca com os estímulos que lhe são oferecidos. Poderíamos chegar à suspeita de que ela brinca de maneira inconveniente. Mas também nos poderiam perguntar se pode levar a algo útil o nosso envolvimento minucioso com a teoria de Scherner sobre o sonho, cuja arbitrariedade e cujo descompromisso com as regras de qualquer investigação parecem, sem dúvida, demasiado evidentes. Aqui seria então o lugar de opor um veto à rejeição [*Verwerfung*], demasiado arrogante, da doutrina de Scherner, antes de qualquer exame. Essa doutrina se fundamenta na impressão que os sonhos deixam em alguém que lhes dedicou grande atenção e que parece pessoalmente muito bem-dotado para rastrear as coisas obscuras da alma. Além disso, ela trata de um assunto que pareceu certamente enigmático à humanidade durante séculos, mas ao mesmo tempo rico em conteúdo e em relações, e para cujo esclarecimento a ciência rigorosa, como ela mesma reconhece, não contribuiu além de tentando, em total oposição à sensibilidade popular, negar ao objeto conteúdo e importância. Por fim, admitimos que, nas tentativas de esclarecer o sonho, aparentemente não poderemos escapar com facilidade do fantástico. Existe também um fantástico das células ganglionares; a passagem citada à p. 80 *GW* de um investigador lúcido e exato como Binz, que descreve como a aurora do despertar se propaga por sobre as massas de células adormecidas do córtex cerebral, não fica atrás, no que diz respeito ao fantástico e à improbabilidade, das tentativas de interpretação de Scherner. Espero poder mostrar que por trás delas se esconde algo real, que entretanto só foi reconhecido de maneira nebulosa e não tem o caráter da universalidade que pode pretender uma teoria sobre o sonho. Provisoriamente, a teoria sobre o sonho de Scherner, em oposição à teoria médica, pode talvez demonstrar a indeterminação com que a explicação da vida anímica ainda hoje oscila entre extremos.

H
RELAÇÕES ENTRE SONHO E DOENÇAS MENTAIS[8]

Quem fala da relação do sonho com as perturbações mentais [*Geistesstörungen*] pode estar se referindo a três coisas: 1) relações etiológicas e clínicas, por exemplo, quando o sonho representa um estado psicótico, o introduz ou resulta dele, 2) modificações que sofre a vida onírica no caso da "doença do mentais", 3) relações internas entre o sonho e psicoses, analogias que apontam a um parentesco essencial. Essas múltiplas relações entre as duas séries de fenômenos foram, em tempos anteriores da medicina – e voltaram a sê-lo nos dias de hoje –, um tema preferido dos autores médicos, como nos ensina a literatura sobre o assunto reunida por Spitta, Radestock, Maury e Tissié. Recentemente, Sante de Sanctis voltou sua atenção para essa relação.[i] No interesse de nossa exposição, bastará meramente aludir a esse assunto importante.

Sobre as relações clínicas e etiológicas entre sonho e psicose, quero comunicar as seguintes observações enquanto paradigmas. Hohnbaum [1830] relata (citado por Krauss) que a primeira irrupção do delírio remonta, com frequência, a um sonho angustiante e aterrorizante e que a ideia dominante estaria ligada a esse sonho. Sante de Sanctis traz observações semelhantes de paranoicos e declara que, em algumas delas, o sonho é a "*vraie cause déterminante de la folie*" [verdadeira causa determinante da loucura]. A psicose pode entrar em cena na vida de um só golpe com o sonho eficaz que contém o esclarecimento do delírio, ou pode se desenvolver lentamente

---

[i] [Nota acrescentada em 1914:] Autores posteriores que tratam dessa relação são: Féré [1887], Ideler [1853], Laségue [1881], Pichon [1896], Régis [1894], Vespa [1897], Gießler [1888], Kazowsky [1901], Pachantoni [1909] e outros.

através de outros sonhos que ainda têm de lutar contra a dúvida. Em um caso de De Sanctis, seguem-se ao sonho que abalou o paciente leves ataques histéricos, e em seguida um estado de angústia melancólica. Féré (citado por Tissié) relata um sonho que teve como consequência uma paralisia histérica. Aqui, o sonho nos é apresentado como etiologia da perturbação psíquica [*Geistesstörung*], embora possamos, da mesma forma, dar conta dos fatos declarando que a perturbação psíquica revelou sua primeira manifestação na vida onírica, irrompendo pela primeira vez no sonho. Em outros exemplos, a vida onírica contém os sintomas da doença, ou a psicose permanece limitada à vida onírica. É assim que Thomayer [1897] chama a atenção para os sonhos de angústia que podem ser concebidos como equivalentes a ataques epitéticos. Allison [1868] (seguindo Radestock [1879]) descreveu a insanidade noturna (*nocturnal insanity*), na qual os indivíduos parecem perfeitamente sadios durante o dia, enquanto de noite surgem regularmente alucinações, ataques de fúria etc. Há observações semelhantes em De Sanctis (um equivalente onírico da paranoia em um alcoólatra, vozes que acusam a esposa de infidelidade); e também em Tissié. Tissié traz, mais recentemente, um grande número de observações, nas quais ações de caráter patológico (de premissas delirantes, impulsos obsessivos) derivam de sonhos. Guislain [1833] descreve o caso em que o sono é substituído por uma loucura intermitente.

Não há nenhuma dúvida de que algum dia, além da psicologia do sonho, uma psicopatologia do sonho ocupará os médicos.

Com frequência, nos casos de convalescença após a doença psíquica, fica particularmente claro que, estando o funcionamento sadio durante o dia, a vida anímica ainda pode pertencer à psicose. Gregory (citado por Krauß) parece ter sido o primeiro a chamar a atenção para essa ocorrência. Macario [1847] (citado por Tissié) relata o caso de um maníaco que, uma semana após seu completo restabelecimento, reviveu em sonhos a fuga de ideias e os impulsos passionais de sua doença.

Sobre as modificações que a vida onírica experimenta em psicóticos crônicos, até agora só foram empreendidas muito poucas investigações. Em compensação, recebeu atenção muito cedo o íntimo parentesco entre sonho e doença psíquica, que se expressa por uma vasta concordância nas manifestações de um e de outro. Segundo Maury [1878], foi Cabanis o primeiro a mencioná-lo em seus *Rapports du physique et du moral*, depois dele Lélut [1852], J. Moreau [1855] e muito especialmente o filósofo Maine de Biran [1834].

Certamente, a comparação é ainda mais antiga. Radestock [1879] inicia o capítulo em que trata dela com uma compilação de asserções que estabelecem uma analogia entre sonho e loucura. Kant [1764] diz em certa passagem: "O louco é um sonhador no estado de vigília". Krauß: "A loucura é um sonho dentro do estado desperto dos sentidos". Schopenhauer [1851] chama o sonho de uma loucura breve e a loucura de um sonho longo. Hagen [1846] caracteriza o delírio como vida onírica que não foi provocada pelo sono, mas por doenças. Wundt [1874] declara na *Physiologischen Psychologie*: "De fato, podemos viver nós mesmos no sonho quase todos os fenômenos que vêm ao nosso encontro nos hospícios".

Spitta [1882] (de maneira, aliás, bem semelhante a Maury [1878]) enumera da seguinte maneira as diversas concordâncias em cujo fundamento uma comparação como essa é recomendada ao julgamento: "1) supressão, ou pelo menos retardamento da consciência de si; em consequência disso, desconhecimento do estado como tal, ou seja, impossibilidade de se surpreender e falta de consciência moral; 2) percepção modificada dos órgãos dos sentidos, na verdade diminuída no sonho, e, no delírio, em geral muito intensificada; 3) ligação das representações entre si, seguindo unicamente as leis da associação e da reprodução, portanto, formação automática de séries, e daí a desproporcionalidade das relações entre as representações (exagero, fantasmas [*Phantasmen*]) e, resultando disso tudo: 4) modificação, respectivamente, reversão da personalidade e, às vezes, das peculiaridades do caráter (perversões)".

Radestock acrescenta a isso ainda alguns traços, analogias no material: "É no domínio dos sentidos da visão, da audição e da cenestesia que encontramos a maior parte das alucinações e ilusões. Como no sonho, os sentidos do olfato e do paladar fornecem o mínimo de elementos. Para o doente com febre, intensificam-se nos delírios, tal como para o sonhador, lembranças de um passado longínquo; o que parecia esquecer aquele que estava desperto e saudável, disso se lembrava aquele que estava dormindo e doente". A analogia entre sonho e psicose só adquire seu pleno valor estendendo-se como uma semelhança familiar na mais refinada mímica e até cada um dos traços da expressão facial.

"Àquele que está torturado pelo sofrimento corporal e psíquico [*geistigen*] o sonho concede o que a realidade impediu: bem-estar e felicidade; assim, também nos doentes psíquicos [*Geisteskranken*] erguem-se as imagens brilhantes de felicidade, de grandeza e de riqueza. A suposta posse de bens e a realização imaginária de desejos, cuja recusa ou aniquilação justamente forneceram uma razão psíquica para a loucura, constituem frequentemente o conteúdo do delírio. A mulher que perdeu um filho querido delira com as alegrias da maternidade, aquele que sofreu a perda da fortuna se toma por extraordinariamente rico, a moça enganada se vê ternamente amada."

(Essa passagem de Radestock é o resumo de uma perspicaz exposição de Griesinger [1861] (p. 111) que desvela, com toda a clareza, a *realização de desejo* como um caráter comum ao sonho e à psicose. Minhas próprias investigações me ensinaram que é aqui que deve ser encontrada a chave para uma teoria psicológica do sonho e das psicoses.)

"Conexões barrocas de pensamento e fraqueza de julgamento são o que caracterizam principalmente o sonho e o delírio." Tanto em um como no outro, encontramos a supervalorização das próprias operações psíquicas [*geistigen*] que parecem um contrassenso para o julgamento sóbrio; ao *curso rápido das representações* do sonho corresponde a *fuga de ideias* da psicose. Nos dois falta qualquer medida de tempo. A *cisão da personalidade* no sonho, que, por exemplo, divide o próprio saber em duas pessoas, das quais a estranha corrige o próprio Eu no sonho, é plenamente equivalente à conhecida partição da personalidade na paranoia alucinatória; o sonhador também ouve os próprios pensamentos apresentados por vozes alheias. Mesmo para as constantes ideias delirantes é encontrada uma analogia nos sonhos patológicos que retornam de maneira estereotipada (*rêve obsédant*) [sonho obsessivo]. Depois da recuperação de um delírio, os doentes dizem, não raramente, que o tempo todo de sua doença lhes pareceu um sonho, com frequência não desconfortável, e até mesmo nos comunicam que ocasionalmente ainda durante a doença pressentiram que estavam apenas capturados em um sonho, de maneira bem semelhante ao que acontece com frequência no sonho que ocorre durante o sono.

Depois de tudo isso, não devemos nos surpreender que Radestock resuma em palavras a sua opinião e a de muitos outros de que "o delírio é um fenômeno anormal de adoecimento, e deve ser considerado uma intensificação do estado onírico normal que retorna periodicamente" (p. 228).

De maneira ainda mais íntima do que é possível através dessa analogia entre os fenômenos que se manifestam, Krauß [1859] quis fundamentar um parentesco entre sonho e delírio na etiologia (mais precisamente, nas fontes de excitação). O elemento fundamental comum aos dois é, segundo ele, como sabemos, a *sensação organicamente condicionada*, a sensação de um estímulo corporal, o estímulo global que resulta da contribuição de todos os órgãos (cf. Peisse [1857], citado por Maury [1878], p. 52).

A incontestável correspondência, que chega até os detalhes característicos, entre o sonho e a perturbação mental [*Geistesstörung*] faz parte dos apoios mais fortes da teoria médica da vida onírica, de acordo com a qual o sonho figura como processo inútil e perturbador e como expressão do rebaixamento da atividade da alma. Entretanto, não se pode esperar receber o esclarecimento final sobre o sonho a partir das perturbações da alma, quando é de todos conhecido o estado de insatisfação em que se encontra o desenrolar dessas últimas. Mas é sem dúvida provável que uma concepção modificada do sonho possa influenciar as nossas opiniões sobre o mecanismo interno das perturbações psíquicas, e assim temos o direito de dizer que trabalhamos no esclarecimento da psicose quando nos esforçamos para aclarar o segredo do sonho.

Acréscimo de 1909

É necessária uma justificativa por eu não ter estendido a literatura dos problemas do sonho também do período que vai da primeira publicação até a segunda edição. Essa justificativa pode parecer pouco satisfatória para o leitor; entretanto, ela não foi menos determinante para mim. Os motivos que sobretudo tinham me levado a uma exposição do tratamento do sonho na literatura foram esgotados com a introdução precedente; uma continuação desse trabalho teria me custado um esforço extraordinário e – teria trazido muito pouco benefício ou ensinamentos. Pois o espaço de tempo em questão de nove anos não trouxe nada de novo ou de valor em material factual ou em pontos de vista para a concepção do sonho. Meu trabalho permaneceu sem ser mencionado e levado em consideração na maioria das publicações que apareceram desde então; ele encontrou ainda menos consideração naturalmente entre os assim chamados "investigadores de sonho", que com isso deram um brilhante exemplo da aversão própria ao homem de ciência de aprender algo novo. "*Les savants ne sont pas curieux*" [Os sábios não são curiosos], diz o irônico Anatole France. Se existe na ciência um direito à revanche, eu estaria justificado a também negligenciar, de minha parte, a literatura publicada desde a aparição deste livro. As poucas resenhas que apareceram em jornais científicos estão tão cheias de incompreensão e mal-entendidos que eu não poderia responder aos críticos com nada além da solicitação de que leiam este livro mais uma vez. Talvez a solicitação pudesse ser a seguinte: de que simplesmente o leiam.

Nos trabalhos daqueles médicos, e de outros, que decidiram pela utilização do procedimento terapêutico psicanalítico, sonhos foram publicados em abundância e interpretados de acordo com as minhas indicações. Na medida em que esses trabalhos vão além da confirmação das minhas elaborações, incluí seus resultados no conjunto de minha apresentação. Um segundo índice bibliográfico colocado no final do volume reúne as principais publicações desde a primeira aparição deste livro. O rico livro de Sante de Sanctis sobre os sonhos, que logo depois de sua publicação recebeu uma tradução para o alemão, cruzou no tempo com a minha *Interpretação do sonho*, de modo que não pude tomar conhecimento dele, bem como o autor italiano pôde saber de mim. Infelizmente eu tive então de julgar que seu diligente trabalho era extremamente pobre em ideias, tão pobre, que a partir dele não se teria a mínima possibilidade de pressentir os problemas tratados por mim.

Preciso mencionar apenas duas publicações que tocam de perto meu modo de tratar os problemas do sonho. Um jovem filósofo, H. Swoboda, que se propôs a estender ao acontecer psíquico a descoberta da periodicidade biológica (em séries de 23 e 28 dias), que se deve a Wilhelm Fließ, e quis, em um escrito pleno de fantasia,[i] resolver com essa chave, entre outros, também o enigma dos sonhos. A importância dos sonhos iria se encolher com isso; o material que lhes serve de conteúdo iria se explicar pela reunião de todas aquelas lembranças que naquela noite justamente completavam um dos períodos biológicos pela primeira ou pela enésima vez. Uma comunicação pessoal do autor me fez supor de início que ele próprio não iria mais sustentar seriamente essa doutrina. Parece que me enganei nessa conclusão; em outra passagem, comunicarei algumas observações às elaborações de Swoboda, que, no entanto, não me trouxeram um resultado convincente. Muito mais satisfatório para mim foi o acaso de encontrar, em uma passagem inesperada, uma concepção do sonho que coincide inteiramente com a essência da minha. As circunstâncias temporais excluem a possibilidade de que aquela formulação tenha sido influenciada pela leitura do meu livro; portanto, devo saudar nela a única concordância, comprovável na literatura, entre um pensador

[i] H. Swoboda. *Os períodos do organismo humano* [*Die Perioden des menschlichen Organismus*]. 1904.

independente e a essência da minha doutrina do sonho. O livro em que se encontra a passagem sobre a atividade do sonho que tenho em vista foi publicado em 1900, em sua segunda edição, por Lynkeus, sob o título de *Fantasias de um realista* [*Phantasien eines Realisten*].[i]

Acréscimo de 1914

A justificativa precedente foi escrita em 1909. Entretanto, desde então, o estado de coisas mudou; minha contribuição à "interpretação do sonho" não é mais negligenciada na literatura. Só que essa nova situação torna impossível, para mim, dar continuidade à revisão bibliográfica precedente. A *Interpretação do sonho* trouxe toda uma série de novas afirmações e problemas, que foram então discutidos pelos autores das mais variadas maneiras. Certamente não posso apresentar esses trabalhos antes de ter desenvolvidos meus próprios pontos de vista sobre aqueles a que se referem os autores. O que me pareceu mais valioso nessa mais nova literatura foi então apreciado no contexto das minhas elaborações que se seguem.

---

[i] Cf. "Josef Popper-Lynkeus e a teoria do sonho" [Josef Popper-Lynkeus e a teoria do sonho] (1923), no volume XIII das *Gesammelte Werke*.

NOTAS

[1] Mesmo correndo o risco de causar certo estranhamento ao leitor brasileiro, cabe esclarecer que Freud utilizava quase como sinônimos o substantivo de origem grega "*Psyche*" (psique/psiquismo) e o termo alemão "*Seele*" (alma), cognato do inglês "*soul*". Enquanto em português "alma" tende a ser associado a um vocabulário místico ou religioso, desde o romantismo alemão "*Seele*" passou a ser amplamente empregado na filosofia e na literatura para designar a vida psíquica. Da mesma forma, o adjetivo "*seelisch*", aqui traduzido como "anímico", aparece em Freud como equivalente germânico do adjetivo de origem grega "*psychisch*" (psíquico). Daí termos recorrentes em sua obra como "*Seelenbehandlung*" ("tratamento anímico" ou "tratamento psíquico") e "*Seelenapparat*" ("aparelho anímico" ou "aparelho psíquico"). (N.R.)

[2] Cabe destacar que o *daimon* grego não tinha o sentido de "espírito maligno" que o cristianismo posteriormente lhe atribuiu. Tratava-se antes de uma entidade intermediária e, via de regra, benévola entre o ser humano e os deuses. (N.R.)

[3] Ao longo deste livro, Freud associa sistematicamente sonho e desejo. Contudo, a palavra "desejo" – assim como o verbo "desejar" – corresponde a diferentes termos em outras línguas europeias de difusão da psicanálise. O termo alemão "*Wunsch*" (assim como o francês "*souhait*" e o inglês "*wish*") refere-se ao desejo como algo transitivo direto, próximo à ideia de um "voto" ou anseio pontual. Ex.: "Eu desejo isto ou aquilo". Já "*Begierde*" (paralelo ao francês "*désir*" e ao inglês "*desire*") expressa um desejo mais intenso, com conotações de apetite, especialmente no campo sexual. Ex.: "Um intenso desejo de encontrar alguém". (N.R.)

[4] Arthur Strümpell, psicólogo interessado em temas como consciência e percepção, era filho de Adolf von Strümpell, neurologista, que havia sugerido que sonhos podem ser influenciados por estímulos corporais. (N.E.)

[5] Talvez o leitor possa estranhar a numeração dessa lista, que salta do número 5 ao 8. No entanto, é assim mesmo no original em alemão. (N.E.)

[6] Construção sintática comum no alemão que reforça a ideia de que um sonho se coloca para alguém de uma fonte indeterminada, literalmente "sonhou-se a mim", mais do que no segundo caso, "eu sonhei", em que o sonhador se coloca como autor da ação de sonhar. (N.R.)

[7] Clara referência ao *Fausto*, de Goethe (parte 1, cena 3): "*Der Luft, dem Wasser, wie der Erden/Entwinden tausend Keime sich,/Im Trocknen, Feuchten, Warmen, Kalten!/Hätt' ich mir nicht die Flamme vorbehalten;/Ich hätte nichts Aparts für mich*" (No ar, na água ou nas terras/os germens surgem aos milhares/No seco, úmido, calor, frio/se não mantivesse a chama para mim/nada me restaria). (N.R.)

[8] O substantivo alemão "*Geist*" é polissêmico e abrange sentidos como "espírito", "mente", "ânimo", "intelecto" e até "fantasma", a depender do contexto. Em nota anterior, discutimos os usos de *Seele* ("alma"/"psiquismo"), cujos sentidos divergem das acepções correntes de "alma" em português. Cabe agora uma observação sobre "*Geist*". Nesta tradução, procurou-se respeitar sua polissemia. No caso de "*Geisteskrankheit*", optou-se por "doença mental" – expressão hoje corrente, embora menos abrangente que o original, que significa

literalmente "doença do espírito", e deriva do vocabulário médico-filosófico do século XIX, especialmente da tradição psiquiátrica de língua alemã. Nos demais contextos, "*Geist*" foi traduzido preferencialmente por "espírito": termo que, embora carregue em português conotações religiosas ausentes em Freud, conserva maior amplitude e densidade do que "mente". O substantivo desdobra-se em dois adjetivos distintos: "*geistlich*", ligado ao religioso ou místico, e "*geistig*", ao intelectual ou mental. Buscou-se manter essa distinção sempre que marcada no texto. Conceitualmente, Freud reserva *Geisteskrankheit* quase sempre às psicoses ou quadros afins, marcados por perturbações graves da relação com a realidade, em contraste com as neuroses, como a histeria. (N.R.; N.E.)

II O método de interpretação do sonho: análise de um sonho-modelo[1]

O título que dei ao meu trabalho deixa ver a qual tradição na concepção dos sonhos eu gostaria de seguir. Eu me propus a mostrar que sonhos são susceptíveis a uma interpretação, e contribuições ao esclarecimento dos problemas do sonho que acabaram de ser tratados só vão se revelar para mim como eventual ganho secundário na execução da minha verdadeira tarefa. Partindo do pressuposto de que sonhos são interpretáveis, entro, de imediato, em contradição com a doutrina dominante sobre o sonho e, de fato, com todas as teorias sobre o sonho, com exceção da de Scherner, pois "interpretar um sonho" quer dizer indicar seu "sentido", substituí-lo por algo que se insere no encadeamento de nossas ações anímicas como um elo de plena importância e de mesmo valor que os outros. Mas, como constatamos, as teorias científicas sobre o sonho não deixam nenhum espaço para um problema de interpretação de sonho, pois para elas o sonho não é absolutamente um ato anímico, mas um processo somático que se manifesta através de signos no aparelho anímico. Em todas as épocas, a opinião leiga portou-se de maneira diferente. Ela faz uso de seu bom direito de proceder de maneira inconsequente e, apesar de admitir que o sonho é incompreensível e absurdo, ela entretanto não consegue negar ao sonho algum significado. Guiada por um obscuro pressentimento, ela parece supor, realmente, que o sonho tem um sentido, embora oculto, que está destinado a ser substituto de outro processo de pensamento e que se trataria apenas de descobrir esse substituto de maneira correta para chegar ao significado escondido do sonho.

O mundo leigo esforçou-se desde sempre para "interpretar" o sonho e, para fazê-lo, tentou métodos essencialmente distintos. O primeiro desses procedimentos considera o conteúdo do sonho como um todo e procura substituí-lo por outro conteúdo compreensível e análogo em certos aspectos. Essa é a interpretação de sonho *simbólica*; ela falha, naturalmente, desde o início, em relação aos sonhos que parecem não apenas incompreensíveis, mas também confusos. Um exemplo de como ela procede pode ser fornecido pela apreciação que o José da Bíblia forneceu ao sonho do faraó. Sete vacas gordas às quais se seguem sete vacas magras que devoram as primeiras vêm a ser um substituto simbólico da profecia de sete anos de fome no Egito, que consomem toda a fartura que foi produzida em sete anos de abundância. A maioria dos sonhos artificiais que foram criados por escritores estão destinados a uma interpretação simbólica como essa, pois eles restituem os pensamentos concebidos pelo escritor sob um disfarce que se encontra de acordo com as características do nosso sonhar conhecidas pela experiência.[i] A opinião de que o sonho se ocupa predominantemente com o futuro, cuja configuração ele vislumbra com antecedência – um resto do significado profético reservado outrora aos sonhos –, torna-se então o motivo para transpor ao futuro, por um "será", o sentido do sonho encontrado através da interpretação simbólica.

Naturalmente, em relação à maneira como se pode encontrar o caminho para uma interpretação simbólica como essa, não há uma instrução possível. O êxito fica por conta da ideia chistosa que ocorre, da intuição imediata, e por isso a interpretação do sonho por meio de um simbolismo pôde ser elevada à condição de prática de uma arte que parecia ligada a um dom particular.[ii] O outro entre os métodos populares de interpretação de sonho mantém-se inteiramente afastado de uma pretensão como essa. Poderíamos caracterizá-lo como "método de deciframento", pois ele trata o sonho como uma espécie de escrita secreta, na qual cada signo é traduzido, segundo uma chave estabelecida, por outro signo de significado conhecido.

---

[i] Em uma novela do escritor W. Jensen, *Gradiva*, descobri, por acaso, diversos sonhos artificiais construídos de maneira inteiramente correta e que se deixavam interpretar como se não tivessem sido inventados, mas tivessem sido sonhados por pessoas reais. O autor confirmou, por indagação de minha parte, que minha doutrina sobre o sonho lhe era desconhecida. Considerei essa concordância entre minha investigação e a criação do escritor como prova da correção de minha análise do sonho ("O delírio e os sonhos na *Gradiva* de W. Jensen", primeiro caderno publicado por mim em *Schriften zur Angewandten Seelenkunde*, 1907, 3. ed., 1924. *Ges. Werke*, v. VII).

[ii] Aristóteles afirmou a esse respeito que o melhor intérprete de sonho é aquele que apreende melhor as semelhanças: pois as imagens de sonho, tal como as imagens na água, são desfiguradas pelo movimento, e aquele que melhor acerta é o que sabe reconhecer o que é verdadeiro na imagem desfigurada (*Büchsenschütz*, p. 65).

Sonhei, por exemplo, com uma carta, mas também com um funeral etc.; consulto, então, um "livro sobre sonhos" e verifico que "carta" deve ser traduzida por "aborrecimento", e "funeral", por "noivado". Cabe então a mim a decisão de, a partir das palavras-chave que decifrei, estabelecer uma relação que admitirei novamente no futuro. Uma alteração interessante desse procedimento de decifrar, através do qual seu caráter de transferência puramente mecânica é corrigido de certa maneira, é encontrada no escrito sobre interpretação de sonho de Artemidoro de Daldis.[i] Aqui não se considera apenas o conteúdo do sonho, mas também a pessoa e as circunstâncias de vida do sonhador, de maneira que o mesmo elemento do sonho tem para o rico, para o casado, para o orador um significado diferente do que para o pobre, o solteiro ou, digamos, o comerciante. O essencial nesse procedimento

---

[i] Artemidoro de Daldis, nascido provavelmente no início do século II de nossa era, legou-nos a elaboração mais completa e mais cuidadosa da interpretação do sonho do mundo greco-romano. Como assinala Th. Gomperz, ele atribuía importância a que se fundasse a interpretação do sonho sobre observação e experiência, e separou rigorosamente a sua arte de outras artes enganosas. O princípio de sua arte de interpretação é, de acordo com a apresentação de Gomperz, idêntico ao da magia, o princípio da associação. Uma coisa do sonho [*Traumding*] significa aquilo que ela lembra. Que se entenda bem, aquilo que ela lembrar ao interpretador do sonho! Uma fonte de arbitrariedade e de incerteza difícil de dominar resulta então do fato de que o elemento do sonho pode lembrar coisas diversas ao interpretador, e a cada um, uma coisa diferente. A técnica que exponho no que se segue se afasta da técnica dos antigos, no ponto essencial de que é ao próprio sonhador que ela impõe o trabalho de interpretação. Ela não vai considerar o que ocorre ao interpretador, mas ao sonhador em relação ao elemento do sonho em questão. – Mas, a partir de relatos recentes do missionário Tfinkdji (*Anthropos*, 1913), os modernos intérpretes de sonho do Oriente também consideram amplamente a cooperação do sonhador. O informante conta sobre os intérpretes de sonho entre os árabes da Mesopotâmia: "*Pour interpréter exactement um songe, les oniromanciens les plus habiles s'informent de ceux qui les consultent de toutes les circonstances qu'ils regardent nécessaires pour la bonne explication... En un mot, nos oniromanciens ne laissent aucune circonstance leur échapper et ne donnent l'interprétation désirée avant d'avoir parfaitement saisi et reçu toutes les interrogations désirables*" [Para interpretar um sonho de maneira exata, os oniromantes mais hábeis se informam com aqueles que os consultam sobre todas as circunstâncias que julgam necessárias para a boa explicação... Em uma palavra, nossos oniromantes não deixam que lhes escape nenhuma circunstância e não fornecem a interpretação desejada antes de terem apreendido perfeitamente e recebido todas as perguntas desejáveis]. Entre essas perguntas encontram-se regularmente aquelas sobre dados exatos sobre os membros familiares mais próximos (pais, esposa, filhos), bem como a fórmula típica: *Habuistine in hac nocte copulam conjugalem ante vel post somnium*? [Você teve, no decorrer dessa noite, um intercurso sexual antes ou depois do sonho?] – "*L'idée dominante dans l'interprétation des songes consiste à expliquer le rêve par son opposé*" [A ideia dominante na interpretação dos sonhos consiste em explicar o sonho por seu oposto].

é, de fato, que o trabalho de interpretação não é orientado sobre a totalidade do sonho, mas sobre cada parte por si mesma do conteúdo do sonho, como se o sonho fosse um conglomerado no qual cada fragmento de rocha exigisse um tratamento particular. Foi certamente dos sonhos desconexos e confusos que partiu o incentivo para a criação do método de deciframento.[i]

Não se pode duvidar nem por um momento de que, para o tratamento científico do tema, os dois procedimentos populares de interpretação do sonho são inúteis. O método simbólico é limitado em sua aplicação e não se presta a nenhuma exposição geral. No método de decifração, tudo dependeria da confiabilidade da "chave", do livro sobre sonhos, e para isso falham todas as garantias. Estaríamos tentados a dar razão aos filósofos e psiquiatras e a descartar com eles o problema da interpretação do sonho como uma tarefa imaginária.[ii]

Acontece que reconsiderei a aceitabilidade de outro ponto de vista. Precisei reconhecer, mais uma vez, a presença de um desses casos, não raros, nos quais uma crença popular muito antiga, conservada obstinadamente, parece ter se aproximado mais da verdade das coisas do que o julgamento

---

[i] O Dr. Alfred Robitsek me fez observar que os livros orientais de sonhos, dos quais os nossos são lamentáveis decalques, efetuam a interpretação dos elementos do sonho em sua maioria a partir da homofonia e da semelhança das palavras. Tendo em vista que esses parentescos iriam forçosamente se perder com a tradução para a nossa língua, é daí que viria o caráter incompreensível das substituições em nossos "livros de sonhos" populares. – Sobre essa importância extraordinária do jogo de palavras e do trocadilho nas antigas culturas orientais, é possível informar-se nos escritos de Hugo Winckler. O mais belo exemplo de uma interpretação de sonho que nos foi legado da Antiguidade tem seu fundamento em um trocadilho. Artemidoro conta (p. 255): "Mas também me parece que Aristandro apresentou a Alexandre da Macedônia uma explicação bastante feliz quando este mantinha Tiro cercada e sitiada e, inquieto e perturbado por causa da grande perda de tempo, teve a sensação de ter visto um sátiro dançar sobre seu escudo; por coincidência, Aristandro se encontrava nas proximidades de Tiro, a serviço do rei em guerra contra os sírios. Ao decompor a palavra 'sátiro' [*Satyros*] em 'σὰ' e 'Τύρος', ele fez com que o rei intensificasse o cerco, tornando-se o senhor da cidade" (Σὰ-Τύρος = tua é Tiro). – Além disso, o sonho está tão intimamente ligado à expressão linguística que Ferenczi pode observar, com razão, que cada língua tem sua própria língua de sonho. Um sonho, em geral, é intraduzível em outras línguas, e por isso penso que um livro como o presente também o seja. Não obstante, primeiro o Dr. A. A. Brill, em Nova York, e então outros depois dele conseguiram produzir traduções da *Interpretação do sonho.*

[ii] Depois de ter concluído meu manuscrito, chegou-me um escrito de Stumpf que coincide com o meu trabalho na intenção de demonstrar que o sonho tem sentido e é interpretável. Mas a interpretação se faz por meio de um simbolismo de caráter alegorizante, sem garantia da validade universal do procedimento.

da ciência hoje em vigor. Tenho, necessariamente, de afirmar que o sonho tem realmente um significado e que um procedimento científico da interpretação do sonho é possível. Cheguei ao conhecimento desse procedimento da seguinte maneira:

Tenho me ocupado há anos com a resolução de certas estruturas psicopatológicas, fobias histéricas, representações obsessivas, entre outras, com propósito terapêutico; e isso desde que fiquei sabendo, por uma importante comunicação de Josef Breuer, que, para essas formações percebidas como sintomas de doença, a dissolução [*Auflösung*][2] e a solução [*Lösung*] coincidem.[i] Se pudemos reconduzir uma representação patológica como essa aos elementos dos quais ela se originou na vida anímica do paciente, ela de fato se dissolveu, o paciente libertou-se dela. Considerando a impotência de nossos diversos esforços terapêuticos e tendo em vista o caráter enigmático desses estados, pareceu-me tentador avançar pelo caminho aberto por Breuer e, apesar de todas as dificuldades, chegar ao esclarecimento completo. Em outra ocasião terei de relatar detalhadamente como a técnica desse procedimento finalmente tomou forma e quais foram os resultados desse esforço. Foi no curso desses estudos psicanalíticos que cheguei à interpretação do sonho. Os pacientes que eu tinha obrigado a me comunicar todas as súbitas ocorrências de ideias e de pensamentos que se impunham a eles sobre determinado tema contavam-me seus sonhos, e assim me ensinavam que um sonho pode ser inserido em uma cadeia psíquica que deve ser seguida retrocedendo-se à lembrança a partir de uma ideia patológica. Faltava então tratar o próprio sonho como um sintoma e aplicar-lhe o método de interpretação elaborado para o sintoma.

Mas, para isso, é necessário haver certa preparação psíquica do paciente. Dele nos esforçamos por obter duas coisas, uma intensificação de sua atenção sobre suas percepções psíquicas e uma eliminação da crítica com a qual ele costuma ordenar os pensamentos que nele afloram. Para efeitos de sua auto-observação com atenção concentrada, é conveniente que ele adote uma posição de repouso e feche os olhos; é preciso impor-lhe expressamente a renúncia à crítica das formações de pensamentos percebidos. Dizemos-lhe, portanto, que o êxito da psicanálise depende de ele observar e comunicar tudo que lhe passe pelos sentidos e de não se deixar levar, por exemplo,

---

[i] Breuer e Freud. *Estudos sobre histeria* [*Studien über Hysterie*]. Viena, 1895, 4. ed., 1922 (*Ges. Werke*, v. I).

a reprimir [*unterdrücken*] a ocorrência de uma ideia por lhe parecer sem importância ou não pertinente ao tema, ou de outra por lhe parecer sem sentido. Ele precisa se comportar de maneira inteiramente imparcial em relação às suas ocorrências de pensamentos; pois é justamente à crítica que se deve o fato de ele normalmente não conseguir encontrar o que procura: a resolução do sonho, da ideia obsessiva etc.

Nos trabalhos psicanalíticos, notei que a constituição psíquica da pessoa que está refletindo é inteiramente diferente da daquele que está observando seus processos psíquicos. Na reflexão entra em jogo uma ação psíquica a mais do que na auto-observação mais atenta, como também provam a expressão facial tensa e as rugas na testa franzida daquele que está refletindo, em oposição à expressão relaxada do auto-observador. Em ambos os casos, tem de estar presente uma concentração da atenção, mas aquele que está refletindo exerce também uma crítica, em consequência da qual ele rejeita [*verwirft*] uma parte das ideias que estão lhe ocorrendo depois de tê-las percebido, interrompe outras bruscamente, de modo a não seguir os caminhos de pensamento que elas iriam abrir, e, em relação a ainda outros pensamentos, ele sabe se comportar de maneira tal, que eles não se tornam conscientes absolutamente, são portanto reprimidos antes de serem percebidos. O auto-observador, ao contrário, só tem o trabalho de reprimir a crítica; se o consegue, vem-lhe à consciência um sem-número de ideias ocorridas que normalmente teriam permanecido inapreensíveis. Com a ajuda desse material recentemente adquirido para a autopercepção, pode se consumar a interpretação das ideias patológicas, bem como a das estruturas do sonho. Como vemos, trata-se de produzir um estado psíquico que tenha em comum com aquele que precede o adormecer (e certamente também com o estado hipnótico) certa analogia na divisão da energia psíquica (da atenção móvel). No adormecer surgem as "representações involuntárias" pelo relaxamento de certa ação voluntária (e certamente também crítica), que deixamos agir sobre o curso de nossas representações; como razão desse relaxamento, costumamos indicar a "fadiga"; as representações involuntárias que emergem se transformam em imagens visuais e acústicas. (Cf. as observações de Schleiermacher, entre outros, p. 51.)[1] No estado que se utiliza

---

[1] Da observação direta dessa transposição [*Umsetzung*] de representações em imagens visuais H. Silberer obteve contribuições importantes para a interpretação dos sonhos (*Jahrbuch f. Psychoanalyt. Forschungen*, I e II, 1909 etc.).

para a análise dos sonhos e das ideias patológicas, renuncia-se intencional e voluntariamente a essa atividade e emprega-se a energia psíquica poupada (ou uma parte dela) para acompanhar com atenção os pensamentos não voluntários que agora emergem e que conservam seu caráter de representações (essa é a diferença em relação ao estado de adormecimento). *Assim, tornamos "voluntárias" as representações "involuntárias".*

A posição aqui exigida em relação à ocorrência de ideias que parecem "aflorar livremente" e que implica a renúncia à crítica que é normalmente exercida contra elas parece não ser fácil para algumas pessoas. Os "pensamentos involuntários" costumam desencadear a mais violenta resistência, que quer impedi-los em sua emergência. Mas, se acreditarmos em nosso grande poeta-filósofo Friedrich Schiller, uma posição bastante análoga deve também constituir a condição da produção poética. Em uma passagem de sua correspondência com Körner, cuja descoberta devemos a Otto Rank, Schiller responde à queixa de seu amigo sobre sua produtividade insuficiente: "O motivo da tua queixa reside, parece-me, na coerção [*Zwange*] que teu entendimento impõe à tua imaginação. Preciso aqui lançar um pensamento e torná-lo sensivelmente perceptível através de uma comparação. Não parece bom e é prejudicial para o trabalho criador da alma quando a razão examina muito rigorosamente, já nas portas de entrada, por assim dizer, as ideias que afluem. Uma ideia, considerada isoladamente, pode ser pouco digna de consideração ou muito arrojada, mas talvez ela se torne importante por meio de uma que a sucede, talvez ela possa fornecer, em certa ligação com outras que talvez também pareçam insípidas, um elo muito apropriado: – Isso tudo o entendimento não pode julgar se ele não a retiver o tempo suficiente para analisá-la em ligação com essas outras. Por outro lado, em uma cabeça criativa, ao que me parece, a razão retirou a guarda das portas, as ideias se precipitam *pêle-mêle* [desordenadamente], e é só então que visualiza e examina o grande acúmulo. – Vocês, senhores críticos, e como quer que se nomeiem, vocês têm vergonha ou temor da loucura momentânea e passageira que se encontra em cada um dos criadores e cuja duração mais longa ou mais curta diferencia o artista que pensa do sonhador. Daí suas queixas de infecundidade, porque vocês rechaçam muito cedo e discriminam com muito rigor" (carta de 1º de dezembro de 1788).

E, no entanto, "essa retirada da guarda das portas da razão", como Schiller a nomeia, um colocar-se dessa maneira no estado de auto-observação sem crítica, de modo algum é difícil.

A maioria de meus pacientes consegue fazê-lo após a primeira instrução; eu mesmo consigo fazê-lo perfeitamente, se enquanto isso anoto as ideias que me ocorrem. O montante de energia psíquica em torno do qual diminuímos a atividade crítica e com o qual conseguimos elevar a intensidade da auto-observação oscila consideravelmente de acordo com o tema que deve ser fixado pela atenção.

O primeiro passo na utilização desse procedimento ensina, então, que não devemos tomar o sonho como um todo por objeto da atenção, mas apenas porções isoladas de seu conteúdo. Quando pergunto ao paciente ainda sem prática: "o que lhe ocorre em relação a esse sonho?", em geral, ele não consegue apreender nada em seu campo de visão intelectual. Eu preciso apresentar-lhe o sonho fragmentado, e então ele me fornece para cada fragmento uma série de ideias que lhe ocorrem, que podemos caracterizar como "pensamentos de fundo" dessa porção do sonho. Nessa primeira condição importante, o método de interpretação do sonho praticado por mim já se afasta, portanto, do método popular, famoso histórica e lendariamente, de interpretação por simbolismo e se aproxima do segundo, o "método de deciframento". Ele é, como este, uma interpretação *en détail* e não *en masse*; ele concebe o sonho, de início, como algo composto, como um conglomerado de formações psíquicas.

No decorrer de minhas análises de neuróticos, devo já ter submetido à interpretação mais de mil sonhos, mas não é esse material que eu gostaria de utilizar aqui para a introdução à técnica e à doutrina da interpretação do sonho. Independentemente do fato de que eu estaria exposto à objeção de que se trata justamente de sonhos de neuropatas, que não permitem uma inferência aos sonhos de pessoas sadias, outro motivo me obriga à sua rejeição [*Verwerfung*]. O tema ao qual esses sonhos visam é sempre, naturalmente, a história do adoecimento que está na base da neurose. Por consequência, para cada sonho seria necessário um relato preliminar muito extenso e uma incursão na essência e nas condições etiológicas das psiconeuroses, coisas que em si e por si são novas e desconcertantes no mais alto grau, e que assim iriam desviar a atenção do problema do sonho. Minha intenção volta-se muito mais na direção de, com a resolução do sonho, produzir um trabalho preliminar para ter acesso aos problemas mais difíceis da psicologia das neuroses. Mas, se renuncio aos sonhos dos neuróticos, meu material principal, não tenho o direito de ser tão seletivo em relação ao resto. Só restam aqueles sonhos que me foram contados ocasionalmente por pessoas sadias de meu conhecimento, ou aqueles que encontro registrados como exemplos na literatura sobre a vida onírica. Infelizmente, para todos esses sonhos me falta a análise, sem a qual não posso encontrar o sentido do sonho. Certamente meu procedimento não é tão cômodo quanto o do método popular de deciframento, que traduz o conteúdo dado do sonho a partir de uma chave estabelecida; eu considero muito mais compreensível que, para pessoas diferentes e em um contexto diferente, o mesmo conteúdo de sonho pode também esconder outro sentido. Sendo assim, restam-me meus próprios sonhos como material abundante e cômodo que procede de uma pessoa mais ou menos normal e se refere a múltiplas circunstâncias da vida cotidiana. Certamente me serão confrontadas algumas dúvidas quanto à confiabilidade dessas "autoanálises". Nesse caso, a arbitrariedade não está excluída de modo algum. De acordo com meu julgamento, as condições são muito mais favoráveis na auto-observação do que na observação de outros; em todo caso, temos o direito de tentar ver aonde se chega na interpretação do sonho com a autoanálise. Tenho de superar outras dificuldades no interior de mim mesmo. Temos um receio compreensível de revelar tantas coisas íntimas de nossa vida anímica, sabendo que não estamos garantidos contra a falha na interpretação de estranhos. "*Tout psychologiste*", escreve Delboeuf, "*est obligé de faire l'aveu même de ses faiblesses s'il croît par là jeter du jour sur quelque problème obscur*" ["Todo psicólogo é obrigado a confessar até mesmo as suas fraquezas se acredita com isso lançar luz sobre um problema obscuro"]. Tenho o direito de supor que, mesmo no caso do leitor, o interesse inicial pelas indiscrições que necessariamente vou cometer muito brevemente dará lugar ao aprofundamento exclusivo dos problemas psicológicos assim iluminados.[i]

Portanto, escolherei um de meus próprios sonhos e nele ilustrarei meu modo de interpretação. Todo sonho como esse necessita de um relatório preliminar. Mas agora preciso pedir ao leitor que faça seus os meus interesses por um longo período e que mergulhe comigo nos menores detalhes da minha vida, pois o interesse pelo significado escondido dos sonhos exige imperativamente uma transferência como essa.

---

[i] De qualquer forma, não quero deixar de indicar, em restrição ao que foi dito anteriormente, que quase nunca comuniquei a interpretação completa, que me era acessível, de algum de meus sonhos. Provavelmente eu tinha razão em não confiar demasiadamente na discrição dos leitores.

RELATÓRIO PRELIMINAR

No verão de 1895, eu estava tratando psicanaliticamente uma jovem senhora muito próxima de mim e dos meus por laços de amizade. Entendemos que uma mistura de relações como essa pode se tornar uma fonte de múltiplas comoções para o médico, especialmente para o psicoterapeuta. O interesse pessoal do médico é maior, sua autoridade, menor. Um insucesso ameaça abalar a velha amizade com os familiares do paciente. O tratamento terminou com um êxito parcial, a paciente perdeu sua angústia histérica, mas nem todos os seus sintomas somáticos. Na época eu não estava bem seguro sobre os critérios que caracterizam o encerramento definitivo de uma história de adoecimento histérico e propus à paciente uma solução que não lhe pareceu aceitável. Foi nesse desacordo que interrompemos o tratamento por causa do período de verão. – Certo dia recebi a visita de um colega mais jovem, um de meus mais próximos amigos que havia visitado a paciente – Irma – e sua família em sua casa de campo.[3] Perguntei-lhe como ela se encontrava e recebi a resposta: "Ela está melhor, mas não totalmente bem". Sei que as palavras de meu amigo Otto ou o tom em que elas foram pronunciadas me aborreceram. Acreditei ter ouvido uma reprimenda, algo como eu ter prometido muito à paciente, e atribuí – com ou sem razão – a suposta tomada de partido de Otto contra mim à influência dos familiares da paciente, os quais, como eu supunha, nunca haviam visto meu tratamento com bons olhos. Além disso, a minha sensação desagradável não me ficou clara, mas também não dei expressão a ela. Ainda na mesma noite, escrevi a história do adoecimento de Irma, para entregá-la, como que para me justificar, ao Dr. M., um amigo comum, a personalidade que na época dava o tom em nosso círculo. Na madrugada seguinte a essa noite (mais provavelmente de manhã), tive o sonho que se segue, que foi anotado imediatamente após o despertar.[i]

Sonho de 23-24 de julho de 1895

[Sonho da injeção de Irma]

Um grande salão – muitos convidados que estamos recebendo. – Entre eles, Irma, a quem chamo em separado, como que para responder à sua carta

[i] [Nota acrescentada em 1914]: Esse é o primeiro sonho que submeti a uma interpretação minuciosa.

*e repreendê-la por ainda não ter aceitado a "solução" [*Lösung*]. Eu lhe digo: "Se você ainda tem dores, é realmente apenas por sua culpa". – Ela responde: "Se você soubesse as dores que sinto agora na garganta, no estômago, no ventre é como se isso me aperta*[4] *por dentro". – Eu me assusto e a encaro. Ela parece pálida e inchada; penso que, afinal, acabei deixando de ver aí algo orgânico. Levo-a até a janela e examino sua garganta. Quando o faço, ela mostra certa relutância, como as mulheres que usam dentadura. Penso comigo, ela não tem necessidade disso. – Depois a boca se abre como devia e encontro à direita uma grande mancha branca, e, em outro lugar, vejo sobre curiosas estruturas curvadas, formadas claramente como os cornetos nasais, extensas escaras branco-acinzentadas. – Chamo depressa o Dr. M., que repete o exame e constata... O Dr. M. está com uma aparência diferente da habitual; ele está muito pálido, manca e não tem barba no queixo... Meu amigo Otto está agora também ao lado dela, e o amigo Leopold a ausculta sobre o corpete e diz: "Ela tem uma área amortecida embaixo, à esquerda", e mostra também uma parte infiltrada da pele no ombro esquerdo (o que, apesar do vestido, eu sinto como ele)... M. diz: "Não há dúvida, é uma infecção, mas não faz mal; ainda virá uma disenteria, e o veneno será eliminado...". Também sabemos imediatamente de onde provém a infecção. O amigo Otto, há não muito tempo, quando ela não estava se sentindo bem, aplicou-lhe uma injeção com um preparado de propil, propileno... ácido propiônico...* ***trimetilamina*** *(cuja fórmula vejo em negrito diante de mim)... Não se aplicam essas injeções de maneira tão leviana... Provavelmente a seringa também não estava limpa.*

Esse sonho tem uma vantagem sobre muitos outros. Fica imediatamente claro a quais acontecimentos do dia anterior ele se liga, de qual tema ele trata. O relatório preliminar informa sobre tudo isso. A notícia que recebi de Otto sobre o estado de saúde de Irma e a história do adoecimento sobre a qual escrevi até bem tarde da noite ocuparam minha atividade anímica também durante o sono. Apesar disso, ninguém que tenha tomado conhecimento do relatório preliminar e do conteúdo do sonho teria podido imaginar o que o sonho significa. Nem eu mesmo o sei. Surpreendo-me com os sintomas de doença dos quais Irma se queixa para mim no sonho, pois não são os mesmos pelos quais eu a tratei. Levaram-me ao riso a ideia insensata de uma injeção de ácido propiônico e o consolo expresso pelo Dr. M. Perto do seu final, o sonho me parece mais obscuro e mais comprimido do que ele é no início. Para saber o significado de tudo isso, preciso, necessariamente, fazer uma análise minuciosa.

ANÁLISE

O salão – muitos convidados que estamos recebendo. Passamos aquele verão em Bellevue,[5] em uma casa isolada em uma das colinas adjacentes ao Kahlenberg. No passado essa casa tinha sido destinada a ser um local de diversão, daí os cômodos inusitadamente altos com formato de salão. Além disso, o sonho foi produzido em Bellevue e, na verdade, poucos dias antes da festa de aniversário de minha esposa. Durante o dia minha esposa tinha expressado a expectativa de que para o seu aniversário viessem à nossa casa como convidados muitos amigos e, entre eles, Irma. Meu sonho antecipa, portanto, essa situação: é o aniversário de minha esposa, e muitas pessoas, entre elas Irma, são recebidas por nós como convidadas no grande salão de Bellevue.

Faço reprimendas a Irma por não ter aceitado a solução; eu digo: "Se você ainda tem dores, a culpa é sua". Isso eu também poderia ter dito a ela no estado de vigília, ou realmente lhe disse. Na época eu tinha a opinião (mais tarde reconhecida como incorreta) de que minha tarefa se esgotava quando eu comunicava aos pacientes o sentido oculto de seus sintomas; no entanto, se eles aceitavam ou não essa solução, da qual dependia o êxito, isso não seria mais responsabilidade minha. Sou grato a esse erro, agora felizmente superado, por ter me facilitado a existência em uma época em que, com toda a minha inevitável ignorância, eu devia produzir recuperações bem-sucedidas. – Mas noto, pela frase que digo a Irma no sonho, que, acima de tudo, não quero ser culpado pelas dores que ela ainda sente. Se isso for culpa da própria Irma, então não pode ser minha. É nessa direção que a intenção do sonho deve ser procurada?

Queixas de Irma; dores na garganta, no ventre e no estômago, isso me aperta por dentro. Dores no estômago faziam parte do complexo sintomático de minha paciente, mas não eram muito prementes; ela se queixava muito mais de sensações de náusea e repulsa. Dores na garganta, no ventre, apertos na laringe dificilmente tinham um papel em seu caso. Surpreendo-me com o porquê de eu ter me decidido por essa escolha de sintomas no sonho, o que também não posso responder nesse momento.

Ela parece pálida e inchada. Minha paciente era sempre corada. Suspeito que aqui outra pessoa se substitua a ela.

Fico assustado ao pensar que, de fato, deixei de ver uma afecção orgânica. Como vão me acreditar de bom grado, essa é uma angústia que nunca se extingue para o especialista que atende quase que exclusivamente neuróticos e que está habituado a responsabilizar a histeria por tantas manifestações que outros médicos tratam como orgânicas. Por outro lado, cria-se em mim – não sei de onde – uma ligeira dúvida sobre se o meu espanto é inteiramente sincero. Se as dores de Irma são organicamente fundadas, novamente não sou obrigado a curá-las. É que meu tratamento só elimina dores histéricas. Parece-me, na verdade, que eu estaria desejando um erro de diagnóstico; nesse caso, a reprimenda sobre o insucesso também estaria eliminada.

Levo-a até a janela para examinar sua garganta. Ela se mostra um pouco relutante, como as mulheres que usam dentadura. Penso comigo, ela não tem necessidade disso. Com Irma nunca tive ocasião de inspecionar a cavidade bucal. O que ocorreu no sonho me lembra o exame efetuado havia algum tempo em uma governanta que, de início, deu-me a impressão de beleza juvenil, mas que, ao abrir a boca, tomou certas providências para esconder sua dentadura. A esse caso se ligam outras lembranças de exames médicos e pequenos segredos que são revelados sem com isso trazer prazer para nenhum dos dois. – *Ela não tem necessidade disso* é, sem dúvida, primeiramente um elogio para Irma; mas eu presumo ainda outro significado. Em uma análise atenta, sentimos se esgotamos ou não os pensamentos de fundo que seriam esperados. A maneira como Irma está em pé à janela me lembra de repente outra vivência. Irma tem uma amiga íntima que tenho em alta estima. Quando, certa noite, fiz-lhe uma visita, encontrei-a na situação reproduzida no sonho, perto da janela, e seu médico, o mesmo Dr. M., explicou que ela tinha uma membrana diftérica. A pessoa do Dr. M. e a membrana retornam na sequência do sonho. Ocorre-me, então, que nos últimos meses tive todos os motivos para supor sobre essa outra senhora que ela era igualmente histérica. E a própria Irma revelou-o a mim. Mas o que sei sobre os estados dessa senhora? Justamente que ela sofre de estrangulamento histérico [*Hysterischem Würgen*], como a minha Irma no sonho. Portanto, no sonho, substituí minha paciente pela sua amiga. Agora me lembro de muitas vezes ter jogado com a suposição de que essa senhora poderia igualmente recorrer a mim para libertá-la de seus sintomas. Mas depois eu mesmo considerei isso improvável, pois ela é de natureza muito reservada. Ela *é relutante*, como o mostra o sonho. Outra explicação seria *que ela não tem necessidade disso*; ela realmente mostrou-se até agora suficientemente forte para dominar seus estados sem ajuda alheia. Restam agora apenas mais alguns traços que não posso atribuir nem a Irma nem à sua amiga: pálida, inchada, dentes falsos.

Os dentes falsos me levam àquela governanta; sinto-me agora inclinado a me contentar com falsos estragados. Ocorre-me então outra pessoa à qual esses traços podem fazer alusão. Ela também não é minha paciente e não gostaria de tê-la como paciente, pois percebi que ela se intimida com a minha presença e não a considero uma pessoa colaborativa. Normalmente ela é pálida, e quando, certa vez, passou por um período particularmente bom, estava inchada.[i] Comparei, portanto, minha paciente Irma com outras duas pessoas que seriam igualmente relutantes ao tratamento. Que sentido pode haver no fato de eu havê-la trocado no sonho por sua amiga? Talvez o de que eu gostaria de trocá-la; a outra ou desperta em mim simpatias mais fortes, ou tenho uma opinião mais elevada de sua inteligência. Considero Irma de fato pouco sensata, porque ela não aceita a minha solução. A outra seria mais sensata e, portanto, cederia mais depressa. *Depois a boca se abre como devia*; ela me contaria mais coisas do que Irma.[ii, 6]

O que vejo na garganta: uma mancha branca e cornetos nasais com escaras. A mancha branca lembra a difterite e, com ela, a amiga de Irma, mas, além disso, a doença grave da minha filha mais velha há quase dois anos, e todo o horror daquele período sinistro. As escaras sobre os cornetos nasais advertem sobre uma preocupação em relação à minha própria saúde. Na época eu utilizava cocaína com frequência, para reprimir inconvenientes inchaços nasais, e tinha ouvido dizer poucos dias antes que uma paciente que fazia como eu havia contraído uma extensa necrose da mucosa nasal. A recomendação para o uso de cocaína que partiu de mim em 1885 trouxe-me, além disso, severas recriminações. Um caro amigo, já falecido em 1895, acelerou sua morte por meio do abuso dessa substância.

Chamo depressa o Dr. M., que repete o exame. Isso correspondia simplesmente à posição que M. ocupava entre nós. Mas o "depressa" é

---

[i] É a essa terceira pessoa que pode ser reconduzida a queixa ainda não explicada sobre as dores no ventre. Trata-se, naturalmente, da minha própria esposa; as dores no ventre me lembram uma das ocasiões em que se tornou evidente para mim a sua timidez. Preciso admitir a mim mesmo que nesse sonho não tratei Irma e minha esposa muito gentilmente, mas, para a minha desculpa, note-se que meço as duas pelo ideal de uma paciente boa e acessível.

[ii] Pressinto que a interpretação desse trecho não foi levada longe o suficiente para seguirmos todo o sentido escondido. Se eu quisesse continuar com a comparação entre as três mulheres, eu teria chegado longe. – Todo sonho tem pelo menos um ponto em que ele é insondável [*Unergründlich*], um umbigo, por assim dizer, por onde ele se liga com o incognoscível [*Unerkannten*].

suficientemente chamativo para exigir uma explicação especial. Ele me lembra uma triste vivência médica. Certa vez, ao prescrever continuamente um remédio que, na época, ainda era tido como inofensivo (sulfonal), provoquei uma grave intoxicação em uma paciente e dirigi-me depressa a um colega mais velho e mais experiente em busca de assistência. Que eu realmente tenha esse caso em vista se confirma por uma circunstância adicional. A paciente que sofreu a intoxicação levava o mesmo nome que minha filha mais velha. Eu nunca havia pensado nisso até agora; agora isso me parece quase que uma retaliação do destino. É como se a substituição de pessoas devesse prosseguir com outro sentido; esta Mathilde por aquela Mathilde; olho por olho, dente por dente. É como se eu procurasse todas as ocasiões a partir das quais eu pudesse me repreender pela falta de escrúpulo médico.

O Dr. M. está pálido, sem barba no queixo e mancando. O que há de exato nisso é que a sua má aparência desperta muitas vezes a preocupação de seus amigos. As outras duas características devem forçosamente pertencer a outra pessoa. Ocorre-me meu irmão mais velho, que mora no exterior, costuma barbear o queixo e, se me lembro bem, parece-se totalmente com o M. do sonho. Sobre ele chegou há alguns dias a notícia de que está mancando por causa de uma afecção artrítica no quadril. Deve haver uma razão para eu fundir no sonho as duas pessoas em uma só. Lembro-me realmente de ter estado de mau humor em relação às duas, por razões semelhantes. As duas haviam recusado certa sugestão que eu lhes tinha feito recentemente.

O amigo Otto está agora de pé junto à paciente, e o amigo Leopold a examina e indica uma área amortecida embaixo, à esquerda. O amigo Leopold também é médico, é um parente de Otto. Como eles exercem a mesma especialidade, o destino fez de ambos concorrentes que comparamos constantemente um ao outro. Os dois foram meus assistentes por dois anos, quando eu ainda dirigia um consultório público para crianças com doenças nervosas. Cenas como a reproduzida no sonho ocorreram lá muitas vezes. Enquanto eu debatia o diagnóstico de um caso com Otto, Leopold já tinha examinado a criança novamente e fornecia para a decisão uma contribuição inesperada. Havia entre eles uma diversidade de caráter semelhante à existente entre o inspetor Bräsig e seu amigo Karl.[i] Um se distinguia por sua

---

[i] Os dois personagens principais do romance popular de Fritz Reuter, *Ut mine Stromtid*, 1862-1864. (N.T.)

"prontidão", o outro era lento, ponderado, mas minucioso. Se no sonho eu confronto Otto e o prudente Leopold, isso acontece evidentemente para valorizar Leopold. É uma comparação parecida com a que foi feita antes entre a paciente desobediente Irma e sua amiga considerada mais sensata. Percebo também agora um dos trilhos sobre os quais a ligação de pensamento se desloca no sonho: da criança doente ao instituto para crianças doentes. – *A área amortecida abaixo, à esquerda* me passa a impressão de corresponder em todos os detalhes a um caso particular, no qual Leopold me surpreendeu com sua minúcia. Além disso, vislumbro algo como uma afecção metastática, mas também poderia ser uma relação com a paciente que eu gostaria de ter no lugar de Irma. Essa dama, pelo que posso entender, mimetiza efetivamente uma tuberculose.

Uma parte infiltrada da pele no ombro esquerdo. Sei imediatamente que se trata do meu próprio reumatismo no ombro, que sinto regularmente quando fico acordado até tarde da noite. As palavras no sonho também soam ambíguas: o que... *sinto* como ele. Deve-se entender: eu sinto em meu próprio corpo. Além disso, chama-me a atenção como soa insólita a caracterização "parte infiltrada da pele". Estamos habituados com "infiltração à esquerda, atrás, em cima"; ela estaria se referindo ao pulmão e, assim, novamente, à tuberculose.

Apesar do vestido. Isso certamente é apenas uma interpolação. No instituto examinamos as crianças desvestidas, naturalmente; isso se opõe, de alguma maneira, ao modo como devemos examinar pacientes adultas. Costumava-se contar, sobre um eminente clínico, que ele só examinava fisicamente seus pacientes através das roupas. O restante me é obscuro, e, para dizer francamente, não tenho nenhuma inclinação a ir mais a fundo nesse ponto.

Dr. M. diz: É uma infecção, mas não faz mal. Ainda virá uma disenteria, e o veneno será eliminado. Isso me pareceu ridículo a princípio, no entanto, como todo o resto, precisa ser decomposto cuidadosamente. Observado mais de perto, isso de fato revela uma espécie de sentido. O que encontrei na paciente foi uma difterite local. Da época do adoecimento de minha filha tenho uma lembrança da discussão sobre difterite e difteria. Essa última é a infecção geral que parte da difterite local. Uma infecção geral como essa foi indicada por Leopold através da área amortecida, o que faz pensar em foco metastático. Na verdade, acredito que justamente no caso da difteria essas metástases não ocorram. Elas me lembram muito mais uma piemia.

Não faz mal é um consolo. Penso que ele se insere da seguinte maneira: a última parte do sonho trouxe o conteúdo segundo o qual as dores da paciente provêm de uma grave afecção orgânica. Pressinto que também com isso só quero me desembaraçar da culpa. O tratamento psíquico não pode ser responsável pela continuidade das dores diftéricas. O que agora realmente me envergonha é ter inventado para Irma um sofrimento tão grave, única e exclusivamente para me livrar do peso. Parece muito cruel. Preciso, portanto, de uma garantia do bom desfecho, e me parece que não foi uma má escolha colocar o consolo justamente na boca da pessoa do Dr. M. Mas aqui eu estou me elevando acima do sonho, o que requer esclarecimento.

Mas por que esse consolo é tão sem sentido?

Disenteria: Alguma longínqua representação teórica, segundo a qual as substâncias da doença podem ser eliminadas pelo intestino. Será que quero fazer troça da riqueza do Dr. M. em explicações tiradas de não sei onde e em conexões patológicas singulares? Sobre disenteria ocorre-me ainda outra coisa. Há alguns meses recebi em consulta um jovem que sofria de estranhas dificuldades para evacuar, que outros colegas haviam tratado como um caso de "anemia com desnutrição". Reconheci que se tratava de uma histeria, não queria tentar nele a minha psicoterapia e o enviei a uma viagem marítima. Recebi então do Egito há poucos dias uma carta desesperada dele, sobre ter tido uma nova crise, que o médico declarou ser disenteria. Na verdade, desconfio de que o diagnóstico seja apenas um erro de um colega não informado e que se deixa enganar pela histeria; mas não pude me poupar as recriminações de ter colocado o paciente na situação de contrair, além de uma afecção intestinal histérica, uma afecção orgânica. Por outro lado, disenteria soa como difteria, termo de mau agouro que não é mencionado no sonho.

Mas realmente deve ter ocorrido que, com o prognóstico consolador: ainda virá uma disenteria etc., eu tenha feito troça do Dr. M., pois me recordo de certa vez, havia anos, ele ter contado rindo algo bastante semelhante sobre seu colega. Ele e esse colega foram chamados para uma consulta sobre um doente grave e ele se sentiu induzido a responsabilizar o outro, que parecia muito esperançoso, pelo fato de ter encontrado albumina na urina do paciente. O colega não se deixou confundir, mas respondeu tranquilo: *Não faz mal*, caro colega, a albumina logo será eliminada! – Portanto, não tenho mais nenhuma dúvida de que esse trecho do sonho contém um escárnio endereçado aos colegas que nada sabem sobre a histeria.

Como em confirmação me passa agora pela cabeça: será que o Dr. M. sabe que as manifestações em sua paciente, a amiga de Irma, que fazem temer uma tuberculose, também têm uma base histérica? Ele reconheceu essa histeria ou foi "logrado" por ela?

Mas qual motivo eu posso ter para tratar tão mal esse amigo? Isso é muito simples: o Dr. M. está tão pouco de acordo com a minha "solução" proposta para Irma quanto a própria Irma. Portanto, nesse sonho eu já me vinguei de duas pessoas, de Irma, com as palavras: Se você ainda tem dores, é por sua própria culpa, e do Dr. M., com as palavras sem sentido que coloquei em sua boca.

Sabemos imediatamente de onde provém a infecção. Esse saber imediato no sonho é digno de nota. Pouco antes ainda não sabíamos, pois a infecção só foi comprovada por Leopold.

O amigo Otto, quando ela não estava se sentindo bem, aplicou-lhe uma injeção. Otto tinha realmente contado que, no curto período de sua presença na família de Irma, foi chamado ao hotel vizinho para aplicar uma injeção em alguém que repentinamente não se sentia bem. As injeções me lembram novamente o infeliz amigo que se intoxicou com a cocaína. Eu lhe aconselhei o remédio apenas para uso interno durante a desmorfinização; mas ele, sem hesitar, aplicou-se injeções de cocaína.

Com um preparado de propil... propileno... ácido propiônico. Como cheguei a isso? Na mesma noite, depois da qual eu trabalhei na história da doença e sonhei com ela, minha esposa abriu uma garrafa de licor, sobre a qual se lia "*Ananas*"[i] [abacaxi] e que tinha sido um presente de nosso amigo Otto. É que ele tinha o costume de presentear em todas as ocasiões possíveis; espero que alguma vez ele seja curado disso por uma mulher.[ii] Esse licor exalava um cheiro tão forte de licor barato que me recusei a prová-lo. Minha esposa disse: Daremos essa garrafa de presente aos criados, e eu, mais prudente, proibi-a com a observação humanitária de que eles também não deveriam se intoxicar. O cheiro de licor barato (amil...), evidentemente, despertou em mim a lembrança da série toda: propil, metil etc. que forneceu

---

[i] "*Ananas*" contém, além disso, uma ressonância notável com o sobrenome da minha paciente Irma.

[ii] [Nota acrescentada em 1909, mas suprimida a partir de 1925:] Nesse ponto, esse sonho não se tornou profético. Em outro sentido ele teve razão, pois os males de estômago "não resolvidos" de minha paciente, pelos quais eu não queria ser culpado, foram os precursores de uma grave afecção biliar.

ao sonho os preparados de propileno. É verdade que realizei uma substituição, sonhei com propil depois de sentir o cheiro de amil, mas substituições dessa espécie talvez sejam até mesmo autorizadas na química orgânica.

Trimetilamina. No sonho, vejo a fórmula química dessa substância, o que, em todo caso, testemunha um grande esforço de minha memória, e além disso a fórmula está impressa em negrito, como se se quisesse destacar do contexto alguma coisa particularmente importante. A que me leva afinal a trimetilamina para a qual minha atenção é atraída dessa maneira? Para uma conversa com outro amigo que há anos tem conhecimento de todos os meus trabalhos em gérmen como eu mesmo tenho dos seus. Na época ele me comunicou certas ideias relativas a uma química sexual, e entre outras coisas mencionou que acreditava ter reconhecido na trimetilamina um dos produtos do metabolismo sexual. Essa substância me leva, portanto, à sexualidade, àquele fator ao qual atribuo a maior importância na origem das afecções nervosas que pretendo curar. Minha paciente Irma é uma jovem viúva; se para mim se trata de justificar o fracasso do tratamento com ela, o melhor será sem dúvida recorrer a esse fato, que seus amigos bem que gostariam de modificar. E, a propósito, é digna de nota a maneira como um sonho dessa ordem está estruturado! A outra que tenho como paciente no sonho no lugar de Irma também é uma jovem viúva.

Tenho uma ideia de por que a fórmula da trimetilamina tomou uma proporção como essa no sonho. Muitas coisas muito importantes se reúnem nessa única palavra: a trimetilamina não é uma alusão apenas ao fator altamente poderoso da sexualidade, como também a uma pessoa, de cuja aprovação me lembro com satisfação quando me sinto abandonado em minhas opiniões. Acaso esse amigo, que tem um papel tão grande em minha vida, não deveria continuar aparecendo nessa articulação de pensamentos do sonho? É claro que sim; ele é um conhecedor especial dos efeitos que provêm das afecções do nariz e de suas cavidades anexas, e ele revelou à ciência algumas relações altamente notáveis entre os cornetos do nariz e os órgãos sexuais femininos. (as três estruturas curvas na garganta de Irma). Fiz com que ele examinasse Irma para saber se suas dores de estômago eram talvez de origem nasal. Mas ele próprio sofre de supurações nasais que me preocupam, e é a isso que alude sem dúvida a piemia que entrevejo nas metástases do sonho.

Não se aplicam essas injeções de maneira tão leviana. Aqui a repreensão sobre a imprudência é lançada diretamente contra o amigo Otto.

Possivelmente pensei algo semelhante naquela tarde, quando, pela palavra e pelo olhar, ele pareceu mostrar que tomou partido contra mim. Foi como se ele dissesse: Com que facilidade ele se deixa influenciar; com que facilidade ele forma seu julgamento. – Além disso, essa frase sugere-me novamente o amigo morto que se decidiu com tanta pressa pelas injeções de cocaína. Injeções com esse remédio, como já disse, nunca foram minha intenção. Na repreensão que levanto contra Otto de fazer uso dessas substâncias químicas, percebo que estou tocando novamente na história daquela infeliz Mathilde, de onde parte a mesma repreensão contra mim. É evidente que reúno aqui exemplos da minha conscienciosidade, mas também do contrário.

Provavelmente a seringa também não estava limpa. Mais uma reprimenda contra Otto, mas que vem de outro lugar. Ontem encontrei por acaso o filho de uma senhora de 82 anos, em quem preciso aplicar diariamente duas injeções de morfina. No presente momento ela está no campo, e fiquei sabendo que ela está sofrendo de uma flebite. Pensei imediatamente que se tratava de uma infiltração por seringa suja. Orgulho-me de não lhe ter causado nem uma única infiltração em dois anos. De fato, é minha preocupação constante saber se a seringa está limpa. É que sou mesmo consciencioso. Da flebite volto novamente para minha esposa, que sofreu de flebite em uma gravidez, e então afloram em minha lembrança três situações semelhantes, com minha esposa, com Irma e com a falecida Mathilde, cuja identidade evidentemente me deu o direito de substituir, uma pela outra, as três pessoas no sonho.

*

Com isso, terminei a interpretação do sonho.[i] Durante esse trabalho, esforcei-me para me defender de todas as ocorrências de ideias [*Einfälle*] que podiam ser provocadas pela comparação entre o conteúdo do sonho e os pensamentos do sonho escondidos por trás dele. Enquanto isso, também compreendi o "sentido" do sonho. Percebi uma intenção que é realizada pelo sonho e que deve necessariamente ter sido o motivo do sonho. O sonho realiza,[7] [*erfüllt*] alguns desejos que foram instigados em mim pelos acontecimentos da última noite (a notícia de Otto, a colocação por escrito

---

[i] [Nota acrescentada em 1909:] Muito embora, como é compreensível, eu não tenha comunicado tudo o que me ocorreu em relação ao trabalho de interpretação.

da história do adoecimento). O resultado do sonho, com efeito, é que não sou culpado das dores ainda presentes de Irma, e que é Otto o culpado delas. Acontece que Otto me aborreceu com o seu comentário sobre a recuperação incompleta de Irma, e o sonho me vinga dele, fazendo a reprimenda voltar-se contra ele próprio. O sonho me exime da responsabilidade pelo estado de saúde de Irma, remetendo-o a outros fatores (ou seja, a toda uma série de razões). O sonho figura [*darstellt*] certo estado de coisas do modo como eu desejaria que fosse; *seu conteúdo é, portanto, uma realização de desejo, sua motivação, um desejo.*

Tudo isso salta aos olhos. Mas também, dos detalhes do sonho, várias coisas se tornam compreensíveis para mim do ponto de vista da realização de desejo. Eu não me vingo de Otto apenas por sua tomada de partido precipitada contra mim, imputando-lhe uma ação médica precipitada (a injeção), mas também tomei vingança dele pelo licor barato que cheira a bebida de má qualidade, e encontro no sonho uma expressão que reúne as duas reprimendas: a injeção com um preparado de propileno. Ainda não fico satisfeito e prossigo com a minha vingança, opondo-lhe seu concorrente mais confiável. Pareço dizer com isso: Gosto mais dele do que de você. Mas Otto não é o único que deve sentir o peso da minha raiva. Também me vingo da paciente desobediente, trocando-a por uma paciente mais sensata, mais dócil. Também não vou deixar passar tranquilamente que o Dr. M. me contradiga, mas, com uma clara alusão, expresso-lhe minha opinião de que em relação a esse assunto ele se comporta como um ignorante ("Ainda virá uma disenteria etc."). Parece-me até mesmo que, sem considerá-lo, apelo a um outro que sabe mais (meu amigo que me contou sobre a trimetilamina), assim como me voltei de Irma para a sua amiga, de Otto para Leopold. Afastem de mim essas pessoas, substituam-nas por outras três de minha escolha, e então estarei isento das reprimendas que eu não quero ter merecido! O próprio caráter infundado dessas reprimendas me é revelado no sonho da maneira mais ampla. As dores de Irma não devem ser postas em meu encargo, pois ela mesma é culpada delas quando se recusa a aceitar minha solução. As dores de Irma não me concernem em nada, pois são de natureza orgânica, absolutamente impossíveis de sanar por uma cura psíquica. O sofrimento de Irma, em relação ao qual, de fato, eu nada posso mudar, explica-se de maneira satisfatória através de sua viuvez (trimetilamina!). O sofrimento de Irma foi provocado por uma injeção imprudente da parte de Otto com uma substância não apropriada, o que eu jamais teria feito. O sofrimento de Irma provém de uma injeção com uma seringa suja, como a flebite de minha velha dama, enquanto eu, com minhas injeções, nunca fiz uma bobagem dessas. Percebo, na verdade, que essas explicações para o sofrimento de Irma, que se reúnem para me isentar, não estão de acordo entre si, e até mesmo se excluem uma a outra. Toda essa argumentação – esse sonho não é outra coisa – lembra vivamente a defesa do homem acusado por seu vizinho de ter-lhe devolvido uma chaleira em mau estado. Primeiro, ele a devolveu intacta; segundo, a chaleira já estava furada quando ele a tomou emprestada; terceiro, ele nunca tomou nenhuma chaleira emprestada do vizinho. Tanto melhor: se apenas uma dessas três formas de defesas for considerada válida, o homem deve ser absolvido.

No sonho ainda entram em jogo outros temas, cuja relação com a minha maneira de me isentar da doença de Irma não é tão transparente: a doença de minha filha e a de uma paciente de mesmo nome, a nocividade da cocaína, a crise de meu paciente viajando pelo Egito, a preocupação com a saúde de minha esposa, de meu irmão, do Dr. M., meus próprios males corporais, a preocupação com o amigo ausente que sofre de supurações nasais. Entretanto, se pondero sobre tudo isso, isso se integra em um único círculo de pensamentos, como que rotulado: preocupação com a saúde, a própria e a dos outros, conscienciosidade médica. Lembro-me de uma vaga sensação desagradável quando Otto me trouxe a notícia sobre o estado de saúde de Irma. A partir do círculo de pensamentos em jogo no sonho, eu gostaria de inserir, posteriormente, a expressão para essa sensação efêmera. É como se ele me tivesse dito: Você não leva as suas obrigações médicas suficientemente a sério, você não é consciencioso, você não cumpre o que promete. Em consequência disso, esse círculo de pensamentos teria sido colocado à minha disposição, para que eu pudesse provar a que ponto sou consciencioso, o quanto estimo a saúde de meus familiares, amigos e pacientes. Curiosamente, sob esse material de pensamentos encontram-se também lembranças penosas, que falam mais a favor da acusação imputada ao meu amigo Otto do que a favor da minha desculpa. O material é, por assim dizer, imparcial, mas é, sem dúvida, inequívoca a relação desse conteúdo mais amplo que constitui o fundamento do sonho com o tema mais estreito do sonho, de onde provém o desejo de não ser culpado pela doença de Irma.

Não quero afirmar que descobri completamente o sentido desse sonho, que sua interpretação esteja sem lacunas.

Eu poderia ainda permanecer longo tempo nele, extrair dele novos esclarecimentos e discutir novos enigmas que ele propõe levantar. Eu mesmo conheço as passagens a partir das quais outras relações de pensamentos devem ser seguidas; mas cuidados como aqueles entram em consideração em cada um dos meus próprios sonhos e impedem-me de fazer o trabalho de interpretação. Quem já tiver à mão prontamente a reprimenda para essa minha reserva deve tentar ele próprio ser mais sincero do que eu. Contento-me, neste momento, com o novo conhecimento adquirido: se seguirmos o método de interpretação de sonho indicado aqui, descobriremos que o sonho realmente tem um sentido e de forma alguma é expressão de uma atividade cerebral fragmentada, como querem os autores. *Depois de completado o trabalho de interpretação, o sonho pode ser reconhecido como uma realização de desejo.*

NOTAS

[1] "*Traummuster*" poderia ser traduzido mais literalmente por "amostra de sonho" ou "exemplo de sonho". No entanto, do ponto de vista epistemológico, o termo assume em Freud uma função paradigmática: trata-se de um "modelo" de análise de sonho – e, sobretudo, do método de interpretação. Ao apresentar um *Traummuster*, Freud oferece não apenas um caso ilustrativo, mas também um modelo do método interpretativo; não apenas um sonho interpretado, mas também um sonho interpretante. (N.R.; N.E.)

[2] A palavra alemã "*Auflösung*" deriva de "*Lösung*" (solução) e carrega uma ambiguidade fundamental. Pode significar tanto "resolução" – o ato de solucionar um problema, enigma ou equação – quanto "dissolução" – o ato de decompor ou desfazer uma estrutura ou substância. Em química, por exemplo, a *Auflösung* do sal em água resulta em uma *Lösung*: a dissolução gera uma solução. Frequentemente, esses dois sentidos se sobrepõem ou se complementam na argumentação freudiana. Como essa ambivalência não pode ser desfeita por um único termo em português, esta tradução buscou explicitá-la, optando ora por "resolução", ora por "dissolução", conforme o contexto. Quando necessário, manteve-se o termo original (*Auflösung*) entre colchetes, para que o leitor inclua a si mesmo no processo interpretativo. (N.R.; N.E.)

[3] "Irma" condensa pelo menos duas pacientes de Freud: Anna Hammerschlag e Emma Eckstein. (N.E.)

[4] O verbo alemão "*zusammenschnüren*" remete à ideia de "apertar com cordas" ou "prender com laços", como se faz com um espartilho ou qualquer peça que se amarra. O substantivo correlato, "*Schnur*", designa "fio", "cordão", "cadarço" etc. Algumas traduções optaram por termos como "sufocar", o que poderia se justificar caso a sensação descrita por Freud se restringisse ao aspecto respiratório (garganta, pescoço). No entanto, o sonho em questão refere um tipo de constrição ou aperto mais amplo, que abrange também o estômago e o ventre. Em português, o campo semântico de "aperto" capta melhor esse espectro – como nas expressões "um aperto no peito", "um aperto no estômago" ou mesmo "estar apertado [para ir ao banheiro]" –, articulando sensação física e estado afetivo. (N.R.; N.E.)

[5] Em uma carta a Fließ de 12 de junho de 1900, Freud, evocando uma visita posterior a Bellevue, casa onde ele teve esse sonho, escreve: "Você realmente acredita que algum dia, nesta casa, poder-se-á ler sobre uma placa de mármore?

'Aqui se revelou em 24 de julho de 1895

ao Dr. Sigmund Freud

o segredo do sonho.'

As perspectivas para isso são muito escassas até agora".

(Sigmund Freud: Briefe an Wilhelm Fließ: 1887-1904. 2. ed. Herausgegeben von Jeffrey Moussaieff Masson. Frankfurt am Main: S. Fischer, 1999. p. 458). (N.T.)

[6] Essa é a primeira ocorrência do termo "umbigo do sonho", que se tornará célebre na história da psicanálise. Para mais detalhes, ver nota do editor no capítulo VII, em que o termo aparece não em nota de rodapé, mas no corpo do texto. (N.E.).

[7] É digno de nota que o verbo "*erfüllen*" relacionado a um desejo geralmente se traduza por "realizar", mas poderia também ter sua tradução por "consumar" ou "cumprir" (cf. texto de apresentação deste livro). Eis uma observação que pode levar a uma reflexão quanto aos imperativos do psiquismo. Freud está dizendo, a rigor, que o sonho "realiza", mas também "consuma" ou "cumpre" um desejo, quase como quem cumpre uma tarefa ou missão. (N.R.)

III O sonho é uma realização de desejo

Quando se atravessou uma garganta[1] estreita e de repente se chega ao alto de uma colina, de onde os caminhos se separam e se descortina a mais rica perspectiva em diversas direções, podemos nos demorar por um momento e considerar em qual direção devemos seguir primeiro. O mesmo ocorre conosco depois de termos superado essa primeira interpretação de sonho. Encontramo-nos na lucidez de um conhecimento repentino. O sonho não é comparável aos sons desordenados de um instrumento musical que, em vez de ser tocado pela mão do musicista, resulta do impacto de uma força exterior,[2] ele não é desprovido de sentido, não é absurdo, não pressupõe que uma parte de nosso tesouro de representações esteja dormindo, enquanto a outra começa a acordar. Ele é um fenômeno psíquico inteiramente válido e, na verdade, uma realização de desejo; ele deve ser inserido no contexto das ações anímicas que nos são compreensíveis no estado de vigília; uma atividade intelectual altamente complexa o construiu. Mas uma profusão de questões nos assalta no mesmo momento em que estamos nos alegrando com esse conhecimento. Se o sonho figura um desejo cumprido/realizado, segundo indicação da interpretação do sonho, de onde provém a forma notável e desconcertante na qual essa realização de desejo é expressa? Que modificação ocorreu com os pensamentos do sonho até que a partir deles se afigurasse o sonho manifesto, tal como nos lembramos ao despertar? Por qual caminho ocorreu essa modificação? De onde se origina o material que foi elaborado para se tornar um sonho? De onde provêm algumas das peculiaridades que pudemos perceber nos pensamentos do sonho, por exemplo, que eles podem se contradizer? (Analogia com a chaleira, p. xxx, capítulo II). O sonho pode nos ensinar algo novo sobre os nossos processos psíquicos internos, seu conteúdo pode corrigir opiniões nas quais acreditamos durante o dia? Proponho deixar de lado todas essas perguntas por enquanto e seguir por um único caminho. Aprendemos que o sonho figura um desejo como realizado. Nosso próximo interesse deve ser nos informar se esse é um caráter geral do sonho ou apenas o conteúdo casual daquele sonho ("da injeção de Irma"), com o qual começou a nossa análise, pois, mesmo que possamos contar com o fato de que todo sonho tenha um sentido e um valor psíquico, devemos ainda deixar aberta a possibilidade de que esse sentido não seja o mesmo em qualquer sonho. Nosso primeiro sonho foi uma realização de desejo; talvez outro se revele como uma apreensão realizada; um terceiro pode ter como conteúdo uma reflexão, um quarto pode simplesmente reproduzir uma lembrança. Será então que existem ainda outros sonhos de desejo ou talvez não exista nada além de sonhos de desejo?

É fácil mostrar que os sonhos permitem reconhecer frequentemente o caráter da realização de desejo de uma forma não velada, de maneira que podemos nos surpreender com a razão pela qual a língua dos sonhos não tenha encontrado compreensão há tanto tempo. Há, por exemplo, um sonho que posso produzir em mim mesmo à vontade, experimentalmente, por assim dizer. Quando de noite eu como anchovas, azeitonas ou qualquer outro alimento muito salgado, sinto durante a madrugada uma sede que me desperta. Mas o despertar vem precedido de um sonho que toda vez tem o mesmo conteúdo, a saber, que estou bebendo. Saboreio a água em grandes goles, e ela tem para mim um sabor tão delicioso como só pode ter uma bebida fresca quando se está morrendo de sede, e daí eu acordo e preciso realmente beber. O que ocasiona esse sonho simples é a sede que de fato sinto ao despertar. É dessa sensação que provém o desejo de beber, e esse desejo o sonho me mostra como realizado. Ao fazê-lo, ele serve a uma função que vou revelar mais adiante. Eu costumo dormir bem e não ser acordado por uma necessidade. Se consigo apaziguar a minha sede com o sonho de que estou bebendo, não preciso acordar para satisfazê-lo. Ele é, portanto, um sonho de comodidade. O sonhar coloca-se no lugar do agir, como também é comum na vida. Infelizmente a necessidade de água para matar a sede não será satisfeita por um sonho, tal como a minha sede de vingança contra o amigo Otto e o Dr. M., mas a vontade ferrenha é a mesma. Em certa medida, o mesmo sonho se modificou recentemente. Senti sede já antes de adormecer e bebi o copo de água que estava sobre a mesa de cabeceira perto da minha cama. Algumas horas mais tarde, na madrugada, tive outro ataque de sede seguido por seus incômodos. Para conseguir água, eu tinha de me levantar e buscar o copo que estava na mesa de cabeceira de minha esposa. Sonhei, portanto, de maneira apropriada, que minha esposa me dava de beber de um jarro; esse jarro era uma urna cinerária etrusca que eu trouxe de uma viagem à Itália e que depois dei de presente. Mas nele a água tinha um sabor tão salgado (evidentemente das cinzas), que eu tive de acordar. Percebemos como o sonho sabe dispor as coisas de maneira cômoda; como sua única intenção é a realização de desejo, ele tem o direito de ser egoísta. O amor à comodidade não é realmente compatível com a consideração pelos outros. A intromissão da urna cinerária é, por sua vez, provavelmente uma realização de desejo; lamento não possuir mais esse jarro, da mesma forma que não posso ter acesso ao copo de água ao lado de minha esposa. A urna cinerária também se adéqua à sensação do sabor salgado que agora se intensificou, sensação da qual eu sei que ela vai me obrigar a acordar.[i]

Esses sonhos de comodidade eram muito frequentes em meus anos juvenis. Habituado como estava a trabalhar até tarde na madrugada, para mim era sempre uma dificuldade acordar pontualmente. Eu costumava então sonhar que estava fora da cama em frente ao lavatório. Depois de um tempo, eu não conseguia bloquear a impressão de que ainda não havia me levantado, mas nesse meio-tempo eu tinha dormido mais um pouco. Esse mesmo sonho de inércia, sob uma forma particularmente engraçada, foi-me contado por um jovem colega que parece partilhar minha tendência a dormir. A hospedeira do local em que ele morava perto do hospital tinha a rigorosa incumbência de acordá-lo a tempo toda manhã, mas também

---

[i] O caráter fatual dos sonhos de sede também era conhecido de Weygandt, que declara a esse respeito: "É justamente a sensação de sede que, de todas, é apreendida de maneira mais precisa: ela sempre produz uma representação da extinção da sede. – A maneira como o sonho representa a extinção da sede é variada e se especializa de acordo com uma lembrança próxima. Há aqui também um fenômeno geral de que, imediatamente após a representação da extinção da sede, sobrevém uma decepção devida ao efeito escasso das supostas bebidas frescas". Mas ele deixa de ver a universalidade na reação do sonho ao estímulo. – Se outras pessoas despertam na madrugada tomadas pela sede sem terem sonhado antes, isso não significa nenhuma objeção contra o meu experimento, mas indica que essas pessoas dormem mal. – [Trecho inserido em 1914:] Cf., a esse respeito, *Isaías*, 29, 8: "Pois será o mesmo que quando um faminto sonha que está comendo, mas, quando acorda, sua alma ainda está vazia; e quando um sedento sonha que está bebendo, mas, quando acorda, ele está extenuado e sedento"...

encontrava muita dificuldade se quisesse executar a incumbência. Certa manhã o sono estava particularmente agradável. A senhora chamou à porta: Sr. Pepi, levante, o senhor precisa ir ao hospital. Em consequência disso, o dorminhoco sonhou com um quarto no hospital, com uma cama na qual ele estava dormindo e com uma placa na cabeceira em que se podia ler: Pepi H..., *cand. Med.* [candidato a médico], 22 anos. Ele disse a si mesmo sonhando: "Mas, se eu já estou no hospital, não preciso ir até lá", virou-se e continuou a dormir. Assim, ele tinha confessado a si mesmo, abertamente, o motivo de seu sonho.

Eis outro sonho, cujo estímulo produziu efeito mesmo durante o próprio sono: uma de minhas pacientes, que precisou submeter-se a uma operação de maxilar que não correu bem, devia usar dia e noite, de acordo com o desejo dos médicos, um aparelho de resfriamento sobre a bochecha doente. Mas ela costumava afastá-lo logo que pegava no sono. Certo dia me pediram que lhe fizesse reprimendas a esse respeito; ela tinha jogado o aparelho no chão novamente. A doente justificou-se: "Dessa vez realmente não é minha culpa; foi consequência de um sonho que tive durante a madrugada. No sonho eu estava em um camarote na ópera e estava vivamente interessada na apresentação. Por outro lado, o Sr. Meyer estava no sanatório e reclamava terrivelmente de dores no maxilar. Eu disse, como eu não tenho essas dores, também não preciso do aparelho; foi por isso que o joguei fora". Esse sonho da pobre sofredora soa como a figuração de um modo de falar que nos vem aos lábios em situações desagradáveis: Francamente, eu poderia imaginar um prazer melhor. O sonho mostra esse prazer melhor. O Sr. Karl Meyer, a quem a sonhadora atribuía suas dores, era, de todos os seus conhecidos, o jovem mais indiferente de quem ela conseguia se lembrar.

Não é mais difícil descobrir a realização de desejo em alguns outros sonhos que recolhi de pessoas saudáveis. Um amigo que conhece a minha teoria do sonho e a comunicou à sua esposa me disse um dia: "Preciso te contar que minha esposa sonhou ontem que tinha menstruado. Você já deve saber o que isso significa". Por certo que sei; se a jovem senhora sonhou que menstruou, então a menstruação não veio. Posso imaginar que ela gostaria de desfrutar de sua liberdade por mais algum tempo, antes de se iniciarem as dificuldades da maternidade. Foi uma maneira hábil de anunciar a sua primeira gravidez. Outro amigo escreveu que sua esposa sonhou recentemente que percebeu manchas de leite na frente de sua blusa. Esse também é um anúncio de gravidez, mas não mais da primeira vez;

a jovem mãe deseja ter para o segundo filho mais alimento do que ela teve na época para o primeiro.

Uma jovem senhora, que durante semanas foi separada da sociedade por cuidar de seu filho com uma doença infecciosa, sonha, depois do final feliz da doença, com uma festa na qual se encontram Alphonse Daudet, Paul Bourget, Marcel Prévost[3] e outros, que são todos muito amáveis com ela e a divertiram de maneira excelente. Os autores em questão apresentam também no sonho os traços que seus retratos lhe dão; M. Prévost, de quem ela não conhece o retrato, parece-se com o homem do serviço de desinfecção que, no dia anterior, havia esterilizado os quartos dos doentes e que tinha sido o primeiro visitante a ali colocar os pés depois de muito tempo. Pensamos poder traduzir esse sonho sem lacunas: já seria hora de fazer algo mais divertido do que esse eterno cuidado com doentes.

Talvez essa seleção possa ser suficiente para demonstrar que, com muita frequência e sob condições as mais variadas, encontramos sonhos que só se deixam entender como realizações de desejo e que expõem seu conteúdo de forma não velada. Em sua maioria são sonhos curtos e simples, que se sobressaem suavemente às composições de sonho confusas e exageradamente ricas que atraíram a atenção dos autores essencialmente sobre si mesmas. Mas vale a pena determo-nos um pouco mais sobre esses sonhos simples. Podemos esperar encontrar as formas mais simples de sonhos nas crianças, cujas realizações[4] [*Leistungen*] psíquicas são certamente menos complicadas do que as dos adultos. Na minha opinião, a psicologia de crianças está capacitada para prestar à psicologia dos adultos serviços semelhantes, tal como a investigação da estrutura ou do desenvolvimento dos animais inferiores à exploração da estrutura das classes animais superiores. Até agora ocorreram poucos passos deliberados para utilizar a psicologia de crianças com esse fim.

Os sonhos das crianças pequenas são, frequentemente,[i] simples realizações de desejos e, assim,[ii] em oposição aos sonhos dos adultos, não são nada interessantes. Eles não oferecem nenhum enigma a ser solucionado, mas são naturalmente inestimáveis para provar que o sonho, em sua essência mais íntima, significa uma realização de desejo. No material que vem dos meus próprios filhos, pude reunir alguns exemplos de sonhos como esses.

[i] Palavra anexada em 1911. (Nota da ed. alemã.)

[ii] Antes de 1911: por causa disso [*deswegen*]. (Nota da ed. alemã.)

A uma excursão no verão de 1896, de Aussee para a bela cidade de Hallstatt, devo dois sonhos, um de minha filha, na época, com 8 anos e meio, e o outro do garoto de 5 anos e 3 meses. Como informação preliminar, preciso indicar que nesse verão nos hospedávamos numa colina perto de Aussee, de onde usufruíamos, com tempo bom, uma vista maravilhosa da Dachstein. Com o telescópio via-se bem o refúgio Simony. As crianças esforçavam-se repetidamente para vê-lo através do telescópio; não sei com que resultado. Antes da partida, eu tinha contado às crianças que Hallstatt ficava ao pé da Dachstein. Elas estavam muito contentes com a expectativa desse dia. De Hallstatt fomos para o vale de Escher, que deixou as crianças muito encantadas com sua paisagem variada. Só um, o garoto de 5 anos, foi ficando de mau humor. Assim que uma montanha se fazia visível, ele perguntava: "É a Dachstein?", ao que eu tinha de responder: "Não, é apenas uma montanha anterior". Depois de essa pergunta ter se repetido algumas vezes, ele se fechou em silêncio; ele nem mesmo quis subir conosco o caminho até uma queda d'água. Achei que ele estivesse cansado. Mas na manhã seguinte ele veio todo contente até mim e contou: Hoje de madrugada eu sonhei que estivemos no refúgio Simony. Agora eu o compreendia; quando falei da Dachstein, ele esperava que, na excursão para Hallstatt, ele fosse subir a montanha e conseguir ver o refúgio de que tanto se falou ao se avistá-lo pelo telescópio. Quando ele então percebeu que lhe impusemos contentar-se com promontórios e uma queda d'água, sentiu-se enganado e ficou de mau humor. O sonho compensou-o por isso. Tentei informar-me sobre detalhes do sonho. Eram pobres. "A gente vai subir degraus durante seis horas", como ele tinha ouvido dizer.

Durante essa excursão, também foram despertados na menina de 8 anos e meio desejos que o sonho precisou tornar satisfeitos. Tínhamos levado conosco a Hallstatt o garoto de 12 anos do nosso vizinho, um perfeito cavalheiro que, ao que me parecia, já gozava de todas as simpatias da pequena dama. Na manhã seguinte, ela contou então o seguinte sonho: Imagine só, sonhei que o Emil era um de nós, chamava vocês de papai e mamãe e dormia no quarto grande conosco, como os nossos meninos. Depois a mamãe entrou no quarto e jogou debaixo de nossas camas um punhado de grandes barras de chocolate envoltas num papel azul e verde. Os irmãos, em virtude de não terem herdado o dom de entender a interpretação do sonho, explicaram-no como os nossos autores: esse sonho é um absurdo. A menina defendeu ao menos uma parte do sonho, e é valioso para a teoria das neuroses saber qual é: que Emil seja um de nós não faz sentido, mas aquilo que tem a ver com as barras de chocolate, sim. Para mim, o que estava obscuro era justamente a última parte. A mãe me forneceu a explicação sobre ela. No caminho da estação de trens para casa, as crianças pararam diante da máquina automática e tinham desejado justamente essas barras de chocolate envoltas em papel brilhante metálico que, por sua experiência, elas sabiam que a máquina automática vendia. A mãe disse, com razão, que aquele dia já havia trazido suficientes realizações de desejo, deixando esse desejo pendente para o sonho. Essa pequena cena me havia escapado. Entendi prontamente a parte do sonho proscrita pela minha filha. Eu mesmo tinha ouvido no caminho o gentil visitante pedir às crianças que esperassem até que o papai e a mamãe chegassem. Desse pertencimento temporário o sonho da menina fez uma adoção permanente. Sua ternura ainda não conhecia outras formas de convívio além das mencionadas no sonho e que eram inspiradas pelos irmãos. Não foi possível esclarecer por que as barras de chocolate foram jogadas debaixo das camas, sem perguntar à criança.

Fiquei sabendo por um amigo de um sonho bastante semelhante ao do meu menino. Ele dizia respeito a uma menina de 8 anos. O pai teve a iniciativa de fazer um passeio com algumas crianças até Dornbach, com a intenção de visitar o refúgio Rohrer, mas voltou atrás porque tinha ficado tarde, e prometeu às crianças recompensá-las outra vez. No caminho de volta, passaram pela placa que indicava o caminho para o Hameau. As crianças pediram então que as levasse ao Hameau, mas, pela mesma razão, tiveram de se deixar protelar para outro dia. Na manhã seguinte, a garota de 8 anos veio satisfeita ao encontro do pai: Papai, hoje sonhei que você estava conosco no refúgio Rohrer e no Hameau. Sua impaciência havia, portanto, antecipado a realização da promessa feita pelo pai.

Igualmente sincero é outro sonho, que a beleza da paisagem de Aussee provocou em minha filha, à época com 3 anos e 3 meses. A pequena tinha navegado pelo lago pela primeira vez, e o tempo da viagem no lago passou muito rápido para ela. No ponto de desembarque, ela não quis sair do barco e chorou amargamente. Na manhã seguinte ela contou: Hoje de madrugada naveguei pelo lago. Esperemos que a duração dessa viagem do sonho a tenha deixado mais satisfeita.

Meu filho mais velho, à época com 8 anos, já sonhava com a realização [*Realisierung*] de suas fantasias. Ele viajou de carro com Aquiles, e Diomedes era o condutor. Naturalmente, dias antes, ele tinha ficado entusiasmado com as lendas gregas que sua irmã mais velha tinha ganhado de presente.

Se concordarem com o fato de que a fala durante o sono das crianças pertence igualmente à esfera do sonho, posso a seguir comunicar um dos sonhos mais recentes da minha coleção. Minha filha mais nova, na época com 9 meses de idade, tinha vomitado certa manhã e tinha sido mantida em jejum durante o dia todo. Na madrugada que se seguiu a esse dia de fome, nós a ouvimos exclamar excitada: *Anna F(r)eud, mo(r)ango, mo(r)ango silvest(r)e, sob(r)emesa de ovo, mingau* [*An]na F(r)eud, Er(d)beer, Hochbeer, Eier(s)peis, Papp*]. Na época, ela utilizava seu nome para expressar o ato de posse; o menu incluía, evidentemente, tudo o que era digno de seu anseio enquanto refeição; o fato de os morangos aparecerem em duas variedades era uma demonstração contra a polícia sanitária da casa e teve sua razão na circunstância secundária, bem percebida por ela, de que a babá tinha atribuído sua indisposição a um desfrute exagerado de morango; portanto, ela teve sua vingança contra essa avaliação incômoda.[i]

Se enaltecemos a infância como sendo feliz porque ela ainda não conhece o desejo [*Begierde*] sexual, não queremos desconhecer o quanto a outra das grandes pulsões de vida pode ser para ela uma fonte abundante de decepção, de renúncia e, por isso, de incitação ao sonho.[ii] Eis aqui um segundo exemplo disso. Meu sobrinho de 22 meses recebeu a incumbência de me cumprimentar pelo meu aniversário e de me entregar como presente uma cestinha com cerejas, que, nessa época do ano, ainda contavam como fora da estação. Isso pareceu afetá-lo duramente, pois ele repete sem cessar: *Tem ce(r)ejas lá dent(r)o*, e não se consegue movê-lo a soltar a cestinha das mãos. Mas ele sabe se compensar. Ele tinha se habituado a, até agora, contar à sua mãe toda manhã que ele tinha sonhado com o "soldado branco", um oficial da guarda que vestia um sobretudo, que ele admirou algum dia na rua. No dia seguinte ao do sacrifício

---

[i] A mesma função com a neta mais nova o sonho cumpre então, pouco depois, com a avó, cuja idade somada à da criança quase que completa 70 anos. Depois que se viu obrigada a passar um dia inteiro de fome por causa da perturbação com seu rim flutuante, ela sonha então, transpondo-se, evidentemente, à época feliz da juventude em flor, que tinha sido convidada "de fora" para as duas refeições principais, e a cada vez lhe ofereciam os bocados mais apetitosos.

[ii] [Nota acrescentada em 1911:] É claro que um estudo mais aprofundado da vida anímica das crianças nos ensina que as forças pulsionais sexuais, em sua configuração infantil, têm um papel suficientemente grande, que passou despercebido por muito tempo, na atividade psíquica da criança, e nos faz duvidar, em certa medida, da felicidade da infância, tal como os adultos a construíram posteriormente. (Cf., do autor, *Três ensaios sobre a teoria sexual* [*Drei Abhandlungen zur Sexualtheorie*] e a 6ª ed. 1926. *Ges. Werke*, v. V.)

de aniversário, ele desperta alegremente com a comunicação que só pode ter vindo de um sonho: *He(r)mann comeu todas as ce(r)ejas!*[i]

---

[i] [Nota acrescentada em 1911:] Não posso deixar de mencionar que, em crianças pequenas, logo costumam-se configurar sonhos mais complicados e menos transparentes, e que, por sua vez, sonhos de caráter infantil simples também se produzem frequentemente em adultos, em certas circunstâncias. Até que ponto sonhos de crianças na idade de 4 a 5 anos podem já ser ricos de conteúdo insuspeitado mostram os exemplos em minha "Análise da fobia de um garoto de 5 anos" [Analyse der Phobie eines fünfjähriges Knaben] (*Jahrbuch von Bleuler-Freud*, I, 1909) e em "Sobre conflitos da alma infantil" [Über Konflikte der kindlichen Seele], de Jung (*ibid.*, II, 1910). [Acrescentado em 1914:] Ver ainda sonhos infantis interpretados analiticamente em v. Hug-Hellmuth [Analyse eines Traumes eines 5 ½ jährigen Knaben, *Zbl. Psychoanal.*, 1912, 2, p. 122-127 e "Kinderträume", *Int. Z. Psychoanal.*, 1913, 1, p. 470-475], Putnam ["Ein charakteristischer Kindertraum", *Zbl. Psychoanal.*, 1912, 2, p. 328-329], Raalte ["Kinderdroomen", *Het Kind*, jan. 1912], Spielrein ["Traum von 'Pater Freudenreich'", *Int. Z. Psychoanal.*, 1913, 1, p. 484-486], Tausk ["Zur Psychologie der Kindersexualität", *Int. Z. Psychoanal.*, 1913, 1, p. 444-458]; outros em Bianchieri ["I sogni dei bambini di cinque anni", *Riv. Psicol.*, 1912, 8, p. 325], Busemann ["Traumleben der Schulkinder", *Z. Päd. Psychol.*, 1909, 10, p. 294, e "Psychologie der kindlichen Traumerlebnisse", *Z. Päd. Psychol.*, 1910, 11, p. 320], Doglia ["I sogni dei bambini di tre anni", *Contrib. Psicol.*, 1910-1911, 1, p. 9] e particularmente em Wiggam, que acentua a sua tendência à realização de desejo. Por outro lado, sonhos do tipo infantil parecem intervir novamente com muita frequência em adultos, quando eles são submetidos a condições de vida incomuns. Otto Nordenskjöld, em seu livro *Antarctic*, 1904 [*Zwei Jahre in Schnee und Eis am Südpol.* Berlin: D. Reimer, 1904], conta sobre a tripulação que passou o inverno com ele (v. I, p. 336): "Nossos sonhos eram bastante característicos da direção tomada por nossos pensamentos mais íntimos, que nunca foram mais vívidos e mais numerosos do que justamente naquele momento. Mesmo os nossos companheiros que, como sempre, só sonhavam excepcionalmente agora nas manhãs, quando trocávamos as nossas últimas experiências provindas desse mundo de fantasia, tinham longas histórias para contar. Todas tratavam daquele mundo exterior que agora estava tão longe de nós, mas estavam também frequentemente adaptadas às nossas condições atuais. Um sonho particularmente característico consistia em que um dos nossos companheiros acreditou ser levado de volta ao banco da escola, na qual ele tinha a tarefa de tirar a pele de pequenas focas em miniatura que tinham sido especialmente fabricadas para fins escolares. De resto, comer e beber eram os pontos centrais em torno dos quais nossos sonhos giravam na maioria das vezes. Um dos nossos que se *destacava* por durante a noite participar de grandes banquetes tinha a alma em júbilo quando de manhã podia relatar 'que ele tinha tido um jantar composto por três serviços'; outro sonhou com tabaco, com montanhas inteiras de tabaco; já outros, com o navio que chegava do mar aberto com todas as velas. Ainda outro sonho merece ser mencionado: o carteiro chega com a correspondência e dá uma longa explicação de por que ela se fez esperar tanto, ele tinha se enganado com a entrega e só depois de muito esforço conseguiu recuperá-la. Naturalmente ocupamo-nos durante o sono com coisas ainda mais impossíveis, mas a falta de fantasia em quase todos os sonhos que eu mesmo sonhei ou ouvi contar era bastante notável. Seria certamente de grande interesse psicológico se todos esses sonhos fossem registrados. Mas será fácil entender o quanto ansiávamos pelo sono, pois ele podia nos oferecer tudo aquilo que cada um de nós desejava [*begehrte*] mais ardentemente".

Com o que sonham os animais eu não sei. Um provérbio, cuja menção devo a um dos meus ouvintes, afirma saber, pois ele coloca a questão: *Com o que sonha o ganso?*, e a responde: *Com milho.*[i] Toda a teoria segundo a qual o sonho é uma realização de desejo está contida nessas duas frases.[ii]

Percebemos agora que também teríamos chegado à nossa doutrina sobre o sentido escondido do sonho pelo caminho mais curto se apenas tivéssemos investigado o uso da língua. Na verdade, a sabedoria da língua às vezes trata o sonho de maneira bastante depreciativa – diríamos que ela quer dar razão à ciência quando julga: *sonhos são espumas* [*Träume sind Schäume*] –, mas, para o uso da língua, o sonho é antes de tudo o gentil realizador de desejo. "Isso eu não teria imaginado nem em meus sonhos mais ousados", exclama arrebatado aquele que na realidade encontra as suas expectativas ultrapassadas.

[Acrescentado em 1914:] Cito ainda, de acordo com Du Prel (p. 231): "Mungo Park, em um estado próximo do desfalecimento, em uma viagem pela África, sonhava sem parar com vales e prados de sua pátria, com água abundante. Aconteceu o mesmo com Trenck, torturado pela fome na fortaleza de Magdeburg, que se viu rodeado de fartas refeições, e George Back, participante da primeira expedição de Franklin, que, em consequência de terríveis privações, estava próximo de morrer de fome, e sonhava constante e uniformemente com refeições copiosas".

[i] [Nota acrescentada em 1911:] Um provérbio húngaro, citado por Ferenczi, afirma de forma mais completa que "o porco sonha com os frutos do carvalho, o ganso, com milho". [Acrescentado em 1914:] Um provérbio judeu diz: "Com o que sonha a galinha? – Com o painço" (*Coletânea de provérbios judeus e expressões idiomáticas*, edit. por Bernstein, 2. ed., p. 116 [Bernstein, Ignacy; Segel, Binjamin Wolf. *Jüdische Sprichwörter und Redensarten*. Warschau: Kauffmann, 1908]).

[ii] [Nota acrescentada em 1914:] Longe de mim afirmar que jamais antes de mim um autor tenha pensado em derivar um sonho de um desejo. (Cf. as primeiras frases do próximo capítulo.) Aquele que dá valor a essas alusões já poderia mencionar, da Antiguidade, o médico Herófilo, que viveu sob o reinado do primeiro Ptolomeu e que, de acordo com Büchsenschütz (p. 33), distinguia três espécies de sonhos: os enviados pelos deuses, os naturais, que surgem quando a alma cria para si uma imagem daquilo que é proveitoso para ela e que vai acontecer, e os mistos, que nascem por si mesmos através de aproximação com imagens, quando vemos o que desejamos. Da coletânea de exemplos de Scherner, J. Stärcke destaca pertinentemente um sonho que é caracterizado pelo próprio autor como realização de desejo (p. 239). Scherner diz: "A fantasia cumpriu prontamente o desejo do estado de vigília da sonhadora, simplesmente porque ele estava vivo em sua alma". Esse sonho figura entre os "sonhos de estado de espírito" [*Stimmungsträumen*]; próximos a eles encontram-se os sonhos correspondentes ao "anseio amoroso masculino e feminino" e ao "mau humor". Como vemos, está fora de questão que Scherner tenha atribuído ao desejar [*Wünschen*], em relação ao sonho, uma importância diferente do que a qualquer outro estado anímico do estado de vigília, menos ainda que ele tenha colocado o desejo em relação com a essência do sonho.

NOTAS

[1] "*Schlucht*" significa literalmente uma "garganta" montanhosa, ou seja, uma passagem estreita entre montanhas ou penhascos. O sonho do capítulo II é sobre uma garganta. Em português, "garganta" é um termo frequentemente usado para esse tipo de formação. No capítulo II, ao falar do sonho de Irma, Freud fala de garganta (*Hals* ou, mais tecnicamente, *Rachen*). Poderíamos pensar algo como: a travessia estreita se abre em múltiplas direções. O que a garganta de Irma condensava a teoria vai agora desdobrar. (N.E.; N.R.)

[2] Cf. capítulo I, p. 116: "A comparação, já muito antiga em sua utilização no sonho, dos '10 dedos de um homem completamente ignorante em música que correm sobre as teclas do instrumento' é, talvez, a que ilustra melhor o tipo de apreciação que a operação do sonho encontrou entre os representantes das ciências exatas. Nessa concepção, o sonho se torna algo total e completamente ininterpretável [*Undeutbares*]; pois como os 10 dedos do tocador [*Spieler*] não musical poderiam produzir uma peça musical?". (N.T.)

[3] Como de costume, Freud grafa apenas o sobrenome dos personagens. Para fins de elegância, informamos o nome completo de cada um deles. Alphonse Daudet (1840-1897), Paul Bourget (1852-1935) e Marcel Prévost (1862-1941) foram escritores franceses célebres no século XIX. (N.E.)

[4] "*Leistung*" não constitui propriamente um conceito técnico freudiano, mas é uma palavra que condensa noções fundamentais da economia psíquica tal como concebida por Freud. Em uma célebre passagem do texto "O método psicanalítico freudiano" (1903) – publicado no volume *Fundamentos da clínica psicanalítica*, desta coleção –, Freud define como objetivo da análise a restituição das capacidades de realizar (*leisten*) e fruir (*genießen*), em lugar da fórmula popularizada "trabalhar e amar". Já em *Psicopatologia da vida cotidiana* (1904, publicado nesta coleção em 2023), encontramos o termo "*Fehlleistung*", geralmente traduzido como "ato falho". Trata-se, mais rigorosamente, de algo como uma "realização falha" – isto é, uma produção psíquica marcada por uma falha (*Fehl-*) constitutiva. (N.R.)

IV **A deformação do sonho**

Se eu fizer agora a afirmação de que a realização de desejo [*Wunscherfüllung*] é o sentido de *todo* sonho, portanto, de que não pode haver outros tipos de sonho além de sonhos de desejo, tenho de antemão a certeza da mais decisiva oposição. Vão me objetar: "Que haja sonhos que podem ser compreendidos como realizações de desejo não é novidade, e até mesmo foi observado pelos autores há muito tempo". (Cf. Radestock, p. 137, Volkelt, p. 110, 111, Purkinje, p. 456, Tissié, p. 70, M. Simon, p. 42, sobre os sonhos de fome do barão Trenck encarcerado, e a passagem em Griesinger, p. 111.)[i] Mas que não possa haver sonhos que não sejam de realização de desejo, essa é novamente uma generalização injustificada que, felizmente, pode ser refutada com facilidade. Há, com efeito, uma quantidade suficiente de sonhos que permitem reconhecer um conteúdo mais penoso, mas nenhum vestígio de qualquer realização de desejo. É sem dúvida o filósofo pessimista Eduard von Hartmann que se encontra mais afastado da teoria da realização de desejo. Ele declara em sua *Filosofia do inconsciente*, parte II (edição clássica, p. 344): "Quanto ao sonho, todas as complicações da vida de vigília passam com ele também ao estado de sono, com exceção de uma única coisa, que em certa medida pode reconciliar o homem culto com a vida: a fruição [*Genuß*] científica e artística...". Mas até mesmo observadores menos insatisfeitos destacaram que, no sonho, dor e desprazer são mais frequentes do que prazer, por exemplo, Scholz (p. 33), Volkelt (p. 80) e outros. Além disso, as senhoras Sarah Weed e

[i] Nota acrescentada em 1914:] Já o neoplatônico Plotino diz: "Quando o desejo [*Begierde*] se põe em movimento, a fantasia chega e nos apresenta, por assim dizer, seu objeto" (Du Prel, p. 276).

Florence Hallam[1] extraíram da elaboração de seus sonhos uma formulação numérica do predomínio do desprazer nos sonhos. Elas caracterizaram 58,0% dos sonhos como sendo desagradáveis e apenas 28,6% como sendo positivamente agradáveis. Excetuando-se esses sonhos que no sono dão continuidade a esses múltiplos sentimentos penosos da vida, há também sonhos de angústia [*Angstträume*], nos quais a mais terrível de todas as sensações de desprazer nos abala até acordarmos, e justamente as crianças são as mais facilmente assombradas por esses sonhos de angústia (cf. Debacker sobre o *pavor nocturnus*[2]), e é nelas que encontramos os sonhos de desejo em forma não velada.

Na realidade, são justamente os sonhos de angústia que parecem tornar impossível uma generalização da tese a que chegamos a partir dos exemplos do capítulo anterior, de que o sonho é uma realização de desejo, e parecem até mesmo estigmatizar essa tese como um absurdo.

Entretanto, não é muito difícil nos livrarmos dessas objeções aparentemente persuasivas. Basta que tenhamos em conta que a nossa doutrina não resulta da apreciação do conteúdo manifesto do sonho, mas diz respeito ao conteúdo de pensamento[3] que é reconhecido por detrás do sonho pelo trabalho de interpretação. Confrontemos o *conteúdo manifesto do sonho* com o *conteúdo latente do sonho.* É correto dizer que existem sonhos cujo conteúdo manifesto é do tipo mais penoso. Mas alguém tentou interpretar esses sonhos para descobrir o conteúdo de seu pensamento latente? Caso contrário, essas duas objeções não mais nos atingem; continua sendo possível que mesmo sonhos penosos e de angústia revelem ser realizações de desejo depois da interpretação.[i]

---

[i] [Nota acrescentada em 1909:] É inteiramente inacreditável a obstinação com a qual o leitor e o crítico se fecham a essa consideração e negligenciam a distinção fundamental entre conteúdo manifesto e conteúdo latente do sonho. – [Trecho acrescentado em 1914:] Entretanto, nenhuma das declarações registradas na literatura vêm tão ao encontro dessa minha posição como a passagem no artigo de J. Sully: "Dreams as a Revelation", cujo mérito não deve ser depreciado pelo fato de eu citá-lo aqui pela primeira vez: "*It would seem, then, after all, that dreams are not the utter nonsense they have been said to be by such authorities as Chaucer, Shakespeare and Milton. The chaotic aggregations of our night-fancy have a significance and communicate new knowledge. Like some letter in cipher, the dream-inscription when scrutinized closely loses its first look of balderdash and takes on the aspect of a serious intelligible message. Or, to vary the figure slightly, we may say that, like some palimpsest, the dream discloses beneath its worthless surface-characters traces of an old and precious communication*" (p. 364) [Pareceria, então, depois de tudo, que os sonhos não são o puro contrassenso que autoridades como Chaucer, Shakespeare e Milton afirmaram que são. Os agregados caóticos da nossa fantasia

No trabalho científico, muitas vezes é vantajoso, quando a solução de algum problema apresenta dificuldades, acrescentar-se um segundo, um pouco como quando quebramos mais facilmente duas nozes uma contra a outra do que separadas. Assim, não estamos apenas diante da questão: como podem os sonhos penosos e de angústia ser realizações de desejo, mas também podemos, a partir das nossas discussões precedentes sobre o sonho, lançar uma segunda questão: por que os sonhos de conteúdos indiferentes que se revelam como realizações de desejo não mostram esse seu sentido de uma forma não velada? Se tomarmos o sonho da injeção de Irma de que tratamos longamente, veremos que de modo algum ele é de natureza penosa e que deve ser reconhecido por meio da interpretação como uma gritante realização de desejo. Mas para que, em última análise, ele necessita de uma interpretação? Por que o sonho não diz diretamente o que ele significa? De fato, o sonho da injeção de Irma também não dá, de início, a impressão de que figura como realizado um desejo do sonhador. O leitor não terá tido essa impressão, mas eu mesmo também não sabia antes de ter empreendido a análise. Se chamarmos essa conduta do sonho que tem necessidade de ser explicada de: o *fato da deformação do sonho*, surge então a segunda questão: de onde provém essa deformação do sonho?

Se sobre isso nos interrogássemos a respeito das primeiras ideias que nos ocorrem, poderíamos chegar a diversas soluções possíveis, como a de que durante o sono existe uma incapacidade de oferecer aos pensamentos oníricos uma expressão correspondente. Acontece que a análise de certos sonhos nos obriga a admitir outra explicação para a deformação do sonho. É isso que quero mostrar com um segundo de meus próprios sonhos, que exigirá novamente múltiplas indiscrições, mas que compensa esse sacrifício pessoal por meio de um esclarecimento radical do problema.

RELATÓRIO PRELIMINAR

Na primavera de 1897, eu soube[4] que dois professores de nossa universidade me haviam recomendado para ser nomeado como *professor*

---

noturna têm uma significação e comunicam um novo conhecimento. Tal como uma carta com escrita cifrada, a inscrição do sonho, quando a examinamos de perto, perde sua primeira aparência de besteira e assume o aspecto de uma mensagem séria e inteligível. Ou, para mudar a imagem ligeiramente, podemos dizer que, tal como um palimpsesto, o sonho revela, debaixo de seus caracteres superficiais sem valor, traços de uma antiga e preciosa comunicação].

extraordinarius [professor convidado]. Essa notícia me chegou de maneira surpreendente e me alegrou vivamente como sendo expressão de um reconhecimento, por parte desses dois homens eminentes, que não se explicava pelas relações pessoais. Mas eu disse a mim mesmo de imediato que eu não deveria criar nenhuma expectativa a esse acontecimento. Nos últimos anos, o ministério tinha deixado de considerar sugestões desse tipo, e vários colegas que estavam anos à minha frente e que se igualavam a mim quanto aos méritos esperavam em vão por sua nomeação. Eu não tinha nenhuma razão para supor que eu me sairia melhor. Decidi, portanto, comigo mesmo a me consolar. Que eu saiba, não sou ambicioso, exerço minha atividade médica com sucesso satisfatório, mesmo sem que um título me recomende. Além disso, não se tratava absolutamente de declarar se as uvas estavam doces ou azedas, já que, sem nenhuma dúvida, elas estavam penduradas muito alto para mim.

Certa noite, visitou-me um colega amigo, um daqueles cujo destino me havia servido de advertência. Sendo há mais tempo um candidato à promoção a professor, o que em nossa sociedade eleva o médico ao nível de semideus para seus pacientes, e menos resignado que eu, ele costumava, de tempos em tempos, apresentar-se nos escritórios do alto ministério, para apressar o seu caso. Ele veio até mim depois de uma visita como essa. Ele contou que dessa vez ele tinha encurralado essa autoridade e perguntado abertamente se eram realmente considerações confessionais[5] as responsáveis pela postergação de sua nomeação. A resposta foi que, tendo em vista a tendência atual, Sua Excelência no momento não tinha condições etc. "Pelo menos agora sei o que pensar", assim meu amigo concluiu o seu relato, que não me trouxe nada de novo, mas que iria me fortalecer em minha resignação. Com efeito, as mesmas considerações confessionais aplicam-se ao meu caso.

Na manhã seguinte a essa visita, tive o seguinte sonho, notável também por sua forma. Ele era composto por dois pensamentos e duas imagens, de modo que um pensamento e uma imagem alternavam-se um à outra. Mas só vou apresentar aqui a primeira metade do sonho, pois a outra não tem nada a ver com a intenção a que deve servir a comunicação do sonho.

I) ... *O amigo R. é meu tio. – Sinto uma grande ternura por ele.*

II) *Vejo diante de mim o seu rosto um pouco modificado. Está como que esticado no comprimento, e uma barba amarela que o enquadra destaca-se com uma nitidez particular.*

Seguem-se depois as duas outras partes, de novo um pensamento e uma imagem, que estou omitindo.

A interpretação desse sonho consumou-se da seguinte maneira:

Quando o sonho me ocorreu durante a manhã, comecei a rir e pensei: esse sonho é um absurdo. Mas ele não se deixou abolir e me perseguiu o dia todo, até que finalmente, de noite, eu me repreendi: "Se um de seus pacientes não soubesse dizer quanto à interpretação do sonho nada além de: 'isso é um absurdo', você o repreenderia e suporia que por detrás do sonho se esconde uma história desagradável da qual ele quer evitar tomar conhecimento. Proceda do mesmo modo consigo mesmo; a sua opinião de que o sonho não tem sentido só significa uma resistência interna contra a interpretação do sonho. Não se deixe dissuadir. Ponho-me então a interpretar".

"*R. é meu tio.*" O que isso pode querer dizer? Pois eu só tive um tio, o tio Josef.[i] Além disso, com ele ocorreu uma história triste. Certa vez, já se vão mais de 30 anos, pressionado pela ambição de lucrar, deixou-se levar a cometer uma ação que a lei pune com severidade, e depois foi de fato punido.[6] Meu pai, que na época, por desgosto, ficou grisalho em pouco dias, costumava sempre dizer que o tio Josef jamais tinha sido um homem mau, mas era, sem dúvida, um cabeçudo [*Schwachkopf* = "cabeça fraca"]; era assim que ele se expressava. Mas se então o amigo R. é meu tio Josef, o que quero dizer com isso é que R. é um cabeçudo. Difícil de acreditar e muito desagradável! Mas aí está aquele rosto que vejo no sonho, com os traços alongados e a barba amarela. Meu tio realmente tinha um rosto assim, alongado, enquadrado por uma bela barba loira. Meu amigo R. tinha cabelos intensamente negros, mas, quando as pessoas de cabelos negros começam a ficar grisalhas, elas pagam pelo esplendor de seus anos de juventude. Sua barba negra passa, fio por fio, por uma incômoda mudança de cores; primeiro ficou marrom-avermelhada, depois marrom-amarelada e só depois definitivamente cinza. É nesse estado que se encontra agora a barba do meu amigo R.; e por sinal também a minha, como percebo com desagrado. A barba que vejo no sonho é, ao mesmo tempo, a do meu amigo R. e a do meu tio. É como se fosse uma fotografia composta[7] de Galton, que, para

---

[i] É notável como nesse caso a minha lembrança – no estado de vigília – se reduz por conta das finalidades da análise. Conheci cinco dos meus tios, amei e respeitei um deles. Mas, no momento em que superei a resistência contra a interpretação do sonho, disse a mim mesmo: pois eu só tive um tio, aquele que é justamente lembrado no sonho.

identificar semelhanças familiares, fotografava vários rostos com a mesma placa. Portanto, não há mais nenhuma dúvida possível, eu penso realmente que o amigo R. é um cabeçudo – como meu tio Josef.

Ainda não imagino, de forma alguma, com qual finalidade estabeleci essa relação, contra a qual tenho de relutar sem cessar. Ainda assim, ela não é muito profunda, pois meu tio era um criminoso, e meu amigo R. é irrepreensível. Salvo pela punição que recebeu por ter derrubado um aprendiz com a bicicleta. Será que eu estava pensando nesse crime? Isso seria levar a comparação ao ridículo. Mas em relação a isso me ocorre outra conversa que tive com meu outro colega N., e, na verdade, sobre o mesmo tema. Encontrei N. na rua; ele também foi recomendado à função de professor, ele sabia da honra que recebi e me felicitou por isso. Eu recusei decisivamente. "Justamente o senhor não devia fazer essa brincadeira, já que provou em si próprio o valor dessa recomendação." Ele respondeu, provavelmente não levando a sério: "Isso é algo que não se pode saber. De fato há algo especial contra mim. O senhor não sabe que certa vez uma pessoa fez uma denúncia judicial contra mim? Não preciso lhe assegurar que a investigação foi suspensa; foi uma tentativa vulgar de extorsão; e ainda tive todo o trabalho de salvar a própria denunciante da punição. Mas talvez no ministério eles façam valer esse caso contra mim para não me nomearem. Mas o senhor é irrepreensível". Eis então o criminoso, mas ao mesmo tempo também a interpretação e a tendência do meu sonho. Nesse caso, meu tio Josef figura para mim os dois colegas que não foram nomeados professores, um como sendo cabeçudo e o outro como criminoso. Agora também sei para que preciso dessa figuração. Se as considerações "confessionais" são decisivas para o atraso da nomeação dos meus amigos R. e N., a minha nomeação também é questionada; mas, se posso deslocar a rejeição de ambos para outros motivos que não me dizem respeito, então a minha esperança permanece intacta. É assim que o meu sonho procede; ele faz de um, R., cabeçudo, e do outro, N., criminoso; mas eu não sou nem um nem outro; o que temos em comum é suspenso, posso me alegrar com a minha nomeação a professor e me esquivo da aplicação que eu teria de fazer à minha própria pessoa da notícia, trazida por R., daquilo que o alto funcionário lhe tinha confessado.

Preciso ainda continuar me ocupando com a interpretação desse sonho. Para o meu sentimento, ele ainda não foi suficientemente resolvido, ainda não estou tranquilo em relação à facilidade com a qual eu rebaixo dois colegas respeitados para manter livre para mim o caminho ao professorado.

No entanto, a minha insatisfação com o meu modo de agir já se atenuou, desde que sei apreciar o valor das afirmações no sonho. Eu contestaria diante de qualquer pessoa o fato de eu realmente considerar R. um cabeçudo e de não crer na exposição de N. sobre aquele caso de extorsão. Além disso, também não acredito que Irma tenha ficado gravemente doente por uma infecção [*Infektion*][8] de Otto com um preparado de propileno; aqui como lá, o que meu sonho expressa é apenas o meu *desejo de que as coisas pudessem ser assim*. A afirmação, na qual meu desejo se realiza [*realisiert*], soa no segundo sonho menos absurda do que no primeiro; aqui ela é formada com a utilização mais habilidosa de pontos de apoio factuais, um pouco como uma calúnia bem feita, na qual "há algo de verdade", pois o amigo R. tinha contra si, na época, o voto de um professor especialista, e o amigo N. me forneceu, ele mesmo, inocentemente, o material para denegri-lo. Apesar disso, repito, o sonho me parece necessitar de um esclarecimento suplementar.

Agora me recordo de que o sonho continha mais uma parte que a interpretação até agora não levou em consideração. Depois que me ocorreu que R. é meu tio, sinto no sonho uma calorosa ternura por ele. Onde situar essa sensação? Naturalmente eu nunca tive pelo meu tio Josef sentimentos de ternura. O amigo R. me é querido e precioso há muitos anos; mas, se eu fosse até ele e lhe expressasse a minha inclinação em palavras que correspondessem aproximadamente ao grau da minha ternura no sonho, ele ficaria, sem dúvida, atônito. Minha ternura em relação a ele me parece não verdadeira e exagerada, tal como é o meu julgamento sobre suas qualidades intelectuais, que exprimo através da fusão da sua personalidade com a de meu tio; no entanto, ela é exagerada em sentido contrário. Mas agora está surgindo um novo estado de coisas. A ternura do sonho não pertence ao conteúdo latente, aos pensamentos por detrás do sonho; ela está em oposição a esse conteúdo; ela está destinada a me esconder o conhecimento da interpretação do sonho. Talvez seja realmente essa a sua determinação. Eu me lembro da resistência com a qual me opus à interpretação do sonho, por quanto tempo eu quis postergá-la, declarando que esse sonho era puramente sem sentido. A partir dos meus tratamentos psicanalíticos, sei como se deve interpretar um julgamento de rejeição como esse. Ele não tem nenhum valor de conhecimento, mas apenas o valor de uma manifestação de afeto. Quando minha filha pequena não quer uma maçã que lhe foi oferecida, ela afirma que a maçã tem gosto amargo, mesmo sem nem a ter provado. Quando meus pacientes se comportam como a minha pequena, sei que no seu caso se trata de uma representação que eles querem *recalcar* [*verdrängen*[9]]. O mesmo vale para o meu sonho. Não quero interpretá-lo, porque a interpretação contém algo contra o qual eu reluto. Depois de eu ter consumado a interpretação do sonho, descubro contra o que eu relutei; foi a afirmação de que R. é um cabeçudo. A ternura que sinto em relação a R. não posso remeter aos pensamentos latentes do sonho, mas efetivamente a essa minha relutância. Se meu sonho, em comparação com seu conteúdo latente, desfigura-se nesse ponto, e na verdade se desfigura em seu oposto, a ternura manifesta no sonho está a serviço dessa deformação, ou, em outras palavras, a *deformação* revela-se aqui como intencional, como um meio de *dissimulação*. Meus pensamentos de sonho contêm uma injúria contra R.; para que eu não os perceba, o que surge no sonho é o contrário, uma sensação de ternura por ele.

Esse poderia ser um conhecimento de valor geral. Como mostraram os exemplos no capítulo III, existem sonhos que são realizações de desejo não veladas. Lá onde a realização de desejo não é reconhecível, está disfarçada, deveria forçosamente estar presente uma tendência à defesa contra esse desejo, e, em consequência dessa defesa, o desejo não poderia ter expressão de outra forma, a não ser desfigurado. Eu quero procurar para esse fato tomado da vida psíquica interior o seu equivalente tomado da vida social. Onde encontramos na vida social uma deformação semelhante de um ato psíquico? Só lá onde se trata de duas pessoas, das quais uma possui certo poder e a segunda precisa, por causa desse poder, fazer uma consideração. Essa segunda pessoa desfigura então seus atos psíquicos, ou, como também podemos dizer, ela se *dissimula*. A polidez que pratico todos os dias é, em grande parte, uma dissimulação como essa; quando interpreto os meus sonhos para o leitor, sou obrigado a essas desfigurações. O poeta também reclama da coerção [*Zwang*] a essa deformação:

> "O melhor que você pode saber
> você não pode contar aos meninos."[10]

Em situação semelhante encontra-se o escritor político que precisa dizer verdades desagradáveis aos poderosos. Se ele as diz sem rodeios, o poderoso vai reprimir [*unterdrücken*] sua declaração, posteriormente se se tratar de uma declaração oral, preventivamente se ela tiver de se tornar pública por via impressa. O escritor precisa temer a censura, por isso ele modera e desfigura a expressão de sua opinião. De acordo com a força da susceptibilidade dessa censura, ele se vê obrigado a se ater a certas formas de ataque ou a falar por alusões e não por caracterizações diretas, ou deve esconder a sua comunicação chocante atrás de um disfarce de aparência inocente, ele pode falar, por exemplo, de incidentes entre dois mandarins do Império do Meio,[11] quando, na verdade, tem em vista os funcionários de sua pátria. Quanto mais rigorosamente reinar a censura, mais extensivo será o disfarce, e muitas vezes mais engenhosos [*witziger*] serão os meios que levarão o leitor, apesar de tudo, à pista do verdadeiro significado.[i]

---

[i] [Nota acrescentada em 1919:] A Dra. H. v. Hug-Hellmuth comunicou em 1915 (*Internat. Zeitschr. f. Ärztl. Psychoanalyse* III) um sonho que, talvez como nenhum outro, seja apropriado para justificar a minha denominação. A deformação do sonho trabalha nesse exemplo com o mesmo meio que a censura postal para apagar as passagens que lhe pareçam chocantes. A censura postal torna essas passagens ilegíveis, pintando-as de preto, a censura do sonho as substitui por um murmúrio incompreensível.
Para a compreensão do sonho, comunicaremos que a sonhadora é uma dama altamente considerada, de uma cultura refinada, com a idade de 50 anos, viúva de um oficial superior falecido há aproximadamente 12 anos e mãe de filhos adultos, um dos quais, na época do sonho, estava no campo de batalha.
E agora o sonho dos "*serviços amorosos*". "Ela entra no Hospital Militar Nr. 1 e diz ao guarda no portão que ela precisa falar com o médico-chefe ... (ela diz um nome que lhe é desconhecido), pois quer prestar serviços no hospital. Ao dizê-lo, ela acentua a palavra 'serviços' de tal modo que o suboficial percebe imediatamente que se trata de 'serviços amorosos'. Como ela é uma senhora idosa, ele a deixa passar, depois de alguma hesitação. Mas, em vez de ir ao médico-chefe, ela acaba chegando a um cômodo grande e sombrio, no qual muitos oficiais e médicos militares estão em pé ou sentados em volta de uma longa mesa. Ela se volta com sua proposta para um oficial-médico que já a entende depois de poucas palavras. O texto de sua fala no sonho é: 'Eu e muitas outras mulheres e moças de Viena estamos preparadas para ... os soldados, tropa e oficiais, sem distinção'. Nesse ponto ocorre um murmúrio no sonho. Mas que isso tenha sido entendido corretamente por todos os presentes é mostrado a ela pelas feições em parte envergonhadas e em parte maliciosas dos oficiais. A dama continua: 'Sei que a nossa decisão soa estranha, mas isso para nós é muito sério. Não se pergunta ao soldado no campo de batalha se ele quer morrer ou não'. Segue-se um penoso silêncio de um minuto inteiro. O oficial-médico lhe coloca o braço em volta da cintura e diz: 'Minha senhora, tome esse caso como se ele realmente fosse acontecer...' (murmúrios). Ela se solta de seu braço com o pensamento: são todos iguais, e responde: 'Meu Deus, eu sou uma senhora idosa e talvez nunca chegue a essa situação. Além disso, uma condição tinha de ser respeitada: a consideração pela idade; que uma mulher mais velha não ... com um rapaz bem jovem (murmúrios); isso seria abominável'. – O oficial-médico: 'Entendo perfeitamente'. Alguns oficiais, entre eles um que nos anos de juventude lhe havia feito a corte, gargalharam com entusiasmo, e a dama desejou ser levada ao médico-chefe, que ela conhece, para tirar tudo a limpo. Ao fazê-lo, ocorre-lhe, para sua grande consternação, que ela não sabe seu nome. Apesar de tudo, o oficial-médico lhe indica, muito gentil e

A concordância que podemos acompanhar até nos detalhes entre os fenômenos da censura e os da deformação no sonho nos permite supor condições semelhantes para as duas. É lícito, portanto, admitir como autoras da configuração do sonho duas forças psíquicas (correntes, sistemas) em cada ser humano, das quais uma forma o desejo expresso através do sonho, enquanto a outra exerce uma censura sobre esse desejo onírico e, através dessa censura, obriga a uma deformação de sua manifestação. Cabe apenas perguntar no que consiste o poder de autoridade dessa segunda instância, em virtude da qual lhe é permitido exercer sua censura. Se lembrarmos que os pensamentos latentes do sonho não são conscientes antes da análise, mas que é o conteúdo manifesto do sonho proveniente deles que é lembrado conscientemente, não estamos longe de supor que a prerrogativa da segunda instância seja justamente o acesso à consciência. Do primeiro sistema nada poderia chegar à consciência que não tivesse antes passado pela segunda instância, e a segunda instância não deixaria passar nada sem exercer seus direitos e sem impor as modificações que lhe são convenientes ao candidato à consciência. Revelamos, com isso, uma concepção bem determinada da "essência" da consciência; o tornar-se consciente é para nós um ato psíquico especial, distinto e independente do processo de ser colocado ou ser representado, e a consciência nos aparece como um órgão sensorial que percebe um conteúdo disponível em outro lugar. Podemos mostrar que a psicopatologia não pode absolutamente dispensar essas hipóteses fundamentais. Reservamo-nos a apreciá-las mais a fundo em uma passagem posterior.

Se me atenho à representação das duas instâncias psíquicas e às suas relações com a consciência, produz-se, para a notável ternura que sinto no sonho por meu amigo R., que foi tão rebaixado na interpretação do sonho, uma analogia inteiramente congruente com a vida política dos seres humanos. Transporto-me para a vida em um Estado no qual um soberano ciumento de seu poder e uma opinião pública ativa lutam um contra a outra. O povo se revolta contra um funcionário que lhe é malvisto e exige

---

respeitosamente, que se dirija ao segundo andar por uma escada de ferro muito estreita em caracol, que conduz diretamente do cômodo aos andares superiores. Ao subir a escada, ela ouve um oficial dizer: 'Essa é uma decisão colossal, não importa que seja jovem ou velha; meus respeitos!'. Com o sentimento de simplesmente cumprir o seu dever, ela sobe por uma escada interminável.

Esse sonho se repete ainda duas vezes no intervalo de algumas semanas – como observa a dama –, com modificações inteiramente insignificantes e francamente sem sentido."

sua demissão; para não mostrar que ele precisa levar em conta a vontade do povo, o governante absoluto concede então justamente ao funcionário uma alta distinção, para a qual de outro modo não haveria nenhum motivo. Desse modo, minha segunda instância, que domina o acesso à consciência, caracteriza o meu amigo R. com uma profusão de ternura desmedida, porque as aspirações de desejo [*Wunschbestrebungen*] do primeiro sistema gostariam, em razão de um interesse particular ao qual elas justamente se rendem, de insultá-lo como cabeçudo.[i]

Talvez sejamos aqui capturados pelo pressentimento de que a interpretação do sonho seja capaz de nos dar indicações sobre a estrutura de nosso aparelho anímico, as quais até agora esperamos, em vão, da filosofia. No entanto, não seguiremos essa pista, e retornaremos, após termos elucidado a deformação no sonho, ao nosso problema de partida. Perguntávamos como é que sonhos com conteúdo penoso podem ser resolvidos como realizações de desejo. Agora vemos que isso é possível quando ocorreu uma deformação no sonho, quando o conteúdo penoso só serviu como disfarce de um [conteúdo] desejado. Se considerarmos as nossas suposições sobre as duas instâncias psíquicas, poderemos também dizer agora: os sonhos penosos contêm de fato algo que é penoso para a segunda instância, mas que, ao mesmo tempo, realiza um desejo da primeira instância. Eles são sonhos de desejo, na medida em que todo sonho parte da primeira instância, ao passo que a segunda se comporta em relação ao sonho apenas de maneira defensiva, não criativa.[ii] Se nos limitarmos a uma apreciação daquilo que a segunda instância traz como contribuição ao sonho, jamais poderemos

---

[i] [Nota acrescentada em 1911:] Esses sonhos hipócritas não são, nem para mim nem para outros, acontecimentos raros. Enquanto me encontro ocupado com a elaboração de certo problema científico, sou assombrado várias noites seguidas por um sonho levemente confuso, que tem como conteúdo a reconciliação com um amigo deixado de lado há muito tempo. Na quarta ou quinta vez, consegui finalmente apreender o sentido desses sonhos. Ele consistia no encorajamento para abandonar o último resquício de consideração pela pessoa em questão, em libertar-me inteiramente dela, e ele tinha se disfarçado em seu contrário de maneira hipócrita. Vindo de outra pessoa, comuniquei um "sonho edipiano hipócrita", no qual as moções hostis e os desejos de morte dos pensamentos do sonho são substituídos por uma ternura manifesta ("Exemplo típico de um sonho edipiano camuflado"). Outro tipo de sonhos hipócritas será mencionado mais adiante (ver capítulo VI, "O trabalho do sonho").

[ii] [Nota acrescentada em 1930:] Mais adiante vamos conhecer o caso em que, ao contrário, o sonho dá expressão a um desejo dessa segunda instância.

compreender o sonho. Pois nesse caso iriam subsistir todos os enigmas que foram observados no sonho pelos autores.

Que o sonho tenha realmente um sentido secreto que revele ser uma realização de desejo é algo que para cada caso precisa ser demonstrado pela análise. É por esse motivo que vou tomar alguns sonhos de conteúdo penoso e tentar a sua análise. Em parte, são sonhos de histéricos que exigem uma extensa informação preliminar e ocasionalmente uma incursão nos processos psíquicos da histeria. Mas não posso evitar essa dificuldade adicional na apresentação.

Quando tomo um psiconeurótico em tratamento analítico, seus sonhos se tornam regularmente, como já foi mencionado [no capítulo II], o tema de nossas conversas. Para isso, devo dar-lhe todos os esclarecimentos psicológicos, com cuja ajuda eu mesmo cheguei à compreensão de seus sintomas, e sofro uma crítica impiedosa, tal como não poderia esperá-la mais rígida da parte dos colegas de especialidade. Muito regularmente meus pacientes levantam a objeção contra a tese de que todos os sonhos são realizações de desejo. Eis aqui alguns exemplos que me são objetados como contraprova no material de sonhos.

"O senhor sempre diz que o sonho é um desejo realizado", assim começa uma paciente espirituosa [*witzige*]. "Então eu quero lhe contar um sonho cujo conteúdo aponta, bem ao contrário, que para mim um desejo *não* é realizado. Como o senhor concilia isso com a sua teoria? O texto do sonho é o seguinte:

"Eu quero oferecer um jantar, mas não tenho nada na despensa a não ser um pouco de salmão defumado. Penso em sair para comprar, mas me lembro de que é domingo de tarde, quando todas as lojas estão fechadas. Quero então telefonar para alguns fornecedores, mas o telefone está com defeito. Tenho então de renunciar ao desejo de oferecer um jantar".

Respondi, naturalmente, que só a análise pode decidir pelo sentido desse sonho, embora eu admita que à primeira vista ele pareça razoável e coeso e pareça o contrário de uma realização de desejo. "Mas de que material partiu esse sonho? A senhora sabe que a incitação para um sonho sempre é encontrada nas vivências do dia anterior."

Análise: O marido da paciente, um açougueiro atacadista correto e competente, havia lhe declarado no dia anterior que estava ficando muito gordo e por isso queria iniciar uma dieta de emagrecimento. Ele iria se levantar cedo, fazer exercícios, seguir uma dieta rigorosa e sobretudo não aceitar mais nenhum convite para jantares. – Ela continua a contar, rindo, que seu marido conheceu, na mesa cativa [*Stammtisch*], um pintor que queria a todo custo fazer seu retrato, porque ele nunca havia encontrado uma cabeça tão expressiva. Mas seu marido retrucou, com seu modo rude, que agradecia muito e que estava inteiramente convencido de que o pintor preferiria um pedaço do traseiro de uma moça a seu rosto inteiro.[i] Ela estava no momento muito apaixonada por seu marido e não parava de provocá-lo. Além disso, ela pediu a ele que não lhe oferecesse caviar de modo algum. – O que isso quer dizer?

Na verdade, ela deseja há muito tempo poder comer, todas as manhãs, um pedaço de pão com caviar, mas não se permite essa despesa. É claro que ela ganharia o caviar de seu marido assim que lhe pedisse. Mas ela lhe pediu, ao contrário, que ele não lhe oferecesse caviar de modo algum, para que ela pudesse provocá-lo com isso por mais tempo.

Essa justificativa me parece falaciosa. Por detrás dessas informações insatisfatórias costumam esconder-se motivos inconfessáveis. Pensemos nas pessoas hipnotizadas por Bernheim, que executam uma tarefa pós-hipnótica e, interrogadas sobre seus motivos, não respondem, por exemplo: Não sei por que fiz isso, mas claramente precisam inventar uma justificativa insuficiente. Deve ocorrer algo semelhante ao caviar de minha paciente. Percebo que ela se sente obrigada a criar um desejo não realizado em sua vida. E então seu sonho lhe mostra a recusa do desejo como confirmada. Mas para que ela precisa de um desejo não realizado?

As ideias que ocorreram até agora não foram suficientes para a interpretação do sonho. Pressiono pela continuação. Após uma pausa curta, como a que justamente corresponde à superação de uma resistência, ela continua a relatar que no dia anterior tinha feito uma visita a uma amiga, da qual ela na verdade sente ciúme, porque seu marido elogia essa mulher constantemente. Por sorte, essa amiga é muito seca e magra, e seu marido é amante de corpos com formas plenas. E sobre o que falou essa amiga magra? Naturalmente sobre seu desejo de se tornar um pouco mais fortinha. Ela também lhe perguntou: "Quando a senhora vai nos convidar de novo? Em sua casa come-se sempre tão bem".

---

[i] Posar para o pintor [*Dem Maler sitzen*: posar para o pintor ou ficar sentado]. *Goethe*: "E se ele não tem nenhum traseiro, como o nobre pode ficar sentado?" [*Und wenn er keinen Hintern hat, wie kann der Edle sitzen?*].

Agora o sentido do sonho está claro. Eu posso dizer à paciente: "É exatamente como se, diante dessa solicitação, a senhora tivesse pensado: é claro que vou te convidar, para que você saia ganhando em comer em minha casa, engorde e possa agradar o meu marido ainda mais. Prefiro não dar mais nenhum jantar. O sonho lhe diz então que a senhora não pode mais oferecer nenhum jantar, portanto, realiza o seu desejo de não contribuir com mais nada para arredondar as formas corporais de sua amiga. A senhora aprendeu com a decisão de seu marido de não mais aceitar convites para jantares, no seu interesse pelo emagrecimento, que engordamos com as coisas que são oferecidas em recepções". Agora só falta alguma confluência que confirme a solução. Ainda não sabemos de onde vem o salmão defumado no conteúdo do sonho. "Como a senhora chegou ao salmão defumado mencionado no sonho?" "Salmão defumado é o prato preferido dessa amiga", ela responde. Por coincidência eu também conheço essa dama e posso confirmar que ela não se permite o salmão, da mesma forma que minha paciente não se permite o caviar.

O mesmo sonho admite ainda uma interpretação diferente e mais sutil, que se torna necessária por uma circunstância secundária. As duas interpretações não se contradizem, mas se superpõem e, assim como todas as outras formações psicopatológicas, oferecem um belo exemplo do habitual duplo sentido dos sonhos. Sabemos que a paciente, ao mesmo tempo em que sonhava com a recusa do desejo, estava empenhada em encontrar, na realidade, um desejo que lhe fora impedido (o pão com caviar). A amiga também havia de fato expressado o desejo de engordar, e não nos surpreenderíamos se nossa dama tivesse sonhado que esse desejo da amiga não se realizasse. Pois trata-se, na verdade, do próprio desejo dela: de que um desejo da amiga – o de ganhar peso – não se realize. Em vez disso, ela sonha que seu próprio desejo não se realiza. O sonho recebe uma nova interpretação se ela não tem em vista si mesma, mas a amiga, se no sonho ela se colocou no lugar da amiga ou, como podemos dizer, ela se *identificou* com ela.

Penso que ela realmente fez isso e, como indício dessa identificação, ela criou no plano da realidade o desejo impedido. Mas qual é o sentido da identificação histérica? Para esclarecê-lo, é necessária uma exposição mais detalhada. A identificação é um fator extremamente importante para o mecanismo dos sintomas histéricos; por essa via, os pacientes conseguem expressar em seus sintomas as vivências de toda uma série de pessoas, e não apenas as próprias, e sofrer, por assim dizer, por todo um grupo de pessoas, e figurar, com todos os seus meios pessoais, todos os papéis de um espetáculo. Vão me objetar que essa seria a conhecida imitação histérica, a capacidade que têm os histéricos de imitar todos os sintomas que os impressionam nos outros, uma empatia, por assim dizer, que chega até a reprodução. Mas com isso está apenas indicado o caminho pelo qual passa o processo psíquico na imitação histérica; uma coisa é o caminho, e outra é o ato psíquico que vai por esse caminho. Esse último é um pouco mais complicado do que aquele que queremos conceber como a imitação dos histéricos; ele corresponde a um processo de conclusão inconsciente, como um exemplo o mostrará claramente. O médico que, na mesma sala do hospital, tem, entre todas as doentes, uma doente com certa espécie de espasmos musculares não vai se mostrar surpreso se descobrir, certa manhã, que particularmente esse ataque histérico encontrou imitação. Ele se diz simplesmente: as outras viram esse ataque e o imitaram; trata-se de infecção psíquica. Sim, mas a infecção psíquica ocorre mais ou menos da seguinte maneira. Em geral, as doentes sabem mais umas das outras do que o médico sobre cada uma delas, e elas cuidam umas das outras quando a visita médica termina. Uma delas tem seu ataque hoje; logo as outras ficam sabendo que a causa é uma carta de casa, o reavivamento de um desgosto amoroso etc. Sua simpatia se mobiliza, desenvolve-se nelas a seguinte conclusão que não chega à consciência: se se pode ter essas crises a partir de um motivo como esse, então eu também posso ter essas crises, pois tenho os mesmos motivos. Se essa fosse uma conclusão capaz de consciência, talvez ela desembocasse em *medo* [*Angst*] de ter o mesmo ataque; mas ela se desenvolve num outro terreno psíquico e por isso acaba na realização do sintoma temido. Portanto, identificação não é simples imitação, mas *apropriação* sobre a base da mesma reivindicação etiológica; ela expressa um "assim como" e refere-se a algo comum que permanece no inconsciente.

A identificação é utilizada com mais frequência na histeria para expressar um elemento sexual em comum. A histérica identifica-se em seus sintomas principalmente – mesmo que não exclusivamente – com pessoas com as quais ela teve um intercurso sexual, ou que têm um intercurso sexual com as mesmas pessoas que ela. A língua leva igualmente em conta uma concepção como essa. Dois amantes são "um". Na fantasia histérica, bem como no sonho, é suficiente para a identificação que se pense em relações sexuais, sem que por isso elas devam ser tidas como reais. A paciente segue, portanto, as regras dos processos histéricos de pensamento quando dá expressão ao seu ciúme em relação à amiga (que na verdade ela mesma reconhece como sendo injustificado), colocando-se no sonho em lugar dela e identificando-se com ela pela criação de um sintoma (o do desejo impedido). Eu gostaria ainda de explicitar esse processo linguisticamente da seguinte maneira: ela se coloca no lugar da amiga no sonho porque esta se coloca no lugar dela em relação ao marido, porque ela gostaria de tomar o lugar que a amiga está ocupando na estima que seu marido tem por ela.[i]

De maneira mais fácil, e ainda assim seguindo o esquema segundo o qual a não realização de um desejo significa a realização de outro, resolveu-se a objeção contra a minha doutrina sobre o sonho em outra paciente, a mais espirituosa entre todas as minhas sonhadoras. Certo dia expus-lhe que o sonho é uma realização de desejo; no dia seguinte ela me trouxe um sonho em que ela e sua sogra viajavam juntas para uma estadia no campo. Fiquei então sabendo que ela tinha relutado violentamente em passar o verão perto da sogra, mas também soube que nos últimos dias ela tinha contornado com sucesso essa temida companhia alugando uma casa de campo bastante afastada do lugar onde ficava a sogra. E agora o sonho revertia essa solução desejada; não seria essa a oposição mais veemente à minha doutrina da realização de desejo através do sonho? Certamente, só se precisava tirar a consequência desse sonho para obter sua interpretação. De acordo com esse sonho, eu não tinha razão; *era, portanto, seu desejo que eu não tivesse razão, e o sonho lhe mostrou esse desejo realizado.* O desejo de que eu não tivesse razão, que se realizou no tema da casa de campo, referia-se, na realidade, a um objeto mais sério. Na mesma época, eu havia concluído do material produzido em sua análise que, em determinado período de sua vida, devia ter acontecido alguma coisa importante para o seu adoecimento. Ela contestou, porque isso não era encontrado em sua lembrança. E logo pudemos ver que eu tinha razão. Seu desejo de que eu não pudesse ter razão, transformado no sonho de que ela e sua sogra viajavam para o campo, correspondia, portanto, ao desejo justificado de que essas coisas apenas supostas na época pudessem jamais ter acontecido.

---

[i] Eu mesmo lamento intercalar esses extratos da psicopatologia da histeria que, em consequência da sua apresentação fragmentária e arrancados de seu contexto, não podem certamente ter um efeito esclarecedor. Por outro lado, se eles tiverem condições de indicar as íntimas relações do tema do sonho com as psiconeuroses, terão cumprido o propósito para o qual eu os escolhi.

Sem análise, e apenas por meio de uma suposição, permito-me interpretar um pequeno incidente com um amigo que foi meu colega durante os oito anos de ginásio. Certa vez, em uma conferência a um pequeno círculo, ele ouviu de mim a novidade de que o sonho é uma realização de desejo, foi para casa e sonhou *que tinha perdido todos os seus processos* – ele era advogado –, e queixou-se disso para mim. Servi-me da evasiva: não se pode ganhar todos os processos, mas pensei comigo mesmo: se durante oito anos ocupei o primeiro banco como primeiro da classe, enquanto ele mudava de lugar no meio da classe, não pode ter-lhe permanecido longinquamente o desejo desses anos de adolescência de que alguma vez eu também devesse me envergonhar?

Outro sonho, de caráter mais sombrio, foi-me igualmente contado por uma paciente como objeção à teoria do sonho de desejo. A paciente, uma jovem, inicia: O senhor se lembra de que minha irmã agora só tem um menino, o Karl; o mais velho, Otto, ela perdeu quando eu ainda estava em sua casa. Otto era meu favorito, na verdade, eu o criei. Eu gosto do menor também, mas, naturalmente, longe de ser tanto quanto do falecido. E nessa noite sonhei *que vi Karl estendido morto diante de mim. Ele estava deitado em seu pequeno caixão, as mãos juntas, velas ao redor, em suma, exatamente como estava na época o pequeno Otto, cuja morte tanto me abalou.* E agora o senhor me diga, o que isso quer dizer? O senhor me conhece, não é? Será que eu sou uma pessoa tão má que quero desejar à minha irmã a perda do único filho que ela ainda tem? Ou o sonho quer dizer que eu prefiro que Karl esteja morto a Otto, de quem eu gostava muito mais?

Eu lhe assegurei de que essa última interpretação estava excluída. Após uma curta reflexão, pude dizer-lhe a correta interpretação do sonho, que em seguida a fiz confirmar. Consegui fazê-lo porque toda a história anterior da sonhadora me era conhecida.

Tendo se tornado órfã precocemente, a jovem foi criada na casa de sua irmã muito mais velha e, entre os amigos e visitantes da casa, ela encontrou também o homem que deixou uma impressão duradoura em seu coração. Durante algum tempo tudo pareceu se desenrolar como se essas relações não inteiramente declaradas fossem terminar em casamento, mas esse desenlace feliz foi destruído pela irmã, cujos motivos nunca foram plenamente elucidados. Depois da ruptura, o homem amado por nossa paciente evitou a casa; ela própria tornou-se independente algum tempo depois da morte do pequeno Otto, a quem, nesse meio-tempo, ela devotou sua ternura. Mas ela não conseguiu se libertar da dependência na qual entrou por sua inclinação pelo amigo de sua irmã. Seu orgulho lhe ordenou esquivar-se dele; mas lhe foi impossível transferir seu amor a outros pretendentes que em seguida se apresentavam. Quando o homem amado, que pertencia ao meio literário, anunciava alguma conferência em algum lugar, ela não deixava de se encontrar entre os ouvintes, e, além disso, ela aproveitava qualquer oportunidade para vê-lo à distância num lugar neutro. Lembro-me de ela ter-me contado dias antes que o professor iria a determinado concerto e que ela também queria ir até lá, para alegrar-se novamente com a visão dele. Isso foi no dia anterior ao sonho; no dia em que ela me contou o sonho, o concerto iria acontecer. Dessa maneira, pude facilmente construir a interpretação correta e lhe perguntei se lhe ocorria algum acontecimento que teria surgido após a morte do pequeno Otto. Ela respondeu imediatamente: Mas é claro, na época o professor tinha voltado depois de uma longa ausência e eu o vi novamente perto do caixão do pequeno Otto. Foi exatamente o que eu tinha esperado. Interpretei o sonho, então, da seguinte maneira: "Se agora o outro menino morresse, a mesma coisa se repetiria. A senhora passaria o dia na casa de sua irmã, o professor certamente viria apresentar as condolências e a senhora iria revê-lo nas mesmas circunstâncias daquela época. O sonho não significa nada além desse seu desejo de reencontrar, contra o qual a senhora luta internamente. Sei que a senhora está com a entrada para o concerto de hoje na bolsa. Seu sonho é um sonho de impaciência, ele antecipou em algumas horas o ver de novo que vai acontecer hoje".

Para encobrir seu desejo, ela escolheu evidentemente uma situação na qual desejos como esses costumam ser reprimidos [*unterdrückt*], uma situação na qual estamos tão tomados pelo luto que não pensamos em amor. E, no entanto, é bem possível que mesmo na situação real, copiada fielmente pelo sonho, diante do caixão do primeiro menino, aquele a quem ela amava mais intensamente, ela não pode reprimir seu sentimento terno pelo visitante de quem ela sentia falta havia muito tempo.

Um sonho semelhante recebeu esclarecimento diferente por parte de outra paciente, que se distinguiu em anos anteriores por vivacidade de espírito e bom humor e que ao menos agora comprovava essas qualidades com as ideias que lhe ocorriam durante o tratamento. No contexto de um sonho longo, pareceu a essa dama ter visto sua filha única, de 15 anos, morta em uma caixa [*Schachtel*]. Ela tinha uma forte vontade de transformar essa aparição no sonho em objeção contra a teoria da realização de desejo, mas ela mesma intuiu que o detalhe da caixa [*Schachtel*] devia estar indicando o caminho para outra concepção do sonho.[i] Na análise ocorreu-lhe que a conversa da reunião social da noite anterior chegou à palavra inglesa "*box*" e suas múltiplas traduções em alemão, tais como: "*Schachtel*" [caixa], "*Loge*" [camarote], "*Kasten*" [caixote, baú], "*Ohrfeige*" [bofetada] etc. A partir de outros constituintes do mesmo sonho, foi possível então complementar que ela tinha descoberto o parentesco do inglês "*box*" com o alemão "*Büchse*" [lata] e que depois ela ficou assombrada com a lembrança de que "*Büchse*" também era utilizado para designar vulgarmente os genitais femininos. Com alguma indulgência por seus conhecimentos em anatomia descritiva, pudemos então supor que a criança na "caixa" [*Schachtel*] significava um fruto no ventre materno. Com esse esclarecimento, ela não mais negou que a imagem do sonho correspondia realmente a um desejo seu. Assim como muitas mulheres jovens, ela não ficou feliz de modo algum por ter engravidado, e mais de uma vez teve de confessar o desejo de que esse filho morresse no ventre materno; e mesmo num ataque de fúria depois de uma cena violenta com seu marido, ela chegou a golpear o ventre com os punhos para atingir a criança que ali se encontrava. A criança morta era portanto uma realização de desejo, mas de um desejo abandonado havia 15 anos, e não deve nos surpreender o fato de não mais reconhecermos a realização de desejo depois de uma chegada tão tardia. É que nesse meio-tempo muita coisa havia mudado.

O grupo ao qual pertencem esses dois últimos sonhos que têm como conteúdo a morte de familiares queridos será levado mais uma vez em consideração entre os sonhos típicos. Lá poderei mostrar com novos exemplos que, apesar do conteúdo indesejado, todos esses sonhos podem ser interpretados como realizações de desejo. Não é a um paciente, mas a um jurista inteligente conhecido meu, que devo o próximo sonho, o qual novamente me foi contado com a intenção de me refrear diante de qualquer generalização apressada na doutrina do sonho de desejo. "*Eu sonho*", conta meu informante, "*que, de braço dado com uma dama, chego à minha casa. Lá aguardava uma carruagem fechada, um senhor vem em minha direção, apresenta-se como agente de polícia e me convida a segui-lo. Eu lhe peço apenas algum tempo para colocar minhas coisas em ordem.* Por acaso o senhor acredita que seja um desejo meu ser preso?" – Certamente que não, tenho de admitir. Será que o senhor sabe sob

---

[i] Semelhante ao salmão defumado no sonho do jantar que não se consumou.

qual acusação estava sendo preso? – "Sim, acredito que por infanticídio." – Infanticídio? Será que o senhor sabe que esse crime só uma mãe pode cometer com seu recém-nascido? – "Correto."[i] E em que circunstâncias o senhor sonhou; o que aconteceu na noite anterior? – "Isso eu não gostaria de lhe contar, trata-se de uma situação delicada." – Mas eu preciso saber, do contrário teremos de renunciar à interpretação do sonho. – "Então ouça. Não passei a noite em casa, mas com uma dama que significa muito para mim. Quando acordamos de manhã, aconteceu novamente alguma coisa entre nós. Depois voltei a adormecer e sonhei isso que o senhor sabe." – É uma mulher casada? – "Sim." – E o senhor não quer fazer filhos com ela? – "Não, não, isso poderia nos denunciar." – Então o senhor não pratica o coito normal? – "Eu tomo a precaução de me retirar antes da ejaculação." – O senhor me permite supor que executou essa noite várias vezes essa proeza e depois de repeti-la de manhã tenha ficado um pouco inseguro sobre ter conseguido? – "Isso teria sido possível." – Então o seu sonho é uma realização de desejo. Através dele o senhor obtém a tranquilidade de não ter feito nenhum filho, ou, o que é quase a mesma coisa, de ter matado uma criança. Posso mostrar-lhe os elos intermediários com facilidade. O senhor se lembra de que há alguns dias nós falávamos sobre a miséria conjugal e sobre a inconsequência de que seja permitido manter o coito de maneira a que não se produza nenhuma fecundação, enquanto, uma vez que o óvulo e o sêmen se encontraram e formaram um feto, qualquer intervenção é punida como crime. Depois disso, recordamos também a controvérsia medieval sobre o momento em que a alma entra propriamente no feto, porque o conceito de assassinato só se torna admissível a partir daí. O senhor certamente também conhece o assustador poema de Lenau, que coloca no mesmo plano infanticídio e contracepção. – "Curiosamente, esta manhã pensei em Lenau como que por acaso." – Mais um eco do seu sonho. E agora quero ainda lhe mostrar uma pequena realização de desejo secundária em seu sonho. O senhor chega a sua casa de braço dado com a dama. O senhor a *conduz*, portanto, *para a sua casa*, em vez de, na realidade, passar a noite na casa dela. Que a realização de desejo, que constitui o núcleo do sonho,

---

[i] Acontece frequentemente que um sonho seja contado de maneira incompleta e que só durante a análise emerja a lembrança dessas passagens do sonho que foram omitidas. Esses trechos inseridos posteriormente fornecem regularmente a chave para a interpretação do sonho. Ver mais adiante sobre o esquecimento dos sonhos.

esconda-se sob uma forma tão desagradável, isso talvez tenha mais de uma razão. Pelo meu artigo sobre a etiologia da neurose de angústia, o senhor poderia tomar conhecimento de que eu considero o *coitus interruptus* um dos fatores precipitadores no surgimento da angústia neurótica. O que estaria de acordo com isso é que lhe restaria, depois de repetir muitas vezes esse tipo de coito, uma atmosfera de mal-estar, que agora entra como elemento na composição de seu sonho. O senhor se serve desse ressentimento para também mascarar a si mesmo a realização de desejo. Além disso, a menção ao infanticídio não ficou explicada. Como o senhor chegou a esse crime especificamente feminino? – "Quero confessar-lhe que há alguns anos estive certa vez implicado em uma situação como essa. Foi minha culpa que uma jovem tenha tentado se proteger com um aborto das consequências de uma relação comigo. Eu não tive nada a ver com a execução desse projeto, mas senti durante muito tempo o medo [*Angst*] compreensível de que a coisa fosse descoberta." – Eu compreendo, essa lembrança rendeu uma segunda razão para que a suposição de que o senhor teria executado mal a sua proeza tivesse de ser penosa.

Um jovem médico que em meu curso me ouviu contar esse sonho deve ter-se sentido tocado por ele, pois apressou-se em imitá-lo em sonho, aplicando essa forma de pensamento a outro tema. Dias antes ele havia entregado sua declaração de renda, feita com inteira honestidade, tendo em vista que tinha muito pouco a declarar. Ele sonhou então que um conhecido da comissão de impostos veio até ele e lhe comunicou que todas as outras declarações de renda não haviam sido contestadas, mas que a sua despertou uma desconfiança generalizada e lhe traria uma multa grave. O sonho é uma realização de desejo descuidadamente velada, o de se passar por um médico abastado. Na verdade, ele lembra a conhecida história daquela jovem a quem desaconselham aceitar seu pretendente por se tratar de um ser humano colérico que iria tratá-la com espancamentos no casamento. A resposta da moça foi: Quem me dera ele me espancasse! Seu desejo de estar casada é tão vivo que ela aceita a perspectiva da inconveniência que está ligada a esse casamento e ainda eleva essa inconveniência à categoria de desejo.

Se reúno como "*sonhos de contradesejo*" [*Gegenwunschträume*] os sonhos muito frequentes que parecem contradizer diretamente a minha doutrina, por terem como conteúdo o impedimento de um desejo ou o surgimento de algo manifestamente indesejado, vejo então que podemos remetê-los em geral a dois princípios, dos quais um ainda não foi mencionado, apesar de ele ter um papel importante na vida, bem como nos sonhos dos seres humanos. Uma das forças propulsoras [*Triebkraft*][12] desses sonhos é o desejo de que eu não tenha razão. Esses sonhos se produzem regularmente no curso de meus tratamentos, quando o paciente se encontra em resistência contra mim, e com toda certeza posso contar com o fato de provocar um sonho como esse depois de ter exposto ao paciente a doutrina de que o sonho é uma realização de desejo.[i] E até posso esperar que aconteça o mesmo com alguns dos meus leitores; algum deles estará pronto para impedir um desejo no sonho, apenas para realizar o desejo de que eu não tenha razão. O último sonho que quero comunicar, ocorrido em tratamento, mostra novamente a mesma coisa. Uma jovem que, contra a vontade de seus familiares e das autoridades consultadas, lutou esforçadamente pela continuação do tratamento comigo sonha: *Em casa a proibiram de continuar a vir até mim. Invoca então junto a mim uma promessa que fiz a ela de tratá-la de graça, em caso de necessidade, e lhe digo: Em assuntos de dinheiro não posso fazer concessão.*

Realmente não é fácil demonstrar aqui a realização de desejo, mas em todos os casos como esse encontramos, além desse enigma, outro ainda, cuja solução ajuda a resolver também o primeiro. De onde provêm as palavras que ela coloca em minha boca? Naturalmente eu nunca lhe disse nada semelhante, mas um de seus irmãos, e justamente aquele que exerce a maior influência sobre ela, foi muito amável ao emitir essa declaração sobre mim. O sonho quer, portanto, chegar ao ponto de que o irmão tenha razão, e ela não quer apenas no sonho dar razão a esse irmão; esse é o conteúdo da sua vida e o motivo de ela estar doente.

Um sonho que, à primeira vista, traz uma dificuldade particular à teoria da realização de desejo foi sonhado e interpretado por um médico (August Stärcke):

"*Tenho e vejo no meu dedo indicador esquerdo uma afecção sifilítica primária na última falange*".

Talvez queiramos nos deixar dissuadir da análise desse sonho pela menção de que, apesar de seu conteúdo indesejado, ele parece claro e coerente. No entanto, se não temermos o esforço de uma análise, descobriremos

---

[i] [Nota acrescentada em 1911:] Nos últimos anos, "sonhos de contradesejo" semelhantes me foram contados repetidamente por meus ouvintes, como o que seria a sua reação ao seu primeiro encontro com a "teoria de desejo do sonho".

que "*Primäraffekt*" [afecção primária] pode ser equiparada a "*prima affectio*" (primeiro amor), e que o abscesso repugnante revela ser, segundo as palavras de Stärcke, "um representante de realizações de desejo carregadas com grande afeto".[i]

O outro motivo dos sonhos de contradesejo está tão perto que facilmente corremos o perigo de não vê-lo, o que ocorreu comigo mesmo durante um longo tempo. Na constituição sexual de muitos dos homens, há um componente masoquista que surgiu através da reversão em seu contrário do componente agressivo, sádico. Chamamos esses seres humanos de masoquistas "ideais" quando eles procuram o prazer não na dor corporal que lhes é infligida, mas na humilhação e na tortura anímica. Fica absolutamente evidente que essas pessoas podem ter sonhos de contradesejo e de desprazer, que para elas não são nada além de realizações de desejo, satisfação de suas inclinações masoquistas. Insiro aqui um desses sonhos: um jovem que em anos passados atormentou muito seu irmão mais velho, a quem era apegado homossexualmente, sonha agora, após uma radical mudança de caráter, um sonho composto por três partes: *I. Como seu irmão mais velho o "aborrece". II. Como dois adultos se engraçam com intenção homossexual. III. O irmão vendeu a empresa, cuja direção ele tinha reservado para si no futuro.* Ele acorda desse último sonho com os sentimentos mais penosos, e sem dúvida é um sonho de desejo masoquista, cuja tradução poderia ser: seria bem-feito para mim se meu irmão atentasse contra mim com essa venda, como castigo por todas as torturas que ele teve de suportar de mim.

Espero que os exemplos anteriores sejam suficientes para fazer parecer crível – até outra objeção – que mesmo os sonhos de conteúdo penoso podem ser resolvidos como realizações de desejo.[ii] Além disso, ninguém verá como manifestação do acaso o fato de que, na interpretação desses sonhos, acabemos, a cada vez, em temas dos quais não falamos com prazer ou nos quais não pensamos com prazer. O sentimento penoso que esses sonhos despertam é sem dúvida simplesmente idêntico à repugnância que nos leva a nos desviar – a maior parte do tempo com sucesso – da consideração ou menção a esses temas, repugnância que deve ser ultrapassada por cada um de nós quando sentimos necessidade de enfrentá-lo. Esse sentimento

---

[i] *Zentralblatt für Psychoanalyse* II, 1911-1912.

[ii] [A frase seguinte, inserida em 1919, tornou-se, em 1925, uma nota de pé de página:] Assinalo que esse tema não está esgotado aqui e ainda será tratado posteriormente.

de desprazer que retorna no sonho não exclui portanto a existência de um desejo; em cada ser humano há desejos que ele não quer comunicar aos outros, e desejos que não quer admitir a si próprio. Por outro lado, sentimo-nos justificados a conectar o caráter de desprazer de todos esses sonhos com o fato da deformação do sonho, e a concluir que esses sonhos estão justamente desfigurados dessa maneira e que a realização de desejo está disfarçada neles até não mais ser reconhecível porque existe uma repugnância, uma intenção de recalcamento em relação ao tema do sonho ou em relação ao desejo extraído dele. A deformação do sonho comprova ser, portanto, de fato, um ato da censura. Mas estaremos levando em conta tudo o que a análise dos sonhos de desprazer trouxe à luz, se modificarmos da seguinte forma nossa fórmula destinada a expressar a essência do sonho: *O sonho é a realização (disfarçada*[13]*) de um desejo (reprimido, recalcado).*[i]

Agora ainda nos restam os sonhos de angústia como subespécie particular dos sonhos de conteúdo penoso, cuja concepção como sonhos de desejo

---

[i] [Nota acrescentada em 1914:] Um dos grandes poetas vivos que, como me foi dito, não quer saber nada de psicanálise e de interpretação de sonho encontra, no entanto, por si mesmo, uma fórmula quase idêntica para a essência do sonho: "Emergência não autorizada de desejos ansiosos reprimidos sob rostos e nomes falsos". C. Spitteler. Minhas vivências mais precoces [Meine frühesten Erlebnisse] (*Süddeutsche Monatshefte*, Oktober 1913).
[Acrescentado em 1911:] Por antecipação, cito aqui a versão ampliada e modificada por Otto Rank da fórmula fundamental acima: "O sonho figura regularmente como realizados, com base e com o auxílio de material infantil-sexual recalcado, os desejos atuais, em regra também desejos eróticos, sob uma forma velada e simbolicamente travestida" (*Um sonho que interpreta a si mesmo* [*Ein Traum, der sich selbst deutet*]).
[Acrescentado em 1925:] Em nenhuma passagem eu disse que tornei minha essa fórmula de Rank. A versão mais curta contida no texto me parece bastar. Mas o simples fato de eu ter mencionado a modificação de Rank foi suficiente para render à psicanálise a crítica incontáveis vezes repetida: ela afirmaria que *todos os sonhos têm um conteúdo sexual.* Se entendemos esse enunciado como ele pretende ser entendido, ele apenas prova a falta de escrúpulos com que os críticos costumam proceder em seus assuntos e com que prazer os adversários ignoram as declarações mais claras quando elas não convêm à sua inclinação agressiva, pois algumas páginas antes eu havia mencionado a diversidade das realizações de desejo dos sonhos infantis (fazer uma festa no campo ou uma viagem no lago, recuperar uma refeição perdida etc.), e em outras passagens tratei dos sonhos de fome, dos sonhos que respondem a um estímulo de sede, a um estímulo excretório, e de puros sonhos de comodidade. O próprio Rank não faz nenhuma afirmação absoluta. Ele diz "em regra também desejos eróticos", e isso se confirma na maior parte dos sonhos de adultos.
Outra coisa seria se se usasse "sexual" no sentido agora usual na psicanálise, o de "Eros". Mas o problema interessante, de saber se todos os sonhos não são criados por forças pulsionais "libidinais" (em oposição a "destrutivas"), os adversários nem sequer contemplaram.

encontrará entre aqueles não esclarecidos a mínima aceitação. Entretanto, posso concluir aqui muito brevemente com os sonhos de angústia; não seria um novo aspecto do problema do sonho que neles se mostraria a nós, mas se trata, com esses sonhos, da compreensão da angústia neurótica. A angústia que sentimos no sonho só é aparentemente explicada pelo conteúdo do sonho. Se submetemos o conteúdo do sonho à interpretação, percebemos que a angústia no sonho não será mais bem justificada pelo conteúdo do sonho do que, digamos, a angústia de uma fobia pela representação da qual a fobia depende. É correto, por exemplo, que se pode cair de uma janela, e por isso temos motivo para utilizar certa prudência com a janela, mas não conseguimos entender por que na fobia correspondente a angústia é tão grande e persegue o doente muito além dos fatores que a ocasionam. O mesmo esclarecimento se mostra então válido tanto para a fobia quanto para o sonho de angústia. A angústia, nos dois casos, está apenas *soldada* à representação que a acompanha e provém de outra fonte.

Em razão dessa íntima conexão entre a angústia do sonho e a angústia da neurose, preciso aqui, ao discutir a primeira, remeter à segunda. Em um pequeno artigo sobre a "neurose de angústia" (*Neurologisches Zentralblatt*, 1895, *Ges. Werke*, v. I), afirmei à época que a angústia neurótica provém da vida sexual e corresponde a uma libido que foi desviada de seu destino e não chegou a ser utilizada. Essa fórmula mostrou-se, desde então, cada vez mais eficiente. A partir dela podemos então derivar a proposição de que os sonhos de angústia são sonhos de conteúdo sexual, cuja libido correspondente sofreu uma transformação em angústia. Mais tarde vai se oferecer a ocasião de apoiar essa afirmação através da análise de alguns sonhos de neuróticos. Além disso, nas tentativas posteriores para me aproximar de uma teoria do sonho, virei a falar novamente da condição dos sonhos de angústia e de sua conciliação com a teoria da realização de desejo.

NOTAS

[1] A Study of the Dream-Consciousness. *Amer. J. Psychol.*, n. 7, p. 405-411, 1896. (N.E.)

[2] Debacker, Félix. *Des Hallucinations et terreurs nocturnes chez les enfants et les adolescentes.* Paris: F. Maltese, 1881. (N.T.)

[3] Para Freud, o pensar se inicia com o *julgar*: "O julgar tem início a partir de uma *dessemelhança* entre o investimento de desejo em uma imagem de lembrança e o investimento perceptual que lhe é semelhante" (*Projeto de uma psicologia* (1895), parte I, seção 16. Tradução de Osmyr Faria Gabbi Jr. Rio de Janeiro: Imago, 1995, p. 42. Tradução modificada). O pensar é um circuito representativo que tem como protótipo a ação específica. Ele se inicia por uma diferença entre complexo mnêmico e perceptual, e visa, geralmente, a partir de uma semelhança, estabelecer uma identidade. Portanto, o pensar é uma forma de realizar desejo que leva em conta a percepção. (N.T.)

[4] Notícia comunicada a Freud por Nothnagel (cf. carta a Fließ de 8 de fevereiro de 1897). (N.T.)

[5] Clara alusão aqui ao fato de ser judeu num país majoritariamente católico. (N.R.)

[6] O tio Josef, pego em 1865 por manipular dinheiro falso, foi condenado em 1866 a 10 anos de prisão. (N.R.)

[7] Galton, *composite portraiture.* (N.T.)

[8] A Standard Edition considera "*Infektion*" (infecção) um erro de impressão, em lugar de "*Injektion*" (injeção) (cf. anteriormente, capítulo II, p. 11-12, O sonho da injeção de Irma), no que é seguida pela edição francesa da PUF (2010). (N.T; N.E.)

[9] Os verbos "*verdrängen*" (recalcar) e "*unterdrücken*" (reprimir), assim como os substantivos "*Verdrängung*" (recalque/recalcamento) e "*Unterdrückung*" (repressão), ainda não se apresentam com distinção conceitual plenamente definida neste livro. Ainda assim, optamos por manter os termos originais entre colchetes, a fim de facilitar sua identificação ao longo da leitura. (N.R.)

[10] "*Das beste, was du wissen kannst, darfst du den Buben doch nicht sagen*" (Mefistófeles, *Fausto*, de Goethe, parte I, cena 4). (N.T.)

[11] Literalmente como os chineses chamam a China ("Zhong Guo", sendo "*Zhong*" – "meio" e "*Guo*" – país/império). (N.R.)

[12] "*Triebkraft*" é um belo exemplo de como se constroem palavras na língua alemã. O substantivo "*Kraft*" (força) é aqui qualificado por "*Trieb*", que, em psicanálise, costumamos traduzir por "pulsão" quando empregado com valor conceitual. Aqui, porém, "*Trieb*" assume papel atributivo, funcionando de modo mais genérico, como fator "propulsor" ou "impelente". Por isso, "*Triebkraft*" foi traduzido nesta obra por "força propulsora". A palavra não se refere diretamente à "pulsão" em seu sentido técnico, mas mantém e ativa, por sua composição, a rede semântica de "*Trieb*" – evocando não apenas propulsão, impulsão e expulsão, mas também a própria noção de pulsão. Cabe ao leitor, no caso de eventuais citações, substituir a expressão aqui proposta por "força de propulsão" ou até mesmo por "força pulsional", conforme sua inclinação teórica. (N.R.; N.E.)

[13] Cabe ressaltar aqui que a palavra "*verkleidet*", aqui traduzida por "disfarçada", tem um cognato mais próximo em "travestida". Isso, pois o termo se compõe de "*Kleid*"

(vestimenta) transformado pelo prefixo "*ver-*", aqui análogo ao nosso prefixo "trans-". Seria interessante pensar aqui a ideia de um processo "transformador" que remete ao uso do prefixo "*ver-*" para caracterizar os atos falhos: "*verlesen*" (equivocar-se ao ler/lapso de leitura), "*verschreiben*" (equivocar-se ao escrever/lapso de escrita), "*versprechen*" (equivocar-se ao falar/lapso verbal), ou para os processos de negação ligados às estruturas clínicas: "*Verdrängung*" (recalque/recalcamento), "*Verleugnung*" (desmentido/recusa) e "*Verwerfung*" (rejeição/forclusão). (N.R.)

V O material e as fontes do sonho

Quando, a partir da análise do sonho de Irma, pudemos reconhecer que o sonho é uma realização de desejo, nosso interesse foi a princípio capturado pela questão de saber se com isso tínhamos descoberto um caráter geral do sonho, e silenciamos qualquer outra curiosidade científica que pudesse ser despertada em nós durante esse trabalho de interpretação. Agora que alcançamos a meta por esse caminho e nos é permitido retornar e escolher um novo ponto de partida para as nossas andanças pelos problemas do sonho, devemos, a esse respeito, perder de vista por um momento o tema da realização de desejo, que ainda de forma nenhuma está plenamente esgotado.

A partir do momento em que, através da utilização do nosso procedimento de interpretação de sonho, podemos descobrir um conteúdo *latente* de sonho que, em questão de importância, supera muito o conteúdo *manifesto* de sonho, é preciso que nos sintamos pressionados a tomar cada um dos problemas do sonho como se fosse novo, para tentar ver se não se resolveriam para nós de maneira satisfatória enigmas e contradições que pareciam inapreensíveis enquanto só conhecíamos o conteúdo manifesto do sonho.

Os dados dos autores sobre a relação entre o sonho e a vida de vigília, bem como a proveniência do material do sonho, foram comunicados em detalhe no capítulo introdutório. Lembramos também aquelas três peculiaridades da memória do sonho que foram observadas tantas vezes, mas que não foram explicadas:

1) que o sonho dá claramente preferência às impressões dos últimos dias (Robert, Strümpell, Hildebrandt e também Weed-Hallam);

2) que ele faz uma escolha de acordo com outros princípios que não os da nossa memória de vigília, não lembrando o essencial e o importante, mas o que é acessório e o que passou despercebido;

3) que ele dispõe de nossas impressões de infância mais precoces e até mesmo extrai detalhes dessa época da vida que novamente nos parecem triviais e que, no estado de vigília, foram dados como esquecidos há muito tempo.[i]

Essas particularidades na escolha do material do sonho foram, naturalmente, observadas pelos autores no conteúdo manifesto do sonho.

A
O MATERIAL RECENTE E O INDIFERENTE NO SONHO

Se agora, no que diz respeito à proveniência dos elementos que aparecem no conteúdo do sonho, eu levar em conta a minha própria experiência, preciso de início apresentar a afirmação de que podemos encontrar em cada sonho uma conexão com as vivências do *dia anterior*. Não importa o sonho que eu aborde, se o meu próprio ou o de outro, tenho, a cada vez, a confirmação dessa experiência. Sabendo disso, talvez eu possa começar a interpretação do sonho investigando primeiro qual é a vivência do dia anterior que provocou o sonho; para muitos casos esse é até mesmo o caminho mais curto. Nos dois sonhos que submeti a uma análise precisa no capítulo anterior (o da injeção de Irma e o do meu tio com a barba amarela), a relação com o dia anterior é tão evidente que não necessita de nenhum outro esclarecimento. Mas, para mostrar a regularidade com que essa relação pode ser demonstrada, quero, em consequência, examinar um fragmento da crônica de meus próprios sonhos. Só comunico esses sonhos na medida da necessidade de descobrir sua fonte.

1. *Faço uma visita a uma casa em que só sou admitido com dificuldade etc., e nesse meio-tempo deixo uma mulher* ***esperar*** *por mim.*
   Fonte: Conversa com uma parente à noite, sobre uma aquisição feita por ela que deve *esperar* até... etc.

[i] Está claro que a concepção de Robert, segundo a qual o sonho está destinado a aliviar nossa memória das impressões sem valor do dia, não pode mais ser mantida, se no sonho aparecem com alguma frequência imagens indiferentes de lembranças de nossa infância. Seria preciso concluir que o sonho costuma cumprir de maneira bastante insuficiente a tarefa que lhe coube.

2. *Escrevi uma* **Monografia** *sobre certa* (não ficou claro) *espécie de planta.*
   Fonte: Vi, de manhã, na vitrine de uma livraria, uma ***Monografia*** sobre a espécie cíclame.
3. *Vejo duas mulheres na rua,* **mãe e filha**, *das quais a última era minha paciente.*
   Fonte: Uma paciente, em curso de tratamento, comunicou-me de noite, sobre as dificuldades que sua *mãe* apresentava à continuidade do seu tratamento.
4. *Na livraria de S. e R. faço uma assinatura para uma publicação periódica que custa* **20 florins** *por ano.*
   Fonte: Minha esposa me lembrou durante o dia que eu lhe devia *20 florins* do dinheiro da semana.
5. *Recebo um* **boletim** *do comitê social-democrata, no qual sou tratado como* ***membro***.
   Fonte: Recebo ao mesmo tempo *boletins* do comitê eleitoral liberal e da presidência da Associação Humanitária, dos quais eu realmente sou membro.
6. *Um homem sobre um* **rochedo escarpado no meio do oceano,** ***à maneira de Böcklin***.
   Fonte: *Dreyfus na Ilha do Diabo*, ao mesmo tempo notícias de meus parentes na Inglaterra etc.

Poderíamos levantar a questão de saber se a conexão do sonho se efetua infalivelmente com os acontecimentos do dia anterior ou se ela pode se estender às impressões de um período de tempo mais longo do passado recente. Esse assunto provavelmente não pode reivindicar muita relevância, no entanto, gostaria de decidir pela prerrogativa exclusiva do último dia anterior ao sonho (do dia do sonho). Sempre que pensei poder apontar como fonte do sonho uma impressão de dois ou três dias antes, pude, examinando com maior atenção, verificar que essa impressão fora evocada novamente na véspera; que, portanto, uma reprodução comprovável se colocara entre o dia do acontecimento e o instante do sonho, e que eu ainda podia determinar a ocasião recente da qual a lembrança do acontecimento mais antigo poderia ter partido. Por outro lado, não pude me convencer de que, entre a impressão ocasionadora do dia e seu retorno no sonho, foi intercalado um intervalo regular de importância biológica (H. Swoboda menciona 18 horas como sendo o primeiro intervalo dessa espécie).[i] H. Ellis, que dedicou atenção a essa questão, indica que ele também não pode encontrar em seus sonhos, "apesar de prestar atenção",

[i] [Nota acrescentada em 1911:] Como comuniquei nos acréscimos ao primeiro capítulo (p. 130), Swoboda transferiu em ampla medida aos eventos anímicos os intervalos biológicos de 23 e 28 dias descobertos por W. Fließ, e afirmou especialmente que esses períodos de tempo são decisivos para a emergência dos elementos do sonho nos sonhos. A interpretação do sonho não seria modificada essencialmente se algo desse tipo pudesse ser comprovado, mas surgiu uma nova fonte para a origem do material do sonho. Pois bem, recentemente empreendi algumas investigações em meus próprios sonhos, para examinar se a "doutrina dos períodos" podia ser utilizada no material do sonho, e escolhi para isso elementos particularmente notáveis do conteúdo onírico, cujo surgimento na vida de vigília podia ser determinado temporalmente com segurança.

1. Sonho de 1-2 de outubro de 1910.
(Fragmento) ...*Em algum lugar da Itália. Três filhas me mostram pequenos objetos preciosos, como em um antiquário, e ao mesmo tempo sentam-se no meu colo. Em relação a uma das peças, eu digo: Mas isso você ganhou de mim. Ao mesmo tempo, vejo claramente uma pequena máscara de perfil com os traços angulosos de Savonarola.*
Quando vi pela última vez o retrato de Savonarola? De acordo com a indicação de meu caderno de viagens, nos dias 4 e 5 de setembro eu estava em Florença; lá, pensei em mostrar ao meu companheiro de viagem o medalhão com os traços do monge fanático no calçamento da Piazza Signoria, no lugar em que ele encontrou a morte na fogueira, e penso que, no dia 5 de manhã, chamei-lhe a atenção sobre esse medalhão. Entre essa impressão e seu retorno no sonho passaram-se, com efeito, 27 dias + 1, um "período feminino", segundo Fließ. Infelizmente, em favor da força comprobatória desse exemplo, preciso, no entanto, mencionar que *no próprio dia do sonho* esteve comigo (pela primeira vez depois de meu retorno) o colega competente, mas de aspecto sombrio, para quem já há muitos anos eu arranjei o apelido de "Rabi Savonarola". Ele me apresentou um paciente que sofreu um acidente no trem de Pontebba, no qual eu mesmo havia viajado oito dias antes, e assim remeteu meus pensamentos à última viagem à Itália. O aparecimento do elemento notável "*Savonarola*" no conteúdo do sonho ficou esclarecido por essa visita do colega no dia do sonho, e o intervalo de 28 dias perdeu toda a sua importância em relação à sua proveniência.

2. Sonho de 10-11 de outubro.
Estou trabalhando, de novo, em química, no laboratório da universidade. O conselheiro L. me convida para ir a um lugar, e segue à minha frente no corredor, carregando na mão levantada diante de si uma lâmpada ou algum outro instrumento, de modo sagaz (?) (perspicaz?), com uma postura singular, cabeça esticada para a frente. Passamos, então, por um espaço aberto... (o resto eu esqueci).
O que mais chama a atenção nesse conteúdo de sonho é a maneira como o conselheiro L. carrega a lâmpada (ou lupa) diante de si, com o olho à espreita, voltado para a distância. Não tenho visto L. há muitos anos, mas sei desde já que ele é apenas uma pessoa substituta de outra, maior, de Arquimedes, perto da fonte de Aretusa, em Siracusa, que está exatamente como ele no sonho manejando o espelho ardente, espreitando o exército sitiador dos romanos. Quando foi que eu vi esse monumento pela primeira (e pela última) vez? De acordo com minhas notas, isso aconteceu em 17 de setembro à noite, e, dessa

uma periodicidade como essa na reprodução. Ele conta um sonho no qual ele se encontrava na Espanha e queria viajar para um lugar: *Daraus*, *Varaus* ou *Zaraus*. Depois que despertou, não conseguiu se lembrar de um lugar com esse nome e deixou o sonho de lado. Alguns meses mais tarde ele de fato encontrou o nome *Zaraus* como sendo o de uma estação entre *San*

---

data até o sonho, passaram-se efetivamente 13 + 10 = 23 dias, um "período masculino", segundo Fließ.

Infelizmente, também nesse caso, adentrar a interpretação do sonho elimina uma parte da essencialidade dessa conexão. O fator que ocasionou o sonho foi a notícia, recebida no dia do sonho, de que a clínica, em cujo auditório eu realizo minhas conferências como convidado, seria muito em breve transferida para outro lugar. Eu supus que esse novo lugar estaria situado de maneira muito inconveniente e disse a mim mesmo que seria então como se eu não tivesse absolutamente nenhum auditório à disposição, e, a partir daí, meus pensamentos devem ter sido levados até o início de minha docência, quando eu realmente não tinha nenhum auditório e quando, com meus esforços para encontrar algum, deparei-me com escassa acolhida entre esses poderosos senhores conselheiros e professores. Na época, eu fui procurar L., que justamente ocupava o cargo de decano e que eu considerava um protetor, para queixar-me com ele sobre a minha necessidade. Ele me prometeu sua ajuda, mas depois não deu mais notícias suas. No sonho, ele é o Arquimedes que me dá ποῦ στῶ [um ponto de apoio] e me conduz, ele mesmo, ao novo local. Que não são estranhos aos pensamentos do sonho nem a sede de vingança nem a consciência de grandeza é o que o entendido em interpretação vai adivinhar facilmente. Mas não posso deixar de fazer o julgamento: sem esse fator que ocasionou o sonho, Arquimedes dificilmente teria chegado ao sonho nessa noite; o que ainda está incerto é se a impressão forte e ainda recente da estátua de Siracusa não se poderia ter feito valer em outro intervalo de tempo.

3. Sonho de 2-3 de outubro de 1910.

(Fragmento) …*Alguma coisa sobre o Prof. Oser, que estabeleceu ele mesmo o menu para mim, o que tem um efeito muito tranquilizador* (o resto eu esqueci).

O sonho é uma reação a uma perturbação digestiva desse dia que me fez ponderar se eu não devia me dirigir a um colega para que me prescrevesse uma dieta. O fato de no sonho eu determinar Oser, falecido no verão, para esse fim conecta-se com a morte, ocorrida um pouco antes (em 1º de outubro), de outro professor universitário que eu tinha em alta estima. Mas quando Oser morreu, e quando fiquei sabendo de sua morte? De acordo com a indicação do jornal, em 22 de agosto; como na época eu me encontrava na Holanda, para onde me era enviado regularmente o *Wiener Zeitung*, devo ter lido a notícia da morte no dia 24 ou 25 de agosto. Mas esse intervalo não corresponde mais a nenhum período, ele abrange 7 + 30 + 2 = 39 dias, ou talvez 40 dias. Não consigo me lembrar de, nesse meio-tempo, ter falado de Oser ou pensado nele.

Esses intervalos que, sem uma elaboração mais pormenorizada, não são mais utilizáveis para a doutrina dos períodos surgem dos meus sonhos bem mais frequentemente do que os regulares. Como constante, encontro apenas a relação, afirmada no texto, com uma impressão do próprio dia do sonho.

Sebastian e *Bilbao*, pela qual ele havia passado de trem, 250 dias antes do sonho (p. 227).

Penso, portanto, que para cada sonho há um ocasionador de sonho [*Traumerreger*] proveniente daquelas vivências sobre as quais "ainda não dormimos nenhuma noite de sono".

As impressões do passado mais recente (com exceção do dia anterior à noite do sonho) não mostram, portanto, nenhuma relação diferente com o conteúdo do sonho do que outras impressões advindas de épocas mais remotas. O sonho pode escolher seu material a partir de qualquer época da vida, contanto que apenas um fio de pensamento se estenda das vivências do dia do sonho (das impressões "recentes") até essas vivências mais antigas.

Mas de onde vem a preferência pelas impressões recentes? Chegaremos a suposições sobre esse ponto se submetermos um dos sonhos mencionados a uma análise mais precisa. Eu escolho o

Sonho da monografia botânica

Escrevi uma monografia sobre certa planta. O livro está diante de mim, folheio justamente uma ilustração colorida que está dobrada. A cada exemplar está ligado um espécime seco da planta, como se estivesse vindo de um herbário.

Análise

Vi, de manhã, na vitrine de uma livraria, um livro novo que se intitula: *O gênero cíclame* – claramente uma monografia sobre essa planta.

Cíclame é a *flor preferida* de minha esposa. Repreendo-me por pensar tão raramente em *levar-lhe flores*, como ela o deseja. – Sobre o tema: *levar flores*, lembro-me de uma história que contei recentemente num círculo de amigos e que usei como prova da minha afirmação de que o esquecimento é com frequência a realização de um propósito inconsciente, e de que ele permite, de toda forma, concluir algo sobre a disposição oculta de quem esquece. Uma jovem senhora, acostumada, em seu aniversário, a encontrar um buquê de flores de seu marido, sentiu falta desse sinal de ternura num dia festivo como aquele e irrompeu em lágrimas. O marido vai até ela e não sabe explicar o seu choro até ela lhe dizer: Hoje é meu aniversário. Ele se dá um tapa na testa e exclama: Perdoe-me, esqueci-me disso completamente, mas vou sair para comprar *flores*. No entanto, ela não se deixa consolar, pois vê no esquecimento do marido a prova de que em seus pensamentos ela não representa mais o mesmo papel que antes. – Essa senhora L. encontrou minha esposa havia dois dias, disse estar bem e perguntou por mim. Há alguns anos ela esteve em tratamento comigo.

Outra perspectiva: Eu realmente escrevi certa vez algo semelhante a uma *monografia* sobre uma planta, a saber, um artigo sobre a *planta da coca*,[1] que chamou a atenção de K. Koller sobre a propriedade anestésica da cocaína. Eu mesmo havia assinalado essa utilização do alcaloide em minha publicação, mas não fui suficientemente rigoroso para levar a coisa adiante. A esse propósito me ocorre que, na manhã do dia seguinte ao sonho (para cuja interpretação só encontrei tempo à noite), pensei na cocaína em uma espécie de fantasia diurna. Se algum dia eu tivesse glaucoma, eu iria viajar para Berlim para me fazer operar incógnito na casa de meu amigo berlinense, por um médico que ele me recomendou. O cirurgião, que não saberia quem ele está operando, iria se vangloriar novamente de como se tornaram fáceis essas operações depois da introdução da cocaína; eu não revelaria com nenhuma expressão facial que eu mesmo tive parte nessa descoberta. A essa fantasia associaram-se pensamentos de como pode ser desconfortável para o médico solicitar para a sua própria pessoa os serviços de seus colegas. Eu iria poder pagar ao oftalmologista berlinense que não me conhece, como a qualquer outro. Foi só depois de me lembrar desse sonho diurno que percebi que a lembrança de determinada vivência se escondia atrás dele. Pouco depois da descoberta de Koller, meu pai de fato adoeceu de glaucoma; ele foi operado pelo meu amigo oftalmologista, o Dr. Königstein, o Dr. Koller providenciou a anestesia de cocaína e fez a observação de que nesse caso se encontravam reunidas as três pessoas que tiveram participação na introdução da cocaína.

Meus pensamentos avançaram então até o momento em que, pela última vez, me ocorrera essa história da cocaína – alguns dias antes, quando tive em mãos o volume comemorativo com cuja publicação os alunos reconhecidos haviam celebrado o jubileu de seu professor e diretor do laboratório, e no qual encontrei, entre os títulos de glória atribuídos à instituição, a menção de que ali se realizara a descoberta da propriedade anestésica da cocaína pelo Dr. K. Koller. Percebi então subitamente que meu sonho tinha relação com uma vivência da noite anterior. Eu tinha acabado de acompanhar até sua casa o Dr. Königstein, com quem enveredei em uma conversa sobre um assunto que me excita vivamente a cada vez que é abordado. Quando eu estava com ele na porta da casa, o professor *Gärtner* [sobrenome que significa "jardineiro"] e sua jovem esposa vieram se juntar a nós. Não pude impedir-me de felicitar os dois por sua expressão facial *florescente*. Pois bem, o professor Gärtner é um dos redatores do volume comemorativo do qual acabei de falar, e é bem possível que tenha me feito lembrar dele. Também a senhora L., cuja decepção no dia do aniversário eu contei um pouco antes, tinha sido mencionada na conversa com o Dr. Königstein, embora em outro contexto.

Quero também tentar interpretar tudo aquilo que determina o conteúdo do sonho. Um *espécime seco da planta* está ligado à monografia, como se se tratasse de um herbário. Ao herbário se conecta uma lembrança do ginásio. O diretor do nosso ginásio convocou certa vez os alunos das classes superiores para confiar-lhes a inspeção e a limpeza do herbário da instituição. Foram encontrados pequenos *vermes* – "vermes de livros" [traças].[2] Ele não parece ter mostrado muita confiança em minha ajuda, pois me entregou apenas algumas folhas. Sei até hoje que eram crucíferas. Nunca tive uma relação particularmente íntima com a botânica. Na minha prova preparatória em botânica, apresentaram-me novamente uma crucífera para identificar e eu não a reconheci. Eu teria me dado mal se meus conhecimentos teóricos não tivessem vindo em meu auxílio. – Das crucíferas eu chego às compostas. Acontece que a alcachofra também é uma composta, e na verdade a que eu poderia chamar de *minha flor favorita*. Mais generosa que eu, minha esposa costuma me trazer do mercado essa flor favorita.

Vejo *diante de mim* a monografia que escrevi. Isso também não está sem relação com alguma coisa. Meu amigo visual me escreveu de Berlim: "Tenho estado muito ocupado com o seu livro do sonho. *Eu o vejo pronto diante de mim e o folheio*". Como eu o invejei por esse dom de vidência! Se eu também apenas pudesse vê-lo pronto diante de mim!

A ilustração colorida que está dobrada: Quando eu era estudante de Medicina, sofri muito sob o impulso de querer aprender apenas com *monografias*. Na época, eu mantinha para mim mesmo, apesar de meus recursos limitados, várias coleções médicas, cujas ilustrações coloridas eram o meu deleite. Eu ficava orgulhoso dessa inclinação ao rigor. Mais tarde, quando eu mesmo comecei a publicar, precisei também desenhar as ilustrações para os meus artigos, e sei que uma delas resultou tão miserável que por causa dela um estimado colega zombou de mim. A isso se acrescenta, não sei muito bem como, uma lembrança muito antiga da juventude.

Certa vez meu pai fez uma brincadeira de entregar a mim e à mais velha de minhas irmãs um livro com *ilustrações coloridas* (a descrição de uma viagem à Pérsia) para que o destruíssemos. De um ponto de vista educativo, isso era difícil de justificar. Eu tinha então 5 anos, e a irmã, menos de 3 anos, e a imagem de como nós dois, crianças, felizes da vida, destruímos esse livro (folha por folha, como uma alcachofra, devo dizer) é quase a única que me restou dessa época da vida em uma lembrança plástica. Quando então me tornei estudante, desenvolveu-se em mim uma predileção acentuada por colecionar e possuir livros (semelhante à inclinação de estudar com monografias; um *passatempo favorito*, já presente nos pensamentos do sonho em relação a cíclame e alcachofra). Eu havia me tornado um *verme de livros* [*Bücherwurm*] (cf. herbário). Eu sempre remeti essa primeira paixão da minha vida, a partir do momento em que reflito sobre mim mesmo, a essa impressão da infância, ou melhor dizendo, reconheci que essa cena de infância é uma "lembrança encobridora" [*Deckerinnerung*] para a minha bibliofilia posterior.[i] Também fiquei sabendo, naturalmente, muito cedo, que, por meio das paixões, somos levados facilmente ao sofrimento. Com 17 anos, eu tinha uma conta considerável com o livreiro e nenhum meio de saldá-la, e meu pai mal deixou valer como desculpa o fato de minhas inclinações não terem levado a nada pior. Mas a menção a essa vivência posterior da juventude me leva imediatamente de volta à conversa com meu amigo Dr. Königstein. Pois, na conversa da noite anterior ao dia do sonho, também se tratava das mesmas repreensões da época, as de que eu me rendo de maneira excessiva aos meus *passatempos favoritos*.

Por razões que não cabem aqui, não vou querer seguir com a interpretação desse sonho, mas apenas indicar o caminho que leva a ela. Durante o trabalho de interpretação, acabei me lembrando, na verdade, de mais de uma passagem da conversa com o Dr. Königstein. Se me detenho nas coisas que foram abordadas nessa conversa, o sentido do sonho se torna compreensível para mim. Todos os pensamentos ali iniciados – sobre os passatempos favoritos de minha esposa e os meus próprios, sobre a cocaína, sobre as dificuldades de um tratamento médico entre colegas, sobre minha predileção por estudos monográficos, sobre minha negligência com certas disciplinas como a botânica –, todos eles encontram sua continuação e

[i] Cf. meu artigo "Sobre lembranças encobridoras" [Über Deckerinnerungen], na *Monatsschrift für Psychiatrie und Neurologie*, 1899 (*Ges. Werke*, v. I).

deságuam em um dos fios daquela conversação cheia de ramificações. O sonho adquire novamente o caráter de uma justificativa, de uma defesa em favor de meu direito, como o primeiro sonho analisado, o da injeção de Irma; ele de fato prolonga o tema lá iniciado e o discute com um material novo acrescentado no intervalo entre os dois sonhos. Até mesmo a forma de expressão aparentemente indiferente do sonho adquire uma ênfase. Agora ela quer dizer: Sou, de fato, o homem que escreveu o valioso e bem-sucedido artigo (sobre a cocaína), de modo semelhante à justificativa que apresentei na época: Sou, de fato, um estudante competente e aplicado; portanto, nos dois casos: Isso eu posso me permitir. Mas agora eu posso renunciar à execução da interpretação do sonho, porque a única intenção que me moveu a comunicar esse sonho foi investigar, a partir de um exemplo, a relação entre o conteúdo do sonho e a vivência instigadora que ocorreu no dia anterior. Na medida em que desse sonho eu só conheço o conteúdo manifesto, salta-me aos olhos apenas uma relação entre o sonho e uma impressão do dia; depois de eu ter feito a análise, revela-se, em outra vivência do mesmo dia, uma segunda fonte do sonho. A primeira das impressões às quais o sonho se refere é uma impressão indiferente, uma circunstância secundária. Vejo em uma vitrine um livro cujo título me toca ligeiramente e cujo conteúdo dificilmente deveria me interessar. A segunda vivência teve um alto valor psíquico; conversei animadamente com o meu amigo, o oftalmologista, durante uma boa hora, fiz-lhe indicações que concerniam a nós dois e despertei lembranças em mim, a propósito das quais foram percebidas por mim as mais variadas excitações no meu interior. Além do mais, essa conversa foi interrompida antes de se concluir, porque alguns conhecidos se juntaram a nós. Como ficam então as duas impressões do dia entre si com o sonho que ocorreu na madrugada?

No conteúdo do sonho encontro apenas uma alusão à impressão indiferente e assim posso confirmar que o sonho prefere incluir em seu conteúdo coisas secundárias da vida. Em compensação, na interpretação do sonho, tudo leva à vivência importante e, com razão, instigadora. Se julgo o sentido do sonho, o que é a única coisa certa a fazer, a partir do conteúdo latente trazido à luz pela análise, chego inesperadamente a um conhecimento novo e importante. Vejo se dissipar o enigma de que o sonho só se ocupa das migalhas sem valor da vida diurna; preciso também contradizer a afirmação de que a vida anímica da vigília não tem continuidade no sonho e que, para isso, o sonho desperdiça atividade psíquica em material sem importância.

O oposto é verdadeiro; o que nos ocupou durante o dia retorna também os pensamentos do sonho, e só nos damos ao trabalho de sonhar com aqueles materiais que durante o dia nos deram motivo para pensar.

A explicação mais evidente para o fato de eu sonhar, apesar de tudo, com uma impressão indiferente do dia, enquanto, com razão, foi a impressão instigadora que me levou ao sonho, é certamente que aqui temos novamente um fenômeno de deformação onírica, que antes atribuímos a uma força psíquica que age como censura. A lembrança da monografia sobre a espécie cíclame sofre uma utilização como se fosse uma *alusão* à conversa com o amigo, bastante semelhante ao sonho do jantar evitado, em que a menção à amiga é substituída pela alusão "salmão defumado". Pergunta-se apenas através de que elos intermediários a impressão deixada pela monografia pode entrar em uma relação de alusão com a conversa com o oftalmologista, tendo em vista que uma relação como essa não é visível a princípio. No exemplo do jantar evitado, a relação é dada de início; "salmão defumado" como prato preferido da amiga pertence, sem dúvida, à esfera de representações que a pessoa da amiga consegue suscitar na sonhadora. Em nosso novo exemplo, trata-se de duas impressões separadas que, em princípio, nada têm em comum, a não ser o fato de que aconteceram no mesmo dia. A monografia me ocorre durante a manhã, a conversa eu mantive então à noite. A resposta dada pela análise é: essas relações a princípio não existentes entre as duas impressões serão tecidas posteriormente, do conteúdo de representação de uma ao conteúdo de representação da outra. Já destaquei os respectivos elos intermediários quando coloquei por escrito a análise. À representação da monografia sobre o cíclame havia se conectado, sem dúvida, sem qualquer influência de qualquer outro lugar, apenas a ideia de que essa é a flor preferida de minha esposa, e talvez ainda a lembrança do buquê de flores de que a senhora L. sentiu falta. Não creio que esses pensamentos de fundo teriam sido suficientes para provocar um sonho. Lemos em *Hamlet*:

> *There needs no ghost, my lord, come from the grave*
> *To tell us this*
> [Não é preciso que nenhum fantasma venha da tumba, meu senhor,
> Para nos contar isso]

Mas vejam, na análise sou lembrado de que o homem que perturbou a nossa conversa se chamava *Gärtner*, que eu achei sua esposa *florescente*; além disso, recordo-me justamente agora, posteriormente, de que uma das minhas pacientes, que leva o nome de *Flora*, esteve por um tempo no centro de nossa conversa. Deve ter acontecido que, passando por esses elos intermediários provindos da esfera botânica de representações, consumou-se a conexão entre as duas vivências do dia, a indiferente e a instigadora. Depois, definem-se outras relações, a da cocaína, que, com toda a legitimidade, pode servir de intermediário entre a pessoa do Dr. Königstein e uma monografia botânica que escrevi, e elas consolidam essa fusão das duas esferas de representações em uma só, de modo que uma parte da primeira vivência pode ser utilizada como alusão à segunda.

Estou preparado para o fato de que essa explicação será atacada como arbitrária ou artificial. O que teria acontecido se o professor *Gärtner* e sua esposa florescente não tivessem se juntado a nós, se a paciente da qual falei não se chamasse *Flora*, mas *Ana*? E, no entanto, a resposta é fácil. Se essas relações de pensamentos não tivessem surgido, outras provavelmente teriam sido escolhidas. É tão fácil estabelecer relações dessa espécie, como podem demonstrar as adivinhações e os enigmas com os quais nós animamos o dia. O campo de influência do chiste é ilimitado. Para avançar mais um passo: se entre as duas impressões do dia não tivesse sido possível estabelecer quaisquer relações intermediárias suficientemente abundantes, o sonho teria sido simplesmente diferente; outra impressão indiferente do dia, daquelas que nos chegam aos montes e são esquecidas por nós, teria tomado no sonho o lugar da "monografia", teria estabelecido uma ligação com o conteúdo da conversa e a teria substituído no conteúdo do sonho. Como nenhuma outra impressão, a não ser a da monografia, teve esse destino, não há dúvida de que essa impressão terá sido a mais conveniente para a conexão. Não precisamos nos surpreender, como *Hänschen Schlau* [Joãozinho esperto], de Lessing, de "que só os ricos no mundo possuam a maior quantidade de dinheiro".

O processo psicológico através do qual, segundo a nossa exposição, a vivência indiferente chega a se tornar a substituição da vivência de valor psíquico não pode deixar de ainda nos parecer preocupante e estranho. Em um capítulo posterior, teremos como tarefa entender melhor as particularidades dessa operação aparentemente incorreta. Nossa questão aqui tem a ver apenas com o resultado do processo, a cuja suposição somos forçados pelas experiências incontáveis que retornam regularmente na análise do sonho. O processo, no entanto, se apresenta como se houvesse um deslocamento

– digamos: da ênfase psíquica – ao longo da cadeia de elos intermediários, até que representações inicialmente pouco carregadas, ao assumirem a carga das representações mais intensamente investidas, adquiram uma força tal que lhes permita impor-se à consciência. Esses deslocamentos não nos surpreendem de forma alguma quando se trata de adicionar montantes de afeto, de modo geral, de ações motoras. Que a jovem virgem que ficou sozinha transfira sua ternura para os animais; que o jovem solteiro se torne um colecionador apaixonado; que o soldado defenda uma tira de pano colorido, a bandeira, com o sangue de seu coração; que na relação amorosa um aperto de mão prolongado por segundos traga felicidade; ou que no *Otelo* um lenço perdido provoque uma explosão de fúria: todos esses são exemplos inatacáveis de deslocamentos psíquicos. Mas, que pelo mesmo caminho e de acordo com os mesmos princípios seja decidido sobre o que chega à nossa consciência e o que lhe permanecerá oculto, portanto, sobre o que pensamos, isso nos passa a impressão de algo doentio, e nós o chamamos de erros lógicos quando ocorrem na vida de vigília. Revelemos aqui, como o resultado de considerações que serão investigadas posteriormente, que o processo psíquico que reconhecemos no deslocamento do sonho não vai se revelar, na verdade, como um processo perturbado patologicamente, mas, de fato, como um processo distinto do normal, um processo de natureza mais *primária*.

Com isso, interpretamos o fato de que o conteúdo do sonho acolhe restos de vivências secundárias, como uma expressão da *deformação do sonho* (por deslocamento), e lembramos termos reconhecido na deformação do sonho uma consequência da censura existente na passagem entre duas instâncias psíquicas. Esperamos, então, que a análise do sonho nos revele, regularmente, provinda da vida diurna, a fonte verdadeira e psiquicamente importante do sonho, cuja lembrança deslocou sua ênfase para a lembrança indiferente. Com essa concepção, colocamo-nos em franca oposição com a teoria de Robert, que se tornou inutilizável por nós. O fato que Robert queria explicar simplesmente não existe; sua suposição baseou-se em um mal-entendido, na omissão em substituir para o conteúdo aparente o sentido verdadeiro do sonho. Podemos ainda continuar a fazer objeções à doutrina de Robert: se o sonho tivesse verdadeiramente a tarefa de libertar nossa memória, através de um trabalho psíquico particular, dos "entulhos" da lembrança do dia, nosso sono seria muito mais atormentado e utilizado para um trabalho muito mais árduo do que podemos afirmar sobre a nossa vida intelectual de vigília. Pois o número de impressões indiferentes do dia contra as quais deveríamos proteger a nossa memória é claramente incomensurável; a madrugada não bastaria para dominar esse acúmulo. É muito mais provável que o esquecimento das impressões indiferentes ocorra sem intervenção ativa de nossos poderes anímicos.

Entretanto, hesitamos em nos despedir dos pensamentos de Robert sem maior consideração. Deixamos inexplicado o fato de que uma das impressões indiferentes do dia – na verdade, do último dia – fornece regularmente uma contribuição ao conteúdo do sonho. As relações entre essa impressão e a fonte propriamente dita do sonho no inconsciente não existem sempre de antemão; como vimos, elas só são estabelecidas posteriormente durante o trabalho do sonho, a serviço do deslocamento visado, por assim dizer. Portanto, deve haver uma coação para abrir vias de ligação precisamente na direção da impressão recente, apesar de indiferente: esta precisa ser particularmente adequada para esse fim em virtude de algum tipo de qualidade. Do contrário, seria também simplesmente viável que os pensamentos do sonho deslocassem sua ênfase sobre um elemento não essencial de sua própria esfera de representações.

As experiências que seguem podem nesse caso nos guiar no caminho da elucidação. Quando um dia nos traz duas ou mais vivências capazes de suscitar sonhos, o sonho reúne a menção às duas em um único todo; ele obedece a uma *compulsão* [*Zwang*] *de criar, a partir delas, uma unidade*; por exemplo: certa tarde de verão embarquei no compartimento de um vagão de trem no qual encontrei dois conhecidos que, no entanto, não se conheciam. Um deles era um colega influente, o outro pertencia a uma família distinta, da qual eu me ocupava como médico. Fiz a apresentação dos dois senhores; mas seu contato, durante a longa viagem, passava por mim, de modo que eu tinha de lidar com um assunto de conversa ora com um, ora com outro. Pedi ao colega que desse uma recomendação a um conhecido de ambos, que acabara de iniciar sua prática médica. O colega respondeu que estava convencido da capacidade do jovem, mas que sua aparência inexpressiva não lhe daria fácil acesso a casas distintas. Respondi: "Exatamente por isso ele necessita da recomendação". Em relação ao outro viajante, informei-me logo em seguida sobre o estado de saúde de sua tia – a mãe de uma de minhas pacientes –, que na época havia ficado gravemente doente. Na noite após essa viagem, sonhei que meu jovem amigo, para quem havia pedido recomendação, encontrava-se em um elegante salão e fazia, com gestos de um homem do mundo, diante de uma sociedade seleta para a qual eu transportei todas as pessoas distintas e ricas de meu conhecimento, um elogio fúnebre para a velha senhora (já falecida no sonho), que era a tia do segundo companheiro de viagem. (Admito abertamente que eu não me dava muito bem com essa senhora.) Meu sonho, portanto, tinha novamente encontrado conexões entre as duas impressões do dia e compôs, por meio delas, uma situação unificada.

Com base em muitas experiências semelhantes, sou levado a sustentar que o trabalho do sonho obedece a uma espécie de necessidade de reunir, numa única unidade onírica, todas as fontes de estímulo presentes no sonho.[i]

Agora quero discutir a questão sobre se a fonte ocasionadora do sonho, à qual a análise conduz, precisa ser toda vez um acontecimento recente (e importante), ou se uma vivência interna, portanto, a lembrança de um acontecimento dotado de valor psíquico, um movimento de pensamento, pode assumir o papel do ocasionador do sonho. A resposta, que provém mais decisivamente de inúmeras análises, é favorável ao segundo sentido. O ocasionador do sonho pode ser um processo interno que, de alguma forma, tornou-se recente pelo trabalho de pensamento do dia. Agora chegou o momento apropriado de compor em um esquema as diversas condições que permitem reconhecer as fontes do sonho.

A fonte do sonho pode ser:

a) Uma vivência recente e psiquicamente significativa que está diretamente representada no sonho.[ii]

b) Várias vivências recentes, significativas, que são reunidas pelo sonho em uma unidade.[iii]

c) Uma ou mais vivências recentes e significativas que são representadas no conteúdo do sonho pela menção a uma vivência simultânea, mas indiferente.[iv]

---

[i] A tendência do trabalho do sonho a fundir, em uma única ação, tudo o que existe ao mesmo tempo de interessante já foi observada por vários autores, por exemplo, Delage (p. 41), Delboeuf: *rapprochement forcé* [aproximação forçada] (p. 236). [Frase acrescentada em 1909 e omitida após 1922:] Em um próximo capítulo (sobre o trabalho do sonho), vamos verificar que essa compulsão à combinação é um aspecto da *condensação*, outro processo psíquico primário.

[ii] Sonho da injeção de Irma; sonho do amigo que é meu tio.

[iii] Sonho do elogio fúnebre do jovem médico.

[iv] Sonho da monografia botânica.

d) Uma vivência interna significativa (lembrança, movimento de pensamento) que depois é *regularmente* representada no sonho pela menção a uma impressão recente, mas indiferente.[i]

Como vemos, para a interpretação do sonho é mantida, sem exceção, a condição de que um constituinte do conteúdo do sonho repita uma impressão recente do dia anterior. Essa parte destinada à representação [*Vertretung*] no sonho pode, ela própria, pertencer à esfera de representações do ocasionador do sonho propriamente dito – seja como constituinte essencial, seja como constituinte sem importância dessa esfera – ou provir do âmbito de uma impressão indiferente que foi, através de uma conexão mais ou menos rica, colocada em relação com a esfera do ocasionador do sonho. A pluralidade aparente de condições, nesse caso, resulta unicamente da alternativa entre haver ou não um deslocamento – e é justamente essa alternativa que nos proporciona a mesma facilidade explicativa que, na teoria médica do sonho, oferece a série que vai da vigília parcial à vigília total (cf. p. 115).

Percebe-se ainda nessa série que o elemento dotado de valor psíquico, mas não recente (o movimento de pensamento, a lembrança), pode ser substituído, para fins da formação do sonho, por um elemento recente, mas psiquicamente indiferente, contanto que apenas duas condições sejam respeitadas, a saber, que 1) o conteúdo do sonho mantenha uma conexão com o que foi vivenciado recentemente; 2) o ocasionador do sonho permaneça um processo dotado de valor psíquico. Em apenas um caso (*a*) as duas condições são preenchidas pela mesma impressão. Se ainda considerarmos que as mesmas impressões indiferentes, que são utilizadas para o sonho enquanto são recentes, perdem essa aptidão tão logo se tornam um dia (ou no máximo alguns) mais velhas, precisamos então nos decidir pela suposição de que o frescor em si próprio de uma impressão lhe empresta, para a formação do sonho, certo valor psíquico que, de alguma maneira, equivale ao valor inerente às lembranças ou aos movimentos de pensamento marcados com afeto. Só com reflexões psicológicas posteriores poderemos descobrir em que pode se fundamentar esse valor de impressões *recentes* para a formação do sonho.[ii]

Ao mesmo tempo, nossa atenção é voltada para o fato de que, durante a noite, e sem serem percebidas pela nossa consciência, podem se produzir importantes alterações com o nosso material de lembranças e de

[i] É dessa espécie a maioria dos sonhos de meus pacientes durante a análise.

[ii] Cf. o capítulo VII a respeito da "Transferência".

representações. A exigência de consultarmos o travesseiro sobre um assunto durante uma noite inteira antes de decidi-lo definitivamente está visivelmente bem justificada. Percebemos, no entanto, que nesse ponto deixamos a psicologia do sonhar para penetrar na do sono, um passo ao qual a ocasião vai se apresentar ainda mais vezes.[i]

Existe, no entanto, uma objeção que ameaça atropelar as últimas conclusões. Se impressões indiferentes só podem penetrar o conteúdo do sonho enquanto ainda são recentes, como acontece de também encontrarmos no conteúdo do sonho elementos que provêm de períodos anteriores da vida, que à época, quando eram recentes – e de acordo com as palavras de Strümpell, não possuíam nenhum valor psíquico e, portanto, deviam ter sido esquecidos, elementos, portanto, que não são nem atuais nem psiquicamente importantes?

Essa objeção será eliminada totalmente se nos apoiarmos nos resultados da psicanálise com neuróticos. A solução diz, com efeito, que o deslocamento que substitui o material psiquicamente importante por um material indiferente (para o sonhar, bem como para o pensar) já ocorreu, no caso, naqueles primeiros períodos de vida e desde então foram fixados na memória. Aqueles elementos originariamente indiferentes justamente não mais são indiferentes, a partir do momento em que assumiram, através do deslocamento, o valor inerente a um material psiquicamente

---

[i] Nota acrescentada em 1919:] O. Pötzl, em um trabalho que oferece inúmeras conexões, traz uma importante contribuição ao papel desempenhado pelo que é recente na formação do sonho (As imagens de sonho provocadas experimentalmente em suas relações com a visão indireta [Experimentell erregte Traumbilder in ihren Beziehungen zum indirekten Sehen]. *Zeitschr. für die Ges. Neurologie und Psychiatrie*, XXXVII, 1917). Pötzl pediu às diversas pessoas do experimento para registrar em desenho o que elas tinham apreendido conscientemente de uma imagem exposta em um taquistoscópio. Em seguida ele se ocupou com o sonho que teve a pessoa do experimento na noite seguinte e pediu-lhe igualmente que apresentasse em desenho as partes apropriadas desse sonho. Revelou-se então, sem nenhuma dúvida, que os detalhes da imagem exposta que não haviam sido apreendidos pela pessoa do experimento tinham fornecido material para a formação do sonho, enquanto os detalhes conscientemente percebidos e registrados no desenho depois da exposição não reapareceram no conteúdo manifesto. O material recolhido pelo trabalho do sonho foi elaborado por ele de maneira conhecidamente "arbitrária", melhor dizendo, autocrática, a serviço das tendências formadoras do sonho. As sugestões da investigação de Pötzl vão muito além dos propósitos de uma interpretação de sonho, tal como está sendo tentada neste livro. Quero ainda apontar, em uma palavra, o quanto essa nova maneira de estudar experimentalmente a formação do sonho distancia-se da grosseira técnica anterior, que consistia em introduzir no conteúdo onírico estímulos que perturbavam o sono.

importante. O que realmente permaneceu indiferente já não pode mais ser reproduzido em sonho.

Das discussões precedentes se concluirá com razão que eu sustento a afirmação de que não existem ocasionadores do sonho indiferentes e, portanto, também nenhum sonho inocente. Essa é a minha opinião, em tudo o que ela tem de rigoroso e absoluto, excetuando-se os sonhos das crianças e talvez as breves reações de sonho às sensações noturnas. O que normalmente sonhamos pode ser reconhecido de maneira manifesta como psiquicamente importante ou está desfigurado e só pode ser julgado após completada a interpretação do sonho, depois da qual ele será novamente reconhecido como importante. O sonho nunca se ocupa de bagatelas; por pouca coisa não nos deixamos perturbar durante o sono.[i] Os sonhos aparentemente inocentes revelam-se maliciosos se nos dermos ao trabalho de sua interpretação; se me permitem essa maneira de falar, eles são "malandrinhos". Como esse é um ponto a partir do qual devo esperar objeção, e como gosto de aproveitar a oportunidade de mostrar a deformação do sonho em seu trabalho, quero submeter à análise uma série de "sonhos inocentes" de minha compilação.

I

Uma jovem dama inteligente e fina, mas que na vida também se inclui entre as pessoas reservadas, das "águas tranquilas"[3], conta: *Sonhei que cheguei muito tarde ao mercado e não encontrei nada no açougueiro nem na verdureira.* Certamente um sonho inocente, mas um sonho não se parece com isso; peço que ela o conte em detalhes. O relato é então o seguinte: *Ela vai ao mercado com sua cozinheira, que está carregando a cesta. O açougueiro lhe diz, depois de ela ter pedido alguma coisa: Isso não temos mais, e quer dar-lhe outra coisa com a observação: Isto também é bom. Ela recusa e vai à verdureira, que quer vender-lhe um legume curioso que vem amarrado em maços, mas de cor preta. Ela diz: Não conheço isso, não vou levá-lo.*

A conexão com o dia do sonho é bastante simples. Ela realmente tinha ido muito tarde ao mercado e não conseguiu obter mais nada.

[i] [Nota acrescentada em 1914:] H. Ellis, o amável crítico da *Interpretação do sonho*, escreve (p. 169): "Esse é o ponto a partir do qual muitos de nós não serão mais capazes de seguir F.". Só que H. Ellis não empreendeu nenhuma análise de sonhos e não quer acreditar no quão injusto é fazer um julgamento a partir do conteúdo manifesto do sonho.

O açougue já estava fechado[4] é o que se impõe a qualquer um como descrição da vivência. Mas, alto lá, não é essa uma expressão bem comum – ou antes o seu contrário – que remete a um descuido na vestimenta de um homem?[5] A sonhadora não usou de fato essas palavras, talvez as tenha evitado; procuremos a interpretação dos detalhes contidos no sonho.

O que quer que no sonho tenha o caráter de uma fala, que seja portanto algo falado ou ouvido e não só pensado – o que na maior parte do tempo podemos distinguir com certeza –, isso provém de falas da vida de vigília, que claramente foram tratadas como material bruto, fracionadas, levemente modificadas, mas sobretudo foram arrancadas do contexto.[i] Podemos partir dessas falas no trabalho de interpretação. De onde provém, portanto, a fala do açougueiro: *Isso não temos mais*? De mim mesmo; eu lhe tinha explicado uns dias antes "que as mais antigas vivências da infância *não temos mais* como tais, mas que elas são substituídas na análise por 'transferências' e sonhos".[6] Eu sou, portanto, o açougueiro, e ela recusa essas transferências para o presente de maneiras de pensar e sentir. – De onde vem sua fala no sonho: *Não conheço isso, não vou levá-lo*? Ela deve ser dividida para a análise. "*Não conheço isso*" foi o que ela mesma disse à sua cozinheira dias antes, com a qual ela teve uma briga, mas na ocasião ela tinha acrescentado: *Comporte-se convenientemente*. Aqui é palpável um deslocamento; das duas frases que ela utilizou contra a sua cozinheira, ela levou a mais desprovida de significado para o sonho; mas a que foi reprimida: "Comporte-se convenientemente!" é a única que combina com o resto do conteúdo do sonho. É assim que poderíamos interpelar alguém que ousa fazer propostas impróprias e se esquece de "fechar o açougue". Que estejamos realmente na pista para a interpretação é comprovado pela consonância com as alusões registradas no episódio com a verdureira. Um legume que é vendido amarrado em maços (compridos, como ela acrescenta posteriormente), e que além disso é preto, o que pode ser além de uma reunião no sonho de aspargo e rabanete negro [*schwarzem Rettich*]? O aspargo não preciso interpretar para nenhum e nenhuma daqueles que sabem, mas mesmo o outro legume – na forma de interpelação: *Negro, salve-se*! [*Schwarzer, rett'dich!*][7] – parece-me apontar para o mesmo tema

---

[i] Sobre as falas no sonho, ver o capítulo sobre o trabalho do sonho. Apenas um dos autores parece ter reconhecido a proveniência das falas do sonho, Delboeuf (p. 226), que as compara com "clichês".

sexual que imaginamos logo no início quando quisemos introduzir: o açougue estava fechado, no relato do sonho. Não se trata de reconhecer completamente o sentido desse sonho; de qualquer maneira é certo que ele é rico de sentido e de forma alguma inocente.[i]

II

Agora outro sonho inocente da mesma paciente, de certa perspectiva, uma contraparte do anterior: *Seu marido pergunta: Não devemos mandar afinar o piano? Ela: Não vale a pena, de qualquer forma, os couros [dos martelos] precisam ser trocados.* De novo a repetição de um acontecimento real do dia anterior. Foi assim que seu marido perguntou, e ela respondeu algo parecido. Mas o que significa o fato de ela sonhar isso? Ela conta, na verdade, que o piano é uma caixa *repulsiva*, que produz um *som ruim*, é uma coisa que seu marido já possuía antes do casamento[ii] etc., mas a chave para a solução só é dada pela fala: *Não vale a pena.* Esta provém de uma visita feita no dia anterior à sua amiga. Lá, ela foi convidada a tirar sua jaqueta e recusou-se com as palavras: Obrigada, *não vale a pena*, eu preciso ir embora logo. Durante esse relato, acabou me ocorrendo que, no dia anterior, durante seu trabalho de análise, ela levou de repente a mão até sua jaqueta, na qual um botão tinha se aberto. É, portanto, como se ela quisesse dizer: Por favor, não olhe, *não vale a pena.* Dessa forma, a *caixa* [*Kasten*] se completa como caixa torácica [*Brustkasten*], e a interpretação do sonho leva diretamente à época de seu desenvolvimento corporal, quando ela começava a se sentir insatisfeita com as formas de seu corpo. Talvez a interpretação nos leve ainda mais longe, se considerarmos as expressões "repulsiva" e "de som ruim", e lembrarmos com que frequência,

[i] Para os curiosos, observo que por trás do sonho esconde-se uma fantasia de uma conduta imprópria e sexualmente provocadora de minha parte, e de defesa da parte da dama. Se para alguém essa interpretação parecer ultrajante, alerto-o para os inúmeros casos em que os médicos sofreram acusações como essas por parte de mulheres histéricas, para as quais a mesma fantasia não apareceu desfigurada e como sonho, mas se tornou desveladamente consciente e delirante. [Acrescentado em 1909:] – Foi com esse sonho que a paciente entrou em tratamento psicanalítico. Só muito tarde aprendi a entender que com ele ela repetia o trauma inicial de onde partiu sua neurose, e desde então encontrei a mesma conduta em outras pessoas que, em sua infância, foram expostas a atentados sexuais e agora desejam, por assim dizer, que sua repetição esteja presente no sonho.

[ii] Uma substituição pelo contrário, como ficará claro para nós depois da interpretação.

no sonho e na alusão, as pequenas curvas do corpo feminino vêm ocupar o lugar das maiores – ora como contraste, ora como substituição.

III

Interrompo essa série ao inserir um sonho breve e inocente de um jovem. Ele sonhou *que estava vestindo novamente um casaco de inverno, o que era terrível.* O fator que causa esse sonho é, supostamente, o retorno brusco do frio. Um julgamento mais apurado fará notar que as duas curtas partes do sonho não estão bem combinadas, pois o que haveria de "terrível" em vestir um casaco pesado ou grosso no frio? Além disso, em contradição com a inocência desse sonho, a primeira ideia que ocorre na análise traz a lembrança de no dia anterior uma dama ter-lhe confessado secretamente que seu último filho deve a sua existência a um preservativo furado. Ele reconstrói, então, seus pensamentos, considerando esse fator causador: um preservativo fino é perigoso, um grosso é ruim. O preservativo é o "sobretudo" com razão, pois na verdade o vestimos por cima; é assim que também chamamos um casaco leve. Um acontecimento como o relatado pela dama seria certamente "terrível" para esse homem não casado.

Retornemos agora à nossa sonhadora inocente:

IV

Ela coloca uma vela no castiçal; mas a vela está quebrada, de maneira que não para em pé. As meninas da escola dizem que ela é desajeitada; mas a professora diz que não é culpa dela.

Aqui também um fator causador real; ela realmente colocou uma vela no castiçal ontem; mas ela não estava quebrada. Nesse caso foi usado um simbolismo transparente. A vela é um objeto que estimula os genitais femininos; se ela está quebrada de modo a não parar bem em pé, isso significa a impotência do homem ("*não é culpa dela*"). Mas como será que essa jovem mulher, que foi educada com esmero e permaneceu alheia a tudo o que é feio, conhece essa utilização da vela? Por casualidade, ela ainda pode indicar a vivência através da qual ela chegou a esse conhecimento. Em um passeio de canoa no Reno, passa por eles um barco no qual encontram-se estudantes que cantavam ou gritavam uma canção com grande satisfação: "Quando a rainha da Suécia, com venezianas fechadas, ... com velas Apolo".

Essa última palavra, ela não ouve ou não entende. Seu marido precisa lhe dar o esclarecimento requerido. Esses versos são então substituídos no conteúdo do sonho por uma lembrança inocente de uma incumbência que certa vez ela executou *de maneira desajeitada* no pensionato, e, na verdade, fazem-no em virtude do elemento comum: *venezianas fechadas.* A ligação do tema da masturbação com o da impotência é suficientemente clara. "Apolo" no conteúdo latente do sonho conecta esse sonho com um anterior, em que a questão era a virgem Palas. Verdadeiramente, nada de inocente em tudo isso.

V

Para que não se imagine que seja fácil demais, a partir dos sonhos, tirar conclusões sobre as circunstâncias reais da vida dos sonhadores, acrescento mais um sonho que parece igualmente inocente e provém da mesma pessoa. *Sonhei com algo*, ela conta, *que realmente fiz de dia, ou seja, sonhei com uma mala pequena tão cheia de livros, que tive trabalho para fechá-la, e isso eu sonhei realmente como aconteceu.* Nesse caso, é a própria narradora que coloca a ênfase principal sobre a harmonia entre sonho e realidade. Todos os julgamentos como esse, todas as observações sobre o sonho – mesmo quando já tenham sido formulados no pensamento de vigília – pertencem, com regularidade, ao conteúdo latente do sonho, como os exemplos posteriores ainda vão confirmar. Portanto, o que nos está sendo dito é que aquilo que o sonho conta aconteceu realmente no dia anterior. Mas seria muito extenso comunicar por que via se chegou à ideia de recorrer ao inglês na interpretação. Basta dizer que novamente se trata de uma pequena *box* (cf. p. 188-189 [cap. IV] o sonho da criança morta na caixa), que está tão cheia, de tal modo, que nada mais entrava nela. Dessa vez, pelo menos, nada de ruim.

Em todos esses sonhos "inocentes", é o fator sexual que se propõe de maneira mais gritante como motivo da censura. Sem dúvida, esse é um tema de importância primordial que precisaremos deixar de lado.

B
O INFANTIL COMO FONTE DO SONHO

A terceira entre as peculiaridades do conteúdo do sonho que mencionamos com todos os autores (com exceção de Robert) é que podem aparecer no sonho, vindas dos mais precoces anos da vida, impressões das quais a memória de vigília não parece dispor. É compreensível que seja difícil julgar quão raramente ou com que frequência isso acontece, porque, depois do despertar, os elementos que concernem ao sonho não são reconhecidos em sua proveniência. A prova de que nesse caso se trata de impressões da infância precisa, portanto, ser fornecida por uma via objetiva, e para isso as condições só podem se encontrar reunidas em raros casos. Uma história com especial força comprobatória é contada por A. Maury sobre um homem que um dia decidiu visitar seu lugar de nascimento depois de 20 anos de ausência. Na noite anterior à partida, ele sonhou estar em uma localidade que lhe era inteiramente desconhecida e que lá encontrou na rua um senhor desconhecido com quem conversou. De volta a sua terra natal, ele pode se convencer de que a localidade desconhecida, com a qual sonhara, realmente existia na vizinhança de sua cidade natal, e que o homem desconhecido, que ali morava, era amigo de seu falecido pai. Uma prova convincente de que ele tinha visto os dois, o homem e a localidade, em sua infância. Além disso, esse sonho deve ser interpretado como um sonho de impaciência, tal como o da moça que tem em sua bolsa a entrada para o concerto da noite (p. 188), o da criança a quem o pai prometeu a excursão ao Hameau, e outros. Os motivos que levam o sonhador a reproduzir justamente essa impressão de sua infância não podem, naturalmente, ser descobertos sem análise.

Um de meus alunos ouvintes, que se vangloriava de que seus sonhos só raramente eram submetidos à deformação onírica, comunicou-me que há algum tempo ele viu em um sonho que *seu antigo preceptor se encontrava na cama da babá*, que trabalhou na casa deles até ele completar 11 anos. O lugar em que se passava essa cena ocorreu-lhe ainda no sonho. Vivamente interessado, ele comunicou o sonho ao seu irmão mais velho, que lhe confirmou, rindo, a realidade do que tinha sido sonhado. Ele se lembrava muito bem disso, pois na época ele tinha 6 anos. O casal de amantes costumava embebedá-lo, o garoto mais velho, com cerveja, quando as circunstâncias eram propícias para um intercurso noturno. O mais novo, na época com 3 anos – o nosso sonhador –, que dormia no quarto da babá, não era considerado um incômodo.

Em ainda outro caso, pode-se constatar com segurança, sem auxílio da interpretação do sonho, que o sonho contém elementos da infância, ou seja, quando o sonho é do tipo *recorrente*, que foi sonhado pela primeira vez na infância e ressurge, de tempos em tempos, durante o sono do adulto.

Aos conhecidos exemplos dessa espécie posso acrescentar alguns da minha experiência, mesmo que eu não tenha conhecido por mim mesmo um sonho recorrente como esse. Um médico, em seus 30 anos, contou-me que em sua vida onírica, desde os primeiros tempos de sua infância até o dia de hoje, aparece com frequência um leão amarelo sobre o qual ele tem condições de dar a mais exata informação. Esse leão, que ele conhecia pelos sonhos, foi um dia encontrado *in natura*, na forma de um objeto de porcelana há muito tempo desaparecido, e o jovem ouviu então sua mãe dizer que esse objeto tinha sido o brinquedo mais cobiçado de sua primeira infância, algo de que ele próprio não podia mais se lembrar.[8]

Se agora nos voltarmos do conteúdo manifesto do sonho para os pensamentos oníricos, os quais só a análise revela, podemos constatar com surpresa a ação conjunta de vivências da infância, mesmo nos sonhos cujo conteúdo não teria despertado nenhuma suposição como essa. Devo ao estimado colega do "leão amarelo" um exemplo particularmente adorável e instrutivo de um sonho como esse. Depois da leitura do relatório de viagens de Nansen sobre a sua expedição polar, ele sonhou que num deserto de gelo ele aplicava um tratamento galvânico no ousado explorador por causa de uma ciática da qual ele se queixava! Para analisar esse sonho, ocorreu-lhe uma história de sua infância, sem a qual o sonho ficaria incompreensível. Quando ele era uma criança de 3 ou 4 anos, escutou certo dia com curiosidade os adultos falarem sobre viagens de descobertas, e perguntou então ao seu pai se essa era uma doença grave. Ele havia claramente confundido *Reisen* [viagens] com "*Reißen*" [reumatismo], e o escárnio de seus irmãos e irmãs providenciou para que essa vivência humilhante não lhe caísse no esquecimento.

Um caso bastante semelhante é aquele em que, quando na análise do sonho da monografia sobre a espécie cíclame, deparo-me com uma lembrança que ficou conservada da infância, a do pai entregando ao filho de 5 anos um livro cheio de ilustrações coloridas para destruir. É possível que se levante a dúvida sobre se essa lembrança realmente tomou parte na configuração do conteúdo do sonho ou se não foi antes o trabalho da análise que estabeleceu só posteriormente uma relação. Mas a abundância e o entrecruzamento[9] [*Verschlungenheit*] das conexões associativas garante a primeira concepção. (Cíclame – flor favorita – prato favorito – alcachofra; desfolhar como uma alcachofra, folha por folha [expressão que ecoa diariamente em nossos ouvidos por motivo da divisão do Império Chinês]; – Herbário – verme de livro [*Bücherwurm*], cuja comida favorita são livros.) Além disso, posso assegurar que o último sentido do sonho, que não desenvolvi aqui, está na relação mais íntima com o conteúdo da cena infantil.

Com outra série de sonhos, a análise ensina que o próprio desejo que excitou o sonho, o sonho figurando como sua realização, provém da vida infantil, de modo que, para a nossa surpresa, *encontramos no sonho a criança continuando a viver com seus impulsos* [*Impulsen*].

Nesse ponto, dou continuidade à interpretação de um sonho do qual nós uma vez já obtivemos um novo ensinamento. Refiro-me ao sonho: O amigo R. é meu tio. Levamos a sua interpretação até o ponto em que encontramos, de maneira evidente, o motivo de desejo, o de ser nomeado professor, e explicamos a nós mesmos a ternura do sonho pelo amigo R. como uma criação de oposição e de desafio contra a difamação dos dois colegas que estava contida nos pensamentos do sonho. Fui eu quem tive esse sonho; e é por isso que me permito continuar a sua análise comunicando que meu sentimento não tinha ficado apaziguado com a solução alcançada. Eu sabia que meu julgamento sobre os colegas maltratados nos pensamentos do sonho tinha sido, no estado de vigília, bastante diferente; a força do desejo de não partilhar do destino deles no que diz respeito à nomeação me parecia demasiado insuficiente para esclarecer plenamente a oposição entre a minha avaliação no estado de vigília e no estado de sonho. Se a minha necessidade de ser tratado por outro título fosse tão forte, isso seria a prova de uma ambição doentia que não reconheço em mim, da qual me considero livre. Não sei como as outras pessoas que acreditam me conhecer me julgariam sobre esse ponto; talvez eu realmente tenha tido ambição; mas, nesse caso, ela se lançou há muito tempo sobre outros objetos que não o título e a reputação de um *Professor extraordinarius*.

De onde vem então a ambição que o sonho me inspirou? Ocorreu-me algo que com muita frequência eu tinha ouvido contar em minha infância, que no meu nascimento uma velha camponesa profetizou à mãe feliz de seu primeiro filho que ela tinha presenteado ao mundo um grande homem. Essas profecias devem ser muito comuns; existem tantas mães cheias de expectativas felizes e tantas velhas camponesas e outras mulheres velhas cujo poder na Terra se perdeu e que, por essa razão, voltaram-se para o futuro. E, também, isso não deve ter causado nenhum dano à profetiza. Deveria o meu anseio de grandeza provir dessa fonte? Mas então me lembrei justamente de outra impressão dos anos mais tardios da infância que seria ainda mais apropriada para a explicação: numa noite, em um dos restaurantes do Prater, aonde os pais costumavam levar o menino de 11 ou 12 anos, chamou a nossa atenção um homem que ia de mesa em mesa e, por uma pequena quantia, improvisava versos sobre um tema que lhe era fornecido. Fui incumbido de chamar o poeta à nossa mesa, e ele mostrou-se agradecido ao mensageiro. Antes de perguntar por sua tarefa, ele me dedicou algumas rimas e, em sua inspiração, declarou como provável que um dia eu ainda seria "ministro". Da impressão dessa segunda profecia ainda posso me lembrar muito bem. Era a época do ministério burguês, e um pouco antes meu pai tinha trazido para casa os retratos dos doutores burgueses, Herbst, Giskra, Unger, Berger e outros, que foram iluminados em honra a esses senhores. Havia até mesmo judeus entre eles; então, todo jovem judeu aplicado levava em sua bolsa de escola a carteira de ministro. Deve até mesmo ter relação com as impressões daquela época o fato de que, até pouco antes da inscrição na universidade, eu tinha a intenção de estudar Direito, e só no último momento mudei de curso. A carreira ministerial está absolutamente bloqueada ao médico. E agora o meu sonho! Só agora percebo que ele me transportou do presente sombrio de volta à época de esperanças felizes do ministério burguês e, na medida de suas forças, ele realizou meu sonho *daquela época*. Ao tratar tão mal os dois colegas eruditos e dignos de respeito, porque são judeus, um deles como se fosse um cabeçudo [*Schwachkopf*] e o outro como se fosse um criminoso, ao proceder dessa maneira, eu me conduzo como se fosse o ministro, coloquei-me no lugar do ministro. Que vingança radical contra Sua Excelência! Ele se recusa a me nomear *Professor extraordinarius*, e em contrapartida eu me coloco no sonho em seu lugar.

Em outro caso pude perceber que o desejo que ocasiona o sonho, mesmo que pertença ao presente, retira, no entanto, um poderoso reforço das profundas lembranças da infância. Trata-se aqui de uma série de sonhos fundamentados no anseio de ir a *Roma*. Talvez eu tenha de satisfazer ainda por muito tempo esse anseio com sonhos, pois, na época do ano de que disponho para fazer uma viagem, a permanência em Roma deve ser evitada por razões de saúde.[i] Sonhei então, certa vez, que da janela de um compartimento eu vejo o Tibre e a Ponte Sant'Angelo; depois o trem se põe em movimento

[i] [Nota acrescentada em 1909:] Agora já faz muito tempo que aprendi que, mesmo para realizar esses sonhos tidos durante muito tempo como inalcançáveis, é preciso apenas um pouco de coragem [acrescentado em 1925], e me tornei então um peregrino assíduo de Roma.

e me ocorre que eu nem mesmo tinha posto os pés na cidade. A vista que eu tive no sonho era a reprodução de uma gravura conhecida que eu tinha notado de passagem na sala de visita de um paciente. Outra vez alguém me conduz a uma colina e me mostra Roma meio envolta em neblina, e ainda tão distante, que me surpreendi com a nitidez da vista. O conteúdo desse sonho é mais rico do que eu gostaria de expor aqui. O motivo, "ver de longe a terra prometida", pode ser reconhecido nele facilmente. A primeira cidade que vi assim com neblina é – Lübeck; a colina encontra seu modelo em – Gleichenberg. Em um terceiro sonho, estou finalmente em Roma, como o sonho me diz. Mas, para a minha decepção, vejo um cenário que não é de forma alguma o de uma cidade, *um pequeno rio com água escura, em uma de suas margens, rochedos escuros, na outra, pradarias com grandes flores brancas. Percebo um senhor Zucker* (que conheço vagamente) *e decido perguntar-lhe pelo caminho para a cidade.* É evidente que me esforço em vão para ver no sonho uma cidade que não vi no estado de vigília. Se decomponho a paisagem do sonho em seus elementos, as flores brancas apontam para a minha conhecida Ravena, que, pelo menos por um período, reduziu a supremacia de Roma como capital da Itália. Nos pântanos ao redor de Ravena, encontramos os mais belos lírios em meio à água negra; o sonho os faz crescer em prados como os narcisos em nosso Aussee, porque na época foi muito trabalhoso tirá-los da água. O rochedo escuro, tão perto da água, lembra vivamente o vale de Tepl, perto de Karlsbad. "Karlsbad" me dá condições de agora eu me explicar esse detalhe curioso de eu perguntar pelo caminho ao senhor Zucker. No material do qual o sonho é tecido, podemos reconhecer aqui duas daquelas divertidas anedotas judias que encobrem tanta sabedoria profunda da vida, muitas vezes amarga, e que citamos com tanto prazer em conversas e cartas. Uma delas é a história da "constituição", cujo conteúdo é como um judeu pobre, sem passagem, consegue entrar furtivamente no expresso para Karlsbad e depois é apanhado, a cada inspeção é expulso do trem e vai sendo tratado cada vez mais duramente, e, depois, em uma das estações de seu calvário, encontrando um conhecido que lhe pergunta para onde ele está indo, responde: "Se minha constituição aguentar – para Karlsbad". Próxima dessa está guardada na memória outra história, aquela do judeu que não sabia francês e a quem foi recomendado expressamente que perguntasse em Paris pelo caminho até a Rua Richelieu [literalmente: "lugar rico"]. Paris também foi durante longos anos uma meta dos meus anseios, e tomei a alegria com que pela primeira vez pisei na calçada de Paris como garantia de que eu também conseguiria realizar outros desejos. Além disso, o perguntar-pelo-caminho é uma alusão direta a Roma, pois, como sabemos, todos os caminhos levam a Roma. Por outro lado, o nome Zucker [açúcar] aponta novamente para Karlsbad, que é para onde nós, de fato, enviamos todos aqueles que sofrem de diabetes, essa doença *constitucional*. O que deu ocasião a esse sonho foi a sugestão de meu amigo de Berlim de nos encontrarmos em Praga na Páscoa. Das coisas que eu tinha de conversar com ele teria resultado outra relação com "açúcar" e "diabetes".

Um quarto sonho, que ocorreu pouco depois do último mencionado, leva-me de novo para Roma. Vejo diante de mim a esquina de uma rua e me surpreendo por lá estarem afixados tantos cartazes em alemão. No dia anterior eu tinha escrito ao meu amigo, em uma previsão profética, que Praga não poderia ser nenhum lugar de estadia confortável para caminhantes alemães. O sonho expressou, portanto, ao mesmo tempo, o desejo de encontrá-lo em Roma e não em uma cidade da Boêmia, e o interesse, provavelmente oriundo do tempo de estudante, de que em Praga fosse garantida uma maior tolerância em relação à língua alemã. Além disso, em meus primeiros anos de infância, eu devo ter compreendido a língua tcheca, pois nasci em uma pequena localidade da Morávia de população eslava. Uma canção infantil tcheca que ouvi com 17 anos foi gravada em minha memória com tanta facilidade, que ainda hoje posso repeti-la, embora eu não faça ideia do seu significado. Portanto, também não faltam a esses sonhos múltiplas relações com as impressões dos meus primeiros anos de vida.

Em minha última viagem à Itália, que entre outras coisas me fez passar pelo lago Trasimeno, descobri finalmente, depois de ter visto o Tibre e de, dolorosamente comovido, ter voltado para trás a 80 quilômetros de Roma, o reforço que meu anseio pela cidade eterna extrai das impressões da infância. Eu estava justamente elaborando o plano de, em um dos próximos anos, ir a Nápoles passando por Roma, quando me ocorreu uma frase que eu devo ter lido em um de nossos autores clássicos[i]: Cabe perguntar quem caminhou mais febrilmente de um lado para o outro em seu quarto, depois de ter concebido o plano de ir para Roma, se foi o vice-reitor Winckelmann ou o general Aníbal. Eu estava, com efeito, seguindo as pegadas de Aníbal; como ele, eu estava tão pouco destinado a ver Roma, e ele também se retirou para Campânia depois de todo mundo o ter aguardado em Roma.

---

[i] [Nota acrescentada em 1925:] O autor no qual eu li essa passagem deve certamente ter sido Jean Paul.

Mas Aníbal, com quem eu tinha chegado a essa semelhança, tinha sido o herói predileto dos meus anos de ginásio; como muitos naquela idade, eu tinha voltado a minha simpatia, durante as Guerras Púnicas, não aos romanos, mas aos cartagineses. Quando depois, nas séries mais avançadas, cresceu o primeiro entendimento sobre as consequências da descendência de uma raça estrangeira, e as moções antissemitas entre os colegas advertiam para tomar posição, a figura do comandante semita elevou-se ainda mais aos meus olhos. Aníbal e Roma simbolizavam para o adolescente a oposição entre a tenacidade do judaísmo e a organização da Igreja Católica. A importância que o movimento antissemita ganhou para a nossa vida afetiva ajudou na fixação dos pensamentos e das sensações daquele período anterior. Assim, o desejo de ir para Roma tornou-se, para a vida onírica, o disfarce e o símbolo para muitos outros desejos ardentemente almejados, em cuja realização se gostaria de trabalhar com a vontade perseverante e exclusiva do cartaginês, e cuja realização parece, momentaneamente, tão pouco favorecida pelo destino quanto o desejo de toda a vida de Aníbal de entrar em Roma.

E só agora me deparo com a vivência da juventude que ainda hoje manifesta seu poder em todas essas sensações. Eu devia ter 10 ou 12 anos quando meu pai costumava me levar em seus passeios e me revelava, em conversas, seus pontos de vista sobre as coisas deste mundo. E foi assim que ele um dia me contou, para me mostrar como a época em que eu cheguei ao mundo era melhor do que a sua: "Quando eu era jovem, fui dar um passeio num sábado no lugar em que você nasceu, bem vestido e com um gorro de pele novo na cabeça. Daí um cristão veio em minha direção e com um só golpe atirou meu gorro na lama, gritando: Judeu, desça da calçada!" "E o que você fez?" "Fui para a rua e apanhei o meu gorro", foi a serena resposta. Isso não me pareceu heroico da parte do homem grande e forte que me levava quando pequeno pela mão. A essa situação que não me apaziguou opus outra, que melhor correspondia à minha sensibilidade, a cena na qual o pai de Aníbal, Amílcar Barca, fez seu filho jurar no altar doméstico que se vingaria dos romanos.[i] A partir de então, Aníbal teve um lugar em minhas fantasias.

Penso poder fazer recuar ainda mais um pouco em minha infância esse entusiasmo pelo general cartaginês, de modo que também nesse caso

---

[i] [Nota acrescentada em 1909:] Na primeira edição constava neste ponto o nome Asdrúbal, um erro estranho, cujo esclarecimento forneci em minha *Psicopatologia da vida cotidiana*, 11. ed., 1929, *Ges. Werke*, p. 243, 245).

tratar-se-ia apenas da transferência, para um novo portador, de uma relação afetiva já formada. Um dos primeiros livros que me caiu nas mãos quando menino alfabetizado foi *O consulado e o império*, de Thiers; lembro-me de ter colado nas costas planas de meus soldados de madeira pequenas etiquetas com os nomes dos marechais do império e de que, já na época, Masséna (na forma judaica: Menasse) era o meu favorito declarado.[i] (Certamente essa preferência também pode ser explicada pela coincidência da mesma data de nascimento, exatamente 100 anos mais tarde.) O próprio Napoleão se liga a Aníbal por meio da travessia dos Alpes. E o desenvolvimento desse ideal guerreiro talvez pudesse ser rastreado ainda mais remotamente na infância até certos desejos que a relação ora amigável, ora hostil com um menino um ano mais velho, que ocorreu durante os meus três primeiros anos, deve ter despertado no mais fraco dos dois companheiros de brincadeira.

Quanto mais nos aprofundamos na análise dos sonhos, mais frequentemente somos levados até o rastro de vivências da infância que têm o papel de fontes de sonho no conteúdo onírico latente.

Vimos (p. 65), que muito raramente o sonho reproduz lembranças, de modo a que elas constituam, sem abreviação nem modificação, o único conteúdo manifesto do sonho. De qualquer forma, alguns exemplos asseguraram essa ocorrência, aos quais eu posso acrescentar outros novos, que mais uma vez se reportam a cenas infantis. Em um de meus pacientes, um sonho trouxe certa vez uma reprodução quase não desfigurada de um episódio sexual que foi imediatamente reconhecida como uma lembrança fiel. Na verdade, a lembrança do fato nunca tinha estado inteiramente perdida na vida de vigília, mas foi fortemente obscurecida, e sua revivescência foi um resultado do trabalho analítico precedente. Com 12 anos, o sonhador foi visitar um colega acamado que, provavelmente apenas por acaso, acabou desnudando o seu corpo em um movimento na cama. Tomado por uma espécie de compulsão [*Zwang*] diante da visão de seus genitais, ele próprio se desnudou e agarrou o membro do outro, que, por sua vez, olhou-o com indignação e surpresa, ao que ele ficou embaraçado e o soltou. Um sonho repetiu essa cena 23 anos mais tarde, inclusive com todos os detalhes das sensações que nela ocorreram, mas a modificou ao fazer com que o sonhador assumisse o papel passivo em vez do ativo, enquanto a pessoa do colega de escola foi substituída por uma pessoa pertencente ao presente.

---

[i] [Nota acrescentada em 1930:] A propósito, a origem judia do marechal é questionada.

Evidentemente, via de regra, a cena infantil só é representada no conteúdo manifesto do sonho por uma alusão e precisa ser desenvolvida a partir do sonho pela interpretação. A comunicação de exemplos como esses pode não ter uma grande força comprobatória, porque, para a maioria dessas vivências de infância, pode faltar qualquer outra garantia; quando acontecem em idade precoce, elas não são mais reconhecidas pela lembrança. O direito de inferir dos sonhos sobretudo essas vivências da infância surge, no trabalho psicanalítico, de toda uma série de fatores que, em seu efeito conjunto, parecem suficientemente confiáveis. Arrancadas de seu contexto para fins da interpretação do sonho, talvez essas reconduções a vivências da infância causem pouca impressão, principalmente porque eu nem sequer comunico todo o material sobre o qual se apoia a interpretação. No entanto, não quero me deixar afastar da comunicação por causa disso.

I

Em uma de minhas pacientes, todos os sonhos têm o caráter de "correria"; ela se apressa para chegar a tempo, para não perder o trem etc. Em um sonho *ela precisa visitar a sua amiga; a mãe lhe disse para ir de condução e não a pé; mas ela corre e por isso não para de cair.* – O material que emerge da análise permite reconhecer a lembrança de brincadeiras de criança (sabemos o que o vienense chama de "uma brincadeira" ["uma corrida" – *eine Hetz*]) e fornece, especialmente para esse sonho, a recondução à brincadeira favorita das crianças, a de falar a frase: "*A vaca correu até cair*" tão depressa como se ela fosse uma única palavra,[10] o que de novo é uma "correria" [*Hetzen*]. Todos esses inocentes apressamentos entre amiguinhas são lembrados porque substituem outros, menos inocentes.

II

De outra paciente, o sonho seguinte: *Ela está em um cômodo grande, no qual se encontram todas as espécies de máquinas, um pouco como ela concebe um estabelecimento ortopédico. Ela ouve dizer que não tenho tempo e que ela vai ter de fazer um tratamento simultâneo com outras cinco pessoas. Mas ela reluta e não quer se deitar na cama – ou o que quer que seja – reservada para ela. Ela fica de pé em um canto e espera que eu diga que isso não é verdade. Nesse meio-tempo os outros se riem dela, dizendo que são manhas de sua parte.* – Ao mesmo tempo, é como se ela fizesse pequenos quadrados.

A primeira parte desse conteúdo de sonho é uma conexão com o tratamento e uma transferência comigo. A segunda contém a alusão à cena da infância; com a menção à cama, as duas partes são soldadas uma à outra. O estabelecimento ortopédico remete a uma de minhas falas, na qual eu comparei o tratamento, de acordo com sua duração e sua essência, com um tratamento *ortopédico.* No início do tratamento, eu precisei comunicar-lhe *que provisoriamente eu teria pouco tempo para ela*, mas que mais tarde eu poderia lhe dedicar uma hora inteira por dia. Isso despertou nela a antiga sensibilidade, que é um importante traço de caráter das crianças destinadas à histeria. Elas são insaciáveis quanto ao amor. Minha paciente era a mais jovem de cinco irmãos e irmãs (daí: *com outras cinco pessoas*) e, como tal, a predileta do pai, mas parece ter descoberto que o querido pai lhe dedicava muito pouco tempo e atenção. – Que ela espera até eu dizer que isso não é verdade tem a seguinte derivação: um jovem aprendiz de alfaiate lhe trouxe um vestido e ela lhe entregou o dinheiro correspondente. Ela perguntou então ao seu marido se ela precisaria pagar esse dinheiro outra vez, caso ele o perdesse. O marido, para *provocá-la*, assegurou que sim (a *provocação* no conteúdo do sonho), e ela continuou perguntando repetidas vezes *e ficou esperando até que ele finalmente dissesse que não era verdade.* Para o conteúdo latente do sonho, é possível agora construir o pensamento seguinte, sobre se ela teria de me pagar o dobro se eu lhe dedicasse o dobro do tempo, um pensamento mesquinho ou *sujo*. (A impureza da época da infância é substituída no sonho com muita frequência por avareza por dinheiro; a palavra "sujo" constitui a ponte, nesse caso.) Se tudo isso do esperar até que eu diga deve reescrever a palavra "sujo" no sonho, então o *ficar-em-pé-num-canto* e o *não-se-deitar-na-cama* combinam com isso enquanto componentes de uma cena de infância na qual ela teria sujado a cama e como punição foi *colocada no canto*, sob a ameaça de que o papai não mais a amaria, e de que os irmãos e as irmãs ririam dela. Os pequenos quadrados apontam para a sua pequena sobrinha que lhe mostrou a aritmética de como escrever números em nove quadrados, penso eu, de maneira que, somados em todas as direções, dão 15 como resultado.

III

O sonho de um homem: *Ele vê dois rapazes que se engalfinham, e na verdade são dois aprendizes toneleiros, como ele conclui a partir dos instrumentos espalhados ao redor; um dos rapazes derrubou o outro, e o que está caído usa brincos com pedras azuis. Ele corre atrás do malfeitor com um bastão em punho para castigá-lo. Este foge em direção a uma mulher que está parada junto a uma cerca de madeira, como se ela fosse a sua mãe. Foi uma diarista que deu as costas para o sonhador. Finalmente ela se volta e lhe lança um olhar terrível, de modo que ele correu dali assustado. Nos olhos dela se vê sair a carne vermelha da pálpebra inferior.*

O sonho utilizou amplamente os acontecimentos triviais do dia anterior. Ele tinha visto de fato dois rapazes na rua no dia anterior, dos quais um derrubou o outro. Quando ele se precipitou para separá-los, eles empreenderam a fuga. – Aprendizes toneleiros: só vai ser explicado por um sonho que veio em seguida, em cuja análise ele usou a seguinte expressão: *arrancar o fundo do barril*[11]. – Brincos com pedras azuis são usados, na maioria das vezes, de acordo com a sua observação, pelas *prostitutas*. Acrescenta-se a isso uma conhecida quadra humorística que inicia com as palavras "dois rapazes": o outro rapaz se chamava Marie (isto é, era uma garota). – A mulher em pé: depois da cena com os dois rapazes, ele foi passear pelas margens do Danúbio e aproveitou a solidão do lugar para urinar *em uma cerca de madeira*. Na continuação do caminho, uma senhora mais velha, corretamente vestida, sorriu para ele muito amigavelmente e quis entregar-lhe seu cartão de visita.

Como a mulher no sonho está em pé, como ele ao urinar, então se trata de uma mulher urinando, e isso então faz parte da "*visão*" horrível, da carne vermelha saliente, o que só pode estar referido aos genitais que ficam entreabertos quando se está agachado, os quais, vistos na época da infância, reaparecem na lembrança posterior como "*carne viva*", como "*ferida*". O sonho reúne duas ocasiões em que o garoto pôde ver os genitais de menininhas, quando *são derrubadas* ou quando estão *urinando*, e, tal como provém do outro contexto, o sonho conserva a lembrança de um castigo ou uma ameaça do pai, por causa da curiosidade sexual demonstrada pelo menino nessas ocasiões.

IV

Por detrás do seguinte sonho de uma senhora mais velha, encontra-se toda uma soma de lembranças da infância, provisoriamente reunidas em uma fantasia.

Ela sai com pressa para resolver incumbências. No Graben,[12] *como se desmoronasse, ela cai então de joelhos. Muitas pessoas se juntam ao seu redor, especialmente os cocheiros; mas ninguém a ajuda a se levantar. Ela faz várias tentativas em vão; por fim, ela deve ter conseguido, pois a colocam em um coche que deve levá-la para casa; pela janela, atiraram-lhe uma cesta grande e cheia de coisas pesadas (semelhante a uma cesta de compras).*

Trata-se da mesma pessoa que em seus sonhos está sempre apressada, assim como se apressava quando criança. A primeira situação do sonho foi claramente tomada da visão de um cavalo caído, assim como o "desmoronar" remete a corridas de cavalos. Em seus anos de juventude, ela foi *amazona*, e, em anos ainda mais remotos, provavelmente também *cavalo*. Faz parte da questão da queda a primeira lembrança da infância, a do rapaz de 17 anos, filho do porteiro, que, acometido na rua por convulsões epiléticas, foi levado para casa de coche. Naturalmente, ela só ouviu falar disso, mas a representação das convulsões epiléticas, "*daquele que cai*", adquiriu grande poder sobre sua fantasia e mais tarde influenciou seus próprios ataques histéricos em sua forma. – Quando uma mulher sonha com cair, isso tem regularmente um sentido sexual, ela se torna uma "*caída*"; para o nosso sonho, essa interpretação não oferece a menor dúvida, pois ela cai no *Graben*, esse lugar em Viena conhecido como sendo a avenida da prostituição. A *cesta de compras* oferece mais de uma interpretação; enquanto cesta [*Korb*], lembra as muitas *recusas* [*Körbe*] que ela deu[13] de início aos seus pretendentes, e que mais tarde, de acordo com o que ela pensa, ela própria também recebeu. Então faz parte disso também o fato de *ninguém querer ajudá-la a se levantar*, o que ela mesma explica como sofrer uma recusa. Além disso, a *cesta de compras* lembra fantasias que já se tornaram conhecidas na análise, nas quais ela se casa com alguém muito abaixo de sua condição social e agora ela mesma vai ao mercado fazer compras. Mas a cesta de compras poderia, enfim, ser interpretada como indício de uma *pessoa que serve*. A isso se somam agora outras lembranças de infância, a de uma *cozinheira* que foi despedida porque roubava; ela também *caiu de joelhos* e suplicou. Na época, ela tinha 12 anos. Depois a de uma camareira que foi despedida porque se envolveu com o *cocheiro* da casa, que, aliás, casou-se com ela mais tarde. Essa lembrança nos fornece, portanto, uma fonte para os *cocheiros* do sonho (que, em oposição à realidade, não apoiaram a mulher caída). Mas ainda resta explicar o atirar da cesta e, de fato, *pela janela*. Isso a faz se lembrar da expedição [*expedieren*] da bagagem na estação de trem, do *namorar pela janela* no campo, de pequenas impressões da estadia no campo, de como um senhor atira *ameixas azuis* pela janela do quarto de uma senhora, de como a sua irmã mais nova teve medo porque um palerma que passava olhou para dentro do quarto pela janela. E agora emerge por trás disso uma lembrança obscura da época em que ela tinha 10 anos, de uma babá que, no campo, viveu cenas de amor com um serviçal da casa, cenas das quais a criança podia muito bem ter percebido alguma coisa, e que, com seu amante, foi "*expedida*" [*expediert*], "*jogada para fora*" (no sonho, o contrário: "*jogada para dentro*"), uma história da qual nós tínhamos nos aproximado também por muitas outras vias. A bagagem, a mala de um serviçal é, entretanto, designada em Viena de maneira depreciativa como as "*sete ameixas*": "Junte suas sete ameixas e suma".

De sonhos como esses de pacientes, cuja análise leva a impressões infantis muito obscuras ou não mais lembradas, provindas em sua maioria dos primeiros três anos de vida, a minha coleção possui uma reserva abundante. Mas é difícil extrair deles conclusões que possam valer para o sonho em geral; pois se trata regularmente de pessoas neuróticas, especialmente histéricas, e o papel que cabe às cenas infantis nesses sonhos poderia estar condicionado pela natureza da neurose, e não pela essência do sonho. No entanto, acontece com a mesma frequência na interpretação de meus próprios sonhos, que certamente não empreendo em razão de sintomas graves de sofrimento, de me deparar inesperadamente com uma cena infantil no conteúdo latente do sonho e de toda uma série de sonhos desembocar de uma só vez nas trilhas que partem de uma vivência infantil. Já trouxe exemplos disso e vou apresentar outros em diversas ocasiões. Talvez eu não possa encerrar melhor este capítulo do que com a comunicação de meus próprios sonhos, nos quais ocasiões recentes e vivências infantis há muito tempo esquecidas surgem conjuntamente como fontes do sonho.

I

Depois de ter viajado e de ter ido para a cama cansado e faminto, as grandes necessidades da vida se anunciam no sono e eu sonho: *Entro em uma cozinha para pedir sobremesa. Lá estão três senhoras, das quais uma, a anfitriã, enrola alguma coisa na mão, como se fosse fazer* Knödel.[14] *Ela responde que eu devo esperar até que ela termine* (não fica claro enquanto fala). *Fico impaciente e vou embora ofendido. Visto um sobretudo; mas o primeiro que provo é muito comprido para mim. Desvisto-o novamente, algo surpreso por ele ser guarnecido com pele. O segundo que eu visto tem uma longa faixa com um desenho turco. Um desconhecido com rosto comprido e barbicha pontuda vem em minha direção e me impede de vesti-lo, declarando que ele é seu. Mostro-lhe então que ele é todo recoberto com bordados turcos. Ele pergunta: O que o senhor tem a ver com esses (desenhos, faixas...) turcos? Mas depois ficamos inteiramente amáveis um com o outro.*

Na análise desse sonho, ocorre-me inesperadamente o primeiro romance que li, talvez com 13 anos, isto é, que comecei pelo final do primeiro volume. Eu nunca soube o nome do romance e de seu autor, mas o final ainda está vivo em minha lembrança. O herói enlouquece e não para de gritar o nome das três mulheres que em sua vida lhe significaram a maior felicidade e a maior desgraça. *Pélagie* é um desses nomes. Ainda não sei o que posso fazer com a ocorrência dessa ideia na análise. Emergem então, em relação a essas três mulheres, as três Parcas, que tecem o destino do ser humano, e sei que uma das três mulheres, a anfitriã do sonho, é a mãe, que dá a vida, e também, como no meu caso, dá ao ser vivente o primeiro alimento. No seio da mulher, encontram-se o amor e a fome. De acordo com a anedota, um jovem que se tornou um grande admirador da beleza feminina declarou um dia, quando se veio a falar sobre a bela ama de leite que o amamentou quando bebê: que lamentava não ter aproveitado melhor a boa oportunidade na época. Eu costumo me servir dessa anedota para esclarecer o fator da *posterioridade* [*Nachträglichkeit*] no mecanismo das psiconeuroses. – Uma das Parcas, então, esfregava as palmas das mãos uma na outra, como se fosse fazer *Knödel*. Ocupação singular para uma Parca, e que necessita de uma explicação urgente! Esta vem de outra e mais precoce lembrança infantil. Quando eu tinha 6 anos de idade e desfrutava os primeiros ensinamentos de minha mãe, eu tinha de acreditar que somos feitos de terra e, em consequência, temos de retornar à terra. Mas isso não me convinha e coloquei a doutrina em dúvida. Minha mãe esfregava então as palmas das mãos uma contra a outra – como se estivesse fazendo *Knödel*, só que não tinha nenhuma massa entre elas – e me mostrava as escamas de *epiderme* enegrecidas que se soltavam, como uma prova da terra de que somos feitos. Meu espanto com essa demonstração *ad oculos* foi sem limite e me submeti ao que mais tarde eu iria encontrar expresso nas palavras: Você deve uma morte à natureza.[i] Portanto, são realmente Parcas, às quais eu me junto na cozinha, como tão frequentemente nos anos de infância, quando

[i] Os dois afetos pertencentes a essas cenas de infância, o espanto e a submissão ao inevitável, encontravam-se em um sonho tido um pouco antes, que me trouxe pela primeira vez a lembrança dessa vivência infantil.

eu estava com fome, e minha mãe no fogão me advertia para esperar até que o almoço estivesse pronto. E agora os bolinhos de massa! Pelo menos um de meus professores universitários, e precisamente aquele a quem eu devo meus conhecimentos *histológicos* (*epiderme*), vai se lembrar de uma pessoa de sobrenome Knödl que ele precisou processar, porque ela tinha cometido *plágio* de seus escritos. Cometer um plágio, apropriar-se do que se pode conseguir, mesmo se isso pertencer a outro, conduz evidentemente à segunda parte do sonho, na qual sou tratado como se fosse o *ladrão do sobretudo*, que durante certo tempo praticava essas atividades nas salas de conferências. Coloquei por escrito o termo "*plágio*" sem nenhuma intenção, porque ele se ofereceu a mim, e agora percebo que ele pode servir de ponte entre diversas partes do conteúdo manifesto do sonho. A cadeia de associações *Pélagie – plágio – plagióstomos*[i] (*tubarões*) – *bexiga natatória* liga o velho romance com o caso *Knödl* e com os sobretudos, que evidentemente significam um instrumento da técnica sexual (cf. o sonho de Maury com quilo – loteria, p. 99). Essa é, na verdade, uma relação altamente forçada e insensata, mas que, sem dúvida, não é nenhuma que eu poderia estabelecer no estado de vigília se ela não tivesse sido estabelecida pelo trabalho do sonho. E, inclusive, como se absolutamente nada fosse sagrado para o ímpeto por impor ligações, o caro nome de *Brücke* [ponte] (ver anteriormente "ponte de palavras" [*Wortbrücke*]) serve para me lembrar do mesmo instituto onde passei as horas mais felizes como estudante, habitualmente sem nenhuma necessidade

> ("É assim que nos *seios* da sabedoria
> o senhor vai desfrutar mais a cada dia"[15]),

em completa oposição com o desejo [*Begierden*] que me *atormenta* enquanto eu sonho. E, por fim, emerge a lembrança de outro querido professor, que novamente soa como algo que se come (Fleischl [*Fleisch* = carne], como Knödl [*Knödel* = bolinho de massa]), ou como uma cena triste, em que as *escamas da epiderme* desempenham um papel (a mãe – anfitriã), ou como distúrbio mental [*Geistesstörung*] (o romance) e um ingrediente da *cozinha latina*[16] [farmácia], a cocaína, que tira a *fome*.

Eu poderia continuar a seguir os caminhos de pensamento entrecruzados e, na análise, esclarecer plenamente a parte que falta do sonho, mas

---

[i] Não complemento os *plagióstomos* deliberadamente; eles me fazem lembrar de uma circunstância desagradável de constrangimento diante desse mesmo professor.

preciso me abster, porque os sacrifícios pessoais que isso exigiria são muito grandes. Vou tomar apenas um dos fios que podem levar diretamente a um dos pensamentos do sonho, e que se encontram no fundo desse emaranhado. O desconhecido com rosto comprido e barbicha pontuda que quer me impedir de vestir o sobretudo tinha os traços de um comerciante em Spalato, de quem minha esposa comprou uma generosa quantidade de tecidos *turcos*. Seu nome era Popović,[i] um nome suspeito, que além disso forneceu ao humorista Stettenheim a ocasião para uma observação plena de alusões. ("Ele me disse o seu nome e apertou a minha mão enrubescendo".) A propósito, trata-se do mesmo jogo abusivo com nomes que vimos antes com Pélagie, Knödl, Brücke, Fleischl. Podemos afirmar sem objeção que esse tipo de brincadeira com nomes não passa de malcriação de criança; se me entrego a ela, trata-se, no entanto, de um ato de represália, pois inúmeras vezes meu próprio nome[17] caiu vítima desses gracejos idiotas. Goethe observou um dia como somos vulneráveis quando se trata do nosso nome, ao qual nos sentimos apegados como se fosse a nossa pele, quando Herder escreveu versos com seu nome:

> *Der du von* Göttern *abstammst, von Gothen oder vom Kote –*
> [Tu, que descende dos *deuses*, dos godos ou do esterco]
> *So seid ihr* Götterbilder *auch zu Staub.*
> [Então vós, *imagens de deuses*, também se tornarão pó][18]

Percebo que essa divagação sobre o jogo abusivo com nomes só estava destinada a preparar essa queixa. Mas vamos parar por aqui. – A compra feita em Spalato me faz lembrar de outra compra em Cattaro,[19] em relação à qual hesitei em demasia e perdi a oportunidade de fazer ótimas aquisições. (Perder a oportunidade com a ama de leite, ver anteriormente.) Um dos pensamentos do sonho que a fome sugere àquele que sonha se enuncia como o seguinte: *Não devemos deixar que nada nos escape, devemos tomar o que pudermos conseguir, mesmo se isso implicar uma pequena injustiça; não devemos perder nenhuma oportunidade, a vida é muito curta, e a morte, inevitável.* Tendo em vista isso também poder ser entendido sexualmente e pelo fato de o desejo [*Begierde*] não querer se deter diante da injustiça, esse *carpe diem* [aproveite o dia] precisa temer a censura e necessariamente se esconder por trás de um sonho. Acrescenta-se a isso que agora todos os pensamentos contrários tomam a palavra: a lembrança do tempo de todas

---

[i] O nome eslavo soa em alemão como "*Popowitz*" [algo como "piada do popô"].

as restrições e até mesmo das ameaças com revoltantes punições sexuais, já que só o *alimento espiritual* era suficiente para aquele que sonhava.

II

Um segundo sonho exige um *relatório preliminar* mais longo:

Fui à Estação Oeste para empreender minha viagem de férias a Aussee, mas vou logo à plataforma de onde parte o trem para Ischl antes do meu. Lá, vejo então o conde Thun, que, mais uma vez, vai a Ischl ver o imperador. Apesar da chuva, ele tinha chegado em uma carruagem aberta, passou diretamente pela porta de entrada para os trens locais e, sem explicação, afastou, com um rápido movimento de mão, o porteiro que não o conhecia e queria pegar seu bilhete. Depois que ele partiu no trem para Ischl, eu devia então deixar novamente a plataforma e voltar para a sala de espera, mas consigo, com algum esforço, obter a permissão para ficar. Passo o meu tempo vigiando atentamente se alguém vai vir e conseguir um compartimento por meios escusos; proponho-me a soar o alarme, isto é, a exigir o mesmo direito. Nesse meio-tempo cantarolo algo que depois reconheço como a ária de *As bodas de Fígaro*:

> *Will der Herr Graf ein Tänzelein wagen, Tänzelein wagen*
> *Soll er's nur sagen*
> *Ich spiel' ihm eins auf.*
>
> [Se o senhor conde arriscar uma dancinha, uma dancinha
> Basta me dizer,
> Que tocarei uma cantiga.]

(Outra pessoa, talvez, não teria reconhecido a melodia.)

Eu tinha estado a noite toda com um humor arrogante, combativo, tinha importunado garçons e cocheiros, sem feri-los, espero; e agora me passam pela cabeça toda espécie de pensamentos impertinentes e revolucionários que estão de acordo com as palavras de Fígaro e com a lembrança da comédia de Beaumarchais que vi na Comédie-Française. A frase sobre os grandes senhores que se deram ao trabalho de nascer; o direito do senhor, que o conde Almaviva quer fazer valer em relação a Susanne; as brincadeiras que os nossos malvados jornalistas da oposição fazem com o nome do conde Thun [*tun* = fazer], chamando-o de conde Nichtsthun [*nichts tun* = não fazer nada]. Eu realmente não o invejo; ele tem agora um caminho difícil até o imperador, e eu sou o verdadeiro conde Nichtsthun; estou saindo de férias. E para elas tenho toda espécie de projetos agradáveis. Chega então um senhor que conheço como representante do governo nas provas de medicina e que, por suas atividades nessa função, recebeu o apelido lisonjeiro de "amante do governo" [*Regierungsbeischläfer*]. Invocando seu atributo de funcionário, ele exige um meio compartimento de primeira classe, e ouço o empregado dizer ao outro: Onde colocamos o senhor com o meio bilhete de primeira classe? Um privilégio encantador; eu pago minha primeira classe integralmente. Obtenho depois também um compartimento para mim, mas não em um vagão com corredor, de modo que a noite toda não terei nenhuma toalete à minha disposição. Minha reclamação junto ao empregado não teve sucesso; eu me vingo propondo-lhe que ao menos mande fazer um buraco nesse compartimento para eventuais necessidades do viajante. E, de fato, acordo às 2h45 da madrugada com urgência para urinar, a partir do seguinte *sonho*:

Multidão de pessoas, reunião de estudantes. – Um conde está falando. Convidado a dizer algo sobre os alemães, ele declara, com um gesto de escárnio, que a flor que eles preferem é a unha-de-cavalo, e depois coloca na lapela algo como uma folha despedaçada, na verdade, um esqueleto amassado de folha. Eu me enfureço, mas me enfureço mesmo,[1] *e no entanto me espanto com esse meu estado de espírito.* E depois, de maneira mais indistinta: É como se fosse ao auditório [Aula], as entradas estão obstruídas e tivesse de fugir. Abro um caminho para mim através de uma série de salas lindamente mobiliadas, evidentemente salas oficiais, com móveis de uma cor intermediária entre marrom e violeta, e finalmente chego a uma passagem onde está sentada uma zeladora, uma mulher mais velha e gorda. Evito falar com ela; mas é evidente que ela me considera autorizado a passar por ali, pois ela pergunta se deve me acompanhar com a lamparina. Indico-lhe ou lhe digo que ela deve parar na escada e me julgo muito esperto por, afinal, ter evitado os controladores. Assim, encontro-me embaixo e descubro um caminho estreito e íngreme, pelo qual continuo.

De novo indistinto... É como se agora surgisse uma segunda tarefa, sair da cidade, tal como a primeira tinha sido sair da casa. Estou em um fiacre e dou ao cocheiro a incumbência de ir a uma estação de trem. *"Não posso ir com o senhor no trajeto da própria via férrea", eu lhe digo, depois de ele ter levantado*

---

[1] Essa repetição insinuou-se no texto do sonho, aparentemente por descuido, e será mantida por mim, pois a análise mostra que ela tem seu significado.

uma objeção, como se eu o tivesse fatigado. E era como se eu já tivesse feito com ele um trajeto que normalmente se faz de trem. As estações de trem estão ocupadas; hesito se devo ir a Krems ou a Znaim, mas penso que lá estará a Corte e me decido por Graz ou algo semelhante. Agora estou sentado em um compartimento parecido com um vagão da ferrovia urbana e tenho na lapela uma coisa longa, singularmente trançada, com violetas marrom-arroxeadas, feitas com um material rígido, o que muito chama a atenção das pessoas. Aqui a cena se interrompe.

Estou novamente na frente da estação de trem, mas com um senhor mais velho, somos dois; invento um plano para permanecer despercebido, mas também já consigo ver esse plano realizado. Pensar e vivenciar são, por assim dizer, uma coisa só. Ele se faz passar por cego, ao menos de um olho, e eu seguro diante dele um urinol-papagaio (que tivemos de comprar na cidade ou que compramos na cidade). Sou, portanto, um enfermeiro e preciso entregar-lhe o frasco para urinar, porque ele é cego. Se o condutor nos vir assim, passaremos despercebidos e ele nos deixará escapar. Aqui, a posição da pessoa em questão e seu membro em vias de urinar são vistos plasticamente. Depois disso, acordo com a necessidade de urinar.

O sonho como um todo dá a impressão de ser semelhante a uma fantasia que transporta o sonhador ao ano da revolução de 1848, cuja lembrança foi renovada pelo jubileu do ano de 1898, bem como a uma pequena excursão a Wachau, onde fiquei conhecendo Emmersdorf,[i] lugar da sepultura do líder estudantil Fischhof, ao qual podem talvez aludir alguns traços do conteúdo manifesto do sonho. A ligação de pensamentos me leva então à Inglaterra, à casa do meu irmão que costumava dirigir à sua esposa essa reprimenda por brincadeira, "*Fifty years ago*", segundo o título de uma poesia de Lord Tennyson, o que as crianças estavam habituadas a corrigir: *Fifteen years ago.* Mas essa fantasia, que se liga aos pensamentos que a visão do conde Thun suscitou, é apenas como a fachada de igrejas italianas, sem relação orgânica com a construção que se encontra por detrás; e, diferentemente dessas fachadas, ela é além disso cheia de lacunas, confusa, e elementos do interior irrompem em muitos pontos. A primeira situação do sonho é uma composição de várias cenas, e posso decompô-la nas seguintes. A posição arrogante do conde no sonho

---

[i] [Nota acrescentada em 1925:] Um erro, mas dessa vez não é um ato falho [*Fehlleistung*]! Fiquei sabendo mais tarde que o Emmersdorf de Wachau não é idêntico ao lugar de mesmo nome onde o revolucionário Fischhof encontrou asilo.

é copiada de uma cena ginasial de quando eu tinha *15 anos*. Havíamos tramado uma conspiração contra um professor impopular e ignorante, cuja alma era um colega que desde então parece ter tomado *Henrique VIII da Inglaterra* como modelo. Coube a mim a condução do golpe decisivo, e uma discussão sobre a importância do Danúbio para a Áustria (*Wachau*!) foi a ocasião que levou à revolta aberta. Um dos conspiradores era o único colega aristocrata que tínhamos chamado de "*girafa*" por causa de seu notável desenvolvimento em altura, e ficou lá parado como o conde no sonho quando o professor de *língua alemã*, o tirano da escola, pediu-lhe explicações. Explicar a *flor favorita* e o colocar na lapela alguma coisa que de novo só pode ser uma flor (o que lembra as orquídeas que levei a uma amiga no mesmo dia, e além disso lembra também uma rosa de Jericó) faz pensar apelativamente na cena dos dramas reais de Shakespeare que inaugura a guerra civil da rosa *vermelha* e da rosa *branca*; a menção a Henrique VIII abriu o caminho para essa reminiscência. Então, não há muita distância das rosas para os cravos vermelhos e brancos. (Entre os dois se intercalam dois versinhos na análise, um em *alemão* e o outro em *espanhol*:

> "*Rosen, Tulpen, Nelken,*
> *alle Blumen welken*"
> "*Isabelita, no llores,*
> *que se marchitan las flores*"
>
> [Rosas, tulipas, cravos,
> todas as flores murcham.
> Isabelzinha, não chore,
> que murcham as flores][i]

Os cravos brancos tornaram-se para nós, em Viena, a insígnia dos *antissemitas*, e os vermelhos, a dos *social-democratas*. Por trás disso uma lembrança de uma provocação antissemita durante uma viagem de trem pela bela Saxônia (cf. anglo-saxões). A terceira cena, que forneceu elementos para a formação da primeira situação onírica, data dos meus primeiros anos de estudante. Em uma associação *alemã* de estudantes, houve uma discussão sobre a relação da filosofia com as ciências naturais. Eu, jovem imaturo,

[i] O verso em espanhol vem de *Fígaro*.

recheado de doutrina materialista, adiantei-me para defender um ponto de vista eminentemente unilateral. Foi então que se levantou um colega com mais conhecimento e mais velho, que desde então provou sua aptidão para dirigir seres humanos e organizar as massas, e que além disso também traz um nome que provém do reino animal [*Adler* = águia], e acabou conosco devidamente; ele disse que em sua juventude também havia cuidado de porcos e depois tinha retornado arrependido à casa paterna. *Eu me enfureci* (como no sonho), tornei-me *rude como uma porca* [*saugrob*] e respondi que, depois que fiquei sabendo que ele cuidava de *porcos, eu não me surpreendia* mais com o tom de suas falas. (No sonho eu me espanto com o meu modo nacionalista alemão de pensar.) Grande tumulto; fui convidado por vários lados a retirar minhas palavras, mas permaneci firme. O ofendido era demasiado sensato para aceitar a pretensão de uma *provocação* dirigida a ele, e deixou que a coisa se acalmasse.

Os restantes elementos da cena do sonho provêm de camadas mais profundas. O que pode significar o fato de o conde invocar a "unha-de-cavalo"? aqui preciso consultar minha série associativa. *Huflattich* [unha--de-cavalo] – *lattice* [alface] – *Salat* [salada] – *Salathund* [cão de salada (o cão que não concede aos outros aquilo que ele próprio não come)]. Aqui atentamos para uma provisão de xingamentos; *Gir-affe* [*Giraffe* = girafa; *Affe* = macaco], *Schwein* [porco], *Sau* [porca], *Hund* [cachorro]; eu poderia também, fazendo um desvio por um nome, chegar a *Esel* [burro] e, assim, novamente a um escárnio a um mestre universitário. Além disso, traduzo, não sei se de maneira correta, – *Huflattich* [unha-de-cavalo] por "*pisse-en-lit*" [dente-de-leão, mas literalmente "mija-na-cama"]. Esse conhecimento vem do *Germinal*, de Zola, no qual as crianças são convidadas a trazer essa salada. O cão [*Hund*] – *chien* – contém em seu nome uma alusão à maior das necessidades excretórias (*chier* [cagar], assim como *pisser* [mijar] para a menor). Em breve reuniremos o que há de inconveniente em cada um dos três estados em que a matéria se agrega; pois no mesmo *Germinal*, que tem bastante a ver com a revolução vindoura, encontra-se descrito um concurso bastante singular que se relaciona com a produção de excreções gasosas chamadas *Flatus* [vento – cf. flatulência].[i] E agora preciso mencionar como o caminho para esse *Flatus* já estava delineado há muito tempo, partindo

[i] Não em *Germinal*, mas em *La Terre*. Um erro que só foi percebido depois da análise. – A propósito, chamo a atenção para as letras idênticas em "*Huflattich*" e em "*Flatus*".

das *flores*, passando pelo versinho *espanhol*, com *Isabelita*, até *Isabella* e *Ferdinand*, passando por *Henrique VIII* e a história inglesa, chegando à luta da Armada contra a Inglaterra, em razão da qual os ingleses vitoriosos cunharam uma moeda com a inscrição: *Flavit et dissipati sunt* [ele soprou e foram dispersados], porque o vento da tempestade tinha dispersado a frota espanhola.[i] Mas imaginei tomar essa expressão como uma epígrafe meio jocosa do capítulo "Terapia", se acaso algum dia eu chegasse a dar conta em detalhe da minha concepção e do tratamento da histeria.

Não posso, na verdade, oferecer uma resolução tão detalhada da segunda cena do sonho por consideração à censura. O que efetivamente ocorre é que me coloco no lugar de um conceituado senhor daquele período revolucionário que também teve uma aventura com uma Adler [águia], e que dizem ter sofrido de uma *incontinentia alvi* [incontinência intestinal] etc., e acredito que *não estaria autorizado a passar* pela censura *quanto a esse ponto*, embora a maior parte dessas histórias me tenha sido contada por um *conselheiro da corte* [*Hofrat*] (*Aula, consiliarius aulicus*). A série de cômodos [*Zimmer*] no sonho deve sua inspiração ao vagão-salão de Sua Excelência no qual pude dar uma espiada; mas ela significa, como é tão frequente no sonho, *mulheres* [*Frauenzimmer*] (*ärarische Frauenzimmer* [mulheres públicas]). Em relação à pessoa da zeladora, estou sendo bem mal-agradecido com uma senhora mais velha e espirituosa pela hospitalidade e pelas muitas boas histórias que me foram contadas em sua casa. – O detalhe em relação à lamparina remete a Grillparzer, que registrou uma encantadora experiência de conteúdo semelhante e a utilizou depois em *Hero e Leandro* (as *ondas do mar* e do amor – a Armada e a *tempestade*).[ii]

[i] [Nota acrescentada em 1925:] O Dr. Fritz Wittels, biógrafo que encontrei sem tê-lo solicitado, acusa-me de ter omitido o nome de Jeová da inscrição acima. [Acréscimo de 1930:] Na medalha comemorativa inglesa, o nome de Deus está incluído em caracteres hebraicos, e na verdade no plano de fundo de uma nuvem, mas de tal maneira que podemos concebê-lo como fazendo parte tanto da imagem quanto da inscrição.

[ii] [Nota acrescentada em 1911:] Em relação a essa parte do sonho, H. Silberer tentou mostrar, em um trabalho rico de conteúdo, que o trabalho do sonho tem condições de reproduzir não apenas os pensamentos latentes do sonho, mas também os processos psíquicos em ação durante a formação do sonho ("Das funktionale Phänomen" [O fenômeno funcional]). [Acréscimo de 1914:] Mas penso que, nesse caso, ele deixa de ver que "os processos psíquicos em ação durante a formação do sonho" são, para mim, um *material* de pensamentos como qualquer outro. Nesse sonho presunçoso, estou evidentemente orgulhoso por ter descoberto esses processos.

Preciso também refrear a análise detalhada das duas partes restantes do sonho; delas vou extrair apenas aqueles elementos que conduzem às duas cenas da infância, em razão das quais eu, aliás, escolhi-o. Com razão se irá supor que é um material sexual que me obriga a essa repressão [*Unterdrückung*]; mas não precisamos nos dar por satisfeitos com essa explicação. Pois não fazemos para nós mesmos nenhum segredo sobre muitas coisas que devemos tratar como segredo diante de outros, e nesse caso não se trata das razões que me obrigam a esconder a solução, mas dos motivos da censura interior que escondem de mim mesmo o verdadeiro conteúdo do sonho. E é por isso, portanto, que tenho de dizer que a análise me permite reconhecer esses três fragmentos de sonho como ostentação impertinente, como emanação de um ridículo delírio de grandeza há muito tempo reprimido em minha vida de vigília, que se arrisca a enviar emissários até o conteúdo manifesto do sonho (*eu me acho esperto*), permitindo compreender perfeitamente o humor presunçoso da noite anterior ao sonho. E, na verdade, ostentação em todos os domínios; é assim que mencionar Graz remete à expressão "Quanto custa Graz?", que empregamos com prazer quando nos acreditamos providos de dinheiro abundante. Quem quiser pensar no mestre Rabelais e na sua inigualável descrição da vida e dos feitos de Gargântua e de seu filho Pantagruel poderá também incluir entre as ostentações o conteúdo ao qual o primeiro fragmento do sonho faz alusão. Mas faz parte das duas cenas de infância prometidas o seguinte: eu tinha comprado para essa viagem uma mala *nova*, cuja cor, um marrom-arroxeado, aparece várias vezes no sonho (as violetas marrom-arroxeadas de um material rígido ao lado de uma coisa que chamamos de "apanhador de garotas" [*Mädchen-fänger*] – a mobília nas salas do governo). Que com algo *novo* podemos *chamar a atenção* das pessoas é uma conhecida crença infantil. Pois bem, contaram-me a seguinte cena da minha vida infantil, cuja lembrança foi substituída pela lembrança do que me foi contado. Parece que – na idade de 2 anos – eu ainda ocasionalmente *molhava a cama* e, quando fui repreendido por isso, *consolei* meu pai com a promessa de lhe comprar em N. (a cidade grande mais próxima) uma bonita cama nova *vermelha*. (Por isso, no sonho, a intercalação, de que *compramos* ou *tínhamos de comprar* o urinol-papagaio *na cidade*; o que se prometeu *tem* de ser cumprido.) (Observe-se, a propósito, a composição do urinol masculino com a mala feminina, *box*.) Toda a megalomania da criança está contida nessa promessa. A importância das dificuldades urinárias da criança para o sonho já chamou nossa atenção em uma interpretação de sonho anterior (ver o sonho à p. 231).

Das psicanálises com neuróticos reconhecemos também a íntima relação entre o fato de molhar a cama e o traço de caráter da ambição.

Mas houve então uma vez outro incidente doméstico quando eu tinha 7 ou 8 anos, do qual me lembro muito bem. Uma noite, antes de ir dormir, não dei importância ao mandamento da discrição de não fazer as necessidades no quarto dos pais em sua presença, e meu pai, em sua reprimenda por causa disso, deixou escapar a seguinte observação: "Esse garoto não será nada de bom". Isso deve ter sido uma ofensa terrível para a minha ambição, pois alusões a essa cena retornam sem cessar em meus sonhos, e são regularmente conectadas à enumeração de minhas realizações e meus êxitos, como se eu quisesse dizer: Você está vendo? Eu me tornei, sim, algo de bom. Essa cena da infância fornece então o material para a última imagem do sonho, na qual, naturalmente por vingança, os papéis estão trocados. O homem mais velho, evidentemente o meu pai, porque a cegueira em um olho significa seu glaucoma de um lado só,[i] urina agora diante de mim, tal como eu o fiz na época diante dele. Com o glaucoma eu lhe lembro a cocaína, que o aliviou quando da operação, como se com isso eu tivesse cumprido a minha promessa. Além disso, zombei dele; porque está cego, preciso segurar urinol para ele, e deleito-me com alusões às minhas descobertas sobre a doutrina da histeria, das quais estou orgulhoso.[ii]

---

[i] Outra interpretação: ele tem só um olho, como Odin, pai dos deuses. – *Odhins Trost* [O consolo de Odin]. *O consolo* da cena da infância, de que vou comprar-lhe uma cama nova.

[ii] Acrescento a isso algum material para a interpretação: segurar o frasco [para urinar] lembra a história do camponês que, na ótica, experimenta lente após lente, mas não consegue ler. – (Bauern*fänger* [apanhador de camponês] – Mädchen*fänger* [apanhador de garotas] no fragmento anterior do sonho.) – O tratamento dado pelos camponeses ao pai que ficou senil em *La Terre*, de Zola. – A triste satisfação de que meu pai, em seus últimos dias de vida, sujou a cama como uma criança; por isso no sonho sou um enfermeiro. – "Pensar e vivenciar são, por assim dizer, uma coisa só" lembra um drama livresco, fortemente revolucionário, de Oskar Panizza, no qual Deus Pai, enquanto velho paralítico, é tratado de maneira bastante vergonhosa; lá consta: vontade e ação são para ele uma coisa só, e ele precisa ser impedido por seu arcanjo, uma espécie de Ganimedes, de praguejar e amaldiçoar, porque essas maldições iriam se realizar imediatamente. – Fazer planos é uma reprimenda em relação ao meu pai, que provém de uma época posterior de minha crítica, bem como, de maneira geral, todo o conteúdo do sonho, a rebeldia, o lesa-majestade e o sarcasmo em relação à instância suprema, remontam à rebeldia contra o pai. O príncipe é chamado de pai do país, e o pai é a mais antiga, a primeira e, para a criança, a única autoridade, e de sua onipotência nasceram, no curso da história cultural da humanidade, as outras autoridades sociais (na medida em que o "direito materno" não force a restrição dessa asserção).

Se para mim as duas cenas de urinar da infância estão, de qualquer maneira, estreitamente ligadas com o tema da mania de grandeza, seu despertar durante a viagem para Aussee foi ainda mais facilitado pela circunstância casual de que meu compartimento não tinha banheiro, e eu tinha de estar disposto a passar por constrangimentos durante a viagem, o que de fato aconteceu na madrugada. Acordei então com as sensações da necessidade corporal. Penso que alguém possa estar inclinado a atribuir a essas sensações o papel do verdadeiro ocasionador de sonho, mas eu daria preferência a outra concepção, a saber, a de que foram os pensamentos do sonho que primeiro provocaram a vontade de urinar. Para mim, não é de todo habitual que eu seja perturbado em meu sono por qualquer tipo de necessidade, pelo menos no horário em que acordei, às 2h45 da madrugada. Enfrento outra objeção observando que, em outras viagens, sob condições mais confortáveis, quase nunca senti a vontade de urinar depois de ter acordado muito cedo. Posso, na verdade, deixar esse ponto inconcluso, sem nenhum prejuízo.

Além disso, desde que fui alertado, através de experiências com a análise de sonhos, do fato de que mesmo os sonhos cuja interpretação parece em princípio completa, porque as fontes do sonho e os ocasionadores de desejo são facilmente comprováveis – que mesmo desses sonhos partem importantes fios de pensamento que chegam até a mais remota infância, tive de me perguntar se também não é nesse traço que está dada uma condição essencial para o sonhar. Se me fosse permitido generalizar esse pensamento, caberia a cada sonho, em seu conteúdo manifesto, uma conexão com o que foi vivenciado recentemente, mas, em seu conteúdo latente, uma

---

– A formulação no sonho "Pensar e vivenciar são uma coisa só" visa à explicação dos sintomas histéricos, com a qual o urinol masculino também tem uma relação. A um vienense eu não precisaria expor o princípio de "Gschnas"; ele consiste em produzir objetos de aparência rara e valiosa, a partir de material trivial, de preferência estranho e sem valor, por exemplo, armaduras a partir de panelas, fiapos de palha e *pretzels*, como nossos artistas gostam de fazer em suas noites divertidas. Eu tinha então percebido que os histéricos fazem o mesmo; ao lado daquilo que realmente lhes aconteceu, eles criam inconscientemente acontecimentos de fantasia atrozes ou extravagantes, que constroem a partir do material mais inocente e banal extraído da vivência. É a essas fantasias que se ligam os sintomas em primeiro lugar, e não às lembranças dos acontecimentos reais, sejam eles graves ou igualmente inocentes. Esse esclarecimento me ajudou a superar muitas dificuldades e me trouxe muita alegria. Pude aludir a ele com o elemento onírico do "*urinol masculino*", porque me contaram sobre a última "noite de Gschnas" que lá tinha estado exposto um cálice para veneno de Lucrécia Bórgia, cujo núcleo e elemento principal teria constituído um urinol masculino, como o que é utilizado em hospitais.

conexão com o mais antigo que foi vivenciado, e, a partir disso, na análise da histeria, eu realmente posso mostrar que, no bom sentido do termo, ele permaneceu recente até o presente. Mas essa suposição parece ainda muito difícil de verificar; devo retornar, em outro contexto (capítulo VII), ao provável papel das primeiras vivências infantis para a formação do sonho.

Das três particularidades da memória do sonho examinadas no início, uma delas – a preferência pelo que é secundário no conteúdo do sonho – solucionou-se para nós de maneira satisfatória quando a atribuímos à *deformação no sonho*. A ênfase dada ao que é recente, bem como ao infantil, pudemos confirmar, mas não deduzir dos motivos do sonho. Ainda nos resta a explicação ou avaliação dessas duas características, mas queremos agora guardá-las na memória; elas vão encontrar seu lugar apropriado em outro momento, seja na psicologia do estado de sono, seja nas considerações sobre a construção do aparelho anímico, que empreenderemos posteriormente, assim que tivermos percebido que através da interpretação do sonho, como através da fresta de uma janela, podemos lançar um olhar ao interior desse aparelho.

Mas já quero destacar aqui outro resultado das últimas análises de sonho. Frequentemente o sonho parece ter *mais de um significado*; não apenas podem estar reunidas nele, como os exemplos mostram, várias realizações de desejo lado a lado; mas também um sentido, uma realização de desejo pode recobrir a outra, até que embaixo de todas nos deparamos com a realização de um desejo da primeira infância, e nesse ponto cabe novamente considerar se nessa frase não seria mais correto substituir o "frequentemente" por "regularmente".[i]

C
AS FONTES SOMÁTICAS DO SONHO

Quando fazemos a tentativa de tornar um leigo interessado nos problemas do sonho, e com essa intenção, lhe perguntamos quais seriam, em

---

[i] [Nota acrescentada em 1914:] A sobreposição das camadas dos significados do sonho é um dos problemas mais árduos, mas também um dos mais ricos em conteúdo da interpretação do sonho. Quem esquece essa possibilidade facilmente se enganará e será levado a formular afirmações insustentáveis sobre a essência do sonho. E, no entanto, sobre esse tema foram feitas ainda muito poucas investigações. Até agora, apenas a bastante regular estratificação de símbolos do sonho, causada por estímulo urinário, recebeu de O. Rank uma apreciação aprofundada.

sua opinião, as fontes dos sonhos, percebemos, na maioria das vezes, que essa pessoa acredita estar seguramente de posse dessa parte da solução. Ele pensa imediatamente na influência que durante o sono exercem a digestão perturbada ou difícil ("os sonhos provêm do estômago"), uma possível posição do corpo e pequenos acontecimentos que se manifestam na formação do sonho, e parece não ter ideia de que, depois de considerar todos esses fatores, ainda está faltando algo necessário para a explicação.

Expusemos detalhadamente no capítulo introdutório (p. 66 e ss.) o papel que a literatura científica atribui às fontes de estímulos somáticos para a formação do sonho, de modo que aqui só precisamos nos lembrar dos resultados dessa investigação. Vimos que são diferenciadas três espécies de fontes de estímulos somáticos, os estímulos sensoriais objetivos que provêm de objetos externos, os estados de excitação interna dos órgãos dos sentidos, de base apenas subjetiva, e os estímulos corporais que provêm do interior do corpo, e percebemos a inclinação dos autores a forçar para o plano de fundo ou a excluir eventuais fontes psíquicas do sonho junto a essas fontes de estímulos somáticos (p. 83). Observando as reivindicações levantadas a favor de fontes de estímulos somáticos, descobrimos que o significado das excitações objetivas dos órgãos dos sentidos – em parte estímulos casuais durante o sono, em parte aqueles que não podem ser mantidos afastados da vida psíquica adormecida – foi estabelecido por numerosas observações e é confirmado experimentalmente (p. 69 e ss.), que o papel das excitações sensoriais subjetivas parece estar demonstrado pelo retorno das imagens sensoriais hipnagógicas nos sonhos (p. 75), e que a recondução, admitida em todo o seu alcance, das nossas imagens e representações de sonho a um estímulo corporal interno na verdade não é demonstrável em toda a sua extensão, mas pode apoiar-se na bem conhecida influência que exerce o estado de excitação dos órgãos digestivos, urinários e sexuais sobre o conteúdo de nossos sonhos.

"*Estímulo nervoso*" e "*estímulo corporal*" seriam, portanto, as fontes somáticas do sonho, ou seja, de acordo com vários autores, absolutamente as únicas fontes do sonho.

Mas já demos ouvidos a uma série de dúvidas que pareciam atacar não propriamente a exatidão da teoria do estímulo somático, mas muito mais a sua suficiência.

Por mais seguros que tivessem de se sentir os representantes dessa doutrina em relação aos seus princípios reais – sobretudo na medida em que entram em consideração os estímulos nervosos acidentais e externos, que podem ser reencontrados no conteúdo do sonho sem nenhum esforço –, nenhum deles deixou de perceber que o rico conteúdo de representações dos sonhos não permitiria uma derivação apenas de estímulos nervosos externos. A Srta. Mary Whiton Calkins examinou seus próprios sonhos e os de uma segunda pessoa por seis semanas seguidas a partir desse ponto de vista e descobriu que em apenas 13,2%, e 6,7%, respectivamente, o elemento da percepção sensorial externa era demonstrável; apenas dois casos da compilação podiam ser atribuídos a sensações orgânicas. A estatística nos confirma aqui o que já podíamos supor com uma rápida visão do conjunto de nossas próprias experiências.

Por vezes contentamo-nos em salientar o "sonho de estímulo nervoso" como sendo uma subespécie bem investigada de sonho em relação a outras formas de sonho. Spitta dividiu os sonhos em sonhos por estímulo nervoso e sonhos por associação. Mas era claro que a solução permaneceria insatisfatória enquanto não se conseguisse demonstrar o vínculo entre as fontes somáticas do sonho e o conteúdo de representação do sonho.

À primeira objeção, sobre a insuficiência das fontes externas de estímulo quanto à frequência, acrescenta-se então uma segunda, a insuficiência quanto à elucidação do sonho, à qual podemos chegar através da introdução dessa espécie de fontes de sonho. Os representantes dessa doutrina nos devem duas dessas elucidações, primeiro, por que o estímulo externo no sonho não é reconhecido em sua natureza real, mas, ao contrário, é regularmente menosprezado (ver os sonhos provocados por despertador, p. 72, e, segundo, por que o resultado da reação do psiquismo a esse estímulo menosprezado pode acabar variando de maneira tão indeterminada. Em resposta a essa pergunta, ouvimos Strümpell dizer que o psiquismo, em consequência de seu afastamento em relação ao mundo exterior durante o sono, não é capaz de fornecer a interpretação correta do estímulo sensorial objetivo, mas é forçado, em razão de uma incitação indeterminada em muitos aspectos, a formar ilusões, ou, em suas próprias palavras (p. 108):

> Assim que, em consequência de um estímulo nervoso externo ou interno, surgir na alma [*Seele*], durante o sono, uma sensação ou um complexo de sensações, um sentimento, em geral, um processo psíquico e ele seja percebido por ela, esse processo provoca, a partir da esfera de experiências que subsistiu na alma desde o estado de vigília, imagens de sensação, portanto, percepções anteriores, sejam elas nuas ou dotadas de valores

> psíquicos que lhes correspondam. Ele reúne, de alguma forma, em torno de si um número maior ou menor dessas imagens, através das quais a impressão que provém do estímulo nervoso recebe seu valor psíquico. Aqui também costumamos dizer, tal como o uso da língua faz para a conduta de vigília, que a alma, no sono, *interpreta* as impressões de estímulos nervosos. O resultado dessa interpretação é o chamado *sonho por estímulo nervoso*, ou seja, um sonho cujos componentes estão condicionados a que um estímulo nervoso execute sua ação psíquica na vida anímica de acordo com as leis da reprodução.

No essencial, é idêntica a essa doutrina a declaração de Wundt de que as representações do sonho partem, em todo caso, em sua maioria, de estímulos sensoriais, incluindo principalmente os cenestésicos, e são por isso, na maioria das vezes, ilusões da fantasia, provavelmente apenas em sua minoria, puras representações de lembranças intensificadas até se tornarem alucinações. Para a relação entre o conteúdo do sonho e os estímulos do sonho, que se produz de acordo com essa teoria, Strümpell encontra a excelente comparação (p. 84), é como "se os 10 dedos de um homem inteiramente ignorante em música corressem sobre as teclas de um instrumento". Dessa maneira, o sonho não aparece como um fenômeno anímico oriundo de motivos psíquicos, mas como o resultado de um estímulo fisiológico, que se manifesta em uma sintomatologia psíquica, porque o aparelho atingido pelo estímulo não é capaz de nenhuma outra manifestação. Sobre um pressuposto semelhante é construída, por exemplo, a explicação sobre as representações obsessivas que Meynert tentou oferecer através da célebre comparação com o mostrador de relógio, no qual se sobressaem alguns números mais abaulados.

Por mais apreciada que tenha sido a doutrina dos estímulos somáticos do sonho e por mais cativante que ela possa parecer, é fácil, no entanto, mostrar nela o ponto fraco. Todo estímulo somático do sonho que, durante o sono, incita o aparelho anímico à interpretação através da formação de ilusão pode suscitar uma variedade incontável dessas tentativas de interpretação, portanto, conseguir sua representação no conteúdo do sonho, na forma de representações excepcionalmente diversas.[i] Mas a doutrina de

---

[i] [Nota acrescentada em 1914:] Gostaria de aconselhar a todos que lessem atentamente os protocolos detalhados e precisos dos sonhos produzidos experimentalmente por Mourly Vold, reunidos em dois volumes, para que se convençam do pouco esclarecimento que recebe o conteúdo de cada um dos sonhos nas condições experimentais indicadas, e de quão

Strümpell e de Wundt é incapaz de indicar qualquer motivo que regule a relação entre o estímulo externo e a representação de sonho escolhida para a sua interpretação, portanto, de explicar a "escolha singular" que os estímulos "fazem com bastante frequência em sua eficácia produtiva" (Lipps. *Grundtatsachen des Seelenlebens* [Fatos fundamentas da vida anímica], p. 170). Outras objeções voltam-se contra o pressuposto fundamental de toda a doutrina da ilusão, segundo a qual a alma no sono não se encontra em posição de reconhecer a natureza real dos estímulos sensoriais objetivos. O velho fisiólogo Burdach nos comprova que a alma, mesmo durante o sono, é perfeitamente capaz de interpretar as impressões sensoriais que lhe chegam e de reagir de acordo com a interpretação correta; ele nos mostra, então, que certas impressões sensoriais que parecem importantes para o indivíduo podem ser negligenciadas durante o sono (ama de leite e criança), e que somos muito mais certamente despertados pelo nosso próprio nome do que por uma impressão auditiva indiferente, – o que, de fato, pressupõe que a alma, mesmo no sono, sabe diferenciar as sensações (p. 93). Burdach deduz dessas observações que durante o estado de sono é preciso supor não uma incapacidade para inter pretar os estímulos sensoriais, mas uma *falta de interesse por eles*. Os mesmos argumentos utilizados por Burdach em 1830 retornam inalterados então em Lipps em 1883, para combater a teoria do estímulo somático. A alma nos aparece por consequência tal como aquele que está dormindo na anedota, que à pergunta "Você está dormindo?" responde: "Não", mas que depois da segunda interpelação, "Então me empresta 10 florins", refugiou-se no pretexto: "Estou dormindo".

A insuficiência da doutrina dos estímulos somáticos do sonho pode também ser demonstrada de outra maneira. A observação mostra que não é pelos estímulos externos que sou obrigado a sonhar, embora esses estímulos apareçam no conteúdo do sonho, tão logo ou no caso de eu sonhar. Para um estímulo cutâneo ou por pressão que porventura me assalte durante o sono, tenho à minha disposição diversas reações. Posso ignorá-lo e depois, ao acordar, descobrir que, por exemplo, eu estava com uma perna descoberta ou com o braço comprimido; a patologia me mostra, com efeito, os mais numerosos exemplos de que estímulos de sensação e de movimento de vários tipos e fortemente excitantes permanecem sem efeito durante o

---

absolutamente escassa é a utilidade desses experimentos para a compreensão dos problemas do sonho.

sono. Posso ter a sensação durante o sono, por assim dizer, ao longo de todo o sono, como ocorre regularmente com estímulos que causam dor, mas sem entrelaçar a dor em um sonho; e, em terceiro lugar, posso acordar por causa do estímulo para eliminá-lo.[i] Só como uma quarta possível reação sou levado ao sonho pelo estímulo nervoso; mas as outras possibilidades se realizam ao menos tão frequentemente quanto a da formação do sonho. Esta não poderia ocorrer se o *motivo do sonhar não se situasse fora das fontes de estímulos somáticos.*

Em uma justa apreciação daquela lacuna descoberta anteriormente na explicação do sonho por estímulos somáticos, outros autores – Scherner, a quem se filiou o filósofo Volkelt – procuraram determinar mais precisamente quais das atividades anímicas fazem surgir as imagens heterogêneas de sonho a partir dos estímulos somáticos e, portanto, apesar de tudo, transferiram novamente a essência do sonhar ao anímico e a uma atividade psíquica. Scherner não deu apenas uma descrição de sensibilidade poética e ardentemente vivaz das particularidades psíquicas que se desenrolam na formação do sonho, ele também acreditava ter descoberto o princípio segundo o qual a alma procede com os estímulos que lhe são oferecidos. Na livre atividade da fantasia desembaraçada de suas cadeias diurnas, o trabalho do sonho almeja, de acordo com Scherner, figurar *simbolicamente* a natureza do órgão de onde parte o estímulo e o tipo desse estímulo. Resulta assim uma espécie de livro de sonhos como manual para a interpretação do sonho, que permite, a partir de imagens de sonho, inferir sentimentos corporais, estados de órgãos e estados de estímulos. "Assim, a imagem do gato exprime o desagradável desconforto emocional; a imagem do pão claro e liso, a nudez corporal." (Volkelt, 1875, p. 32). "O corpo humano como um todo é representado pela fantasia do sonho como casa; cada órgão corporal por uma parte da casa. Nos 'sonhos de estímulo dentário', o que corresponde ao órgão bucal é um vestíbulo com abóbada elevada; e à descida da faringe ao esôfago, uma escada. No 'sonho de dor de cabeça', o que é escolhido para descrever a situação elevada da cabeça é o teto de um quarto, coberto de aranhas repugnantes semelhantes a sapos" (p. 39).

---

[i] [Nota acrescentada em 1919:] Cf., a esse propósito, K. Landauer. *Handlungen des Schlafenden* [Ações daquele que dorme] (*Zeitschr. f. d. Ges. Neurologie und Psychiatrie*, XXXIX. 1918). Para qualquer observador existem, por parte daquele que dorme, ações visíveis e plenas de sentido. Aquele que dorme não está em absoluto abobado, ao contrário, ele consegue agir de maneira lógica e determinada.

"Esses símbolos são utilizados pelo sonho como escolha múltipla para o mesmo órgão: assim, o pulmão que respira encontra seu símbolo no fogão cheio de labaredas com seu ruído; o coração, em caixas e cestas vazias; a bexiga, em objetos redondos em forma de bolsa, ou em geral, ocos. É particularmente importante que, ao final do sonho, o órgão ocasionador ou sua função se apresente com frequência sem disfarce, quase sempre no próprio corpo daquele que sonha. O 'sonho por estímulo dentário' costuma então terminar com o sonhador extraindo um dente da boca" (p. 35). Não se pode dizer que essa teoria da interpretação de sonho tenha encontrado muita simpatia entre os autores. Ela pareceu sobretudo extravagante; houve inclusive hesitação para encontrar a parcela de legitimidade que, no meu entender, ela tem direito de reivindicar. Ela leva, como se vê, à revivescência da interpretação do sonho por meio do simbolismo, do qual se serviram os autores da Antiguidade, só que o campo a partir do qual a interpretação deve ser buscada está limitado às dimensões da corporeidade humana. A falta de uma técnica cientificamente compreensível na interpretação pode ser gravemente prejudicial à utilização da teoria de Scherner. O arbitrário na interpretação do sonho não parece de forma alguma excluído, sobretudo porque também nesse caso um estímulo pode se manifestar em múltiplos representantes no conteúdo do sonho; assim, Volkelt, afiliado a Scherner, já não pôde confirmar a figuração do corpo como casa. Além disso, o que causa desagrado é que nesse caso, mais uma vez, o trabalho do sonho é imposto à alma como uma atividade sem utilidade ou meta, pois, segundo a doutrina em questão, a alma se contenta em fantasiar sobre o estímulo que a mantém ocupada, sem que algo como uma eliminação do estímulo acene no horizonte.

Mas uma objeção atingiu duramente a doutrina de Scherner sobre a simbolização dos estímulos corporais. Esses estímulos corporais estão presentes o tempo todo, e a alma está mais acessível a eles durante o sono do que na vida de vigília, como geralmente se supõe. Não se entende então por que a alma não sonha continuamente a noite inteira, e, na verdade, toda noite com todos os órgãos. Se quisermos nos subtrair a essa objeção através da condição de que excitações particulares deveriam, necessariamente, partir do olho, da orelha, dos dentes, dos intestinos etc. para despertar a atividade do sonho, encontramo-nos diante da dificuldade de comprovar que essas intensificações de estímulo são objetivas, o que só é possível em um número restrito de casos. Se o sonho de voar significa uma simbolização da subida e descida dos lobos pulmonares na respiração, então esse sonho, como observa Strümpell, deveria ser sonhado com muito mais frequência, ou teríamos de poder comprovar uma intensificação da atividade respiratória durante o sonho. Ainda é possível um terceiro caso, o mais provável de todos, a saber, que de vez em quando motivos especiais estão atuando para que a atenção seja voltada às sensações viscerais que estão presentes de maneira uniforme, mas esse caso já leva para além da teoria de Scherner.

O valor das discussões de Scherner e Volkelt está no fato de eles chamarem a atenção para uma série de características do conteúdo do sonho que necessitam de explicação e parecem esconder novos conhecimentos. É inteiramente correto que nos sonhos estão contidas simbolizações de órgãos corporais e funções, que a água no sonho frequentemente aponta para estímulo urinário, que o órgão genital masculino pode ser figurado como um bastão em pé, ou uma coluna etc. Em sonhos que apresentam um campo de visão com muito movimento e cores brilhantes, em oposição à opacidade de outros sonhos, dificilmente podemos descartar a interpretação de "sonho por estímulo visual", muito menos contestar a contribuição da formação de ilusão nos sonhos que contêm ruído e algazarra. Um sonho como o de Scherner, em que duas fileiras de belos rapazes loiros estão frente a frente em uma ponte, atacam uns aos outros, depois retomam sua posição anterior, até que por fim o sonhador se senta sobre uma ponte e extrai um longo dente de sua mandíbula; ou um sonho semelhante de Volkelt, em que duas fileiras de gavetas representam um papel, e que novamente termina com a extração de um dente: formações de sonho como essas, comunicadas em profusão pelos dois autores, não admitem que deixemos de lado a teoria de Scherner como sendo uma invenção ociosa, sem procurar por seu bom núcleo. Apresenta-se então a tarefa de trazer outra espécie de elucidação para a pretensa simbolização do alegado estímulo dental.

O tempo todo em que estivemos ocupados com a doutrina das fontes somáticas do sonho, deixei de fazer valer aquele argumento que deriva de nossas análises de sonho. Se pudemos provar, por um procedimento que outros autores não utilizaram em seu material de sonhos, que o sonho possui um valor próprio enquanto ação psíquica, que um desejo é o motivo de sua formação e que as vivências do dia anterior fornecem ao seu conteúdo o material imediato, então qualquer outra doutrina do sonho que negligencie um procedimento de investigação tão importante e, em consequência, deixe que o sonho pareça uma reação psíquica inútil e enigmática aos estímulos somáticos se vê condenada mesmo sem uma crítica particular. Precisaria haver, então, o que seria muito improvável, duas espécies bem distintas de sonhos, das quais uma se apresentasse apenas a nós, e a outra apenas aos primeiros avaliadores que tiveram de julgar o sonho. Resta ainda apenas encontrar um lugar, no interior de nossa doutrina do sonho, para os fatos sobre os quais se apoia a doutrina usual dos estímulos somáticos do sonho.

Já demos o primeiro passo para isso quando apresentamos a tese de que o trabalho do sonho é compelido a elaborar em uma unidade todos os ocasionadores de sonho que estão presentes simultaneamente (p. 212). Vimos que, se restaram do dia anterior duas ou mais vivências capazes de deixar uma impressão, os desejos que delas resultam são reunidos em um sonho, e, da mesma forma, que, para formar o material do sonho, a impressão dotada de valor psíquico e as vivências indiferentes do dia anterior se reúnem, contanto que se possam estabelecer, entre os dois, representações comunicantes. Assim, o sonho aparece como reação a tudo o que está presente simultaneamente como atual na psique adormecida. Portanto, pelo que analisamos até agora do material do sonho, nós o reconhecemos como uma coleção de restos psíquicos, traços de lembranças, aos quais tivemos de atribuir (por causa da preferência ao material recente e ao infantil) um caráter de atualidade, por ora, psicologicamente indeterminável. Não nos causa muito embaraço predizer o que acontecerá se a essas atualidades de lembranças for acrescentado, durante o estado de sono, um novo material de sensações. Essas excitações, por sua vez, ganham uma importância para o sonho, pelo fato de serem atuais; elas se unem a outras atualidades psíquicas para fornecer o material para a formação do sonho. Os estímulos durante o estado de sono são, para dizer de outra maneira, elaborados em uma realização de desejo cujos outros componentes são os nossos conhecidos resíduos psíquicos do dia. Essa união *não precisa, necessariamente*, ser consumada; vimos, com efeito, que, em relação aos estímulos corporais durante o sono, é possível mais de um tipo de procedimento. Se ela ocorre, é porque conseguiu encontrar, para o conteúdo do sonho, um material de representação que vai figurar uma representação para as duas fontes do sonho: a somática bem como a psíquica.

A essência do sonho não é modificada se um material somático é agregado às fontes psíquicas do sonho; ele permanece uma realização de desejo, não importando como a expressão dessa realização seja determinada pelo material atual.

Eu gostaria de aqui abrir um espaço para uma série de peculiaridades que podem configurar de maneira variável a importância de estímulos externos para o sonho. Imagino que uma dada ação conjunta de fatores individuais, fisiológicos e casuais em respectivas circunstâncias decide pela maneira como vamos proceder durante o sono, em cada caso de estimulação objetiva mais intensa; a profundidade acidental habitual do sono conjugada com a intensidade do estímulo tornará, uma vez, possível reprimir [*unterdrücken*] o estímulo, de modo que ele não perturbe durante o sono, e, outra vez, obrigará a acordar ou apoiará a tentativa de vencer o estímulo, inserindo-o na trama de um sonho. Correspondendo à multiplicidade dessas constelações, os estímulos objetivos externos vão se manifestar mais frequentemente ou mais raramente no sonho de uma pessoa do que de outra. No meu caso, como tenho um sono excelente e me empenho obstinadamente em não me deixar perturbar no sono por nenhum motivo, é muito rara a insinuação de causas externas de excitação nos sonhos, enquanto é evidente que motivos psíquicos me levam muito facilmente a sonhar. Na verdade, registrei apenas um único sonho no qual podemos reconhecer uma fonte de estímulo objetiva e dolorosa, e justamente nesse sonho será muito instrutivo verificar o resultado onírico do estímulo externo.

*Estou montado em um cavalo cinza, inicialmente de maneira hesitante e desajeitada, como se eu estivesse apenas apoiado. Encontro então um colega P., que, vestindo um traje tirolês [*Lodenanzug*] e do alto de seu cavalo, adverte-me sobre alguma coisa (provavelmente que estou mal sentado). Agora me sinto cada vez melhor sobre o cavalo altamente inteligente, estou sentado confortavelmente e percebo que sobre ele estou me sentindo em casa. Minha sela é uma espécie de almofada que preenchia perfeitamente o espaço entre o pescoço e a garupa do cavalo. Cavalgo muito rente entre dois veículos de transporte. Depois de cavalgar por um trecho na rua, dou a volta e quero descer do cavalo, primeiro na frente de uma pequena capela aberta no limite da rua. Depois eu realmente desço na frente de uma capela próxima a ela; o hotel fica na mesma rua; eu poderia ter deixado o cavalo ir sozinho, mas prefiro levá-lo até lá. É como se eu fosse me envergonhar de chegar lá cavalgando. Na frente do hotel está um funcionário do hotel que me mostra um papel que eu tinha encontrado, e por isso zomba de mim. No papel está escrito, grifado duas vezes: Não comer nada, e depois uma segunda intenção (indistinto), algo como: não trabalhar nada; a isso se acrescenta a ideia vaga de que estou em uma cidade desconhecida na qual não trabalho.*

Do sonho não se percebe a princípio que ele aflorou sob a influência, melhor dizendo, sob a coação de um estímulo doloroso. É que dias antes eu tinha sofrido com furúnculos que faziam de cada um dos meus movimentos um suplício, e, por último, tinha crescido um furúnculo do tamanho de uma maçã na base do escroto, causando-me a cada passo as dores mais intoleráveis, fadiga febril, falta de apetite, além disso, o fato de que vinha mantendo o duro trabalho do dia, juntou-se tudo para perturbar o meu humor. Eu não estava exatamente em condições de cumprir minhas tarefas médicas, mas, tendo em vista a natureza e a localização do mal, não poderia ter sido pensada outra atividade para a qual eu certamente estivesse mais inapto, bem mais do que para qualquer outra, e esta é: *montar a cavalo*. E é exatamente nessa atividade que o sonho me coloca; essa é a mais enérgica negação do sofrimento acessível à representação. Não sei absolutamente montar a cavalo, e também normalmente não sonho com isso, e na verdade só estive sentado uma vez em cima de um cavalo, na época, sem sela, e isso não me agradou. Mas nesse sonho eu monto a cavalo, como se eu não tivesse nenhum furúnculo no períneo, *não, justamente porque não quero ter nenhum*. Minha sela é, de acordo com a descrição, o cataplasma que me possibilitou adormecer. É provável que durante as primeiras horas de sono – estando assim protegido – eu não tenha sentido nada de meu sofrimento. Anunciaram-se, então, as sensações dolorosas que pretendiam me acordar, mas daí veio o sonho que disse, tentando me apaziguar: "Continue dormindo tranquilamente, você não vai acordar! Você não tem nenhum furúnculo, pois está montando um cavalo, e com um furúnculo nesse lugar não se pode cavalgar!". E dessa maneira ele conseguiu amortecer a dor e continuei a dormir.

Mas o sonho não se contentou em me "dessugestionar" o furúnculo, mantendo obstinadamente uma representação inconciliável com o sofrimento, com o qual ele se conduziu como o delírio alucinatório da mãe que perdeu seu filho,[i] ou do comerciante cujas perdas o levaram à ruína; mas, ao contrário, os detalhes da sensação recusada e da imagem utilizada para o seu recalque lhe servem igualmente de material para se conectar à situação do sonho e para levar à figuração o que normalmente está presente na alma de maneira atual. Estou montado em um cavalo *cinza*, a cor do

[i] Cf. o trecho em Griesinger e a observação em meu segundo artigo sobre as "Neuropsicoses de defesa", *Neurologisches Zentralblatt*, 1896 (*Ges. Werke*, v. I).

cavalo corresponde exatamente ao traje de cor *pimenta e sal* que o colega P. usava na última vez que o encontrei no campo. Alimentação *altamente condimentada* foi o que me deram como a causa da furunculose, etiologia, de qualquer forma, preferível à do *açúcar*, no qual podemos pensar no caso de furunculose. O amigo P. adora sentar-se no "*cavalo alto*" [ser arrogante] em relação a mim, desde que me separou de uma paciente com a qual eu havia realizado grandes *proezas* [*Kunststücke*] (no início do sonho, estou sentado no cavalo como um *cavaleiro de circo* [*Kunstreiter*], tangencialmente), mas que me levou realmente para onde ela quis, tal como na anedota, o cavalo leva o cavaleiro de domingo. Assim, o cavalo passa a ter o significado simbólico de uma paciente (no sonho, ele é *altamente inteligente*). "*E sobre ele estou me sentindo em casa*" remete à posição que eu ocupava na casa, antes de ser substituído por P. "*O senhor me passa a impressão de estar sentado lá em cima bem firme na sela*", disse-me recentemente, em relação à mesma casa, um dos meus poucos apoiadores entre os grandes médicos desta cidade. Foi igualmente uma proeza fazer com essas dores de oito a 10 horas de psicoterapia por dia, mas eu sei que, sem um completo bem-estar corporal, não posso continuar por muito tempo com o meu trabalho particularmente difícil, e o sonho está cheio de sombrias alusões à situação que está prestes a acontecer (o papel, como o carregam os neurastênicos e o mostram ao médico): – *Não trabalhar e não comer*. Continuando com a interpretação, vejo que o trabalho do sonho conseguiu, a partir da situação de desejo do cavaleiro, encontrar o caminho para cenas muito remotas de brigas de crianças que devem ter se desenrolado entre mim e um sobrinho que, por sinal, é um ano mais velho e agora vive na Inglaterra. Além disso, o sonho tomou elementos das minhas viagens pela Itália; a rua, no sonho, é composta de impressões de Verona e Siena. Uma interpretação ainda mais aprofundada leva a pensamentos oníricos sexuais, e me lembro do que poderiam significar para uma paciente que nunca esteve na Itália as alusões no sonho a esse belo país (*gen Italien* [a caminho da Itália] – *Genitalien* [genitália]), não sem conexão simultânea com a casa na qual eu era médico antes do amigo P. e com o lugar em que se encontra o meu furúnculo.

Em outro sonho, consegui, de maneira semelhante, defender-me de uma perturbação de sono cuja ameaça *dessa vez* partiu de um estímulo sensorial, mas foi apenas uma casualidade que me colocou na posição de descobrir a relação do sonho com o estímulo onírico casual e, dessa forma, de compreender o sonho. Acordei uma manhã, era alto verão, em uma localidade montanhosa do Tirol, sabendo que tinha sonhado: *O papa morreu.* Não consegui interpretar esse sonho breve e não visual. Eu me lembrava apenas de um dos apoios para o sonho, o de que pouco tempo antes foi anunciada no jornal uma leve indisposição de Sua Santidade. Mas durante a manhã minha esposa perguntou: "Você ouviu hoje de manhã o barulho terrível dos sinos tocando?". Eu não sabia que o tinha escutado, mas agora eu entendia o meu sonho. Tinha sido a reação da minha necessidade de dormir apesar do barulho com o qual os piedosos tiroleses quiseram me acordar. Vinguei-me deles através da inferência que forma o conteúdo do sonho e continuei a dormir então inteiramente desinteressado pelo barulho.

Entre os sonhos mencionados nos capítulos anteriores, já se encontrariam vários que poderiam servir de exemplos para a elaboração do que chamamos de estímulos nervosos. O sonho com beber em grandes goles é um deles; nele, o estímulo somático parece ser a única fonte onírica, e o desejo que salta da sensação – a sede –, o único motivo do sonho. O mesmo acontece em outros sonhos simples, quando o estímulo somático consegue por si mesmo formar um desejo [*Wunsch*]. O sonho da paciente que durante a madrugada afasta de seu rosto o aparelho de refrigeração mostra uma maneira não habitual de reagir a estímulos de dor com realização de desejo; parece que a doente conseguiu provisoriamente se anestesiar, atribuindo suas dores a um desconhecido.

Meu sonho com as três Parcas é um evidente sonho de fome, mas ele sabe fazer retroceder a necessidade de nutrição até o anseio da criança pelo seio materno e utilizar o inocente desejo [*Begierde*] como cobertura de um desejo mais sério que não pode se manifestar de uma forma tão pouco dissimulada. No sonho do conde Thun, podemos ver por quais caminhos uma necessidade corporal dada como acidental é colocada em ligação com as moções mais intensas, mas também as mais intensamente reprimidas da vida anímica. E, quando o primeiro cônsul, como no caso relatado por Garnier, insere na trama de um sonho de batalha o barulho da máquina infernal que explode antes que isso o desperte, revela-se aí, com uma clareza particular, a serviço de que a atividade da alma se ocupa, afinal, das sensações durante o sono. Um jovem advogado que, ocupado com seu primeiro grande caso de falência, adormece depois do almoço comporta-se de maneira muito semelhante ao grande Napoleão. Ele sonha com um certo G. Reich, de Hussiatyn, que ele conhece de seu processo de falência, mas Hussiatyn continua a se impor de maneira imperiosa; ele só pode despertar e ouve então sua esposa, que sofria de um catarro bronquial – tossir [*husten*], violentamente. [1909]

Vamos manter juntos esse sonho do primeiro Napoleão, que a propósito também dormia de maneira excelente, e aquele do estudante que dormiu demais e que, despertado por sua senhoria porque tinha de ir ao hospital, sonha que está em uma cama de hospital e continua a dormir com a motivação: se já estou no hospital, é claro que não preciso me levantar para ir até lá. O último é um sonho de comodidade evidente, aquele que está dormindo admite sem dissimulação o motivo de seu sonho, mas assim põe a descoberto um dos segredos do sonho como tal. Em certo sentido, todos os sonhos são – *sonhos de comodidade*; eles servem à intenção de continuar o sono, em vez de despertar. *O sonho é o guardião do sono, não seu perturbador.* Em relação aos fatores psíquicos do despertar, vamos justificar essa concepção em outro lugar; sua utilização no papel dos estímulos objetivos externos já podemos fundamentar aqui. Ou bem a alma não se ocupa absolutamente do que causa as sensações durante o sono, se ela puder fazê-lo a despeito da intensidade e da importância desses estímulos que ela conhece muito bem; ou ela utiliza o sonho para contestar esses estímulos; ou, em terceiro lugar, se ela precisar reconhecê-los, ela procura uma interpretação desses estímulos que faz da sensação atual um elemento de uma situação desejada e conciliável com o dormir. A sensação atual é introduzida na trama de um sonho para ser despojada de sua realidade. Napoleão pode continuar dormindo; o que quer perturbá-lo não passa de uma lembrança onírica do retumbar dos canhões de Arcole.[i]

O desejo de dormir, [–] *ao qual o Eu consciente se ajustou e que, ao lado da censura (e da "elaboração secundária", que será mencionada mais tarde), constitui a contribuição desse Eu para o sonhar, deve, portanto, a cada vez, ser levado em consideração como motivo da formação do sonho, e todo sonho bem-sucedido é uma realização desse desejo.*[20] A maneira como esse desejo generalizado de dormir, regularmente presente e inalterado em si mesmo, situa-se em relação aos outros desejos, dos quais, ora um, ora outro, é realizado pelo conteúdo do sonho, isso será objeto de outra discussão. Mas no desejo de dormir descobrimos aquele fator que consegue preencher a lacuna na teoria de Strümpell e Wundt e explicar o que há de peculiar e caprichoso na interpretação do estímulo externo. A interpretação correta,

---

[i] As duas fontes de onde conheço esse sonho não estão em consonância com seu conteúdo.

da qual a alma que dorme é bastante capaz, requereria um interesse ativo, colocando a exigência de dar um fim ao sono; por essa razão, de todas as interpretações possíveis, só são admitidas aquelas que estão de acordo com a censura absolutista exercida pelo desejo de dormir. Por exemplo: Este é o rouxinol, e não a cotovia.[21] Pois, se fosse a cotovia, a noite de amor teria chegado ao fim. Entre as admissíveis interpretações do estímulo será então escolhida aquela que possa encontrar a melhor conexão com as moções de desejo que espreitam na alma. Assim, tudo é determinado de acordo com uma única interpretação, e nada é deixado ao arbitrário. A má interpretação não é ilusão, mas – se assim o quisermos – uma escapatória. Mas é preciso admitir aqui, mais uma vez, tal como ocorreu na substituição por deslocamento a serviço da censura do sonho, um ato de inflexão do processo psíquico normal.

Quando os estímulos nervosos externos e os estímulos corporais internos são suficientemente intensos para forçar sobre si a atenção psíquica, eles constituem – se for o caso de seu resultado ser sonhar e não acordar – um ponto sólido para a formação do sonho, um núcleo no material do sonho, para o qual é buscada uma realização de desejo correspondente, da mesma maneira como são buscadas (ver acima) as representações intermediárias entre dois estímulos psíquicos do sonho. Quanto a isso, é correto dizer de certos sonhos que neles é o elemento somático que comanda o conteúdo do sonho. Nesse caso extremo chega até a justamente ser despertado um desejo inatual para o propósito da formação do sonho. Mas o sonho não pode senão figurar um desejo como realizado em uma situação; ele é de alguma forma colocado diante da tarefa de procurar qual desejo pode ser figurado como realizado pela sensação agora atual. Se esse material atual for de caráter doloroso ou desagradável, não será por isso inutilizável para a formação do sonho. A vida anímica dispõe também de desejos cuja realização provoca desprazer, o que parece uma contradição, mas que se torna explicável se invocarmos a presença de duas instâncias psíquicas e a censura que existe entre elas.

Como vimos, existem na vida anímica, pertencentes ao primeiro sistema, desejos *recalcados* [*verdrängte*] a cuja realização o segundo sistema se rebela. Esse "existem" não é entendido historicamente, ou seja, que tenha havido esses desejos e estes tenham sido depois aniquilados; ao contrário, a doutrina do recalque [*Verdrängung*], da qual necessitamos para explicar as psiconeuroses, afirma que esses desejos recalcados ainda existem, mas que há ao mesmo tempo uma inibição que pesa sobre eles. A língua atinge o ponto certo quando fala de "*reprimir*" [*unterdrücken*] esses impulsos [*Impulse*]. A preparação psíquica para que esses desejos reprimidos penetrem até a realização permanece conservada e passível de utilização. Mas, se acontece de um desejo reprimido como esse se consumar, apesar de tudo, a superada inibição do segundo sistema (capaz de consciência) se manifesta como desprazer. E agora, para concluir essa discussão: se existirem durante o sono sensações da natureza do desprazer provindas de fontes somáticas, essa constelação é utilizada pelo trabalho do sonho para figurar – com maior ou menor preservação da censura – a realização de um desejo normalmente reprimido.

Esse estado de coisas torna possível uma série de sonhos de angústia, enquanto outra série dessas formações de sonho desfavoráveis à teoria do desejo permite reconhecer outro mecanismo. A angústia nos sonhos pode, com efeito, ser psiconeurótica, provir de excitações psicossexuais, e nesse caso a angústia corresponde à libido recalcada. Essa angústia tem então, tal como o sonho de angústia em seu todo, o significado de um sintoma neurótico, e nos encontramos no limite em que fracassa a tendência do sonho a realizar o desejo. Mas em outros sonhos de angústia a sensação de angústia é dada somaticamente (por exemplo, em doentes dos pulmões e do coração, com dificuldade respiratória ocasional), e ela é então utilizada para ajudar a se realizarem enquanto sonho desejos energicamente reprimidos como esses, enquanto o fato de sonhá-los por motivos psíquicos teria tido como consequência a mesma liberação de angústia. Não é difícil unificar os dois casos aparentemente separados. De duas formações psíquicas intimamente ligadas, uma inclinação ao afeto e um conteúdo de representação, uma delas, que está dada atualmente, anima a outra, mesmo no sonho; uma vez é a angústia somática dada que promove o conteúdo da representação reprimido, outra vez é o conteúdo de representação liberado do recalque, acompanhado de excitação sexual, que promove a liberação de angústia. De um dos casos podemos dizer que um afeto somaticamente dado é interpretado psiquicamente; no outro caso tudo é dado psiquicamente, mas o conteúdo que esteve reprimido se faz substituir com facilidade por uma interpretação somática que convém à angústia. As dificuldades que aqui se apresentam para a compreensão têm pouco a ver com o sonho; elas vêm do fato de que com essas discussões tocamos nos problemas do desenvolvimento da angústia e do recalque.

A cenestesia geral do corpo se encontra, sem dúvida, entre os estímulos somáticos internos que se impõem ao sonho. Não que ela forneça o conteúdo do sonho, mas ela força os pensamentos oníricos a uma escolha do material que deve servir à figuração no conteúdo do sonho, aproximando de si uma parte desse material enquanto adequada à sua essência e mantendo a outra parte afastada. Além disso, essa cenestesia geral deixada pelo dia anterior está sem dúvida em conexão com os restos psíquicos que são significativos para o sonho. Assim, essa disposição pode conservar-se como tal ou ser superada no sonho, de modo que, se ela for desprazerosa, transforma-se em seu contrário. [1914]

Se as fontes somáticas de estímulo durante o sono – portanto, as sensações do sono – não forem de intensidade inabitual, elas desempenham, na minha avaliação, um papel semelhante na formação do sonho ao das impressões do dia que persistiram como recentes, mas são indiferentes. O que eu penso de fato é que se recorre a elas para a formação do sonho quando se prestam à união com o conteúdo de representação das fontes psíquicas do sonho, mas não em outro caso. Elas são tratadas como um material barato, disponível a qualquer momento, que é utilizado todas as vezes que se precisar dele, ao passo que um material custoso prescreve ele mesmo a maneira como deve ser utilizado. O caso é quase semelhante ao de quando o mecenas leva ao artista uma pedra rara, um ônix, para que faça dela uma obra de arte. O tamanho da pedra, sua cor e suas manchas ajudam a decidir qual cabeça ou qual cena deve ser representada nela, enquanto com um material homogêneo e abundante de mármore ou arenito o artista apenas persegue a ideia que tomou forma em seu espírito [*Geist*]. Somente assim me parece compreensível o fato de que aquele conteúdo de sonho, fornecido pelos estímulos de origem somática que não chegaram a uma intensidade incomum, não apareça, no entanto, em todos os sonhos nem todas as noites no sonho.[i]

Talvez um exemplo que nos leve novamente de volta à interpretação do sonho possa explicitar melhor minha opinião. Certo dia esforcei-me para entender o que poderia significar a sensação de estar travado, de não poder sair do lugar, de não conseguir acabar nada etc., que é sonhada com tanta frequência e está tão intimamente aparentada com a angústia. Na noite que

---

[i] [Nota acrescentada em 1914:] Rank mostrou, em uma série de trabalhos, que certos sonhos que fazem despertar, provocados por estímulos orgânicos (sonhos com estímulo urinário e de polução), são particularmente adequados para demonstrar a luta entre a necessidade de dormir e as exigências das necessidades orgânicas, bem como a influência das últimas sobre o conteúdo do sonho.

se seguiu, tive o seguinte sonho: *Vestindo uma roupa inadequada, saio de um apartamento no andar térreo e subo a escada para um andar superior. Ao fazê-lo, salto três degraus de cada vez, alegrando-me por poder subir as escadas com tanta agilidade. De repente, vejo uma empregada descendo as escadas e, portanto, vindo ao meu encontro. Envergonho-me, quero me apressar, e então surge aquela paralisia, estou colado aos degraus e não consigo sair do lugar.*

Análise: A situação do sonho foi tomada da realidade cotidiana. Em um prédio de Viena, tenho dois apartamentos que só são ligados pela escada externa. No mezanino encontra-se o apartamento onde tenho meu consultório médico e meu escritório, e um andar acima, os cômodos residenciais. Quando termino embaixo meu trabalho em hora avançada, vou pela escada até meu quarto. Na noite anterior ao sonho, eu realmente tinha feito esse curto trajeto com a roupa um pouco desalinhada, isto é, eu tinha tirado o colarinho, a gravata e os punhos; no sonho isso foi convertido em um grau maior, mas, como sempre, indeterminado, de uma nudez. Saltar degraus é a minha maneira habitual de subir as escadas e, a propósito, é uma realização de desejo já reconhecida no sonho, pois a facilidade com a qual eu conseguia isso tinha me tranquilizado em relação ao estado da minha atividade cardíaca. Além disso, essa maneira de subir as escadas está em efetiva oposição com a inibição na segunda metade do sonho. Ela me mostra – o que não tinha necessidade de ser provado – que o sonho não tem dificuldade de se representar as ações motoras executadas com toda a perfeição; o que faz pensar na impressão de voar no sonho!

Mas a escada que estou subindo não é a da minha casa; não a reconheço de início, só a pessoa que vem em meu encontro é que me esclarece sobre a localidade em questão. Essa pessoa é a empregada da velha senhora que eu visito duas vezes por dia, para aplicar-lhe injeções; a escada também é bastante semelhante àquela que lá tenho de subir duas vezes por dia.

E então, como essa escada e essa personagem feminina entraram no meu sonho? A vergonha por não estar inteiramente vestido tem, sem dúvida, caráter sexual; a empregada com a qual eu sonho é mais velha que eu, ranzinza e nem um pouco atraente. A essas perguntas não me ocorre agora nada além do seguinte: quando eu faço a minha visita da manhã nessa casa, costumo pigarrear na escada, o produto da expectoração cai nos degraus. De fato, nesses dois andares, não há nenhuma escarradeira, e eu defendo o ponto de vista de que a manutenção da escada não pode ser feita às minhas custas, mas possibilitada pela colocação de uma escarradeira. A zeladora, uma pessoa também mais velha e ranzinza, mas com instintos [*Instikten*] de limpeza, como estou disposto a lhe reconhecer, adota, sobre esse assunto, outro ponto de vista. Ela fica me espiando para ver se novamente vou me permitir a liberdade em questão, e, quando ela o constata, ouço-a resmungar em voz alta. Além disso, durante dias ela me recusa seu respeito habitual quando nos encontramos. No dia anterior ao sonho, o partido da zeladora recebeu um reforço da empregada. Como sempre, eu tinha feito rapidamente minha visita à paciente, quando a empregada me deteve no saguão e, por sua vez, fez a seguinte observação: "O senhor doutor poderia já ter limpado as botas hoje antes de entrar no quarto. Mais uma vez, o tapete vermelho está totalmente sujo dos seus pés". Aí está todo o motivo de aparecerem no meu sonho a escada e a empregada.

Entre o meu voar-por-sobre-a-escada e o escarrar-na-escada existe uma relação íntima. O catarro da garganta e os problemas cardíacos devem figurar como as punições pelo vício de fumar, por causa do qual, naturalmente, eu também não gozo da fama de grande simpatia junto às donas de casa, nem em minha casa nem na outra, as quais o sonho funde em uma estrutura.

Preciso adiar o restante da interpretação do sonho, até que eu possa relatar de onde vem o sonho típico com a roupa inadequada. Observo apenas, como resultado provisório do sonho comunicado, que a sensação no sonho do movimento tolhido é provocada onde quer que determinado contexto necessite dela. Um estado particular da minha motilidade durante o sono não pode ser a causa desse conteúdo de sonho, pois um momento antes eu me vi, como que para me assegurar desse conhecimento, subindo correndo os degraus com leveza nos pés.

D
SONHOS TÍPICOS

Em geral, não somos capazes de interpretar o sonho de outra pessoa, se ela não nos quiser fornecer os pensamentos inconscientes que se encontram por trás do conteúdo onírico, e por isso a possibilidade de utilização prática de nosso método de interpretação do sonho é gravemente prejudicada.[i]

[i] [Nota acrescentada em 1925:] A tese de que o nosso método de interpretação do sonho se torna inutilizável quando não dispomos do material de associações do sonhador exige a

Entretanto, em franca oposição à liberdade normal de cada um de decorar seu mundo de sonho de acordo com sua particularidade individual e com isso torná-lo inacessível à compreensão dos outros, existe certo número de sonhos que quase todo mundo sonhou da mesma maneira, sobre os quais costumamos supor que eles também tenham o mesmo significado para todos. Um interesse particular também se volta a esses sonhos típicos pelo fato de que supostamente eles provêm das mesmas fontes em todos os seres humanos, parecendo, portanto, particularmente adequados para nos dar esclarecimentos sobre a fonte dos sonhos.

É então com expectativas bem particulares que vamos tentar nossa técnica de interpretação do sonho nesses sonhos típicos, e só admitiremos com muito pesar que a nossa arte não mostra verdadeiramente seu valor justamente nesse material. Na interpretação de sonhos típicos falham, em regra, as ideias que ocorrem aos sonhadores, aquelas que normalmente nos guiaram no entendimento do sonho, ou elas se tornam obscuras e insuficientes, de modo que não podemos resolver nossa tarefa com a sua ajuda.

De onde isso vem e como podemos remediar essa falha em nossa técnica trataremos posteriormente em nosso trabalho (p. 361). Então também o leitor compreenderá a razão de eu apenas poder tratar aqui alguns do grupo de sonhos típicos, e por que desloco a discussão dos outros a esse contexto posterior.

α) O sonho constrangedor com nudez

O sonho de estarmos nus ou malvestidos na presença de estranhos se produz também com o ingrediente adicional de que não nos envergonhamos dele etc. Mas o sonho de nudez só merece o nosso interesse quando nele sentimos vergonha e embaraço, quando queremos fugir ou nos esconder, e com isso sucumbimos a uma curiosa inibição que faz com que não consigamos sair do lugar e com que nos sintamos incapacitados de alterar a situação desagradável. Só nessa ligação o sonho é típico; o núcleo de seu conteúdo pode

---

complementação de que o nosso trabalho de interpretação é independente dessas associações em um caso, a saber, quando o sonhador utilizou elementos *simbólicos* no conteúdo do sonho. Nesse caso, servimo-nos, rigorosamente, de um segundo método, um método *auxiliar* de interpretação de sonho. (Cf. adiante.) [Na edição de 1911, aparecia nesse lugar a seguinte nota: "Com exceção dos casos em que o sonhador utiliza símbolos que nos são familiares, com o propósito de figurar seus pensamentos oníricos latentes".]

normalmente ser envolvido em várias outras conexões ou ser provido com ingredientes individuais. Trata-se essencialmente da sensação desagradável da natureza da vergonha, de que gostaríamos de esconder nossa nudez, na maior parte do tempo por meio da locomoção, e que não conseguimos fazê-lo. Creio que a grande maioria de meus leitores já terá se encontrado nessa situação em sonho.

Comumente, o modo como se está desvestido é pouco claro. Ouvimos contar, por exemplo, eu estava de camisola, mas raramente essa é uma imagem clara; na maioria das vezes, o fato de não estar vestido é tão indeterminado que é reproduzido na narrativa através de uma alternativa: "Eu estava de camisola ou de anágua". Em regra, a falha na vestimenta não é tão grave a ponto de a vergonha correspondente parecer justificada. Para aquele que usou o uniforme do imperador [soldado], a nudez é substituída muitas vezes por algo contrário ao regulamento. "Estou na rua sem sabre e vejo oficiais se aproximando, ou sem gravata, ou estava usando uma calça civil xadrez etc."

As pessoas diante das quais nos envergonhamos são quase sempre desconhecidos, cujos rostos são deixados indeterminados. Nunca acontece no sonho típico que, por causa da roupa que nos causa constrangimento, sejamos repreendidos ou mesmo apenas notados. Ao contrário, a expressão do rosto das pessoas é indiferente, ou, como pude perceber em um sonho particularmente claro, solenemente rígida. Isso dá o que pensar.

O constrangimento vergonhoso do sonhador e a indiferença das pessoas formam juntos uma contradição, tal como ela se produz frequentemente no sonho. Conviria apenas à sensibilidade do sonhador, entretanto, o fato de as pessoas o olharem aturdidas e rirem dele ou com ele se indignarem. Mas penso que esse traço de indignação é vencido pela realização de desejo, enquanto o outro que foi mantido por algum tipo de força permaneceu, e é assim que as duas partes se ajustam mal. Possuímos um interessante testemunho de que o sonho, em sua forma parcialmente desfigurada pela realização de desejo, não encontrou a compreensão correta. Ele se tornou, efetivamente, o fundamento de um conto de fadas que é conhecido por todos na versão de Andersen ("A roupa nova do imperador") e que recentemente recebeu uma versão poética de Fulda, em *O talismã*. No conto de Andersen, fala-se de dois impostores que tecem para o imperador uma túnica preciosa que, no entanto, só seria visível para as pessoas boas e fiéis. O imperador sai vestido com essa túnica invisível, e, assustadas pelo tipo de poder colocado à prova, todas as pessoas agem como se não percebessem a nudez do imperador.

Mas essa última é a situação do nosso sonho. Não é preciso muita ousadia para supor que o conteúdo incompreensível do sonho tenha fornecido uma estimulação para que fosse inventada uma roupagem na qual a situação presente na lembrança se tornasse plena de sentido. Com isso, essa situação foi despojada de seu significado original e colocada a serviço de finalidades estranhas. Mas veremos que um mal-entendido como esse do conteúdo do sonho produz-se frequentemente pela atividade consciente de pensamento de um segundo sistema psíquico e deve ser reconhecido como um fator que contribui para a configuração definitiva do sonho; além disso, veremos que, na formação de representações obsessivas e fobias, mal-entendidos semelhantes – no interior da mesma personalidade psíquica – também desempenham um papel principal. Também a respeito do nosso sonho, podemos indicar de onde é tirado o material para a reinterpretação [*Umdeutung*]. O impostor é o sonho, o imperador é o próprio sonhador, e a tendência moralizante denuncia um conhecimento obscuro de que no conteúdo latente do sonho estamos diante de desejos não permitidos, sacrificados ao recalque. O contexto no qual esses sonhos aparecem durante as minhas análises de neuróticos não deixa de fato nenhuma dúvida de que sob esse sonho se encontra uma lembrança da primeira infância. Somente em nossa infância houve a época em que éramos vistos com pouca roupa pelos nossos familiares, bem como por não familiares, como cuidadores, empregados, visitantes, e na época não nos envergonhávamos de nossa nudez.[i] Podemos também observar em muitas crianças, mesmo nas mais velhas, que o fato de estar desvestido tem sobre elas um efeito como que de embriaguez, em vez de levá-las a sentir vergonha. Elas riem, saltam por toda parte, dão tapas no corpo, a mãe ou quem estiver por perto as repreende dizendo: Credo, isso é uma vergonha, isso não se faz. As crianças mostram com frequência anseios exibicionistas; dificilmente se pode passar por uma aldeia da nossa região sem que se encontre uma criança de 2 até 3 anos que levante a camisa diante do viajante, talvez para honrá-lo. Um de meus pacientes conservou em sua lembrança consciente uma cena de seus 8 anos de idade, na qual, depois de se despir antes de ir dormir, quis ir dançando

[i] A criança também aparece no conto de fadas, pois nele uma criancinha grita de repente: “Mas ele não está vestindo nada”.

de camisola até sua irmã menor no quarto vizinho, e a serviçal o proibiu. Na história de juventude dos neuróticos, desnudar-se diante de crianças do outro sexo representa um grande papel; na paranoia, o delírio de ser observado no vestir-se ou desvestir-se deve ser remetido a essas vivências; entre os que permaneceram perversos existe uma classe na qual o impulso [*Impuls*] infantil foi elevado à condição de sintoma, a dos *exibicionistas*.

Essa infância poupada da vergonha nos parece, mais tarde, ao nosso olhar retrospectivo, um paraíso, e o próprio paraíso não é outra coisa senão a fantasia coletiva da infância de cada um. E é também por isso que no paraíso os seres humanos estão nus e não se envergonham diante dos outros, até que chega um momento em que a vergonha e a angústia [*Angst*] despertam, a expulsão ocorre, a vida sexual e o trabalho cultural se iniciam. E é de volta a esse paraíso que o sonho pode nos levar todas as noites; já formulamos a suposição de que as impressões da primeira infância (o período pré-histórico até aproximadamente o final do terceiro ano), por sua própria natureza, exigem ser reproduzidas, talvez independentemente do seu conteúdo, e de que sua repetição é uma realização de desejo. Os sonhos de nudez são portanto, *sonhos de exibição*.[i]

O núcleo do sonho de exibição é composto pela própria figura, que não é vista como a de uma criança, mas da maneira como é vista no presente, e pela vestimenta precária, que acaba ficando indistinta pela sobreposição de tantas lembranças posteriores de trajes desalinhados ou devido à censura; a isso se somam as pessoas diante das quais nos envergonhamos. Não conheço nenhum exemplo em que, de fato, reapareçam no sonho os espectadores dessas exibições infantis. Quase nunca o sonho é uma lembrança simples. Curiosamente, as pessoas às quais nosso interesse sexual era dirigido na infância são omitidas em todas as reproduções do sonho, da histeria e da neurose obsessiva; só a paranoia reinsere os espectadores, e, embora eles tenham permanecido invisíveis, ela conclui pela sua presença com uma convicção fanática. O que o sonho insere em seu lugar, "muitas pessoas desconhecidas", que não se importam com o espetáculo oferecido, é precisamente o *oposto do desejo* quanto àquela única pessoa, bem familiar, a quem foi oferecido o

[i] [Nota acrescentada em 1911:] Ferenczi comunicou certo número de sonhos de nudez ocorridos em mulheres, que puderam remetê-los sem dificuldade à necessidade infantil de exibição, mas em alguns aspectos eles diferem do típico sonho de nudez tratado anteriormente.

desnudamento. A propósito, "muitas pessoas desconhecidas" também são encontradas com frequência em qualquer outro contexto de sonho; elas sempre significam, enquanto oposto do desejo, "segredo".[i] Observemos que a restituição do antigo estado de coisas que também se produz na paranoia dá conta dessa oposição. Não se está mais sozinho, com certeza se está sendo observado, mas os observadores são "muitas pessoas desconhecidas, curiosamente deixadas indeterminadas".

Além disso, no sonho de exibição, o recalque se torna tema. A sensação desagradável do sonho é, sem dúvida, a reação do segundo sistema psíquico ao fato de o conteúdo da cena de exibição rejeitado [*verworfene*] pelo recalque ter, apesar de tudo, alcançado uma representação. Para evitar essa sensação, a cena não poderia ter sido reavivada.

Voltaremos a tratar da sensação de estar paralisado em um momento posterior. No sonho, ela serve de maneira excelente para figurar o *conflito da vontade*, o *não*. De acordo com a intenção inconsciente, a exibição deve continuar, de acordo com a exigência da censura, ela deve ser interrompida.

As relações dos nossos sonhos típicos com os contos de fadas e outros materiais literários não são certamente nem isoladas nem casuais. Ocasionalmente um olho aguçado de escritor reconheceu analiticamente o processo de transformação cujo instrumento é habitualmente o escritor, e o perseguiu em direção inversa, portanto, reconduziu a criação literária ao sonho. Um amigo chamou minha atenção para a seguinte passagem de *Henrique, o verde* [*Der grüne Heinrich*], de Gottfried Keller: "Não lhe desejo, querido Lee, que alguma vez você venha a experimentar a verdade peculiar e picante da situação de Ulisses, quando ele aparece nu e coberto de lama, diante de Nausícaa e suas companheiras de jogos! Você quer saber como isso acontece? Consideremos o exemplo. Se um dia, separado de sua família e de tudo aquilo que lhe é caro, vagando por um país estrangeiro, e depois de ter visto e aprendido muita coisa, estiver sentindo pesar e preocupação e ficar completamente miserável e abandonado, infalivelmente lhe virá de noite em sonho que você está se aproximando de sua terra natal; você a verá resplandecer e brilhar nas mais belas cores, e figuras doces, elegantes e queridas virão ao seu encontro; então você descobre de repente que está em trapos, nu e coberto de pó. Você é arrebatado por vergonha e angústia [*Angst*]

---

[i] [Nota acrescentada em 1909:] Por motivos compreensíveis, a presença da expressão "família inteira" no sonho significa a mesma coisa.

inomináveis, procura se cobrir, esconder-se e acorda, banhado de suor. Esse é, desde que existem seres humanos, o sonho do homem à mercê da aflição e da errância, e, assim, Homero extraiu essa situação da essência mais profunda e eterna da humanidade".

A essência mais profunda e eterna da humanidade, cujo reavivamento o escritor literário constrói em geral junto à sua plateia, são aquelas moções da vida anímica que se enraízam nos tempos de infância que se tornaram mais tarde pré-históricas. Por trás dos desejos passíveis de consciência e inatacáveis daquele que não tem pátria, irrompem no sonho os desejos infantis que foram reprimidos e não permitidos, e é por isso que o sonho que a saga de Nausícaa materializa converte-se regularmente em um sonho de angústia.

Meu próprio sonho, mencionado à p. 263, sobre a pressa na escada que logo se transforma em ficar grudado nos degraus, é igualmente um sonho de exibição, tendo em vista que ele apresenta os elementos essenciais de um sonho como esse. Ele deveria, portanto, deixar-se remeter às vivências infantis, e o conhecimento sobre elas deveria dar um esclarecimento sobre em que medida a conduta da empregada em relação a mim, sua acusação de que eu tinha sujado o tapete, contribui para lhe dar a posição que ela ocupa no sonho. Agora eu posso realmente apresentar os esclarecimentos desejados. Em uma psicanálise, aprendemos a reinterpretar [*umdeuten*] a proximidade no tempo para um contexto objetivo; dois pensamentos que, aparentemente sem relação, seguem-se um ao outro imediatamente pertencem a uma unidade a ser descoberta; da mesma forma como um "b" e um "a" que eu escrevo um ao lado do outro devem ser pronunciados como uma sílaba "ba". Ocorre o mesmo com a sobreposição de relações nos sonhos. O já mencionado sonho com a escada foi extraído de uma série da qual eu conheço os outros membros, por tê-los interpretado. O sonho que foi incluído por eles deve pertencer ao mesmo contexto. Pois bem, um dos sonhos incluídos nessa base traz a lembrança de uma babá que cuidou de mim a partir de algum momento no período da amamentação até a idade de 2 anos e meio, babá da qual me ficou na consciência uma lembrança obscura. De acordo com as informações que recolhi não faz muito tempo de minha mãe, ela era velha e feia, mas muito inteligente e eficiente; de acordo com as conclusões que pude extrair de meus sonhos, ela nem sempre me concedeu o mais afetuoso dos tratamentos e me fez ouvir duras palavras quando eu não mostrava ainda compreensão suficiente em relação à educação sobre asseio. Portanto, ao se esforçar para continuar essa obra de educação, a empregada pode ser tratada por mim no sonho como a encarnação da velha senhora da pré-história. Certamente se pode supor que a criança ofereceu seu amor a essa educadora, apesar de seu duro tratamento.[i]

β) Os sonhos com a morte de pessoas queridas

Outra série de sonhos que podem ser chamados de típicos diz respeito àqueles que têm como conteúdo o fato de um parente querido, os pais ou irmãos etc., terem morrido. É preciso de imediato diferenciar duas classes desses sonhos, aqueles nos quais, durante o sonho, não nos sentimos tocados pelo luto, de modo que quando acordamos ficamos surpresos com nossa insensibilidade, e aqueles nos quais sentimos uma dor profunda por causa do falecimento, que até mesmo o expressamos em lágrimas ardentes durante o sono.

Podemos deixar de lado os sonhos do primeiro grupo; eles não podem ser considerados típicos. Quando os analisamos, descobrimos que significam algo diferente do seu conteúdo, que eles são destinados a recobrir algum outro desejo qualquer. Assim é o sonho da tia que viu diante de si o único filho de sua irmã deitado no caixão (p. 187). Isso não significa que ela deseje a morte ao seu pequeno sobrinho, mas apenas oculta, como verificamos, o desejo de rever, depois da longa falta sentida, certa pessoa querida, a mesma que ela tinha revisto uma vez anteriormente, depois de um intervalo igualmente longo, diante do cadáver de outro sobrinho. Esse desejo, que constitui o verdadeiro conteúdo desse sonho, não dá ocasião para o luto, e é por isso que também no sonho nenhum luto é sentido. Percebemos aqui que a sensação contida no sonho não pertence ao conteúdo manifesto do sonho, mas ao conteúdo latente, que o conteúdo de afeto do sonho ficou livre da deformação, que atingiu o conteúdo de representação.

Outro é o caso dos sonhos nos quais a morte de um parente querido é representada e ao mesmo tempo um afeto doloroso é sentido. Eles significam, é o que diz seu conteúdo, o desejo de que a pessoa em questão morra, e, tendo em vista que aqui posso esperar que os sentimentos de todos os leitores e de todas as pessoas que sonharam algo semelhante se rebelem contra a minha explicação, tenho de procurar dar à demonstração a mais ampla base.

---

[i] Uma sobreinterpretação desse sonho: escarrar [*spucken*] na escada, tendo em vista que "*Spuken*" [assombrar] é uma atividade dos espíritos, leva, em livre tradução, a "*esprit d'escalier*". Espírito da escada [*Treppenwitz* = chiste da escada] quer dizer a mesma coisa que falta de prontidão [*Mangel an Schlagfertigkeit*]. Coisa da qual eu realmente tenho de me repreender. Mas será que faltou à babá "*Schlagfertigkeit*" [prontidão para bater – *schlagen* = bater]?

Nós já esclarecemos um sonho do qual pudemos aprender que os desejos que se apresentam em sonhos como realizados nem sempre são desejos atuais. Eles também podem ser desejos desvanecidos, prescritos, encobertos e recalcados, aos quais apenas por causa do seu reaparecimento no sonho podemos atribuir uma existência continuada. Eles não estão mortos como os defuntos, de acordo com o nosso ponto de vista, mas são como as sombras da *Odisseia* que, assim que bebiam sangue, despertavam para uma certa vida. Naquele sonho da criança morta na caixa (p. 188), tratava-se de um desejo de 15 anos antes e que na época foi francamente confessado. Talvez não seja indiferente para a teoria do sonho que eu acrescente que também no fundo desse desejo havia uma lembrança da mais remota infância. A pessoa que sonhou tinha ouvido quando criança – quando não se pode afirmar com segurança – que sua mãe na gravidez, cujo fruto seria ela, caiu em uma grave depressão e desejou ardentemente a morte da criança que estava em seu ventre. Quando ela própria cresceu e engravidou, apenas seguiu o exemplo da mãe.

Se alguém sonha, em meio a manifestações de dor, que seu pai ou sua mãe, irmão ou irmã, estão mortos, jamais vou utilizar esse sonho como prova de que ele deseja *agora* a sua morte. A teoria do sonho não exige tanto; ela se contenta em concluir que ele – alguma vez em sua infância – lhes desejou a morte. Mas temo que essa restrição ainda estará contribuindo pouco para apaziguar os reclamantes; estes podem contestar com energia a possibilidade de alguma vez terem pensado assim, bem como podem se sentir seguros por não alimentarem esses desejos no presente. Por isso, preciso restabelecer uma parte da vida anímica infantil a partir dos testemunhos que o presente ainda oferece.[i]

Consideremos primeiramente a relação das crianças com seus irmãos e irmãs. Não sei por que pressupomos que ela precise ser plena de amor, pois, de fato, os exemplos de inimizade fraterna entre os adultos impõem-se na experiência de qualquer pessoa, e podemos constatar com muita frequência que essa desavença vem da infância ou existiu o tempo todo. Mas mesmo muitos adultos que hoje estão ligados carinhosamente aos seus irmãos e os apoiam viveram em sua infância numa inimizade quase que ininterrupta com

---

[i] [Nota acrescentada em 1909:] Cf. a esse respeito: "Análise da fobia de um menino de 5 anos", em *Jahrbuch für Psychoanalytische und Psychopathologische Forschungen*, v. I, 1909 (*Ges. Werke*, v. VII), "Sobre teorias sexuais infantis, em *Sammlung Kleiner Schriften zur Neurosenlehre*" (*Ges. Werke*, v. VII).

eles. A criança mais velha maltratou a mais nova, caluniou-a e roubou seus brinquedos; a mais nova se consumiu em uma fúria impotente contra a mais velha, invejou-a e a temeu, ou voltou contra o opressor as primeiras moções de seu ímpeto de liberdade e consciência de justiça. Os pais dizem que as crianças não se suportam e não sabem encontrar a razão disso. Não é difícil ver que mesmo o caráter da criança bem comportada é diferente do que desejaríamos encontrar em um adulto. A criança é absolutamente egoísta, ela sente com intensidade as suas necessidades e anseia por sua satisfação sem nenhuma consideração, principalmente em relação aos seus rivais, a outras crianças e, em primeiro lugar, em relação aos seus irmãos. Mas nem por isso dizemos que a criança é "má", dizemos que ela é "difícil"; ela não é responsável por suas más ações, nem pelo nosso julgamento nem pela lei penal. E isso, com razão; pois podemos esperar que ainda dentro de alguns períodos de vida que atribuímos à infância vão despontar no pequeno egoísta as moções altruístas e a moral, e que, para falar como Meynert, que um Eu secundário venha se sobrepor ao Eu primário e inibi-lo. É verdade que a moralidade não surge simultaneamente em todos os seus aspectos, e também a duração do período amoral da infância tem uma extensão diversa para cada indivíduo. Quando o desenvolvimento dessa moralidade não acontece, falamos sem hesitar de "degeneração"; trata-se, evidentemente, de uma inibição no desenvolvimento. Quando o caráter primário já foi sobreposto pelo desenvolvimento posterior, ele pode ser novamente liberado, ao menos parcialmente, quando se cai doente de histeria. A semelhança entre o que chamamos de caráter histérico e o de uma criança difícil é realmente notável. A neurose obsessiva, ao contrário, corresponde a uma supermoralidade [*Übermoralität*] imposta como carga de reforço ao caráter primário que se põe de novo em movimento.

Portanto, muitas pessoas que hoje amam seus irmãos e se sentiriam desoladas por seu falecimento trazem contra eles em seu inconsciente maus desejos da infância que podem se realizar em sonhos. Mas é particularmente interessante observar crianças pequenas de até 3 anos ou um pouco mais em sua conduta em relação a irmãs mais novas. A criança era a única até agora; e então é-lhe anunciado que a cegonha trouxe uma nova criança. A criança examina cuidadosamente o recém-chegado e declara, decisivamente: "Pois ela deve levá-lo de volta".[i]

---

[i] [Nota acrescentada em 1909:] Hans, de 3 anos e meio, cuja fobia foi objeto de análise no artigo antes citado, grita febril, logo após o nascimento de uma irmã: "Mas eu não quero

Admito com toda a seriedade a opinião de que a criança sabe avaliar o prejuízo que ela deve esperar da parte desse desconhecido. Fiquei sabendo, por uma senhora próxima de mim e que hoje se entende muito bem com sua irmã quatro anos mais nova, que ela acolheu a notícia da chegada da irmã com a resposta: "Mas, mesmo assim, não vou dar meu gorro vermelho para ela". Mesmo que a criança só chegue a esse reconhecimento mais tarde, sua hostilidade vai despertar nesse ponto do tempo. Conheço um caso de uma menina com menos de 3 anos que tentou estrangular no berço o bebê de cuja presença contínua ela não pressentia nada de bom. Nessa época da vida, as crianças são capazes de sentir ciúme com toda a intensidade e clareza. Ou o irmãozinho logo desapareceu de novo, a criança novamente reuniu sobre si toda a ternura da casa, e então chega um novo enviado pela cegonha; não é correto que o nosso amadinho engendre em si o desejo de que o concorrente possa ter o mesmo destino que o anterior, para que ele próprio possa se sentir tão bem quanto antes e no intervalo entre os nascimentos?[i] Naturalmente, em condições normais, essa conduta da criança em relação aos que nasceram depois é uma simples função da diferença de idade. Se existe certo intervalo, já serão despertados na menina mais velha os instintos [*Instinkte*] maternais em relação ao recém-nascido desamparado.

Sensações de hostilidade em relação aos irmãos na infância devem ser ainda muito mais frequentes do que as percebe a observação obtusa dos adultos.[ii]

---

ter nenhuma irmãzinha". Em sua neurose, um ano e meio depois, ele confessa abertamente o desejo de que a mãe deixasse a pequenina cair na banheira, para que ela morresse. Ao mesmo tempo, Hans é uma criança de boa índole e amorosa, que logo se afeiçoa a essa irmã e a protege de maneira especial.

[i] [Nota acrescentada em 1914:] Esses casos de morte vividos na infância podem ser logo esquecidos na família, no entanto, a investigação psicanalítica mostra que eles se tornaram muito importantes para a neurose posterior.

[ii] [Nota acrescentada em 1914:] Observações que se relacionam com a conduta originalmente hostil das crianças em relação aos irmãos e a um dos pais, foram feitas desde então em grande número e consignadas na literatura psicanalítica. De modo particularmente autêntico e ingênuo, o autor Spitteler descreveu essa posição infantil típica a partir de sua primeira infância: "A propósito, havia lá ainda um segundo Adolf. Uma criatura pequena que afirmavam ser meu irmão, mas do qual eu não entendia para que ele servia; e muito menos por que razão davam tanta importância a ele do que a mim próprio. Eu bastava para o que me faltava, para que eu precisaria de um irmão? E ele não era apenas inútil, mas às vezes até inconveniente. Quando eu incomodava a avó, ele também queria incomodá-la, quando me levavam para

Com meus próprios filhos, que vieram um depois do outro rapidamente, perdi a oportunidade de fazer observações como essas; eu a recupero agora com meu pequeno sobrinho, cujo reinado exclusivo foi perturbado depois de 15 meses pelo aparecimento de uma concorrente. É verdade que fui informado de que esse jovem se conduz de maneira muito cavalheiresca em relação à irmãzinha, beija-lhe a mão e lhe faz carinho; mas estou convencido de que, antes mesmo de completar seu segundo ano de vida, usa sua capacidade de linguagem para exercer a crítica a essa pessoa que na verdade só lhe parece supérflua. Cada vez que se fala dela, ele se imiscui na conversa e grita contrariado: *Zu k(l)ein, zu k(l)ein* [pe(qu)ena demais, pe(qu)ena demais]. Nos últimos meses, desde que a criança, dado seu desenvolvimento excelente, furtou-se dessa depreciação, sabe fundamentar de modo diferente a sua ameaça de que ela não merece tanta atenção. Em todas as ocasiões apropriadas, ele lembra: ela não tem nenhum dente.[i] Todos nós guardamos a lembrança da filha mais velha de minha outra irmã, que, com 6 anos, passou uma meia hora fazendo com que as tias confirmassem: "Não é verdade que isso a Lucie ainda não consegue entender?". Lucie era a concorrente dois anos e meio mais nova.

Nunca deixei de encontrar, em nenhuma de minhas pacientes, o sonho da morte de irmãos correspondendo, por exemplo, a uma hostilidade intensificada. Só encontrei uma exceção, que permitiu facilmente uma reinterpretação, confirmando a regra. Uma vez, durante uma sessão, eu explicava a uma senhora esse assunto que me parecia entrar na ordem do dia em consideração ao sintoma, e ela respondeu, para o meu espanto, que nunca havia tido esses sonhos. Mas lhe ocorreu outro sonho que, supostamente, nada tinha a ver com isso, um sonho que ela tinha tido primeiro com 4 anos, na época, a mais nova, e depois o tinha sonhado repetidas vezes. "*Uma porção de crianças, todos os seus irmãos, irmãs, primos e primas, corriam em um gramado. De repente criaram asas, levantaram voo e desapareceram.*" Ela não tinha nenhuma ideia do significado desse sonho; não nos será difícil reconhecer aí um sonho da morte de todos os irmãos em sua forma

---

passear de carrinho, ele ficava sentado na minha frente e me tirava metade do espaço, de modo que éramos forçados a nos chutar com os pés".

[i] [Nota acrescentada em 1909:] Com as mesmas palavras, Hans, com 3 anos e meio, disfarça a crítica avassaladora à sua irmã (l.c.). Ele acredita que por causa da falta de dentes ela não sabe falar.

original, pouco influenciada pela censura. Eu me arrisco a fazer a seguinte análise. Quando da morte de uma das crianças do grupo – os filhos de dois irmãos foram, nesse caso, criados em uma comunidade fraternal –, nossa sonhadora, que ainda não tinha 4 anos, deve ter perguntado a uma pessoa adulta e sábia: O que acontece com as crianças quando elas estão mortas? E a resposta deve ter sido: Elas ganham asas e se tornam anjinhos. Depois desse esclarecimento, todos os irmãos têm asas no sonho como os anjos e – o que é o mais importante – vão embora voando. Nossa pequena fazedora de anjos fica sozinha, pensemos pois, a única de um grupo como esse! O fato de as crianças correrem sobre um gramado, de onde elas vão embora voando, aponta, quase que de modo inequívoco, para borboletas, como se essa ligação de pensamento que guiou a criança fosse a mesma que moveu os antigos imaginar Psiquê com asas de borboleta.

Talvez alguém objete que os impulsos hostis das crianças em relação aos irmãos são, sem dúvida, admissíveis, mas como é que a alma das crianças pode chegar ao nível de maldade de desejar a morte do rival ou do companheiro de brincadeira mais forte, como se todos os delitos só fossem expiáveis pela pena de morte? Quem fala assim não considera que a ideia da criança de "estar morto" só tem em comum com a nossa a palavra e, mesmo assim, um pouco diferente. A criança não sabe nada sobre os horrores da decomposição, sobre congelar no túmulo frio, sobre o terror do nada infinito que o adulto, como o testemunham todos os mitos sobre o além, tolera tão mal em sua representação. O temor da morte lhe é desconhecido, e é por isso que ela brinca com essa palavra abominável e ameaça a outra criança: "Se você fizer isso de novo, você vai morrer como Franz morreu", o que provoca calafrios na pobre mãe estremecida, que talvez não possa se esquecer de que mais da metade dos seres humanos nascidos na Terra não prolonga a sua vida além dos anos de infância. Ainda com 8 anos, a criança, voltando para casa de um passeio pelo Museu de História Natural, pode dizer: "Mamãe, eu gosto muito de você; quando você morrer, vou te mandar empalhar e te colocar aqui em cima no quarto, para poder te ver sempre, sempre!". É assim, parcamente, que a representação infantil de estar morto se assemelha à nossa.[i]

[i] [Nota acrescentada em 1909:] Após a morte repentina de seu pai, ouvi do menino de 10 anos muito dotado a seguinte manifestação, para meu espanto: Que meu pai esteja morto eu entendo, mas por que ele não vem para casa para o jantar não consigo me explicar.

Estar morto quer dizer para a criança, que além disso é poupada de ver as cenas de sofrimento antes da morte, "ter ido embora", não perturbar mais os sobreviventes. Ela não diferencia a maneira como essa ausência se produz, se por viagem, demissão, afastamento ou morte.[i] Se nos anos pré-históricos de uma criança sua babá foi mandada embora e algum tempo depois sua mãe morreu, os dois acontecimentos se sobrepõem em uma mesma série em sua lembrança, como descobrimos na análise. Que a falta das pessoas ausentes não seja sentida muito intensamente pela criança é o que certa mãe experimentou para a sua tristeza, quando voltou para casa depois de uma viagem de verão de algumas semanas e teve de ouvir em resposta às suas perguntas: as crianças não perguntaram nem sequer uma vez pela mamãe. Mas, se ela tivesse realmente viajado para aquela "terra inexplorada, de cujas fronteiras nenhum viajante retorna", as crianças pareceriam de início tê-la esquecido, e só *posteriormente* começariam a se lembrar da morta.

Se, portanto, a criança tem motivos para desejar a ausência de outra criança, estará lhe faltando aquela proteção contra revestir esse desejo com a forma: quisera que morresse, e a reação psíquica ao sonho de desejo de morte prova que, apesar de toda a sua diversidade de conteúdo, o desejo na criança é, no entanto, de alguma forma o mesmo que o desejo, expresso nos mesmos termos, do adulto.

E se então o desejo de morte da criança em relação aos irmãos for explicado pelo egoísmo da criança, que a faz conceber os irmãos como rivais, como explicar o desejo de morte dos pais, que são para a criança os fornecedores de amor e aqueles que atendem às suas necessidades, e dos quais ela deveria desejar a preservação justamente por motivos egoístas?

– [Acréscimo de 1909:] Mais material sobre esse tema pode ser encontrado na coluna redigida pela Dra. v. Hug-Hellmuth, "Alma infantil", da Imago, *Zeitschrift für Anwendung der Psychoanalyse auf die Geisteswissenschaften*, v. I-V, 1912-1918.

[i] [Nota acrescentada em 1919:] A observação de um pai instruído em psicanálise também captou [*erhascht*] o momento em que sua filhinha de 4 anos, altamente inteligente, reconheceu a diferença entre "ter ido embora" e "morrer". A criança apresentou dificuldades na hora de comer e se sentia observada de maneira pouco amigável por uma das criadas da pensão. "A Josefine deve morrer", declarou ela então ao seu pai. "Por que justamente morrer?", perguntou o pai para acalmá-la. "Não basta que ela vá embora?" "Não", respondeu a criança, "por que daí ela volta." Para o amor-próprio ilimitado (o narcisismo) da criança, qualquer perturbação é um *crimen laesae majestatis*, e, assim como a legislação draconiana, o sentimento da criança estabelece para todos os delitos como esse a única punição que não se pode dosar.

O que nos guia na solução dessa dificuldade é a experiência de que sonhos com a morte dos pais dizem respeito, de maneira preponderante, à parte do casal parental que tem o mesmo sexo que o sonhador, portanto, que o homem sonha, a maior parte do tempo, com a morte do pai, a mulher, com a morte da mãe. Não posso estabelecê-lo como regular, mas a preponderância no sentido indicado é tão nítida que exige ser explicada por um fator de importância geral.[i] Isso acontece – grosseiramente falando – como se uma preferência sexual se manifestasse precocemente, como se o menino visse no pai e a menina na mãe seu rival no amor, cuja eliminação só pode lhe trazer vantagem.

Antes que essa ideia [*Vorstellung*] seja rejeitada como ultrajante, talvez se possa aqui também considerar as reais relações entre pais e filhos. É preciso separar o respeito que a cultura exige dessa relação e o que a observação cotidiana mostra de fato como resultado. Na relação entre pais e filhos, está escondido mais de um motivo para a hostilidade; as condições para que se produzam desejos que não são aprovados pela censura são dadas na mais abundante extensão. Detenhamo-nos primeiramente na relação entre pai e filho. Penso que o caráter sagrado que outorgamos aos preceitos do decálogo embotam os nossos sentidos para a percepção da realidade. Talvez nem mesmo ousemos perceber que a maior parte da humanidade não leva em conta a obediência ao quarto mandamento. Tanto nas camadas mais baixas como nas mais altas da sociedade humana, o respeito em relação aos pais costuma recuar diante de outros interesses. As informações obscuras da época originária da sociedade humana que chegaram até nós por mitologia e lenda não nos passam uma ideia agradável da onipotência do pai e da falta de consideração com que ela foi utilizada. Cronos devora seus filhos, tal como o javali faz com a ninhada da progenitora, e Zeus castra o pai[ii] e se coloca em seu lugar como soberano. Quanto mais irrestrito fosse o domínio do pai na família antiga, tanto mais devia o filho, enquanto sucessor

---

[i] [Nota acrescentada em 1925:] Esse estado de coisas é frequentemente encoberto pelo surgimento de uma tendência à punição que, em uma reação moral, ameaça com a perda da parte parental que se ama.

[ii] [Nota acrescentada em 1909:] Pelo menos em algumas figurações mitológicas. Em outras a emasculação foi executada apenas por Cronos em seu pai, Urano.
Quanto à importância mitológica desse tema, cf. Otto Rank, *O mito do nascimento dos heróis*, 5. volume de *Schriften zur Angew. Seelenkunde*, 1909, [acrescentado em 1909] e *O motivo do incesto na literatura e lenda*, 1920, cap. IX, 2 [acrescentado em 1914].

designado, ser colocado no lugar do inimigo, tanto maior deve ter se tornado a sua impaciência de chegar ele próprio à soberania. Ainda em nossa família burguesa, ao recusar ao filho a autodeterminação e os meios para alcançá-la, o pai costuma contribuir para o desenvolvimento do gérmen natural da inimizade contido nessa relação. Com demasiada frequência, o médico chega a perceber que, no filho, a dor pela perda do pai não pode reprimir a satisfação com a liberdade finalmente conquistada. Ao resto de *potestas patris familias*, que se tornou bastante obsoleto em nossa sociedade atual, todo pai costuma se agarrar desesperadamente, e todo escritor que, como Ibsen, coloca no primeiro plano de suas fábulas a luta ancestral entre pai e filho está seguro do seu efeito. As ocasiões de conflitos entre filha e mãe se produzem quando a filha cresce e encontra na mãe a sua guardiã, enquanto ela anseia por liberdade sexual, mas a mãe é advertida pelo florescimento da filha de que para ela chegou o tempo de renunciar às pretensões sexuais.

Todas essas relações estão aí evidentes para quem quiser ver. Mas elas não nos fazem avançar na intenção de explicar os sonhos com a morte dos pais que encontramos em pessoas para as quais o respeito pelos pais se tornou algo intocável. Estamos também preparados pelas considerações anteriores para afirmar que o desejo de morte em relação aos pais deriva da mais remota infância.

Com uma certeza que exclui qualquer dúvida, essa suposição se confirma nos psiconeuróticos pelas análises empreendidas com eles. Com elas aprendemos que os desejos [*Wünsche*] sexuais da criança despertam muito precocemente – tanto quanto em estado germinal eles mereçam esse nome – e que a primeira inclinação da menina diz respeito ao pai, e os primeiros desejos [*Begierden*] infantis do menino, à mãe. Com isso, o pai se torna para o menino um rival perturbador, e a mãe para a menina, e nós já expusemos no caso dos irmãos e irmãs quão pouco é necessário para a criança para que essa sensação leve ao desejo de morte. A escolha sexual, em regra, já entra em jogo nos pais; um traço natural faz com que o homem mime as filhas pequenas e a mulher tome o partido dos filhos, enquanto os dois, contanto que a magia do sexo não perturbe seu julgamento, agem com rigor na educação das crianças. A criança percebe muito bem a preferência e se revolta contra a parte do casal parental que a ela se opõe. Encontrar amor no adulto não é, para a criança, apenas a satisfação de uma necessidade especial, mas isso significa também que em todos os outros pontos se cederá à sua vontade. Assim, ela segue sua própria pulsão [*Trieb*] sexual e renova ao mesmo tempo a incitação que vem dos pais, quando ela faz sua escolha entre os pais no mesmo sentido que eles.

Dos sinais dessas tendências infantis de parte da criança costumamos deixar de ver a maioria, alguns também podem ser notados depois dos primeiros anos da infância. Uma menina de 8 anos que conheço aproveita a oportunidade quando a mãe é chamada a deixar a mesa para proclamar-se a sua sucessora. "Agora eu vou ser a mamãe. Karl, você quer mais legumes? Coma-os, te peço por favor" etc. Uma menina de 4 anos, especialmente talentosa e vivaz, na qual essa parte da psicologia infantil é particularmente transparente, declara sem rodeios: "Agora a mãezinha pode ir embora, daí o paizinho tem que casar comigo, e eu quero ser a mulher dele". Na vida infantil, esse desejo absolutamente não exclui o fato de que a criança também ame a mãe ternamente. Quando o menininho tem permissão de dormir perto da mãe, assim que o pai viaja, e depois de cujo retorno tem de voltar ao seu quarto que divide com alguém que o agrada muito menos, facilmente pode nele formar-se o desejo de que o pai poderia sempre estar ausente, para que ele possa conservar seu lugar perto da linda mamãe querida, e um meio para alcançar esse sonho é naturalmente se o pai estiver morto, pois uma coisa a experiência lhe ensinou: pessoas "mortas", por exemplo, o vovô, estão sempre ausentes, nunca voltam.

Se essas observações de crianças pequenas cedem sem restrição à interpretação sugerida, elas, entretanto, não levam a uma convicção plena que as psicanálises de neuróticos adultos impõem ao médico. A comunicação dos sonhos em questão é feita nesses casos com preâmbulos tais, que sua interpretação como sonhos de desejo se torna inevitável. Certo dia encontro em meu consultório uma senhora aflita e chorosa. Ela diz: Não quero mais ver os meus parentes, eles só podem ter horror de mim. Então ela conta, quase sem transição, que se lembra de um sonho cujo significado ela naturalmente não sabe. Ela o sonhou quando tinha 4 anos, e seu enunciado era o seguinte: *Um lince ou uma raposa vai passear no telhado, depois alguma coisa cai, ou ela cai, e então estão carregando a mãe morta para fora de casa*, ao que ela chora amargamente. Eu mal tinha lhe comunicado que esse sonho significa, necessariamente, o desejo de sua infância de ver a mãe morta, e que por causa desse sonho ela deve pensar que os parentes se horrorizam com ela, quando ela em seguida fornece algum material para elucidar o sonho. "Olho de lince" é um xingamento com o qual ela foi qualificada, quando muito pequena, por um menino de rua; quando ela tinha 3 anos, uma telha caiu do telhado em cima da cabeça da mãe e ela sangrou intensamente.

Tive uma vez a oportunidade de estudar a fundo o caso de uma jovem que tinha passado por vários estados psíquicos. Em uma confusão frenética, com a qual a doença começou, a doente mostrava uma aversão bem particular em relação à sua mãe, batendo nela e a insultando, assim que ela se aproximava da cama, enquanto ela permanecia, na mesma época, afetuosa e dócil em relação a uma irmã bem mais velha. Depois se seguiu um estado lúcido, mas um pouco apático, com um sono bastante perturbado; nessa fase, eu iniciei o tratamento e analisei seus sonhos. Um grande número deles tratava, de maneira mais ou menos velada, da morte da mãe; ora ela assistia ao funeral de uma senhora velha, ora ela via a si mesma e à irmã sentadas à mesa em trajes de luto; não restou nenhuma dúvida sobre o sentido desses sonhos. Com a melhora progredindo cada vez mais, surgiram as fobias histéricas; a mais martirizante era a de que tinha acontecido algo com sua mãe. Onde quer que ela estivesse, ela precisava correr para casa para se convencer de que a mãe ainda estava viva. Esse caso foi, então, comparado com as minhas outras experiências, muito instrutivo; ele mostrava, em uma tradução, por assim dizer, para muitas línguas, vários modos de reação do aparelho psíquico à mesma representação excitante. No estado de confusão, que concebi como *subjugação* da segunda instância psíquica pela primeira, habitualmente reprimida, a hostilidade inconsciente em relação à mãe adquiriu poder no plano motor; quando então houve o primeiro apaziguamento, a revolta estava reprimida e foi reinstaurado o domínio da censura, restou aberto a essa hostilidade apenas o território dos sonhos para realizar o desejo de sua morte; quando o estado normal continuou a se fortalecer, ela criou como reação de oposição histérica e manifestação de defesa a exagerada preocupação com a mãe. Nesse contexto, não é mais inexplicável porque as jovens histéricas são tão frequentemente apegadas às suas mães com uma ternura excessiva.

Outra vez tive a oportunidade de observar em profundidade a vida anímica inconsciente de um jovem que, quase incapacitado de viver devido a uma neurose obsessiva, não podia sair à rua porque se martirizava com a preocupação de matar todas as pessoas que passassem por ele. Passava os seus dias mantendo organizados os elementos que comprovassem seu álibi, caso fosse levantada contra ele a acusação por algum dos assassinatos que ocorressem na cidade. É dispensável observar que ele era um homem de moral e cultura refinadas. A análise – que de resto levou ao seu restabelecimento – descobriu como fundamento dessa desagradável representação obsessiva impulsos assassinos em relação ao seu pai, que era de um rigor um tanto excessivo, e os quais, para seu espanto, manifestaram-se conscientemente quando ele tinha 7 anos, mas que naturalmente provinham de anos de infância bem mais remotos. Depois da doença torturante e da morte do pai, emergiu, quando ele tinha 31 anos, a recriminação obsessiva que se transferiu a pessoas desconhecidas na forma daquela fobia. Quem tinha sido capaz de querer empurrar seu próprio pai do alto de uma montanha para o abismo, dele certamente se poderia acreditar também não ser capaz de poupar a vida de pessoas mais distantes; é por isso que ele tem razão em se trancar em seu quarto.

De acordo com as minhas experiências já numerosas, os pais desempenham o papel principal na vida anímica infantil de todos aqueles que serão mais tarde psiconeuróticos, e o enamoramento em relação a uma parte do casal parental e o ódio em relação à outra parte fazem parte de um estoque inalterável de material de moções psíquicas formado naquela época e tão importante para a sintomatologia da neurose posterior. Mas não creio que, nesse ponto, os psiconeuróticos se distingam rigorosamente de outros seres humanos que permaneceram normais e que são capazes de criar algo absolutamente novo e que lhes seja próprio. É muito mais provável e apoiado por observações ocasionais de crianças normais que eles também, com esses desejos amorosos e hostis em relação aos seus pais, apenas nos dão a conhecer, mediante uma ampliação, aquilo que se passa de maneira pouco nítida e menos intensa na alma da maioria das crianças. Para apoiar esse conhecimento, a Antiguidade nos transmitiu um material lendário, cujo efeito radical e universal só se torna compreensível através de uma universalidade semelhante à da pressuposição discutida a partir da psicologia infantil.

Estou falando da lenda do rei Édipo e do drama de mesmo nome de Sófocles. Édipo, filho de Laio, rei de Tebas, e Jocasta, foi abandonado quando bebê, porque um oráculo tinha anunciado ao seu pai que o filho ainda não nascido se tornaria seu assassino. Ele foi salvo e criado como príncipe herdeiro em uma corte estrangeira, até que, incerto sobre sua origem, ele mesmo consulta o oráculo e dele recebe o conselho para evitar a terra natal, porque ele iria se tornar o assassino de seu pai e o esposo de sua mãe. Distanciando-se do caminho daquela que ele pensava ser sua terra natal, ele encontra o rei Laio e o mata no calor de uma disputa repentina. Chega, então, diante de Tebas e resolve os enigmas da esfinge que lhe interdita o caminho, e, em gratidão a esse feito, é eleito rei pelos tebanos e recebe como presente a mão de Jocasta. Ele reina em paz e dignamente durante um longo tempo e gera, com aquela que ele não sabe ser sua mãe, dois filhos e duas filhas, até que irrompe uma peste que leva os tebanos a interrogar mais uma vez o oráculo. É aqui que começa a tragédia de Sófocles. Os mensageiros trazem a informação de que a peste cessará quando o assassino de Laio tiver sido expulso do país. Mas onde ele estará?

> Onde se encontra
> o rastro obscuro, difícil de reconhecer, da antiga culpa?
>
> [*Wo findet sich*
> *Die schwer erkennbar dunkle Spur der alten Schuld?*]
> (Tradução de Donner, V. 109.)

A ação da peça não consiste, então, em nada além da revelação que avança gradualmente e é laboriosamente retardada – comparável ao trabalho de uma psicanálise – de que o próprio Édipo é o assassino de Laio, mas também o filho do assassinado e de Jocasta. Abalado pelo horror que cometeu sem saber, Édipo cega a si mesmo e abandona a terra natal. A predição do oráculo se cumpriu.

Édipo rei é o que chamamos de uma tragédia do destino; seu efeito trágico é resultado da oposição entre a vontade superpotente dos deuses e a vã relutância dos seres humanos ameaçados pela desgraça; submeter-se à vontade divina, reconhecer a própria impotência é o que o espectador profundamente comovido deve aprender da peça trágica. Em consequência, autores modernos visaram a um efeito semelhante, inserindo a mesma oposição na trama de uma fábula de sua invenção. Só que os espectadores assistiram impassíveis à maneira como se cumpriu sobre homens que não são culpados, apesar de toda a sua revolta, uma maldição ou uma predição de oráculo; as posteriores tragédias do destino permaneceram sem produzir efeito.

Se o rei Édipo consegue abalar o homem moderno não menos do que os gregos, seus contemporâneos, então certamente a solução só pode estar no fato de que o efeito da tragédia grega não reside na oposição entre destino e vontade humana, mas deve ser procurada na particularidade do material no qual essa oposição é mostrada. Tem, necessariamente, de haver uma voz em nosso interior que esteja preparada para reconhecer a violência imperativa do destino em Édipo, enquanto podemos refutar como arbitrárias as disposições como as formuladas em *A ancestral* [*Die Ahnfrau*, de Grillparzer] ou em outras tragédias de destino. E um fator como esse está, de fato, contido na história do rei Édipo. Seu destino apenas nos comove porque ele poderia ter sido o nosso, porque o oráculo lançou sobre nós, antes do nosso nascimento, a mesma maldição que lançou sobre ele. Talvez estivesse destinado a todos nós dirigir a primeira moção sexual à mãe, o primeiro ódio e desejo violento ao pai; nossos sonhos nos convencem disso. O rei Édipo, que matou seu pai e se casou com sua mãe, é apenas a realização de desejo de nossa infância. Mas, mais afortunados que ele, conseguimos desde então, na medida em que não nos tenhamos tornado psiconeuróticos, desprender nossas moções sexuais de nossas mães e esquecer o nosso ciúme em relação aos nossos pais. Diante da pessoa na qual se realizou esse desejo infantil originário, recuamos aterrorizados com toda a carga de recalque que esses desejos sofreram desde então em nosso íntimo. Enquanto o poeta, naquela investigação, traz à luz a culpa de Édipo, ele nos obriga a tomar conhecimento de nosso próprio íntimo, no qual esses impulsos [*Impulse*], mesmo que reprimidos, estão sempre presentes. O confronto com o qual o coro se despede de nós,

> ...vejam, este é Édipo,
> que resolveu os grandes enigmas e em poder, foi o primeiro,
> cuja sorte todos os cidadãos louvavam e invejavam;
> Vejam em que ondas horripilantes de infortúnio ele afundou!
>
> [*...sehet, das ist Ödipus,*
> Der entwirrt die hohen Rätsel und der erste war an Macht,
> *dessen Glück die Bürger alle priesen und beneideten;*
> *Seht, in welches Mißgeschickes grause Wogen er versank!*]

essa advertência atinge a nós mesmos e nosso orgulho, a nós, que desde os anos de infância nos tornamos, em nossa avaliação, tão sábios e tão poderosos. Como Édipo, vivemos no desconhecimento dos desejos que ofendem a moral, os quais a natureza nos impôs, e, depois que eles são revelados, certamente todos nós gostaríamos de desviar o olhar das cenas de nossa infância.[i]

[i] [Nota acrescentada em 1914:] Nenhuma das averiguações da investigação psicanalítica provocou uma oposição tão feroz, uma revolta tão rancorosa e... contorções tão divertidas

Para o fato de que a lenda de Édipo tenha brotado de um material de sonho originário, que tem como conteúdo aquela perturbação desagradável da relação com os pais pelas primeiras moções de sexualidade, encontra-se no próprio texto da tragédia de Sófocles uma indicação inconfundível. Jocasta consola um Édipo ainda não esclarecido, mas tornado preocupado pela lembrança das predições do oráculo, mencionando um sonho que, na verdade, muitos humanos sonham, sem que, pensa ela, ele signifique alguma coisa:

> *Pois muitos humanos já se viram também em sonhos*
> *Unidos à mãe*: mas aquele para quem tudo isso não é nada
> Suporta facilmente o fardo da vida. (v. 955 ss.)
>
> [Denn viele Menschen sahen auch in Träumen schon
> Sich zugesellt der Mutter*: Doch wer alles dies*
> *Für nichtig achtet, trägt die Last des Lebens leicht.*]

O sonho de ter relação sexual com a mãe é concedido hoje, bem como na época, a muitos homens, que o contam com indignação e assombro. Ele é, como se compreende, a chave da tragédia e a parte complementar ao sonho da morte do pai. A fábula de Édipo é a reação da fantasia a esses dois sonhos típicos, e, como os sonhos dos adultos são vivenciados com sentimentos de recusa, a lenda tem de integrar terror e autopunição em seu conteúdo. Sua configuração posterior provém, mais uma vez, de uma mal concebida elaboração secundária do material, que procura colocá-lo a serviço de um propósito teologizante. (Cf. o material do sonho de exibição, p. 266.) A tentativa de unificar a onipotência divina com a responsabilidade humana fracassará tanto em relação a esse material como em relação a qualquer outro.

No mesmo terreno de *Édipo rei* enraíza-se outra das grandes criações da literatura trágica, o *Hamlet*, de Shakespeare.[22] Mas, no modo diferente

---

por parte da crítica quanto essa referência às inclinações infantis incestuosas que permaneceram conservadas no inconsciente. Os últimos tempos trouxeram até mesmo uma tentativa de aceitar o incesto, apesar de toda a experiência, apenas como "simbólico". Apoiando-se em uma carta de Schopenhauer, Ferenczi forneceu pela *Imago*, I, 1912, uma engenhosa sobreinterpretação [*Überdeutung*] do mito de Édipo. [Acréscimo de 1919:] – O complexo de Édipo mencionado aqui pela primeira vez na *Interpretação do sonho* adquiriu, através de estudos posteriores, uma importância inimaginável para a compreensão da história da humanidade e do desenvolvimento da religião e da moralidade. (Ver *Totem e tabu*, 1913, *Ges. Werke*, v. IX.)

de tratar o mesmo material, evidencia-se toda a diferença na vida anímica de dois períodos culturais muito afastados um do outro, o avanço secular do recalque na vida afetiva da humanidade. Em *Édipo*, a subjacente fantasia de desejo da criança é trazida à luz e realizada como no sonho; em *Hamlet*, ela permanece recalcada, e só ficamos sabendo de sua existência – o que é semelhante ao estado de coisas de uma neurose – através dos efeitos de inibição que dela emanam. Com o efeito avassalador do drama mais moderno, mostrou-se curiosamente compatível o fato de que podemos ficar, no que diz respeito ao caráter do herói, mergulhados numa falta total de clareza. A peça é construída sobre a hesitação de Hamlet em cumprir a tarefa de vingança a ele atribuída; as razões ou os motivos dessa hesitação o texto não declara; as tentativas de interpretação mais variadas não foram capazes de indicar. De acordo com a versão justificada de Goethe, ainda hoje dominante, Hamlet representa o tipo de homem cujo dinamismo espontâneo foi paralisado pelo desenvolvimento excessivo da atividade de pensamento ("Debilitado pela palidez do pensamento"). De acordo com outros, o poeta tentou retratar um caráter doentio, indeciso, adentrando o território da neurastenia. No entanto, a fábula da peça ensina que de forma alguma Hamlet deve nos parecer uma pessoa incapaz de ação. Nós o vemos, por duas vezes, entrar em ação, a primeira vez, em um brusco ímpeto de paixão, quando ele abate e mata aquele que estava espreitando por detrás da tapeçaria, e outra vez, de maneira planejada e até mesmo ardilosa, quando, com toda a despreocupação de um príncipe da Renascença, envia os dois cortesãos à morte que estava destinada a ele. O que o inibe, portanto, de cumprir a tarefa da qual o espírito [*Geist*] de seu pai o encarregou? Aqui se oferece novamente a informação de que se trata da natureza particular dessa tarefa. Hamlet é capaz de fazer tudo, menos executar a vingança no homem que eliminou seu pai e tomou seu lugar junto à sua mãe, no homem que lhe mostra a realização de seus desejos recalcados de criança. A repulsa que deveria pressioná-lo à vingança é substituída nele por autorrecriminações, por escrúpulos de consciência, que o fazem observar que, literalmente falando, ele próprio não é melhor do que o pecador que ele deve punir. Assim, traduzi para o consciente o que deve permanecer inconsciente na alma do herói; se alguém quiser chamar Hamlet de histérico, só posso ver aí a consequência de minha interpretação. O que combina muito bem com isso é a aversão sexual que Hamlet manifesta por ocasião da conversa com Ofélia, a mesma aversão sexual que nos anos seguintes iria se apossar cada vez mais da alma do poeta, até alcançar suas manifestações culminantes em *Timon de Atenas*. Naturalmente, só pode ser a própria vida anímica do poeta que nos confronta em Hamlet; extraio da obra de Georg Brandes sobre Shakespeare (1896) a nota de que esse drama foi escrito imediatamente após a morte do pai de Shakespeare (1601), portanto, em seu luto recente por ele, na revivescência, podemos supor, das sensações infantis relativas ao pai. Também se sabe que o filho de Shakespeare, falecido precocemente, tinha o nome de Hamnet (quase idêntico a Hamlet). Assim como Hamlet trata da relação do filho com os pais, *Macbeth*, escrito na mesma época, aborda o tema da falta de filhos. Mas, na verdade, assim como todo sintoma neurótico, como também o próprio sonho, é passível de sobreinterpretação [*Überdeutung*], pois esta o exige para a sua completa compreensão, assim também toda criação poética autêntica vai proceder de mais de um motivo e de mais de uma incitação na alma do poeta e vai admitir mais de uma interpretação. Aqui apenas tentei a interpretação da camada mais profunda de moções na alma do poeta criador.[i]

Não posso deixar os sonhos típicos de morte de parentes queridos sem aclarar com mais algumas palavras a sua importância para a teoria do sonho. Esses sonhos nos mostram realizado o caso bastante inabitual de que o pensamento de sonho formado pelo desejo recalcado escapa de qualquer censura e passa inalterado para o sonho. Deve haver condições especiais que possibilitem um destino como esse. Encontro dois fatores que favorecem esses sonhos: em primeiro lugar, não há nenhum desejo que cremos mais distante de nós; pensamos que desejar isso "não poderia ocorrer nem em sonho", e é por isso que a censura do sonho não está armada contra essa monstruosidade, semelhante à legislação de Solon, que não soube estabelecer nenhuma punição para o parricídio. Mas, em segundo lugar, justamente nesse caso e com particular frequência, um resto do dia vem ao encontro

---

[i] [Nota acrescentada em 1919:] As indicações acima, que contribuem para a compreensão analítica de Hamlet, foram completadas depois por E. Jones e defendidas por ele contra outras concepções consignadas na literatura (O problema de *Hamlet* e do complexo de Édipo, 1911). [Acréscimo de 1930:] Desde então, fiquei na verdade confuso em relação à pressuposição feita acima, de que o autor das obras de Shakespeare era o homem de Stratford. – [Acréscimo de 1919:] Outros esforços para analisar Macbeth encontram-se em meu artigo "Alguns tipos de caráter extraídos do trabalho psicanalítico", *Imago*, V, 1916 [Einige Charaktertypen aus der psychoanalytischen Arbeit. *GW*, v. X] e em Jekels, "O *Macbeth* de Shakespeare", *Imago*, V, 1918.

do desejo recalcado e insuspeito, sob a forma de uma preocupação em relação à vida da pessoa querida. Essa preocupação não pode se inscrever no sonho de outro modo, a não ser se servindo do desejo com o mesmo enunciado; mas o desejo pode se mascarar com a ajuda da preocupação que se tornou ativa durante o dia. Se pensamos que tudo isso se passa da maneira mais simples, que de noite e no sonho nós justamente estamos apenas continuando o que iniciamos durante o dia, estaremos deixando os sonhos com a morte de pessoas queridas fora de qualquer nexo com a explicação do sonho e mantendo de maneira supérflua um enigma que poderíamos reduzir muito bem.

É instrutivo também acompanhar a relação desses sonhos com os sonhos de angústia. Nos sonhos com a morte de pessoas queridas, o desejo recalcado encontrou um caminho no qual ele pode escapar da censura – e da deformação condicionada por ela. O fenômeno secundário que nunca falta é então que sensações dolorosas são percebidas no sonho. Da mesma forma, o sonho de angústia só ocorre se a censura for subjugada total ou parcialmente, e, por outro lado, a censura é mais facilmente subjugada se a angústia já for dada como sensação atual proveniente de fontes somáticas. Assim, torna-se palpável com que tendência a censura exerce o seu ofício, praticando a deformação; isso acontece *para prevenir o desenvolvimento de angústia ou de outras formas de afeto desagradável.*

*

No que foi exposto anteriormente, falei sobre o egoísmo da alma infantil e, com a intenção de apontar aqui uma relação, acrescento o fato de que os sonhos conservaram também esse caráter. Eles são, em sua totalidade, absolutamente egoístas, em todos eles o querido Eu entra em cena, mesmo que disfarçado. Os desejos que se realizam neles são regularmente desejos desse Eu; trata-se apenas de uma aparência enganadora quando o interesse por um outro tiver supostamente provocado um sonho. Quero submeter à análise alguns exemplos que contradizem essa afirmação.

I

Um menino que ainda não tinha 4 anos conta: *ele viu uma grande travessa enfeitada, na qual havia um grande pedaço de carne assada, e esse pedaço foi comido inteiro de uma vez só – sem ser cortado. A pessoa que o comeu ele não viu.*[i]

Quem deve ser esse homem desconhecido, com cuja suntuosa refeição de carne sonhou o nosso pequeno? As vivências do dia do sonho devem nos esclarecer sobre o assunto. O menino está fazendo, há alguns dias, por prescrição médica, uma dieta láctea; mas, na noite do sonho, ele foi mal-educado e, como punição, foi privado da refeição da noite. Ele já tinha, anteriormente, passado por uma dieta de fome como essa e tinha se portado com bravura. Ele sabia que não iria ganhar nada para comer, mas também não se permitia indicar com uma palavra que estava com fome. A educação começa a ter efeito sobre ele; ela já se manifesta no sonho, que mostra um início de deformação onírica. Não há dúvida de que ele próprio é a pessoa cujos sonhos têm como meta uma refeição tão rica, e, na verdade, uma refeição de carne assada. Mas, como ele sabe que esta lhe é proibida, ele não ousa, como o fazem no sonho as crianças que estão com fome (cf. o sonho com os morangos, da minha pequena Anna, p. 166), sentar-se, ele mesmo, para comer a refeição. A pessoa permanece anônima.

II

Sonhei certa vez que vi na vitrine de uma livraria um novo volume daquela coleção com encadernação de colecionador que costumo comprar normalmente (monografias de artistas, monografias de história universal, monumentos famosos etc.). *A nova coleção se chama: Oradores Famosos (ou discursos), e seu volume I leva o nome do Dr. Lecher.*

Na análise me pareceu improvável que a fama do Dr. Lecher, o orador inesgotável do obstrucionismo alemão no Parlamento, ocupasse-me durante os meus sonhos. O fato é que, dias antes, eu havia aceitado novos pacientes para o tratamento psíquico e que me vi então obrigado a falar

[i] Tudo o que existe de grande, de superabundante, de desmedido e de exagerado nos sonhos poderia ser uma característica da infância. A criança não conhece nenhum desejo mais ardente a não ser o de tornar-se grande, para obter tanto quanto os grandes [obtém] de tudo; ela é difícil de satisfazer, não conhece nenhum basta, exige insaciavelmente a repetição daquilo que a agradou ou que foi saboroso para ela. Só aprende a *moderar-se*, a contentar-se com o que tem, a se resignar, com a cultura da educação. Como se sabe, o neurótico também tende à imoderação e ao excesso.

durante 10 ou 11 horas diariamente. Portanto, eu mesmo sou o orador inesgotável.

III

Outra vez sonhei que um conhecido professor de nossa universidade me diz: *Meu filho, o míope*. Segue-se então um diálogo que consiste de falas curtas e réplicas. Mas depois se segue uma terceira parte do sonho, na qual aparecemos eu e meus filhos, e, para o conteúdo latente do sonho, o professor M., pai e filho, são apenas homens de palha, que encobrem a mim e ao meu filho mais velho. Mais abaixo, continuarei tratando desse sonho, por causa de outra particularidade.

IV

O próximo sonho dá um exemplo de sentimentos egoístas realmente baixos que se escondem por trás de uma carinhosa preocupação.

Meu amigo Otto parece estar mal, seu rosto está marrom e ele está com os olhos salientes.

Otto é meu médico de família, em relação a quem eu permaneço irremediavelmente em dívida, porque faz anos que ele acompanha a saúde de meus filhos, trata deles de maneira eficaz quando adoecem e, além disso, presenteia-os em todas as ocasiões que fornecem um pretexto. No dia do sonho, ele tinha estado de visita e minha mulher percebeu que ele parecia cansado e abatido. De noite veio o meu sonho e emprestou-lhe alguns dos sinais da doença de Basedow. Quem prescindir das minhas regras na interpretação de sonho compreenderá nesse sonho que estou preocupado com a saúde de meu amigo e que essa preocupação se realiza no sonho. Isso seria uma contradição não apenas com a afirmação de que o sonho é uma realização de desejo, mas também com a outra, a de que ele só é acessível a moções egoístas. Mas quem interpretar assim que tenha a bondade de me explicar por que eu temo a doença de Basedow no caso de Otto, para cujo diagnóstico sua aparência não oferece o menor motivo. Minha análise fornece, por outro lado, o seguinte material extraído de um acontecimento que teve lugar seis anos antes. Viajávamos, em um pequeno grupo no qual também se encontrava o professor R., em uma profunda escuridão pela floresta de N., algumas horas distante de nossa residência de verão.

O cocheiro, não inteiramente sóbrio, jogou-nos com a carruagem por um barranco abaixo, e ainda foi uma sorte que saímos dessa sãos e salvos. Mas fomos obrigados a pernoitar na hospedaria seguinte, onde a notícia do nosso acidente despertou grande simpatia por nós. Um senhor, que mostrava os sinais inconfundíveis do *morbus Basedowii* – a propósito, apenas a pele meio marrom do rosto e olhos salientes, bem como no sonho, sem bócio –, colocou-se à nossa inteira disposição e perguntou o que ele podia fazer por nós. O professor R., com seu jeito particular, respondeu: Nada além de que o senhor me empreste um traje de dormir. Ao que respondeu o nobre senhor: Sinto muito, isso eu não posso fazer, e foi-se dali.

Para continuar com a análise, ocorre-me que Basedow não é apenas o nome de um médico, mas também o de um famoso pedagogo. (Agora acordado não me sinto seguro sobre essa informação.) Mas o amigo Otto é aquela pessoa a quem pedi, no caso de algo me atingir, para cuidar da educação corporal de meus filhos, especialmente na época da puberdade (daí o traje de dormir). Ao ver então o amigo Otto, no sonho, com os sintomas daquele nobre ajudante, quero dizer claramente: se algo me atingir, as crianças terão tão pouco a receber dele quanto, na época, do senhor barão L., apesar de suas amáveis ofertas. O impacto egoísta desse sonho podia agora certamente ser descoberto.[i]

Mas, nesse caso, onde ficou escondida a realização de desejo? Não na vingança contra o amigo Otto, cujo destino agora é ser maltratado em meus sonhos, mas na seguinte relação. Quando eu figuro Otto como o barão L. no sonho, identifico ao mesmo tempo a minha própria pessoa com outra, a

[i] [Nota acrescentada em 1911:] Quando Ernest Jones, diante de uma sociedade norte-americana, falou sobre o egoísmo dos sonhos em uma conferência, uma senhora instruída levantou, contra essa generalização não científica, a objeção de que o autor só poderia fazer julgamentos a respeito dos sonhos de austríacos e que não tinha o direito de falar qualquer coisa sobre os sonhos dos norte-americanos. E, quanto à sua pessoa, ela estava segura de que todos os seus sonhos eram rigorosamente altruístas.
[Acréscimo de 1925:] Para desculpar essa senhora orgulhosa de sua raça, observemos, a propósito, que não devemos entender mal essa proposição de que os sonhos sejam absolutamente egoístas. Tendo em vista que tudo o que, em geral, aparece no pensamento pré-consciente pode passar para o sonho (tanto para o conteúdo quanto para os pensamentos latentes do sonho), essa possibilidade também está aberta às moções altruístas. É da mesma maneira que poderá aparecer no sonho uma moção terna ou amorosa por uma pessoa, moção presente no inconsciente. O que está correto na proposição acima se limita, portanto, ao fato de que encontramos com frequência, entre as incitações inconscientes do sonho, tendências egoístas, que parecem superadas na vida de vigília.

saber, com a do professor R., pois eu exijo algo de Otto, tal como naquele acontecimento R. exigiu do barão L. E é disso que se trata. O professor R., com quem eu normalmente não ouso de fato me comparar, seguiu, como eu, seu caminho de maneira independente, fora da academia, e só conseguiu chegar ao seu título, merecido há muito tempo, em anos posteriores. Eu quero, portanto, mais uma vez me tornar professor! E até mesmo o "em anos posteriores" é uma realização de desejo, pois isso implica que vou viver tempo suficiente para acompanhar eu mesmo meus filhos através da puberdade.

γ) [Outros sonhos típicos]

Sobre outros sonhos típicos, nos quais voamos agradavelmente ou caímos com sentimentos de angústia [*Angst*], nada sei por experiência própria, e tudo o que tenho a dizer sobre eles devo às psicanálises.[i] Das informações que delas recolhemos, devemos concluir que esses sonhos também repetem impressões do tempo da infância, ou seja, referem-se a brincadeiras movimentadas que, para a criança, constituem uma atração extraordinária. Que tio que não fez uma criança voar, correndo com ela pela sala com os braços estendidos, ou ergueu-a para o alto e de repente fingia que não iria segurá-la na queda. As crianças gritam de alegria e exigem incansavelmente a repetição, especialmente quando estão em jogo um pouco de susto e vertigem; e então, depois de anos, elas conseguem essa repetição no sonho, mas as mãos que as seguraram não aparecem no sonho, de modo que elas agora flutuam e caem livremente. A predileção de todas as crianças pequenas por essas brincadeiras, bem como pelo balanço e pela gangorra, é conhecida; quando depois elas veem no circo as proezas de ginástica, a lembrança é recuperada novamente.[ii] Em muitos meninos, o ataque histérico consiste então apenas de reproduções dessas proezas, que eles executam com grande habilidade. Não raramente ocorre que, durante essas brincadeiras movimentadas e em si inocentes, também tenham sido

---

[i] [Edição francesa:] Essa frase figurou na edição de 1900 e desapareceu nas edições posteriores até 1925. O restante do parágrafo e o parágrafo seguinte foram deslocados para o cap. VI, seção E, em 1914. Na edição de 1930, eles figuram nos dois lugares.

[ii] [Nota acrescentada em 1925:] A investigação analítica nos permitiu descobrir que, da predileção das crianças pelos espetáculos de ginástica e da sua repetição no ataque histérico, participa mais um fator, além do prazer do órgão, a imagem de lembrança (frequentemente inconsciente) do intercurso sexual observado (em seres humanos ou em animais).

despertadas sensações sexuais.[i] Para dizê-lo com uma palavra usual entre nós e que recobre todos esses eventos: trata-se da "agitação" da infância, que os sonhos de voar, cair, ter vertigem etc. vão repetir, e cujas sensações de prazer são agora convertidas em angústia. Mas, como toda mãe na realidade sabe, a agitação das crianças também termina frequentemente em briga e choro.

Tenho, portanto, uma boa razão, para recusar a explicação de que o estado de nossas sensações cutâneas durante o sono, as sensações do movimento de nossos pulmões etc., provocam os sonhos de voar e cair. Vejo que essas próprias sensações são reproduzidas a partir da lembrança à qual o sonho se refere, que elas são, portanto, conteúdo do sonho e não fontes do sonho.

Mas, de forma alguma escondo de mim mesmo o fato de que para essa série de sonhos típicos eu não posso fornecer uma explicação completa. Meu material me deixou em apuros precisamente nesse ponto. Preciso manter o ponto de vista geral de que todas as sensações cutâneas e de movimento desses sonhos típicos são despertadas, tão logo qualquer motivo psíquico precise delas, e que elas podem ser negligenciadas quando uma necessidade como essa não vier ao seu encontro. A relação com as experiências infantis também me parece provir com segurança das indicações que recolhi na análise com psiconeuróticos. Mas eu não saberia indicar que outros significados podem ter se conectado, com o passar da vida, à lembrança dessas sensações – talvez diferentes para cada pessoa, apesar da aparência típica desses sonhos – e gostaria de estar em posição de preencher essa lacuna com uma análise cuidadosa de bons exemplos. Quem se surpreender por eu me queixar da falta de material, apesar da frequência justamente de sonhos de voar, cair, extrair dente etc., a ele devo o esclarecimento de que não experimentei sonhos como esses em mim mesmo desde que dou atenção ao tema da interpretação do sonho. Mas os sonhos dos neuróticos, dos quais disponho normalmente, não são todos interpretáveis, e com frequência não

---

[i] Um jovem colega, inteiramente livre de doença nervosa, comunicou-me a esse respeito: "Sei, por experiência própria, que antigamente, quando eu estava no balanço, e na verdade no momento em que o movimento de descida atingia a sua maior força, eu ficava com uma sensação singular nos genitais, que eu, apesar de ela não me ser na verdade agradável, tenho necessariamente de descrever como uma sensação de prazer". – Com muita frequência, ouvi os pacientes dizerem que as primeiras ereções com sensação de prazer de que se lembram ocorreram na época em que eram crianças, quando subiam em algum lugar. – Das psicanálises revela-se, com toda a segurança, que as primeiras moções sexuais têm com frequência suas raízes nas brincadeiras de provocação e de luta da infância.

o são até o final de sua intenção escondida; uma certa potência psíquica que participou da construção da neurose e que é reativada por ocasião de sua resolução, opõe-se à interpretação até o último enigma.

δ) O sonho com provas[23]

Aquele que concluiu o ensino médio com a *Matura*[24] [prova final do secundário] reclama da obstinação com que o persegue o sonho de angústia de ter sido reprovado, de ter de repetir o ano etc. Para aquele que já possui um título universitário, o sonho típico é substituído por outro que o repreende por não ter passado no *Rigorosum* [prova oral de grau superior] e, – ainda durante o sonho – objeta em vão que tem anos de prática, que é professor auxiliar ou chefe de repartição. Essas são lembranças indeléveis das punições sofridas na infância por termos cometido más ações, que se mobilizaram novamente em nosso íntimo para os dois pontos nodais de nossos estudos, no "*dies irae, dies illa*" [dia de ira, que dia aquele!][25] das provas rigorosas. O "medo da prova" no neurótico encontra reforço nesse medo infantil. Desde que deixamos de ser estudantes, não são mais, como antes, os pais e educadores, ou mais tarde os professores, que se incumbem de nossa punição; o inexorável encadeamento causal da vida assumiu a continuação de nossa educação, e agora sonhamos com a prova de conclusão do secundário [*Matura*] ou com a prova oral de nível superior [*Rigorosum*] – e quem não tremeu naquela hora, mesmo sendo um dos justos? –, sempre que tememos ser punidos pelo resultado de algo que não fizemos direito, por não termos resolvido algo corretamente, sempre que nos sentimos sob a pressão de uma responsabilidade.

Devo outro esclarecimento sobre o sonho com provas a uma observação da parte de um colega versado no assunto, que destacou, em uma reunião científica, que, de acordo com seu conhecimento, o sonho com a prova final só ocorria em pessoas que tinham sido aprovadas nela, e nunca nas que fracassaram. O aflitivo sonho com provas, que, como se confirma cada vez mais, ocorre quando se espera do próximo dia uma tarefa de responsabilidade ou a possibilidade de passar vergonha, teria, portanto, procurado uma ocasião do passado na qual a grande angústia se provasse injustificada e fosse refutada pelo desfecho. Esse seria um exemplo bastante chamativo de mal-entendido do conteúdo do sonho pela instância da vigília. A objeção, entendida como indignação contra o sonho: "Mas eu já sou doutor etc.", seria na realidade o consolo que o sonho oferece, e que, portanto, poderia ser assim enunciado: "Não tema o dia de amanhã; pense no medo que você teve antes da prova de conclusão [*Maturitätsprüfung*],[26] e, no entanto, nada te aconteceu. Hoje você já é doutor etc". Mas o medo [*Angst*] que atribuímos ao sonho veio dos restos do dia.

As verificações dessa explicação que pude realizar em mim e em outros, ainda que não tenham sido suficientemente numerosas, foram conclusivas. Por exemplo, eu não fui aprovado em minha prova oral em Medicina Legal; esse assunto nunca conseguiu entrar em meu sonho, ao passo que com muita frequência fui avaliado em Botânica, Zoologia ou Química, disciplinas para as quais eu fui realizar a prova com uma angústia bem justificada, mas escapei da punição graças ao favor do destino ou do examinador. No sonho com a prova final do secundário, sou regularmente examinado em História, em que na época fui aprovado brilhantemente, mas na verdade apenas porque meu amável professor – o salvador de um olho só de outro sonho, cf. p. 62 – não deixou de ver que na ficha da prova que lhe devolvi eu tinha riscado com a ponta da unha a segunda das três questões como advertência, para que ele não insistisse nessa questão. Um de meus pacientes que desistiu da prova final do ginásio e a recuperou mais tarde, mas que depois foi reprovado na prova para oficial e não obteve o posto, relatou-me que ele sonha muito frequentemente com a primeira prova, mas nunca com a última. **[1909]**

Os sonhos com provas já opõem à interpretação aquela dificuldade que indiquei anteriormente como característica da maioria dos sonhos típicos. O material de associações que o sonhador coloca à nossa disposição só raramente é suficiente para a interpretação. Para melhor entender esses sonhos, é preciso partir de uma série maior de exemplos. Recentemente tive a nítida impressão de que a objeção: "Você já é doutor etc." não apenas encobre o consolo, mas também faz alusão a uma reprimenda. Esta soaria como: "Agora você já está tão velho, a esta altura da vida, e ainda continua fazendo essas bobagens, essas criancices". Essa mistura de autocrítica e consolo corresponderia ao conteúdo latente dos sonhos com provas. Então não é nada surpreendente que as reprimendas por causa das "bobagens" e "criancices" se refiram, nos exemplos analisados por último, à repetição de atos sexuais reprovados. **[1914]**

W. Stekel, de quem provém a primeira interpretação do "sonho com prova de conclusão" [*Matura*], defende a opinião de que ele se refere regularmente à colocação às provas da sexualidade e à maturidade sexual. A minha experiência pôde comprová-lo muitas vezes. **[1925]**

NOTAS

1 Über Coca [Sobre coca]. *Zentralblatt Ges. Therap.*, n. 2, p. 289-314, 1884. (N.T.)

2 A designação para "traça", em alemão, "*Motte*", pode também se dar pela palavra composta "*Buchwurm*", literalmente, "verme de livro". Essa expressão acaba sendo utilizada informalmente para se referir a um "leitor ávido" ou, no português informal, "rato de biblioteca". (N.R.)

3 Aqui Freud faz uma alusão ao provérbio alemão "*Stille Wasser sind tief*" (Águas tranquilas são profundas). Geralmente é utilizado para se referir a pessoas introvertidas e silenciosas como tendo a tendência a saber muito ou com profundidade de algum assunto. (N.R.)

4 "*Die Fleischbank war schon geschlossen*" (O açougue já estava fechado). Cf. a expressão vienense "*Du hast deine Fleischbank offen*" (Teu açougue está aberto), que quer dizer "Tua braguilha está aberta". (N.T.)

5 Remissão aqui à fala popular que se utiliza para dizer que alguém esqueceu a braguilha aberta: "*Du hast deine Fleischbank offen*", literalmente, "Você deixou sua banca de carnes aberta". (N.R.)

6 Esse trecho é referido em uma nota de rodapé no caso Homem dos Lobos. Nesta coleção, no volume *Histórias clínicas*, p. 684, nota i. (N.E.)

7 "Negro, salve-se!", "*Schwarzer, rett'dich!*", evoca "*schwarzer Rettich*", "rabanete negro". (N.T.)

8 Esse parágrafo continuava na primeira edição (1900) com o seguinte sonho: "Uma de minhas pacientes sonhou quatro ou cinco vezes, no curso de seus 38 anos, com a mesma cena angustiante: estava sendo perseguida, refugiava-se em um aposento, fechava a porta, depois a abria para retirar a chave que havia ficado do lado de fora e, com a sensação de que, se não conseguisse, algo terrível iria acontecer, ela pegava a chave para trancar a porta pelo lado de dentro, com o que, aliviada, ela recuperava seu fôlego". (N.T.)

9 "*Verschlungenheit*" – "entrecruzamento linguístico". Freud usa a forma adverbial "*am verschlungensten*" – "os mais entrecruzados", em *Estudos sobre a histeria* (1892-1899), capítulo IV, parte 3, para falar dos caminhos da cadeia lógica do material psíquico de um tipo de histeria, "semelhantes ao ziguezaguear no lance do cavalo que ultrapassa o desenho do campo do tabuleiro de xadrez". (N.T.)

10 A frase "*Die Kuh rannte, bis sie fiel*" ("A vaca correu até cair"), quando pronunciada rapidamente, forma uma cadeia sonora contínua (*Diekuhranntebissiefiel*), usada como brincadeira infantil. O enunciado se transforma em uma espécie de trava-língua ou neologismo momentâneo, com efeito sonoro cômico. (N.E.)

11 Tradução literal para uma expressão com o valor de "era só o que me faltava". (N.T.)

12 Centro comercial de Viena. (N.T.)

13 A expressão em alemão "*einen Korb geben*", literalmente "dar um cesto", tem o valor coloquial de "dar um fora". (N.R.)

14 Bolinhos de massa cozida típicos da região. (N.R.)

15 Citação retirada do *Fausto*, de Goethe (parte 1, cena 4): "*So wird's Euch an der Weisheit Brüsten/mit jedem Tage mehr gelüsten*". (N.R.)

16 A antiga designação para "farmácia" era "*Lateinische Küche*". (N.R.)

17 "*Freud(e)*", em alemão, significa "alegria". (N.T.)

[18] De acordo com a edição francesa, o primeiro verso é extraído de uma carta de Herder a Goethe. O segundo, da peça de Goethe *Ifigênia em Táuride* (verso 864). (N.T.)

[19] Trata-se aqui das designações em italiano para as cidades de Split (Spalato), na Croácia, e Kotor (Cattaro), em Montenegro. (N.R.)

[20] A passagem entre travessões só foi incluída em 1911; a passagem entre parênteses foi acrescentada em 1914 em nota de rodapé e integrada ao texto em 1930. (N.T.)

[21] Referência a *Romeu e Julieta*, de William Shakespeare. (N.R.)

[22] Esse parágrafo, que figurava como nota de rodapé na primeira edição, foi incluído no corpo do texto na quarta edição, de 1914. (N.T.)

[23] A palavra *Prüfung* possui em alemão aproximadamente a mesma polissemia que a palavra "prova" em português, podendo significar tanto "exame" ou "avaliação" quanto "evidência", no sentido de teste ou comprovação. O *Prüfungstraum* (sonho com provas), investigado por Freud neste capítulo, refere-se claramente ao primeiro sentido – "prova", "exame", "teste" ou "avaliação" – no contexto acadêmico, pedagógico ou equivalente. (N.R.; N.E.)

[24] No sistema educacional austro-húngaro da época de Freud (Viena, c. 1900), a *Matura* (forma completa: *Maturitätsprüfung*, literalmente, "prova de maturidade") era o exame final do ensino secundário (*Gymnasium*), pré-requisito para o ingresso na universidade. Geralmente incluía provas escritas e orais. Já o *Rigorosum* era um exame oral de nível superior, obrigatório para a obtenção do título de doutor em diversas áreas – como Medicina, Direito ou Filosofia. Freud submeteu-se a esse exame em 1881, ao concluir sua formação médica. Ao longo deste capítulo, ele retoma o termo "*Maturitätsprüfung*" em seu sentido literal, explorando a analogia entre maturidade intelectual e maturidade sexual (cf. final desta seção). (N.R.; N.E.)

[25] A expressão "*dies irae, dies illa*" (dia de ira, que dia aquele!) abre a sequência latina medieval do Juízo Final atribuída a Tomás de Celano (século XIII), que integra o texto litúrgico do *Requiem*. A menção aos "justos" no final do parágrafo ressoa o verso "*Vix justus sit securus*" (Nem mesmo o justo estará seguro). A sequência foi musicada por Mozart, Verdi e outros. (N.R.; N.E.)

[26] Literalmente, "prova de maturidade". (N.R.; N.E.)

VI O trabalho do sonho

Todas as outras tentativas feitas até agora para resolver os problemas do sonho conectavam-se diretamente ao seu conteúdo manifesto dado na lembrança e esforçavam-se para, a partir dele, obter a interpretação do sonho, ou, quando elas desistiam de uma interpretação, buscavam fundamentar seu julgamento sobre o sonho através da referência ao conteúdo do sonho. Somos os únicos a nos deparar com outro estado de coisas; para nós, intercala-se entre o conteúdo do sonho e os resultados da nossa observação um novo material psíquico: o conteúdo *latente* do sonho, obtido através de nosso procedimento, ou seja, os pensamentos do sonho. É a partir desses últimos, e não a partir do conteúdo manifesto do sonho, que extraímos a solução do sonho. É por isso que também nos vemos diante da tarefa que é nova e não existia antes disso, de investigar as relações entre o conteúdo manifesto e os pensamentos latentes do sonho e rastrear os processos as partir dos quais esses últimos se transformaram no primeiro.

Pensamentos do sonho e conteúdo do sonho apresentam-se a nós como duas figurações do mesmo conteúdo em duas linguagens [*Sprachen*][1] distintas, ou, para dizê-lo melhor, o conteúdo do sonho parece-nos uma transferência dos pensamentos do sonho para outro modo de expressão, cujos signos e leis de articulação devemos aprender a reconhecer através da comparação entre o original e a tradução. Os pensamentos do sonho se tornam imediatamente compreensíveis para nós, assim que tomamos conhecimento deles. O conteúdo do sonho é dado em uma espécie de escrita pictográfica [*Bilderschrift*], cujos signos devem ser transferidos, um a um, para a linguagem dos pensamentos do sonho. Seríamos, evidentemente, induzidos ao erro se quiséssemos ler esses signos de acordo com seu valor pictórico, e não de acordo com sua relação semiológica. Digamos que eu tenha diante de mim um enigma pictórico (rébus): uma casa, sobre cujo telhado podemos ver um barco, depois uma letra isolada, depois uma figura sem cabeça correndo etc. Eu poderia me entregar à crítica e declarar essa composição e seus elementos como sem sentido. Um barco não faz parte do telhado de uma casa, e uma pessoa sem cabeça não pode correr; além disso, a pessoa é maior do que a casa, e, se esse todo deve figurar uma paisagem, aí não se encaixam as letras isoladas, que certamente não são encontradas em plena natureza. É evidente que a apreciação correta do rébus só é obtida se eu não levantar objeções como essas contra esse todo e seus detalhes, mas se me esforçar para substituir cada imagem por uma sílaba ou palavra que, em função de alguma relação, possa ser figurada pela imagem. As palavras que se encontram assim reunidas não são mais desprovidas de sentido, mas podem produzir a sentença poética mais bela e rica em sentido. Pois bem, um enigma pictórico como esse é o sonho, e nossos antecessores no campo da interpretação do sonho cometeram o erro de julgar o rébus como um desenho. Assim sendo, ele lhes pareceu absurdo e sem valor.

A
O TRABALHO DE CONDENSAÇÃO

A primeira coisa que ficará clara para o investigador ao fazer a comparação entre conteúdo do sonho e pensamentos do sonho é que, nesse caso, um extraordinário *trabalho de condensação* foi realizado. O sonho é conciso, pobre e lacônico em comparação com a abrangência e a abundância dos pensamentos do sonho. O registro escrito de um sonho preenche meia página; a análise, na qual os pensamentos do sonho estão contidos, necessita de um espaço de escrita seis, oito ou 12 vezes maior. Essa relação é variável para sonhos distintos; até onde eu pude verificar, jamais inverte seu sentido. Em regra, subestimamos a medida da compressão que ocorreu, se consideramos os pensamentos do sonho trazidos à luz como o material completo, ao passo que um continuado trabalho de interpretação pode desvelar pensamentos novos, escondidos atrás do sonho. Já tivemos a necessidade de indicar que, na verdade, nunca estamos seguros de ter interpretado um sonho completamente; mesmo quando a resolução parece satisfatória e livre de lacunas é sempre possível que, através do mesmo sonho, outro sentido se apresente. Portanto – rigorosamente falando –, a *cota de condensação* é indeterminável. Contra a afirmação de que, a partir da desproporção entre conteúdo do sonho e pensamentos do sonho, é possível concluir que haveria uma condensação extensiva do material psíquico na formação do sonho, poderíamos fazer valer uma objeção que, à primeira vista, parece bastante tentadora. Pois com frequência temos a sensação de termos sonhado bastante a noite toda e depois a de termos esquecido de novo a maior parte. O sonho de que nos lembramos ao acordar seria então apenas um resto do conjunto do trabalho do sonho que, em abrangência, equivaleria, sem dúvida, aos pensamentos de sonho, se pudéssemos justamente nos lembrar deles completamente. Nisso há uma parte certamente correta; não podemos nos enganar com a observação de que um sonho é reproduzido com a máxima fidelidade quando tentamos nos lembrar dele logo após o despertar e de que a lembrança que temos dele se torna cada vez mais lacunar por volta do anoitecer. Mas, por outro lado, devemos reconhecer que a sensação de termos sonhado mais do que podemos reproduzir se baseia, com muita frequência, em uma ilusão, cuja origem deverá ser esclarecida mais tarde. Além disso, a suposição de uma condensação no trabalho do sonho não é afetada pela possibilidade do esquecimento do sonho, pois ela é demonstrada pelas massas de representações que fazem parte de cada um dos fragmentos do sonho que ficaram conservados. Se, de fato, uma grande parte do sonho se perdeu para a lembrança, o acesso a uma nova série de pensamentos do sonho permanece, desse modo, como que bloqueado para nós. Não há nada que justifique a expectativa de que os fragmentos do sonho que desapareceram só se refeririam igualmente àqueles pensamentos que já conhecemos a partir da análise dos fragmentos que permaneceram conservados.[i]

Tendo em vista a quantidade superabundante de ocorrências de ideias [*Einfälle*] que a análise apresenta para cada um dos elementos do conteúdo do sonho, alguns leitores se questionarão sobre se podemos atribuir aos pensamentos do sonho tudo aquilo que *a posteriori* nos vem à mente na análise, ou seja, será que podemos supor que todos esses pensamentos já estiveram ativos durante o estado de sono e teriam cooperado na formação do sonho? Ou muito mais que enquanto se desenrola a análise surgem

---

[i] [Nota acrescentada em 1914:] Indicações a respeito da condensação no sonho são encontradas em inúmeros autores. Du Prel declara em uma passagem (p. 85) ser absolutamente correto que tenha ocorrido um processo de condensação das séries de representações.

novas ligações de pensamentos que não tinham participado da formação do sonho? Posso compartilhar essa dúvida, mas com reservas. Que uma ou outra das ligações de pensamentos só surjam durante a análise é certamente correto; mas podemos nos convencer, a cada vez, de que novas ligações como essas se estabelecem apenas entre pensamentos que já estão ligados de outra maneira nos pensamentos do sonho; as novas ligações são, de alguma forma, circuitos paralelos, curtos-circuitos, possibilitados pela existência de outras vias de ligação situadas em maior profundidade. A respeito da imensa maioria das massas de pensamentos descobertas na análise, devemos admitir que elas já estiveram ativas na formação do sonho, pois, depois de termos aberto um caminho por uma cadeia de pensamentos como esses, que parecem se situar fora da conexão com a formação de sonho, topamo-nos de repente com um pensamento que, representado no conteúdo do sonho, é indispensável para a interpretação do sonho e que, entretanto, não era acessível de outra forma, a não ser através daquela cadeia de pensamentos. A esse respeito, ver, por exemplo, o sonho com a monografia botânica, que aparece como o resultado de uma assombrosa operação de condensação, apesar de eu não ter comunicado a sua análise completa.

Mas como devemos imaginar o estado psíquico que durante o sono precede o sonhar? Todos os pensamentos do sonho são mantidos um ao lado do outro, ou transcorrem uns depois dos outros, ou vários movimentos de pensamentos simultâneos são formados a partir de centros distintos, para depois se reunirem? Penso que ainda não haja nenhuma necessidade de se formular uma representação plástica do estado psíquico durante a formação do sonho. Só não nos esqueçamos de que se trata de um pensar *inconsciente* e de que o processo pode facilmente ser diferente daquele que percebemos em nós durante uma reflexão intencional acompanhada de consciência.

Mas o fato de a formação de sonho fundamentar-se em uma condensação está estabelecido de forma inabalável. Então, como se produz essa condensação?

Se considerássemos que, dos pensamentos do sonho descobertos, muito poucos são representados no sonho por um de seus elementos de representação, deveríamos então concluir que a condensação acontece pela via da *omissão*, na qual o sonho não é uma tradução fiel ou uma projeção ponto a ponto dos pensamentos do sonho, mas uma reprodução incompleta e lacunar destes. Essa concepção, como logo veremos, é muito insuficiente. Entretanto, apoiemo-nos primeiramente nela e continuemos perguntando: se só poucos elementos provindos dos pensamentos do sonho chegam ao conteúdo do sonho, que condições determinam a sua escolha?

Para obter esclarecimento sobre esse ponto, vamos agora voltar a nossa atenção aos elementos do conteúdo do sonho que precisam ter preenchido as condições buscadas. Um sonho para cuja formação contribuiu uma condensação particularmente intensa será o material mais adequado para essa investigação. Escolho o

I. Sonho da monografia botânica comunicado à p. 204.

Conteúdo do sonho: *Escrevi uma monografia sobre uma variedade de planta (indeterminada). O livro está diante de mim, folheio justamente uma ilustração colorida que está dobrada. Ao exemplar está amarrado um espécime ressecado da planta.*

O elemento desse sonho que mais chama a atenção é a *monografia botânica.* Ela provém das impressões do dia do sonho; em uma vitrine da livraria, eu de fato havia visto *uma monografia sobre a espécie "cíclame"*. A menção a essa espécie falta no conteúdo do sonho, no qual só restaram a monografia e sua relação com a botânica. A "monografia botânica" revela imediatamente a sua relação com o *trabalho sobre a cocaína*, que escrevi certa vez; partindo da cocaína, a ligação de pensamentos leva, por um lado, ao volume comemorativo e a certos incidentes que ocorreram em um laboratório universitário, por outro, ao meu amigo oftalmologista, o Dr. Königstein, que teve sua participação na avaliação da cocaína. À pessoa do Dr. Königstein associam-se, além disso, a lembrança da conversa interrompida que tive com ele na noite anterior e os vários pensamentos sobre a remuneração por serviços médicos entre colegas. Essa conversa é então o verdadeiro instigador atual do sonho; a monografia sobre o cíclame é igualmente uma atualidade, mas de natureza indiferente; da maneira como vejo, a "monografia botânica" do sonho revela ser um *elemento intermediário comum* entre as duas vivências do dia, tomado sem alteração da impressão indiferente, e conectado à vivência psiquicamente significativa através de ligações associativas as mais abundantes.

No entanto, não apenas a representação composta "monografia botânica", mas também cada um de seus elementos – "botânica" e "monografia"

– penetra separadamente, através de múltiplas ligações, de forma cada vez mais profunda no emaranhado dos pensamentos de sonho. Fazem parte de "*botânica*" as lembranças da pessoa do professor *Gärtner* [jardineiro], de sua esposa *florescente*, da minha paciente que se chama *Flora* e da senhora da qual contei a história sobre as *flores* esquecidas. *Gärtner* leva novamente ao laboratório e à conversa com Königstein; faz parte da mesma conversa a menção às duas pacientes. A partir da senhora das flores, bifurca-se uma via de pensamento que leva às *flores preferidas* de minha esposa, e cuja outra saída se encontra no título da monografia visto de relance durante o dia. Além disso, "*botânica*" lembra um episódio do ginásio e uma prova da época da universidade, e um novo tema abordado nessa conversa: o de meus passatempos favoritos associa-se, pela intermediação daquela que chamo, por brincadeira, de minha *flor favorita*, a alcachofra, à cadeia de pensamentos que parte das flores esquecidas; por trás de "alcachofra" se escondem, por um lado, a lembrança da Itália e, por outro, uma cena da infância, com a qual inaugurei as minhas relações com livros, que desde então se tornaram íntimas. "Botânica" é, portanto, um verdadeiro ponto nodal no qual inúmeras linhas de pensamento se entrecruzam – linhas que, como posso assegurar, foram legitimamente relacionadas naquela conversa. Encontramo-nos aqui bem no meio de uma fábrica de pensamentos, na qual, como na obra-prima do tecelão

> Uma pisada move mil fios,
> As lançadeiras vão e vêm em disparada,
> Os fios correm invisíveis,
> Um golpe cria mil ligações.
>
> [*Ein Tritt tausend Fäden regt,*
> *Die Schifflein herüber, hinüber schießen,*
> *Die Fäden ungesehen fließen,*
> *Ein Schlag tausend Verbindungen schlägt*][i]

No sonho, "monografia" remete, mais uma vez, a dois temas: a unilateralidade de meus estudos e o caráter dispendioso de meus passatempos favoritos.

Dessa primeira investigação obtemos a impressão de que os elementos "botânica" e "monografia" foram incluídos no conteúdo do sonho porque

[i] [Goethe, *Fausto*, parte I, cena 4.]

tangenciam de forma mais ampla a maior parte dos pensamentos do sonho, podem, portanto, figurar *pontos nodais*, nos quais se reúnem muitos dos pensamentos do sonho, porque, em relação com a interpretação do sonho, eles possuem muitos sentidos. Podemos também formular de outra maneira o fato que fundamenta essa explicação, dizendo: cada um dos elementos do conteúdo do sonho mostra-se como que *sobredeterminado*, como que representado de várias maneiras nos pensamentos do sonho.

Descobrimos ainda mais se examinarmos o restante dos componentes do sonho em função de sua incidência nos pensamentos do sonho. A *ilustração colorida* que estou folheando leva (cf. a análise na p. 206)a um novo tema, a crítica dos colegas aos meus trabalhos, e a um tema já representado no sonho: o de meus passatempos favoritos, e, além disso, à lembrança infantil, na qual eu arranco as páginas de um livro com ilustrações coloridas; o exemplar seco da planta alude à vivência ginasial do herbário e realça essa lembrança de maneira particular. Vejo, portanto, qual é a natureza da relação entre conteúdo do sonho e pensamentos do sonho: não apenas os elementos do sonho são determinados de *múltiplas maneiras* pelos pensamentos do sonho, mas também cada um dos pensamentos do sonho está representado no sonho por múltiplos elementos. Partindo de um elemento do sonho, o caminho associativo leva a vários pensamentos do sonho e de um pensamento do sonho a vários elementos do sonho. A formação do sonho não acontece, portanto, de modo a que cada pensamento do sonho ou um grupo deles forneça ao conteúdo do sonho uma abreviação, e depois o próximo pensamento do sonho forneça uma nova representação resumida, um pouco como os representantes do povo são eleitos a partir de uma população. Porém, ao contrário, toda uma massa de pensamentos do sonho é submetida a certa elaboração, a partir da qual os elementos que têm apoios mais numerosos e melhores se destacam para entrar no conteúdo do sonho, de maneira mais ou menos análoga à eleição por escrutínio de lista. Qualquer que seja o sonho que eu submeta a semelhante dissecção, vejo continuamente confirmados os mesmos princípios, de que os elementos do sonho são formados a partir de toda a massa de pensamentos do sonho e de que cada um deles parece determinado de múltiplas maneiras em relação aos pensamentos do sonho.

Certamente não é supérfluo demonstrar essa relação entre conteúdo do sonho e pensamentos do sonho em um novo exemplo, que se distingue pelo entrecruzamento particularmente engenhoso de relações recíprocas. O sonho provém de um paciente que estou tratando devido à sua claustrofobia.

E logo veremos por que eu me encontro induzido a intitular da seguinte maneira esse sonho que é uma produção excepcionalmente espirituosa:

II. "Um belo sonho"

Em numerosa companhia ele vai à rua X, onde se encontra uma modesta hospedaria (o que não é exato). *Nos cômodos dela se apresentava uma peça; ele é ora público, ora ator. Ao final é dito que é preciso trocar de roupa para voltar à cidade. Uma parte do pessoal é enviada para os cômodos do andar térreo, e a outra aos do primeiro andar. Surge então uma briga. Os de cima se aborrecem porque os de baixo ainda não estão prontos, de modo que eles não podem descer. Seu irmão está em cima, ele está embaixo e se aborrece com o irmão por estar sendo pressionado dessa forma.* (Essa parte não está clara.) *Além disso, desde que chegaram, já estava determinado e já haviam dividido os que deviam ficar em cima e os que deviam ficar embaixo. Depois ele sobe sozinho a colina que liga a rua X até a cidade e caminha com tanta dificuldade, de maneira tão penosa, que não consegue sair do lugar. Um senhor de mais idade vem lhe fazer companhia e insulta o rei da Itália. No final da colina ele anda, então, com mais facilidade.*

As dificuldades na subida eram tão nítidas que, após despertar, ele duvidou por um momento se aquilo havia sido sonho ou realidade.

Se considerado pelo conteúdo manifesto, dificilmente podemos enaltecer esse sonho. Contrariando a regra, quero começar a interpretação pela parte que foi caracterizada pelo sonhador como a mais nítida.

A dificuldade sonhada e provavelmente sentida no sonho, a penosa subida com dispneia, é um dos sintomas que o paciente realmente apresentou anos antes e, na época, em associação com outras manifestações, foi relacionado a uma tuberculose (é provável que simulada histericamente). Já conhecemos essa sensação de inibição do caminhar, própria do sonho, através dos sonhos de exibição, e descobrimos aqui novamente que ela é utilizada como um material disponível em qualquer tempo para fins de qualquer outra figuração. A parte do conteúdo do sonho que descreve como a subida foi inicialmente difícil e como se tornou fácil no final da colina lembrou-me, ao contar o sonho, da introdução magistral bem conhecida de *Safo*, de Alphonse Daudet. Nela, um jovem carrega a amada pela escada acima, inicialmente leve como uma pluma; mas, quanto mais ele sobe, mais ela pesa em seus braços, e essa cena prefigura o desenrolar da relação, através de cuja descrição Daudet quer advertir a juventude a não desperdiçar uma inclinação mais séria com moças de origem humilde e passado duvidoso.[i] Embora eu soubesse que meu paciente havia tido e desfeito recentemente uma relação amorosa com uma dama do teatro, eu não esperava, de fato, encontrar justificada essa ideia de interpretação que me ocorreu. Além disso, em *Safo* ocorreu o *inverso* do que no sonho; neste, a subida foi inicialmente pesada e, mais tarde, leve; no romance, só servia ao simbolismo se aquilo que fosse tomado primeiramente como leve se provasse ao final como uma carga pesada. Para meu espanto, o paciente observou que a interpretação se harmonizava muito bem com o conteúdo da peça a que ele tinha assistido na noite anterior. Ela se chamava *Rodando por Viena* [*Rund um Wien*] e tratava da carreira de uma jovem que, de início honesta, ingressa no *demi-monde*, trava relações com pessoas de alta posição, com isso "*sobe às alturas*", mas finalmente "*desce cada vez mais baixo*". A peça também o havia lembrado de outra encenada anos antes que levava o título de *De degrau em degrau* [*Von Stufe zu Stufe*], sobre cujo cartaz se podia ver uma *escada* feita de muitos degraus.

E agora a continuação da interpretação. Na rua X havia morado a atriz com a qual ele havia tido a última e complexa relação. Não há uma hospedaria nessa rua. Só que quando, por amor à dama, ele passou uma parte do verão em Viena, ele *baixou* [*abgestiegen* = "desceu" ou "pernoitou"] em um hotel nas proximidades. Ao deixar o hotel, ele disse ao cocheiro: Estou contente por pelo menos não ter pegado nenhuma praga de insetos [*Ungeziefer*]![2] (a propósito, mais uma de suas fobias). O cocheiro respondeu: Mas como é que alguém pode baixar [*absteigen*] aí! Isso não é absolutamente nenhum hotel, na verdade é só uma estalagem.

À hospedaria associa-se imediatamente para ele a lembrança de uma citação:

> De um taberneiro de maravilhosa doçura,
> Fui hóspede recentemente.
>
> [*Bei einem Wirte wundermild,*
> *Da war ich jüngst zu Gaste.*][ii]

Mas o estalageiro no poema de Uhland é uma *macieira*. Então uma segunda citação dá continuidade à cadeia de pensamentos:

---

[i] [Nota acrescentada em 1911:] Para apreciar a figuração do autor, considere-se o significado dos sonhos de subir escadas, comunicado no capítulo sobre simbolismo.

[ii] [Uhland, *Wanderlieder*, 8, "Einkehr".]

Fausto (*dançando com a jovem*)
Certa vez tive um *sonho bonito*;
Em que vi uma *macieira*,
Duas maçãs bonitas estavam brilhando,
Elas me atraíram e eu lá subi.

[*Einst hatt' ich einen* schönen Traum;
Da sah ich einen Apfelbaum,
Zwei schöne Äpfel glänzten dran,
Sie reizten mich, ich stieg hinan.]

A bela
As maçãzinhas muito lhe apetecem,
E já desde o paraíso.
Sinto-me movida pela alegria,
De que meu jardim também as tenha.

[*Die Schöne*
Der Äpfelchen begehrt ihr sehr,
Und schon vom Paradise her.
Von Freuden fühl' ich mich bewegt,
Daß auch mein Garten solche trägt.][i]

Não é possível haver a menor dúvida sobre o que está por trás da macieira e das maçãzinhas. Um belo busto também estava entre os principais atrativos com que a atriz havia cativado o sonhador.

A partir do contexto da análise, tínhamos toda a razão em supor que o sonho remontava a uma impressão da infância. Se isso estivesse correto, ele tinha de estar se referindo a uma ama de leite do homem agora com a idade de quase 30 anos. Para a criança, o busto da ama de leite é de fato a hospedaria. E tanto a ama de leite quanto a Safo de Daudet aparecem como alusões à amada abandonada pouco antes.

No sonho aparece também o irmão (mais velho) do paciente, e na verdade este está em cima, e ele próprio, embaixo. Essa é novamente uma *inversão* da verdadeira relação, pois o irmão perdeu, como fiquei sabendo, sua posição social, e meu paciente a conservou. O sonhador evitou dizer, durante

[i] [Goethe, *Fausto*, p. I, cena 21.]

a reprodução do conteúdo do sonho: Meu irmão ficou em cima, e ele próprio "no andar térreo" [*par terre*]. Isso teria sido uma declaração explícita demais, pois dizemos entre nós de uma pessoa que ela está "*par terre*" [no chão] quando perdeu fortuna e posição, fazendo, portanto, uma transferência semelhante à que utilizamos com "*baixou*". Precisa haver então um sentido para o fato de nesse lugar do sonho alguma coisa ter sido figurada de maneira *invertida*. Essa inversão tem de valer também para outra relação entre pensamentos do sonho e conteúdo do sonho. Há um indício de como essa inversão deve ter-se efetuado. Ele está claramente no final do sonho, quando, em relação à subida, acontece novamente o *inverso* do que acontece em Safo. Revela-se então, facilmente, de qual *inversão* se trata: em Safo, o homem carrega a mulher que mantém relações sexuais com ele; nos pensamentos do sonho, trata-se, portanto, *inversamente*, de uma mulher que carrega o homem, e, como esse caso só pode acontecer na infância, relaciona-se novamente com a ama de leite, que carrega o peso do bebê. A conclusão do sonho consegue, portanto, figurar Safo e a ama de leite na mesma alusão.

Assim como o nome Safo não foi escolhido pelo autor sem uma relação com um hábito lésbico, os fragmentos do sonho em que pessoas estão ocupadas em cima e embaixo apontam para fantasias de conteúdo sexual que ocupam o sonhador e, enquanto apetites reprimidos, não estão sem relação com a sua neurose. A interpretação do sonho não indica por si mesma que o que esteja figurado no sonho sejam fantasias e não lembranças de episódios que aconteceram de fato; ela apenas nos fornece um conteúdo de pensamento e deixa a nosso encargo estabelecer seu valor de realidade. Acontecimentos reais e fantasiados aparecem nesse caso – e não apenas nesse caso, mas também na criação de estruturas psíquicas mais importantes do que os sonhos – como tendo, de início, o mesmo valor. Numerosa companhia significa, como já sabemos, segredo. O irmão não é outra coisa senão o representante, inserido na cena de infância através de um "retrofantasiar" [*Zurückphantasieren*], de todos os rivais posteriores em relação à mulher. O episódio do senhor que insulta o rei da Itália refere-se novamente, por intermédio de uma vivência recente e indiferente, à intrusão de pessoas de posição humilde na alta sociedade. É como se, ao lado da advertência que Daudet faz ao jovem, fosse colocada outra semelhante, válida para a criança que mama.[i]

---

[i] A natureza fantasística da situação relativa à ama de leite do sonhador é demonstrada pelo fato, objetivamente estabelecido, de que a ama de leite, nesse caso, era a mãe. A esse

Para dispor de um terceiro exemplo para o estudo da condensação na formação do sonho, comunico a análise parcial de outro sonho que devo a uma senhora mais velha que se encontra em tratamento psicanalítico. Correspondendo aos graves estados de angústia dos quais sofria a paciente, seus sonhos continham abundante material de pensamento de natureza sexual, com o qual, quando dele tomou conhecimento, ela inicialmente tanto se surpreendeu quanto se assustou. Tendo em vista que não posso levar a interpretação do sonho até o final, o material do sonho parece se fragmentar em vários grupos, sem conexão aparente.

III. "O sonho do besouro"

Conteúdo do sonho: *Ela se recorda de que tem dois melolontas* [*Maikäfer*, literalmente "besouros-de-maio"] *em uma caixa, aos quais ela precisa conceder a liberdade, senão eles vão sufocar. Ela abre a caixa e os besouros estão bastante prostrados; um deles voa para a janela aberta, mas o outro é esmagado pelo batente da janela quando ela a fecha, já que alguém assim lhe pede* (manifestações do nojo).

Análise: Seu marido está viajando, sua filha de 14 anos dorme ao seu lado na cama. À noite, a pequena chama sua atenção para uma mariposa que caiu em seu copo d'água; no entanto, ela não a retira de lá e lamenta pelo pobre animalzinho de manhã. Em sua leitura da noite, era narrado como garotos jogaram um gato em água fervente, descrevendo as agonias do animal. Esses são os dois fatores, em si indiferentes, que ocasionaram o sonho. O tema da *crueldade contra animais* continua a ocupá-la. Havia alguns anos, quando eles estavam passando o verão em uma certa região, sua filha foi muito cruel com os animais. Ela fez uma coleção de borboletas e lhe pediu *arsênico* para matá-las. Uma vez aconteceu de uma mariposa, com um alfinete atravessado no corpo, voar ainda um bom tempo pelo quarto; outra vez algumas lagartas guardadas para se transformarem em crisálidas foram encontradas mortas de fome. A mesma criança costumava, ainda em tenra idade, arrancar as asas de *besouros* e borboletas; hoje ela recuaria horrorizada diante de todas essas ações de crueldade; de tão bondosa que se tornou.

---

propósito, lembro a anedota mencionada à p. 211 [*GW*, cap. V, parte IV, item I], sobre o arrependimento do jovem por não ter aproveitado melhor a situação com sua ama de leite, arrependimento que certamente é a fonte desse sonho.

Essa contradição a preocupa. Ela lhe lembra outra contradição, aquela entre *aparência* e caráter, tal como ela é apresentada em *Adam Bede*, de George Elliot. Uma moça bonita, mas fútil e completamente tola, ao lado de uma feia, mas nobre. O *aristocrata* que seduz a moça simplória [*das Gänschen* = o gansinho]; o trabalhador que tem sentimentos nobres e age como tal. Não se pode reconhecer isso na aparência das nas pessoas. Quem poderia reconhecer na aparência *dela* que é atormentada por desejos sensuais?

No mesmo ano, quando a pequena fazia a sua coleção de borboletas, a região sofreu duramente com a praga de *melolontas* [besouros-de-maio]. As crianças se enfureciam contra os besouros e os esmagavam com crueldade. Na época, ela viu um homem que arrancava as asas dos besouros e depois comia os corpos. Ela mesma tinha nascido em *maio* e também tinha se casado em *maio*. Três dias após o casamento, ela escreveu para a casa de seus pais uma carta dizendo como estava feliz. Mas de forma alguma ela se sentia assim.

Na noite anterior ao sonho, ela tinha remexido em cartas antigas e leu para os seus várias cartas sérias e engraçadas, e entre elas, uma carta altamente ridícula de um professor de piano que a havia cortejado quando moça, e também a de um admirador *aristocrata*.[i]

Ela se repreende por ter caído nas mãos de uma de suas filhas um livro ruim de Maupassant.[ii] O *arsênico* que sua pequena pediu a faz se lembrar das *pílulas de arsênico* que restituem ao duque de Mora, em *O nababo* [*Le Nabab*], o vigor da juventude.

Em relação a "conceder a liberdade", vem-lhe à ideia essa passagem da *Flauta mágica*:

> Não posso te obrigar ao amor,
> Mas não te concedo a *liberdade*.
>
> [*Zur Liebe kann ich dich nicht zwingen,*
> *Doch geb ich dir die* Freiheit *nicht*.]

Sobre os "besouros-de-maio", ela lembra ainda a fala de *Käthchen*:[iii]

> Você está apaixonado por mim como um *besouro*.
>
> [*Verliebt ja bist du wie ein Käfer mir.*]

---

[i] Esse tinha sido o verdadeiro instigador do sonho.

[ii] Para completar: uma leitura como essa seria *veneno* para uma moça jovem. Ela própria, em sua juventude, havia fruído de livros proibidos.

[iii] Outra linha de pensamento conduz a *Pentesileia*, do mesmo autor: *crueldade* em relação ao amado.

Em meio a tudo isso, *Tannhäuser*: "Porque você está animado por um *prazer maligno*".

Ela vive em angústia e preocupação pelo marido ausente. O temor de que durante a viagem algo lhe *aconteça* manifesta-se em inúmeras fantasias diurnas. Pouco antes, na análise, ela tinha encontrado em seus pensamentos inconscientes uma queixa contra a sua "senilidade". O pensamento de desejo que esse sonho encobre talvez se deixe melhor adivinhar se eu contar que, alguns dias antes do sonho, ela de repente se assustou com o imperativo que, em meio a suas ocupações, ela dirigiu ao seu marido: *enforque-se*. Acontece que, algumas horas antes, ela tinha lido em algum lugar que durante o enforcamento se produz uma intensa ereção. Foi o desejo por essa ereção que retornou do recalcamento nesse disfarce que instigou o susto. "Enforque-se" queria dizer o mesmo que "Consiga uma ereção a qualquer preço". As pílulas de arsênico do Dr. Jenkins em *O nababo* também fazem parte desse trecho; mas a paciente também sabia que o mais forte afrodisíaco, a *cantaridina*, é preparado *esmagando-se* os *besouros* (as chamadas moscas espanholas). É a esse sentido que visa o principal componente do conteúdo do sonho.

Abrir e fechar a *janela* é uma das constantes diferenças que ela tem com seu marido. Ela mesma é aerófila para dormir, e seu marido, aerófobo. A *prostração* é o principal sintoma do qual ela se queixou nesses dias.

Em todos os três sonhos comunicados aqui grifei os pontos em que um dos elementos do sonho retorna nos pensamentos do sonho, para tornar visível a relação múltipla dos primeiros. Mas, tendo em vista que em nenhum desses sonhos eu levei a análise até o fim, vale a pena, sem dúvida, abordarmos um sonho comunicado de forma detalhada, para nele demonstrarmos a sobredeterminação do conteúdo do sonho. Para isso, escolho o sonho da injeção de Irma. Vamos reconhecer sem esforço nesse exemplo que, na formação do sonho, o trabalho da condensação se serve de mais de um meio.

A pessoa principal do conteúdo do sonho é a paciente Irma, que é vista com os traços que lhe são próprios na vida e que, portanto, em primeiro lugar, figura a si mesma. No entanto, a posição na qual eu a examino à janela foi tomada de uma lembrança de outra pessoa, daquela senhora com a qual eu gostaria de trocar minha paciente, como o mostram os pensamentos do sonho. Na medida em que Irma apresenta uma membrana diftérica que faz lembrar a preocupação com minha filha mais velha, ela acaba sendo a figuração dessa minha filha, por detrás da qual, conectada a ela pela semelhança de nome, esconde-se a pessoa de uma paciente que perdi por intoxicação. No desenrolar posterior do sonho, o significado da personalidade de Irma se transforma (sem que sua imagem vista no sonho se modifique); ela se torna uma das crianças que examinamos no consultório público do instituto para crianças doentes, ocasião em que meus amigos comprovam a diversidade de suas disposições intelectuais. Essa transição foi evidentemente possibilitada pela representação de minha filha ainda criança. Através da relutância em abrir a boca, a mesma Irma se torna uma alusão a outra senhora, examinada certa vez por mim, e, além disso, no mesmo contexto, à minha própria esposa. Nas alterações mórbidas que descobri em sua garganta, reuni, além disso, alusões a toda uma série de outras pessoas.

Todas essas pessoas às quais chego ao acompanhar "Irma" não aparecem em carne e osso no sonho; elas se escondem por detrás da pessoa do sonho, "Irma", que toma a forma de uma imagem coletiva dotada, entretanto, de traços contraditórios. Irma se torna a representante dessas outras pessoas sacrificadas pelo trabalho de condensação, porque eu deixo se desenvolver nela, traço por traço, tudo aquilo que me lembra essas pessoas.

Posso também produzir uma personagem coletiva de outra maneira para a condensação do sonho, reunindo traços atuais de duas ou mais pessoas em uma imagem de sonho. É dessa maneira que surgiu o Dr. M. do meu sonho. Ele traz o nome de Dr. M., fala e age como ele; sua característica corporal e seu sofrimento são os de outra pessoa, meu irmão mais velho; um único traço, a feição pálida, é duplamente determinado, pelo fato de que, na realidade, ele é comum às duas pessoas. Uma pessoa combinada semelhante é o Dr. R. do meu sonho com o tio. Mas aqui a imagem do sonho foi preparada de outra maneira. Eu não reuni traços que são próprios de um com traços de outro abreviando certos traços da imagem da lembrança de cada um dos dois, mas adotei o procedimento a partir do qual Galton produz seus retratos de família, a saber, projetei as duas imagens uma sobre a outra, de modo que os traços comuns se destacam mais intensamente, e os traços discordantes apagam-se mutuamente e perdem sua nitidez na imagem. Assim, no sonho do tio, destaca-se a *barba amarela* como traço intensificado pertencente a duas pessoas e por isso a fisionomia difusa que contém, além disso uma alusão ao meu pai e a mim, intermediada pela relação com o ficar grisalho.

A produção de personagens compostas e de personagens mescladas é um dos principais meios de trabalho da condensação no sonho. Logo teremos ocasião de tratá-la em outro contexto.

Do mesmo modo, a ocorrência de "disenteria" no sonho da injeção está multiplamente determinada, por um lado, pela consonância parafásica com difteria e, por outro, pela relação com o paciente que enviei ao Oriente, cuja histeria foi subestimada.

A menção a "*propileno*" também se revela como um caso interessante de condensação no sonho. Nos pensamentos do sonho, não estava contido "*propileno*", mas "*amileno*". Poderíamos pensar que nesse caso um simples deslocamento ocorreu na formação do sonho. E foi isso mesmo, só que esse deslocamento serve aos fins da condensação, como vai mostrar o suplemento à análise do sonho que se segue. Se minha atenção se detém por mais um momento na palavra "*propileno*", ocorre-me a consonância com a palavra "*propileu*". Acontece que os propileus não se encontram apenas em Atenas, mas também em Munique. Nessa cidade, um ano antes do sonho, visitei meu amigo gravemente doente, cuja menção, através da *trimetilamina* do sonho, que se segue a *propileno*, é inequívoca.

Não me deterei no fato notável de que, nesse caso e em outros na análise de sonho, são utilizadas associações de valores os mais diversos para a ligação de pensamentos, como se elas fossem igualmente importantes, e cederei à tentação de representar de uma maneira, por assim dizer, plástica o processo pelo qual *amileno*, dos pensamentos do sonho, é substituído pelo *propileno* do conteúdo do sonho.

Aqui se encontraria o grupo de representações de meu amigo Otto, que não me entende, não me dá razão e me presenteia com um licor que cheira a amileno; lá, ligado por oposição, o grupo de representações de meu amigo de Berlim,[3] que me entende, me daria razão e a quem devo tantas comunicações valiosas, incluindo as sobre a química dos processos sexuais.

Aquilo que, do grupo de Otto, deve particularmente excitar minha atenção é determinado pelas circunstâncias recentes instigadoras do sonho; o *amileno* faz parte desses elementos privilegiados, predestinados ao conteúdo do sonho. O rico grupo de representação "Wilhelm"[4] é avivado diretamente através da oposição a Otto e nele são destacados os elementos que soam como os elementos já instigados em Otto. Nesse sonho todo, recorro efetivamente, de uma pessoa que provoca o meu descontentamento, a outra que posso lhe opor e, de acordo com o desejo, convoco, traço por traço, o amigo contra o adversário. É assim que o amileno em Otto desperta, também no outro grupo, lembranças da esfera da química; a trimetilamina, apoiada por muitos lados, chega ao conteúdo do sonho.

Até "amileno" poderia entrar no conteúdo do sonho sem ser transformado, mas ele está subordinado à ação do grupo "Wilhelm", pois, de toda a extensão de lembranças que esse nome cobre, é procurado um elemento que possa oferecer para amileno uma dupla determinação. Próximo de amileno encontra-se "propileno" para a associação; ao seu encontro vem Munique com os propileus que provêm da esfera "Wilhelm". Em propileno-propileus se reúnem as duas esferas de representação. É então, como que por um compromisso, que esse elemento intermediário chega ao conteúdo do sonho. Foi criado aqui um elemento comum intermediário que admite uma determinação múltipla. Assim, torna-se evidente que a múltipla determinação só pode facilitar a penetração no conteúdo do sonho. Para os fins dessa formação intermediária, foi efetuado inequivocamente um deslocamento da atenção, daquilo que é realmente pretendido para um elemento que lhe é próximo na associação.

O estudo do sonho da injeção agora já nos permite adquirir alguma visão sobre os processos de condensação na formação do sonho. Pudemos reconhecer como particularidades do trabalho de condensação a escolha dos elementos que estão presentes de maneira múltipla nos pensamentos do sonho, a formação de novas unidades (personagens compostas, estruturas compostas e a produção de elementos comuns intermediários). Só vamos nos perguntar para que serve a condensação e através de que ela é exigida quando quisermos compreender os processos psíquicos articulados na formação do sonho. Contentemo-nos agora com a constatação de que a condensação no sonho é uma das relações mais notáveis entre pensamentos do sonho e conteúdo do sonho.

O trabalho de condensação se torna mais tangível quando ele escolhe palavras e nomes como seus objetos. Com frequência as palavras são tratadas pelo sonho como coisas e experimentam então as mesmas composições que as representações de coisa [*Dingvorstellungen*].[5] Desse tipo de sonhos resultam criações de palavras engraçadas e raras.

1) Quando certa vez um colega me enviou um artigo redigido por ele no qual, de acordo com o meu julgamento, uma descoberta fisiológica recente era supervalorizada, e sobretudo tratada com termos efusivos, sonhei então na noite seguinte com uma frase que claramente se referia a esse trabalho: "Trata-se de um estilo verdadeiramente *norekdal*". A resolução dessa formação de palavra apresentou-me dificuldades no início; não havia dúvida de que tinha sido criada parodiando os superlativos

"colossal, piramidal"; mas de onde ela procedia não era fácil de dizer. Por fim, o monstro foi decomposto por mim nos dois nomes *Nora* e *Ekdal*, extraídos de duas peças conhecidas de Ibsen. Do mesmo autor, portanto, cuja última obra eu criticara no sonho, eu tinha lido antes um artigo de jornal sobre Ibsen.

2) Uma de minhas pacientes me comunica um breve sonho que termina em uma combinação sem sentido de palavras. Ela estava com o marido em uma festa no campo e diz então: *Isso vai terminar em um* "Maistollmütz" *geral.* Em relação a isso, o sonho traz um pensamento vago de que seria um prato feito de farinha de milho, uma espécie de polenta. A análise decompôs a palavra em *Mais* [milho] – *toll* [louco] – *mannstoll* [louca por homens] – *Olmütz* [cidade da Morávia], elementos nos quais podemos reconhecer o resto de uma conversação à mesa com parentes. Por detrás de "*Mais*" [milho] escondem-se, além da alusão à recém-inaugurada Exposição do Jubileu, as palavras: "*Meißen*" (uma figura de porcelana de *Meißen* representando um pássaro), "*Miss*" (a inglesa de sua família que tinha viajado para *Olmütz*), "*mies*" = nojento, repugnante, utilizada como brincadeira no jargão judeu, e uma longa série de pensamentos e de conexões partia de cada sílaba desse amontoado de palavras.

3) Um jovem, em cuja casa um conhecido tocou a campainha tarde da noite para entregar um cartão de visita, sonha na noite seguinte: *Um comerciante espera até tarde da noite para ajustar o telefone da casa [*Zimmertelegraph*]. Depois que ele foi embora, a campainha ainda toca, não de maneira contínua, mas com toques isolados. O criado busca o homem de volta, e este diz: É curioso como também as pessoas que normalmente são* tutelrein *não sabem tratar desses assuntos.*

O instigador irrelevante do sonho cobre, como vemos, apenas um dos elementos do sonho. De qualquer maneira, ele só chegou a ter significado [*Bedeutung*] alinhando-se a uma vivência anterior do sonhador que, também indiferente em si, foi dotada por sua fantasia de um significado substitutivo. Sendo ele um rapaz que mora com seu pai, certa vez ele derramou, bêbado de sono, um copo de água no chão, de modo que o cabo do telefone da casa [*Zimmertelegraph*] foi inundado, e o *som contínuo* da campainha perturbou o sono do pai. Tendo em vista que o som contínuo corresponde ao ficar molhado, os "*toques isolados*" são utilizados para figurar o *pingar das gotas.* Mas a palavra "*tutelrein*" decompõe-se em três direções e com isso visa a três das matérias representadas nos pensamentos do sonho: "*Tutel*" = *Kuratel* significa "tutela"; "*Tutel*" (talvez "*Tuttel*") é uma designação vulgar do seio da mulher, e o componente "*rein*" [limpo] assume as primeiras letras de "*Zimmertelegraph*" [telefone da casa] para formar "*Zimmerrein*" [limpeza da casa/do quarto], o que tem muito a ver com o fato de molhar o chão e, além disso, tem consonância com um dos nomes que representam a família do sonhador.[i]

4) Em um sonho mais longo e desordenado que tive, cujo aparente ponto central era uma viagem de navio, aconteceu que a estação seguinte se chamava *Hearsing*, e a próxima, *Fließ*. Esse último é o nome de meu amigo em B., que tem sido frequentemente destino de minhas viagens. Mas *Hearsing* é uma combinação dos nomes de lugares das nossas linhas locais de Viena, que tão frequentemente terminam em "*ing*": Hietz*ing*, Lies*ing*, Mödl*ing* (Medelitz, *meae deliciae*, de acordo com seu antigo nome, portanto, "*meine Freud*" [minha alegria]), e do inglês *Hearsay* = ouvir dizer, que aponta para calúnia e estabelece a relação do sonho com seu instigador indiferente do dia, um poema em *Fliegenden Blättern* [*Folhas que voam*][6] sobre um anão caluniador, "Sagter Hatergesagt" ["Elediz Eledisse"]. Através da relação da sílaba final "*ing*" com o nome *Fließ*, obtemos "*Vlissingen*",[7] [que é] de fato a estação em que meu irmão atraca quando faz a viagem por mar da Inglaterra para nos visitar. Mas o nome inglês para *Vlissingen* é *Flushing*, o que na língua inglesa significa enrubescer e recorda as pacientes que sofrem de "medo de enrubescer" que tenho em tratamento, e também

---

[i] A mesma decomposição e composição das sílabas – uma verdadeira química de sílabas – nos serve, na vida de vigília, para fazer várias brincadeiras. "Como se consegue prata [*Silber*] de maneira mais barata? Vamos até uma alameda onde estão álamos prateados [*Silberpappeln*], pedimos silêncio, então cessa o '*Pappeln*' [falatório] e a prata [*Silber*] é liberada." O primeiro leitor e crítico deste livro me fez a objeção, que provavelmente será repetida pelos leitores posteriores, "de que o sonhador parece muitas vezes espirituoso demais". Isso está correto, na medida em que se refira apenas ao sonhador, e só envolve uma reprovação se tiver de se estender ao intérprete do sonho. Na realidade do estado de vigília, pouco posso pretender do predicado "espirituoso"; se meus sonhos parecem espirituosos, isso não se deve à minha pessoa, mas às condições psicológicas singulares sob as quais o sonho é elaborado, e está intimamente relacionado com a teoria do que é espirituoso e do que é cômico. O sonho se torna espirituoso porque a via direta e imediata de expressão de seus pensamentos se encontra barrada; ele se vê forçado a isso. Os leitores podem se convencer de que os sonhos de meus pacientes passam a impressão do que é espirituoso (do que alude ao espirituoso) no mesmo grau e em um grau mais elevado do que os meus. [Acrescentado em 1909:] De qualquer forma, essa reprovação me deu a ocasião de comparar a técnica do chiste com o trabalho do sonho, o que ocorreu no livro publicado em 1905: *O chiste e sua relação com o inconsciente* (*Ges. Werke*, v. VI).

uma recente publicação de Bechterew sobre essa neurose que provocou em mim sensações de contrariedade.

5) Outra vez tive um sonho que consistiu de duas partes separadas. A primeira é a palavra "*Autodidasker*" lembrada vividamente, a outra coincide fielmente com uma breve e inocente fantasia produzida há alguns dias, de que eu tinha de dizer ao Professor N., quando o visse da próxima vez: "O paciente sobre cujo estado eu consultei o senhor ultimamente sofre realmente apenas de uma neurose, exatamente como o senhor suspeitou". Pois bem, a neoformação "*Autodidasker*" não tem apenas de satisfazer a exigência de conter ou representar um sentido comprimido, mas esse sentido também precisa estar em uma boa relação com o meu propósito, reproduzido a partir do estado de vigília, de dar ao professor N. aquela satisfação.

"*Autodidasker*" se decompõe facilmente em "*Autor*", "*Autodidakt*" [autodidata] e "*Lasker*", ao qual se conecta o nome *Lassalle*. As primeiras dessas palavras levam à – dessa vez significativa – circunstância que ocasionou o sonho: eu tinha trazido para a minha esposa alguns volumes de um autor conhecido, com o qual meu irmão tem amizade e que, como fiquei sabendo, vem da mesma localidade que eu (J. J. David). Uma noite ela falou comigo sobre a impressão profunda que lhe deixou a história triste e comovente de um homem de talento arruinado em uma das novelas de David, e nossa conversa voltou-se para os sinais de talento que percebemos em nossos próprios filhos. Sob o domínio do que acabara de ler, ela manifestou preocupação quanto às crianças, e eu a consolei com a observação de que justamente esses perigos podem ser evitados pela educação. Durante a madrugada meu pensamento prosseguiu, acolheu a preocupação de minha esposa e entrelaçou várias outras coisas com isso. Um comentário que o escritor endereçou ao meu irmão relativo ao casamento mostrou aos meus pensamentos um caminho paralelo que podia levar a uma figuração no sonho. Esse caminho conduzia a Breslávia, onde tinha se casado uma senhora que tinha laços de amizade conosco. Quanto à preocupação de ser destruído por uma mulher, que constituía o núcleo dos meus pensamentos do sonho, descobri em Breslávia os exemplos *Lasker* e *Lassalle* que me permitiram figurar ao mesmo tempo as duas maneiras como essa influência fatal pode se exercer.[i] Esse "*Cherchez la femme*" [procurem a

---

[i] *Lasker* morreu de uma paralisia progressiva, portanto, das consequências de uma infecção contraída de uma mulher (sífilis); *Lassalle*, como se sabe, em um duelo por causa de uma dama.

mulher] no qual esses pensamentos podem ser resumidos me leva, em outro sentido, ao meu irmão ainda solteiro que se chama *Alexander*. Percebo agora que *Alex*, que é como abreviamos seu nome, soa como uma conversão de Lasker, e que esse fator tem, necessariamente, de ter cooperado para comunicar aos meus pensamentos um caminho mais longo na direção de Breslávia.

Mas essa brincadeira com nomes e sílabas que pratico aqui contém ainda outro sentido. Representa o desejo de uma vida familiar feliz para o meu irmão, e, precisamente, pelo caminho seguinte: no romance *A obra*, sobre a vida de um artista, que por seu conteúdo devia estar próximo dos meus pensamentos do sonho, o autor, como se sabe, descreveu a si mesmo e a sua própria felicidade familiar de maneira episódica, aparecendo nele sob o nome de *Sandoz*. É provável que na transformação do nome ele tenha tomado o seguinte caminho: invertendo-se Zola (como as crianças costumam fazê-lo com prazer), temos *Aloz*. Certamente isso lhe pareceu ainda insuficientemente escondido; por isso a sílaba "Al", que também inicia o nome Alexander, foi substituída por ele pela terceira sílaba do mesmo nome, "*sand*", e assim se produziu *Sandoz*. De maneira semelhante surgiu, portanto, também, o meu *Autodidasker*.

Minha fantasia de que conto ao professor N. que a paciente examinada por nós dois sofria apenas de uma neurose entrou no sonho da seguinte maneira. Pouco antes do encerramento de meu ano de trabalho, recebi um paciente e minha habilidade diagnóstica me deixou na mão. Era possível supor que se tratava de uma grave enfermidade orgânica, talvez uma alteração de medula espinal, mas não se podia apresentar a prova. Diagnosticar uma neurose teria sido tentador e teria trazido um fim a todas as dificuldades – se a anamnese sexual, sem a qual não quero reconhecer nenhuma neurose, não tivesse sido tão energicamente contestada pelo paciente. Em meu embaraço, pedi o auxílio do médico que mais respeito enquanto ser humano (assim como outros) e diante de cuja autoridade me inclino de bom grado. Ele escutou as minhas dúvidas, declarou-as justificadas e então observou: "Continue a observar o homem, isso deverá se tornar uma neurose". Como sei que ele não compartilha meus pontos de vista sobre a etiologia das neuroses, abstive-me de contradizê-lo, mas não escondi minha incredulidade. Alguns dias mais tarde, comuniquei ao paciente que não sabia o que fazer com ele e o aconselhei a dirigir-se a outro médico. Ele começou então, para a minha maior surpresa, a me pedir desculpas por ter mentido para mim; disse que estava muito envergonhado e então me desvelou justamente o fragmento de etiologia sexual que eu tinha esperado ouvir e do qual eu tinha necessidade para fazer a hipótese de uma neurose. Para mim, isso foi um alívio mas, ao mesmo tempo, também uma vergonha; tive de confessar para mim mesmo que meu conselheiro, sem se deixar confundir pela consideração à anamnese, tinha enxergado mais corretamente que eu. Me propus dizê-lo a ele quando o visse de novo, ou seja, dizer-lhe que ele tinha razão e eu não.

É justamente isso que faço agora no sonho. Mas que tipo de realização de desejo pode ser essa, se reconheço que eu não tinha razão? Exatamente esse é o meu desejo; eu gostaria de não ter razão em meus temores, eu gostaria também que minha esposa, de cujos temores eu me apropriei nos pensamentos do sonho, estivesse enganada. O tema do sonho ao qual se refere o fato de se ter ou não ter razão não se encontra muito afastado do que é realmente interessante para os pensamentos do sonho. É a mesma alternativa entre um dano orgânico e um dano funcional, causados pela mulher, na verdade, pela vida sexual: paralisia tabética ou neurose, podendo a maneira como Lassalle pereceu alinhar-se mais frouxamente a essa última.

O professor N. desempenha um papel nesse sonho solidamente tramado (e inteiramente transparente caso passe por uma interpretação cuidadosa) não apenas por causa dessa analogia e por causa do meu desejo de ficar sem razão – e também não por causa de suas relações paralelas com Breslávia e com a família de nossa amiga que foi para lá se casar –, mas também por causa do seguinte breve episódio que se conectou com a nossa consulta. Depois de ter finalizado a sua tarefa médica formulando aquela suspeita, seu interesse voltou-se para coisas pessoais. "Quantos filhos o senhor tem agora?" – "Seis." – Um gesto de respeito e de preocupação. – "Meninas, meninos?" – "Três e três, eles são meu orgulho e minha riqueza." – "Bem, tome cuidado, com as meninas tudo vai bem, mas mais tarde os meninos nos apresentam dificuldades na educação." Argumentei que até agora eles tinham permanecido bem dóceis; é evidente que esse segundo diagnóstico sobre o futuro de meus filhos me agradava tão pouco quanto o anterior, o de que meu paciente só tinha uma neurose. Essas duas impressões estão, portanto, ligadas por contiguidade, por terem sido vivenciadas em um mesmo movimento, e, quando eu trago a história da neurose para o sonho, eu substituo através dela a fala sobre a educação, que prova ter mais conexão com os pensamentos do sonho, visto que ela toca tão de perto nas preocupações que minha esposa expressou mais tarde. É assim que meu medo [*Angst*], de que N. pudesse ficar com a razão em relação às observações sobre as dificuldades na educação dos meninos, encontrou acesso no conteúdo do sonho, ao se esconder atrás da figuração do meu desejo de que eu pudesse não ter razão em relação a temores como aqueles. Essa mesma fantasia, inalterada, serve para a figuração dos dois membros opostos da alternativa.

6) Marcinowski: "Hoje cedo, entre o sonho e o estado de vigília, vivenciei uma linda condensação de palavras. No desenrolar de uma quantidade de fragmentos de sonho difíceis de serem lembrados, fiquei de certa maneira perplexo com uma palavra que vi diante de mim, meio escrita, meio impressa. Ela era: '*erzefilisch*' e fazia parte de uma frase que, fora de qualquer contexto, deslizara totalmente isolada em minha lembrança consciente; assim se enunciava: '*Isso age* erzefilisch *sobre a sensação sexual*'. Eu soube imediatamente que na verdade devia ser '*erzieherisch*' [educativamente], oscilei algumas vezes se 'erzifilisch' não era mais corretamente '*erzifilisch*'. A esse propósito ocorreu-me a palavra 'sífilis', e quebrei minha cabeça ao começar a analisar, ainda meio dormindo, como é que isso teria entrado no meu sonho, pois nem pessoalmente nem pela minha profissão tenho qualquer tipo de ponto de contato com essa doença. Então ocorreu-me um '*erzehlerisch*' [*erzählerisch* = narrativo], explicando o *e*, e ao mesmo tempo explicando que ontem de noite fui levado pela nossa 'governanta' [*Erzieherin*] a falar [*erzählen*] sobre o problema da prostituição, e, ao fazê-lo, dei-lhe o livro de Hesse, *Da prostituição*, para agir '*erzieherisch*' [educativamente] sobre sua vida afetiva, que não estava se desenvolvendo de maneira inteiramente normal, depois de ter-lhe contado muitas coisas sobre o problema. E foi então que me ficou claro de uma vez que a palavra 'sífilis' não devia ser tomada no sentido literal, mas que ela estava lá como veneno, naturalmente em relação com a vida sexual. A frase é, portanto, bastante lógica na tradução: 'No meu relato [*Erzählung*], eu quis agir educativamente [*erzieherisch*] sobre a vida afetiva de minha governanta [*Erzieherin*], no entanto, temo que ao mesmo tempo isso possa contaminá-la. *Erzefilisch* = *erzäh*[8] – (*erzie* –) (*erzefilisch*)". [1914]

As deformações de palavras no sonho lembram muito as conhecidas da paranoia, mas que também não estão ausentes na histeria e nas representações obsessivas. As artes linguageiras das crianças que em determinada época tratam as palavras de fato como objetos e também inventam novas línguas e estruturas artificiais de palavras constituem aqui a fonte comum tanto para o sonho como para as psiconeuroses.

A análise de formações de palavras absurdas no sonho é particularmente apropriada para mostrar a operação de condensação [*Verdichtungsleistung*] do trabalho do sonho. Da escolha reduzida de exemplos aqui utilizados não se deve concluir que um material como esse chegue raramente ou até mesmo apenas excepcionalmente para a observação. É, ao contrário, algo bastante frequente, só que o fato de a interpretação do sonho depender do tratamento psicanalítico tem como consequência que são muito poucos os exemplos anotados e comunicados, e que as análises comunicadas só são compreensíveis em sua maioria por aqueles que conhecem a patologia das neuroses. E é assim um sonho da Dra. Karpinska (*Internat. Zeitschr. f. Psychoanalyse*, II, 1914), que contém a formação de palavras sem sentido "*Svingnum elvi*". Vale a pena ainda mencionar o caso em que no sonho aparece uma palavra que em si não é desprovida de significado [*bedeutungslos*], mas que, afastada de seu próprio significado, sintetiza diversos outros significados, em relação aos quais ela se comporta como uma palavra "sem sentido". Esse é o caso do sonho da "categoria", de um menino de 10 anos, que V. Tausk comunica ("Zur Psychologie der Kindersexualität", *Internat. Zeitschr. f. Psychoanalyse*, I, 1913). "Categoria" [*Kategorie*] significa aqui o órgão genital feminino, e "categorar" [*kategorieren*], o mesmo que urinar. **[1919]**

Onde quer que num sonho apareçam falas que, como tais, sejam expressamente distintas de pensamentos valerá, sem exceção, a regra de que a fala no sonho vem de uma fala lembrada no material do sonho. O enunciado da fala ou foi conservado intacto ou levemente deslocado em sua expressão; frequentemente a fala do sonho é composta por diversas porções de lembranças de falas; o enunciado aí permanecendo idêntico a si mesmo e o sentido se modificando eventualmente de acordo com outro significado ou vários. Não é raro que a fala do sonho sirva como simples alusão a um acontecimento em que a fala lembrada ocorreu.[i]

---

[i] [Nota acrescentada em 1909:] Em um jovem que sofria de ideias obsessivas e que, no entanto, tinha as funções intelectuais intactas e altamente desenvolvidas, encontrei recentemente a única exceção a essa regra. As falas que apareciam em seus sonhos não provinham de falas ouvidas ou ditas por ele mesmo, mas correspondiam ao enunciado não desfigurado de seus pensamentos obsessivos que, no estado de vigília, só lhe vinham à consciência modificados. [Trata-se de Ernst Lanzer, o "Homem dos Ratos". N.E.]

B
O TRABALHO DE DESLOCAMENTO

Outra relação, provavelmente não menos importante, não deixou de se fazer notar já quando reuníamos os exemplos de condensação do sonho. Pudemos perceber que os elementos que forçavam passagem ao primeiro plano no conteúdo do sonho, como os componentes fundamentais, de forma alguma desempenhavam o mesmo papel nos pensamentos do sonho. Correspondendo a isso, podemos também enunciar a inversão dessa proposição. Aquilo que nos pensamentos do sonho é claramente o conteúdo essencial não precisa de modo algum estar representado no sonho. O sonho é, por assim dizer, centrado de outra maneira, seu conteúdo é ordenado em torno de um ponto central, com elementos diferentes dos pensamentos do sonho. Assim, por exemplo, no sonho da monografia botânica, o ponto central do conteúdo do sonho é claramente o elemento "botânica"; nos pensamentos do sonho, trata-se das complicações e dos conflitos que resultam dos serviços obrigatórios entre colegas e, por consequência, da reprimenda de que costumo fazer sacrifícios grandes demais aos meus passatempos favoritos, e o elemento "botânica" não encontra absolutamente nenhum lugar nesse núcleo de pensamentos do sonho, a não ser que esteja ligado a eles por uma frouxa relação de oposição, pois a botânica nunca teve um lugar entre meus estudos favoritos. No sonho de *Safo* do meu paciente, o fato de subir e descer, de estar *em cima* e *embaixo*, transformou-se no ponto central; mas o sonho trata dos perigos das relações sexuais com pessoas de baixas condições, de modo que apenas um dos elementos dos pensamentos do sonho parece ter entrado no conteúdo do sonho, mas isso ocorreu com uma ampliação indevida. De maneira semelhante, no sonho dos besouros, que tem como tema a relação da sexualidade com a crueldade, o fator da crueldade reapareceu efetivamente no conteúdo do sonho, mas em uma conexão de outra ordem e sem nenhuma menção ao sexual – ou seja, arrancado do contexto e, com isso, reconfigurado em algo desconhecido. Por sua vez, no sonho do meu tio, a barba amarela, que forma seu ponto central, parece estar fora de qualquer relação de sentido com os desejos de grandeza que reconhecemos como o núcleo dos pensamentos do sonho. Sonhos como esses passam, então, com razão, uma impressão "*deslocada*". Em completa oposição a esses exemplos, o sonho da injeção de Irma mostra então que, na formação do sonho, os diferentes elementos podem muito bem se manter no lugar que eles ocupam nos pensamentos do sonho. A constatação dessa nova relação, inteiramente inconstante quanto ao seu sentido, entre os pensamentos do sonho e o conteúdo do sonho nos causa espanto. Quando, em um processo psíquico da vida normal, descobrimos que uma representação foi extraída de muitas outras e trouxe para a consciência uma vivacidade particular, costumamos ver nesse resultado a prova de que um valor psíquico particularmente elevado recai sobre a representação vitoriosa (certo grau de interesse). Fazemos então a experiência de que esse valor de cada um dos elementos nos pensamentos do sonho não permanece conservado ou não é levado em conta na formação do sonho. Não há de fato nenhuma dúvida sobre quais são os elementos de mais alto valor nos pensamentos do sonho; isso o nosso julgamento nos diz imediatamente. Na formação do sonho, esses elementos essenciais, enfatizados por um interesse intenso, podem então ser tratados como se tivessem valor menor, e em seu lugar entram outros elementos no sonho que certamente tinham valor menor nos pensamentos do sonho. Isso em princípio dá a impressão de que a intensidade psíquica[i] das diferentes representações não entra absolutamente em conta na escolha operada pelo sonho, mas apenas a sua determinação por um número maior ou menor de aspectos. Poderíamos pensar que o que entra no sonho não é o que é importante nos pensamentos do sonho, mas o que neles está contido de maneira múltipla; mas essa hipótese não faz avançar muito a compreensão da formação do sonho, pois não se poderá acreditar de antemão que os dois fatores da determinação múltipla e do valor próprio podem agir de outra forma a não ser de maneira congruente na escolha operada pelo sonho. As representações que são as mais importantes nos pensamentos do sonho serão as que certamente neles retornarão com maior frequência, pois é delas, como a partir de pontos centrais, que irradiam os diferentes pensamentos do sonho. E mesmo assim o sonho pode recusar esses elementos intensamente enfatizados e apoiados de muitas direções e acolher em seu conteúdo outros elementos que têm apenas a última dessas propriedades.

Para resolver essa dificuldade, vamos utilizar outra impressão que tivemos quando investigamos a sobredeterminação do conteúdo do sonho. Talvez alguns leitores desta investigação tenham julgado que a sobredeterminação

[i] É preciso naturalmente fazer a distinção entre a intensidade psíquica, o valor, a ênfase no interesse de uma representação e a intensidade sensorial, a intensidade do representado.

dos elementos do sonho não é uma descoberta importante, porque ela é evidente por si própria. De fato, partimos, na análise, dos elementos do sonho e registramos todas as ocorrências [*Einfälle*] que se conectam com eles; não é de admirar então que no material de pensamentos assim obtido sejam reencontrados justamente esses elementos com particular frequência. Eu não poderia deixar valer essa objeção, mas eu mesmo vou formular algo que soa como ela: entre os pensamentos que a análise traz à luz, encontram-se muitos que ficam longe do núcleo do sonho e que atuam como interpolações artificiais com certa finalidade. Tal finalidade mostra-se facilmente; são justamente eles que produzem uma ligação, frequentemente forçada e procurada, entre o conteúdo do sonho e os pensamentos do sonho, e, se esses elementos fossem eliminados na análise, faltaria frequentemente aos componentes do conteúdo do sonho não apenas a sobredeterminação, mas sobretudo uma determinação suficiente por meio dos pensamentos do sonho. Assim, somos levados à conclusão de que a determinação múltipla que decide pela escolha operada pelo sonho certamente não é sempre um fator primário na formação do sonho, mas muitas vezes um resultado secundário de uma força psíquica ainda desconhecida para nós. Mas, em meio a tudo isso, ela tem, necessariamente, de ser de importância para a entrada de cada um dos diferentes elementos no sonho, pois podemos observar que ela é produzida com certo dispêndio, caso ela não surja do material do sonho sem ajuda.

Então agora fica evidente a ideia que me ocorreu [*Einfall*] de que no trabalho do sonho se manifesta uma força psíquica que, por um lado, despoja os elementos de alto valor psíquico de sua intensidade e, por outro, *pela via da sobredeterminação*, cria novos valores a partir de elementos de menor valor que então chegam ao conteúdo do sonho. Se isso ocorre dessa maneira, então houve na formação do sonho *uma transferência e um deslocamento das intensidades psíquicas* de cada um dos elementos, os quais têm por consequência o surgimento da diferença textual do conteúdo do sonho e dos pensamentos do sonho. O processo que supomos dessa forma é efetivamente a peça fundamental do trabalho do sonho: ele merece o nome de *deslocamento do sonho* [*Traumverschiebung*]. Deslocamento do sonho e condensação no sonho são os dois mestres de obra a cuja atividade podemos atribuir principalmente a configuração do sonho.

Penso que nos seja fácil reconhecer o poder psíquico que se manifesta nos fatos do deslocamento do sonho. O resultado desse deslocamento é que o conteúdo do sonho não se assemelha mais ao núcleo dos pensamentos do sonho, que o sonho reproduz apenas uma deformação do desejo do sonho que se encontra no inconsciente. Mas a deformação do sonho já nos é conhecida; nós a remetemos à censura que uma instância psíquica exerce em relação a outra na vida do pensamento. O deslocamento do sonho é um dos principais meios para obter essa deformação. *Is fecit, cui profuit* [Fez a ação quem se beneficiou dela]. Podemos supor que o deslocamento do sonho se produza por influência dessa censura, a da defesa endopsíquica.[i]

De que maneira os fatores do deslocamento, da condensação e da sobredeterminação interagem na formação do sonho, qual é o fator dominante e qual é o acessório, é o que reservaríamos para investigações posteriores. Por ora podemos indicar como uma segunda condição à qual devem satisfazer os elementos que chegam ao sonho *a de que eles devem escapar à censura da*

---

[i] [Nota acrescentada em 1919:] Tendo em vista que posso caracterizar a deformação do sonho pela censura como o núcleo da minha concepção de sonho, insiro aqui a última parte do conto "Sonhar é como estar acordado" [Träumen wie Wachen], extraída das *Fantasias de um realista* [*Phantasien eines Realisten*], de Lynkeus (Viena, 2. ed., 1900), na qual reencontro esse caráter principal de minha doutrina:

"Sobre um homem que possui a notável particularidade de nunca sonhar o absurdo."...

"Essa sua maravilhosa particularidade de sonhar como se estivesse acordado se deve às suas virtudes, à sua bondade, à sua retidão, ao seu amor à verdade; é a clareza moral da sua natureza que torna para mim tudo compreensível em você."

"Mas, se eu pensar bem", respondeu o outro, "chego quase a acreditar que todos os homens são feitos como eu, e absolutamente ninguém sonha jamais o absurdo. Um sonho do qual nos lembramos tão claramente que podemos contá-lo depois, e que, portanto, não é nenhum sonho produzido por febre, *sempre* tem sentido e também não pode ser de outro jeito! Pois o que está em contradição recíproca não poderia de fato se agrupar em um todo. Que tempo e espaço sejam frequentemente misturados em um movimento confuso não subtrai nada do verdadeiro conteúdo do sonho, pois todos os dois eram certamente sem importância para o seu conteúdo fundamental. Muitas vezes, no estado de vigília, nós de fato também fazemos isso; pense nos contos de fadas, em tantas estruturas de fantasia ousadas e plenas de sentido, às quais apenas uma pessoa que não entende diria: 'Isso é um contrassenso! Pois isso não é possível!'."

"Se apenas soubéssemos interpretar os sonhos sempre corretamente como você justamente fez com o meu!", disse o amigo.

"Essa certamente não é nenhuma tarefa fácil, mas, com alguma atenção, isso teria de também dar certo para o próprio sonhador. – E por que na maioria das vezes não dá? Parece, no seu caso, haver algo escondido nos sonhos, algo impudico de natureza própria e mais elevada, certa furtividade em seu ser, difícil de imaginar; e é por isso que o seu sonhar parece tantas vezes sem sentido, até mesmo um contrassenso. Mas bem lá no fundo isso de maneira alguma é assim; de fato não pode ser assim, pois se trata sempre do mesmo homem, não importa se acordado ou sonhando."

resistência. Mas, de agora em diante, levaremos em conta o deslocamento do sonho como um fato indubitável na interpretação do sonho.

C
OS MEIOS DE FIGURAÇÃO DO SONHO

Além dos dois fatores de condensação e de deslocamento do sonho que descobrimos como atuando na transformação do material de pensamentos latente no conteúdo manifesto do sonho, vamos encontrar, na continuação dessa investigação, ainda duas outras condições que exercem uma influência indubitável no material que entra no sonho. Antes eu gostaria, mesmo com o risco de parecer que vamos fazer uma parada em nosso caminho, de dar uma primeira olhada nos processos envolvidos na execução da interpretação do sonho. Não pretendo esconder que a melhor maneira de conseguir apresentá-los claramente e de assegurar a sua confiabilidade contra objeções seria tomar um único sonho como modelo, desenvolver a sua interpretação, como mostrei no capítulo II com o sonho da injeção de Irma, para depois reunir os pensamentos que descobri no sonho e em seguida reconstruir, a partir deles, a formação do sonho, completando, portanto, a análise dos sonhos com uma síntese deles. Realizei este trabalho em vários exemplos para o meu próprio aprendizado; mas não posso retomá-los aqui, porque estou impedido por numerosas considerações ao material psíquico utilizado para essa demonstração, material que só poderia ser aprovado por qualquer pensador justo. Na análise dos sonhos, essas considerações perturbariam menos, porque a análise poderia se permitir ser incompleta e conservaria seu valor, mesmo se ela penetrasse só um pouco na trama do sonho. Sobre a síntese, eu não poderia dizer outra coisa a não ser que, para convencer, ela tem de ser completa. Eu só poderia dar uma síntese completa de sonhos daquelas pessoas que são desconhecidas para o público leitor. Mas, tendo em vista que só pacientes, neuróticos, oferecem-me os meios para isso, essa parte da figuração do sonho precisa sofrer um adiamento, até que eu – em outro lugar – possa levar a explicação das neuroses até o ponto em que possa ser estabelecida a conexão com o nosso tema.[i]

[i] [Nota acrescentada em 1909:] Desde então, publiquei a análise e a síntese completa de dois sonhos em *Fragmento de uma análise de histeria* [*Bruchstück einer Hysterie-Analyse*], 1905 (*Ges. Werke*, v. V). [Acréscimo de 1914:] Devemos reconhecer na análise de O. Rank, *Um sonho*

De minhas tentativas de apresentar sonhos sinteticamente a partir de pensamento de sonhos, sei que o material que surge na interpretação tem um valor de natureza diversa. Uma parte dele é formada por pensamentos do sonho essenciais que, portanto, substituiriam o sonho plenamente, e por si só seriam suficientes para a sua substituição, se não houvesse nenhuma censura para o sonho. | À outra parte estamos acostumados a atribuir a mínima importância. Também não damos valor à afirmação de que todos esses pensamentos participaram da formação do sonho, mas, ao contrário, podem encontrar-se entre eles ocorrências [*Einfälle*] que se conectam a vivências depois do sonho, entre o momento do sonhar e o do interpretar. Essa parte abrange todas as vias de ligação que levaram do sonho manifesto até os pensamentos latentes do sonho, mas também as associações mediadoras e aproximadoras, através das quais chegamos, durante o trabalho de interpretação, ao conhecimento dessas vias de ligação. [1919]

Neste ponto interessam-nos exclusivamente os pensamentos essenciais do sonho. Estes revelam-se, na maior parte do tempo, como um complexo de pensamentos e lembranças de uma construção das mais emaranhadas, com todas as propriedades das linhas de pensamento que conhecemos a partir do estado de vigília. Não é raro que estes sejam sequências de pensamentos que partem de mais de um centro, mas que não dispensam os pontos de contato; quase regularmente encontra-se ao lado de uma linha de pensamento o seu reflexo contraditório, ligado a ele por uma associação de contraste.

As diferentes partes dessa estrutura complicada mantêm entre si, naturalmente, as mais variadas relações lógicas. Elas formam um primeiro plano e um plano de fundo, digressões e esclarecimentos, condições, demonstrações e objeções. Quando, então, toda a massa desses pensamentos de sonho é comprimida pelo trabalho do sonho, em que as partes são reviradas, esmigalhadas e compactadas, como gelo à deriva, surge então a questão de saber o que foi feito das ligações lógicas que até então tinham dado forma a essa estrutura. Que figuração experimentam no sonho os "se, porque, assim como, embora, ou – ou" e todas as outras conjunções, sem as quais não conseguimos entender a frase e a fala?

Precisamos responder a isso. Em primeiro lugar, que o sonho não tem à disposição nenhum meio de figuração para essas relações lógicas entre os

que interpreta a si mesmo [*Ein Traum, der sich selbst deutet*], a interpretação mais completa de um sonho longo.

pensamentos do sonho. Na maioria das vezes, ele deixa de considerar todas essas conjunções e encarrega-se apenas do conteúdo factual dos pensamentos do sonho para a elaboração. Fica a cargo da interpretação do sonho estabelecer novamente o nexo que o trabalho do sonho destruiu.

Só pode ser devido ao material psíquico, no qual o sonho é trabalhado, o fato de lhe faltar essa capacidade de expressão. Em uma limitação semelhante encontram-se, sem dúvida, as artes figurativas, pintura e escultura, comparadas à poesia, que pode se servir da fala, e aqui também a razão dessa inaptidão se encontra no material, através de cuja elaboração as duas artes almejam dar expressão a alguma coisa. Antes de a pintura chegar a conhecer as leis de expressão válidas para ela, ela ainda se esforçava para compensar essa desvantagem. Da boca das pessoas pintadas, em quadros antigos, deixavam pender para fora pequenos bilhetes que traziam, como escrito, a fala que o pintor desesperava por figurar em imagem.

Talvez aqui se levante uma objeção que contesta ao sonho a renúncia à figuração de relações lógicas. Pois há, de fato, sonhos em que acontecem as mais complicadas operações intelectuais, nos quais algo se justifica e se contradiz, são criados ditos espirituosos e comparações como no pensar do estado de vigília. Só que nesse caso também as aparências enganam; quando empreendemos a interpretação de sonhos como esses, aprendemos que isso tudo é material do sonho, e *não figuração de trabalho intelectual no sonho.* É o *conteúdo* dos pensamentos do sonho que é restituído pelo pensar aparente do sonho, e não as *relações dos pensamentos do sonho entre si*, consistindo o pensar em estabelecer essas relações. Vou apresentar exemplos disso. Mas o mais fácil é constatar que todas as falas que surgem nos sonhos e que são expressamente caracterizadas como tais são reproduções inalteradas ou pouco modificadas de falas que da mesma forma se encontram nas lembranças do material do sonho. A fala é, com frequência, apenas uma alusão a um acontecimento contido nos pensamentos do sonho; o sentido do sonho é inteiramente diferente.

No entanto, não vou contestar que também o trabalho de pensamento crítico, que não simplesmente repete o material dos pensamentos do sonho, participa na formação do sonho. No final desta discussão, terei de esclarecer a influência desse fator. Ficará então evidente que esse trabalho do pensar não é provocado pelos pensamentos do sonho, mas pelo sonho já pronto, em certo sentido.

Vamos, portanto, sustentar provisoriamente que as relações lógicas entre os pensamentos do sonho não encontram uma figuração particular no sonho. Onde quer que, por exemplo, se encontre uma contradição no sonho, trata-se, então, ou de uma contradição em relação ao sonho ou de uma contradição vinda do conteúdo de um dos pensamentos do sonho; a contradição no sonho só corresponde a uma contradição *entre* os pensamentos do sonho de uma maneira intermediária bastante indireta.

Mas, assim como a pintura finalmente conseguiu dar expressão ao menos à intenção da fala das pessoas representadas – ternura, ameaça, advertência etc. – de outra maneira que não por meio de balões flutuantes, surgiu também para o sonho a possibilidade de levar em consideração cada uma das relações lógicas entre os seus pensamentos do sonho, através de uma modificação adequada da figuração característica do sonho. Podemos constatar que, vistos nessa perspectiva, os diferentes sonhos avançam de maneiras diversas; enquanto um sonho ignora a estrutura lógica de seu material, o outro procura indicá-la da maneira mais completa possível. Nisso, o sonho se distancia mais ou menos do texto de que dispõe para a elaboração. Nesse sentido, o sonho procede de maneira igualmente variável também em relação à estrutura temporal dos pensamentos do sonho, quando uma estrutura temporal como essa está estabelecida no inconsciente (por exemplo, no sonho da injeção de Irma).

Mas de que meios dispõe o trabalho do sonho para indicar, no material do sonho, as relações difíceis de figurar? Tentarei enumerá-las uma a uma.

Em primeiro lugar, o sonho faz plena justiça à inegável relação existente entre todas as partes dos pensamentos do sonho, pelo fato de que ele unifica esse material, como situação ou como processo, em uma síntese. Ele reproduz a *relação lógica* enquanto *simultaneidade*; nesse aspecto, ele procede como o pintor que apresenta reunidos em um quadro de uma Escola de Atenas ou do Parnaso todos os filósofos ou poetas que nunca estiveram juntos em um pórtico ou no pico de uma montanha, mas que certamente formam uma comunidade para uma apreciação mais detida.

O sonho estende esse modo de figuração até os detalhes. Cada vez que ele mostra dois elementos lado a lado, ele garante uma relação particularmente íntima entre aqueles que lhes correspondem nos pensamentos do sonho. É como em nosso sistema de escrita: *ab* significa que as duas letras devem ser pronunciadas em uma sílaba; *a*, e *b* depois de uma lacuna, permite reconhecer em *a* a última letra de uma palavra e em *b* a primeira de outra palavra. Em consequência disso, as combinações do sonho não se formam com constituintes quaisquer, inteiramente disparatados do material do sonho, mas a partir daqueles que também se encontram em uma relação mais íntima nos pensamentos do sonho.

Para figurar as *relações causais*, o sonho tem dois procedimentos que, em essência, desembocam no mesmo. O meio de figuração mais frequente, quando os pensamentos do sonho se enunciam, por exemplo: Como isso foi assim e assado, tinha de acontecer isto e aquilo, consiste em trazer a oração subordinada como sonho preliminar e depois acrescentar a oração principal como sonho principal. Se interpretei corretamente, a sequência temporal também pode ser a inversa. Sempre o que corresponde à oração principal é a parte do sonho mais amplamente desenvolvida.

Um belo exemplo de uma figuração de causalidade como essa me foi fornecido por uma paciente cujo sonho vou comunicar por inteiro mais adiante. Ele era composto por um breve prelúdio e uma parte bastante longa, que estava altamente centrada e talvez pudesse se intitular: *Através da flor* [*Durch die Blume*]. O sonho preliminar se enunciava: *Ela vai à cozinha na direção das duas empregadas e as repreende por não terem preparado "esse bocado de comida"* [Bißl Essen]. *Ao fazê-lo, ela vê na cozinha muita louça simplória emborcada para escorrer e, na verdade, empilhada em montes. As duas empregadas vão buscar água e precisam entrar em uma espécie de rio que chega até a casa ou até o pátio.*

Segue-se, então, o sonho principal, que começa assim: *Ela desce de alguma altura, sobre corrimãos de formas peculiares, e se alegra por seu vestido não ter ficado enroscado em nada* etc. O sonho preliminar reporta-se à casa dos pais da mulher. As palavras na cozinha ela certamente ouviu sua mãe dizer dessa maneira com frequência. Os montes de louça simplória provêm de uma loja de louça simples que se encontrava no mesmo prédio. A outra parte do sonho contém uma alusão ao pai, que se envolvia muito com as empregadas e que depois, em uma inundação – a casa ficava perto da margem no rio –, contraiu uma doença mortal. O pensamento que se esconde por detrás desse sonho preliminar é, portanto: Porque eu venho dessa casa, de relações tão mesquinhas e pouco edificantes. O sonho principal retoma esse mesmo pensamento e o traz sob uma forma transformada pela realização de desejo: "Sou de alta linhagem". Mais propriamente, portanto: "Porque sou de origem tão humilde, minha vida foi assim e assim".

Tanto quanto posso ver, uma divisão do sonho em duas partes desiguais não significa, toda vez, uma relação causal entre os pensamentos das duas partes. | Muitas vezes parece que é como se nos dois sonhos o mesmo material fosse figurado a partir de dois pontos de vista diversos; certamente isso vale para a série de sonhos de uma mesma noite que termina numa polução noturna, série na qual a necessidade somática forçou-se a uma expressão progressivamente mais nítida. [1914] Ou os dois sonhos partiram de centros separados no material do sonho e se sobrepõem no conteúdo, de modo que o que é centro em um sonho intervém no outro como alusão, e inversamente. Mas, em certo número de sonhos, a clivagem [*Spaltung*] em um sonho preliminar mais curto e um sonho posterior mais longo significa de fato uma relação causal entre as duas partes. O outro modo de figuração da relação causal é empregado em um material menos amplo e consiste em que uma imagem no sonho, seja ela a de uma pessoa ou de uma coisa, transforme-se em outra. É só onde vemos se produzir essa transformação no sonho que o nexo causal é afirmado seriamente; não quando apenas percebemos que, naquele momento, no lugar de uma das imagens veio a outra. Eu disse que os dois procedimentos para figurar a relação causal desembocavam no mesmo; nos dois casos, a *causação* é figurada através de uma *sucessão*; uma vez pelo encadeamento dos sonhos, a outra vez através da transformação imediata de uma imagem em outra. Certamente, na maioria dos casos a relação causal não é figurada de forma alguma, mas recai sobre a também inevitável sucessão dos elementos no processo do sonho [*Traumvorgang*].

Quanto à alternativa "*ou – ou*", o sonho não pode expressá-la absolutamente; ele costuma acolher os membros dessa alternativa em um só conjunto, como se fossem equivalentes. Um exemplo clássico disso se encontra no sonho da injeção de Irma. Em seus pensamentos latentes é dito abertamente: Eu não sou culpado pela persistência das dores de Irma; a culpa *ou* está em sua relutância em relação à aceitação da solução, *ou* no fato de que ela viva em condições sexuais desfavoráveis que eu não posso mudar, *ou* suas dores não são de forma alguma histéricas, mas sim de natureza orgânica. Mas o sonho abrange todas essas possibilidades quase que mutuamente excludentes e não se choca em acrescentar uma quarta solução como essa, extraída do desejo do sonho. Esse *ou – ou* eu introduzi então depois da interpretação desse sonho, no contexto dos pensamentos do sonho.

Mas, onde o narrador quer utilizar um *ou – ou* na reprodução do sonho: ou era um jardim ou uma sala de estar etc., o que surge nos pensamentos do sonho não é uma alternativa, mas um "e", um simples acréscimo. Com *ou – ou* descrevemos, na maioria das vezes, o caráter vago de um elemento do sonho ainda passível de solução. A regra de interpretação para esse caso é: os membros da aparente alternativa devem ser colocados em igualdade mútua e ser ligados por um "e". Eu sonho, por exemplo, depois de esperar durante um longo tempo em vão pelo endereço de meu amigo que estava na Itália, que recebo um telegrama que me comunica o endereço. Eu o vejo impresso em azul sobre a tira de papel do telegrama; a primeira palavra está indistinta,

Talvez *via*,
ou *Villa*, } a segunda é nítida: *Sezerno*,
ou até mesmo (*casa*)

A segunda palavra, que soa como os nomes italianos e me lembra de nossas discussões etimológicas, expressa também o meu aborrecimento por ele ter mantido a sua estadia *em segredo* [*geheim*][9] para mim por tanto tempo; mas cada um dos membros dessa sugestão ternária para a primeira palavra pode ser reconhecido na análise como ponto de partida independente e com igual direito ao encadeamento de pensamentos.

Na noite anterior ao enterro de meu pai sonhei com um quadro, um cartaz ou um aviso impresso – algo como o aviso que anuncia que é proibido fumar nas salas de espera das estações de trem –, no qual se lia ou:

Pede-se para fechar os olhos
ou
Pede-se para fechar um olho

o que costumo apresentar da seguinte forma:

os
Pede-se para fechar —— *olho(s)*
um

Cada uma das duas versões possui seu sentido particular e leva à interpretação do sonho por caminhos particulares. Escolhi o cerimonial mais simples possível, porque sabia o que o falecido pensava sobre esses protocolos. Mas muitos membros da família não estavam de acordo com essa simplicidade puritana; eles achavam que iríamos nos envergonhar diante dos convidados do funeral. Por isso um dos enunciados do sonho pede "para fechar um olho", ou seja, usar de indulgência. O significado da indistinção, que descrevemos com um *ou – ou*, é particularmente fácil de apreender aqui. O trabalho do sonho não conseguiu estabelecer um enunciado unificado, mas ao mesmo tempo de duplo sentido para os pensamentos do sonho. Assim, as duas linhas de pensamento principais já se separam uma da outra no conteúdo do sonho.

Em alguns casos, a bipartição do sonho em duas partes do mesmo tamanho expressa a alternativa de difícil figuração.

O procedimento do sonho em relação à categoria de oposição e contradição é extremamente notável. Esta é negligenciada por excelência, o "não" parece não existir para o sonho. Os opostos são contraídos ou figurados em uma unidade com uma particular predileção. Além do mais, o sonho se dá a liberdade de figurar um elemento qualquer através do que é oposto ao desejo, de modo que, de início, não sabemos de nenhum elemento suscetível de ter um contrário, se ele está contido no pensamento do sonho de maneira positiva ou negativa.[i] Em um dos sonhos recém-mencionados, cuja primeira oração já analisamos ("porque sou de uma origem como essa"), a pessoa que sonha desce por cima de um corrimão, tendo nas mãos um ramo de flores. Como, em relação a essa imagem, ocorre-lhe [*einfällt*] o anjo segurando um ramo de lírios nos quadros da Anunciação de Maria (ela própria se chama Maria), e as meninas vestidas de branco na procissão de Corpus Christi, quando as ruas estão enfeitadas com ramos verdes, então é inteiramente certo que o ramo florido no sonho é uma alusão à inocência sexual. Mas o ramo está cheio de flores vermelhas, dos quais cada um se assemelha a uma camélia. No final de seu caminho é dito, na sequência do sonho, que os botões já estão bastante murchos; seguem-se então alusões inegáveis à menstruação. Com isso, o mesmo ramo que é carregado como se fosse um lírio e como se fosse por uma menina inocente é ao mesmo tempo uma alusão à *Dama das camélias*, que, como sabemos, sempre carregava uma camélia branca, mas que, quando

[i] [Nota acrescentada em 1911:] Através de um trabalho de K. Abel, *O sentido antitético das palavras primitivas* [*Der Gegensinn der Urworte*], 1884 (ver minha resenha no *Jahrbuch f. PsA.*, II, 1910 (*Ges. Werke*, v. VIII)), descobri o fato surpreendente e também confirmado por outros investigadores da linguagem/linguistas [*Sprachforschern*] de que as línguas mais antigas se comportam nesse ponto de maneira bastante semelhante ao sonho. No início, elas só tinham uma palavra para os dois opostos situados nos extremos de uma série de qualidades ou atividades (fortefraco, velhojovem, longeperto, ligarseparar), e só formam secundariamente as caracterizações para os dois opostos através de leves modificações da palavra originária comum. Abel demonstra essas relações em grande escala no egípcio antigo, mas também mostra restos nítidos desse desenvolvimento nas línguas semíticas e indo-germânicas. [Publicado nesta coleção no volume *Neurose, psicose, perversão* (2020).]

menstruada, carregava uma vermelha. Mas o mesmo ramo de botões ("as flores da menina" [*des Mädchens Blüten*] nas Canções da Moleira de Goethe) figura a inocência sexual e também o seu oposto. Também o mesmo sonho, que expressa a alegria por ela ter conseguido passar imaculada pela vida, deixa transparecer em algumas passagens (como a da queda das flores) a linha de pensamento oposta, de que ela se tornou responsável por diversos pecados contra a pureza sexual (na infância, bem entendido). Na análise do sonho, podemos distinguir claramente as duas linhas de pensamento, das quais o consolador parece estar na superfície, e o pleno de reprimendas, armazenado mais profundamente, as quais são diretamente contrárias entre si, e cujos elementos iguais, mas opostos, encontraram figuração através dos mesmos elementos do sonho.

Entre as relações lógicas, uma única é beneficiada em alta medida pelo mecanismo da formação do sonho. Trata-se da relação da semelhança, da concordância, do contato, do "*assim como*", que no sonho, como nenhuma outra, pode ser figurada com múltiplos meios.[i] As congruências ou casos de "assim como" existentes no material do sonho são os primeiros pontos de apoio da formação onírica, e uma parte não negligenciável do trabalho do sonho consiste em criar novas sobreposições como essas, se as existentes não podem chegar ao sonho devido à censura da resistência. O empenho em condensar próprio ao trabalho do sonho vem em auxílio da figuração da relação de semelhança.

Semelhança, *concordância* e *caráter comum* são figurados pelo sonho, de maneira bem geral, através de contração em uma *unidade*, que ou já está presente no material do sonho, ou é formada novamente. Podemos chamar o primeiro caso de *identificação*, e o segundo de *formação mista*. A identificação é utilizada quando se trata de pessoas; a formação mista, quando coisas são o material da unificação. Entretanto, formações mistas também são produzidas com pessoas. Localidades são frequentemente tratadas como pessoas.

A identificação consiste em que só uma das pessoas conectadas por um elemento comum chegue a ser figurada no conteúdo do sonho, enquanto, para o sonho, a segunda ou as outras pessoas parecem reprimidas. Mas, no sonho, essa única pessoa encobridora entra em todas as

---

[i] [Nota acrescentada em 1914:] Ver a observação de Aristóteles sobre a qualificação para ser intérprete de sonho (ver acima).

relações e situações que derivam dela ou das pessoas encobertas. No caso da formação mista, que se estende a pessoas, já se encontram presentes na imagem do sonho traços que são próprios às pessoas, mas que não lhes são comuns, de modo que, através da reunião desses traços, surge certamente uma nova unidade, uma pessoa mista. Essa mistura, por sua vez, pode ser obtida por diversos meios. Ou a pessoa no sonho recebe o nome de uma das pessoas com as quais ela está relacionada – vemos então, de uma maneira bastante análoga ao saber no estado de vigília, que é desta ou daquela pessoa que se trata –, enquanto os traços visuais pertencem a outra pessoa; ou a própria imagem do sonho é composta de traços visuais que na realidade se repartem entre as duas pessoas. Em vez de se dar através de traços visuais, a participação da segunda pessoa também pode ser representada por gestos que atribuímos a ela, pelas palavras que a fazemos dizer ou pela situação em que a colocamos. Nesse último modo de caracterização, começa a desaparecer a nítida distinção entre identificação e formação de uma pessoa mista. | Mas também pode acontecer que fracasse a formação de uma pessoa mista como essa a formação mista de uma pessoa como essa. Então a cena do sonho é atribuída a uma das pessoas, e a outra – regularmente a mais importante – aparece como pessoa presente ao lado dela, normalmente sem participar. O sonhador conta, por exemplo: Minha mãe também estava presente (Steckel). [1911] Um elemento como esse do conteúdo do sonho pode então ser comparado com um "determinativo" na escrita hieroglífica, que não está destinado a ser pronunciado, mas a elucidar outro signo. [1914]

O elemento comum, que justifica, isto é, que ocasiona a unificação das duas pessoas, pode ser figurado ou faltar no sonho. Em regra, a identificação ou formação de pessoa mista serve justamente para poupar a figuração desse elemento comum. Em vez de repetir: *A* me é hostil, mas *B* também, formo no sonho uma pessoa mista a partir de *A* e *B*, ou me represento *A* em uma ação de outro tipo, que caracteriza *B*. A pessoa do sonho assim obtida me aparece em alguma nova conexão no sonho, e pelo fato de ela significar tanto *A* quanto *B*, crio então a justificativa de introduzir no lugar correspondente da interpretação do sonho aquilo que é comum às duas, a saber, a relação hostil comigo. Dessa maneira, alcanço frequentemente uma condensação bastante extraordinária para o conteúdo do sonho; posso me poupar da figuração direta de relações muito complicadas ligadas a uma pessoa, se para essa pessoa eu encontrei outra que tenha o mesmo direito a uma parte dessas relações. É fácil entender em que medida essa figuração através de identificação também pode servir para contornar a censura da resistência, que submete o trabalho do sonho a condições tão duras. O motivo para a censura pode estar diretamente naquelas representações que, no material, estão conectadas com aquela pessoa; encontro, então, outra pessoa que tenha igualmente relações com o material reprovado, mas apenas com uma parte dele. O fato de tocar naquele ponto não isento de censura me leva a formar uma pessoa mista, que está caracterizada de acordo com ambas, por traços indiferentes. Essa pessoa mista ou de identificação, agora isenta de censura, é adequada para ser acolhida no conteúdo do sonho, e, utilizando a condensação no sonho, satisfiz as exigências da censura do sonho.

Onde quer que no sonho também esteja figurado um elemento comum às duas pessoas, temos aí habitualmente uma indicação para procurar outro elemento comum escondido, cuja figuração é impossibilitada pela censura. Aqui houve, de certa forma em benefício da figurabilidade, um deslocamento em relação ao elemento comum. A partir do fato de que a pessoa mista me é mostrada no sonho com um elemento comum indiferente, devo inferir que há outro elemento comum, de forma alguma indiferente, nos pensamentos do sonho.

A identificação ou formação de pessoa mista serve, portanto, no sonho a diversas finalidades, em primeiro lugar, à figuração de um elemento comum às duas pessoas, em segundo lugar, à figuração de um caráter comum *deslocado*, mas ainda, em terceiro lugar, serve para dar expressão a um caráter comum simplesmente *desejado*. Tendo em vista que o desejar a existência de um caráter comum entre duas pessoas coincide muitas vezes com uma *troca* entre elas, essa relação é também expressa no sonho por identificação. No sonho da injeção de Irma, eu desejo trocar essa paciente por outra, desejo, portanto, que a outra possa ser minha paciente, assim como ela [Irma] o é; o sonho leva esse desejo em conta ao me mostrar uma pessoa que se chama Irma, mas que está sendo examinada em uma posição que só tive ocasião de ver com a outra. No sonho do tio, essa troca se tornou o ponto central; eu me identifico com o ministro, ao não tratar e ao não julgar os meus colegas melhor do que o faria com ele.

Uma experiência na qual não encontrei nenhuma exceção é a de que todo sonho trata da própria pessoa. Os sonhos são absolutamente egoístas.[i] Quando, no conteúdo do sonho, não aparece o meu Eu, mas apenas uma

[i] [Nota acrescentada em 1925:] A esse respeito, ver nota à p. 291.

pessoa desconhecida, autorizo-me tranquilamente a supor que o meu Eu está escondido, por identificação, detrás daquela pessoa. Autorizo-me a complementar meu Eu. Outras vezes, quando meu Eu aparece no sonho, a situação na qual ele se encontra me ensina que, por trás do Eu, esconde-se outra pessoa por meio da identificação. O sonho deve então me advertir a, na interpretação do sonho, transferir sobre mim algo que está atrelado a essa pessoa, o elemento comum que está escondido. Há também sonhos nos quais meu Eu aparece junto de outras pessoas que, pela dissolução [*Auflösung*] da identificação, revelam-se novamente como o meu Eu. Devo então, por meio dessas identificações, unir ao meu Eu certas representações contra cuja acolhida a censura se levantou. Posso, portanto, figurar meu Eu em um sonho de mais de uma maneira, uma vez diretamente, e a outra por meio da identificação com pessoas desconhecidas. Um material de pensamento extraordinariamente rico pode ser condensado com mais identificações como essas.[i] | Que o próprio Eu apareça várias vezes em um sonho ou que entre em cena em diversas configurações, no fundo, não é mais surpreendente do que o fato de ele estar contido em um pensamento consciente várias vezes e em diversas posições ou em outras relações, por exemplo, na frase: Quando *eu* penso na criança saudável que *eu* fui. **[1925]**

De modo ainda mais transparente do que em pessoas configura-se a dissolução [*Auflösung*] da identificação no caso de localidades caracterizadas por nomes próprios, pois nesse caso não há a perturbação pelo tão poderoso Eu no sonho. Em um dos meus sonhos com Roma (p. 226), o lugar em que me encontro se chama *Roma*; mas eu me espanto com a quantidade de cartazes alemães na esquina de uma rua. Trata-se de uma realização de desejo em relação à qual me ocorre imediatamente: *Praga*; o desejo mesmo deve provir de um período de nacionalismo alemão da época da juventude, hoje superado. À época em que sonhei, estava previsto um encontro com meu amigo em Praga; a identificação entre Roma e Praga explica-se, portanto, por um caráter comum desejado; eu preferiria encontrar meu amigo em Roma a encontrá-lo em Praga, trocando, para esse encontro, *Praga* por *Roma*.

---

[i] Quando estou na dúvida, não sabendo por detrás de qual das pessoas que aparecem no sonho eu devo procurar o meu Eu, atenho-me à seguinte regra: a pessoa que no sonho está sob um afeto que percebo enquanto sou aquele que está dormindo, é ela que esconde o meu Eu.

A possibilidade de criar formações mistas situa-se em primeira linha entre os traços que, com tanta frequência, conferem aos sonhos um cunho fantástico quando, através delas, são introduzidos elementos no conteúdo do sonho que nunca poderiam ter sido objeto da percepção. O processo psíquico presente na formação mista do sonho é evidentemente o mesmo de quando, no estado de vigília, nós nos imaginamos ou recriamos como um centauro ou um dragão. A diferença está apenas em que, na criação fantástica no estado de vigília, a impressão visada por essa nova formação é ela mesma o elemento decisivo, enquanto a formação mista do sonho é determinada por um fator externo a sua configuração, a saber, o elemento comum nos pensamentos do sonho. A formação mista do sonho pode ser executada de várias maneiras. Na execução menos artística, só são figuradas as propriedades de uma coisa, e essa figuração é acompanhada do conhecimento de que ela também vale para outro objeto. Uma técnica mais cuidadosa reúne traços de um e de outro objeto em uma nova imagem, servindo-se para isso, habilidosamente, de semelhanças reais entre os dois objetos. A nova formação pode se mostrar inteiramente absurda ou até mesmo parecer fantasticamente bem-sucedida, dependendo de o material e a perspicácia o tornarem possível na composição. Se os objetos que devem ser condensados em uma unidade são muito divergentes, então o trabalho do sonho se contenta com frequência em criar uma estrutura mista com um núcleo mais nítido ao qual se juntam atribuições menos claras. Nesse caso, a unificação em uma imagem, por assim dizer, não foi bem-sucedida; as duas figurações recobrem-se uma à outra e produzem algo como uma competição entre as imagens visuais. Se quiséssemos mostrar como se forma um conceito a partir de imagens de percepção individuais, poderíamos chegar, por um desenho, a figurações semelhantes.

Naturalmente, nos sonhos abundam estruturas mistas como essas; alguns exemplos eu já comuniquei nos sonhos analisados até agora; agora vou acrescentar outros. No sonho à p. 331, que descreve o desenvolvimento da vida da paciente "através da flor" [*durch die Blume*] ou "floreadamente", o Eu do sonho carrega na mão um ramo florido, o qual, como vimos, significa ao mesmo tempo inocência e pecaminosidade sexual. O ramo lembra, além disso, pela maneira como os botões estão colocados nele, os botões da *cerejeira*; os próprios botões, tomados separadamente, são *camélias*, ao que se acrescenta que o todo ainda dá a impressão de uma vegetação *exótica*. O que há de comum nos elementos dessa estrutura mista resulta dos pensamentos do sonho. O ramo florido é composto por alusões a presentes pelos quais ela foi levada ou devia ser levada a se mostrar complacente. Assim, na infância, as *cerejas*; nos anos posteriores, as *camélias*; o *exótico* é uma alusão a um naturalista muito viajado que quis ganhar seus favores com um desenho de flores. Outra paciente cria no sonho uma coisa intermediária a partir de *cabines de banho* à beira-mar, *latrinas* campestres e o *sótão* de nossas casas na cidade. É comum aos dois primeiros elementos a relação com a nudez e o desnudar humanos; de sua composição com o terceiro elemento podemos concluir que (em sua infância) o sótão também foi cenário de desnudamento. | Um sonhador cria um local misto a partir de duas localidades, nas quais se faz "tratamento" [Kur], a partir do meu consultório e do lugar público em que viu sua esposa pela primeira vez. [1909] Uma moça, depois que seu irmão mais velho prometeu regalá-la com caviar, sonha que as pernas desse irmão estão *cobertas com as pérolas negras do caviar*. Os elementos "*contágio*" no sentido moral e a lembrança de uma *erupção* cutânea do tempo da infância, que fez com que as pernas parecessem cobertas de pontinhos *vermelhos* em vez de pretos, uniram-se aqui com as *pérolas do caviar* em um novo conceito, o de "*o que ela pegou do seu irmão*". | As partes do corpo humano são tratadas nesse sonho como objetos, assim como também o são em outros. Em um sonho comunicado por Ferenczi, apareceu uma estrutura mista que era composta pela pessoa de um *médico* e por um *cavalo* e que, além do mais, estava vestindo uma *camisola*. O elemento comum a esses três componentes revelou-se na análise, depois que a camisola foi reconhecida como uma alusão ao pai da sonhadora em uma cena da infância. Tratou-se, nos três casos, de objetos de sua curiosidade sexual. Quando criança, ela era levada muitas vezes por sua babá ao haras militar, onde tinha a oportunidade de satisfazer fartamente a sua curiosidade – à época ainda não inibida. [1911]

Afirmei anteriormente que o sonho não tem nenhum meio de expressar a relação de contradição, de oposição, o "não". Estou em vias de, pela primeira vez, contradizer essa afirmação. Uma parte dos casos que podem ser reunidos como "oposição" encontra a sua figuração, como vimos, simplesmente pela identificação, ou seja, quando à contraposição podem ser ligadas uma troca, ou seja, uma substituição. Disso mencionamos vários exemplos. Outra parte das oposições nos pensamentos do sonho, que está sob a categoria de "inversamente, ao contrário", chega à sua figuração no sonho da seguinte maneira, que quase pode ser chamada de chistosa. O "inversamente" não chega por si próprio ao conteúdo do sonho, mas manifesta a sua presença no material, pelo fato de uma parte – do conteúdo do sonho já formado e que por outras razões lhe é próxima – ser *invertida*, como que *a posteriori*. Esse processo é mais fácil de ilustrar do que de descrever. No belo sonho do "*em cima* e *embaixo*" (p. 323), a figuração da subida está invertida em relação ao modelo nos pensamentos do sonho, a saber, a cena de introdução da *Safo* de Daudet; no sonho, começa pelo difícil que depois fica fácil, enquanto na cena da subida o início é fácil e depois fica cada vez mais difícil. Mesmo o "em cima" e "embaixo" em relação ao irmão está figurado no sonho de maneira invertida. Isso aponta para uma relação de inversão ou de oposição que existe entre duas partes do material nos pensamentos do sonho, e que descobrimos pelo fato de que, na fantasia da infância do sonhador, ele é carregado por sua ama de leite, inversamente ao romance, em que o herói carrega a amada. Também o meu sonho com o ataque de Goethe ao senhor M. (ver mais adiante) contém um "inversamente" como esse, que primeiro precisa ser retificado, antes que se possa chegar à interpretação do sonho. Nesse sonho, Goethe atacou um jovem, o senhor M.; na realidade, tal como ela está contida nos pensamentos do sonho, um homem importante, meu amigo, foi atacado por um jovem autor desconhecido. No sonho, eu calculo a partir da data de morte de Goethe; na verdade, o cálculo partiu do ano de nascimento do paralítico. O pensamento que é decisivo no material do sonho revela ser a contestação contra o fato de que Goethe seja tratado como se ele fosse um louco. Inversamente, diz o sonho, se você não entende o livro, é você que é imbecil, e não o autor. Em todos esses sonhos com inversão, parece-me, além disso, estar contida uma relação com uma expressão desrespeitosa "virar as costas [o traseiro] para alguém" [*einem die Kehrseite zeigen*]) (a inversão [*Umkehrung*] em relação ao irmão no sonho de Safo). | Por outro lado, é digna de nota a frequência com que a inversão é utilizada justamente em sonhos inspirados por moções homossexuais recalcadas. **[1911]**

A inversão, a transformação em seu contrário é, a propósito, um dos meios de figuração mais apreciados pelo trabalho do sonho, passível de utilização nas mais variadas situações. Ela serve, em primeiro lugar, para fazer valer a realização de desejo em relação a um determinado elemento dos pensamentos do sonho. Ah! Se tivesse acontecido o inverso! é frequentemente a melhor expressão para a reação do Eu contra uma parte embaraçosa da lembrança. Mas particularmente valiosa é a inversão a serviço da censura, ao produzir uma medida de deformação no que deve ser figurado, que de início simplesmente paralisa o entendimento do sonho. Por isso, quando o sonho recusa obstinadamente o seu sentido, pode-se ousar, a cada vez, a tentativa de inversão de algumas partes de seu conteúdo manifesto, o que não raramente torna tudo imediatamente claro. [1909]

Além da inversão de conteúdo, não podemos ignorar a inversão no tempo. Uma técnica muito frequente da deformação do sonho é figurar o desenlace do acontecimento ou a conclusão da linha de pensamento na entrada do sonho, e acrescentar no final do sonho os pressupostos da conclusão ou as causas do acontecido. Quem não pensou nesse meio técnico de deformação do sonho fica então desorientado diante da tarefa de interpretação do sonho.[i] [1909]

E mesmo em alguns casos só obtemos o sentido do sonho depois de efetuarmos uma múltipla inversão no conteúdo do sonho, seguindo diversas relações. Por exemplo, no sonho de um jovem neurótico obsessivo, a lembrança do desejo infantil de morte em relação ao temido pai se esconde por detrás do seguinte enunciado: *Seu pai briga com ele por chegar tão tarde em casa*. Mas acontece que o contexto do tratamento psicanalítico e as ideias que ocorrem ao sonhador provam que o enunciado devia ser em primeiro lugar: *Ele está bravo com seu pai*, e, em seguida, que, para ele, o pai chegou em casa definitivamente *cedo demais* (ou seja, logo). Ele teria preferido que o pai não tivesse voltado para casa de forma alguma, o que é idêntico ao desejo de morte em relação ao pai (ver p. 276-279). O que houve foi que o sonhador, quando menino, durante uma longa

[i] [Nota acrescentada em 1909:] Da mesma técnica da inversão no tempo se serve, às vezes, o ataque histérico, no intuito de ocultar o seu sentido ao espectador. Uma moça histérica, por exemplo, precisa figurar em um ataque um pequeno romance que ela fantasiou no inconsciente, em conexão com um encontro na estação de trem da cidade. Ela imagina que o homem em questão, atraído pela beleza de seu pé, dirige-lhe a palavra enquanto ela lê, e que ela sai em seguida com ele e vivencia uma tempestuosa cena de amor. Seu ataque se inicia com a figuração dessa cena de amor por meio de sobressaltos do corpo (com movimentos dos lábios para beijar, entrecruzamento dos braços para abraçar), em seguida ela corre para outro cômodo, senta-se numa cadeira, ergue o vestido para mostrar o pé, faz como se ela estivesse lendo um livro e fala comigo (me responde). [Acréscimo de 1914:] Cf., a esse propósito, a observação de Artemidoro: "Quando explicitamos as histórias de sonhos, é preciso considerá-las, uma vez indo do começo até o final, e uma outra vez, indo do final até o começo...". [livro I, capítulo XI].

ausência do pai, foi culpado de uma agressão sexual contra outra pessoa e foi punido com essa ameaça: Espere até seu pai voltar! [1911]

Se quisermos continuar perseguindo as relações entre conteúdo do sonho e pensamentos do sonho, o melhor a fazer é agora tomarmos o próprio sonho como ponto de partida e nos colocarmos a questão sobre o que significam determinadas características formais da figuração onírica em relação aos pensamentos do sonho. Fazem parte dessas características, que não deixam de nos chamar a atenção no sonho, sobretudo as diferenças na intensidade sensorial das diferentes estruturas do sonho e na nitidez das diferentes partes do sonho ou de sonhos inteiros comparados entre si. As diferenças na intensidade das diferentes estruturas abrangem toda uma gama, que vai desde a nitidez da impressão, que estamos inclinados a colocar – mesmo sem garantia – acima daquela da realidade, até uma indistinção irritante que declaramos ser característica do sonho, porque na verdade ela não pode ser plenamente comparável a nenhum dos graus de não nitidez que percebemos ocasionalmente nos objetos da realidade. Além disso, costumamos caracterizar como "fugaz" a impressão que recebemos de um objeto do sonho desprovido de nitidez, enquanto pensamos que as imagens de sonho mais nítidas se mantiveram por tempo mais longo na percepção. A questão agora é saber através de quais condições no material do sonho são provocadas essas diferenças na vivacidade das diferentes partes do conteúdo do sonho.

Nesse ponto temos de, primeiramente, fazer frente a determinadas expectativas que se nos apresentam quase que inevitavelmente. Tendo em vista que durante o sono sensações efetivas podem fazer parte do material do sonho, vamos provavelmente supor que elas ou os elementos delas derivados se destacam no conteúdo do sonho por uma intensidade particular, ou, inversamente, que aquilo que no sonho resulta particularmente vivaz será remontado a essas sensações reais durante o sono. Mas a minha experiência nunca o confirmou. Não é certo que os elementos do sonho, que são os derivados de impressões reais durante o sono (estímulos nervosos), distingam-se dos outros que, por sua vivacidade, provêm de lembranças. O fator da realidade não importa na determinação da intensidade das imagens oníricas.

Por outro lado, poderíamos esperar que a intensidade sensorial (vivacidade) das diferentes imagens do sonho teria uma relação com a intensidade psíquica dos elementos que lhes correspondem nos pensamentos do sonho.

Nesses últimos a intensidade coincide com o valor psíquico; os elementos mais intensos não são outros senão os mais significativos, que formam o ponto central dos pensamentos do sonho. Bem sabemos, na verdade, que justamente a maioria desses elementos, por causa da censura, não encontra acolhida no conteúdo do sonho. Mas poderia acontecer de os derivados imediatos que os representam no sonho angariassem um grau mais elevado de intensidade, sem que por isso eles tivessem, necessariamente, de constituir o centro da figuração do sonho. No entanto, também essa expectativa é destruída pela observação comparativa entre sonho e material do sonho. A intensidade dos elementos em um caso não tem nada a ver com a intensidade dos elementos no outro caso; de fato, entre material do sonho e o sonho em si, ocorre uma "transvaloração de todos os valores psíquicos".[10] É justamente em um elemento fugazmente sussurrado, encoberto por imagens mais intensas, que podemos com frequência descobrir, precisa e unicamente, um derivado direto daquilo que, nos pensamentos do sonho, predominava desmedidamente.

A intensidade dos elementos do sonho se mostra determinada de outra maneira e, na verdade, por dois fatores independentes um do outro. À primeira vista, é fácil perceber que são figurados de maneira particularmente intensa aqueles elementos através dos quais a realização de desejo se expressa. Mas depois a análise ensina que a maioria da sequência de pensamentos também parte dos elementos mais vivazes do sonho, e que os mais vivazes são, ao mesmo tempo, os mais bem determinados. Não alteraremos esse sentido se enunciarmos da seguinte maneira a última proposição à qual chegamos de maneira empírica: exibem a maior intensidade aqueles elementos do sonho para cuja formação foi demandado o *trabalho de condensação* mais extenso. Podemos então esperar que essa condição e a outra para a realização de desejo possam também ser expressas em uma única fórmula.

Eu gostaria de evitar que o problema que tratei agora, o das causas da maior ou menor intensidade ou nitidez dos diferentes elementos do sonho, seja confundido com outro problema que se refere à nitidez variável de sonhos inteiros ou de passagens de sonhos. No primeiro caso, o oposto de nitidez é indistinção, no segundo, é confusão. Mas é inegável que, nas duas escalas, as qualidades ascendentes e descendentes aparecem acompanhando-se umas às outras. Uma parte do sonho que nos parece clara contém, na maioria das vezes, elementos intensos; um sonho sem clareza é, ao contrário, composto de elementos pouco intensos. No entanto, o problema que nos coloca a escala que vai desde o aparentemente claro até o indistinto-confuso é muito mais complicado do que o das oscilações de vivacidade dos elementos do sonho; mas, realmente, o primeiro desses problemas ainda escapa da discussão neste ponto, por razões a serem apresentadas mais tarde.

Em alguns casos percebemos, não sem surpresa, que a impressão de clareza ou de indistinção que recebemos de um sonho não significa absolutamente nada para a estrutura do sonho, mas provém do material do sonho como sendo uma parte constituinte dele. É assim que me lembro de um sonho que, depois que acordei, pareceu-me tão particularmente bem estruturado, sem lacunas e claro, que mesmo na embriaguez do sono propus-me a admitir uma nova categoria de sonhos que não estariam submetidos ao mecanismo da condensação e do deslocamento, mas que podiam ser caracterizados como "fantasias durante o sono". Um exame mais atento revelou que esse raro sonho apresentava em sua estrutura as mesmas fendas e inconsistências como qualquer outro; por isso, também abandonei novamente a categoria de fantasias oníricas.[i] Mas o conteúdo do sonho, em suma, era que eu estava expondo ao meu amigo [Fließ] uma teoria difícil e há muito tempo buscada sobre a bissexualidade, e a força realizadora de desejo do sonho era responsável pelo fato de essa teoria (que, aliás, não foi comunicada no sonho) nos parecer clara e consistente. Aquilo, portanto, que eu tinha tomado como um julgamento sobre o sonho acabado era uma parte, na verdade, a parte essencial do conteúdo do sonho. Nesse caso, o trabalho do sonho estendeu-se, por assim dizer, sobre o primeiro pensamento vígil e me transmitiu como um julgamento sobre o sonho aquela parte do material à qual o trabalho do sonho não conseguiu fornecer uma figuração exata. Vivenciei certa vez uma perfeita contrapartida disso com uma paciente que, de início, não queria contar de modo algum um sonho que fazia parte da análise, "porque ele era muito vago e confuso", e, sob repetidos protestos por não estar segura da sua figuração, ela finalmente indicou que apareciam no sonho várias pessoas, ela, seu marido e seu pai, e que era como se ela não conseguisse saber se seu marido era seu pai, ou afinal quem era seu pai, ou algo assim. A relação desse sonho com as ideias que lhe ocorreram durante a sessão revelou indubitavelmente que se tratava da história bastante corriqueira de uma empregada que teve de confessar

[i] [Nota acrescentada em 1930:] Hoje não sei se eu tinha razão.

que esperava um filho e que agora ouvia dúvidas sobre "quem é o verdadeiro pai (da criança)".[i] A falta de clareza que o sonho mostrava também era, portanto, uma parte do material instigador do sonho. Uma parte desse conteúdo foi figurada no formato do sonho. | *O formato do sonho ou do sonhar é utilizado, com uma frequência bastante surpreendente, para a figuração do conteúdo encoberto.* [1909][ii]

Glosas sobre o sonho, observações aparentemente inocentes sobre ele, servem com frequência para ocultar, da maneira mais refinada, uma parte do que foi sonhado, enquanto, na verdade, elas a revelam. Assim é, por exemplo, quando um sonhador declara: "Aqui o sonho está *borrado*", e a análise revela uma reminiscência infantil de espionar uma pessoa que se limpa depois da defecação. Ou em outro caso que merece uma comunicação detalhada: um jovem tem um sonho muito nítido que lhe lembra as fantasias que permaneceram conscientes de seu tempo de menino: ele se encontra de noite em um hotel de veraneio, engana-se com o número do quarto e entra em um cômodo no qual uma senhora mais velha e suas duas filhas se despem para ir para a cama. Ele prossegue: *Então há algumas lacunas no sonho, aí falta alguma coisa*, e no final havia um homem no quarto que queria me expulsar, com o qual eu tive de lutar. Ele se esforça em vão para se lembrar do conteúdo e do propósito daquela fantasia de menino, à qual o sonho alude de maneira evidente. Mas finalmente percebemos que o conteúdo procurado já estava dado pelo que foi dito sobre a passagem em que faltava nitidez no sonho. As "lacunas" são as aberturas genitais das mulheres que estavam indo para a cama: "aí falta alguma coisa" descreve a principal característica do órgão genital feminino. Naqueles anos de menino, ele ardia de curiosidade [*Wißbegierde*][11] para ver um órgão genital feminino, e estava ainda inclinado a se agarrar à teoria sexual infantil que atribui à mulher um membro masculino. [1911]

De forma inteiramente semelhante revestiu-se uma reminiscência análoga de outro sonhador: *Estou indo com a Srta. K. ao restaurante do jardim público* ..., então vem uma passagem obscura, uma interrupção..., *daí eu me encontro em um salão de bordel, no qual eu vejo duas ou três mulheres, uma delas vestindo camisola e calcinha.* [1914]

---

[i] Sintomas histéricos concomitantes: ausência de regras e grande alteração de humor eram o sofrimento principal dessa paciente.

[ii] [Frase grifada só a partir de 1914.]

Análise: A Srta. K. é a filha de seu antigo chefe, como ele mesmo admite, um substituto da irmã. Só raramente ele tinha oportunidade de falar com ela, mas certa vez ocorreu uma conversa entre eles, na qual "nós nos reconhecemos, por assim dizer, em nossa condição sexual, como se disséssemos: Eu sou um homem e você, uma mulher". No restaurante indicado, ele esteve apenas uma vez, em companhia da irmã do seu cunhado, uma moça que lhe era completamente indiferente. Outra vez ele acompanhou um grupo de três damas até a entrada desse restaurante. As damas eram sua irmã, sua cunhada e a já mencionada irmã de seu cunhado, todas as três lhe eram altamente indiferentes, mas todas as três faziam parte da série das irmãs. Um bordel ele só visitou raramente, talvez duas ou três vezes em sua vida. [1914]

A interpretação se apoiava na "*passagem obscura*", na "*interrupção*" no sonho, e evidenciava que, em sua curiosidade [*Wißbegierde*][12] de garoto, ele tinha inspecionado algumas vezes, contudo, apenas raramente, o órgão genital de sua irmã, alguns anos mais nova que ele. Alguns dias mais tarde, definiu-se a lembrança consciente desse malfeito aludido no sonho. [1914]

Todos os sonhos da mesma noite pertencem, de acordo com seu conteúdo, ao mesmo conjunto; sua separação em várias partes, seu agrupamento e o número dessas partes, tudo isso é significativo e pode ser concebido como parte da comunicação que provém dos pensamentos latentes do sonho. [1909] Na interpretação de sonhos que se constituem de várias partes principais, ou sobretudo daqueles que pertencem à mesma noite, não podemos também esquecer a possibilidade de que esses diversos sonhos que se seguem uns aos outros signifiquem a mesma coisa, de que expressem as mesmas moções em um material diverso. O primeiro desses sonhos homólogos a ocorrer na ordem temporal é com frequência o mais desfigurado e o mais tímido, o sonho seguinte é mais ousado e mais nítido.

O sonho bíblico do faraó com as espigas e as vacas, que José interpretou, já era dessa espécie. Ele se encontra relatado em mais detalhes em Flávio Josefo (*Antiguidades judaicas*, livro II, capítulos 5 e 6) do que na Bíblia. Depois de contar o primeiro sonho, o rei disse: "Depois de ter tido essa primeira visão no sonho, acordei inquieto e me pus a pensar no que ela podia significar, mas nisso voltei pouco a pouco a adormecer novamente e tive então um sonho ainda mais estranho que me aterrorizou e me deixou ainda mais confuso". Depois de ouvir o relato do sonho, José diz: "Vosso sonho, ó rei, parece ser um sonho duplo, mas as duas visões têm só um significado". [1911]

Jung, que, em sua "Contribuição à psicologia do boato" (1910), conta como o sonho de erotismo velado de uma colegial foi entendido, sem interpretação, por suas amigas e desenvolvido com variações, observa, a respeito de um desses relatos de sonho, "que o pensamento final de uma longa série de imagens de sonho contém exatamente aquilo que já tentou ser figurado na primeira imagem da série. A censura mantém o complexo afastado pelo tempo mais longo possível, através de coberturas simbólicas, deslocamentos, reviravoltas para algo inofensivo, entre outros, que são continuamente renovados etc." (*Zentralbl. f. Psychoanalyse*, I, 1910, p. 87). Scherner conheceu bem essa particularidade da figuração do sonho e a descreve, em conexão com sua doutrina dos estímulos orgânicos, como uma lei especial (p. 166). "Mas finalmente a fantasia observa, em todas as formações simbólicas de sonho provenientes de determinados estímulos nervosos, a lei geral, segundo a qual, no início do sonho, ela só retrata o objeto estimulador nas alusões mais longínquas e mais livres, mas no final, quando se esgotou a efusão pictórica, ela apresenta o próprio estímulo, respectivamente, seu órgão correspondente ou sua função em toda a sua nudez, com o qual o sonho, caracterizando ele mesmo a sua causa orgânica, chega ao seu fim...". [1911]

Uma bela confirmação dessa lei de Scherner foi fornecida por Otto Rank, em seu trabalho: *Um sonho que interpreta a si mesmo.* O sonho de uma moça que ele comunicou nesse trabalho era composto por dois sonhos de uma mesma noite, separados também temporalmente, dos quais o segundo terminou em uma polução. Esse sonho de polução permitiu uma interpretação que chegou até os menores detalhes, levada com grande renúncia às contribuições da sonhadora, e a abundância das relações entre os dois conteúdos de sonho permitiu reconhecer que o primeiro sonho deu expressão, em uma figuração tímida, à mesma coisa que o segundo, de modo que este, o sonho de polução, tinha auxiliado plenamente o esclarecimento do primeiro. A partir desse exemplo, Rank comenta, com toda razão, a importância dos sonhos de polução para a teoria do sonhar em geral. [1911]

No entanto, chegar a uma situação, que permite reinterpretar a clareza ou a confusão do sonho por certeza ou dúvida no material do sonho, só é possível, segundo a minha experiência, em poucos casos. Mais tarde, terei de revelar um fator da formação do sonho que ainda não foi mencionado, de cuja influência depende essencialmente essa escala de qualidades do sonho.

Em alguns sonhos que mantêm por algum tempo determinada situação, surgem interrupções que são descritas com as seguintes palavras: "Mas foi então como se fosse ao mesmo tempo outro lugar e lá acontecesse isto e aquilo". O que interrompe dessa maneira a ação principal do sonho, que depois de algum tempo pode ser continuada, revela-se no material do sonho como sendo uma oração subordinada, um pensamento intercalado. A condição, nos pensamentos do sonho, é figurada no sonho como simultaneidade (se – quando).

O que significa essa sensação de movimento inibido no sonho que aparece com tanta frequência e que toca de tão perto a angústia? Queremos andar e não saímos do lugar, queremos fazer qualquer coisa e topamos sem cessar com obstáculos. O trem está se colocando em movimento e não conseguimos alcançá-lo; erguemos a mão para nos vingar de uma ofensa e ela está impedida etc. Já encontramos essa sensação no sonho, no caso dos sonhos de exibição, mas ainda não tentamos seriamente a sua interpretação. É cômodo, mas insuficiente responder que durante o sono existe uma paralisia motora que se faz notar pela sensação mencionada. Temos o direito de perguntar: Por que não sonhamos constantemente com movimentos inibidos como esses? E também temos o direito de esperar que essa sensação, que pode ser provocada a qualquer momento no sonho, sirva a algum tipo de finalidade da figuração e que ela só possa ser despertada pela necessidade dessa figuração, tal como ela é dada no material do sonho.

O não-conseguir-fazer-nada nem sempre surge no sonho como sensação, mas também simplesmente como parte do conteúdo do sonho. Considero um caso como esse particularmente adequado para nos esclarecer sobre o significado desse requisito onírico. Vou comunicar resumidamente um sonho no qual eu pareço acusado de desonestidade. *O local era a mescla de um sanatório particular e de vários outros lugares. Um servidor aparece para me chamar para um exame de investigação. No sonho eu sei que algo foi perdido e que a investigação prossegue por causa da suspeita de que me apropriei do que foi perdido. A análise mostra que a investigação deve ser tomada com dois significados*, inclusive no de exame médico. *Na consciência de minha inocência e da minha função de médico consultor nessa instituição, acompanho tranquilamente o servidor. Em uma porta, outro servidor nos recebe e diz, apontando para mim: Foi ele que o senhor trouxe, mas ele é um homem decente. Entro então, sem o servidor, em um grande salão em que se encontram máquinas e que me lembra um Inferno com suas tarefas punitivas infernais. Atrelado a um aparelho, vejo um colega que teria todas as razões para se preocupar comigo; mas ele não me dá atenção. Dizem-me então que agora eu posso ir. Acontece que não encontro o meu chapéu e na verdade não consigo ir.*

É evidente a realização de desejo do sonho, de que eu vou ser reconhecido como homem honesto e tenho o direito de sair; nos pensamentos do sonho, logo, tem de estar presente todo tipo de material que contém a objeção a isso. Que eu tenha a permissão para sair é o sinal da minha absolvição; se, portanto, o sonho traz no final um acontecimento que me detém o andar, não estamos longe de concluir que através desse traço se faz valer o material reprimido da objeção. Que eu não encontro o meu chapéu significa, então: Afinal de contas, você não é nenhum homem honesto. O não-conseguir-fazer-nada do sonho é uma expressão da objeção, um "não", em virtude do qual é preciso, portanto, corrigir a afirmação anterior de que o sonho não consegue expressar o não.[i]

Em outros sonhos, que contêm o não-conseguir-executar um movimento, não como mera situação, mas como sensação, a mesma objeção é expressa mais intensamente pela sensação da inibição do movimento, como uma vontade à qual se opõe uma contravontade. A sensação de inibição de movimento figura, portanto, um *conflito volitivo*. Veremos mais adiante que justamente a paralisia motora no sono faz parte das condições fundamentais do processo psíquico durante o sonhar. Pois bem, o impulso [*Impuls*] transferido sobre as trilhas motoras não é outra coisa além da vontade, e, como temos a certeza de, durante o sono, sentir esse impulso como inibido, todo esse processo se torna extremamente adequado para a figuração do *querer* e do "*não*" que a ele se opõe. De acordo com a minha explicação da angústia, compreende-se também facilmente que a sensação de paralisia da vontade esteja tão próxima da angústia e se ligue a ela com tanta frequência. A angústia é um impulso libidinal que provém do inconsciente e é inibido

[i] Na análise completa desse sonho, revela-se uma relação com uma vivência da infância através da seguinte mediação: – O mouro fez seu dever, o mouro *pode ir*. E então a charada: Qual a idade do mouro quando ele fez seu dever? Um ano, então ele pode ir. (Eu devo ter trazido ao mundo tanto cabelo negro emaranhado que minha jovem mãe declarou que eu era um pequeno mouro.) – O fato de eu não encontrar o meu chapéu é uma vivência diária utilizada em mais de um sentido. Nossa camareira, que é muito boa em guardar coisas, tinha-o escondido. – A recusa a pensamentos fúnebres, tristes também está escondida por detrás desse final de sonho: Ainda estou longe de ter cumprido o meu dever; ainda não tenho permissão para ir. – Nascimento e morte como no sonho que eu tive um pouco antes, com Goethe e o paralítico (cf. p. 332 e 440 *GW*).

pelo pré-consciente.[i] Portanto, quando no sonho a sensação de inibição está ligada à angústia, só pode se tratar de um querer que um dia foi capaz de desenvolver libido, só pode se tratar de uma moção sexual.

O que significa a expressão de julgamento que surge frequentemente durante o sonho: "Isso é só um sonho" e a qual força psíquica ela deve ser atribuída vou discutir em outro lugar (ver adiante). Já adianto que ela dever servir para desvalorizar o que foi sonhado. O interessante problema análogo de saber o que está sendo expresso quando determinado conteúdo é caracterizado no próprio sonho como "sonhado", o enigma do "sonho dentro do sonho", foi solucionado em sentido semelhante por W. Stekel, através da análise de alguns exemplos convincentes. O "sonhado" do sonho deve, por sua vez, ser desvalorizado, despojado de sua realidade; o que continua a ser sonhado depois que acordamos do "sonho dentro do sonho" é o que o desejo do sonho quer colocar no lugar da realidade apagada. Podemos, portanto, supor que o "*sonhado*" contém a figuração da realidade, a lembrança real, e que, ao contrário, o sonho que prossegue contém a figuração daquilo que foi meramente desejado pelo sonhador. A inclusão de certo conteúdo em um "sonho dentro de um sonho" é equivalente ao desejo de que o que foi caracterizado como sonho não devesse ter acontecido. [1911] Em outras palavras: se determinado evento é colocado em um sonho pelo próprio trabalho do sonho, isso significa a mais decisiva confirmação da realidade desse evento, a mais intensa *afirmação* dele. [1919] O trabalho do sonho utiliza o próprio sonhar como uma forma de recusa [1911] e com isso corrobora o ponto de vista de que o sonho é uma realização de desejo. [1919]

D
A CONSIDERAÇÃO QUANTO À FIGURABILIDADE[13]

Estivemos até agora ocupados com a investigação sobre como o sonho figura as relações entre os pensamentos do sonho, mas, ao fazê-lo, recorremos várias vezes ao tema mais amplo de que tipo de modificação experimenta afinal o material do sonho visando à formação do sonho. Sabemos agora que o material do sonho, despojado em grande parte de suas relações, é submetido a uma compressão, enquanto, ao mesmo tempo, deslocamentos de

---

[i] [Nota acrescentada em 1930:] Essa proposição não se sustenta mais em face dos novos pontos de vista [*Einsichten*].

intensidade entre seus elementos obrigam a uma revaloração psíquica desse material. Os deslocamentos que consideramos revelaram ser substituições de determinada representação por outra, de alguma forma próxima a ela na associação, e eles foram colocados a serviço da condensação pelo fato de que, dessa maneira, em vez de dois elementos, um elemento comum que lhes seja intermediário chega a ser acolhido no sonho. Ainda não fizemos nenhuma menção a outra espécie de deslocamento. Mas pelas análises descobrimos que existe um deslocamento como esse, e que ele se mostra por uma *troca da formulação verbal* do pensamento em questão. Nos dois casos, trata-se de um deslocamento ao longo de uma cadeia de associações, mas o mesmo processo tem lugar em esferas psíquicas distintas, e o resultado desse deslocamento é que, num caso, um elemento é substituído por outro, enquanto, no outro caso, um elemento troca a sua formulação verbal por outra.

Essa segunda espécie de deslocamentos que ocorrem durante a formação do sonho não apenas tem um grande interesse teórico, como também é particularmente adequada para esclarecer essa aparência de absurdo fantástico com o qual o sonho se reveste. Em geral, a direção tomada pelo deslocamento resulta em uma troca de uma expressão incolor e abstrata por uma expressão imagética e concreta. A vantagem, e, consequentemente, o propósito dessa substituição é evidente. Para o sonho, o que é imagético é *passível de figuração*, deixa-se inserir em uma situação na qual a expressão abstrata ofereceria à figuração do sonho dificuldades semelhantes àquelas com as quais, por exemplo, a ilustração do editorial político de um jornal se depararia. Não apenas a figurabilidade, mas os interesses da condensação e da censura também podem ganhar com essa troca. Só quando o pensamento do sonho, inutilizável quando expresso abstratamente, é reformulado em uma língua imagética é que, mais facilmente do que antes, surgem entre essa nova expressão e o restante do material do sonho os pontos de contato e as identidades das quais necessita o trabalho do sonho, e ele as cria onde elas não estão presentes, pois os termos concretos, em cada língua, em consequência de seu desenvolvimento, são mais ricos em conexões do que os termos conceituais. Podemos imaginar que, na formação do sonho, uma boa parte do trabalho intermediário que, no sonho, procura reduzir cada um dos pensamentos do sonho à expressão mais concisa e mais unificada possível proceda de maneira a encontrar uma reformulação verbal adequada para cada um dos pensamentos. Um dos pensamentos, cuja expressão talvez tenha sido determinada por outras razões, agirá sobre as possibilidades de expressão do outro, distribuindo-as e selecionando-as, e isso talvez de antemão, semelhantemente ao trabalho do poeta. Quando um poema tiver de ser escrito com rimas, a segunda linha de rima está ligada a duas condições; ela precisa exprimir o sentido que lhe cabe e sua expressão precisa encontrar a consonância com a primeira linha de rima. Os melhores poemas são sem dúvida aqueles em que não se percebe a intenção de encontrar a rima, mas em que os dois pensamentos escolheram, de início, por indução recíproca, a expressão verbal que permite, com ligeira elaboração, que surja a consonância.

Em alguns casos no sonho, a troca da expressão serve à condensação por uma via ainda mais curta, deixando que se encontre um arranjo de palavras que, por sua ambiguidade, permite dar expressão a mais de um dos pensamentos do sonho. Assim, todo o campo da engenhosidade da palavra é colocado a serviço do trabalho do sonho. Não devemos nos surpreender com o papel que cabe à palavra na formação do sonho. A palavra, enquanto ponto nodal de múltiplas representações, constitui, por assim dizer, uma multivocidade predestinada, e as neuroses (representações obsessivas, fobias) aproveitam as vantagens que a palavra oferece assim à condensação e ao disfarce, de forma não menos destemida do que o sonho o faz.[i] É fácil mostrar que a deformação no sonho tira proveito do deslocamento da expressão. Somos, de fato, induzidos ao erro, se uma palavra ambígua for colocada no lugar de duas com significado inequívoco, e a substituição do modo corriqueiro de expressão de todos os dias por um modo imagético dificulta a nossa compreensão, especialmente porque o sonho nunca diz se os elementos trazidos por ele devem ser interpretados literalmente ou no sentido figurado, se devem ser relacionados ao material do sonho diretamente ou por intermédio expressões idiomáticas inseridas. | Em geral, na interpretação de qualquer elemento do sonho, não sabemos:

a) se ele deve ser tomado no sentido positivo ou negativo (relação de oposição);
b) se ele deve ser interpretado historicamente (como reminiscência);
c) simbolicamente; ou
d) e ele deve ser utilizado a partir da formulação verbal.

---

[i] [Nota acrescentada em 1909:] *O chiste e sua relação com o inconsciente*, 1905 (*Ges. Werke*, v. VI) e as "pontes verbais" nas soluções de sintomas neuróticos.

Apesar dessa multiplicidade de aspectos, podemos dizer que a figuração do trabalho do sonho, que *de fato não visa ser compreendida*, não impõe ao tradutor maiores dificuldades do que, por exemplo, os antigos escribas de hieróglifos impunham aos seus leitores. [1914]

Já citei vários exemplos de figurações no sonho que só se mantêm unidas pelo duplo significado da expressão ("a boca que se abre como deve" no sonho da injeção; "e na verdade não consigo andar", no último sonho à p. 349). Vou agora comunicar um sonho em cuja análise a apresentação em imagens do pensamento abstrato desempenha um papel maior. A diferença entre uma interpretação como essa e a interpretação por meio do simbolismo ainda pode ser determinada com rigor; na interpretação de sonho simbólica, a chave da simbolização é escolhida arbitrariamente pelo interpretador do sonho; em nossos casos de disfarce linguístico, essas chaves são conhecidas por todos e fornecidas pelo uso estabelecido da língua. Se a ocorre a ideia certa na ocasião propícia, poderemos solucionar inteira ou parcialmente sonhos dessa espécie, mesmo independentemente dos dados do sonhador.

Uma senhora, minha amiga, sonha: *Ela está na ópera. Estão encenando uma obra de Wagner que durou até 7h45 da manhã. Nas primeiras fileiras e na plateia, há mesas onde estão comendo e bebendo. Seu primo, que acaba de chegar da viagem de lua de mel, está sentado em uma dessas mesas com a sua jovem esposa; perto deles está um aristocrata. Dizem sobre este que a jovem o trouxe da viagem de núpcias, tão abertamente quanto se traz um chapéu da viagem de núpcias. No meio da primeira fileira, encontra-se uma torre alta, em cujo topo há uma plataforma cercada por uma grade de ferro. Lá no alto está o maestro, que tem os traços de Hans Richter; ele corre em círculos por detrás de sua grade, transpira terrivelmente e rege, a partir desse posto, a orquestra, embaixo, disposta ao redor da base da torre. Ela própria está sentada com uma amiga (minha conhecida) em um camarote. Sua irmã mais nova, estando embaixo na primeira fileira, quer lhe entregar um grande pedaço de carvão, dando como motivo o fato de que, afinal, ela não sabia que isso ia demorar tanto, e agora ela ia ter de passar um frio miserável. (É como se os camarotes tivessem de ser aquecidos durante a longa apresentação.)*

O sonho é, sem dúvida, suficientemente absurdo, apesar de, em muitos aspectos, estar referido a uma única situação. A torre no meio da primeira fileira, a partir da qual o maestro rege a orquestra; mas sobretudo o carvão, que a irmã, estando embaixo, lhe entrega! Não solicitei deliberadamente nenhuma análise desse sonho; com algum conhecimento sobre as relações pessoais da sonhadora, consegui interpretar partes dele por mim mesmo. Eu sabia que ela havia tido grande simpatia por um músico cuja carreira foi interrompida prematuramente porque ele teve uma doença mental [*geistige*]. Decidi, portanto, tomar a torre nas primeiras fileiras *literalmente*. Revelou-se, então, que o homem que ela tinha desejado ver no lugar de Hans Richter sobrepujava os outros membros da orquestra, *sendo alto como uma torre* [*turmhoch*]. Essa torre deve ser caracterizada como uma *estrutura mista por aposição*; com a sua estrutura de base ela figura a grandeza do homem, com a grade no alto, atrás da qual ele circula como um prisioneiro ou como um animal na jaula (alusão ao nome do infeliz),[i] ela figura seu destino posterior. "Torre dos loucos" [*Narrenturm*] seria sem dúvida a palavra na qual os dois pensamentos poderiam ter se encontrado.

Depois que o modo de figuração foi dessa forma descoberto, pudemos tentar solucionar o segundo absurdo aparente, o dos carvões que são passados a ela pela irmã, com a mesma chave. "Carvão" só podia significar "amor secreto" [*heimliche Liebe*].

> *Nenhum fogo*, nenhum *carvão*
> pode queimar tão ardentemente
> quanto o *amor secreto*,
> do qual ninguém sabe.
>
> [Kein Feuer, *keine* Kohle
> *Kann brennen so heiß*
> *als wie* heimliche Liebe,
> *von der niemand was weiß*.]

Ela própria e sua amiga tinham *permanecido solteiras* [*sitzen geblieben* = ficado sentadas]; a irmã mais nova, que ainda tinha perspectivas de se casar, passa o carvão para ela, que está em cima, "porque, afinal, ela não sabia *que isso ia demorar tanto*". O que ia demorar tanto não é dito no sonho; em um relato, nós completaríamos: a apresentação; no sonho, autorizamo-nos a tomar a frase por si mesma, declará-la como tendo duplo significado e acrescentar: "até ela se casar". A interpretação "amor secreto" é, então, apoiada pela menção ao primo que está sentado na primeira fileira com sua esposa, e pelo aberto caso de amor imputado a essa última. As oposições entre amor secreto e amor público, entre o seu fogo e o frio da moça jovem

---

[i] [Nota acrescentada em 1925:] Hugo Wolf [*Wolf* = lobo].

dominam o sonho. A propósito, tanto aqui como lá há *alguém colocado em alta posição*, como palavra intermediária entre o aristocrata e o músico que dava o direito a grandes esperanças.

Com as discussões precedentes, descobrimos finalmente um terceiro fator, cuja participação na transformação dos pensamentos do sonho não deve ser subestimada: *a consideração à figurabilidade no material psíquico peculiar do qual o sonho se serve*, portanto, na maioria dos casos, na forma de imagens visuais. Entre as diversas conexões secundárias com os pensamentos essenciais do sonho, será preferida aquela que permite uma figuração visual, e o trabalho do sonho não poupa o esforço de primeiro refundir, por assim dizer, o pensamento arisco em outra forma verbal, mesmo que esta seja até a mais incomum, desde que ela possibilite a figuração e dê assim um fim à aflição psicológica do pensamento constrangido. Mas esse esvaziamento do conteúdo do sonho em outra forma pode ao mesmo tempo se colocar a serviço do trabalho de condensação e criar relações com outro pensamento, as quais normalmente não estariam presentes. Esse outro pensamento pode talvez ter ele mesmo modificado antes a sua expressão originária para combinar com o primeiro.

Herbert Silberer mostrou um bom caminho para observar diretamente a conversão dos pensamentos em imagens que se produz na formação do sonho e com isso poder estudar isoladamente esse fator do trabalho do sonho. Se ele se impunha um esforço de pensamento quando em estado de cansaço e sonolência, ocorria muitas vezes de o pensamento lhe escapar e em seu lugar surgir uma imagem na qual ele então podia reconhecer o substituto do pensamento. Silberer chama esse substituto, de maneira não inteiramente apropriada, de "autossimbólico". Reproduzo aqui alguns exemplos do trabalho de Silberer, aos quais retornarei em outro lugar, devido a certas qualidades dos fenômenos observados. [1914]

"Exemplo n.º 1. Estou pensando que tenho em vista melhorar uma passagem truncada em um artigo. [1914]

"Símbolo: Vejo-me aplainando um pedaço de madeira." [1914]

"Exemplo n.º 5. Procuro lembrar a finalidade de certos estudos metafísicos que eu justamente tenho em vista realizar. Essa finalidade consiste, penso eu, em que, ao procurar pelas razões da existência, realizamos uma elaboração em direção a formas de consciência ou a camadas de existência cada vez mais elevadas. [1914]

"Símbolo: Eu passo uma longa faca por baixo de uma torta como se fosse pegar um pedaço. [1914]

"Interpretação: O meu movimento com a faca significa o 'realizar um avanço trabalhoso', em questão... A explicação da razão do símbolo é a seguinte: algumas vezes, cabe a mim, estando à mesa, cortar e servir uma torta, tarefa que executo com uma longa faca flexível, o que requer alguma precaução. Particularmente, retirar de maneira limpa as partes cortadas da torta está ligado a certas dificuldades; a faca precisa ser deslizada cuidadosamente por *baixo* dos respectivos pedaços (a lenta elaboração para chegar às razões). Mas ainda há mais simbolismo na imagem. A torta do símbolo era na verdade uma *Dobos-Torte*, portanto, uma torta na qual a faca que corta tem de atravessar diversas *camadas* (as camadas da consciência e do pensar)." [1914]

"Exemplo n.º 9. Em uma série de pensamentos eu perco o fio. Esforço-me para encontrá-lo, mas preciso reconhecer que o ponto de conexão me escapou por inteiro. [1914]

"Símbolo: Um pedaço de frase escrita, cujas últimas linhas se perderam." [1914]

Em vista do papel que desempenham os chistes verbais, as citações, as canções e os provérbios na vida intelectual de pessoas instruídas, estaria perfeitamente de acordo com a expectativa se disfarces desse tipo fossem utilizados com muita frequência para a figuração dos pensamentos do sonho. O que significam no sonho, por exemplo, carroças, das quais cada uma está carregada com um legume diferente? É o oposto do desejo de "couve e nabos" [*Kraut und Rüben*],[14] o que quer dizer "confusão" e significa, consequentemente, "desordem". Eu me surpreendi por esse sonho só me ter sido relatado uma única vez.[i] Apenas para poucos conteúdos formou-se um simbolismo do sonho válido universalmente, fundamentado em alusões e substituições de palavras conhecidas por todos. Além disso, o sonho tem em comum com as psiconeuroses, as sagas e os costumes populares uma boa parte desse simbolismo.

Entretanto, se olharmos mais de perto, precisaremos reconhecer que o trabalho do sonho não opera nada de original com esse tipo de substituição. Para chegar às suas finalidades, nesse caso da figuração isenta de censura, ele só transforma justamente as vias que ele já encontra trilhadas [*gebahnt*][15]

---

[i] [Nota acrescentada em 1925:] Realmente não encontrei novamente essa figuração, de modo que fiquei confuso quanto à legitimidade dessa interpretação.

no pensar inconsciente, dá preferência àquelas transformações do material recalcado que também podem se tornar conscientes enquanto chiste e alusão, e das quais estão repletas todas as fantasias dos neuróticos. Neste ponto, abre-se de repente uma via para uma compreensão das interpretações de sonhos de Scherner, cujo núcleo correto defendi em outro lugar. O ocupar-se em fantasia com o próprio corpo de forma alguma é próprio só do sonho ou característico dele. Minhas análises me mostraram que ele é uma ocorrência regular no pensar inconsciente dos neuróticos e que remonta à curiosidade sexual, cujo objeto são os órgãos sexuais do outro, mas também pode ser o próprio órgão sexual no caso do jovem ou da jovem adolescente. Mas, como destacam Scherner e Volkelt de maneira inteiramente pertinente, a casa não é a única esfera de representações utilizada para simbolizar a corporeidade – tanto no sonho quanto no fantasiar inconsciente da neurose. Conheço pacientes que certamente conservaram o simbolismo arquitetônico do corpo e dos órgãos genitais (o interesse sexual estende-se, na verdade, bem além do campo dos órgãos genitais externos), e para os quais pilares e colunas significam pernas (como no *Cântico dos cânticos*), e para os quais todo portal faz pensar em uma das aberturas corporais ("buraco"), e cada cano de água, no aparelho urinário etc. Mas também de bom grado é escolhida a esfera de representações da vida vegetal ou da cozinha como esconderijo para imagens sexuais;[i] no primeiro caso, o uso da língua, o precipitado de comparações da fantasia de tempos mais remotos, fez um trabalho preliminar profuso (a "vinha" do senhor, a "semente", o "jardim" da donzela no *Cântico dos cânticos*). Com alusões aparentemente inocentes às atividades da cozinha, podem ser pensados e sonhados os detalhes mais obscenos e mais íntimos da vida sexual, e a sintomática da histeria se torna francamente ininterpretável se nos esquecermos de que o simbolismo sexual pode se dissimular por trás daquilo que é cotidiano e pouco notável como seu melhor esconderijo. Há lá, com efeito, forte sentido sexual quando crianças neuróticas não querem ver sangue ou carne crua, vomitam diante de ovos ou macarrão, quando o temor natural do ser humano a cobra sofre uma intensificação monstruosa no neurótico. Em todos os casos em que a neurose se serve de uma dissimulação como essa, ela vagueia por caminhos

---

[i] [Nota acrescentada em 1914:] A esse respeito, ver abundante material de referência nos três volumes complementares de *História ilustrada dos costumes* [*Illustr. Sittengeschichte*] da Ed. Fuchs (edição não comercial [*Privatdrucke*], A. Langen, München).

que outrora, em antigos períodos culturais, a humanidade inteira percorreu, e de cuja existência dão testemunho ainda hoje, sob um ligeiro soterramento, o uso da língua, a superstição e os costumes.

Insiro aqui o anunciado sonho das flores de uma paciente no qual vou sublinhar tudo o que deve ser interpretado sexualmente. O lindo sonho deixou de agradar à sonhadora depois de interpretado.

a) Sonho preliminar: *Ela vai à cozinha na direção das duas empregadas e as repreende por não terem preparado "esse bocado de comida". Ao fazê-lo, ela vê na cozinha muita louça simplória de cozinha emborcada para escorrer e empilhada em montes.* Acréscimo posterior: *As duas empregadas vão buscar água e precisam entrar em uma espécie de rio que chega até a casa ou até o pátio.*[i]

b) Sonho principal[ii]: *Ela desce de alguma altura,*[iii] *por cima de corrimãos ou cercas estranhas, que formam grandes quadriláteros, que consistem de uma rede entrançada de pequenos quadrados.*[iv] *Na verdade, isso é algo que não foi feito para subir; ela tem sempre o cuidado de encontrar um lugar para o pé, e se alegra por seu vestido não ter ficado enroscado em nada, e por continuar podendo andar bem.*[v] *Ao mesmo tempo, ela carrega na mão um* grande ramo,[vi] *na verdade como uma árvore que, recoberta com* brotos vermelhos, *ramifica e se expande.*[vii] *Ao mesmo tempo, há a ideia de* brotos *de cereja, mas eles também parecem* camélias *duplas, que evidentemente não crescem em árvores. Durante a descida, ela carrega primeiro* um ramo, *depois, de repente,* dois, *e mais tarde novamente* um.[viii] *Quando ela chega embaixo, os* brotos *da parte de baixo já estão bastante* murchos. *Ela vê, então, depois que desceu, um empregado da casa que, diria ela – está penteando uma árvore semelhante, isto é, arrancando, com*

---

[i] Para a interpretação desse sonho preliminar, que deve ser considerado como "causal", ver p. 331.

[ii] O curso de sua vida.

[iii] Alta linhagem, oposto de desejo em relação ao sonho preliminar.

[iv] Estrutura mista que reúne duas localidades, o chamado sótão da casa paterna, onde ela brincava com o irmão, objeto de suas fantasias posteriores, e a fazenda de um tio maldoso que costumava provocá-la.

[v] Oposto de desejo em relação a uma lembrança real da fazenda do tio, de que ela costumava se despir durante o sono.

[vi] Como o anjo carrega o ramalhete de lírios na Anunciação de Maria.

[vii] Ver a explicação dessa estrutura mista nas p. 334-335: inocência, menstruação, *Dama das camélias.*

[viii] Indicando a pluralidade de pessoas a serviço de sua fantasia.

uma madeira, espessas mechas de cabelo *que dela pendiam como musgo. Outros trabalhadores tinham cortado ramos como esses de um* jardim *e jogado na* rua, *onde ficaram* espalhados, *de modo que muitas* pessoas podiam pegar alguns deles. *Mas ela se pergunta se isso está certo, se também pode tomar um.*[i] *No jardim há um* homem jovem *(uma pessoa que ela conhecia, um desconhecido), a quem ela se dirige para perguntar-lhe como ela pode transplantar* ramos *como esses* em seu próprio jardim.[ii] *Ele a abraça, contra o que ela reluta e lhe pergunta se estava lhe ocorrendo se ele tinha o direito de abraçá-la dessa maneira. Ele diz que isso não é nenhuma violação, que é permitido.*[iii] *Ele declara estar então disposto a ir com ela ao outro jardim, para mostrar-lhe como se planta, e lhe diz alguma coisa que ela não entende direito: De qualquer maneira me faltam três* metros – (mais tarde ela diz: *metros quadrados*) *ou três metros cúbicos de terreno.* É como se, em troca de sua boa vontade, ele fosse exigir alguma coisa dela, como se ele tivesse a intenção de recompensar-se em seu jardim *ou como se ele quisesse* burlar *algum tipo de lei, tirar daí alguma vantagem, sem que ela sofresse um prejuízo. Se ele realmente lhe mostra alguma coisa, ela não sabe.*

Esse sonho, que foi destacado por causa de seus elementos simbólicos, pode ser chamado de "biográfico". Esses sonhos surgem com frequência nas psicanálises, mas talvez apenas raramente fora delas.[iv] [1925]

Naturalmente,[16] em relação a um material como esse, tenho justamente uma superabundância, mas comunicá-lo nos faria entrar muito profundamente na discussão sobre as relações neuróticas. Tudo leva à mesma conclusão, de que não precisamos supor nenhuma atividade especial de simbolização anímica no trabalho do sonho, mas que o sonho se serve dessas simbolizações que estão contidas, já prontas, no pensar inconsciente, porque elas satisfazem melhor as exigências da formação do sonho, em virtude de sua figurabilidade, e na maioria das vezes também pelo fato de elas estarem isentas de censura.

---

[i] Se também se pode arrancar um deles [*sich herunterreißen* – expressão chula para designar masturbação], isto é, masturbar-se.

[ii] O ramo assumiu, há muito tempo, a representação do órgão genital masculino, ele contém, a propósito, uma alusão muito nítida ao sobrenome da família.

[iii] Refere-se, como o que se segue, a precauções matrimoniais.

[iv] [Nota acrescentada em 1911:] Um sonho "biográfico" semelhante foi o terceiro dos que foram comunicados entre os exemplos de simbolismo do sonho; em seguida, o "sonho que se interpreta a si mesmo", comunicado em detalhes por Rank; para o outro sonho, que deve ser lido "ao contrário", ver Steckel, p. 486.

E
A FIGURAÇÃO POR SÍMBOLOS NO SONHO – OUTROS SONHOS TÍPICOS[17]

A análise do último sonho biográfico está como evidência de que eu reconheci, desde o início, o simbolismo no sonho. Mas só cheguei à plena apreciação de sua extensão e de sua importância gradualmente, através da ampliação da experiência e sob a influência dos trabalhos de W. Stekel,[i] sobre os quais cabe aqui fazer uma declaração. [1925]

Esse autor, que talvez tenha sido tão nocivo quanto útil à psicanálise, propôs um grande número de traduções inesperadas de símbolos, nas quais, de início, ninguém acreditou, mas que mais tarde encontraram confirmação em sua maioria e tiveram de ser aceitas. O mérito de Stekel não é diminuído pela observação de que o comedimento cético dos outros não era injustificado. Pois os exemplos nos quais ele apoiava suas interpretações com frequência não eram convincentes, e ele tinha se servido de um método que deve ser rejeitado como cientificamente não confiável. Stekel encontrou suas interpretações de símbolos pela via da intuição, graças a uma capacidade que lhe era própria de compreender os símbolos de maneira imediata. Mas uma arte como essa não pode ser pressuposta universalmente, sua maneira de operar escapa a toda crítica, e por isso seus resultados não podem ter nenhuma pretensão à credibilidade. É como se se quisesse fundamentar o diagnóstico das doenças infecciosas sobre as impressões olfativas recebidas no leito do paciente, embora, sem dúvida, tenha havido clínicos para os quais o sentido olfativo, atrofiado na maioria das pessoas, contribuiu mais do que para as outras pessoas, e que realmente eram capazes de diagnosticar um tifo abdominal pelo olfato. [1925]

A avançada experiência da psicanálise nos fez descobrir pacientes que revelavam, de maneira surpreendente, uma compreensão imediata do simbolismo do sonho. Com frequência eram pessoas que sofriam de *dementia praecox*, de modo que, durante um tempo, subsistiu a inclinação a levantar a suspeita dessa afecção em todos os sonhadores dotados dessa compreensão de símbolos. Só que isso não procede, trata-se de um dom ou de uma peculiaridade pessoal sem significado patológico visível. [1925]

---

[i] W. Stekel. *A língua do sonho* [*Die Sprache des Traumes*], 1911.

Quando nos familiarizamos com a utilização abundante do simbolismo para a figuração de material sexual no sonho, precisamos nos colocar a pergunta sobre se muitos desses símbolos não surgem, como os "logogramas" da estenografia, com um significado fixo de uma vez por todas, e nos vemos diante da tentação de esboçar um novo livro sobre o sonho segundo o método da decifração. Em relação a isso, deve-se observar: esse simbolismo não pertence ao sonho propriamente, mas ao representar inconsciente, especialmente o popular, e podemos encontrá-lo no folclore, nos mitos, nas sagas, nos modos de falar, na sabedoria dos provérbios e nos chistes em uso de um povo, de maneira muito mais completa do que nos sonhos. [1909]

Teríamos, portanto, de ultrapassar em muito a tarefa da interpretação do sonho se quiséssemos fazer justiça ao significado do símbolo e discutir os numerosos problemas, em sua maior parte ainda não resolvidos, que se conectam ao conceito de símbolo.[i] Queremos nos limitar a dizer aqui que a figuração por meio de um símbolo faz parte das figurações indiretas, mas que somos advertidos por todas as espécies de indícios a não juntar indistintamente a figuração simbólica com as outras espécies de figuração indireta, sem ainda conseguirmos apreender com clareza essas marcas distintivas. Em uma série de casos, o elemento comum entre o símbolo e o que ele representa é evidente, e. em outros casos, está oculto; então a escolha do símbolo parece enigmática. São justamente esses casos que devem ser capazes de lançar luz sobre o sentido último da relação simbólica; eles indicam que esta é de natureza genética. O que hoje é simbolicamente ligado foi provavelmente unido, nos tempos originários, por identidade conceitual e linguageira.[ii] A relação simbólica parece ser

---

[i] [Nota acrescentada em 1911:] Cf. os trabalhos de Bleuler e de seus discípulos de Zurique, Maeder, Abraham, entre outros, sobre simbolismo, e dos autores não médicos, aos quais eles se referem (Kleinpaul entre outros). O que de mais pertinente foi declarado sobre esse assunto encontra-se no escrito de O. Rank e H. Sachs, *O significado da psicanálise para as ciências do espírito* [*Die Bedeutung der Psychoanalyse für die Geisteswissenschaften*], 1913, cap. I. [Acréscimo de 1925:] Cf. ainda E. Jones. A teoria do simbolismo [Die Theorie der Symbolik]. *Int. Zeitschr. f. Psychoanalyse*, V, 1919.

[ii] [Nota acrescentada em 1925:] Essa concepção encontrou um apoio excepcional em uma doutrina sustentada pelo Dr. Sperber. Em "A influência de fatores sexuais sobre o surgimento e desenvolvimento da linguagem" [Über den Einfluß sexueller Momente auf Entstehung und Entwicklung der Sprache], *Imago*, I, 1912, Sperber afirma que todas as palavras originárias caracterizavam coisas sexuais e depois perderam esse significado sexual,

um resto e um signo que marca uma identidade antiga. A esse propósito, podemos observar que a comunidade simbólica, em um número de casos, vai além da comunidade linguística, como já afirmou Schubert (1814).[i] Certo número de símbolos é absolutamente tão antigo quanto a formação da língua, mas outros são continuamente criados no presente (por exemplo, o dirigível, o zepelim). **[1914]**

O sonho se serve então desse simbolismo para a figuração dissimulada de seus pensamentos latentes. Entre os símbolos assim utilizados, há, no entanto, muitos que regularmente ou quase regularmente querem significar a mesma coisa. Só precisamos estar atentos à plasticidade peculiar do material psíquico. Um símbolo pode, bem frequentemente, ser interpretado não simbolicamente no conteúdo do sonho, mas em seu sentido próprio; outras vezes um sonhador pode, a partir de um material especial de lembranças, utilizar como símbolo sexual tudo o que for possível e que em geral não é utilizado assim. Onde já houver vários símbolos a escolher para a figuração de um conteúdo, ele vai se decidir por aquele símbolo que, além de tudo, ainda apresentar relações temáticas com o resto de seu material de pensamento, autorizando, portanto, uma motivação individual junto à motivação que é tipicamente válida. **[1914]**

Se as mais recentes investigações sobre o sonho, depois de Scherner, tornaram irrefutável o reconhecimento do simbolismo no sonho – mesmo H. Ellis reconhece que pode caber dúvida de que nossos sonhos estejam repletos de simbolismo –, então devemos admitir que a tarefa de uma interpretação de sonho não é apenas facilitada pela existência de símbolos no sonho, mas também dificultada. A técnica de interpretação a partir das ideias que ocorrem ao sonhador nos deixa em apuros no que diz respeito aos elementos simbólicos do sonho; um retorno à arbitrariedade do interpretador de sonho como era praticado na Antiguidade e que parece reviver nas interpretações selvagens de Stekel está excluído por razões de

---

quando transitaram [*übergingen*] para outras coisas e atividades que foram comparadas às sexuais.

[i] [O último trecho da frase foi acrescentado em 1919. A nota é de 1914:] É assim que, por exemplo, o navio deslocando-se na água surge nos sonhos urinários de sonhadores húngaros, apesar de ser desconhecida nessa língua a caracterização de "*schiffen*" [*Schiff* = navio] para "urinar" (Ferenczi; cf. também p. 406-407 sobre o simbolismo urinário). Nos sonhos dos franceses e de outros latinos, o quarto [*Zimmer*] serve à figuração simbólica da mulher [*Frau*], apesar de esses povos não conhecerem nada análogo a "*Frauenzimmer*" [mulher] no alemão.

crítica científica. Com isso, os elementos presentes no conteúdo do sonho que devem ser concebidos simbolicamente nos obrigam a uma técnica combinada que, por um lado, apoia-se nas associações do sonhador e, por outro, insere o que falta a partir da compreensão simbólica do intérprete. Cautela na solução dos símbolos e estudo cuidadoso destes em exemplos de sonhos particularmente transparentes devem necessariamente se unir para atenuar a acusação de arbitrariedade na interpretação do sonho. As incertezas que ainda se prendem à nossa atividade como intérprete do sonho provêm, em parte, de nosso conhecimento imperfeito, que pode ser elevado progressivamente por um contínuo aprofundamento, e, por outro lado, elas dependem de certas propriedades dos símbolos do sonho. Estes possuem, com frequência, mais de um ou vários significados, de modo que, como na escrita chinesa, é só o contexto que, a cada vez, torna possível a concepção correta. Com essa versatilidade dos símbolos, liga-se, então, a capacidade do sonho, de permitir sobreinterpretações, de figurar, em um conteúdo, formações de pensamento e moções de desejo distintas, e frequentemente muito divergentes em sua natureza. [1914]

Depois dessas restrições e reservas, apresento o que se segue: o imperador e a imperatriz (rei e rainha) figuram, realmente, na maioria das vezes, os pais do sonhador; o príncipe ou princesa é ele mesmo. [1909] Mas essa mesma alta autoridade como a do imperador é também outorgada a grandes homens, por isso ela aparece em alguns sonhos, por exemplo, o de Goethe, como símbolo do pai (Hitschmann, [1913]). – Todos os objetos alongados, bastões, troncos de árvore, guarda-chuvas (por se abrirem ou se alongarem são comparáveis à ereção!), [1909] todas as armas longas e afiadas: facas, punhais e lanças [1911] querem representar o membro masculino. [1909] Um símbolo frequente deste, não muito bem compreensível, é a lixa de unha (por causa do esfregar e do raspar?). – Latas, caixas, caixotes, armários, fogões correspondem ao ventre feminino, mas também cavernas, navios e toda espécie de recipientes. [1919] – Quartos no sonho são, em sua maioria, mulheres [*Frauenzimmer*],[18] a descrição de suas entradas e saídas justamente não torna essa explicitação confusa.[i] [1909] O interesse

[i] [Nota acrescentada em 1911:] "Um paciente que morava em uma pensão sonha que encontra alguém do pessoal de serviço e pergunta a ela que número ela tem; ela responde, para sua surpresa, 14. De fato, ele tinha travado relações com a moça em questão, e várias vezes teve encontros com ela em seu quarto. Ela temia, compreensivelmente, que a dona da pensão suspeitasse dela e fez a ele no dia antes do sonho a sugestão de encontrar-se com

em saber se o quarto está "aberto" ou "fechado" é facilmente compreensível nesse contexto. (Cf. o sonho de Dora em *Fragmento de uma análise de histeria*.) Não precisa ser dito expressamente qual chave abre o quarto; Uhland, na canção do "Conde Eberstein", serviu-se do simbolismo da fechadura e da chave para a mais graciosa obscenidade. [1911] O sonho de atravessar uma série de quartos é um sonho com bordel ou com harém. [1909] Mas, como H. Sachs mostrou em belos exemplos, ele é utilizado para figurar o casamento (oposição). [1914] – Uma relação interessante com as investigações sexuais infantis surge quando o sonhador sonha com dois quartos, que antes eram um só, ou quando vê um quarto conhecido de uma casa dividido em dois no sonho ou o inverso. Na infância, considerávamos o órgão genital feminino (o popô) como um espaço único (a teoria infantil da cloaca), e só mais tarde se descobriu que essa região do corpo compreende duas cavidades e orifícios distintos. [1919] – Escadarias e escadas de pedreiro, ou o fato de subir ou descer por elas são figurações simbólicas do ato sexual.[i] Paredes lisas que escalamos, fachadas de casas ao longo das quais nos deixamos descer – muitas vezes sob intensa

---

ela em um dos quartos desocupados. Na verdade, esse quarto tinha o número 14, enquanto, no sonho, é a moça que tem esse número. É difícil imaginar uma prova mais clara da identificação entre a mulher e o quarto" (Ernest Jones. *Intern. Zeitschr. f. Psychoanalyse*, II, 1914). (Cf. Artemidoro. *Simbolismo dos sonhos* [*Symbolik der Träume*] (traduzido por F.S. Krauß, Viena, 1881, p. 110): "Assim, por exemplo, o quarto de dormir significa a esposa, caso haja alguma na casa".)

[i] [Nota acrescentada em 1911:] Sobre esse assunto, repito aqui o que declarei em outro lugar ("As chances futuras da terapia psicanalítica" [Die zukünftigen Chancen der psychoanalytischen Therapie]. *Zentralbl. f. Psychoanalyse*, I, 1910, *Ges. Werke*, v. VIII): "Há algum tempo, eu soube que um psicólogo mais distante de nós dirigiu-se a um de nós com a observação de que, sem dúvida, superestimamos o significado sexual secreto dos sonhos. Seu sonho mais frequente era o de subir por uma escada estreita [*Stiege*], e, segundo ele, certamente não havia nada de sexual por detrás disso. Alertados por essa objeção, voltamos a atenção para o aparecimento de escadas estreitas, escadarias e escadas de mão no sonho, e logo pudemos constatar que a escada estreita (e o que lhe seja análogo) figura, sem dúvida, um símbolo do coito. Não é difícil descobrir o fundamento dessa comparação; em degraus cadenciados e sob crescente necessidade de ar, chegamos a uma elevação, e então, com alguns saltos rápidos, podemos estar de novo embaixo. É assim que se encontra o ritmo do coito de novo no subir a escada [*Stiegensteigen*]. Não nos esqueçamos de recorrer ao uso da língua. Ele nos mostra que o 'subir/montar' [*Steigen*] é usado, sem delongas, como caracterização substitutiva da ação sexual. Costuma-se dizer: o homem é um '*Steiger*' [montador], '*nachsteigen*' [correr atrás]. Em francês, o degrau da escada é chamado de '*la marche*'; '*um vieux marcheur*' corresponde inteiramente ao nosso '*ein alter Steiger*' [um velho montador = um velho libertino]".

angústia – correspondem a corpos humanos eretos e provavelmente repetem no sonho a lembrança da criança pequena que sobe no corpo dos pais ou das pessoas cuidadoras. Os muros "lisos" são homens; não é raro que na angústia do sonho nos agarremos às "saliências" das casas. [1911] – Da mesma forma, mesas, mesas postas e tábuas são mulheres, sem dúvida, por oposição, que aqui elimina os contornos corporais. [1909] "Madeira" [*Holz*] parece ser, de acordo com suas relações linguísticas, acima de tudo um representante da substância feminina (matéria). O nome da Ilha da Madeira significa "*Holz*" em português: madeira. [1911] Tendo em vista que "mesa e cama" constituem o casamento, a primeira é frequentemente tomada pela última, e, na medida do possível, o complexo de representações sexuais é transposto para o complexo alimentar. [1909] – Das peças do vestuário, o chapéu de uma mulher deve, certamente, ser interpretado com frequência como órgão genital, e, na verdade, como o do homem. Da mesma forma, o sobretudo [*Mantel*], sobre o qual fica a ser decidido qual parte, nessa utilização do símbolo, cabe ao som da palavra [a consonância entre "*Mann*" (homem) e "*Mantel*" (sobretudo)]. Nos sonhos de homens, encontramos muitas vezes a gravata como símbolo do pênis, certamente não apenas porque, sendo alongada, ela pende, e é característica do homem, mas também porque ela pode ser escolhida ao seu bel-prazer, uma liberdade que, pelo que é próprio a esse símbolo, é negada pela natureza.[i] Pessoas que utilizam esse símbolo no sonho têm na vida muitas vezes um grande luxo com gravatas e possuem verdadeiras coleções delas. [1911] – Todas as complicadas maquinarias e aparelhos dos sonhos são, com grande probabilidade, órgãos genitais – via de regra masculinos [1919] –, em cuja descrição o simbolismo do sonho se revela tão incansável quanto o trabalho do chiste. [1909] Também é inteiramente inegável que todas as armas e ferramentas são utilizados como símbolos do membro masculino: arado, martelo, fuzil, revólver, punhal, sabre etc. [1919] – Da mesma forma, muitas paisagens dos sonhos, especialmente aquelas com pontes ou com montanhas arborizadas, podem ser reconhecidas sem dificuldade como

[i] [Nota acrescentada em 1914:] Cf. em *Zbl für PsA.*, II, 675, o desenho de uma maníaca de 19 anos: um homem tendo uma cobra como *gravata* que se volta em direção a uma moça. Ver também "O homem envergonhado" [Der Schamhaftige] (*Anthropopyteia*, VI, 334): Uma dama entra em um banheiro e lá se encontra um senhor que mal teve tempo de vestir a camisa; ele estava muito envergonhado, mas cobriu o pescoço imediatamente com a parte da frente da camisa e disse: "Peço perdão, estou sem *gravata*".

descrições de genitais. [1911] Marcinowski reuniu uma série de exemplos nos quais os sonhadores explicavam seus sonhos com desenhos que supostamente deviam figurar as paisagens e os espaços que apareciam neles. Esses desenhos tornam bem visível a diferença entre o significado manifesto e o significado latente no sonho. Ao mesmo tempo que, considerados inocentemente, eles parecem trazer planos, mapas e semelhantes, para uma investigação mais vigorosa eles se revelam ser figurações do corpo humano, dos órgãos genitais etc., e possibilitam, só depois de serem concebidos dessa maneira, a compreensão do sonho. (Cf. a esse respeito os trabalhos de Pfister sobre criptografia e quadros enigmáticos.) [1914] Também no caso de neoformações de palavras incompreensíveis, podemos pensar que se trata de uma composição a partir de constituintes com um significado sexual. [1911] As crianças também, com frequência, não significam outra coisa no sonho a não ser órgãos genitais, e, de fato, homens e mulheres estão acostumados a caracterizar seus órgãos genitais carinhosamente como seu "pequeno". [1909] Stekel reconheceu o "pequeno irmão" corretamente como sendo o pênis. [1925] Brincar com uma criança pequena, bater no pequeno etc. são com frequência figurações do onanismo no sonho. [1911] Para figurar simbolicamente a castração, servem ao trabalho do sonho: a calvície, o corte de cabelo, a queda de dentes e a decapitação. Como um protesto contra a castração deve ser concebido o fato de um dos símbolos comuns do pênis aparecer no sonho de forma dupla ou múltipla. Também o aparecimento de pequenos lagartos no sonho – um animal ao qual o rabo arrancado volta a crescer – tem o mesmo significado. (Cf. acima o sonho com a lagartixa, p. 57.) – Entre os animais que são utilizados na mitologia e no folclore como símbolos genitais, muitos deles também desempenham um papel no sonho: o peixe, o caracol, o gato, o rato (por causa dos pelos pubianos), mas sobretudo o símbolo mais importante do membro masculino, a cobra. Os pequenos animais, os parasitas, são os representantes de crianças pequenas, por exemplo, dos irmãos e das irmãs indesejados; estar infestado com parasitas pode muitas vezes ser equiparado à gravidez. [1919] Enquanto um símbolo bastante recente do genital masculino, deve ser mencionado no sonho o dirigível, que, tanto por sua relação com o voar como eventualmente por sua forma, justifica essa utilização. Stekel indicou e apoiou com exemplos toda uma série de símbolos, em parte ainda não suficientemente verificados. Os escritos de Stekel, especialmente seu livro: *A língua dos sonhos* [*Die Sprache des Traumes*], contêm a mais rica coleção de resoluções de símbolos que, em parte, foram descobertos com perspicácia e, após o exame, revelaram-se corretos, por exemplo, no capítulo sobre o simbolismo da morte. Mas a insuficiência de senso crítico do editor e sua inclinação a generalizar a todo custo tornam outras de suas interpretações duvidosas ou inutilizáveis, de modo que se deve aconselhar cuidado urgente no uso desses trabalhos. Por isso vou me restringir a destacar poucos exemplos. [1914]

À direita e à esquerda devem ser concebidos no sonho, segundo Stekel, de maneira ética. "O caminho da direita [*der rechte Weg*] significa sempre o caminho do direito [*des Rechtes*], o da esquerda, o do crime. Assim, o da esquerda pode figurar homossexualidade, incesto, perversão, o da direita, o casamento, intercurso com uma prostituta etc. Sempre avaliado do ponto de vista moral individual do sonhador" (l. c. p. 466). Os *parentes* em geral desempenham no sonho, na maioria das vezes, o papel de genitais (p. 473). Aqui, com esse significado, só posso confirmar o filho, a filha, a irmã mais nova, portanto, na medida do campo de utilização do "pequeno". Contra isso, reconhecemos em exemplos assegurados as irmãs como símbolo dos seios, os irmãos como o dos grandes hemisférios. Stekel resolve o *não alcançar um veículo* como o pesar por uma diferença de idade inalcançável (p. 479). A *bagagem* com a qual viajamos seria a carga do pecado com o qual somos oprimidos (*ibid.*). [1911] Mas justamente a bagagem que carregamos na viagem revela ser com frequência um símbolo inegável dos próprios genitais. [1914] Também aos números que aparecem com frequência no sonho Stekel atribuiu significados simbólicos fixos, entretanto, essas soluções não parecem nem suficientemente atestadas nem universalmente válidas, embora a interpretação em um caso isolado quase sempre possa ser reconhecida como provável. [1911] O número três, a propósito, é um símbolo, confirmado por muitas perspectivas, do genital masculino. Uma das generalizações estabelecidas por Stekel concerne ao significado de duplo sentido dos símbolos genitais. [1914] "Onde existiria um símbolo que – por pouco que a fantasia o permitisse – não pudesse ser usado ao mesmo tempo como masculino e feminino!" Essa frase que intercalei tira, entretanto, muito da certeza dessa afirmação, pois a fantasia justamente não o permite sempre. Mas, de fato, não considero supérfluo declarar que, pelas minhas experiências, a tese geral de Stekel tem de recuar diante do reconhecimento de uma maior diversidade. Além dos símbolos que com a mesma frequência fazem as vezes dos genitais masculinos bem como dos femininos, há aqueles que caracterizam, de maneira preponderante ou quase que exclusiva, um dos sexos, e ainda outros dos quais somente é conhecido o significado masculino ou o significado feminino. É justamente a fantasia que não permite usar objetos longos e firmes ou armas como símbolos do órgão genital feminino, nem os ocos (arcas, caixas, latas etc.) como símbolos do órgão masculino. [1911]

É correto que a tendência do sonho e da fantasia inconsciente em utilizar de maneira bissexual os símbolos sexuais revela um traço arcaico, pois na infância a diferença dos genitais não é conhecida, e o mesmo sexo é atribuído aos dois genitais. [1911] Mas também podemos ser levados a uma suposição errônea de um símbolo sexual bissexual, se esquecermos que em alguns sonhos se produz uma inversão geral de sexos, de modo que o masculino é figurado como feminino e o inverso. Esses sonhos expressam, por exemplo, o desejo de uma mulher de preferir ser um homem. [1925]

Também no sonho, os genitais podem ser representados por outras partes do corpo, o membro masculino pela mão ou pelo pé, a abertura genital feminina pela boca, pelo ouvido e até mesmo pelo olho. As secreções do corpo humano – muco, lágrimas, urina, esperma etc. – podem ser trocadas umas pelas outras no sonho. Essa afirmação de W. Stekel, correta em seu conjunto, sofreu uma restrição crítica justificada, por meio de observações de R. Reitler (*Internationale Zeitschrift f. Psychoanalyse*, I, 1913). Trata-se essencialmente de uma substituição de secreções importantes, tal como o esperma, por uma secreção indiferente. [1919]

Essas indicações altamente incompletas devem bastar para estimular outros a um trabalho de coleta mais cuidadoso.[i] [1909] Tentei fazer uma exposição mais detalhada do simbolismo no sonho em minhas *Conferências introdutórias à psicanálise* (1916-1917). [1919]

Vou agora acrescentar alguns exemplos da utilização desses símbolos em sonhos, os quais pretendem mostrar como é impossível chegar à interpretação do sonho quando nos fechamos ao simbolismo do sonho, mas também mostrar a maneira imperiosa como esse simbolismo se impõe em muitos casos. No entanto, neste mesmo lugar, gostaria expressamente de

---

[i] [Nota acrescentada em 1911:] Apesar de todas as distinções entre a concepção de Scherner sobre o simbolismo do sonho e a que foi desenvolvida aqui, não posso deixar de realçar que Scherner deveria ser reconhecido como o verdadeiro descobridor do simbolismo no sonho, e que o seu livro, publicado há muitos anos (1861) e considerado fantasioso [*phantastisch*], foi honrado posteriormente pelas experiências da psicanálise.

advertir contra a supervalorização do significado dos símbolos para a interpretação do sonho, algo como limitar o trabalho de tradução do sonho a uma tradução do símbolo, e contra o abandono da técnica da utilização das ideias que ocorrem ao sonhador. É preciso que as duas técnicas da interpretação do sonho se completem; mas, na prática, como na teoria, permanece a prioridade do procedimento descrito primeiro, que confere às manifestações do sonhador o significado decisivo, enquanto a tradução do símbolo realizada por nós vem se acrescentar como meio auxiliar. [1909]

1. O chapéu como símbolo do homem (do órgão genital masculino)[i] [1911]

(Fragmento do sonho de uma jovem agorafóbica em consequência de medo de tentações)

"*Estou indo passear na rua no verão, usando um chapéu de palha com uma forma curiosa, cuja parte do meio está virada para fora e cujas partes laterais pendem para baixo* (descrição hesitante nesse ponto), *de modo que uma é mais baixa que a outra. Estou alegre e com um estado de espírito confiante, e, quando passo diante de um grupo de jovens oficiais, penso comigo mesma: vocês todos não podem fazer nada contra mim.*"

Como sobre o chapéu no sonho ela não consegue produzir nenhuma ideia que lhe ocorra [*Einfall*], eu lhe digo: O chapéu é, sem dúvida, um genital masculino, com sua parte do meio dirigida para o alto e as duas partes laterais pendendo para baixo. Que o chapéu seja um homem pode talvez parecer esquisito, mas também dizemos: "*Unter die Haube kommen*!" [entrar para baixo da touca = casar-se]. Deliberadamente abstenho-me da interpretação desse detalhe sobre o pender desigual das duas partes laterais, embora justamente detalhes como esse não deixem de mostrar, em sua determinação, o caminho da interpretação. E continuo: Se ela tem, portanto, um marido com um genital tão magnífico, ela não precisa temer os oficiais, isto é, não precisa desejar nada deles, visto que normalmente ela é tolhida, essencialmente pelas suas fantasias de tentação, de andar sem proteção e companhia. Esse último esclarecimento de seu medo [*Angst*] eu já tinha podido lhe fornecer repetidas vezes, apoiado em outro material.

---

i [Nota acrescentada em 1911:] Extraído de "Suplementos à interpretação do sonho" [Nachträge zur Traumdeutung, *GW*, Nachtragsband]. *Zentralblatt für Psychoanalyse*, I, n. 5-6, 1911.

Mas então é bastante notável a maneira como a sonhadora procede depois dessa interpretação. Ela retira a descrição do chapéu e alega não ter dito que as duas partes laterais pendem para baixo. Estou bastante seguro do que ouvi, para me deixar enganar, e, nesse caso, insisto. Ela se cala por um momento e então encontra a coragem para perguntar o que significa o fato de, em seu marido, um testículo ser mais baixo que o outro, e se é assim em todos os homens. Com isso foi explicado o detalhe esquisito do chapéu, e a interpretação inteira foi aceita por ela.

O símbolo do chapéu me era conhecido há muito tempo quando a paciente me comunicou esse sonho. Mas, a partir de outros casos menos transparentes, acreditei poder concluir que o chapéu também pode fazer as vezes de um genital feminino.[i]

2. O "pequeno" é o órgão genital – ser atropelada por um veículo é um símbolo do intercurso sexual

(Outro sonho da mesma paciente agorafóbica) [1911]

Sua mãe expulsa a sua filha pequena, para que ela seja obrigada a ir sozinha. Ela vai então de trem com sua mãe e vê a sua pequena indo diretamente para os trilhos, de modo que necessariamente ela será atropelada. É possível ouvir os ossos quebrando (ao mesmo tempo um sentimento desagradável, mas nenhuma verdadeira consternação). Pela janela do vagão ela olha em volta, procurando se não dá para ver atrás os pedaços. Então ela faz reprimendas à mãe, por ter deixado a pequena sair sozinha.

Análise: Não é fácil dar nesse caso a interpretação completa. Ele provém de um ciclo de sonhos e só pode ser compreendido por inteiro em conexão com esses outros sonhos. Não é fácil justamente obter, de maneira suficientemente isolada, o material necessário para comprovar o simbolismo. – Primeiro a paciente acha que a viagem de trem deve ser interpretada historicamente como uma alusão a uma viagem de volta de um estabelecimento de tratamento para pessoas nervosas, por cujo diretor, naturalmente, ela estava apaixonada. A mãe foi buscá-la, o médico apareceu na estação de trem e entregou-lhe um buquê de flores como despedida; foi desagradável para ela que a mãe tivesse

---

[i] [Nota acrescentada em 1911:] Cf. um exemplo como esse na comunicação de Kirchgraber (*Zentralblatt f. PsA.*, III, 1912, p. 95). Stekel (*Jahrbuch*, v. I, p. 475) comunica um sonho no qual o chapéu com uma pena torta no meio simboliza o homem (impotente).

sido testemunha dessa homenagem. A mãe aparece aqui, portanto, como perturbadora de seus anseios amorosos, papel que, durante seus anos de moça, realmente coube à rigorosa senhora. – A ideia seguinte que lhe ocorre remete à frase: ela olha em volta, procurando se não dá para ver atrás os pedaços. Na fachada do sonho, naturalmente tinha de se pensar nos pedaços atropelados e esmagados da filhinha. Mas a ideia que lhe ocorreu aponta para uma direção inteiramente diferente. Ela se lembra de certa vez ter visto o pai de costas despido no banheiro, passa a falar das diferenças sexuais e ressalta que no homem os genitais podem ser vistos mesmo de costas, mas não na mulher. Nesse contexto, ela mesma indica, então, que o "pequeno" é o genital, sua pequena (ela tem uma filha de 4 anos) é o seu próprio genital. Ela faz à mãe a recriminação de ter exigido que ela devesse viver como se não tivesse genitais e torna a encontrar essa recriminação na frase que introduz o sonho: a mãe expulsa a sua filha pequena, para que ela seja obrigada a ir sozinha. Em sua fantasia, o ir sozinha pela rua significa não ter homem, não ter nenhuma relação sexual (*coire* = ir com [a palavra "coito" vem do verbo que tem esse sentido literal]), e disso ela não gosta. De acordo com todos os seus dados, ela realmente sofreu, quando moça, sob o ciúme da mãe em virtude de ela ser a preferida de seu pai.

A interpretação mais profunda desse sonho se revela a partir de outro sonho da mesma noite, no qual ela se identifica com seu irmão. Ela era realmente uma menina meio moleca [*bubenhaftes Mädel*] e sempre precisava ouvir dizer que nela tinha se perdido um menino. Nessa identificação com o irmão torna-se então particularmente claro que o "pequeno" significa o genital. A mãe o/a ameaça com a castração, que não pode ser outra coisa a não ser a punição por brincar com o membro, e com isso a identificação mostra que ela própria quando criança se masturbava, o que a sua lembrança até o momento só havia conservado em relação ao irmão. Um conhecimento, posteriormente perdido, do genital masculino, deve ter sido adquirido por ela em tenra idade, de acordo com as indicações desse segundo sonho. Além disso, o segundo sonho aponta para a teoria sexual infantil de que as meninas são meninos castrados. Depois que lhe expus essa opinião infantil, ela encontra imediatamente a sua confirmação através do conhecimento de uma anedota em que o menino pergunta à menina: Foi cortado? Ao que a menina responde: Não, sempre foi assim.

Portanto, expulsar a pequena, o genital, no primeiro sonho também remete à ameaça de castração. E, por fim, ela guarda rancor da mãe por não lhe ter feito nascer como menino.

Que "ser atropelado" simbolize o intercurso sexual não ficaria evidente a partir desse sonho, se não o soubéssemos com segurança de numerosas outras fontes.

3. Figuração do genital através de edifícios, degraus, poços

(Sonho de um homem jovem inibido por seu complexo paterno) **[1911]**

"*Ele vai com seu pai passear em um lugar que certamente é o* Prater,[19] *pois se pode ver a* Rotunda *e diante dela uma pequena* cobertura, *na qual está fixado um* balão, *que no entanto parece bastante* murcho. *Seu pai lhe pergunta para que serve tudo isso; ele se surpreende com isso, mas lhe explica. Depois eles entram em um* pátio, *no qual há uma grande* folha *de estanho estendida. Seu pai quer* arrancar *um pedaço dela, mas antes olha ao redor, para ver se ninguém vai perceber. Ele diz ao pai que só precisa falar com o guarda, daí ele vai poder pegar o que quiser sem problema. Desse pátio, uma* escada *desce até um* poço, *cujas paredes são acolchoadas com um material macio, um pouco como uma poltrona de couro. No final desse poço, há uma plataforma alongada, e então começa outro* poço…"

Análise: Esse sonhador pertencia a um tipo clinicamente desfavorável de pacientes, que até certo ponto da análise não opõem nenhuma resistência e se revelam, a partir daí, quase inacessíveis. Esse sonho ele interpretou quase que por si só. A Rotunda, ele disse, é meu genital, o balão preso na frente é meu pênis, sobre cuja flacidez eu devo me queixar. Portanto, temos o direito de traduzir com mais detalhes, a Rotunda é o traseiro – que a criança costuma considerar como órgão genital –, a pequena cobertura, o saco escrotal. No sonho, o pai lhe pergunta para que serve tudo isso, isto é, pela finalidade e função dos genitais. É tentadora a ideia de inverter esse estado de coisas, de modo que ele se torne a parte que pergunta. Tendo em vista que nunca ocorreu de o pai colocar, na realidade, uma pergunta como essa, só podemos conceber o pensamento do sonho como um desejo, ou talvez tomá-lo de maneira condicional: "Se eu tivesse pedido esclarecimentos sexuais ao meu pai". A continuação desse pensamento vamos encontrar mais tarde em outro lugar.

O pátio no qual está estendida a folha de estanho não é para ser entendido em primeiro lugar simbolicamente, mas ele provém da loja do pai. Por motivos de discrição, substituí o material com o qual o pai trabalha por "estanho", sem, no entanto, modificar qualquer coisa no enunciado do sonho. O sonhador entrou na loja do pai e sentiu grande repulsa pelas práticas um tanto incorretas das quais, em parte, o lucro depende. É por isso que seria lícito que a continuação do pensamento do sonho acima mencionado fosse: "(Se eu lhe tivesse perguntado), ele teria me enganado como engana seus clientes". Quanto ao *arrancar*, que serve à figuração da desonestidade nos negócios, o próprio sonhador dá a segunda explicação, significa o onanismo. Isso não apenas nos é conhecido há muito tempo (ver acima, p. 360, nota i), como também vem muito bem a calhar que o segredo do onanismo é expresso pelo contrário (tem-se, de fato, o direito de fazê-lo abertamente). Corresponde, então, a todas as expectativas que a atividade onanista seja de novo atribuída ao pai, como a pergunta na primeira cena do sonho. O poço ele interpreta de imediato como uma vagina, evocando o acolchoado macio das paredes. Acrescento, a partir de conhecimentos adquiridos em outro lugar, que o descer, como em outros casos o subir, pretende descrever o intercurso na vagina (cf. minha observação na *Zentralblatt für Psychoanalyse*, I, 1, 1910; ver acima, p. 365, nota i).

Os detalhes de que ao primeiro poço segue-se uma plataforma alongada e depois vem outro poço ele mesmo explica biograficamente. Ele copulou durante um tempo, depois desistiu do intercurso sexual em consequência de inibições e espera poder retomá-lo agora com a ajuda do tratamento. Mas, perto do final, o sonho se torna menos nítido, e à pessoa advertida deve parecer plausível que já na segunda cena do sonho se faz valer a influência de outro tema, ao qual apontam a loja do pai, seu procedimento enganador, a primeira vagina figurada como poço, de modo que se pode supor uma referência à mãe.

4. O genital masculino simbolizado por pessoas, o feminino, por uma paisagem [1911]

(Sonho de uma mulher do povo, cujo marido é policial, comunicado por B. Dattner)

"...*Então alguém forçou entrada na casa e, angustiada, ela chamou por um policial. Mas este, junto a dois malandros, tinha entrado calmamente em uma igreja,*[i] *à qual conduziam vários degraus;*[ii] *atrás da igreja havia uma*

[i] Ou capela = vagina.

[ii] Símbolo do coito.

montanha,[i] *e no alto uma floresta densa.*[ii] *O policial estava equipado com capacete, gorjal e capa.*[iii] *Ele tinha uma barba cerrada castanha. Os dois vagabundos que caminhavam pacificamente com o policial tinham aventais em forma de saco amarrados em volta da cintura.*[iv] *Da frente da igreja, um caminho levava até a montanha. Este estava coberto dos dois lados por grama e moitas que iam se espessando cada vez mais, até se tornarem, no topo da montanha, uma verdadeira floresta."*

5. Sonhos de castração sonhados por crianças [1919]

a) "Um menino de 3 anos e 5 meses, para quem é visivelmente desconfortável o retorno do pai do campo de batalha, acorda certa manhã perturbado e excitado e não cessa de repetir a pergunta: Por que o papai estava carregando sua cabeça em um prato? Hoje de noite o papai estava carregando a sua cabeça em um prato."

b) "Um estudante que hoje sofre de uma grave neurose obsessiva se lembra de que, quando tinha 6 anos, teve o seguinte sonho repetidamente: Ele vai ao cabeleireiro para mandar cortar o cabelo. Então uma mulher grande com traços rigorosos vai em direção a ele e lhe dá um tapa na cabeça. Ele reconhece a mulher como sendo a sua mãe."

6. Sobre o simbolismo urinário [1914]

Os desenhos aqui reproduzidos provêm de uma série de imagens que Ferenczi encontrou em um jornal humorístico húngaro ("*Fidibusz*" = isqueiro) e reconheceu a sua utilidade para ilustrar a teoria do sonho. O. Rank já utilizou esses desenhos (**ver a seguir**), sob o título de "Sonho da babá francesa", em seu trabalho sobre a estratificação simbólica no sonho de despertar etc. (p. 99).

[i] *Mons veneris* [monte de Vênus].

[ii] *Crines pubis* [pelos pubianos].

[iii] Demônios usando capas [*Mänteln*] e capuzes são de natureza fálica, segundo o esclarecimento de um especialista.

[iv] As duas metades do saco escrotal.

Sonho da babá francesa

Só a última imagem, que contém o despertar da babá em consequência do choro da criança, mostra-nos que as sete anteriores figuram as fases de um sonho. A primeira imagem reconhece o estímulo que devia levar ao despertar. O menino manifesta uma necessidade e pede a assistência correspondente. Mas o sonho troca a situação do quarto pela de um passeio. Na segunda imagem, ela já colocou o menino na esquina de uma rua, ele urina e – ela pode continuar a dormir. Mas o estímulo para despertar persiste, até mesmo se fortalece; o menino, que não se sente atendido, berra cada vez mais forte. Quanto mais urgência ele exige do despertar e da assistência de sua babá, mais o seu sonho intensifica a segurança de que tudo está em ordem e de que ela não precisa despertar. Ao fazê-lo, o sonho traduz o estímulo para despertar nas dimensões do símbolo. A inundação que o menino produz ao urinar se torna cada vez mais poderosa. Na quarta imagem, ela já suporta uma canoa, depois uma gôndola, um barco a vela e finalmente um grande navio a vapor! A luta entre a obstinada necessidade de dormir e o incansável estímulo para despertar foi aqui colocada em imagens da maneira mais espirituosa por um artista irreverente.

7. Um sonho com escadas [1911]
(Comunicado e interpretado por Otto Rank)

"Devo ao mesmo colega, de quem provém o sonho de estímulo dentário (citado adiante, p. 394), o seguinte sonho de polução igualmente transparente:

"Na escadaria de uma casa, estou perseguindo escada *abaixo uma menininha que me fez alguma coisa, com a intenção de puni-la. Embaixo, no final da escadaria, alguém (uma pessoa adulta do sexo feminino?) detém a criança por mim; eu a agarro, mas não sei se bati nela, pois de repente me encontro no meio da* escadaria, *copulo com a criança (como se fosse no ar, por assim dizer). Na verdade, não foi um coito, eu apenas esfregava o meu genital no seu genital externo, e, ao fazê-lo, eu o via com toda a nitidez, assim como via sua cabeça inclinada para o lado. Durante o ato sexual, eu vi à esquerda, suspensos acima de mim (também como se fosse no ar), duas pequenas pinturas, paisagens, que figuravam uma casa no campo. Embaixo da pintura pequena, no lugar da assinatura do nome do pintor, estava meu próprio nome, como se ela me fosse destinada como presente de aniversário. Depois, havia ainda uma etiqueta pendurada na frente dos dois quadros, onde estava escrito que ainda havia quadros mais baratos à disposição; (vejo-me, então, de modo altamente difuso [*undeutlich*], como que deitado em uma cama, no alto do patamar da escada) e desperto com a sensação de umidade que vem da polução que ocorreu.*

"*Interpretação*: Na noite do dia do sonho, o sonhador esteve na loja de um livreiro, onde, durante o tempo de espera, examinou alguns quadros expostos que figuravam motivos semelhantes aos quadros do sonho. Aproximou-se de um quadrozinho pequeno que lhe agradou particularmente, para procurar o nome do pintor, que, no entanto, era-lhe inteiramente desconhecido.

"Mais tarde, na mesma noite, entre conhecidos, ele ouviu falar de uma empregada doméstica que se vangloriava de que seu filho nascido fora do casamento tinha sido 'feito na escada'. O sonhador tinha se informado em detalhes sobre esse acontecimento nada cotidiano e ficou sabendo que essa empregada tinha ido com seu pretendente para a casa de seus pais, onde não tinha havido nenhuma ocasião para um intercurso sexual, e que o homem excitado tinha consumado o coito na escada. Em relação a isso, o sonhador declarou em uma alusão divertida à expressão pejorativa para a falsificação de vinhos: a criança cresceu realmente 'na escada da adega'.

"Essas são as conexões do dia do sonho que são representadas no conteúdo do sonho de maneira bastante insistente, e que são reproduzidas pelo sonhador sem dificuldades. Mas com a mesma facilidade ele produz um trecho antigo de lembrança infantil, que encontrou utilização da mesma forma no sonho. A escadaria da casa é aquela na qual ele passou a maior parte dos seus anos de infância e onde ele particularmente adquiriu a primeira noção consciente sobre os problemas sexuais. Ele brincou com frequência nessa escadaria e, entre outras coisas, ele também escorregava montado pelo corrimão abaixo, o que o fazia sentir excitação sexual. No sonho ele também desce com rapidez incomum pela escadaria, uma rapidez tal que, de acordo com o que ele próprio indica claramente, ele nem sequer tocava nos diversos degraus, mas, como se costuma dizer, ele os descia *voando*, ou escorregando. Com referência à vivência infantil, esse começo do sonho parece figurar o momento da excitação sexual. – Mas nessa escadaria e no apartamento a que ela pertencia, o sonhador também fazia com frequência brincadeiras sexuais agressivas com as crianças do vizinho, nas quais ele se satisfazia de maneira semelhante à que ocorre no sonho.

"Se sabemos, pelas investigações de Freud sobre o simbolismo sexual (cf. *Zentralblatt f. PsA.*, caderno 1, p. 2 e ss.), que a escadaria e subir a escadaria no sonho simbolizam o coito quase que regularmente, o sonho se torna completamente transparente. Sua força propulsora [*Triebkraft*], como de fato também mostra o seu efeito, a polução, é de natureza libidinal. No estado de sono, desperta a excitação sexual (no sonho figurada pelo correr – escorregar – por sobre os degraus), cujo elemento sádico, fundamentando-se nas brincadeiras agressivas, é indicado pela perseguição e pela sujeição da criança. A excitação libidinal intensifica-se e pressiona para a ação sexual (figurada no sonho pelo agarrar a criança e transportá-la até o meio da escadaria). Até aqui o sonho seria de puro simbolismo sexual e inteiramente não transparente para o intérprete de sonho pouco experiente. Mas essa satisfação simbólica, que teria garantido a tranquilidade do sono, não basta para a excitação libidinal superintensa. A excitação leva ao orgasmo, e com isso todo o simbolismo da escadaria se desmascara como representante do coito. – Se Freud destaca que uma das razões para a utilização sexual do símbolo da escadaria é o caráter rítmico das duas ações, esse sonho parece falar com particular clareza a favor disso, tendo em vista que, segundo indicação expressa do sonhador, o ritmo de seu ato sexual, o esfregar para cima e para baixo, foi o elemento mais nitidamente marcado do sonho inteiro.

"Mais uma observação sobre os dois quadros que, independentemente de seu significado real, valem também no sentido simbólico como 'imagens de mulheres' [*Weibsbilder*], o que já deduzimos pelo fato de se tratar de um quadro grande e de um pequeno, da mesma forma como no conteúdo do sonho aparecem uma moça grande (adulta) e uma menina pequena. O fato de haver quadros mais baratos à disposição leva ao complexo de prostitutas, como, por outro lado, o nome do sonhador no quadro pequeno e o pensamento de que estava destinado a ele como presente de aniversário apontam para o complexo parental (nascido na escadaria = gerado no coito).

"A cena final, pouco nítida, em que o sonhador vê a si próprio deitado lá em cima, no patamar da escada, em uma cama, e sente a umidade, parece apontar, além do onanismo infantil, para uma época ainda mais remota na infância e supostamente ter como modelo semelhantes cenas prazerosas de molhar a cama."

8. Um sonho com escadaria modificado [1911]

Faço a um dos meus pacientes, [–] um abstinente gravemente doente, cuja fantasia está fixada em sua mãe, e que sonhou repetidamente com subir escadas em companhia da mãe, [–] a observação de que uma masturbação moderada lhe seria provavelmente menos prejudicial do que a sua contenção forçada. Essa influência provocou o seguinte sonho:

"*Seu professor de piano o repreende por ele negligenciar seu estudo do instrumento, por ele não praticar os* Estudos, *de Moscheles, nem o* Gradus ad Parnassum, *de Clementi*".

Ele observa, a esse respeito, que, de fato, o *Gradus* também seria uma escada, e que o próprio teclado seria uma escadaria, pois ele contém uma escala.

Autorizamo-nos a dizer que não existe nenhuma esfera de representação que se recusaria à figuração de fatos e de desejos sexuais.

9. Sentimento de realidade e figuração da repetição [1919]

Um homem, agora com 35 anos, relata um sonho nitidamente lembrado, que ele supostamente teria tido com 4 anos de idade: *O tabelião junto ao qual foi depositado o testamento do pai* – ele tinha perdido o pai com a idade de 3 anos – *trouxe duas peras grandes, das quais ele recebeu uma para comer. A outra ficou no parapeito da janela da sala de jantar.* Ele acordou convencido da realidade do que foi sonhado e exigiu da mãe, insistentemente, a segunda pera; com certeza ela está lá no parapeito da janela. A mãe riu da situação.

Análise: O tabelião era um velho senhor jovial que, como ele acredita se lembrar, uma vez realmente trouxe peras. O parapeito da janela era assim mesmo, como ele viu no sonho. Não lhe ocorre mais nenhuma ideia a esse respeito; talvez apenas que a mãe recentemente tenha lhe contado um sonho. Há dois pássaros sentados em sua cabeça, e ela se pergunta quando será que eles voarão para longe, mas eles não voam para longe, em vez disso, um deles voa para a sua boca e suga dela.

Dado que algo pode ter impedido o surgimento de ocorrências [*Einfälle*] no sonhador, temos o direito de recorrer à interpretação por substituição simbólica. As duas peras – maçãs [*pommes*] ou peras [*poires*] – são os seios da mãe que o alimentaram; o parapeito da janela é a saliência do busto, análoga às sacadas no sonho com casas (cf. p. 366). Seu sentimento de realidade ao despertar se justifica, pois a mãe realmente o amamentou – inclusive bem além do período habitual – e o seio materno ainda estaria disponível. O sonho pode ser assim traduzido: "Mãe, dê-me (mostre-me) de novo o seio do qual outrora um dia eu mamei". O "outrora" é figurado pelo comer aquela pera, e o "de novo", pela exigência de outra. A *repetição temporal* de uma ação costuma, no sonho, ser representada pela *multiplicação* de um objeto.

Naturalmente é bastante notável que o simbolismo já desempenhe um papel no sonho de um menino de 4 anos, isso, no entanto, não é exceção, mas regra. Podemos dizer que o sonhador dispõe do simbolismo *desde o mais remoto início*.

A seguinte lembrança espontânea de uma dama, agora com 27 anos, deve nos mostrar com que precocidade o ser humano se serve, mesmo fora da vida onírica, da figuração simbólica: *Ela tem entre 3 e 4 anos de idade. A babá das crianças a leva ao banheiro, com seu irmão 11 meses mais novo do que ela e uma prima com idade intermediária, para que lá eles façam suas pequenas necessidades antes do passeio. Sendo a mais velha, ela se senta no vaso sanitário, e os outros dois em urinóis. Ela pergunta à prima: Você também tem um* Portemonnaie *[porta-moedas]? O Walter tem uma* Würstchen *[salsichinha], e eu tenho um porta-moedas. A prima responde: Sim, eu também tenho um porta-moedas. A babá ouviu isso rindo e contou a conversa à mãe, que reagiu com uma severa reprimenda.*

Intercalemos aqui um sonho cujo belo simbolismo permitiu uma interpretação com pouca ajuda da sonhadora:

10. "Sobre a questão do simbolismo nos sonhos de pessoas sadias"[i] [1914]

"Uma objeção frequentemente levantada pelos adversários da psicanálise – ultimamente também por Havelock Ellis[ii] – é a de que talvez o simbolismo do sonho seja um produto da psique neurótica, mas, de forma alguma tem validade para a psique normal. Pois bem, uma vez que a investigação psicanalítica não conhece de modo algum diferenças de princípio, mas apenas quantitativas, entre a vida anímica normal e a neurótica, a análise dos sonhos, nos quais os complexos recalcados agem da mesma maneira nas pessoas sadias e nas doentes, mostra a plena identidade dos mecanismos e do simbolismo. De fato, os sonhos ingênuos das pessoas sadias contêm, com frequência, um simbolismo muito mais simples, muito mais transparente e muito mais característico do que os sonhos das pessoas neuróticas, nos quais, em consequência da ação mais forte da censura e da deformação de sonho mais extensa que daí resulta, esse simbolismo é frequentemente atormentado, obscurecido e difícil de interpretar. O sonho que comunico abaixo, em continuação, serve para ilustrar esse fato. Ele provém de uma moça não neurótica, de natureza antes pudica e reservada; ao longo da conversa, descubro que ela está noiva, mas que ao casamento se interpõem alguns obstáculos que são capazes de atrasá-lo. De forma espontânea, ela me conta o seguinte sonho:

---

[i] Alfred Robitsek em *Zentralblatt f. PsA.*, II, 1911, p. 340.

[ii] *The World of Dreams* [*O mundo dos sonhos*]. Londres, 1911, p. 168.

"'*I arrange the centre of a table with flowers for a birthday.*' (Eu arrumo o centro da mesa com flores para um aniversário.) Em resposta a uma pergunta, ela indica que no sonho estava como que em sua casa (que no momento ela não possuía) e que experimentou um *sentimento de felicidade*.

"O simbolismo 'popular' me permitiu traduzir o sonho por minha conta. Ele é a expressão de seus desejos de noiva: a mesa com a peça central feita com flores é simbólica para ela mesma e para o órgão genital; ela figura seus desejos futuros como realizados, pois já se ocupa com o pensamento do nascimento de um filho; portanto, o casamento já ficou para trás há muito tempo.

"Eu lhe chamo a atenção para o fato de que '*the centre of a table*' é uma expressão incomum, o que ela admite, mas naturalmente nesse ponto não posso continuar a fazer perguntas diretas. Evitei, cuidadosamente, sugerir-lhe o significado dos símbolos, e apenas lhe perguntei o que lhe vinha à mente em relação a cada uma das partes do sonho. No curso da análise, sua reserva deu lugar a um nítido interesse na interpretação e a uma abertura que o rigor da conversa possibilitou. – À minha pergunta sobre de que tipo de flores se tratava, ela respondeu primeiro: '*expensive flowers; one has to pay for them*' (flores caras, pelas quais temos de pagar), e, depois, elas seriam '*lilies of the valley, violets and pinks or carnations*' (lírios-do-vale, violetas e cravinas ou cravos). Eu supus que a palavra '*lírio*' aparecesse nesse sonho em seu significado popular de símbolo da castidade; ela confirmou essa suposição, pois foi '*purity*' [pureza] que lhe passou pela cabeça em relação a '*lírio*'. '*Valley*', o vale, é um frequente símbolo feminino de sonho; é assim que a convergência casual de dois símbolos no nome inglês para lírio-do-vale é utilizada no simbolismo no sonho, para acentuar sua preciosa virgindade – *expensive flowers; one has to pay for them* – e para a expressão da expectativa de que o marido saiba apreciar o seu valor. A observação *expensive flowers* etc. tem, como veremos, um significado diferente para cada um dos três símbolos de flor.

"Procurei explicar a mim mesmo – a meu ver, com muita ousadia – o sentido secreto das '*violetas*' que parecem inteiramente assexuadas, por uma relação inconsciente com a palavra '*viol*'. Para a minha surpresa, a sonhadora associou '*violate*', a palavra inglesa para violar. A grande semelhança casual entre as palavras '*violet*' e '*violate*' – na pronúncia inglesa elas só se diferenciam por uma distinção de ênfase na última sílaba – é utilizada pelo sonho para expressar, 'através da flor', o pensamento da violência da defloração (essa palavra também utiliza o simbolismo da flor), e talvez também um traço masoquista da moça. Um belo exemplo de pontes verbais, por sobre as quais os caminhos levam ao inconsciente. O '*one has to pay for them*' significa aqui a vida, com a qual ela tem de pagar o tornar-se mulher e mãe.

"Em relação às '*cravinas*' [*pinks*], que depois ela chama de '*cravos*' [*carnations*], ocorre-me a relação dessa palavra com 'carnal'. Mas a ideia que ocorreu a ela foi '*colour*' (cor). Ela acrescenta que cravos são as flores que lhe são presenteadas pelo seu noivo *com frequência e em grandes quantidades.* De repente, no final da conversa, ela confessa espontaneamente que não tinha me dito a verdade, não tinha lhe ocorrido '*colour*', mas '*incarnation*' (tornar-se carne), a palavra que eu estava esperando; a propósito, '*colour*' também não está muito afastada enquanto ocorrência [*Einfall*], mas está determinada pelo significado de '*carnation*' – cor de carne, portanto determinada pelo complexo. Essa insinceridade mostra que a resistência foi a maior nesse ponto, correspondendo ao fato de que aqui o simbolismo é o mais transparente possível, que a luta entre libido e recalcamento foi a mais intensa em relação a esse tema fálico. A observação de que essas flores são presentes frequentes do noivo é, ao lado do significado duplo de '*carnation*', mais uma indicação do sentido fálico no sonho. O motivo diurno do presentear com flores é utilizado para expressar o pensamento de presente sexual e presente de retribuição: ela dá a sua virgindade de presente e espera em troca uma rica vida amorosa. Aqui também seria lícito que '*expensive flowers; one has to pay for them*' tivesse um significado – bem real, financeiro. – O simbolismo das flores no sonho contém, portanto, o simbolismo feminino virginal, o símbolo masculino e a referência à defloração violenta. Vale a pena sublinhar que o simbolismo sexual das flores, que, além disso, está de fato muito difundido, representa os órgãos sexuais humanos através da floração, que são os órgãos sexuais das plantas; o presentear com flores entre amantes talvez tenha sobretudo esse significado inconsciente.

"O aniversário [*Geburtstag* – literalmente 'dia do nascimento'] que ela estava preparando significa, sem dúvida, o nascimento de uma criança. Ela se identifica com o noivo, figura-o como se ele a estivesse preparando para um nascimento, ou seja, copulando com ela. O pensamento latente poderia ser assim enunciado: Se eu fosse ele, não iria esperar, mas deflorar a noiva, sem lhe perguntar, usaria a violência; é a isso que aponta também o '*violate*'. Assim vem se expressar também o componente sádico da libido.

"Em uma camada mais profunda do sonho, a expressão '*I arranje* etc.' poderia ter um significado autoerótico, portanto, infantil.

"Ela também tem um conhecimento, só possível no sonho, de sua insuficiência corporal; ela se vê plana como uma mesa; e isso realça ainda mais a preciosidade do '*centre*' (outra vez ela o chama de '*a centre piece of flowers*' [peça central com flores]), sua virgindade. Também a horizontalidade da mesa poderia contribuir com um elemento para o símbolo. – O que é admirável é a concentração do sonho; nada é supérfluo, cada palavra é um símbolo.

"Mais tarde ela traz um acréscimo ao sonho: '*I decorate the flowers with green crinkled paper.*' (Eu decoro as flores com papel crepom verde.) E acrescenta que era '*fancy paper*' (papel estampado), com o qual costumamos revestir vasos de flores comuns. E ela continua: '*to hide untidy things, whatever was to be seen, which was not pretty to the eye; there is a gap, a little space in the flowers*'. Portanto, 'para esconder coisas sujas que não são bonitas de ver; uma fenda, um pequeno espaço nas flores'. '*The paper looks like velvet or moss*' (o papel se parece com veludo ou musgo). Para '*decorate*', ela associou '*decorum*', assim como eu esperava. A cor verde é predominante, ela disse; e com isso ela associa '*hope*' (esperança), novamente uma relação com a gravidez. – Nessa parte do sonho não prevalece a identificação com o homem, mas se fazem valer pensamentos de pudor e franqueza. Ela se embeleza para ele, admite defeitos corporais dos quais se envergonha e que procura corrigir. As ideias que lhe ocorrem, veludo, musgo, são um claro indício de que se trata dos *crines pubis*.

"Esse sonho é uma expressão de pensamentos que o pensar de vigília da jovem mal conhece; pensamentos que se ocupam com o amor sensual e seus órgãos; ela está sendo arranjada para um dia de nascimento [*Geburtstag*], isto é, está sendo copulada; o temor da defloração, talvez também o sofrimento acentuado com prazer, encontram expressão; ela admite suas falhas corporais e as supercompensa superestimando o valor de sua virgindade. Seu pudor justifica a sensualidade que se revela com o fato de sua meta ser, na verdade, o filho. Considerações materiais que são desconhecidas aos amantes também encontram a sua expressão. O afeto do sonho simples – o sentimento de felicidade – indica que aqui intensos complexos de sentimento encontraram a sua satisfação."

Ferenczi com razão observou com que facilidade justamente os "sonhos das pessoas ingênuas" permitem descobrir o sentido dos símbolos e o significado dos sonhos (*Int. Zeitsch. F. PsA.*, IV, 1916-1917).

Intercalo, no que se segue, a análise do sonho de uma personalidade histórica de nossa época, porque, em seu sonho, um objeto que normalmente seria apropriado para representar o membro masculino é caracterizado, da maneira mais nítida, como símbolo fálico, através de uma determinação que foi acrescentada. O "alongamento interminável" de um chicote de equitação dificilmente pode significar outra coisa a não ser a ereção. Além disso, esse sonho fornece um belo exemplo de como pensamentos sérios e bastante distantes do sexual são levados à figuração por meio de material sexual infantil.

11. Um sonho de Bismarck [1919]
(De Dr. Hanns Sachs)

"Em seus *Pensamentos e lembranças* [*Gedanken und Erinnerungen*], Bismarck comunica (v. II da edição popular, p. 222) uma carta que ele escreveu em 18 de dezembro de 1881 ao imperador Guilherme. Essa carta contém a seguinte passagem: 'A comunicação de Vossa Majestade me encoraja a contar um sonho que tive na primavera de 1863, nos dias mais difíceis de conflito, para os quais nenhum olho humano via qualquer saída. Sonhei, e de manhã contei imediatamente à minha esposa e a outras testemunhas, que eu estava cavalgando por uma estreita trilha dos Alpes, à direita o abismo, à esquerda o rochedo; a trilha foi se tornando mais estreita, de modo que o cavalo empacou, e era impossível dar a volta e desmontar por causa da falta de espaço; então, com o meu chicote na mão esquerda, bati contra a parede lisa do rochedo e invoquei Deus; o chicote foi se tornando infinitamente longo, a parede do rochedo desmoronou como um cenário de teatro e abriu um largo caminho com vista para um país de colinas e florestas e tropas prussianas com bandeiras como na Boêmia, e ainda durante o sonho me veio o pensamento de como eu poderia prontamente relatá-lo a Vossa Majestade. Esse sonho se realizou e dele despertei contente e fortalecido'.

"A ação desse sonho se divide em duas passagens: na primeira parte, o sonhador encontra-se em dificuldade, da qual ele é resgatado na segunda parte de maneira milagrosa. A situação difícil na qual se encontram o cavalo e o cavaleiro é uma figuração onírica facilmente reconhecível da situação crítica do estadista, a qual, na noite anterior ao sonho, pensando sobre os problemas de sua política, ele pode ter sentido com particular amargura. Com a virada apresentada de forma alegórica no sonho, o próprio Bismarck descreve, na carta reproduzida acima, o estado de desespero de sua posição àquela época; essa expressão era, portanto, perfeitamente usual e natural para ele. Além disso, com certeza temos também diante de nós um belo exemplo do 'fenômeno funcional' de Silberer. Os processos em ação na mente [*Geist*] do sonhador, que, em cada solução tentada por seus pensamentos, depara-se com obstáculos intransponíveis, mas que, no entanto, não consegue nem permite livrar sua mente do envolvimento com os problemas, são, muito apropriadamente, fornecidos pelo cavaleiro, que não pode nem avançar nem recuar. O orgulho que o proíbe de pensar em ceder ou em voltar para trás ganha expressão no sonho com as palavras 'dar a volta ou desmontar... impossível'. Em sua qualidade de homem de ação sempre esforçado, que se empenha pelo bem alheio, era evidente para Bismarck comparar-se a um cavalo, e ele o fez também em diversas ocasiões, por exemplo, em sua conhecida declaração: 'Um cavalo valente morre em serviço'. Colocadas dessa maneira, essas palavras 'o cavalo empacou' não significam nada além de que o homem esgotado sente a necessidade de voltar as costas para as preocupações do presente, ou, dito de outra maneira, de que ele estava a ponto de libertar-se das correntes do princípio de realidade por meio do sono e do sonho. Para a realização de desejo, que depois se expressa tão intensamente na segunda parte, a expressão 'trilha dos Alpes' também se torna um prelúdio. Bismarck certamente já sabia na época que passaria suas próximas férias nos Alpes – isto é, em Gastein; o sonho que o transportou para lá libertou-o, portanto, de um só golpe, de todos os enfadonhos assuntos de Estado.

"Na segunda parte, os desejos do sonhador são figurados como realizados duplamente – de maneira indisfarçada e tangível, e, além disso, simbolicamente. Simbolicamente, pelo desaparecimento do rochedo que tolhia, em cujo lugar aparece um largo caminho – portanto, a saída procurada da forma mais confortável – não disfarçado pela visão das tropas prussianas que avançam. Para explicar essa visão profética, não precisamos absolutamente construir relações místicas; a teoria freudiana da realização de desejo é plenamente suficiente. Bismarck já almejava na época, como a melhor saída para os conflitos internos da Prússia, uma guerra vitoriosa com a Áustria. Quando ele vê as tropas prussianas e suas bandeiras na Boêmia, portanto no país inimigo, o sonho figura dessa forma para ele esse desejo como realizado, como postulou Freud. O único fato significativo no plano individual é que o sonhador com o qual nos ocupamos aqui não se deu por satisfeito com a realização no sonho, mas soube também forçar a realização de fato. Um traço que não deixa de chamar a atenção de qualquer conhecedor da técnica psicanalítica de interpretação é o chicote de equitação que se torna 'infinitamente longo'. Chicotes, bastões, lanças e objetos semelhantes nos são familiares como símbolos fálicos; mas, quando esse chicote possui ainda a propriedade mais notável do falo, a capacidade de expansão, então não pode haver nenhuma dúvida. Exagerar o fenômeno pelo alongamento até o 'infinito' parece apontar para o superinvestimento [*Überbesetzung*] infantil. O agarrar o chicote com a mão é uma nítida alusão à masturbação, e naturalmente não deve ser pensado nas circunstâncias atuais do sonhador, mas no prazer infantil muito remoto. Muito valiosa é, nesse caso, a interpretação descoberta pelo Dr. Stekel, segundo a qual à esquerda significa no sonho o erro, o proibido, o pecado, o que poderia encontrar uma boa utilização no onanismo da criança praticado apesar de uma proibição. Entre essa camada infantil mais profunda e a camada superior que envolve os planos diurnos do homem de Estado, podemos ainda comprovar uma camada intermediária que está em relação com as outras duas. Todo o processo de uma libertação miraculosa de um estado de necessidade por meio de um golpe no rochedo e a invocação do auxílio de Deus faz lembrar notavelmente de uma cena bíblica, aquela em que Moisés golpeou o rochedo e fez brotar água para as crianças sedentas de Israel. Podemos supor, sem hesitação, um conhecimento preciso dessa passagem por um Bismarck que provinha de uma casa protestante que acreditava na Bíblia. Não foi difícil para Bismarck, naquela época de conflitos, comparar-se com Moisés, o líder, a quem o povo que ele queria libertar recompensou com revolta, ódio e ingratidão. É através dessa comparação que estaria dado, portanto, o apoio aos desejos atuais. Por outro lado, a passagem da Bíblia contém alguns detalhes que podem muito bem ser utilizados pela fantasia de masturbação. Contrariando o mandamento de Deus, Moisés empunha o cajado, e por essa transgressão o Senhor o castiga anunciando que ele deveria morrer sem pisar na Terra Prometida. A proibição de empunhar o cajado – fálico no sonho, inequivocamente –, a produção de um líquido depois de golpear com ele e a ameaça de morte, temos aqui reunidos todos os fatores principais da masturbação infantil. Interessante é a elaboração que, por intermediação da passagem bíblica, soldou aquelas duas imagens heterogêneas, uma proveniente da psique do genial homem de Estado, e a outra das moções da alma infantil primitiva, conseguindo eliminar todos os fatores penosos. Que empunhar o bastão seja uma ação proibida, de rebelião, não é mais indicado, a não ser simbolicamente, por meio da mão esquerda, com a qual isso acontece. Mas, no conteúdo manifesto do sonho, Deus é invocado como que para descartar de maneira bastante ostensiva qualquer pensamento de uma proibição ou de algo secreto. Das duas promessas de Deus a Moisés, a de que ele veria a Terra Prometida mas que não a pisaria, uma delas é figurada nitidamente como realizada (vista para um país de colinas e florestas), e a outra, altamente penosa, não foi absolutamente mencionada. A água foi provavelmente sacrificada à elaboração secundária, que se esforçou com êxito para a unificação dessa cena com a anterior, e, em vez da água, o próprio rochedo desmorona.

"Deveríamos esperar, no final de uma fantasia infantil de masturbação, na qual o motivo da proibição está representado, que a criança desejasse que as pessoas com autoridade ao seu redor nada soubessem do que aconteceu. No sonho, esse desejo foi substituído pelo contrário, pelo desejo de anunciar prontamente o ocorrido ao rei. Mas essa inversão se liga de maneira excelente e inteiramente despercebida à fantasia de vitória contida na camada superior dos pensamentos do sonho e em uma parte do conteúdo manifesto. Um sonho como esse de vitória e de conquista é frequentemente o manto encobridor de um desejo erótico de conquista; alguns traços do sonho – como o fato de que uma resistência se oponha ao invasor mas, após a utilização do chicote que se alonga, apareça um largo caminho – podem apontar para isso, entretanto eles não seriam suficiente para se inferir daí uma determinada direção de pensamento e de desejo atravessando o sonho. Vemos aqui um caso exemplar de deformação de sonho plenamente bem-sucedida. O que era chocante foi retrabalhado de modo que em nenhum lugar algo saiu do tecido que foi estendido sobre ele como uma cobertura protetora. A consequência disso foi que qualquer liberação de angústia pôde ser afastada. Trata-se de um caso ideal de realização bem-sucedida de desejo sem violação da censura, de modo que é compreensível que o sonhador tenha despertado de um sonho como esse alegre e fortalecido."

Concluo com o:

12. Sonho de um químico[20] [1909]

Um jovem que se esforçava para abandonar seus hábitos onanistas em troca do intercurso com a mulher.

Relatório preliminar: No dia anterior ao sonho, ele deu instruções sobre a reação de Guignard a um estudante. Nela, o magnésio pode ser dissolvido em éter absolutamente puro sob a ação catalisadora do iodo. Dois dias antes, durante a mesma reação, houve uma explosão, na qual um trabalhador queimou a mão.

Sonho: I) *Ele deve preparar brometo de fenilmagnésio, vê a aparelhagem com especial nitidez, mas substitui a si mesmo pelo magnésio. Agora ele se encontra em uma condição singularmente instável, e fica se dizendo sem parar*: "isso *é o correto, está funcionando, meus pés já estão se dissolvendo, meus joelhos amolecendo*". *Então ele se apalpa, sente os próprios pés, tira – nesse meio-tempo (sem saber como) –, as pernas de dentro do frasco*[21] *e diz a si mesmo de novo:* "*isso não pode ser. – Mas foi feito da maneira correta*". *Com isso ele acorda parcialmente, repete para si o sonho, porque quer contá-lo para mim. Ele teme realmente a dissolução* [Auflösung] *do sonho, está muito agitado durante esse semissono e repete sem parar: Fenil, fenil.*

II) *Ele está, com toda a sua família, em ***ing, e às 11h30 tem de estar em Schottentor para um encontro com certa dama, mas acorda só às 11h30. E diz a si mesmo: Agora já é tarde demais; até você chegar lá, vai ser 12h30. No momento seguinte, ele vê a família inteira reunida em volta da mesa, especialmente a mãe e a arrumadeira com a sopeira. Ele diz a si mesmo então: Pois bem, se já estamos comendo, certamente não posso mais sair.*

Análise: Ele tem certeza de que já o primeiro sonho tem uma relação com a dama de seu encontro (o sonho foi sonhado na noite anterior ao esperado encontro). O estudante, a quem ele deu as instruções, é um rapaz particularmente repugnante: ele lhe disse: Isso não está certo, porque o magnésio ainda não foi tocado, e o outro respondeu como se nada tivesse a ver com ele: É, não está certo mesmo. Esse estudante é, necessariamente, ele mesmo – ele é tão indiferente em relação à sua *análise* quanto o outro em relação à sua *síntese*, mas o Ele, que consuma a operação no sonho, devo ser eu. Como ele deve me parecer repugnante com sua indiferença em relação ao resultado!

Por outro lado, ele é aquele com quem a análise (síntese) é feita. Trata-se do êxito do tratamento. As pernas no sonho lembram uma impressão da noite anterior. Na aula de dança, ele encontrou uma dama que ele quer conquistar; ele a apertou com tanta força contra si, que ela começou a gritar. Quando ele parou com a pressão contra as pernas dela, ele sentiu uma forte contrapressão dela na parte inferior de suas coxas até acima do joelho, nos lugares mencionados no sonho. Nessa situação a mulher é, portanto, o magnésio na retorta [*Retorte*], com a qual isso finalmente vai funcionar. Ele é feminino em relação a mim, assim como é viril em relação à mulher. Se funciona com a dama, vai funcionar também com o tratamento. O fato de apalpar-se e as sensações em seus joelhos apontam para o onanismo e correspondem ao cansaço do dia anterior. – O encontro estava realmente marcado para às 11h30. Seu desejo de dormir demais e perder a hora, permanecendo junto aos objetos sexuais domésticos (ou seja, com o onanismo) corresponde à sua resistência.

Em relação à repetição do nome Fenil, ele relata: todos esses radicais que terminam em "*-il*" sempre lhe agradaram muito, eles são muito cômodos de usar: benzil, acetil etc. No entanto, isso não explica nada, mas, quando lhe sugiro o radical "*Schlemihl*" [o eterno azarado], ele ri muito e conta que, durante o verão, ele leu um livro de Prévost, e nele, no capítulo "Les Exclus de l'amour", havia a questão dos "*Schlemiliés*", a respeito de cuja descrição ele disse a si mesmo: Esse é o meu caso. – Também teria sido uma "schlemihleria", se ele tivesse perdido o encontro.

Parece que o simbolismo sexual do sonho já encontrou uma confirmação experimental direta. Em 1912, o doutor em filosofia K. Schrötter, estimulado por H. Swoboda, produziu sonhos em pessoas profundamente hipnotizadas, utilizando um encargo sugestivo que estabelecia grande parte do conteúdo do sonho. Se a sugestão trazia o encargo de sonhar com intercurso sexual normal ou anormal, o sonho executava esses encargos introduzindo, no lugar do material sexual, os símbolos conhecidos a partir da interpretação psicanalítica do sonho. Então, por exemplo, a partir da sugestão de sonhar com um intercurso homossexual com uma amiga, essa amiga aparecia segurando uma desgastada *bolsa de viagem*, na qual estava colada uma etiqueta com as palavras impressas: "Só para damas". Tudo indica que algo sobre o simbolismo no sonho e sobre a interpretação do sonho nunca havia sido levado ao conhecimento da sonhadora. Infelizmente a apreciação sobre essa investigação importante foi prejudicada pelo fato infeliz de que o Dr. Schrötter colocou um fim em sua vida pelo suicídio. Apenas uma comunicação preliminar relata sobre seus experimentos com sonhos em *Zentralbrlatt für Psychoanalyse*. [1914]

Em 1923, G. Roffenstein publicou resultados semelhantes. Mas parecem particularmente interessantes os experimentos efetuados por Betlheim e Hartmann, porque neles a hipnose foi deixada de lado. Esses autores ("Sobre reações falhas da memória na psicose de Korsakoff" [Über Fehlreaktionen bei der Korsakoffschen Psychose], *Archiv für Psychiatrie*, v. 72, 1924) contavam histórias de conteúdo sexual grosseiros a pacientes nesse estado de confusão e observavam as desfigurações que surgiam durante a reprodução do que foi contado. Revelou-se que, no caso, vinham à luz os conhecidos símbolos da interpretação do sonho (subir escadas, apunhalar e atirar, como símbolos do coito, e faca e cigarro como símbolos do pênis). Um valor especial é conferido ao aparecimento do símbolo da escada, porque, como os autores observam com razão, "uma simbolização dessa espécie seria inacessível a um desejo consciente de deformação". [1925]

| Só depois de termos apreciado o simbolismo no sonho poderemos prosseguir com o tratamento dos *sonhos típicos* interrompido acima, na p. 295. [1914] Considero justificado dividir esses sonhos, *grosso modo*, em duas classes, a daqueles que realmente têm, a cada vez, o mesmo sentido, e, em segundo lugar, a daqueles que, apesar do conteúdo igual ou semelhante, devem, entretanto passar pelas mais diversas interpretações. Dos sonhos típicos da primeira espécie já tratei detalhadamente do sonho com provas na p. 294.

Por causa da semelhança da impressão afetiva, os sonhos com o não alcançar um trem merecem ser classificados como os sonhos com provas. Seu esclarecimento justifica, portanto, essa aproximação. São sonhos de consolação em relação a outra moção de angústia percebida no sono, a angústia de morrer. "Partir em viagem" é um dos símbolos de morte mais frequentes e que podem ser mais bem fundamentados. O sonho diz então, consolando: fique tranquilo, você não vai morrer (partir em viagem), assim como o sonho com provas tranquilizava: não tema nada, dessa vez também não vai te acontecer nada. A dificuldade no entendimento dessas duas espécies de sonhos decorre do fato de que a sensação de angústia está justamente conectada à expressão do consolo.[i] [1911]

---

[i] Na edição de 1911, nesse ponto aparecia a seguinte frase que depois foi suprimida: "Os símbolos de morte foram extensamente tratados por Stekel, em seu trabalho recentemente publicado, *Die Sprache des Traums* [*A língua do sonho*] (1909). (N.E.)

O sentido dos "*sonhos de estímulo dentário*" que tive de analisar com frequência suficiente em meus pacientes me escapou por um longo tempo, porque, para a minha surpresa, grandes resistências opunham-se regularmente à sua interpretação.

Finalmente, a superabundância da evidência não deixou nenhuma dúvida de que, nos homens, não são outra coisa a não ser os apetites onanistas da época da puberdade que fornecem a força propulsora desses sonhos. Quero analisar dois desses sonhos, dos quais um é ao mesmo tempo um "sonho de voar". Os dois vêm da mesma pessoa, um jovem com forte homossexualidade, mas inibido na vida:

Ele se encontra em uma apresentação de Fidélio,[22] *na plateia da ópera, ao lado de L., uma personalidade que lhe é simpática, cuja amizade ele gostaria de conquistar. De repente ele voa de través por sobre a primeira fileira até o final, então põe a mão na boca e extrai dois dentes.*

Ele próprio descreve o voo, como se ele tivesse sido "jogado" [*geworfen*] no ar. Como se trata de uma apresentação de *Fidélio*, a palavra do poeta vem a calhar:

> Quem conquistou uma graciosa mulher –
>
> [*Wer ein holdes Weib errungen*]
> [Schiller]

Mas conquistar mesmo a mais doce das mulheres não faz parte dos desejos do sonhador. Dois outros versos harmonizam melhor com esse:

> Aquele que conseguiu ter a *grande sorte*,
> De ser amigo de um amigo...
>
> [*Wem der* große Wurf *gelungen,*
> *Eines Freundes Freund zu sein...*][i]
> [Schiller]

Pois bem, o sonho contém essa "grande sorte" [*großen Wurf*], mas que não é apenas realização de desejo. Também se escondem atrás dela a dolorosa reflexão de que ele, com suas tentativas de travar amizade, já foi frequentemente infeliz, foi "jogado fora" [*hinausgeworfen*],[23] e o temor de

---

[i] Esses versos de Schiller que aparecem na ópera *Fidélio*, de Ludwig van Beethoven, aparecem também na *Ode à alegria* cantada no quarto movimento de sua nona sinfonia. (N.R.)

que esse destino pudesse se repetir com o homem jovem, ao lado do qual ele desfruta da apresentação de *Fidélio*. E, agora, segue-se a isso a confissão, vergonhosa para o sensível sonhador, de que certa vez, depois da rejeição por parte de um amigo, ele masturbou-se duas vezes seguidas, em um estado de excitação sensual, ansiado por ele.

O outro sonho: *Dois professores universitários seus conhecidos estão tratando dele em meu lugar. Um deles faz alguma coisa com seu membro; ele tem medo de uma operação. O outro golpeia a sua boca com uma barra de ferro, de modo que ele perde um ou dois dentes. Ele está amarrado com quatro lenços de seda.*

O sentido sexual desse sonho certamente não deixa nenhuma dúvida. Os lenços de seda correspondem a uma identificação com um homossexual que ele conhece. O sonhador, que nunca praticou o coito nem procurou intercurso sexual com homens na realidade, imagina o intercurso sexual segundo o modelo do onanismo que lhe era familiar na época da puberdade.

Penso que mesmo as frequentes modificações do típico sonho de estímulo dentário, por exemplo, que um outro extraia o dente do sonhador etc., tornam-se compreensíveis pela mesma explicação.[i] Mas pode parecer enigmático como o "estímulo dentário" pode chegar a essa interpretação. Chamo a atenção neste ponto para o frequente desalojar de baixo para cima, que está a serviço do recalcamento sexual, e em virtude do qual, na histeria, todas as espécies de sensações e intenções que deviam se encenar nos órgãos genitais podem ser realizadas pelo menos em outras partes do corpo que estão livres de objeção. Trata-se também de um caso de desalojar como esse quando, no simbolismo do pensar inconsciente, os genitais são substituídos pelo rosto. O uso linguístico contribui para isso reconhecendo "nádegas" como homólogas das bochechas e nomeando "lábios da vulva" por aproximação aos lábios que enquadram a cavidade bucal. O nariz, em numerosas alusões, é igualado ao pênis, e a pelugem nos dois casos completa a semelhança. Uma única estrutura se situa fora de qualquer possibilidade de comparação, os dentes, e é justamente essa conjunção de concordância e de divergência que faz com que os dentes sejam apropriados para as finalidades da figuração, sob a pressão do recalcamento sexual.

---

[i] [Nota acrescentada em 1914:] A extração de um dente por outra pessoa deve ser interpretada na maioria das vezes como castração (assim como o corte de cabelos pelo cabeleireiro; Stekel). É preciso distinguir entre sonhos por estímulo dentário e sonhos com dentista, como os que foram comunicados por Coriat (*Zentralbl. f. PsA.*, III, 440).

Não quero afirmar que agora se tenha tornado plenamente inquestionável a interpretação do sonho de estímulo dentário como sonho de onanismo, de cuja justificativa não posso duvidar.[i] Faço o que posso quanto à explicação, e preciso necessariamente deixar um resto não resolvido. Mas preciso também indicar outra ligação contida na expressão linguística. Nos nossos países, existe uma caracterização grosseira para o ato masturbatório: "*sich einen ausreißen*" [arrancar uma] ou "*sich einen herunterreißen*" [arrancar uma para baixo].[24, ii] Não sei dizer de onde vêm esses modos de falar nem que tipo de visualização os fundamenta, mas o "dente" se ajustaria muito bem ao primeiro caso.

Tendo em vista que os sonhos com extração de dentes ou com queda de dentes são interpretados na crença popular como a morte de parentes, mas que a psicanálise só pode conceder-lhes essa interpretação, quando muito, no sentido parodístico indicado acima, insiro aqui um "sonho de estímulo dentário", colocado à disposição por Otto Rank:

"A respeito do tema dos sonhos de estímulo dentário, o seguinte relatório me foi endereçado por um colega que há algum tempo começou a se interessar vivamente pelos problemas da interpretação do sonho:

"'*Sonhei recentemente que eu estava no dentista e ele perfurou um dente posterior do maxilar inferior. Ele vasculha por muito tempo, até que o dente se torna inutilizável. Depois ele o pega com o alicate e o extrai com uma facilidade de quem está brincando, o que provocou o meu assombro. Ele diz que não devo me preocupar, pois não era de modo algum o dente que ele verdadeiramente estava tratando, e o coloca sobre a mesa, onde o dente (um incisivo superior, ao que agora me parece) desfez-se em várias camadas. Eu me levanto da cadeira de operação, aproximo-me curioso e coloco, interessado, uma questão médica. O dentista me explica, enquanto separa cada um dos pedaços do dente de uma brancura notável e os mói (pulveriza) com um instrumento, que isso tem relação com a puberdade e que os dentes só saem com essa facilidade antes da puberdade; no caso das mulheres, o fator decisivo para isso era o nascimento de um filho.*

---

[i] [Nota acrescentada em 1909:] De acordo com uma comunicação de C. G. Jung, os sonhos de estímulo dentário em mulheres têm o significado de sonhos de nascimento. [Acréscimo de 1919:] E. Jones apresentou, para isso, uma boa confirmação. O elemento comum entre essa interpretação e a sustentada acima reside em que, nos dois casos (castração – nascimento), trata-se do descolamento de uma parte do todo corporal.

[ii] Cf. sobre isso o sonho "biográfico" à p. 360.

"'Percebo então (segundo acredito, meio dormindo) que esse sonho tinha sido acompanhado por uma polução, que não sei com segurança como inserir em uma passagem determinada do sonho; parece-me ser o mais provável que ela tenha acontecido ainda durante a extração do dente.

"'*Continuo então sonhando com um acontecimento do qual não consigo me lembrar e que terminou comigo deixando chapéu e casaco em algum lugar (provavelmente no guarda-roupas do dentista), na esperança de que me devolvessem as vestimentas, e, vestido apenas com meu sobretudo, apresso-me para alcançar um trem que está partindo. Consigo, no último minuto, saltar para dentro do vagão de trás, onde já havia alguém. No entanto, eu não pude mais ir para o interior do vagão, mas tive de fazer a viagem em uma posição desconfortável, da qual tentei finalmente me libertar com sucesso. Passamos por um grande túnel e, na direção oposta, dois trens passaram como que através do nosso trem, como se ele fosse um túnel. Olho para dentro, como se estivesse de fora, por uma janela do vagão.*'

"Como material para uma interpretação desse sonho, surgem as seguintes vivências e pensamentos do dia anterior:

"I. Estou realmente em tratamento dentário faz pouco tempo, e no momento do sonho tenho tido dores contínuas no dente do maxilar inferior, que no sonho é perfurado, e no qual o dentista também na realidade já está trabalhando há mais tempo do que eu gostaria. Na manhã do dia do sonho, por causa das dores, eu tinha estado novamente no dentista, que me sugeriu que deixasse extrair, do mesmo maxilar, outro dente, não o que estava sendo tratado, do qual provavelmente estava vindo a dor. Tratava-se de um 'dente do siso' que estava justamente começando a despontar. Nessa oportunidade, fiz-lhe também uma pergunta relacionada à sua consciência médica.

"II. Na tarde do mesmo dia, fui obrigado a me desculpar junto a uma dama pelo meu mau humor devido às dores de dente, ao que ela me contou que temia ter de extrair uma raiz, cuja coroa estava quase que completamente esfacelada. Ela pensava que a extração, no caso dos dentes caninos superiores [*Augenzähne*, literalmente 'dente do(s) olho(s)'], era particularmente dolorosa e perigosa, apesar de que, por outro lado, uma conhecida sua havia dito que, no caso dos dentes do maxilar superior, era mais fácil (em seu caso, era desse dente que se tratava). Essa conhecida também lhe havia contado que um dia, durante a anestesia, extraíram-lhe o dente errado, uma comunicação que só fez aumentar seu pavor dessa operação necessária. Ela me perguntou então se por '*Augenzähne*' [caninos superiores] se devia entender '*Backenzähne*' [molares] ou '*Eckzähne*' [caninos], e o que se conhecia sobre eles. Chamei sua atenção, por um lado, quanto ao elemento de superstição em todas essas opiniões, sem, no entanto, deixar de sublinhar o núcleo de precisão de muitas das visões populares. Sobre isso, de acordo com a sua experiência, ela podia contar a respeito de uma crença popular muito antiga e conhecida por todos, que afirma: *Se uma grávida tem dores de dente, é porque ela vai ter um menino*.

"III. Esse provérbio me interessou, levando em consideração o significado típico dos sonhos por estímulo dentário como substitutos do onanismo, comunicado por Freud em sua *Interpretação do sonho* (p. 392),[25] tendo em vista que também no dito popular o dente e o genital masculino (garoto) são colocados em certa relação. Portanto, na noite do mesmo dia, eu reli a passagem respectiva na *Interpretação do sonho* e lá encontrei, entre outros, os desenvolvimentos reproduzidos em seguida, cuja influência sobre o meu sonho é tão fácil de reconhecer quanto o efeito exercido pelas duas vivências mencionadas anteriormente. Sobre os sonhos de estímulo dentário, Freud escreve 'que, nos homens, não são outra coisa a não ser os apetites onanistas da época da puberdade que fornecem a força de propulsão desses sonhos' (p. 392). E mais adiante: 'Penso que mesmo as frequentes modificações do típico sonho de estímulo dentário, por exemplo, que um outro extraia o dente do sonhador etc., tornam-se compreensíveis pela mesma explicação. Mas pode parecer enigmático como o 'estímulo dentário' pode chegar a essa interpretação. Chamo a atenção neste ponto para o frequente *desalojar de baixo para cima* (que o sonho em questão também é do maxilar inferior ao maxilar superior), que está a serviço do recalcamento sexual, e em virtude do qual, na histeria, todas as espécies de sensações e intenções que deviam se encenar nos órgãos genitais podem ser realizadas pelo menos em outras partes do corpo que estão livres de objeção' (p. 393). 'Mas preciso também indicar outra ligação contida na expressão linguística. Nos nossos países, existe uma caracterização grosseira para o ato masturbatório: '*sich einen ausreißen*' [arrancar uma] ou '*sich einen herunterreißen*' [arrancar uma para baixo]' (p. 394). Essa expressão já me era familiar na remota juventude como caracterização do onanismo, e a partir daqui o intérprete de sonho experimentado encontrará sem dificuldade o acesso ao material da infância que pode fundamentar esse sonho. Menciono ainda apenas que a facilidade com que o dente sai no sonho, e depois da extração se transforma em um incisivo superior, lembra-me um incidente da minha infância no qual *eu mesmo arranquei*, com facilidade e sem dor, um *incisivo superior* que estava frouxo. Esse acontecimento, do qual ainda hoje consigo me lembrar em todos os detalhes nitidamente, ocorreu no mesmo período precoce ao qual remontam, no meu caso, as primeiras tentativas conscientes de onanismo (lembrança encobridora).

"A referência de Freud a uma comunicação de C. G. Jung, segundo a qual os sonhos de estímulo dentário têm *nas mulheres o significado de sonhos de nascimento* (*Interpretação do sonho*, p. 194, nota), bem como a crença popular no significado da dor de dente nas grávidas, provocaram o contraste do significado feminino frente ao significado masculino (puberdade) no sonho. Em relação a isso, lembro-me de um sonho mais antigo que tive logo depois de eu ter sido liberado do tratamento de um dentista, no qual caíram justamente as duas coroas de ouro que acabavam de ser colocadas, e isso me irritava muito no sonho, por causa das despesas significativas que eu ainda não havia superado inteiramente. Tendo em vista certa vivência, esse sonho se torna agora compreensível para mim como sendo um elogio das vantagens materiais da masturbação sobre o amor de objeto, economicamente mais desvantajoso sob todas as formas (coroas de ouro),[i] e acredito que a comunicação dessa dama sobre o significado da dor de dente nas grávidas despertou novamente em mim essa série de pensamentos.

Até aqui, essa foi a interpretação desse colega, desde o início esclarecedora e, creio, inobjetável, à qual não tenho nada a acrescentar, a não ser, talvez, a indicação do provável sentido da segunda parte do sonho, que, através das pontes verbais: *Zahn* [dente] – *ziehen-Zug* [extrair/puxar – trem/puxão]; *reißen-reisen* [arrancar-viajar], figura a passagem do sonhador, ao que tudo indica, consumada com dificuldade, da masturbação ao intercurso sexual (túnel através do qual os trens entram e saem em várias direções), bem como os perigos desse último (gravidez; Überzieher [sobretudo = preservativo]).

"Por outro lado, o caso me parece teoricamente interessante em duas direções. Primeiro, ele é comprobatório para a conexão que Freud descobriu, de que a ejaculação no sonho ocorre no ato da extração do dente. No entanto, se somos obrigados a considerar a polução, qualquer que seja a forma como ela se manifeste, como uma satisfação masturbatória que se produz sem o auxílio de estímulos mecânicos, soma-se a isso que, nesse caso, a satisfação ligada à

[i] Coroa (*Krone*) era o nome da moeda corrente no Império Austro-Húngaro à época. (N.R.)

polução não ocorre, como de hábito, relacionada a um objeto, mesmo que imaginário, mas, ao contrário, sem objeto. Se assim podemos dizê-lo, ela é puramente autoerótica e permite reconhecer, no máximo, um leve impacto [*Einschlag*] homossexual (o dentista).

"O segundo ponto que me parece digno de destaque é o seguinte: seríamos tentados a objetar que é inteiramente supérfluo tentar validar aqui a concepção de Freud, tendo em vista que, de fato, só as vivências do dia anterior já são perfeitamente suficientes para nos tornar compreensível o conteúdo do sonho. A visita ao dentista, a conversa com a dama e a leitura da *Interpretação do sonho* explicariam que aquele que estava dormindo, agitado também de noite pelas dores de dente, produzisse esse sonho; e, se for absolutamente necessário, ele o produziu até mesmo para eliminar a dor que perturbava o sono (por meio da representação da remoção do dente dolorido, enquanto a temida sensação de dor era abafada pela libido). Pois bem, mesmo fazendo as concessões mais extensas nessa direção, não se pode pretender sustentar seriamente a afirmação de que a leitura dos esclarecimentos de Freud poderia ter estabelecido no sonhador a conexão entre a extração de dente e o ato masturbatório, ou que poderia sequer ter ativado essa conexão, se, como o próprio sonhador admitiu ('arrancar uma' [*sich einen ausreißen*]), ela não tivesse sido pré-formada há muito tempo. O que pode muito bem ter reavivado essa conexão, além da conversa com a dama, deriva da comunicação posterior do sonhador de que, durante a leitura da *Interpretação do sonho*, por razões compreensíveis, ele não queria verdadeiramente acreditar nesse significado típico dos sonhos de estímulo dentário e nutriu o desejo de saber se isso se aplicava a todos os sonhos dessa natureza. Pois bem, o sonho lhe confirma isso, pelo menos para a sua própria pessoa, e assim lhe mostra por que ele tinha, necessariamente, de duvidar disso. O sonho é, portanto, também nesse aspecto, a realização de um desejo, a saber, o de se convencer do alcance e da sustentabilidade dessa concepção de Freud."

Fazem parte do segundo grupo de sonhos típicos aqueles em que voamos, flutuamos, caímos, nadamos etc. O que significam esses sonhos? Não é possível dizê-lo de uma maneira geral. Eles significam, como veremos, em cada caso algo diferente, apenas o material de sensações que eles contêm provém, em todos os casos, da mesma fonte.

A partir das informações que obtemos por meio das psicanálises, é preciso concluir que também esses sonhos repetem impressões do tempo da infância, ou seja, referem-se às brincadeiras de movimento, que têm para a criança uma atração extraordinária. Que tio que não fez uma criança voar, correndo com ela pela sala com os braços estendidos, ou não brincou de cair com ela, sacudindo-a sobre seus joelhos e de repente esticando as pernas, ou não a ergueu para o alto e de repente fingia que ia tirar seu apoio na queda? As crianças gritam de alegria e exigem incansavelmente a repetição, especialmente quando está em jogo um pouco de susto e vertigem; e então, depois de anos, elas conseguem essa repetição no sonho, mas as mãos que as seguraram não aparecem no sonho, de modo que elas agora flutuam e caem livremente. A predileção de todas as crianças pequenas por essas brincadeiras, bem como pelo balanço e pela gangorra, é conhecida; quando depois elas veem no circo as proezas de ginástica, a lembrança é recuperada novamente. Em muitos meninos, o ataque histérico consiste então apenas de reproduções dessas proezas, que eles executam com grande habilidade. Não raramente, durante esses jogos movimentados, em si inocentes, também foram despertadas sensações sexuais. Para dizê-lo com uma palavra usual entre nós e que recobre todas essas manifestações: trata-se da "agitação" [*Hetzen*] da infância, que os sonhos de voar, cair, ter vertigem etc. vão repetir, e cujas sensações de prazer são agora convertidas em angústia. Mas, como toda mãe na realidade sabe, a agitação das crianças também acaba, com suficiente frequência, em briga e choro. **[1900]**

Tenho, portanto, uma boa razão para recusar a explicação de que o estado de nossas sensações cutâneas durante o sono, as sensações do movimento de nossos pulmões etc., provocam os sonhos de voar e cair. Vejo que essas próprias sensações são reproduzidas a partir da lembrança à qual o sonho se refere, que elas são, portanto, conteúdo do sonho e não fontes do sonho.[i] **[1900]**

Esse material de sensações de movimento, de natureza semelhante e oriundo da mesma fonte, é utilizado para a figuração dos mais variados pensamentos de sonho. A maioria dos sonhos de voar ou flutuar enfatizados pelo prazer exigem interpretações as mais diversas, inteiramente especiais no caso de algumas pessoas, e, em outras, interpretações até mesmo de natureza típica. Uma de minhas pacientes costumava sonhar com muita frequência

---

[i] [Nota acrescentada em 1930:] A passagem sobre os sonhos de movimento é repetida aqui em razão do contexto. Cf. p. 293. [Essas frases e o próximo parágrafo datam de 1900, mas foram reaproveitados por Freud, ocorrendo em duplicidade na edição alemã. N.E.]

que ela flutuava por cima da rua em determinada altura, sem tocar o chão. Ela era muito pequena e temia qualquer contágio que o contato com humanos traz consigo. Seu sonho com flutuação realizava seus dois desejos, pois elevava seus pés do chão e fazia sua cabeça projetar-se em regiões mais elevadas. Em outras sonhadoras, o sonho de voar tinha o significado de um anseio: Ah! Se eu fosse um passarinho; outras se tornavam anjos noturnamente, na falta de que as chamassem assim durante o dia. A ligação estreita do voar com a representação do pássaro torna compreensível que o sonho de voar em homens tenha quase sempre um significado grosseiramente sensual. E não vamos nos surpreender ao ouvir dizer que este ou aquele sonhador toda vez fica muito orgulhoso de sua capacidade de voar.

O Dr. Paul Federn (Viena) formulou a sedutora suposição de que uma boa parte desses sonhos de voar são sonhos de ereção, pois esse extraordinário fenômeno de ereção, que sem cessar mantém ocupada a fantasia humana, só pode se impor enquanto suspensão da gravidade. (Cf. em relação a isso os falos alados da Antiguidade.) [1911]

É notável que Mourly Vold, esse sóbrio investigador experimental de sonhos, que dispensava qualquer interpretação, defende igualmente a interpretação erótica dos sonhos de voar (e flutuar) (*Sobre o sonho*, v. II, p. 791). Ele caracteriza o erotismo como "o motivo mais importante do sonho com flutuar", referindo-se à intensa sensação de vibração no corpo, que acompanha esses sonhos, e à frequente ligação de sonhos como esses com ereções e poluções. [1914]

Os sonhos de *cair* apresentam com mais frequência o caráter de angústia. Sua interpretação não oferece nenhuma dificuldade em relação às mulheres, pois quase que regularmente elas aceitam a utilização simbólica do cair, que reescreve a condescendência em relação a uma tentação erótica. Ainda não esgotamos as fontes infantis do sonho de cair; quase todas as crianças caíram eventualmente e foram depois levantadas e acariciadas; e, caso caíssem do berço à noite, eram levadas pela babá para a sua cama.

As pessoas que sonham frequentemente com *nadar* e furam as ondas com muito gosto etc. costumam ser pessoas que molhavam a cama, e agora repetem no sonho um prazer ao qual aprenderam a renunciar há muito tempo. Logo veremos, em um ou outro dos exemplos, a que figuração se prestam facilmente os sonhos de nadar.

A interpretação dos sonhos com *fogo* corrobora uma proibição da educação infantil que adverte a "não brincar com fogo", para que à noite elas não molhem a cama. O que, de fato, fundamenta esses sonhos é a reminiscência da *enuresis nocturna* dos anos da infância. Em *Fragmento de uma análise de histeria* [*Bruchstück einer Hysterie-Analyse*] (1905),[i] forneci a análise e a síntese completas de um sonho com fogo como esse em conexão com a história clínica da sonhadora, e mostrei como pode ser utilizado esse material infantil para a figuração dessas moções de anos mais maduros. **[1911]**

Poderíamos trazer ainda um grande número de sonhos "típicos", se com isso entendermos o fato do retorno frequente do mesmo conteúdo manifesto de sonho em diferentes sonhadores, por exemplo: os sonhos de caminhar por ruas estreitas, de passar por uma fileira de cômodos, os sonhos com o ladrão noturno, para o qual valem também as medidas de precaução dos nervosos antes de ir dormir, sonhos de perseguição por animais selvagens (touros, cavalos) ou de ameaça com facas, punhais ou lanças, sendo esses dois últimos característicos do conteúdo manifesto de sonho de pessoas que sofrem de angústia, e outros. Uma investigação que se ocupasse especialmente desse material seria digna de agradecimento. Mas, em vez dela, tenho a oferecer duas[26] observações que não se referem exclusivamente aos sonhos típicos.

Quanto mais nos ocupamos com a solução de sonhos, mais prontamente temos de reconhecer que a maioria dos sonhos de adultos lida com material sexual e dá expressão a desejos eróticos. Só quem realmente analisa sonhos, isto é, parte do seu conteúdo manifesto e chega até os pensamentos latentes do sonho, pode formar para si um julgamento – nunca aquele que se dá por satisfeito em registrar o conteúdo manifesto (por exemplo, Näcke em seus trabalhos sobre sonhos sexuais). Vamos logo deixar como estabelecido que esse fato não nos traz nada de surpreendente, pois está em plena harmonia com os nossos princípios de explicação do sonho. Nenhuma outra pulsão precisou sofrer tanta repressão desde a infância como a pulsão sexual em seus numerosos componentes,[ii] e de nenhuma outra restam tantos desejos inconscientes, e tão fortes, que por isso têm o efeito de produzir sonhos no estado de sono. Não podemos jamais esquecer essa importância dos complexos sexuais na interpretação do sonho, e naturalmente também não podemos exagerá-la até a exclusividade. **[1909]**

---

[i] *Ges. Werke*, v. V [Publicado nessa coleção no volume *Histórias clínicas*, 2021.].

[ii] Cf. meus *Três ensaios sobre a teoria sexual* [*Drei Abhandlungen zur Sexualtheorie*], 1905, 6. ed., 1926 (*Ges. Werke*, v. V).

Em uma interpretação cuidadosa, podemos apurar que muitos sonhos podem ser compreendidos bissexualmente, pois eles oferecem uma irrecusável sobreinterpretação, na qual eles realizam moções homossexuais, ou seja, moções opostas à atividade sexual normal da pessoa que sonha. Mas que todos os sonhos devam ser interpretados como bissexuais, como afirmam W. Stekel[i] e A. Adler,[ii] parece-me uma generalização tão indemonstrável quanto improvável, que não quero defender. Acima de tudo, eu não saberia eliminar essa impressão de que existem numerosos sonhos que satisfazem outras necessidades além das necessidades eróticas – no sentido mais amplo: os sonhos de fome e sede, sonhos de comodidade etc. Mesmo elaborações semelhantes, "de que por trás de cada sonho pode ser encontrada a cláusula da morte" (Stekel), de que em cada sonho pode-se reconhecer um "avanço da linha feminina para a linha masculina" (Adler), parecem-me ultrapassar largamente a medida do que é concebível na interpretação do sonho. – A afirmação de que *todos os sonhos exigem uma interpretação sexual*, contra a qual há uma polêmica incansável na literatura, é desconhecida à minha *Interpretação do sonho*. Ela não pode ser encontrada em nenhuma das sete edições deste livro e está em contradição flagrante com outros pontos de vista do seu conteúdo. [1919]

Já afirmamos em outra passagem que os sonhos notadamente *inofensivos* corporificam desejos eróticos grosseiros e poderíamos corroborá-lo por meio de inúmeros exemplos. Mas mesmo muitos sonhos aparentemente indiferentes, nos quais não podemos perceber nada de especial em nenhuma direção, remontam, depois da análise, a moções de desejo indubitavelmente sexuais, com frequência de natureza inesperada. Quem poderia suspeitar, por exemplo, um desejo sexual, antes do trabalho de interpretação, no seguinte sonho? O sonhador conta: *Entre dois palácios suntuosos, um pouco recuada, está uma pequena casinha cujas portas estão fechadas. Minha esposa me leva do trecho da rua até a casinha, pressiona a porta e então eu me esgueiro rápida e facilmente pelo interior de um pátio inclinadamente elevado.*

Quem tem prática em traduzir sonhos ficará certamente advertido de que o penetrar em espaços estreitos e o abrir de portas fechadas fazem parte

---

[i] *A língua do sonho* [*Die Sprache des Traumes*], 1911.

[ii] O hermafroditismo psíquico na vida e na neurose [Der Hermaphroditismus im Leben um in der Neurose]. *Fortschritte der Medizin*, 1910, n. 16, e trabalhos posteriores em *Zentralbl. f. PsA.*, I, 1910-1911.

do simbolismo sexual mais utilizado, e encontrará facilmente nesse sonho uma figuração de uma tentativa de coito por trás (entre as duas suntuosas nádegas do corpo feminino). A passagem estreita inclinadamente elevada é naturalmente a vagina; a ajuda atribuída à esposa do sonhador obriga à interpretação de que, na realidade, só a consideração à esposa pode detê-lo em relação a uma tentativa como essa, e uma informação revela que no dia do sonho entrou em serviço uma jovem na casa do sonhador que lhe agradou muito e lhe passou a impressão de que não iria relutar tanto contra uma aproximação dessa natureza. A pequena casa entre os dois palácios veio de uma reminiscência de Hradčany em Praga e alude assim à mesma moça, que veio dessa cidade.

Quando eu enfatizo, junto aos pacientes, a frequência do sonho edípico de ter intercurso sexual com a própria mãe, recebo como resposta: Não consigo me lembrar de um sonho como esse. Mas em seguida emerge a lembrança de outro sonho, irreconhecível e indiferente, que se repetiu com frequência na pessoa em questão, e a análise mostra que esse é um sonho com o mesmo conteúdo, ou seja, mais uma vez um sonho edípico. Posso garantir que os sonhos dissimulados de intercurso sexual com a mãe são muitas vezes mais frequentes do que os autênticos.[i]

---

[i] [Nota acrescentada em 1911:] Um exemplo típico de um sonho edipiano camuflado como esse foi publicado por mim no n.º 1 do *Zentralblatt für Psychoanalyse* (ver abaixo); há outro com interpretação detalhada de Otto Rank no n.º 4 da mesma revista. Sobre outros sonhos edípicos disfarçados, nos quais aparece o simbolismo do olho, ver Rank (*Internat. Zeitschrift für Psychoanalyse*, I, 1913). Aí se encontram também os trabalhos sobre "sonhos com olhos" [*Augenträume*] e simbolismo dos olhos de Eder, Ferenczi e Reitler. A cegueira vinda na lenda de Édipo, como em outros lugares, como representância da castração. [Acréscimo de 1911:] A propósito, para os antigos, a interpretação simbólica dos sonhos edípicos não disfarçados também não era desconhecida. (Cf. O. Rank, *Jahrb.*, II, p. 534): "Assim nos foi transmitido de Júlio César um sonho de intercurso sexual com a mãe, que os intérpretes de sonho explicitaram como sendo um presságio favorável para a tomada de posse da terra (mãe-terra). Igualmente conhecido é o oráculo comunicado aos tarquínios, segundo o qual o domínio de Roma caberia àquele dentre eles que beijasse a mãe primeiro (*osculum matre tulerit*), o que Brutus compreendeu como referência à *mãe-terra* (*terram osculo contigit, scilicet quod ea communis mater omnium mortalium esset* [ele beijou a terra, dizendo que ela era a mãe comum a todos os mortais], Lívio, I, LXI)". [Acréscimo de 1914:] Cf. a esse respeito o sonho de Hípias em Heródoto, VI, 107: "Mas Hípias conduziu os bárbaros até Maratona, depois de ter tido na noite anterior a seguinte visão em sonho: pareceu a Hípias que ele dormia com sua mãe. Desse sonho ele concluiu então que ele voltaria para casa em Atenas e recuperaria seu poder, e que ele morreria na pátria em seus dias de velhice". [Acréscimo de 1911:] Esses mitos e interpretações apontam para um verdadeiro conhecimento psicológico.

Existem sonhos com paisagens ou localidades nos quais a certeza ainda é enfatizada no sonho: já estive alguma vez aqui. | Mas esse "*déjà-vu*" tem um significado especial no sonho. [1914] Essa localidade é então sempre o genital da mãe; e, de fato, a respeito de nenhuma outra se pode afirmar uma certeza como essa, de que "já estive lá alguma vez". [1909]

Uma única vez um neurótico obsessivo me deixou embaraçado ao comunicar um sonho, no qual ele havia visitado uma casa na qual ele já estivera *duas vezes*. Mas justamente esse paciente tinha me contado muito tempo antes, como sendo um acontecimento de seu sexto ano de vida, que, na época, ao partilhar uma vez a cama da mãe, ele abusou da oportunidade para enfiar o dedo no genital da mãe, que dormia. [1914]

No fundamento de um grande número de sonhos muitas vezes plenos de angústia, que têm frequentemente como conteúdo passar por espaços estreitos ou permanecer na água, há fantasias que dizem respeito à vida intrauterina, à permanência no ventre materno e ao ato do nascimento. Reproduzo a seguir o sonho de um homem jovem que, na fantasia, já aproveita a oportunidade intrauterina para espiar o coito entre os pais.

"*Ele se encontra em um poço profundo que tem uma janela como no túnel de Semmering. Através dela ele vê primeiro uma paisagem vazia, e dentro dela*

Descobri que as pessoas que se sabem preferidas ou reconhecidas pela mãe manifestam na vida aquela particular confiança em si mesmas, aquele otimismo inabalável, em que não raramente aparecem como heroicos e levam a um êxito real.

Exemplo típico de um sonho edipiano camuflado:

Um homem sonha: *Ele tem uma relação secreta com uma dama, que outro quer desposar. Preocupa-lhe que esse outro possa descobrir essa relação e que esse casamento não se realize, e por essa razão age de maneira muito afetuosa com o homem; estreita-o contra si e o beija.* – Os fatos da vida do sonhador tocam o conteúdo do sonho apenas em um ponto. Ele mantém uma relação secreta com uma mulher casada, e uma manifestação ambígua do seu marido, de quem ele é amigo, levantou nele a suspeita de que este pudesse ter percebido alguma coisa. Mas, na verdade, há mais alguma coisa em jogo, cuja menção no sonho é evitada e que, de fato, é a única que dá a chave da compreensão do sonho. A vida do marido está ameaçada por uma doença orgânica. Sua esposa está preparada para a possibilidade de sua morte repentina, e o nosso sonhador ocupa-se conscientemente com o propósito de tomar a jovem viúva por esposa depois do falecimento do marido. Por meio dessa situação externa, o sonhador encontra-se transportado para a constelação do sonho edípico; seu desejo pode matar o marido, para ganhar a esposa como mulher; seu sonho dá expressão a esse desejo em uma deformação hipócrita. Em vez de ela estar casada com outro, ele coloca que primeiro outro quer se casar com ela, o que corresponde à sua própria intenção secreta, e os desejos hostis contra o marido ocultam-se por detrás de demonstrações de ternura, que provêm da lembrança do seu contato infantil com o pai.

ele compõe então uma imagem que também imediatamente está lá e preenche o vazio. A imagem figura um campo que está sendo profundamente revolvido por um instrumento, e o ar puro, a ideia do trabalho exaustivo aí implícita, os torrões preto-azulados, dão uma bela impressão. Daí ele continua, vê um livro de pedagogia aberto… e se espanta que nele se dê tanta atenção aos sentimentos sexuais (da criança), o que o faz pensar em mim."

Agora um belo sonho com água de uma paciente que encontrou uma utilização particular no tratamento:

*Em seu local de veraneio no lago **, ela se joga na água escura, lá onde a lua pálida se reflete na água.*

Sonhos dessa espécie são sonhos de nascimento; chegamos à sua interpretação se invertermos o fato comunicado no sonho manifesto, portanto, em vez de: jogar-se na água – sair da água, isto é, nascer.[i] O lugar de onde nascemos, podemos reconhecê-lo se pensarmos no sentido malicioso de "*la lune*" em francês [o traseiro]. A lua pálida é então o bumbum branco, do qual a criança logo depreendia ter saído. Mas o que pode querer dizer o fato de a paciente desejar "nascer" em seu lugar de veraneio? Coloco a pergunta à sonhadora, e ela responde sem hesitar: Eu não renasci através do tratamento? Assim, esse sonho se torna um convite para continuar o tratamento naquele lugar de veraneio, isto é, para eu visitá-la nesse lugar; talvez ele contenha também uma tímida alusão ao desejo de ela mesma se tornar mãe.[ii]

De um trabalho de Ernest Jones tomo um sonho de nascimento, bem como a sua interpretação: "*Ela estava à beira do mar e vigiava um garotinho que parecia ser seu, enquanto ele entrava na água. Ele foi tão longe até que a água o cobriu, de modo que ela só podia ver a sua cabeça movendo-se para cima e para baixo na superfície e afundando. A cena transforma-se então no vestíbulo superlotado de um hotel. Seu marido a deixa e ela trava uma conversa com um desconhecido*".

---

i [Nota acrescentada em 1914:] Sobre o significado mitológico do nascer da água [*Wassergeburt*], ver Rank. *O mito do nascimento do herói* [*Der Mythus der Geburt des Helden.* Leipzig; Wien: F. Deuticke], 1909.

ii [Nota acrescentada em 1909:] Eu só aprendi tardiamente a dar o devido valor ao significado das fantasias e dos pensamentos inconscientes sobre a vida no ventre materno. Eles contêm tanto o esclarecimento para a singular angústia que sentem tantos seres humanos de serem enterrados vivos, como também a mais profunda justificativa inconsciente da crença em uma continuação da vida após a morte, que apenas figura a projeção no futuro dessa vida infamiliar [*unheimlichen*] de antes do nascimento. *O ato do nascimento é, com efeito, a primeira vivência de angústia e, em consequência, a fonte e o modelo do afeto de angústia.*

"A segunda metade do sonho revelou-se sem dificuldade, durante a análise, como a figuração de uma fuga de seu marido e de estabelecimento de relações íntimas com uma terceira pessoa. A primeira parte do sonho foi uma evidente fantasia de nascimento. Nos sonhos, bem como na mitologia, o parto no qual a criança sai do líquido amniótico é normalmente figurado, por meio da inversão, como entrada da criança na água; entre muitos outros, os nascimentos de Adônis, Osíris, Moisés e Baco oferecem a esse respeito bons exemplos conhecidos. O movimento de emergir e afundar da cabeça na água lembram imediatamente a paciente da sensação dos movimentos da criança, que ela aprendeu a conhecer durante a sua única gravidez. O seu pensamento do garoto entrando na água desperta um devaneio, no qual ela mesma se vê tirando-o da água, levando-o para o quarto, lavando-o, vestindo-o e levando-o finalmente à casa dela."

"A segunda metade do sonho figura, portanto, pensamentos que concernem à fuga, que está em relação com a primeira metade dos pensamentos de sonho ocultados; a primeira metade do sonho corresponde ao conteúdo latente da segunda metade, a fantasia de nascimento. Além da inversão antes mencionada, outras inversões têm lugar em cada metade do sonho. Na primeira metade a criança entra *na água* e depois sua cabeça sobe e desce; nos pensamentos que fundamentam o sonho, primeiro emergem os movimentos da criança e depois a criança *deixa* a água (uma inversão dupla). Na segunda metade, seu marido a deixa; nos pensamentos do sonho, ela deixa o seu marido" (traduzido por O. Rank). [1914]

Abraham conta outro sonho de nascimento, o de uma jovem esposa diante de seu primeiro parto. De um lugar do chão no quarto, um canal subterrâneo leva diretamente para a água (via do nascimento – líquido amniótico). Ela ergue um alçapão no chão e instantaneamente aparece uma criatura coberta com uma pelagem marrom, que quase se assemelha a uma foca. Descobre-se que esse ser é o irmão mais novo da sonhadora, com o qual ela desde sempre manteve uma relação maternal. [1911]

Rank mostrou, em uma série de sonhos, que os sonhos com nascimento se servem do mesmo simbolismo que os sonhos de estímulo urinário. O estímulo erótico é figurado neles como estímulo urinário; a camada de significado nesses sonhos corresponde a uma mudança de significado do símbolo desde a infância. [1914]

Neste ponto podemos retomar o tema que interrompemos à p. 262, o papel dos estímulos orgânicos que perturbam o sono para a formação do sonho. Os sonhos que são produzidos sob essas influências nos mostram bem abertamente não apenas a tendência à realização de desejo e o caráter de comodidade, mas muito frequentemente também o simbolismo inteiramente transparente, pois não é raro que leve ao despertar um estímulo *cuja satisfação, sob uma vestimenta simbólica, já tenha sido tentada em vão no sonho.* Isso vale para os sonhos de polução, bem como para os desencadeados pela vontade de urinar e de defecar. O caráter peculiar dos sonhos de polução não apenas nos permite desmascarar diretamente certos símbolos sexuais já reconhecidos como típicos, embora contestados violentamente, mas também pode nos convencer de que alguma situação de sonho aparentemente inofensivo é também apenas o prelúdio simbólico de uma cena sexual grosseira que, entretanto, a maior parte do tempo só alcança uma figuração direta nos relativamente raros sonhos de polução, enquanto com muita frequência ela se torna um sonho de angústia que da mesma forma leva ao despertar.

O simbolismo dos *sonhos de estímulo urinário* é particularmente transparente e há muito foi desvendado. Já Hipócrates defendia a concepção de que sonhar com fontes e poços significa uma perturbação na bexiga (H. Ellis). Scherner estudou a diversidade do simbolismo do estímulo urinário e já afirmou também que "o estímulo urinário mais intenso sempre se transforma em estimulação da esfera sexual e de suas estruturas simbólicas... O sonho de estímulo urinário é frequentemente, ao mesmo tempo, o representante do sonho sexual".

O. Rank, cujos comentários em seu trabalho sobre a "Estratificação simbólica no sonho de despertar" eu tenho acompanhado aqui, fez parecer bastante provável que um grande número de "sonhos de estímulo urinário" é na verdade causado por estímulo sexual, que procura se satisfazer primeiro pelo caminho da regressão, sob a forma infantil de erotismo uretral. Particularmente instrutivos são então aqueles casos em que o estímulo urinário assim produzido leva ao despertar e ao esvaziamento da bexiga, depois do que, mas apesar disso, o sonho continua, e sua necessidade se manifesta então em imagens eróticas não disfarçadas.[i]

[i] [Nota acrescentada em 1919:] "As mesmas figurações simbólicas que fundamentam o sonho vesical no sentido infantil aparecem no sentido 'recente' com um significado eminentemente sexual: água = urina = esperma = líquido amniótico; navio [*Schiff*] = '*schiffen*' (urinar) = útero (caixa); molhar-se = enurese = coito = gravidez; nadar = bexiga cheia = acomodação daquele que ainda não nasceu; chuva = urinar = símbolo da fecundação; viajar = (andar

De maneira inteiramente análoga, os *sonhos de estímulo intestinal* põem a descoberto o simbolismo envolvido neles e com isso confirmam a ligação vastamente documentada também na psicologia popular entre *ouro* e *fezes*.[i] "Assim, por exemplo, uma mulher, que por causa de uma *perturbação no intestino* está em tratamento médico, sonha com um caçador de tesouros que, perto de uma pequena cabana de madeira que se parecia com uma *latrina rústica* do campo, estava enterrando um *tesouro*. Uma segunda parte do sonho tem como conteúdo que ela *limpa o traseiro* de sua criança, uma menininha que se *sujou*." [1919]

Aos *sonhos de nascimento* se ligam os sonhos de "*salvamentos*". Salvar, especialmente salvar da água, tem o mesmo significado que parir, se for sonhado por uma mulher, mas esse sentido se modifica se o sonhador for um homem. (Ver um sonho dessa espécie em Pfister: "Um caso de assistência religiosa e de salvação da alma em psicanálise" [Ein Fall von psychoanalytischer Seelsorge und Seelenheilung]. *Evangelische Freiheit*, 1909.) – Sobre o símbolo de "salvar", cf. minha conferência: "As chances futuras da terapia psicanalítica" [Die zukünftigen Chancen der psychoanalytischen Therapie]. *Zentralblatt f. Psychoanalyse*, n. 1, 1910 (*Ges. Werke*, v. VIII), bem como: *Contribuições à psicologia da vida amorosa I* [*Beiträge zur Psychologie des Liebeslebens*]. "Sobre um tipo especial de escolha de objeto no homem" [Über einen besonderen Typus der Objektwahl beim Manne]. *Jahrbuch f. PsA.*, II, 1910 (*Ges. Werke*, v. VIII).[ii] [1911]

Os ladrões, os invasores noturnos e os fantasmas, dos quais temos medo antes de ir para a cama, e que também eventualmente assombram aquele que está dormindo, provêm de uma única e mesma reminiscência infantil. Trata-se dos visitantes noturnos que acordaram a criança de seu sono e a sentaram no penico, para que não molhasse a cama, ou aqueles

---

de condução = descer da condução) = levantar-se da cama = ter intercurso sexual ('viajar', viagem de núpcias); urinar = esvaziamento sexual (polução)". Rank 1. c.)

[i] Freud. *Caráter e erotismo anal* [*Charakter und Analerotik*]; Rank. *A estratificação simbólica* etc. [*Die Symbolschichtung*]; Dattner. *Internat. Zeitschr. f. PsA.*, I, 1913; Reik. *Internat. Zeitschr.*, III, 1915.

[ii] [Nota acrescentada em 1911:] Ver também Rank. Para atestar a fantasia de salvamento [Belege zur Rettungsphantasie] (*Zentralblatt f. PsA.*, I, 1910, p. 331); Reik. Sobre o simbolismo do salvamento [Zur Rettungssymbolik] (*ibid.*, p. 499); Rank. A "fantasia de salvamento no nascimento" no sonho e na criação literária [Die "Geburtsrettungsphantasie" in Traum und Dichtung] (*Internat. Zeitschr. f. PsA.*, II, 1914).

que levantaram a coberta para inspecionar com cuidado como ela mantém as mãos durante o sono. Das análises de alguns desses sonhos de angústia pude ainda chegar a identificar a pessoa do visitante noturno. O ladrão era sempre o pai, os fantasmas vão corresponder preferencialmente a pessoas do sexo feminino em camisolões brancos. [1909]

F
EXEMPLOS – CÁLCULOS E FALAS NO SONHO

Agora, antes de colocar o quarto fator que rege a formação sonho em seu devido lugar, quero recorrer a alguns exemplos de minha coleção que, em parte, esclarecem a ação conjunta dos três fatores conhecidos por nós e, em parte, podem acrescentar evidências para as afirmações apresentadas ou expor conclusões irrecusáveis a partir delas. Tornou-se, de fato, bastante difícil para mim, durante a anterior exposição do trabalho do sonho, dar provas dos meus resultados com exemplos. Os exemplos para cada uma das teses só são comprobatórios no contexto de uma interpretação de sonho; arrancados desse contexto, eles perdem a sua beleza, e uma interpretação de sonho, mesmo que pouco aprofundada, torna-se logo tão extensa que pode perder o fio da discussão a cuja ilustração ela deve servir. Esse motivo técnico pode então justificar o fato de eu agora reunir todo tipo de coisas que só se mantêm coesas por sua relação com o texto da seção anterior.

Inicio com alguns exemplos de modos de figuração de sonho especialmente peculiares ou incomuns. No sonho de uma dama é dito: *Uma criada está em pé em uma escada, como que para limpar a janela, e perto dela estão um chimpanzé e um gato-gorila* (corrigido depois: um gato angorá). *Ela joga os animais em cima da sonhadora; o chimpanzé se aconchega nela, e isso é muito repugnante.* Esse sonho atingiu a sua finalidade por um meio extremamente simples, ao tomar ao pé da letra um modo de falar e ao figurá-lo de acordo com o som de suas palavras. "Macaco", assim como nomes de animais em geral, são palavras para xingamentos, e a situação do sonho não diz outra coisa a não ser "atirar insultos". Essa mesma coleção trará em seguida outros exemplos da utilização desse artifício simples no trabalho do sonho.

Outro sonho procede de maneira inteiramente semelhante: *Uma mulher com uma criança que tem um crânio com uma notável malformação.* Dessa criança ela ouviu dizer que se tornou, *assim por conta de sua posição no ventre materno. Poderíamos, diz o médico, dar uma melhor forma a esse crânio usando compressão, só que isso iria prejudicar o cérebro. Ela pensa, tendo em vista ser um menino, que isso o prejudica menos.* – Esse sonho contém a figuração plástica do conceito abstrato: "*impressões infantis*", que a sonhadora ouviu nas explicações sobre o tratamento.

No próximo exemplo, o trabalho do sonho empreendeu um caminho um pouco diferente. O sonho contém a lembrança de uma excursão a Hilmteich, perto de Graz: *Faz um tempo horrível lá fora; um hotel miserável, a água está pingando das paredes, as camas estão úmidas.* (A última parte do conteúdo é menos direta no sonho do que eu a trago aqui). O sonho significa "*supérfluo*" [überflüssig]. O abstrato que se encontrou nos pensamentos do sonho tornou-se, primeiro, quase que violentamente equivocado, talvez substituído por "transbordante" [überfließend] ou por "fluido e supérfluo" [*flüssig und überflüssig*], e depois foi levado à figuração por uma acumulação de impressões da mesma espécie. Água lá fora, água dentro das paredes, água como umidade nas camas, tudo fluido e "super" fluido [überflüssig = supérfluo]. Que, para os fins da figuração no sonho, a ortografia fique muito atrás do som das palavras é um fato que justamente não nos causa admiração, tendo em vista que, a rima, por exemplo, pode se permitir liberdades semelhantes. Em um extenso sonho comunicado por Rank e analisado de maneira muito detalhada, uma jovem conta que está passeando pelos campos, onde corta belas *espigas* [Ähren] de cevada e trigo. Um amigo de sua juventude vem em sua direção e ela quer evitar encontrar-se com ele. A análise mostra que se trata de um *beijo honroso* [*Kuß in Ehren*] (*Jahrb.*, II, p. 491). As espigas, que não devem ser arrancadas, mas cortadas, servem nesse sonho como tais e em sua condensação com honra, homenagens [*Ehre, Ehrungen*] para a figuração de toda uma série de outros pensamentos.

Em compensação, em outros casos, a língua tornou muito fácil para o sonho a figuração de seus pensamentos, pois ela dispõe de toda uma série de palavras que originariamente eram entendidas de maneira imagética e concreta, e que no presente são utilizadas no sentido descolorido e abstrato. O sonho precisa apenas devolver a essas palavras o seu pleno significado, ou descer um pouco mais na transformação do significado da palavra. Por exemplo, alguém sonha que seu irmão está dentro de um *caixote* [*Kasten*]; no trabalho de interpretação, o caixote é substituído por "*armário*" [*Schrank*], e o pensamento do sonho diz então que, na verdade, esse irmão deve se "*restringir*" [*einschränken*], em lugar do sonhador. Outro sonhador sobe uma montanha a partir da qual ele tem uma *vista* extraordinariamente ampla. Com isso, ele se identifica com um irmão que publica a revista chamada de "*panorama*", que se ocupa das relações com o Extremo-Oriente. [1911]

Em um sonho de "*Henrique, o verde*", um cavalo impetuoso está rolando sobre a mais bela aveia, mas da qual cada grão é "uma amêndoa doce, uma uva-passa e um centavo novo, embrulhados com seda vermelha e amarrados com um pedacinho de cerda de porco". O poeta (ou o sonhador) nos dá imediatamente a interpretação dessa figuração de sonho, pois o cavalo está sentindo cócegas agradáveis, por isso grita: *A aveia está me picando* [*der Hafer sticht mich*].[i] [1914]

Sonhos com expressões idiomáticas e palavras espirituosas são usados (segundo Henzen) de maneira particularmente abundante pela antiga literatura das sagas nórdicas, na qual dificilmente se encontra um exemplo de sonho sem duplo sentido ou jogo de palavras. [1914]

Haveria de ser um trabalho excepcional coletar esses modos de figuração e ordená-los de acordo com seus princípios fundamentais. [1909] Algumas dessas figurações quase que podem ser chamadas de chistosas. Temos a impressão de que jamais as teríamos descoberto por nós mesmos, se o sonhador não tivesse sabido comunicá-las: [1911]

1) Um homem sonha que *lhe perguntam por um nome do qual ele, no entanto, não consegue se lembrar.* Ele próprio explica o que isso quer dizer: *Isso não me ocorre* nem *em sonho*. [1911]

2) Uma paciente conta um sonho no qual *todas as pessoas atuantes eram particularmente grandes*. Isso quer dizer, ela acrescenta, que só pode se tratar de um acontecimento de minha primeira infância, pois naturalmente na época todos os adultos me pareciam absurdamente grandes. Sua própria pessoa não aparecia nesse conteúdo de sonho. [1911]

O remetimento à infância é também expresso de maneira diferente em outros sonhos, a saber, traduzindo o tempo em espaço. As pessoas em questão e as cenas são como que vistas a grande distância no final de um longo caminho, como se pudéssemos observá-las com um binóculo de ópera apontado de modo invertido. [1911]

3) Um homem, inclinado na vida de vigília a um modo de expressão abstrato e impreciso, mas por outro lado dotado de um bom senso de

[i] Clara alusão à expressão idiomática "*ihn sticht der Hafer*", literalmente, "a aveia o está picando", com o sentido de "a fortuna subiu-lhe à cabeça". (N.R.)

humor, sonha que *entra em uma estação no mesmo momento em que um trem está chegando. Mas então a plataforma se aproxima do trem parado*, ou seja, uma inversão absurda do acontecimento real. Esse detalhe também não é outra coisa senão um indicador que adverte que outra coisa no conteúdo do sonho deve ser invertida. A análise do mesmo sonho leva a lembranças de livros com imagens nas quais eram figurados homens de ponta-cabeça e que andavam com as mãos. [1911]

4) O mesmo sonhador relata outra vez sobre um sonho curto que quase lembra a técnica de um rébus. *Seu tio lhe dá um beijo dentro do automóvel.* Ele acrescenta imediatamente a interpretação que eu nunca teria encontrado, que era: *autoerotismo*. Uma brincadeira no estado de vigília poderia soar da mesma forma. [1911]

5) O sonhador *tira uma mulher de trás da cama.* Isso quer dizer: ele lhe dá a preferência [*Vorzug*].[27] [1914]

6) O sonhador, *enquanto um oficial, está sentado a uma mesa em frente* [*gegenüber*] *ao imperador*. Ele se coloca em oposição [*Gegensatz*] ao seu pai.[28] [1914]

7) O sonhador *está tratando de outra pessoa por causa de uma fratura em um osso* [*Knochenbruches*]. A análise revela essa fratura [*Bruch*] como figuração de uma *quebra no casamento* [*Ehebruches*] etc. [1914]

8) As horas do dia [*Tageszeiten*] representam com muita frequência no conteúdo do sonho as épocas da vida [*Lebenszeiten*]. Então, por exemplo, às 5h15 da manhã significava para um sonhador a idade de 5 anos e 3 meses, o significativo ponto no tempo [*Zeitpunkt*] do nascimento de seu irmão mais jovem. [1914]

9) Outra figuração de épocas da vida no sonho: *Uma mulher está andando com duas meninas pequenas, entre as quais há uma diferença de idade de um ano e três meses.* – A sonhadora não encontra nenhuma família de seu conhecimento à qual isso se aplique. Ela mesma interpreta que as duas crianças figuram a sua própria pessoa, e que o sonho a adverte que os acontecimentos traumáticos de sua infância estão separados um do outro pelo mesmo lapso de tempo (3 anos e meio e 4 anos e 9 meses). [1914]

10) Não é o caso de se admirar que pessoas que estão em tratamento psicanalítico sonhem frequentemente com ele e precisem expressar no sonho todos os pensamentos e expectativas que ele desperta. A imagem escolhida para o tratamento é, em regra, a de uma viagem, na maioria das vezes, em *automóvel*, um veículo moderno e complicado; é então em referência

à velocidade do automóvel que a zombaria da pessoa em tratamento fica por sua conta. Se o "inconsciente", enquanto elemento dos pensamentos de vigília, deve encontrar figuração no sonho, ele é substituído, de maneira inteiramente apropriada, por localidades "*subterrâneas*" que, em outro caso, sem a menor relação com a cura analítica, teriam significado o ventre da mulher ou o ventre materno. "*Embaixo*", no sonho, refere-se com muita frequência aos *genitais*, e o oposto "*em cima*", ao rosto, à boca ou ao peito. Com *animais selvagens* o trabalho do sonho simboliza, em regra, pulsões passionais, tanto as do sonhador quanto também as de outras pessoas, das quais o sonhador tem medo, portanto, com um mínimo deslocamento, as próprias pessoas que são os portadores dessas paixões. Daqui, não há uma grande distância até a figuração do *pai* temido, por meio de animais ferozes, cães, cavalos selvagens, a qual faz eco ao totemismo. Seria possível dizer que animais selvagens servem à figuração da libido, temida pelo Eu e combatida por meio de recalcamento. Mesmo a própria neurose, a "pessoa doente", é muitas vezes cindida do sonhador e visualizada no sonho como uma pessoa independente. [1919]

11) [1911] (H. Sachs) "Pela '*Interpretação do sonho*' sabemos que o trabalho do sonho conhece muitos caminhos para figurar uma palavra ou uma expressão de uma maneira visualmente sensível. Ele pode, por exemplo, aproveitar a circunstância de que a expressão a ser figurada tem dois significados e, usar esse duplo sentido como 'desvio', acolher no conteúdo manifesto do sonho, em vez do primeiro significado que aparece nos pensamentos do sonho, o segundo.

"Isso aconteceu no pequeno sonho comunicado abaixo e, mais especificamente, sob a utilização hábil das impressões recentes do dia como material de figuração apropriado para isso.

"No dia do sonho tive um resfriado e, de noite, decidi, na medida do possível, não sair da cama durante a madrugada. Aparentemente, o sonho apenas deixou que eu continuasse com o meu trabalho do dia; eu tinha me ocupado com colar recortes de jornal em um livro, para o que eu me esforçava por encontrar para cada recorte o lugar adequado. Eis o sonho:

"'*Esforço-me para colar um recorte no livro; mas ele não cabe na página* [*er geht aber nicht auf die Seite*], o que me provoca uma grande dor'.

"Acordei, e tive de constatar que a dor do sonho persistia como dor corporal real, o que então também me obrigou a ser infiel ao meu propósito. O sonho, enquanto 'guardião do sono', encenou para mim a ilusão da realização de meu desejo de ficar na cama, através da figuração das palavras 'mas ele não vai ao toalete' [*er geht aber nicht auf die Seite*]." **[1914]**

Podemos dizer francamente que o trabalho do sonho, para figurar visualmente os pensamentos do sonho, serve-se de todos os meios ao seu alcance, quer eles pareçam permitidos ou não permitidos à crítica do estado de vigília, e assim expõe-se à dúvida, bem como ao escárnio de todos aqueles que só ouviram falar de interpretação de sonho e que não a praticaram eles mesmos. O livro de Stekel, *A língua do sonho*, é rico em exemplos desse tipo, entretanto eu evito extrair de lá os exemplos, porque a falta de crítica do autor e a arbitrariedade de sua técnica tornam isso inseguro, mesmo àquele que não estiver preso a preconceitos. **[1919]**

12) **[1914]** De um trabalho de V. Tausk, vestimentas e cores a serviço da deformação de sonho (*Int. Zeitschr. f. PsA.*, II, 1914):

a) A. sonha que *vê a sua antiga governanta com um vestido preto de lustrina [*Lüsterkleid*] muito apertado nas nádegas.* – Isso quer dizer que ele declara essa mulher *lasciva* [*lüstern*].

b) C. vê no sonho, *na estrada X, uma moça banhada* em *luz branca [*weiß*] e vestida com uma blusa branca.*

O sonhador, nessa mesma estrada, trocou as primeiras intimidades com a senhorita Weiß [sobrenome "Branco"].

c) A senhora D. sonha que vê *o velho Blasel (um ator vienense de 80 anos) deitado no divã, vestido com uma armadura completa [*in voller Rüstung*]. Depois, ele salta sobre mesas e cadeiras, saca a sua espada e nisso se vê no espelho, agita a espada no ar, como se lutasse contra um inimigo imaginário.*

Interpretação: a sonhadora tem uma *velha doença na bexiga* [*Blase*]. Na análise, ela se deita no divã, e, quando se olha no espelho, ela secretamente ainda se sente *muito valente* [*sehr rüstig*], apesar de sua idade e de sua doença. **[1914]**

13) **[1919]** A "*grande realização*" [*Leistung*][i] no sonho.

O sonhador, um homem, vê-se *como mulher grávida deitada na cama. Esse estado se torna difícil para ele. Ele grita: Nesse caso, eu preferiria...* (na análise, ele completa, depois de uma lembrança de uma cuidadora: quebrar

---

[i] A palavra "*Leistung*" (realização, fruto de certo empenho ou capacidade) é fundamental no vocabulário de Freud. Para começar, vale lembra a passagem de seu "O tratamento psicanalítico freudiano", em que ele diz que o objetivo de uma análise seria restabelecer no paciente as capacidades de "*leisten*" (realizar) e "*geniessen*" (fruir). Além disso, o que nos acostumamos a traduzir como "ato falho" era na verdade o "*Fehlleistung*" (realização por falha). (N.R.)

pedras). *Atrás de sua cama está pendurado um mapa cuja borda inferior se mantém esticada por um sarrafo de madeira [*Holzleiste*]. Ele arranca esse sarrafo [*Leiste*], pegando-o pelas duas extremidades, entretanto desse modo ele não se quebra transversalmente, mas se parte em duas metades no comprimento. Então ele ficou aliviado e também facilitou o nascimento.*

Ele interpreta, sem ajuda, o arrancar do sarrafo como uma grande "realização" [*Leistung*], através da qual ele se liberta de sua situação de mal--estar (no tratamento), arrancando-se de sua posição feminina... O detalhe absurdo de que o sarrafo de madeira não apenas se quebra, mas se parte no comprimento encontra a sua explicação quando o sonhador lembra que a duplicação unida à destruição contém uma alusão à castração. Com muita frequência, o sonho figura a castração, em desafiadora oposição ao desejo, através da existência de dois símbolos do pênis. A "virilha" [*Leiste*] também é uma região do corpo próxima aos genitais. Ele recolhe tudo então na interpretação de que ele tinha superado a ameaça de castração que o tinha colocado na posição feminina.[i]

14) [1919] Em uma análise que conduzi em francês, há um sonho a interpretar no qual eu apareço como um elefante. Naturalmente preciso perguntar como eu cheguei a essa figuração. "*Vous me trompez*" [O senhor está me enganando], respondeu o sonhador (*trompe* = tromba). [1919]

O trabalho do sonho também consegue efetuar a figuração de um material muito irredutível, como o são, por exemplo, os nomes próprios, através de utilização forçada de relações muito remotas. Em um dos meus sonhos, *o velho Brücke me encarregou de uma tarefa. Estou terminando um preparado e retiro dele alguma coisa que parece papel prateado amassado* (ainda sobre esse sonho voltaremos mais tarde). A ideia que ocorreu a esse propósito, e que não foi fácil de encontrar, foi: "*Stanniol*" [folha de estanho], e agora sei que eu estava pensando em *Stannius*, autor que deu seu nome a um tratado sobre o sistema nervoso dos peixes, que considerei com respeito em anos passados. A primeira tarefa científica que meu professor me colocou se referia realmente ao sistema nervoso de um peixe, do ammocoetes. É evidente que esse último nome não poderia ser utilizado em um rébus.

Não quero me impedir de intercalar aqui mais um sonho de conteúdo singular, que também é ainda notável como sonho infantil e que se explica muito facilmente pela análise. Uma dama conta: Posso me lembrar de que,

[i] *Internat. Zeitschr. f. PsA.*, II, 1914.

quando criança, eu sonhava repetidamente que *o bom Deus tinha na cabeça um chapéu pontudo de papel*. É que, com muita frequência, costumavam colocar em mim esse tipo de chapéu à mesa, para que eu não pudesse olhar para o prato das outras crianças e ver que porção lhes tinha sido servida da comida em questão. Como eu tinha ouvido falar que Deus é onisciente, o sonho significa que eu também sabia de tudo, apesar do chapéu que me colocavam. [1909]

No que consiste o trabalho do sonho e como ele procede em relação ao seu material, os pensamentos do sonho, é o que pode ser mostrado, de maneira instrutiva, nos números e cálculos que aparecem nos sonhos. Além disso, os números que são sonhados têm para a superstição um valor particularmente promissor. Selecionarei então de minha coleção alguns exemplos desse tipo.

I

Extraído do sonho de uma dama, pouco antes do término de sua cura: *Ela quer pagar alguma coisa; sua filha tira* **3 fl. 65 kr.** [3 florins e 65 centavos] *de sua carteira; mas ela diz: O que você está fazendo? Isso só custa* **21 kr**. Esse pedacinho de sonho foi compreendido por mim através das relações da sonhadora, sem esclarecimento de sua parte. A dama era uma estrangeira que tinha colocado a sua filha em um instituto de educação vienense e podia continuar com o meu tratamento enquanto a sua filha ficasse em Viena. Em três semanas terminaria o seu ano escolar, e com isso a cura também terminaria. No dia anterior ao sonho, a diretora do instituto lhe tinha sugerido deixar a sua filha continuar mais um ano com ela. Tudo indica que ela estendeu essa sugestão a si mesma, de modo que nesse caso ela também poderia prolongar o tratamento por um ano. E é a isso então que se refere o sonho, pois um ano é igual a **365** dias, as três semanas até o encerramento do ano escolar e da cura podem ser substituídas por **21** dias (mesmo que não fossem tantas as horas de tratamento). Os números, que nos pensamentos do sonho estavam no lugar de períodos de tempo, no sonho são incorporados como valores de dinheiro, não sem dar expressão a um sentido mais profundo, pois "*time is money*", tempo tem valor de dinheiro. **365** centavos são, de fato, **3** florins e **65** centavos. A pequenez das somas que aparecem no sonho é uma evidente realização de desejo; o desejo tornou menores os custos do tratamento e do ano escolar no instituto.

Seinem lieben Otto–Oscar
d Verf.

DIE TRAUMDEUTUNG

VON

DR. SIGM. FREUD.

»FLECTERE SI NEQUEO SUPEROS, ACHERONTA MOVEBO.«

LEIPZIG UND WIEN.
FRANZ DEUTICKE.
1900.

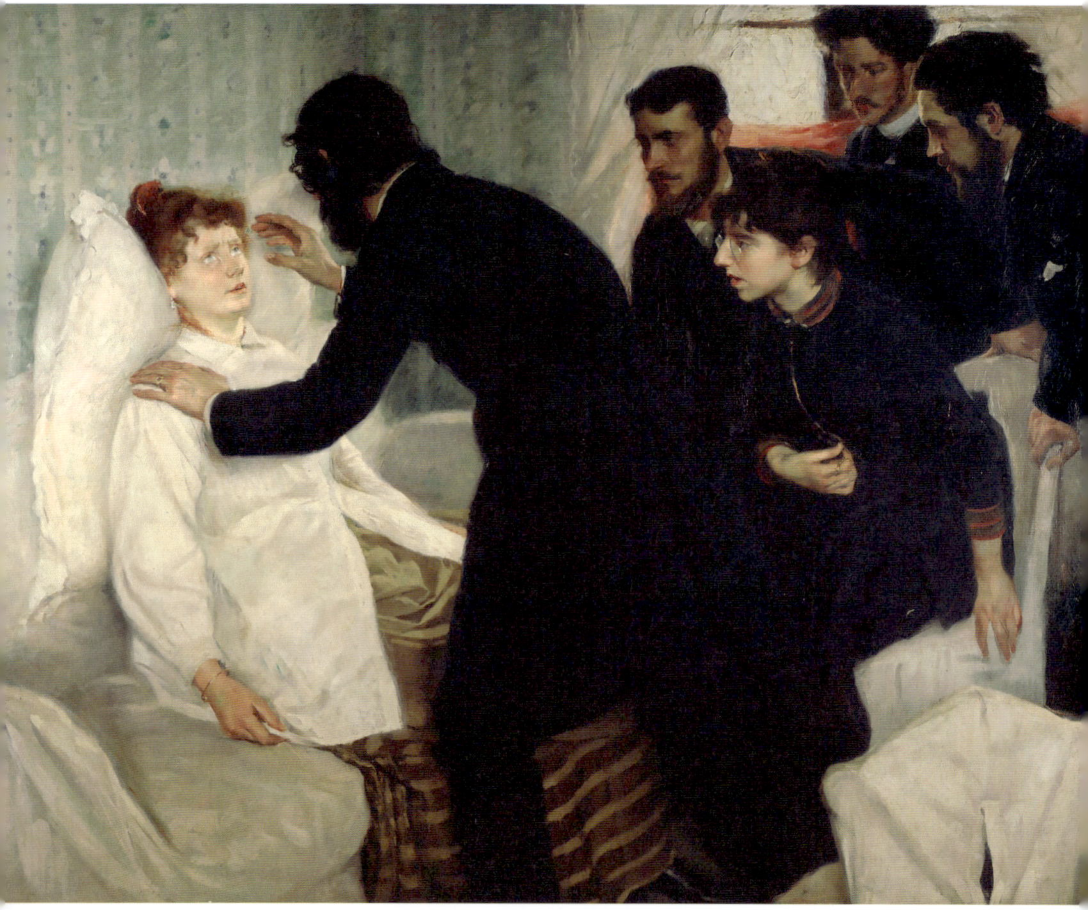

Traum der französischen Bonne

(A francia bonne álma)

Dr. Ferenczi fügt dem Bild kurz hinzu:

„Schönes Beispiel dafür, daß das Symbol nicht aus der Sprache, sondern die Redewendungen vom Symbol abstammen. Im Ungarischen gibt es keinen Ausdruck für Harnlassen, das an ‚Schiffen' erinnert, doch denkt sich der Zeichner den Uraintraum voll mit Schiffen."

COCA DES INCAS
VIN TONIQUE & DIGESTIF
DÉPÔT GÉNÉRAL · 26 · Rue de Pontoise · PARIS
LA COMMERCIALE
17, Rue Martel
PARIS
Que faites-vous ma chère pour rester aussi belle?
Je bois chaque jour du COCA DES INCAS

Wolfmann

Hermann Struck
23/150
Sigm. Freud

Sexualschema.

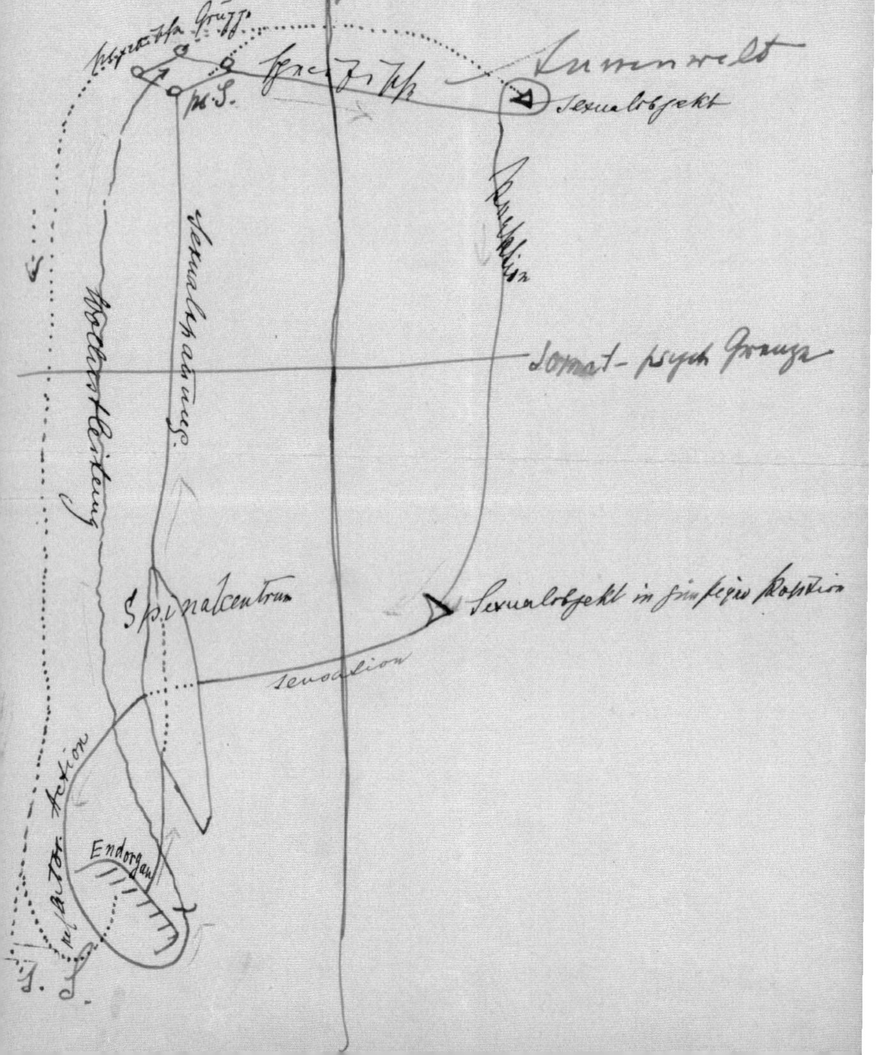

14th. 1814.

Página de rosto da primeira edição de *Die Traumdeutung*, 1900. Essa edição é significativamente menor do que as posteriores. (REPRODUÇÃO/AKG IMAGES)

Panorâmica litográfica de Viena, final do século XIX. A família Freud estabeleceu-se na cidade em 1860. Sigmund Freud viveu ali até 1938, quando se exilou em Londres após a ocupação nazista da Áustria. (FOTOARENA)

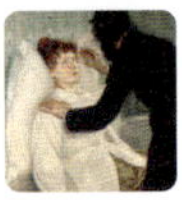

Sessão de hipnose, pintura de Sven Richard Bergh, 1887. Representação do método então usado no tratamento da histeria. (SZILAS/NATIONALMUSEUM/WIKIMEDIA COMMONS)

André Brouillet, *Une leçon clinique à la Salpêtrière* (1887). Jean-Martin Charcot demonstra um caso de histeria diante de médicos e alunos. (MUSÉE D'HISTOIRE DE LA MÉDECINE/WIKIMEDIA COMMONS)

"Sonho da babá francesa", tirinha de Nándor Honti (assinando "Bit"), publicada pela revista húngara *Fidibusz* em 1911. Foi trazida a Freud por Sándor Ferenczi e incluída na edição de 1914 de *A interpretação do sonho*. (REPRODUÇÃO/LIBRARY OF CONGRESS)

Cartaz publicitário do Coca des Incas, cerca de 1890. À época, a cocaína era amplamente utilizada em medicamentos e tônicos. Freud publicara em 1884 o opúsculo *Über Coca*, e a substância aparece em alguns sonhos e análises de *A interpretação do sonho*. (REPRODUÇÃO/ARTVEE)

O sonho dos lobos, pintado por Serguei Pankejeff, paciente conhecido como "o homem dos lobos". Caso publicado por Freud em 1918, tornou-se um dos relatos oníricos mais célebres da psicanálise. (FREUD MUSEUM LONDON)

Johann Heinrich Füssli, *O pesadelo*, 1781. Freud possuía uma gravura dessa obra em seu consultório. (FRANKFURTER GOETHE-HAUS/WIKIMEDIA COMMONS)

Sigmund Freud em Viena, 1897, época em que redigia *A intepretação do sonho*, enquanto se correspondia com Fließ. (FREUD MUSEUM LONDON)

Sigmund Freud, gravura de Hermann Struck, da série *Köpfe 1920*. (REPRODUÇÃO/ANTIQUARIAT INLIBRIS GILHOFER NFG.)

"Sexuelles Schema", esboçado por Freud em 1895 como anexo ao rascunho sobre *Melancolia* e enviado a Fließ. Diagrama cronológico que modela fases da sexualidade (*Saugen*, *Anus – Kot*, *Masturbation*, *Phallus*, *Pubertät*, *Genitalität*), com indicações de fixação [*Fixation*] e regressão [*Regression*], etc. Sugere que a *Teoria sexual* vinha sendo elaborada ao mesmo tempo que a teoria do inconsciente. (REPRODUÇÃO/LIBRARY OF CONGRESS)

Rebus vitoriano, manuscrito do início do século XIX. Sequência ilustrada em que imagens substituem sílabas ou palavras, formando uma mensagem cifrada, gênero comum em revistas e álbuns de entretenimento da época. Freud, no início do capítulo VI de *A interpretação do sonho* (1900), compara o sonho a esse tipo de enigma visual. (REPRODUÇÃO/MET MUSEUM)

Coberto por um tapete Qashqa'i e cercado por almofadas bordadas, o icônico divã de Freud, presente de uma paciente em 1890, tornou-se símbolo da psicanálise. (FREUD MUSEUM LONDON)

II

Em outro sonho, os números levam a relações mais complicadas. Uma dama jovem, mas casada já há vários anos, fica sabendo que uma conhecida quase da mesma idade que ela, Elise L., acabou de ficar noiva. Em seguida, ela sonha: *Ela está sentada com seu marido no teatro, onde um lado da primeira fileira está inteiramente desocupado. Seu marido lhe conta que Elise L. e seu noivo também queriam vir, mas só conseguiram lugares ruins,* **3** *por* **1 fl. 50 kr.**, *e que eles certamente não puderam aceitar. Ela pensa que isso também não teria sido uma calamidade.*

De onde provém esse **1 fl. 50 kr.**? De uma ocasião na verdade indiferente do dia anterior. Sua cunhada ganhou de presente do marido **150 fl.** e apressou-se em se desfazer deles comprando, em troca deles, uma joia. Queremos observar que 150 fl. é **100 vezes** mais do que 1 fl. 50 kr. De onde vem o **3** que veio junto com os lugares do teatro? A esse respeito surge apenas a conexão de que a noiva é mais jovem que ela no mesmo número de meses – *três*. O que leva à resolução do sonho é, então, a informação sobre o que pode significar o detalhe no sonho da primeira fileira permanecer vazia. Trata-se de uma alusão não modificada de um pequeno acontecimento que deu ao seu marido uma boa razão para provocá-la. Ela tinha se proposto a ir a uma das apresentações do teatro anunciadas para a semana e foi muito cuidadosa em pegar as entradas muitos dias antes, para as quais ela teve de pagar uma taxa de reserva. Quando eles então chegaram ao teatro, perceberam que aquele lado da sala estava quase vazio; *ela não tinha necessidade de apressar-se tanto.*

Agora vou substituir o sonho pelos pensamentos do sonho: "Foi realmente *absurdo* casar-se tão cedo, *eu não tinha necessidade de me apressar tanto.* Vejo no exemplo da Elise L. que eu ainda ter conseguido um marido. E, aliás, um (marido, tesouro) *100 vezes* melhor, se eu *tivesse esperado* (em contraste à pressa da cunhada). Eu teria podido comprar *três* homens como esse com esse dinheiro (o dote)!". Percebemos que nesse sonho os números alteraram o significado e o contexto em um grau muito mais elevado do que no sonho tratado anteriormente. O trabalho de transformação e de deformação do sonho foi muito mais abundante nesse caso, o que interpretamos assim: esses pensamentos de sonho precisaram superar um grau particularmente elevado de resistência intrapsíquica até sua figuração. Também não queremos ignorar que nesse sonho está contido um elemento absurdo, a saber, que *duas* pessoas querem tomar *três* lugares. Estaremos nos adiantando na interpretação do absurdo no sonho se indicarmos que esse detalhe absurdo do conteúdo do sonho está aí para figurar o pensamento de sonho mais enfatizado: foi *absurdo* casar-se tão cedo. O 3, contido em uma relação secundária entre as duas pessoas comparadas (três meses de diferença de idade), foi utilizado de maneira engenhosa para a produção do absurdo exigido pelo sonho. A redução dos reais 150 fl. para 1 fl. 50 kr. corresponde à *depreciação* do marido (ou do tesouro) nos pensamentos reprimidos da sonhadora.

III

Outro exemplo nos apresenta a aritmética do sonho, que lhe trouxe tanto descrédito. Um homem sonha: *Ele está sentado à mesa na casa dos B...* (uma família de suas antigas relações) *e diz: Foi um absurdo que o senhor não me tenha dado a Mali. Em seguida ele pergunta à moça: Então, que idade a senhora tem? Resposta: Nasci em* ***1882****. – Ah, então a senhora tem* ***28*** *anos.*

Tendo em vista que o sonho aconteceu em 1898, é evidente que isso está mal calculado, e a fragilidade em calcular do sonhador pode equiparar-se a dede um paralítico, se ela não puder ser explicada de outra maneira. Meu paciente pertencia àquele tipo de pessoa cujos pensamentos não podem deixar em paz nenhuma mulher vista. Durante alguns meses, a paciente que regularmente o sucedia nas visitas ao meu consultório era uma jovem dama que ele encontrava, sobre a qual ele se informava com frequência e em relação à qual ele queria ser gentil a todo custo. Ela era aquela cuja idade ele estimou em **28** anos. Isso é suficiente para o esclarecimento do resultado do cálculo. Mas **1882** foi ano em que ele se casou. Ele também não conseguia deixar de iniciar conversas com as duas outras mulheres que ele encontrava em minha casa, as duas empregadas, de modo algum jovens, que alternadamente costumavam abrir-lhe a porta, e, quando ele as achou pouco confiáveis, deu-se a explicação de que elas o tinham como um senhor mais velho e "*assentado*".

IV [1911]

Outro sonho, que se caracteriza pela determinação transparente, ou, muito mais, pela sobredeterminação, eu devo, juntamente à sua interpretação, ao senhor B. Dattner:

"*Meu senhorio, guarda de segurança do conselho municipal, sonha que está de serviço na rua, o que é uma realização de desejo. Nisso, vem em sua direção um inspetor que tem no colarinho os números* **22** *seguido de* **62** *ou* **26**. *Mas, de qualquer forma, havia lá vários 2.*

"A fragmentação do número **2262** na reprodução do sonho já permite concluir que esses componentes possuem um significado separado. Ocorre-lhe a ideia de que ontem, no trabalho, eles tinham falado sobre a duração de seu tempo de serviço. A causa tinha sido um inspetor que se aposentou com **62** anos. O sonhador só tem **22** anos de serviço e precisa ainda de 2 anos e 2 meses para conseguir uma pensão de 90%. O sonho lhe passa a ilusão, em primeiro lugar, da realização de um desejo há muito acalentado, o posto de inspetor. O oficial superior que tem no colarinho o número **2262** é ele mesmo, ele cumpre o seu serviço na rua, o que também é um desejo favorito, serviu seus **2** anos e **2** meses, e agora pode, como o inspetor de **62** anos, deixar o cargo com pensão integral".[i] [1911]

Se reunirmos esses exemplos e outros (que virão mais tarde), poderemos dizer: o trabalho do sonho não calcula de forma alguma, nem correta nem incorretamente; ele apenas compõe, na forma de um cálculo, números que aparecem nos pensamentos do sonho e que podem servir como alusões a um material não figurável. Ao fazê-lo, ele trata os números como material para expressar os seus propósitos, exatamente da mesma maneira que todas as outras representações, incluindo os nomes, bem como as falas reconhecidas como representações-palavra [*Wortvorstellungen*].

Pois o trabalho do sonho tampouco pode criar qualquer fala nova. Não importa quanta fala ou réplica possa aparecer no sonho que seja em si sensata ou irracional, a análise nos mostra, a cada vez, que nesse processo o sonho apenas tomou dos pensamentos do sonho fragmentos de falas realmente mantidas ou ouvidas e procedeu com eles de maneira extremamente arbitrária. Ele não

---

[i] [Nota acrescentada em 1914:] Para análises de outros sonhos com números, ver Jung [Ein Beitrag zur Kenntnis des Zahlentraumes (Contribuição ao conhecimento do sonho com números). *Zbl. Psychoanal.*, 1911, 1, p 567-572], Marcinowski [Drei Romane in Zahlen (Três romances de números). *Zbl. Psychoanal.*, 1912, 2, p. 619-638] e outros. Esses sonhos pressupõem, com muita frequência, operações numéricas muito complicadas que, no entanto, são efetuadas pelo sonhador com uma segurança desconcertante. Cf. também Jones. Über Unbewußte Zahlenbehandlung [Sobre o tratamento inconsciente dos números] (*Zentralbl. f. PsA.*, II, 1912, p. 241 e ss.).

apenas os arrancou de seu contexto e os fragmentou, acolhendo um pedaço e rejeitando outro, mas também muitas vezes reúne outros, de modo que a fala do sonho que parece coesa se decompõe na análise em três ou quatro fragmentos. Nessa nova utilização, ele muitas vezes deixa de lado o sentido que as palavras tinham nos pensamentos do sonho e extrai do enunciado literal um sentido completamente novo.[i] Examinando mais de perto, distinguimos na fala do sonho componentes mais nítidos e mais compactos de outros, que servem como meios de ligação e provavelmente foram completados, tal como, quando lemos, completamos as letras e sílabas que faltam. Assim, a fala no sonho tem a estrutura de uma rocha composta, na qual fragmentos maiores de material diverso são unidos por uma massa intermediária endurecida.

Entretanto, essa descrição só é rigorosamente correta para aquelas palavras no sonho que têm algo do caráter sensível da fala e que são descritas como "falas". As outras, que não são percebidas como tendo sido ouvidas ou faladas (que não são acompanhadas de nenhuma ênfase acústica ou motora), são simplesmente pensamentos, tal como eles aparecem em nossa atividade de pensar no estado de vigília e passam para muitos sonhos sem ser modificados. Para o material de fala do sonho que é mantido indiferenciado,

---

[i] [Nota acrescentada em 1909:] A neurose procede também da mesma maneira que o sonho. Conheço uma paciente cujo sofrimento é ouvir (alucinar), involuntária e relutantemente, canções ou pedaços delas, sem poder compreender o significado que possam ter para a sua vida anímica. A propósito, ela certamente não é paranoica. A análise mostra então que ela fez um uso impróprio do texto dessas canções, por meio de certas licenças. "Baixinho, baixinho, piedosa melodia" [Leise, leise, fromme Weise]. Isso significa para o seu inconsciente: piedosa órfã, e esta é ela própria. "Ó bem-aventurada, ó feliz" [Oh du selige, oh du fröhliche] é o início de uma canção de Natal; como ela não prossegue até "época de Natal", ela a converte em uma canção nupcial etc. – O mesmo mecanismo de deformação pode, além disso, impor-se também sem alucinação, pela mera ideia que ocorre. Por que uma de minhas pacientes era assediada pela lembrança de um poema que ela teve de aprender quando jovem:

> Nächtlich am Busento lispeln... [À noite, em Busento, sussurram...]? Porque a fantasia se contenta com um pedaço dessa citação: Nächtlich am Busen [À noite, no seio]. Sabemos que o chiste parodístico não renunciou a esse pouquinho de técnica. As Fliegenden Blättern [As Folhas que Voam, revista humorística] trouxeram certa vez, entre as suas ilustrações dos "clássicos" alemães, uma que se referia ao "Siegesfest" [Festejo da vitória], de Schiller, e cuja citação foi interrompida antes do fim.
>
> *Und des Frisch erkämpften Weibes / Freut sich der Atrid und strickt.*
>
> [Pela mulher recentemente conquistada / O Átrida se alegra e tricota]

Continuação:

> *Um den Reiz des schönen Leibes / Seine Arme hochbeglückt*
>
> [Em torno dos encantos do seu corpo / seus braços radiantes de alegria].

a leitura também parece ser uma fonte de fluxo abundante e difícil de rastrear. Mas tudo o que se sobressai no sonho de maneira mais ou menos chamativa como fala é suscetível de ser remetido à fala real, realizada ou ouvida pela própria pessoa.

Exemplos da derivação de falas oníricas como essas já encontramos na análise dos sonhos que foram comunicados para outras finalidades. Assim, o "sonho inocente do mercado" [*harmlosen Markttraum*], à p. 216, no qual a fala: *Isso não temos mais* serve para me identificar com o açougueiro, enquanto uma parte da outra fala: "*Não conheço isso, não vou levar*" cumpre perfeitamente a tarefa de tornar o sonho inofensivo. De fato, no dia anterior, a sonhadora tinha rejeitado uma impertinência qualquer de sua cozinheira com as palavras: "*Isso eu não conheço, comporte-se de maneira conveniente*", e dessa fala ela tomou então no sonho a primeira parte aparentemente indiferente, para com ela fazer alusão à parte seguinte, que se harmonizava bem com a fantasia subjacente ao sonho, mas que a teria revelado.

Agora um exemplo semelhante, no lugar de muitos, pois todos resultam no mesmo:

Um grande pátio onde cadáveres são queimados. Ele diz: "Estou indo embora, não consigo ver isso" (nenhuma fala nítida). *Então ele encontra dois meninos açougueiros e pergunta: E aí, estava gostoso? Um deles responde: "Pois é, não estava bom". Como se tivesse sido carne humana.*

O motivo inocente desse sonho é o seguinte: depois da refeição da noite, ele faz com sua esposa uma visita aos excelentes vizinhos, mas de forma alguma *apetitosos*. A velha dama hospitaleira encontra-se justamente jantando e o *força* (entre homens usa-se jocosamente para isso uma palavra composta, de significado sexual) [*notzüchtigen* = castigar] a provar um pouco. Ele recusa, dizendo que não tem mais nenhum apetite. "*Ora, saia pra lá*, o senhor ainda aguenta isso", ou algo parecido. Ele precisa, portanto, provar, e elogia em seguida, diante dela, o que lhe foi oferecido. "*Mas isso estava bom.*" De novo a sós com sua esposa, ele se queixa resmungando, tanto contra a insistência da vizinha quanto contra a qualidade da comida que ele provou. "Não consigo ver isso", que também no sonho não aparece como fala efetiva, é um pensamento que se refere aos encantos corporais da dama que fez o convite, e que, se traduzido, resultaria em que ele não deseja olhar para ela.

Ainda mais instrutiva vai se revelar a análise de outro sonho que, em razão da fala muito nítida que constitui seu ponto central, já vou comunicar nesta passagem, mas que só vou esclarecer quando estivermos apreciando os afetos no sonho. Eu sonhei com muita clareza: *Fui de noite ao laboratório de Brücke e, depois de ouvir uma batida suave, abro a porta ao* (falecido) *professor Fleischl, que entra com vários desconhecidos e, depois de algumas palavras, senta-se à sua mesa.* Segue-se então outro sonho: *Meu amigo F. veio em julho discretamente a Viena; encontro-o na rua conversando com meu* (falecido) *amigo P. e vou com eles a algum lugar, onde eles se sentam face a face como que em uma pequena mesa, e eu na frente, na parte mais estreita da mesinha. F. conta sobre a sua irmã e diz: "Ela morreu em 45 minutos", e depois disse alguma coisa como: "Este é o limiar". Como P. não o entende, F. volta-se para mim e me pergunta quanto de seus assuntos eu tinha, afinal, comunicado ao P. Ao que eu, tomado por afetos curiosos, quero comunicar a F. que P. (certamente não pode saber de nada, porque ele) nem mesmo vivo está. Mas digo, percebendo eu mesmo o erro:* **Non vixit** [Não viveu]. *Olho então para P. de uma maneira penetrante, e sob o meu olhar ele fica pálido, difuso, seus olhos vão adquirindo um azul doentio – e finalmente ele se dissolve. Com isso, eu sinto uma alegria incomum, e entendo agora que também Ernst Fleischl era apenas uma aparição, um fantasma que retorna, e acho inteiramente possível que uma pessoa como essa só exista pelo tempo que se queira, e que ela possa ser eliminada pelo desejo do outro.*

Esse belo sonho reúne tantos dos caracteres enigmáticos relativos ao conteúdo do sonho – a crítica que faço, durante o próprio sonho, de que eu mesmo percebo o meu erro de dizer "*Non vixit*" [Não viveu], em vez de "*Non vivit*" [Não vive], o contato despreocupado com os falecidos, que o próprio sonho declara falecidos, o absurdo da conclusão final e a grande satisfação que esta me proporcionou – que eu "daria minha vida com prazer" em troca de poder comunicar a completa resolução desses enigmas. Mas na realidade sou incapaz de fazer isso – o que, a propósito, eu faço no sonho –, ou seja, sacrificar à minha ambição a consideração por pessoas tão caras. No entanto, qualquer dissimulação destruiria o sentido do sonho, que certamente conheço bem. Contentei-me, então, em extrair, primeiro aqui e depois em uma passagem posterior, alguns elementos do sonho para interpretá-los.

O centro do sonho forma uma cena na qual eu aniquilo P. com um olhar. Com isso, seus olhos se tornam curiosa e inquietantemente azuis, e em seguida ele se dissolve. Essa cena é a imitação inequívoca de uma cena realmente vivida. Eu era instrutor no Instituto de Fisiologia, entrava no serviço nas primeiras horas da manhã, e Brücke ficou sabendo que algumas vezes eu tinha chegado tarde ao laboratório dos alunos. Certo dia ele chegou pontualmente na hora da abertura e esperou por mim. O que ele me disse foi curto e categórico; mas as palavras não importavam de modo algum. O aniquilador foram os terríveis olhos azuis, com os quais ele me olhava e diante dos quais eu desapareci – como P. no sonho que, para o meu alívio, trocou os papéis. Quem puder se lembrar dos olhos do grande mestre, que permaneceram maravilhosos até a velhice, e que alguma vez o tenha visto encolerizado, poderá facilmente colocar-se no lugar dos afetos do jovem pecador daquela época.

Entretanto, por muito tempo não consegui encontrar a proveniência do "*Non vixit*" com o qual, no sonho, eu profiro aquela sentença, até que me recordei que essas duas palavras tinham, no sonho, um alto grau de nitidez, não como palavras ouvidas ou proferidas, mas como *vistas*. Então eu soube imediatamente de onde elas vinham. No pedestal do monumento ao imperador José, no Palácio Imperial de Viena, podemos ler estas belas palavras:

> *Saluti patriae* **vixit**
> **non** *diu sed totus*[i]
>
> [Não viveu muito tempo,
> mas viveu inteiramente para o bem da pátria]

Dessa inscrição eu escolhi aquilo que convinha àquela única série de pensamentos hostis em meus pensamentos de sonho, e que era: esse sujeito não tem nada que se intrometer, ele nem sequer está vivo. Consegui, então, lembrar que o sonho foi sonhado poucos dias depois da inauguração do monumento a Fleischl nas arcadas da universidade, ocasião em que eu tinha visto novamente o monumento a Brücke, e (no inconsciente) devo ter considerado com pesar que meu amigo P., altamente dotado e inteiramente dedicado à ciência, tinha perdido, por sua morte prematura, seu justificado

---

[i] [Nota acrescentada em 1925:] A inscrição exata é:
Saluti publicae vixit
non diu sed totus

[Ele não viveu muito tempo,
mas viveu inteiramente para o bem publicado público]
Parece que o motivo do ato falho *[Fehlleistung]*: "*patriae*" por "*publicae*" foi descoberto de maneira pertinente por Wittels.

direito a um monumento nesse lugar. Então erigi a ele esse monumento no sonho; o primeiro nome do meu amigo P. era José.[i]

De acordo com as regras de interpretação do sonho, eu ainda não estaria autorizado a substituir o "*non vivit*", de que eu precisava, por "*non vixit*", que a lembrança do monumento a José colocava à minha disposição. Outro elemento dos pensamentos do sonho deve tê-lo tornado possível através da sua contribuição. Algo me manda atentar para o fato de que na cena do sonho se conjugam uma corrente de pensamentos hostis e uma corrente de pensamentos ternos em relação ao meu amigo P., a primeira superficial, a última encoberta, e alcançam a sua figuração nas mesmas palavras: "*non vixit*". Por causa de seus méritos na ciência, erijo-lhe um monumento; mas, porque ele se tornou culpado de um desejo maligno (que é expresso no final do sonho), eu o aniquilo. Eu formei nesse caso uma frase com um som muito particular, para o qual um modelo deve ter me influenciado. Onde é que se encontra uma antítese semelhante, colocar uma ao lado da outra duas reações opostas em relação à mesma pessoa, as duas com a pretensão de estarem inteiramente justificadas, e ao mesmo tempo não querendo perturbar-se uma à outra? Em uma única passagem, mas que deixa uma marca profunda no leitor; na fala de justificação de Brutus, no *Júlio César*, de Shakespeare: "Porque César me amou, choro por ele, porque foi feliz, alegro-me, porque foi valente, eu o respeito, mas, porque era ávido por poder, eu o abati". Essa não é a mesma estrutura de frase e oposição de pensamentos como a que eu mostrei no pensamento do sonho? Eu estou, portanto, fazendo o papel de Brutus no sonho. Se apenas eu conseguisse encontrar no conteúdo do sonho outra pista que confirmasse essa surpreendente ligação colateral! Penso que ela poderia ser a seguinte: meu amigo F. vem para Viena em *julho*. Esse detalhe não encontra nenhum apoio na realidade. Meu amigo nunca esteve em Viena no mês de *julho*, até onde eu sei. Mas o mês de *julho* é assim chamado a partir de *Júlio César*, e por isso poderia muito bem representar a alusão que procuro, ao pensamento intermediário, a de que eu faço o papel de Brutus.[ii]

E o que é curioso é que uma vez eu realmente fiz o papel de Brutus. Representei a cena de Brutus e César, dos poemas de Schiller, diante de

---

[i] Como contribuição à sobredeterminação: a minha desculpa por ter chegado atrasado era que, depois de uma longa noite de trabalho, eu tinha de fazer de manhã o longo caminho que ia da *Kaiser-Josef*-Straße [Rua do Imperador Josef] até a Währinger Straße.

[ii] Ao que se acrescenta: *Cäsar* – *Kaiser* [César – imperador].

um auditório de crianças, quando eu era um jovem de 14 anos, com o meu sobrinho um ano mais velho, que na época veio da Inglaterra nos visitar – também um *revenant* [fantasma] –, pois era o companheiro de brincadeiras dos meus primeiros anos de infância, a qual, com ele, ressurgia. Até eu completar 3 anos, nós éramos inseparáveis, amávamos um ao outro e brigávamos um com o outro, e essa relação infantil, como já indiquei uma vez, decidiu sobre todos os meus sentimentos posteriores no contato com companheiros da mesma idade. Meu sobrinho John encontrou deste então várias encarnações, que ora reavivavam este, ora aquele lado de sua essência, fixada de maneira indelével em minha lembrança inconsciente. Ele deve ter me tratado muito mal por um tempo, e eu devo ter mostrado coragem contra o meu tirano, pois anos mais tarde contaram-me várias vezes sobre uma fala de justificativa com a qual eu me defendia quando meu pai – seu avô – me pedia explicações: Por que você bate no John? Essa fala se enunciava, na língua do menino que ainda não tinha 2 anos: *Eu bati nele porque ele me bateu.* Deve ser essa cena infantil que desvia "*non vivit*" para "*non vixit*", pois, na língua dos anos posteriores da infância, para "*bater*" [*schlagen*] se diz, de fato, "*wichsen*" [sova/masturbação]; o trabalho do sonho não hesita em se servir dessas conexões. A hostilidade, na realidade pouco justificada, contra meu amigo P., que era muitas vezes superior a mim, e por isso também podia fornecer uma reedição do companheiro de brincadeiras, remonta certamente à complicada relação infantil com John.

Portanto ainda retornarei a esse sonho.

G
SONHOS ABSURDOS – REALIZAÇÕES INTELECTUAIS NO SONHO[29]

Em nossas interpretações de sonhos até agora, deparamo-nos com tanta frequência com o elemento do *absurdo* que não queremos adiar por mais tempo a investigação sobre de onde ele provém e o que ele pode significar. Lembramo-nos certamente de que o absurdo nos sonhos forneceu àqueles que negam seu valor um argumento principal para não ver no sonho nada além de um produto sem sentido de uma atividade intelectual reduzida e fragmentada.

Inicio com alguns exemplos nos quais o absurdo do conteúdo do sonho é apenas uma aparência que se desfaz imediatamente quando nos aprofundamos de maneira mais cuidadosa no sentido do sonho. Esses são alguns sonhos que – como se pensa de início, por acaso – tratam do pai morto.

I

Sonho de um paciente que havia perdido seu pai seis anos antes:

Aconteceu ao pai um grande infortúnio. Ele viajava num trem noturno, quando ocorreu um descarrilhamento, em que os assentos se entrechocaram e sua cabeça foi comprimida nos lados. Ele o vê então deitado na cama, com uma ferida sobre o arco da sobrancelha esquerda que se estendia verticalmente. Ele se espanta com o fato de o pai ter passado por um acidente (*visto que ele já havia morrido*, como ele complementa no relato). *Os olhos estão bem claros.*

De acordo com a opinião dominante sobre os sonhos, teria sido possível esclarecer esse conteúdo de sonho da seguinte maneira: o sonhador esqueceu, enquanto imaginou o acidente de seu pai, que este já se encontrava no túmulo havia anos; no decorrer do sonho, essa lembrança é despertada e tem como efeito que ele se espante com seu próprio sonho, estando ainda sonhando. Mas a análise ensina que é acima de tudo supérfluo recorrer a explicações como essas. O sonhador tinha encomendado a um artista um *busto* de seu pai, que ele examinou dois dias antes do sonho. Foi esse busto que lhe pareceu um *desastre*. O escultor nunca tinha visto o pai, ele estava trabalhando a partir de fotografias que lhe foram mostradas. No dia anterior ao próprio sonho, o filho, em toda a sua piedade, enviou ao ateliê um velho criado da família, para ver se ele faria o mesmo julgamento sobre a cabeça de mármore, a saber, que *ela tinha ficado muito estreita nos lados*, de têmpora a têmpora. Segue-se então o material de lembrança que contribuiu para a construção desse sonho. O pai, quando estava atormentado por preocupações sobre negócios ou com dificuldades na família, tinha o costume de pressionar as duas mãos contra as têmporas, como se ele sentisse a sua cabeça muito larga e a quisesse comprimir. – Quando era uma criança de 4 anos, nosso sonhador estava presente quando o disparo de uma pistola carregada casualmente escureceu os olhos do pai (*os olhos estão bem claros*). – No lugar em que o sonho mostra o ferimento do pai, este, quando vivo, e quando estava pensativo ou triste, dava a ver um profundo sulco longitudinal. Que esse sulco seja substituído no sonho por uma ferida aponta para o segundo elemento que ocasionou o sonho. O sonhador tinha fotografado a sua filhinha; a chapa caiu de suas mãos e apresentou, quando ele a apanhou, uma rachadura que se estendia, como um sulco vertical, sobre a testa da pequena, até o arco da sobrancelha. Ele não pôde se defender de pressentimentos supersticiosos, pois, um dia antes da morte da mãe, a chapa fotográfica com a imagem dela havia se quebrado.

O absurdo desse sonho é, portanto, um mero resultado de uma negligência da expressão linguística, que não quer diferenciar a pessoa de seu busto e de sua fotografia. Todos estamos acostumados a falar assim: Você não acha que o papai saiu bem na foto? É evidente que poderia facilmente ter sido evitada a aparência de absurdo nesse sonho. Se fosse permitido julgar a partir de uma única experiência, eu gostaria de dizer que essa aparência de absurdo é admitida ou deliberada.

II

Agora um segundo exemplo, bastante semelhante, tomado de meus próprios sonhos: (Perdi meu pai em 1896.)

Depois de sua morte, meu pai desempenhou influência política entre os magiares, ele os uniu politicamente, em relação ao que vejo uma pequena imagem sem nitidez: *uma multidão, como no Parlamento; uma pessoa que está em pé sobre uma ou duas cadeiras, outras estão em volta dele. Lembro-me de que, em seu leito de morte, ele se parecia muito com Garibaldi, e me alegro com que esse augúrio tenha de fato se tornado verdadeiro.*

Isso é suficientemente absurdo. Foi sonhado na época em que os húngaros ingressaram em um estado de ilegalidade causado por uma *obstrução* parlamentar e atravessaram aquela crise, da qual Koloman Széll os livrou. A circunstância trivial de que a cena vista no sonho se constitua de imagens tão pequenas não é sem significado para o esclarecimento desse elemento. A costumeira figuração visual de nossos pensamentos no sonho produz imagens que nos dão a impressão aproximada do tamanho natural; mas meu sonho é a reprodução de uma gravura em madeira inserida no texto de uma história ilustrada da Áustria que figura Maria Teresa no Parlamento de Pressburg, a famosa cena do "*Moriamur pro rege nostro*" [Morreremos por nosso rei].[i] Assim como Maria Teresa, meu pai está no sonho rodeado

[i] Não sei mais dizer em qual autor eu encontrei mencionado um sonho repleto de figuras inusualmente pequenas, e cuja fonte revelou-se como sendo uma das gravuras de Jacques Callot, que o sonhador havia contemplado durante o dia. De fato, essas gravuras contêm um sem número de figuras muito pequenas; uma série dessas gravuras trata dos horrores da Guerra dos Trinta Anos.

pela multidão; mas ele está em pé sobre uma ou duas cadeiras, portanto, como *juiz-presidente*. (Ele os tinha *unido*: – aqui serve de intermediária a expressão da fala: Não precisaremos de nenhum *juiz*.) Que em seu leito de morte ele se parecia muito com Garibaldi nós todos que estávamos em volta dele realmente o percebemos. Ele teve um aumento de temperatura *post mortem*, suas bochechas brilhavam, cada vez mais vermelhas... e involuntariamente nós prosseguimos: "E por trás dele, com uma aparência sem essência, aquilo que nos subjuga a todos, o corriqueiro" [*Und hinter ihm, in wesenlosem Scheine lag, was uns alle bändigt, das Gemeine*].

Essa elevação de nossos pensamentos nos prepara para o fato de que devemos ter de lidar justamente com o "vulgar". O "*post mortem*" da elevação da temperatura corresponde às palavras "*depois de sua morte*" no conteúdo do sonho. O mais torturante de seus sofrimentos foi a total paralisia do intestino (*obstrução*) nas últimas semanas. A esta se conectam todos os tipos de pensamentos irreverentes. Um companheiro de minha idade, que, quando ainda era aluno de ginásio, perdeu seu pai, ocasião em que, profundamente comovido, eu lhe ofereci a minha amizade, contou-me certa vez, com sarcasmo, sobre a dor de uma parente cujo pai morreu na rua e foi levado para casa, onde depois, ao se desvestir o cadáver, descobriu-se que, no momento da morte, ou *post mortem*, ocorreu uma *evacuação intestinal*. A filha ficou tão profundamente desgostosa com isso que esse detalhe hediondo deve ter perturbado a sua lembrança do pai. Desse modo, avançamos até o desejo que se encarna nesse sonho. *Parecer limpo e grande depois de sua morte diante de seus filhos*, quem não gostaria de desejar isso? Onde foi parar o absurdo desse sonho? Sua aparência de absurdo só se produziu pelo fato de que foi fielmente figurada no sonho uma expressão plenamente aceitável, com a qual estamos habituados a não fazer caso do absurdo que possa estar presente entre seus componentes. Aqui também não podemos rejeitar a impressão de que a aparência de absurdo foi pretendida e intencionalmente evocada.

A frequência com que no sonho pessoas mortas aparecem como vivas, agem e têm contato conosco provocou um assombro indevido e produziu explicações extraordinárias que iluminam notavelmente a nossa incompreensão do sonho. E, no entanto, o esclarecimento desses sonhos é muito evidente. Quantas vezes nos pegamos pensando: *se* meu pai ainda estivesse vivo, o que ele diria sobre isso? Esse *se* o sonho não pode figurar de outra maneira a não ser através do tempo presente, em uma determinada situação. É assim que, por exemplo, um homem jovem, a quem o avô deixou uma grande herança, sonha, numa ocasião em que ele se recriminava por um gasto significativo de dinheiro, que o avô está vivo de novo e lhe pede prestação de contras. O que consideramos um protesto contra o sonho, a objeção, vinda da nossa melhor certeza, de que esse homem de fato já está morto, é, na realidade, o pensamento consolador, de que o falecido não precisava vivenciar isso, ou a satisfação por ele não mais interferir em nada. [Parágrafo acrescentado em 1909 e integrado ao texto em 1930.]

Outra espécie de absurdo que se encontra em sonhos com familiares mortos não expressa zombaria e escárnio, mas serve à recusa mais extrema à figuração de um pensamento recalcado, que gostaríamos de apresentar como o que há de mais impensável. Sonhos dessa espécie só parecem passíveis de solução se nos lembrarmos de que o sonho não faz diferença entre o que é desejado e o que é real. Então, por exemplo, um homem que tinha cuidado de seu pai durante a sua enfermidade e que tinha sofrido muito com a sua morte sonha, um tempo depois, o seguinte sonho absurdo: *O pai estava vivo de novo e falava com ele normalmente, mas* (o estranho é que) *na verdade ele tinha morrido e apenas não sabia disso.* Compreenderemos esse sonho se, depois de "na verdade ele tinha morrido", acrescentarmos: *em consequência do desejo do sonhador*, e se completarmos, depois de "ele não sabia disso", que o sonhador tinha esse desejo. Enquanto cuidava do doente, o filho desejou repetidas vezes que o pai morresse, isto é, na verdade tinha tido o pensamento piedoso de que a morte poderia finalmente dar um fim a esse tormento. No luto depois da morte, esse mesmo desejo de compaixão tornou-se recriminação inconsciente, como se, por meio desse desejo, ele tivesse contribuído para abreviar a vida do doente. Através da evocação das mais remotas moções infantis em relação ao pai, foi possível expressar essa recriminação como sonho, mas, justamente por causa da imensa oposição entre o incitador do sonho e o pensamento do dia, esse sonho teve de tomar uma aparência tão absurda. (Cf. a esse respeito: "Formulações sobre os dois princípios do acontecimento psíquico" [Formulierungen über die zwei Prinzipien des psychischen Geschehens]. *Jahrbuch f. PsA.*, III, 1911. *Ges. Werke*, v. VIII.) [Parágrafo acrescentado em nota em 1911 e integrado ao texto em 1930.]

Os sonhos com entes queridos mortos colocam problemas em geral difíceis à interpretação do sonho, cuja solução nem sempre é satisfatoriamente bem-sucedida. A razão para isso deve ser procurada na ambivalência de sentimentos de cunho particularmente acentuado que dominam a relação do sonhador com o morto. É muito comum em sonhos como esses que o morto seja tratado primeiro como se estivesse vivo, e que depois se diga de repente que ele está morto, e que na continuação do sonho ele entretanto esteja vivo. Isso tem um efeito desorientador. Finalmente descobri que essa alternância de morte e vida está aí para figurar a *indiferença* do sonhador ("Para mim dá no mesmo, se ele está vivo ou morto"). Naturalmente essa indiferença não é real, mas desejada, ela deve ajudar a recusar [*verleugnen*] as configurações sentimentais muito intensas e com frequência opostas do sonhador, e assim ela se torna a figuração onírica de sua *ambivalência*. Para outros sonhos em que temos contato com mortos, a regra seguinte muitas vezes serviu de orientação: quando no sonho não se é advertido de que o morto está morto, o sonhador se iguala ao morto, ele sonha com a sua própria morte. A recordação ou o espanto que repentinamente surgirem no sonho: "Mas ele já morreu há muito tempo" é uma cautela contra essa condição comum e uma recusa ao significado de morte para o sonhador. Mas confesso ter a impressão de que a interpretação do sonho ainda está longe de ter extraído todos os seus segredos dos sonhos com esse conteúdo. [Parágrafo acrescentado em nota em 1919 e integrado ao texto em 1930.]

III

No exemplo que vou desenvolver agora, pude flagrar o trabalho do sonho fabricando intencionalmente um absurdo para o qual não há nenhum fator ocasionante que dê ensejo ao no material. Ele provém do sonho que foi provocado pelo encontro com o conde Thun, antes de minha viagem de férias (p. 237). "*Estou em uma carruagem e dou ao cocheiro a ordem para ir a uma estação de trem.* 'Pela linha férrea em si, naturalmente, não posso ir com o senhor', *eu lhe digo, depois de ele ter levantado uma objeção, como se eu o tivesse fatigado; nisso, era como se eu já tivesse feito com ele um trajeto que normalmente se faz de trem.*" Para essa história confusa e absurda, a análise dá os seguintes esclarecimentos: nesse dia, eu tinha tomado um cabriolé que devia me levar a Dornbach, até uma rua afastada. Mas o cocheiro não conhecia o caminho e, no estilo dessas boas pessoas, seguiu sempre em frente, até que me dei conta e mostrei-lhe o caminho, sem deixar de lhe fazer algumas observações zombeteiras. A partir do cocheiro, trama-se uma ligação de pensamento até os aristocratas, a qual eu ainda vou encontrar mais tarde. Provisoriamente, apenas a indicação de que, para nós, da plebe burguesa, a aristocracia se torna notável por se colocar preferencialmente no lugar do cocheiro. Com efeito, o conde Thun também dirige a "Carruagem do Estado" [*Staatswagen*] da Áustria. Mas a frase que se segue no sonho refere-se ao meu irmão, que eu identifico, portanto, com o cocheiro. Esse ano eu tinha cancelado a nossa viagem juntos à Itália ("Não posso ir com o senhor no trajeto da própria via férrea"), e esse cancelamento foi uma espécie de punição por sua queixa de sempre, de que nessas viagens eu costumo *fatigá-lo* (o que entra no sonho sem modificação), quando lhe imponho mudanças muito rápidas de lugar, muitas coisas belas num só dia. Meu irmão tinha me acompanhado até a estação nesse dia, mas tinha descido um pouco antes na estação de trem urbano, Estação Oeste, para pegar o bonde para Purkersdorf. Eu lhe observei que ele podia ficar mais um pouco de tempo comigo, se não fosse a Purkersdorf com o bonde, mas com o trem da linha Oeste. Disso tudo chegou até o sonho que eu viajei de carruagem por um trajeto *que normalmente se faz de trem*. Na realidade, foi o inverso (e "*na direção inversa também se vai*" [*umgekehrt ist auch gefahren* = provérbio em alemão]); eu tinha dito ao meu irmão: O trecho que você vai fazer de trem você também pode fazer na minha companhia pelo trem Oeste. Arranjei toda a confusão do sonho, inserindo no sonho, em lugar de "trem urbano" – "carruagem", o que, por outro lado, auxilia enormemente na contração do cocheiro com meu irmão. Então consigo descobrir algo disparatado no sonho, difícil de desenredar no momento da explicação e que produz quase que uma contradição com uma fala minha anterior ("*Não posso ir com o senhor no trajeto da própria via férrea*"). Mas, tendo em vista que não preciso absolutamente trocar bonde por carruagem, devo ter forjado essa história enigmática intencionalmente desse modo no sonho.

Mas com que intenção? Agora vamos saber o que significa o absurdo no sonho, e por quais motivos ele é admitido ou criado. A solução do segredo no caso presente é a seguinte: eu preciso no sonho de um absurdo e de alguma coisa incompreensível em ligação com o "*fahren*" [ir/vir, deslocar-se com um veículo], porque, nos pensamentos do sonho, eu tenho certo julgamento que exige figuração. Uma noite, na casa daquela dama hospitaleira e espirituosa que em outra cena do mesmo sonho aparece como "governanta", ouvi dois enigmas que não pude resolver. Como eles eram conhecidos pelo restante das pessoas, tornei-me, com os esforços infrutíferos para encontrar a solução, um personagem um tanto ridículo. Tratava-se de duas adivinhações com as palavras "*Nachkommen*" [vir depois

= descendentes] e "*Vorfahren*" [ir na frente (veículo) = os que vêm antes = antepassados]. Acredito que se enunciavam assim:

O amo o ordena [*Der Herr befiehlt's*],
O cocheiro o faz [*Der Kutcher tut's*].
Todo mundo o tem [*Ein jeder hat's*],
Ele repousa na tumba [*Im Grabe ruht's*].
(Antepassados.) [*Vorfahren.*]

O que confundia era que o segundo enigma, em uma metade, era idêntico ao primeiro:

O amo o ordena [*Der Herr befiehlt's*],
O cocheiro o faz [*Der Kutcher tut's*].
Nem todos o têm [*Nicht jeder hat's*],
Ele repousa no berço [*In der Wiege ruht's*].
(Descendentes.) [*Nachkommen.*]

Quando então vi o conde Thun *tomar a dianteira* [*vorfahren*] com tanta imponência, entrei no estado de espírito de *Fígaro*, que encontrava o mérito dos grandes senhores no fato de terem se dado ao trabalho de haver nascido (de serem *descendentes* [*Nachkommen*]), esses dois enigmas tornaram-se pensamentos intermediários para o trabalho do sonho. Tendo em vista que podemos facilmente confundir aristocratas com cocheiros, e que antigamente tínhamos o costume, em nossas regiões, de chamar o cocheiro de "senhor cunhado" [*Herr Schwager*], o trabalho de condensação pôde incluir o meu irmão na mesma figuração. Mas o pensamento do sonho que estava agindo por detrás de tudo era: É um absurdo *ter orgulho de seus antepassados. Prefiro ser eu mesmo um antepassado, um fundador de uma linhagem.* Por causa desse julgamento: "É um absurdo!", temos, portanto, o absurdo no sonho. Agora também se resolvia certamente o último enigma dessa passagem obscura do sonho, a de que eu já *tinha andado antes de condução* [*vorher gefahren*] com o cocheiro, já *tinha ido adiante* [*vorgefahren*] com ele.

O sonho então se torna absurdo quando nos pensamentos do sonho aparece, como um dos elementos do conteúdo, o julgamento: Isso é um absurdo, quando, de maneira geral, crítica e zombaria motivam uma linha de pensamentos do sonhador. Com isso, o absurdo se torna um dos meios pelos quais o trabalho do sonho figura a contradição, tal como a inversão de uma relação material entre pensamentos do sonho e conteúdo do sonho, ou como a exploração da sensação de inibição motora. No entanto, o absurdo do sonho não deve ser traduzido por um simples "não", mas deve reproduzir a disposição dos pensamentos do sonho simultaneamente com a contradição de zombar ou rir. Só com essa intenção o trabalho do sonho fornece algo risível. Mais uma vez, ele transforma aqui *uma parte do conteúdo latente em uma forma manifesta.*[i]

Na verdade, já nos deparamos com um exemplo convincente de um significado como esse de um sonho absurdo. Aquele sonho, interpretado sem análise, da apresentação de Wagner que durou até 7h45 da manhã, no qual a orquestra é dirigida a partir de uma torre etc. (cf. p. 354), quer dizer evidentemente: este é um mundo *revirado* e uma sociedade *maluca*. Aquele que o merece não o consegue, e aquele que não se importa o alcança, com isso, a sonhadora tem em vista o seu destino comparando-o com o de sua prima. – Que os primeiros exemplos do absurdo nos sonhos que nos foram oferecidos sejam os do pai morto de forma alguma é também um acaso. Aqui se encontram reunidas de maneira típica as condições para a criação de sonhos absurdos. A autoridade que é própria ao pai provoca muito cedo a crítica dos filhos; as exigências rigorosas que ele coloca levam a criança, para seu alívio, a prestar atenção minuciosa a qualquer fraqueza do pai; mas a piedade que envolve a pessoa do pai para o nosso pensar, especialmente depois de sua morte, torna mais perspicaz a censura que impede que as manifestações dessa crítica se tornem conscientes.

IV

Outro sonho absurdo com o pai morto:

Recebo uma carta do Conselho Municipal de minha cidade natal, referente ao pagamento das despesas de uma internação no hospital no ano **1851**, *necessária por causa de um ataque* tido por alguém *em minha casa. Eu acho isso engraçado, pois, em primeiro lugar, eu ainda não tinha nascido em* **1851**, *e, em segundo lugar, meu pai, a quem isso devia se referir, já está morto. Vou até*

---

[i] O trabalho do sonho parodia, portanto, o pensamento que lhe foi caracterizado como ridículo, criando algo ridículo em relação a ele. De maneira semelhante procede Heine, quando ele quer zombar dos maus versos do rei da Baviera. Ele o faz em versos ainda piores:

O senhor Luis é um grande poeta [*Herr Ludwig ist ein großer Poet*],
Quando ele canta, Apollo se joga [*Und singt er, so stürzt Apollo*]
de joelhos em sua frente, pedindo, implorando [*Vor ihm auf die Knie um bittet und fleht*],
"pare, senão vou ficar louco, oh" [*Halt ein, ich werde sonst toll, oh*].

ele na sala ao lado, onde ele está deitado na cama, e lhe conto o que aconteceu. Para a minha surpresa, ele se lembra de que na época, em **1851**, *ele estava certa vez bêbado e precisou ser preso ou detido. Isso aconteceu quando ele trabalhava para a casa T... Então você também bebia?, perguntei. E logo em seguida você se casou? Calculei que eu de fato tinha nascido em* **1856**, *o que me parece vir imediatamente em seguida.*

De acordo com as últimas discussões, vamos traduzir a maneira insistente como esse sonho exibe seu caráter de absurdo como sinal de uma polêmica particularmente amarga e apaixonada nos pensamentos do sonho. Mas com um espanto ainda maior constatamos que nesse sonho a polêmica é praticada abertamente, e meu pai é caracterizado como sendo a pessoa que se torna o alvo do escárnio. Essa transparência parece contradizer os nossos pressupostos sobre a censura no trabalho do sonho. Mas talvez sirva para esclarecer o fato de que o pai foi aqui apenas uma pessoa utilizada como pretexto, enquanto o conflito se dá com outra pessoa, que vem à luz no sonho através de uma única alusão. Enquanto normalmente o sonho trata da revolta em relação a outras pessoas, por trás das quais se esconde o meu pai, aqui ocorre inverso; meu pai se torna um testa de ferro [*Strohmann*, literalmente" "homem de palha"] para encobrir outras, e, por isso, ao sonho só é permitido ocupar-se da sua pessoa, normalmente sagrada, de maneira tão menos disfarçada porque, nesse caso, está em jogo uma certeza, a de que na realidade não é ele que está em questão. Vamos nos inteirar sobre esse estado de coisas a partir da circunstância que ocasionou o sonho. Ele ocorreu, de fato, depois que fiquei sabendo que um colega mais velho, cujo julgamento é tido como incontestável, expressou-se de forma depreciativa e se surpreendia com o fato de que um de meus pacientes já estaria levando agora *para o quinto ano* o seu trabalho psicanalítico comigo. As frases iniciais do sonho apontam, em um disfarce transparente, para o fato de que esse colega assumiu por algum tempo as obrigações que o pai não podia mais cumprir (*pagamento de despesas, internação no hospital*); e, quando as nossas relações de amizade começaram a se afrouxar, entrei no mesmo conflito de sentimentos que, no caso de uma desavença entre pai e filho, é provocado pela posição e pelas ações anteriores do pai. Os pensamentos do sonho defendem-se, então, amargamente contra a repreensão de que eu *não avanço mais rapidamente*, repreensão que, partindo do tratamento desse paciente, estende-se também a outras coisas. Será que ele conhece alguém que faça isso mais rapidamente? Será que ele não sabe que estados dessa natureza são absolutamente incuráveis com outros meios e duram toda uma vida? O que são *quatro ou cinco anos* em relação à duração de uma vida inteira, ainda mais se a existência do paciente se tornou tão mais fácil durante o tratamento?

A marca do absurdo foi produzida nesse sonho em boa parte pelo fato de que frases de várias partes dos pensamentos do sonho foram alinhadas umas depois das outras sem uma passagem intermediária. Assim, a frase: *Vou até ele no quarto ao lado* etc. abandona o tema de onde são tiradas as frases precedentes e reproduz fielmente as circunstâncias sob quais eu comuniquei ao meu pai ter ficado noivo sem consultá-lo. Essa frase quer me recordar o nobre desprendimento que o velho homem provou ter naquela ocasião e colocá-lo em oposição com a conduta de um outro, uma nova pessoa. Percebo aqui por que ao sonho é permitido zombar de meu pai; é porque, nos pensamentos do sonho, ele é apresentado, com todo o reconhecimento, como modelo a outras pessoas. É da essência de toda censura autorizar que das coisas não permitidas se diga o que não é verdade muito antes da verdade. A frase seguinte, que ele se lembra de ter *bebido certa vez e por isso foi preso*, não contém nada além do que se refere ao meu pai na realidade. A pessoa encoberta por ele é ninguém menos do que o grande – Meynert, cujos passos eu segui com muita veneração, e cuja conduta em relação a mim, depois de um breve período de predileção, alterou-se para uma aberta hostilidade. O sonho me lembra de sua própria comunicação de que, em seus anos de juventude, certa vez ele se entregou ao hábito de *entorpecer-se com clorofórmio*, e por isso teve de procurar uma instituição, e me lembra de uma segunda vivência que tive com ele pouco antes de seu fim. Eu tinha mantido com ele uma acirrada contenda em matéria de histeria masculina, que ele negava [*leugnete*], e, ao lhe visitar quando estava moribundo e lhe perguntar por seu estado, ele se demorou na descrição de suas condições e concluiu com as palavras: "O senhor sabe, eu fui sempre um dos mais belos casos de histeria masculina". Assim, para a minha satisfação e para o meu assombro, ele tinha admitido aquilo contra o que ele tinha relutado obstinadamente por tanto tempo. Entretanto, que nessa cena do sonho eu possa substituir Meynert por meu pai tem sua razão não em uma analogia encontrada entre as duas pessoas, mas na figuração sucinta, no entanto perfeitamente suficiente, de uma frase condicional nos pensamentos do sonho, que enuncia detalhadamente: "Pois é, se eu fosse da segunda geração, o filho de um professor ou de um conselheiro áulico, é evidente que eu teria avançado mais rapidamente". No sonho eu faço então do meu pai um conselheiro áulico e um professor. O maior e mais perturbador absurdo do sonho está no tratamento do número do ano **1851**, que não me parece nem um pouco diferente de **1856**, *como se a diferença de cinco anos não significasse nada*. Mas é justamente isso que deve ser trazido à expressão a partir dos pensamentos do sonho. *Quatro a cinco anos*, esse é o espaço de tempo durante o qual eu desfrutei do apoio do colega mencionado no início, mas também é o tempo que deixei minha noiva esperando pelo casamento, e, por uma coincidência casual, com prazer utilizada pelos pensamentos do sonho, é também o tempo que faço esperar meu paciente mais confiável pela cura completa. "*O que são cinco anos?*", perguntam os pensamentos do sonho. "*Isso para mim não é espaço de tempo algum, não entra em consideração*. Tenho tempo suficiente pela frente, e, quando finalmente se cumprir aquilo em que vocês também não queriam acreditar, isso eu também vou conseguir." Mas, além disso, o número **51**, subtraído do número do século, é ainda outra coisa, na verdade determinada pelo sentido oposto; e por isso também aparece várias vezes no sonho. 51 é a idade em que o homem parece estar particularmente em perigo, na qual vi colegas morrerem de repente, entre eles um que depois de longa espera tinha sido nomeado professor poucos dias antes.

V

Outro sonho absurdo que brinca com números.

Um dos meus conhecidos, o senhor M., foi atacado em um ensaio por ninguém menos do que Goethe e, de acordo com a opinião de nós todos, com uma grande veemência não justificada. *Naturalmente o senhor M. ficou arrasado com esse ataque. Ele se queixa amargamente sobre isso em um jantar; mas a sua veneração por Goethe nada sofreu com essa experiência pessoal. Procuro esclarecer um pouco as relações temporais que me parecem improváveis. Goethe morreu em 1832; como o seu ataque ao senhor M. deve ter acontecido naturalmente mais cedo, o senhor M. devia ser muito jovem na época. Parece-me plausível que ele tivesse 18 anos. Mas não sei com certeza o ano em que estamos escrevendo, e assim todo o cálculo mergulha na escuridão. A propósito, esse ataque se encontra no conhecido ensaio de Goethe "Natureza".*[30]

Logo teremos em mãos os meios para justificar o contrassenso desse sonho. O senhor M., que conheço de um *jantar*, solicitou-me, não faz muito tempo, que examinasse o seu irmão, no qual se podiam notar sinais de *perturbação psíquica de paralisia*. A suspeita estava correta; durante essa visita, ocorreu o fato desagradável de o paciente, durante a conversa e sem qualquer motivo, expor seu irmão, fazendo alusão a *travessuras de sua juventude*. Eu tinha perguntado ao paciente sobre o ano de seu nascimento e o levei, repetidamente, a fazer pequenos cálculos para averiguar o enfraquecimento de sua memória; provas nas quais ele, afinal, teve certo êxito. Certamente percebo que no sonho me conduzo como um paralítico. (*Não sei com certeza o ano em que estamos escrevendo.*) Outro material do sonho provém de outra fonte recente. O redator de uma revista médica, com quem tenho amizade, aceitou em seu jornal uma crítica extremamente desfavorável, "*arrasadora*", ao último livro de meu amigo Fl., de Berlim, escrita por um relator bastante jovem e pouco capacitado para fazer julgamentos. Acreditei poder interferir e confrontei o redator, que lamentou vivamente ter aceitado a crítica, mas não quis prometer uma retificação. Diante disso, rompi minhas relações com a revista e destaquei em minha carta de cancelamento a expectativa *de que nossas relações pessoais não sofressem com esse acontecimento*. A terceira fonte desse sonho foi o relato, recente na época, de uma paciente sobre o adoecimento de seu irmão, que, gritando "Natureza, natureza", entrou em um ataque de fúria. Os médicos achavam que o grito provinha da leitura daquele belo *ensaio de Goethe* e indicava o excesso de trabalho daquele que adoeceu em seus estudos de filosofia da natureza. Eu preferi pensar no sentido sexual com o qual até os menos instruídos entre nós falam da "natureza", e o fato de o infeliz posteriormente ter mutilado os genitais me pareceu ao menos que eu não estava sem razão. Esse rapaz tinha *18 anos* quando ocorreu aquele acesso de fúria.

Se eu agora acrescentar que o livro tão duramente criticado de meu amigo ("Nos perguntamos se é o autor que está louco ou se somos nós", declarou outro crítico) trata das *relações temporais* da vida e também remete à duração de vida de Goethe ao múltiplo de um número significativo para a biologia, é fácil compreender que no sonho eu me coloco no lugar de meu amigo. (*Procuro esclarecer um pouco as relações temporais...*) Mas eu me comporto como um paralítico, e o sonho deleita-se com o absurdo. Isso quer dizer, portanto, que os pensamentos do sonho dizem, ironicamente: "*Naturalmente*, é ele que é o insano, o louco, e vocês são as pessoas geniais, que sabem tudo. Mas será que não é o inverso?". E essa *inversão* é então substancialmente representada no conteúdo do sonho, através do fato de Goethe ter atacado o jovem rapaz, o que é absurdo, enquanto ainda hoje qualquer pessoa bem jovem poderia facilmente atacar o imortal Goethe, e através do fato de eu calcular a partir do *ano de morte de Goethe*, enquanto eu faço o paralítico calcular a partir de seu *ano de nascimento*.

Mas eu também prometi mostrar que nenhum sonho é inspirado por outras moções que não sejam as egoístas. Assim sendo, preciso justificar o fato de nesse sonho eu ter feito minhas as questões de meu amigo e de ter-me colocado em seu lugar. Nesse caso, não basta a minha convicção crítica no estado de vigília. Entretanto, a história do paciente de 18 anos e a interpretação divergente de seu grito "Natureza" fazem alusão à oposição em que me coloquei em relação à maioria dos médicos com a minha afirmação de uma etiologia sexual das psiconeuroses. Posso dizer a mim mesmo: Assim como com o teu amigo, também com você vai acontecer a crítica, e em parte isso já aconteceu, e agora me é permitido substituir o "ele" nos pensamentos do sonho por "nós". "Sim, vocês têm razão, nós dois somos os loucos." O fato é que "*mea res agitur*" [é de mim que se trata] me fez lembrar intensamente da citação do breve e incomparavelmente belo ensaio de Goethe, pois foi a apresentação desse ensaio em uma conferência pública que me impulsionou, sendo eu um bacharel hesitante, ao estudo da ciência da natureza.

VI

Fiquei por mostrar, ainda em outro sonho no qual meu Eu não aparece, que o sonho é egoísta. Mencionei à p. 290 um breve sonho, no qual o professor M. diz: "*Meu filho, o míope...*", e indiquei que ele seria apenas um sonho preliminar a outro, no qual eu tenho um papel. Eis aqui o sonho principal que faltava, o qual nos oferece para esclarecimento uma formação de palavras absurda e incompreensível: *Por causa de alguns incidentes na cidade de Roma, é preciso abrigar as crianças, e isso é o que acontece. A cena se passa à frente de uma porta, porta dupla, de estilo antigo (a Porta Romana em Siena, como eu sei ainda no sonho). Estou sentado na beirada de uma fonte e estou muito aflito, quase chorando. Uma pessoa de sexo feminino – cuidadora, freira – traz os dois meninos para fora e os entrega ao pai, que não sou eu. O mais velho dos dois é nitidamente o meu filho mais velho, o rosto do outro eu não vejo; a mulher que traz o menino lhe pede um beijo de despedida. Ela se caracteriza por ter um nariz vermelho. O menino lhe recusa o beijo, mas lhe diz, estendendo-lhe a mão em despedida:* **Auf Geseres**, *e, para nós dois (ou* *para um de nós dois),* **Auf Ungeseres.**[i] *Ocorre-me a ideia de que o último significa uma preferência.*

Esse sonho é construído sobre um emaranhado de pensamentos estimulados por uma peça vista no teatro, *O gueto novo* [*Das neue Ghetto*]. A questão judaica, a preocupação com o futuro das crianças, às quais não se pode dar uma pátria, a preocupação em educá-las de uma maneira que elas possam se movimentar livremente podem ser facilmente reconhecidas nos respectivos pensamentos do sonho.

"Às margens dos rios da Babilônia estávamos sentados e chorávamos." – Siena é, como Roma, famosa por suas fontes; para Roma, eu preciso procurar de alguma forma um substituto no sonho (cf. p. 224) a partir de localidades conhecidas. Perto da Porta Romana de Siena vimos uma grande casa, intensamente iluminada. Soubemos que ela era o *manicômio*, a instituição para loucos. Pouco antes do sonho, eu tinha ouvido falar que um homem correligionário meu teve de desistir de uma colocação que ele tinha conquistado com muito esforço num manicômio estatal.

Nosso interesse é despertado pela fala: "*Auf Geseres*" [que aparece], de acordo com a situação mantida no sonho, onde deveríamos esperar: "*Auf Wiedersehen*" [até mais ver], e pelo seu oposto, inteiramente sem sentido: "*Auf Ungeseres*".

"*Geseres*" é, de acordo com as informações que obtive dos especialistas nas Escrituras, uma autêntica palavra hebraica, derivada de um verbo "*goiser*" e que pode ser melhor descrita como "sofrimento imposto, fatalidade". De acordo com a utilização da palavra no uso corrente, devíamos pensar que ela significa "queixas e lamentações". "*Ungeseres*" é minha formação de palavra mais pessoal, que chama a minha atenção primeiramente para si mesma, mas de início me deixa perplexo. A pequena observação no final do sonho, de que "*Ungeseres*" significa uma preferência em relação a "*Geseres*", abre as portas para as ideias incidentes e, assim, para a compreensão. Uma relação dessa espécie é encontrada no caso do caviar; o *não salgado* [*ungesalzene*] é mais apreciado do que o *salgado* [*gesalzene*]. Caviar para o povo, "paixões nobres": aí se esconde uma alusão engraçada a uma das pessoas de minha casa da qual eu espero, sendo mais jovem, que cuide do futuro de meus filhos. Com isso se harmoniza então o fato de o sonho mostrar reconhecidamente

[i] Essas expressões inexistem no alemão, mas parecem aludir à despedida com "*Auf Wiedersehen!*" (Até mais ver!). (N.R.)

outra pessoa de minha casa, nossa excelente babá, no papel de cuidadora (ou freira). Mas entre o par *salgado – não salgado* e *Geseres – Ungeseres* falta uma passagem intermediária. E esta é encontrada em "*gesäuert*" e "*ungesäuert*" [com fermento e sem fermento]; em sua saída em fuga do Egito, os filhos de Israel não tiveram tempo de deixar fermentar a massa do seu pão, e, na lembrança desse fato, ainda comem pão sem fermento na Páscoa. Posso também inserir aqui a ideia que me ocorreu de repente durante essa parte da análise. Lembro-me de quando meu amigo de Berlim e eu passeávamos, nos últimos dias de Páscoa, pelas ruas da cidade de Breslávia, desconhecida para nós. Uma menininha me perguntou pelo caminho que levava a determinada rua; eu tive de me desculpar por não conhecê-lo, e declarei ao meu amigo: "Espero que a pequena, mais tarde na vida, mostre mais perspicácia em relação à escolha das pessoas pelas quais ela se deixar guiar". Pouco depois veio-me aos olhos uma placa: Dr. Herodes, consultório... Eu pensei: "Espero que o colega não seja justamente pediatra". Nesse meio-tempo meu amigo estava desenvolvendo seus pontos de vista sobre o significado biológico da *simetria bilateral* e começou a introdução com a frase: "Se nós tivéssemos aquele olho no meio da testa como o ciclope...". E foi isso que levou à fala do professor no sonho preliminar: *meu filho, o míope*. E então fui levado até a fonte principal de "*Geseres*". Há muitos anos, quando esse filho do professor M., que hoje é um pensador independente, ainda se sentava nos *bancos escolares*, ele adoeceu de uma afecção no olho que o médico declarou como sendo digna de preocupação. Ele disse que, enquanto ela permanecesse *só de um lado*, não significaria nada, mas, se ela atingisse o *outro olho*, daí seria sério. A afecção sarou nesse primeiro olho sem prejuízos; mas pouco depois apresentaram-se realmente os sinais do adoecimento do segundo olho. A mãe desesperada mandou que viesse imediatamente o médico ao isolamento de sua residência no campo. Mas agora ele bandeou-se *para o outro lado*. "*Que Geseres a senhora está fazendo*?, perguntou ele asperamente dominando a mãe. "Se melhorou de *um* lado, também vai melhorar do *outro*." E assim foi.

E agora a relação disso comigo e com os meus. O *banco escolar*, no qual o filho do professor M. aprendeu seus primeiros conhecimentos, passou, como um presente da mãe, a ser propriedade do meu filho mais velho, em cuja boca eu coloco no sonho as palavras de despedida. Um dos desejos que podem ser conectados a essa transferência é agora fácil de descobrir. É que esse banco escolar, através de sua construção, deve proteger o filho de tornar-se míope [*kurzsichtig* – ter a vista curta] e unilateral [*einseitig*]. Por isso, no sonho, *míope* [*Myop*] (e, por detrás, o *ciclope* [*Zyklop*]), e as discussões sobre a *bilateralidade*. A preocupação com a unilateralidade [*Einseitigkeit*] tem várias interpretações; além do desenvolvimento corporal de um lado só, podemos pensar no desenvolvimento intelectual. Não parece, de fato, que a cena do sonho, em sua insensatez, estaria contradizendo justamente essa preocupação? Depois que o filho profere a sua palavra de despedida voltando-se para um lado, ele grita o contrário disso voltando-se para o outro lado, como para estabelecer o equilíbrio. *Ele age, por assim dizer, levando em consideração a simetria bilateral!*

É assim que o sonho tem frequentemente o sentido mais profundo onde ele parece ser mais insensato. Em todas as épocas, aqueles que tinham algo a dizer e não podiam dizê-lo sem perigo costumavam vestir prontamente o capuz de louco. O ouvinte, para quem estava destinada a fala proibida, tolerava-a melhor quando podia rir dela e sentir-se lisonjeado, julgando que evidentemente o desagradável tinha algo de louco. O sonho faz na realidade o mesmo que na peça de teatro o príncipe que tem de se fazer passar por louco, e por isso também podemos dizer do sonho o que Hamlet afirma de si mesmo – substituindo as condições verdadeiras por outras, chistosas e incompreensíveis: "Só estou louco por causa do vento de norte-noroeste; quando o vento vem do sul, consigo distinguir uma garça de um falcão".[i]

Resolvi, portanto, o problema do absurdo do sonho no sentido de que os pensamentos do sonho nunca são absurdos – ao menos não o são os de sonhos de pessoas de mente [*Geist*] saudável – e de que o trabalho do sonho produz sonhos, e sonhos com elementos absurdos, quando nos pensamentos do sonho estão presentes crítica, ironia e sarcasmo a serem figurados em sua forma de expressão.

Cabe a mim agora mostrar que o trabalho do sonho se esgota absolutamente pela ação conjunta dos três fatores mencionados[ii] – e de um quarto

---

[i] Esse sonho também fornece um bom exemplo para a tese de validez geral de que os sonhos da mesma noite, mesmo que separados na lembrança, nasceram no solo do mesmo material de pensamentos. A situação de sonho em que fujo com meus filhos para fora da cidade de Roma é desfigurada por uma referência retrospectiva a um fato análogo ocorrido em minha infância. O sentido é que eu invejo os parentes aos quais já há muitos anos foi oferecida uma oportunidade de mover [*versetzen*] seus filhos para outro solo.

[ii] Ou seja, condensação, deslocamento e consideração à figurabilidade. (N.T.)

ainda a ser mencionado –, que ele não faz outra coisa a não ser uma tradução dos pensamentos do sonho com observância das quatro condições que lhe são prescritas, e que a questão de saber se a alma no sonho trabalha com todas as suas capacidades intelectuais ou com apenas parte delas, está mal colocada e está desviada das circunstâncias efetivas. Mas, como existe uma abundância de sonhos, em cujo conteúdo se julga, se critica e se reconhece, nos quais surge um espanto em relação a determinado elemento do sonho e que incluem tentativas de explicação e de argumentação, tenho de resolver, com exemplos escolhidos, as objeções que derivam de acontecimentos como esses.

Minha resposta é esta: *Tudo o que está presente nos sonhos como aparente atividade da função de juízo não deve ser concebido como uma realização intelectual do trabalho do sonho, mas pertence ao material dos pensamentos do sonho e chega, a partir deles, como estrutura acabada ao conteúdo do sonho.* Posso ainda de imediato ampliar a minha frase. Até mesmo os julgamentos que formulamos *depois do despertar* sobre o sonho lembrado, as sensações que a reprodução desse sonho provoca em nós pertencem, em grande parte, ao conteúdo latente do sonho e devem ser inseridos na interpretação do sonho.

I

A esse respeito já citei um exemplo notável. Uma paciente não quer contar o seu sonho, porque ele *é muito pouco claro* (p. 346). Ela viu uma pessoa no sonho e não sabe *se era o marido ou o pai*. Depois se segue outra parte do sonho, na qual aparece uma "lata de lixo" [*Misttrügerl* – literalmente, "lata de estrume"] à qual se liga a seguinte lembrança. Quando era uma jovem dona de casa, ela declarou certa vez, brincando, diante de um jovem parente que frequentava a casa, que a sua preocupação imediata era comprar uma nova lata de lixo. No dia seguinte ela recebeu uma que lhe foi enviada, mas que estava cheia de lírios-do-campo. Esse fragmento de sonho serve para figurar o modo de falar "Não cresceu no meu próprio estrume" [*Nicht auf meinen eigenen Mist gewachsen*]. Quando se completou a análise, descobrimos que se tratava, nos pensamentos do sonho, do efeito posterior de uma história que ela ouviu na juventude, sobre uma moça que teve uma criança da qual *não era claro quem era o verdadeiro pai*. A figuração do sonho avança sobre o pensamento desperto e faz com que um dos elementos dos pensamentos do sonho seja representado por um juízo apresentado no estado de vigília sobre o sonho todo.

II

Um caso semelhante: um de meus pacientes tem um sonho que lhe parece interessante, pois ele diz a si mesmo assim que desperta: *Isso eu tenho de contar ao doutor*. O sonho é analisado e revela as mais nítidas alusões a uma relação que se iniciou durante o tratamento e sobre a qual ele tinha se proposto a *não me contar nada*.[i]

III

Um terceiro exemplo de minha própria experiência:

Estou indo com P. ao hospital, passando por uma região na qual há casas e jardins. Ao mesmo tempo tenho a ideia de já ter visto essa região muitas vezes em sonho. Estou meio desorientado; ele me mostra um caminho que, por uma esquina, leva a um restaurante (salão, e não jardim); lá, pergunto pela senhora Doni, ela mora na parte de trás em um quarto com três crianças. Vou até lá, e já antes encontro uma pessoa indistinta que está com as minhas duas filhas pequenas, que então levo comigo, depois de ter ficado em pé com elas por algum tempo. Uma espécie de repreensão em relação à minha mulher, por tê-las deixado lá.

Ao acordar, sinto uma grande *satisfação*, que eu explico pelo fato de que agora vou descobrir pela análise o que isso significa: *Eu já sonhei com isso*.[ii] Mas a análise não me ensina nada a esse respeito; ela apenas me mostra que a satisfação pertence ao conteúdo latente do sonho e não a um julgamento sobre o sonho. É a *satisfação por ter tido filhos em meu casamento*. P. é uma pessoa com a qual, durante algum tempo, eu fiz o mesmo caminho na vida, e que depois me ultrapassou, largamente, social e materialmente, mas que em seu casamento permaneceu sem filhos. Os dois fatores que ocasionaram o sonho podem substituir a prova que uma análise completa traria. Dias antes eu tinha lido no jornal o anúncio de morte de uma senhora Dona A...y (de onde eu formo Doni), que morreu ao dar à luz; minha esposa me contou que a

---

[i] [Nota acrescentada em 1909:] A advertência ou o propósito: *Isso eu preciso contar ao doutor*, contido ainda nos sonhos que ocorrem durante o tratamento psicanalítico, corresponde regularmente a uma grande resistência contra a confissão do sonho e não raramente é seguido pelo esquecimento do sonho.

[ii] Um tema a propósito do qual desenvolveu-se uma longa discussão nos últimos anos da *Revista Filosófica* (a paramnésia no sonho).

falecida foi atendida pela mesma parteira que a assistiu quando do nascimento de nossos dois filhos mais novos. O nome "Dona" me ocorreu porque eu o havia encontrado um pouco antes pela primeira vez em um romance inglês. O outro fator que deu motivo ao sonho provém da data em que ele ocorreu; era a noite anterior ao aniversário do meu filho mais velho, que, ao que parece, é um rapaz talentoso para a poesia.

IV

A mesma satisfação permaneceu em mim depois de acordar do sonho absurdo no qual meu pai, depois de sua morte, desempenhava um papel político entre os magiares e motivou-se pela persistência da sensação que acompanhou a última frase do sonho: *Lembro-me de que, em seu leito de morte, ele se parecia muito com Garibaldi, e* me alegro *com que esse augúrio tenha de fato se tornado verdadeiro... (Me esqueci do que vinha na sequência).* A partir da análise, posso agora inserir o que deve entrar nessa lacuna do sonho. É a menção ao meu segundo filho, a quem dei o prenome de uma grande personalidade histórica que me atraiu poderosamente em meus anos de mocidade, particularmente depois da minha estadia na Inglaterra. Ao longo do ano todo de espera, eu tinha o propósito de utilizar justamente esse nome caso viesse um menino, e com ele saudei então, extremamente *satisfeito*, aquele que acabara de nascer. É fácil perceber como a mania de grandeza reprimida do pai se transfere, em seus pensamentos, para os filhos; e gostaríamos de acreditar que esse é um dos caminhos pelos quais se efetiva a sua repressão tornada necessária na vida. O pequeno ganhou seu direito de ser acolhido no contexto desse sonho porque na época aconteceu-lhe o mesmo acidente – facilmente perdoável no caso de crianças e moribundos – de sujar as roupas. Comparar, em relação a isso, a alusão "juiz-presidente" [*Stuhlrichter* – literalmente, "juiz do assento"] e o desejo do sonho: *Aparecer grande e limpo diante de seus filhos.*

V

Se agora devo selecionar manifestações de juízo que perseveram no próprio sonho, não prosseguem até o estado de vigília ou são transportadas para lá, sentirei como um grande alívio se, para esse propósito, eu puder me servir desses sonhos que já foram comunicados com outra intenção. O sonho com Goethe, que atacou o senhor M., parece conter um grande número de atos de juízo. *Procuro esclarecer um pouco as relações temporais que me parecem improváveis.* Isso não se parece com uma moção crítica contra o absurdo de que Goethe tenha atacado literariamente um homem jovem de meu conhecimento? "*Parece-me plausível que ele tivesse 18 anos.*" Mas isso soa inteiramente como o resultado de um cálculo, na verdade, obtuso; e "*Não sei com certeza o ano em que estamos escrevendo*" seria um exemplo de incerteza ou de dúvida no sonho.

Mas agora sei, a partir da análise desse sonho, que esses atos de juízo, aparentemente consumados apenas no sonho, admitem outra versão de seu enunciado, através da qual eles se tornam indispensáveis para a interpretação do sonho e através da qual, ao mesmo tempo, todo o absurdo é evitado. Com a frase: "*Procuro esclarecer um pouco as relações temporais*" eu me coloco no lugar do meu amigo, que realmente procura esclarecer as relações temporais da vida. Assim, a frase perde o significado de um julgamento que se revolta contra o contrassenso das frases anteriores. A intercalação "*que me parecem improváveis*" está ligada à posterior "*Parece-me plausível*". Mais ou menos com as mesmas palavras eu respondi à dama que me contou a história do adoecimento de seu irmão: "*Parece-me improvável* que o grito 'Natureza, natureza' tivesse algo a ver com Goethe: *para mim é muito mais plausível* que ele tenha tido o significado sexual que a senhora conhece". É verdade que aqui foi emitido um juízo, mas não no sonho, e sim na realidade, em uma circunstância que é lembrada e utilizada pelos pensamentos do sonho. O conteúdo do sonho se apropria desse juízo como de qualquer outro fragmento dos pensamentos do sonho.

O número **18**, com o qual, de maneira absurda, o juízo no sonho é colocado em ligação, preserva ainda a pista do contexto do qual foi arrancado o julgamento real. Por último, "*Não sei com certeza o ano em que estamos escrevendo*" não faz nada além de impor a minha identificação com o paralítico, em cujo exame se tinha realmente verificado esse ponto de apoio.

Na resolução dos aparentes atos de juízo do sonho, podemos recordar a regra que apresentamos para a execução do trabalho de interpretação, a de que convém deixar de lado, como sendo uma ilusão não essencial, a coerência produzida no sonho entre os seus componentes e submeter cada um dos elementos do sonho por si mesmos a um rastreamento. O sonho é um conglomerado que, para os fins da investigação, deve ser novamente feito em pedaços. Mas, por outro lado, precisamos atentar para o fato de que nos sonhos se manifesta uma força psíquica que produz essa ilusão de coerência, submetendo o material obtido pelo trabalho do sonho a uma *elaboração secundária*. Temos aqui, diante de nós, as manifestações desse poder que mais tarde vamos apreciar como o quarto dos fatores que participam da formação do sonho.

VI

Procurando outros exemplos de trabalho de juízo nos sonhos já comunicados. No sonho absurdo da carta do Conselho Municipal eu pergunto: *E logo em seguida você se casou? Calculei que eu de fato tinha nascido em* 1856, *o que me parece vir imediatamente em seguida*. Isso se reveste inteiramente com a forma de uma sequência conclusiva. Meu pai se casou em 1851, pouco depois do ataque; eu sou o mais velho, nascido em 1856, portanto, isso está correto. Sabemos que essa conclusão foi falseada pela realização de desejo, que a frase que domina o pensamento do sonho diz: *quatro ou cinco anos, isso não é espaço algum de tempo, não entra em consideração*. Mas cada pedaço dessa sequência conclusiva deve ser determinado de outra maneira, tanto de acordo com o conteúdo quanto de acordo com a forma: trata-se do paciente de cuja paciência o colega se queixa, que pretende se casar imediatamente após o término do tratamento. O modo como eu converso com meu pai no sonho lembra um interrogatório ou um exame, e, por essa via, um professor da universidade que, no horário da inscrição, costumava anotar um estado civil completo: Nascido em que ano? 1856. – *Patre*? A essa pergunta dizíamos o prenome do pai com terminação latina, e nós, estudantes, supúnhamos que esse conselheiro áulico [*Hofrat*] extraísse *conclusões* que nem sempre o prenome do inscrito lhe teria permitido. Com isso, o *tirar conclusões* do sonho seria apenas a repetição do *tirar conclusões* que aparece nos pensamentos do sonho como uma parte do material. E graças a isso descobrimos algo novo. Quando aparece uma conclusão no conteúdo do sonho, certamente ela provém dos pensamentos do sonho; mas nestes ela fica conservada como um fragmento do material lembrado ou pode, como uma ligação lógica, conectar entre si uma série de pensamentos do sonho. Em cada um dos casos, a conclusão no sonho figura uma conclusão que provém dos pensamentos do sonho.[i]

---

[i] Esses resultados corrigem em alguns pontos meus dados anteriores sobre a figuração das relações lógicas (p. 328 e ss.). Essas indicações descrevem o modo de proceder geral do trabalho do sonho, mas não levam em consideração suas operações mais finas e mais cuidadosas.

Neste ponto poderíamos prosseguir com a análise desse sonho. Ao interrogatório do professor se junta uma lembrança do registro (na minha época redigido em latim) dos estudantes da universidade. E também a da minha carreira universitária. Os *cinco anos* que estão previstos para o estudo de Medicina foram pouco para mim. Trabalhei despreocupado anos adentro e no círculo de meus conhecidos eu era tido como um preguiçoso, e duvidavam de que eu "concluísse". Decidi-me então a fazer *rapidamente* as minhas provas e de fato concluí: apesar da prorrogação. E eis aqui um novo reforço dos pensamentos do sonho, que eu desafiadoramente oponho aos meus críticos. "Mesmo que vocês não queiram acreditar, porque estou me dando algum tempo, eu certamente estarei pronto, chegarei à *conclusão*. Muitas vezes isso já aconteceu."

O mesmo sonho contém, em sua parte inicial, algumas frases às quais não se pode contestar facilmente o caráter de uma argumentação. E por certo essa argumentação não é absurda, ela poderia muito bem fazer parte do pensar vígil. *No sonho, eu acho engraçada a carta do Conselho Municipal, pois, em primeiro lugar, eu ainda não tinha nascido em* 1851, *e, em segundo lugar, meu pai, a quem isso devia se referir, já está morto.* As duas frases não apenas estão corretas em si, mas também coincidem inteiramente com os argumentos que eu utilizaria no caso de haver uma carta como essa. Sabemos pela análise anterior (p. 434) que esse sonho nasceu no solo de pensamentos do sonho profundamente amargos e impregnados de ironia; e se, além disso, ainda nos for permitido supor que os motivos para a censura são muito fortes, então entenderemos que o trabalho do sonho tem todas as razões para criar, seguindo o modelo contido nos pensamentos do sonho, uma *refutação impecável de uma exigência absurda.* Entretanto, a análise nos mostra que aqui o trabalho do sonho não foi incumbido de nenhuma recriação livre, mas precisou utilizar um material dos pensamentos do sonho. É como se numa equação algébrica aparecessem, além dos números, um + e um –, um signo de potência e um sinal de raiz, e alguém, que está copiando essa equação sem entendê-la, fizesse passar para a cópia os signos das operações como se fossem números, mas misturando uns aos outros. Os dois argumentos podem ser reconduzidos ao seguinte material. Para mim, é muito desagradável pensar que algumas pressuposições com as quais eu fundamento a minha solução psicológica das psiconeuroses provocarão incredulidade e riso quando se tornarem conhecidas. Então preciso afirmar que impressões do segundo ano de vida, e às vezes já do primeiro, podem deixar atrás de si um traço permanente na vida afetiva dos futuros doentes e – embora em muitos aspectos falseadas e exageradas pela lembrança – podem fornecer o primeiro e o mais profundo fundamento para um sintoma histérico. Pacientes aos quais exponho isso no momento oportuno costumam parodiar o esclarecimento que acabaram de receber, declarando prontamente que vão procurar lembranças da época *em que ainda não eram nascidos.* Uma recepção semelhante vai encontrar, na minha expectativa, a descoberta do papel insuspeitado que desempenha *o pai* em relação às moções sexuais as mais precoces entre as doentes do sexo feminino (cf. a exposição à p. 279). E, de fato, de acordo com a minha mais bem fundamentada convicção, as duas são verdadeiras. Para fortalecer o que foi dito, penso em alguns exemplos nos quais a morte do pai ocorreu em uma idade muito precoce da criança, e incidentes posteriores, inexplicáveis de outro modo, demonstraram que a criança tinha, entretanto, conservado inconscientemente lembranças da pessoa que se desvaneceu tão cedo. Sei que minhas afirmações estão fundamentadas em *conclusões* cuja validade será contestada. É, portanto, uma obra da realização de desejo se justamente o material *dessas conclusões*, cuja contestação eu temo, for utilizado pelo trabalho do sonho para estabelecer *conclusões incontestáveis.*

VII

Em um sonho, ao qual apenas aludi, está expresso claramente no início o assombro pelo tema que emerge (p. 415).

"*O velho Brücke deve ter me encarregado de alguma tarefa;* ***o que é suficientemente curioso*** *é que ela se refere a uma dissecação da parte inferior do meu próprio corpo, bacia e pernas que vejo diante de mim como na sala de dissecação, no entanto, sem sentir a sua falta no meu corpo, e também sem traço de horror. Louise N. está ali e faz o trabalho comigo. A pelve foi eviscerada e pode-se ver tanto a sua parte superior quanto a inferior, que se misturam. Podiam-se ver espessas protuberâncias cor de carne (em relação às quais, ainda no sonho, eu penso em hemorroidas). Também tinha de ser extirpado cuidadosamente algo que estava em cima e parecia papel prateado amassado.*[i] *Em seguida eu estava de novo com minhas pernas e fazia um caminho pela cidade, mas peguei (por*

[i] "*Stanniol*", alusão a Stannius. *Sistema nervoso dos peixes* [*Nervensystem der Fische*], cf. p. 415.

cansaço) uma condução. A condução entrou, para meu espanto, pela porta de uma casa, que se abriu e deixou-a passar por um corredor que se dobrava na extremidade e finalmente conduzia novamente ao ar livre.[i] *Por fim, eu estava caminhando com um guia alpino que carregava as minhas coisas, por paisagens que variavam. Ele me carregou em um trecho por consideração às minhas pernas cansadas. O solo era pantanoso; andávamos pelas beiradas; pessoas estavam sentadas no chão como índios ou ciganos, entre eles uma menina. Antes, eu mesmo tinha avançado pelo chão escorregadio, e não cessava de me admirar que eu pudesse andar tão bem depois da dissecação. Enfim, chegamos a uma casa de madeira que terminava em uma janela aberta. Lá o guia me sentou e colocou duas madeiras que ali estavam sobre o parapeito da janela, para fazer uma ponte sobre o abismo que tínhamos de atravessar, passando pela janela. Nesse momento eu realmente fiquei com medo por minhas pernas. Mas, em vez da esperada travessia, eu vi dois homens adultos deitados em bancos de madeira que estavam nas paredes da cabana, e como que duas crianças dormindo ao lado deles. É como se não fossem as tábuas, mas as crianças que devessem possibilitar a passagem. Acordei assustado com os meus pensamentos.*

Se alguém alguma vez obteve a impressão correta da vastidão da condensação no sonho, poderá facilmente imaginar o número de páginas que a análise detalhada desse sonho iria utilizar. Mas, por sorte, para esse contexto tomarei do sonho apenas aquele exemplo de espanto que se manifesta quando se intercala "*o suficientemente curioso*". Passo a considerar agora o que ocasionou o sonho. Trata-se de uma visita daquela dama Louise N., que também no sonho me assiste no trabalho. "Me empresta alguma coisa para ler." Eu lhe ofereço *Ela* [*She*], de Rider Haggard. "Um livro *estranho*, mas repleto de sentido oculto", como quero lhe explicar; "o eterno feminino, a imortalidade de nossos afetos –." Então ela me interrompe: "Esse eu já conheço. Você não tem nada seu?" – "Não, minhas próprias obras imortais ainda não foram escritas." – "Pois bem, então quando vão ser publicadas as assim chamadas últimas explicações que, como você promete, poderão ser lidas até por nós?", ela pergunta um tanto maldosamente. Percebo agora que é outra pessoa que está me advertindo por sua boca e me calo. Penso no sacrifício que me custa trazer a público mesmo que apenas o trabalho sobre o sonho no qual precisei revelar tanto da minha própria intimidade.

---

[i] O local, no térreo do meu prédio, onde ficam os carrinhos de filhos dos moradores; mas que foi sobredeterminado de várias maneiras.

O melhor que podes saber,
não deves dizê-lo aos meninos.[i]

A dissecação *no meu próprio corpo*, da qual no sonho me encarregam, é, portanto, a autoanálise ligada à comunicação dos sonhos. O velho Brücke aparece aqui a justo título; já nos primeiros anos de trabalho científico, aconteceu de eu deixar de lado uma descoberta, até que seu comando enérgico me obrigou a publicar. Mas os outros pensamentos que se entramam à conversa com Louise vão muito fundo para se tornarem conscientes; eles sofrem um desvio pelo material que foi despertado paralelamente em mim pela menção de *Ela*, de Rider Haggard. É a esse livro e a um segundo livro do mesmo autor, *O coração do mundo* [*Heart of the World*], que se refere o juízo "*o que é suficientemente curioso*", e vários outros elementos do sonho são tomados dos dois fantásticos romances. O solo lamacento sobre o qual sou carregado, o abismo que temos de atravessar por meio de tábuas que trouxemos provêm de *Ela*; os índios, a menina, a casa de madeira, de *O coração do mundo*. Nos dois romances, uma mulher é a guia, nos dois trata-se de caminhadas perigosas, em *Ela*, trata-se de um caminho jamais percorrido que leva a aventuras no desconhecido. As pernas cansadas, segundo uma anotação que fiz do sonho, são uma sensação real que tive naqueles dias. Talvez correspondesse a elas um estado de ânimo cansado e a pergunta cheia de dúvidas: quão longe minhas pernas ainda vão me carregar? Em *Ela*, a aventura termina com a guia, que, em vez de buscar para si e para os outros a imortalidade, encontra a morte em um misterioso fogo central. Inconfundivelmente, uma angústia como essa já estava em ação nos pensamentos do sonho. A "casa de madeira" é também seguramente o *caixão*, portanto, o túmulo. Mas, na figuração do mais indesejado de todos os pensamentos através de uma realização de desejo, o trabalho do sonho realizou sua obra-prima. De fato, eu já havia uma vez estado em um túmulo, mas era um túmulo etrusco exumado em Orvieto, uma câmara estreita com dois bancos de pedra nas paredes, sobre os quais estavam esqueletos de dois adultos. É exatamente assim que aparece o interior da cabana de madeira no sonho, só que a pedra é substituída pela madeira. Parece que o sonho diz: "Já que você tem de ficar em um túmulo, que seja o túmulo etrusco", e, com essa

[i] Citação do *Fausto*, de Goethe: "*Das Beste, was du wissen kannst/Darfst du den Buben doch nicht sagen*" (parte 1, cena 4). (N.R.)

substituição, ele transforma a expectativa mais triste em uma expectativa realmente desejada. Infelizmente, como veremos, ele só pode reverter em seu contrário a representação acompanhada de afeto, mas não pode sempre reverter o próprio afeto. Assim, acordo "assustado com os meus pensamentos", depois de ainda ter sido forçada à figuração a ideia de que talvez as crianças consigam alcançar aquilo que foi negado ao pai, uma nova alusão ao estranho romance, no qual a identidade de uma pessoa é mantida através de uma série de gerações por dois mil anos.

VIII

No contexto de outro sonho encontra-se igualmente uma expressão de assombro sobre o que é vivenciado no sonho, mas conectada com uma tentativa de explicação tão notável, tão rebuscada e engenhosa, que apenas por sua causa eu tive de submeter o sonho inteiro à análise, independentemente de o sonho não possuir ainda dois pontos de atração para o nosso interesse. Na noite de 18 para 19 de julho, estou viajando pela linha ferroviária do sul e ouço, dormindo, o anúncio: "*Hollthurn, 10 minutos. Penso imediatamente em Holotúrias – um museu de história natural, e que aqui é um lugar em que homens corajosos se defenderam em vão contra as forças superiores de seu soberano. – Sim, a Contrarreforma na Áustria! – Como se fosse um lugar na Estíria ou no Tirol. Vejo então, sem nitidez, um pequeno museu, no qual estão guardados os restos ou as relíquias desses homens. Eu gostaria de desembarcar, mas deixo isso para depois. Na plataforma, há mulheres com frutas, elas estão agachadas no chão e seguram seus cestos convidativamente. – Eu hesitei por causa da dúvida sobre se ainda tínhamos tempo e agora ainda estamos parados aqui. – De repente encontro-me em outro compartimento no qual o couro e os assentos são tão estreitos que batemos com as costas diretamente no encosto.*[i] *Surpreendo-me com o fato de, entretanto,* ***em estado de sono, eu poder ter mudado de vagão****. Muitas pessoas, entre elas um casal inglês, irmão e irmã; uma fileira de livros nitidamente sobre uma prateleira na parece. Vejo* Wealth of Nations *[*A riqueza das nações*]*, Matter and Motion *[*Matéria e movimento*] (de Maxwell), grossos e encadernados em linho marrom. O homem pergunta*

[i] Essa descrição também não é compreensível para mim, mas eu sigo a regra fundamental de reproduzir o sonho com as palavras que me ocorrem ao colocá-lo por escrito. Essa versão em palavra é, ela própria, uma peça da figuração do sonho.

à irmã sobre um livro de Schiller, se ela o tinha esquecido. São livros ora como os meus, ora como os deles dois. Eu gostaria nesse momento de me misturar na conversa para confirmar ou apoiar [...] Acordo transpirando no corpo inteiro, porque as janelas estão fechadas. O trem para em Marburgo.

Enquanto eu colocava isso por escrito, ocorreu-me uma parte do sonho que a lembrança queria deixar passar despercebida. *Digo ao casal de irmãos, em relação a certa obra:* It is from... [é de], *mas me corrijo:* It is by [é de]... *O irmão observa à irmã: Ele falou corretamente.*

O sonho começa com o nome da estação que, sem dúvida, não deve ter me despertado inteiramente. Substituo esse nome, que devia ser Marburgo, por *Hollthurn*. Que eu tenha entendido Marburgo no primeiro anúncio ou no anúncio posterior é provado no sonho pela menção a Schiller, pois ele nasceu em Marburgo, mesmo que não seja a Marburgo da Estíria.[i] Pois bem, dessa vez eu viajava, se bem que de primeira classe, sob condições muito desagradáveis. O trem estava lotado, no compartimento eu tinha encontrado um senhor e uma dama que pareciam bastante distintos e que não possuíam boas maneiras, ou não achavam que valia a pena esconder de alguma forma seu desagrado com o intruso. Minha saudação gentil não foi respondida; embora o homem e a mulher estivessem sentados um ao lado do outro (na direção contrária à marcha do trem), a mulher apressou-se, no entanto, em ocupar com um guarda-chuva, diante dos meus olhos, o lugar à sua frente e na janela; a porta foi fechada imediatamente, e foram trocadas algumas falas intencionais sobre a abertura da janela. Provavelmente perceberam logo que eu precisava de ar puro. Era uma noite quente, e nesse compartimento fechado em todos os lados o ar se tornou sufocante. De acordo com as minhas experiências com viagens, um comportamento tão predominantemente indelicado caracteriza pessoas que não pagaram ou só pagaram meia passagem. Quando veio o condutor e lhe mostrei a minha passagem, pela qual paguei caro, soou da boca da dama de forma inacessível e ameaçadora: Meu marido tem passe livre. Ela era uma figura imponente com traços faciais de descontentamento, em idade não muito distante da época do declínio da beleza feminina; o marido não chegou

---

[i] [Nota acrescentada em 1909:] Schiller não nasceu em nenhuma Marburgo, mas em Marbach, como o sabe qualquer ginasiano alemão, e como eu também sabia. Esse é novamente um daqueles erros (cf. acima, p. 227, nota i) que se insinuam, em outro lugar, como substitutos para uma falsificação intencional, e cujo esclarecimento tentei em *Psicopatologia da vida cotidiana*.

a dizer absolutamente nenhuma palavra, ficou lá sentado, inerte. Tento dormir. No sonho eu me vingo terrivelmente de meus companheiros de viagem nada amáveis; ninguém imaginaria os insultos e as humilhações que se escondem por trás dos fragmentos arrancados da primeira metade do sonho. Depois que essa necessidade foi satisfeita, o segundo desejo se fez valer, o de trocar de compartimento. O sonho muda a cena com muita frequência, sem que ocorra o menor choque por causa da alteração, de modo que não seria nem minimamente notado se eu logo substituísse a minha companhia de viagem por outra mais agradável, tomada de minha lembrança. Mas aqui temos o caso de que alguma coisa objetou à mudança de cena e considerou necessário explicá-la. Como é que de repente eu fui parar em outro compartimento? De fato, eu não conseguia me lembrar de ter baldeado. Nesse caso havia uma única explicação: *eu devo ter saído do vagão em estado de sono*, um acontecimento raro, mas para o qual certamente a experiência do neuropatologista fornece exemplos. Sabemos de pessoas que empreendem viagens de trem em um estado crepuscular, sem que nenhum tipo de indício delate seu estado anormal, até que em alguma estação da viagem elas voltam a si completamente e depois se espantam com a lacuna em sua lembrança. Eu declaro, portanto, no próprio sonho, que meu caso é um desses casos de "*automatisme ambulatoire*".

A análise permite fornecer outra solução. A tentativa de explicação que tanto me surpreendeu quando eu tive de atribuí-la ao trabalho do sonho não é original, mas copiada da neurose de um de meus pacientes. Já contei em outra passagem (p. 281) sobre um homem muito culto e de um coração terno, que logo depois da morte de seus pais começou a se acusar de inclinações homicidas e sofria sob as medidas de precaução que ele tinha de adotar para se assegurar contra elas. Era um caso de representações obsessivas graves, com total conservação do discernimento. Primeiro, o sair às ruas lhe foi arruinado pela compulsão [*Zwang*] de justificar a si mesmo para onde tinham ido todas as pessoas com as quais ele tivesse se deparado; caso alguma delas se subtraísse repentinamente ao seu olhar perseguidor, restavam-lhe a sensação penosa e a possibilidade em seus pensamentos de ele eventualmente tê-la eliminado. Por trás disso havia, entre outras, a fantasia de Caim, pois "todos os homens são irmãos". Por causa da impossibilidade de resolver essa tarefa, ele desistiu de passear e passava a sua vida encarcerado entre as suas quatro paredes. Mas chegavam ao seu quarto através do jornal notícias constantes de assassinatos que tinham acontecido lá fora, e sua consciência moral queria lhe sugerir, sob a forma de dúvida, que era ele o assassino procurado. A certeza de que durante semanas ele não havia deixado a sua casa protegeu-o por algum tempo contra essas acusações, até que um dia lhe passou pela cabeça a possibilidade de ele ter deixado a *sua casa num estado desprovido de consciência* e de ter cometido o assassinato, sem saber nada sobre isso. A partir de então, ele trancou a porta da casa, entregou a chave para a velha governanta e a proibiu expressamente de deixar chegar essa chave em suas mãos, mesmo sob a sua exigência.

É daí que vem, portanto, a tentativa de explicação de que eu, em um estado desprovido de consciência, fiz a baldeação – ela foi tirada pronta do material dos pensamentos do sonho e inserida no sonho, e evidentemente deve servir no sonho para me identificar com a pessoa daquele paciente. A lembrança que tenho dele foi despertada em mim por uma associação próxima. Algumas semanas antes, eu tinha feito com esse homem a última viagem noturna. Ele estava curado e me acompanhava à província, à casa de seus parentes que tinham me chamado; tínhamos um compartimento para nós, deixamos as janelas abertas a noite toda e, durante o tempo em que fiquei acordado, tivemos uma conversa excelente. Eu sabia que impulsos hostis em relação ao seu pai, provindos de sua infância em um contexto sexual, tinham sido as raízes de seu adoecimento. Ao me identificar com ele, eu queria, portanto, admitir algo análogo. A segunda cena do sonho também se resolve em uma fantasia realmente pretensiosa, a de que estou sendo rejeitado de tal maneira pelos meus dois companheiros idosos de viagem porque a minha chegada impediu-lhes a troca noturna de carinhos que tinham planejado. Mas essa fantasia remonta a uma cena infantil precoce, na qual a criança, talvez levada por curiosidade sexual, invade o quarto dos pais e é expulsa de lá pela palavra poderosa do pai.

Considero supérfluo acumular outros exemplos. Todos eles só iriam confirmar aquilo que obtivemos dos já considerados, a saber, que um ato de juízo no sonho é apenas a repetição de um modelo que provém dos pensamentos do sonho. Na maioria das vezes, é uma repetição mal adequada, inserida em um contexto impróprio, mas eventualmente, como em nossos últimos exemplos, uma repetição tão habilmente utilizada que em princípio podemos ter a impressão de uma atividade autônoma de pensamento no sonho. A partir daqui podemos voltar o nosso interesse a essa atividade psíquica que, na verdade, não parece cooperar regularmente na formação do sonho, mas que, quando o faz, esforça-se para fundir, isentos de contradições e plenos de sentido, os elementos do sonho que são díspares por sua origem. Mas antes sentimos a urgência de nos ocupar com as manifestações de afeto que surgem no sonho e compará-las com os afetos que a análise descobre nos pensamentos do sonho.

H
OS AFETOS NO SONHO

Uma observação sagaz de Stricker nos fez notar que as manifestações de afeto no sonho não permitem aquele tipo de descarte depreciativo com que costumamos nos livrar do conteúdo do sonho quando acordados: "Se no sonho eu temo os ladrões, os ladrões certamente são imaginários, mas o temor é real", e acontece o mesmo quando eu me alegro no sonho. De acordo com o testemunho da nossa sensibilidade, o afeto vivenciado no sonho de forma alguma tem menor valor em relação àquele, de igual intensidade, vivenciado no estado de vigília, e é bem mais energicamente por seu conteúdo de afeto do que pelo seu conteúdo de representação que o sonho pode reivindicar ser acolhido entre as verdadeiras vivências de nossa alma. Só não levamos a cabo essa inclusão no estado de vigília porque não sabemos apreciar psiquicamente um afeto de outra maneira, a não ser na conexão com um conteúdo de representação. Se afeto e representação não se encaixarem um ao outro quanto à sua espécie e à sua intensidade, nosso juízo de vigília fica desorientado.

O que sempre causou admiração nos sonhos é que conteúdos de representação não trazem consigo o efeito do afeto que esperaríamos como necessário no pensamento de vigília. Strümpell declarou que no sonho as representações estão despojadas de seus valores psíquicos. Mas também não falta no sonho o acontecimento contrário, no qual uma manifestação intensa de afeto ocorre quando um conteúdo não parece oferecer nenhuma ocasião para liberação de afeto. Posso estar no sonho em uma situação horrível, perigosa e repugnante, mas não sentir nada de temor ou aversão; ao passo que outras vezes me apavoro com coisas inofensivas e me alegro com coisas pueris.

Esse enigma do sonho talvez desapareça para nós tão rápida e completamente como nenhum outro dos enigmas do sonho, se passarmos do conteúdo manifesto para o conteúdo latente. Nada obteremos com a sua explicação, pois ele não existe mais. A análise nos ensina *que os conteúdos de representação sofreram deslocamentos e substituições, enquanto os afetos permaneceram intocados.* Não é de admirar então que o conteúdo de representação alterado pela deformação do sonho não combine mais com o afeto que permaneceu conservado; no entanto, não haverá mais nenhuma admiração quando a análise tiver inserido o conteúdo correto em seu antigo lugar.[i]

Em um complexo psíquico que sofreu a influência da censura da resistência, os afetos são a parte que se impõe, a única que pode nos oferecer a indicação para o complemento correto. Ainda mais nitidamente do que no sonho, essa relação se revela nas psiconeuroses. Nesse caso o afeto sempre tem razão, pelo menos de acordo com a sua qualidade; sua intensidade pode ser aumentada por deslocamentos da atenção neurótica. Quando o histérico se admira por se ter assustado tanto diante de uma bobagem, ou o homem com representações obsessivas se admira de uma futilidade fazer nascer nele uma repreensão tão penosa, os dois estão enganados, pois tomam o conteúdo da representação – a bobagem ou a futilidade – como se fosse o essencial, e defendem-se em vão, fazendo desse conteúdo de representação o ponto de partida do seu trabalho de pensamento. A psicanálise lhes mostra então o caminho correto, reconhecendo, ao contrário, o afeto como justificado, e procura a representação que lhe pertence e que foi recalcada por uma substituição. A pressuposição nesse caso é que a liberação de afeto e o conteúdo da representação não formam aquela unidade orgânica indissolúvel, pela qual estamos acostumados a tratá-los, mas que as duas partes possam estar soldadas uma à outra, de modo que elas possam ser soltas uma da outra pela da análise. A interpretação do sonho mostra que de fato esse é o caso.

Trarei primeiramente um exemplo no qual a análise explica a ausência aparente de afeto onde há um conteúdo de representação que deveria obrigar a uma liberação de afeto.

---

[i] [Nota acrescentada em 1919:] Se eu não estiver muito errado, o primeiro sonho que pude conhecer de meu neto de 20 meses revela o fato de que o trabalho do sonho conseguiu transformar seu material em uma realização de desejo, enquanto o afeto correspondente se impôs sem alteração, também no estado de sono. Na noite anterior ao dia em que seu pai iria partir para o campo de guerra, a criança gritou, entre fortes soluços: Papa, Papa-Bebi. Isso só pode significar: Papa e Bebi ficam juntos, enquanto o choro reconhecia a iminência da despedida. Na época, a criança era perfeitamente capaz de expressar o conceito da separação. "*Fort*" [foi embora, desapareceu] (substituído por um *oooh* prolongado, acentuado de maneira particular) tinha sido uma das suas primeiras palavras, e, muitos meses antes desse primeiro sonho, a criança tinha encenado esse "*fort*" com todos os seus brinquedos, o que remetia à autossuperação, conseguida precocemente, de deixar a mãe ir embora.

I

*Em um deserto, ela vê três leões [*Löwen*], dos quais um ri, mas ela não sente medo deles. Depois ela deve ter fugido deles, pois ela quer subir em uma árvore, mas já encontra lá em cima a sua prima que é professora de francês* etc.

A análise traz o seguinte material: o fator indiferente que ocasiona o sonho foi uma frase de sua tarefa de inglês: A juba é o ornamento do *leão*. Seu pai usava uma barba como essa, que lhe enquadrava o rosto como uma *juba*. Sua professora de língua inglesa se chama Srta. *Lyons* (*Lions* = *Löwen*). Um conhecido enviou-lhe as baladas de *Loewe*. Esses são, portanto, os três leões; por que ela deveria temê-los? – Ela tinha lido um conto no qual um homem negro que instigou os outros à revolta é caçado por cães sanguinários e, para a sua salvação, subiu em uma árvore. Seguem-se então, em um humor exuberante, fragmentos de lembranças como essas: a instrução para pegar leões, extraída de *Fliegenden Blätter*: pegue um deserto, passe-o pela peneira, e então restarão os leões. Depois a anedota, extremamente engraçada, mas não muito decente, de um funcionário a quem perguntaram por que não se esforçava com mais empenho para ganhar os favores de seu chefe, e que deu como resposta que tinha se esforçado para entrar rastejando até lá, mas seu superior *já estava lá em cima*. Todo o material se torna compreensível quando descobrimos que a dama, no dia do sonho, recebeu a visita do superior de seu marido. Ele foi muito gentil com ela, beijou-lhe a mão, e *ela não teve nem um pouco de medo dele*, apesar de ele ser "*um animal grande*" e de ter o papel de "*leão da sociedade*" na capital de seu país. Esse leão é, portanto, comparável ao leão de *Sonho de uma noite de verão*, que é desmascarado como Snug, o carpinteiro, e assim são todos os leões do sonho, dos quais não temos medo.

II

Como segundo exemplo, recorro ao sonho daquela moça que viu o filho pequeno da irmã como cadáver no caixão, mas que então, como acrescento agora, não sentiu nenhuma dor e nenhum pesar (p. 187; 271). Sabemos, a partir da análise, por que não. O sonho apenas escondia seu desejo de rever o homem que ela amava; o afeto devia estar afinado com o desejo, e não com o seu disfarce. Não havia, portanto, nenhuma razão para luto.

Em um certo número de sonhos, o afeto permanece ao menos em ligação com aquele conteúdo de representação que substituiu o conteúdo que lhe corresponde. Em outros, o afrouxamento do complexo vai mais longe. O afeto parece completamente solto da representação a que ele pertence e se encontra acolhido em algum outro lugar do sonho, onde ele se adapta a uma nova ordem dos elementos do sonho. Isso, então, é semelhante ao que descobrimos a respeito dos atos de julgamento do sonho. Se nos pensamentos do sonho encontra-se uma conclusão importante, então o sonho também conterá uma; mas a conclusão no sonho pode estar deslocada para um material bem diferente. Não raramente ocorre esse deslocamento de acordo com o princípio da oposição.

Explicarei melhor essa última possibilidade com o seguinte exemplo de sonho que submeti à mais exaustiva análise.

III

Um castelo à beira-mar, mais tarde ele não está diretamente à beira-mar, mas em um canal estreito, que leva ao mar. Um senhor chamado P. é o governador. Estou com ele em um grande salão com três janelas, diante do qual estão saliências de uma muralha como as ameias de uma fortaleza. Eu fui alocado nessa guarnição como uma espécie de oficial voluntário da marinha. Temíamos a chegada de navios de guerra inimigos, pois estávamos em estado de guerra. O senhor P. tem a intenção de ir embora; ele me passa instruções sobre o que vai acontecer no caso temido. Sua esposa doente encontra-se com as crianças no castelo ameaçado. Quando o bombardeio começar, o grande salão deve ser evacuado. Ele respira com dificuldade e quer se afastar; eu o retenho e pergunto de que maneira eu devo fazer lhe chegarem notícias em caso de necessidade. Sobre isso ele diz mais alguma coisa, mas logo em seguida ele cai morto. Certamente eu o forcei inutilmente com as perguntas. Depois de sua morte, que continua sem me causar impressão, tenho pensamentos sobre se a viúva ficará no castelo, se devo anunciar a morte ao comando superior e se, sendo o próximo na hierarquia, devo assumir a direção do castelo. Estou então à janela examinando os navios que passam; são navios mercantes que cruzam rapidamente as águas escuras, alguns com várias chaminés, outros com a cobertura abaulada (bastante parecida com as construções das estações de trem do sonho preliminar [que não foi relatado aqui]). *Então meu irmão está perto de mim e nós dois olhamos pela janela na direção do canal. Quando avistamos um navio, assustamo-nos e gritamos: Aí vem o navio de guerra. Acaba por ser apenas o retorno dos mesmos navios que já conheço. Agora chega um pequeno navio cortado de maneira engraçada, de modo que ele termina na metade de sua largura; na cobertura estão coisas curiosas em forma de taças ou de latas. Gritamos numa só voz: É o navio do café da manhã.*

O célere movimento dos navios, o profundo azul-escuro da água, a fumaça marrom das chaminés; tudo isso junto evoca uma impressão sombria e de grande tensão. As localidades nesse sonho provêm de uma compilação de várias viagens ao *Adriático* (Miramare, Duíno, Veneza e Aquileia). Uma curta, mas agradável, viagem de Páscoa a Aquileia que eu tinha feito com meu irmão algumas semanas antes do sonho ainda me estava fresca na lembrança. Também entram em jogo aqui a *guerra naval* entre a América e a Espanha e as preocupações a ela ligadas quanto ao destino dos meus parentes que vivem na América. Em duas passagens desse sonho emergem efeitos de afeto. Em uma passagem, o afeto esperado está faltando, pois é expressamente destacado que a morte do governador não me causa nenhuma impressão; em outra passagem, assim que acredito ter visto o navio de guerra, eu me *assusto* e tenho no sonho todas as sensações do susto. Nesse sonho bem construído, a acomodação dos afetos foi tão bem-sucedida que qualquer contradição chamativa é evitada. De fato, não há nenhuma razão para que eu devesse me assustar com a morte do governador, e certamente é adequado que como comandante do castelo eu me assuste com a visão do navio. No entanto, a análise demonstra que o senhor P. é apenas um substituto para o meu próprio Eu (no sonho eu sou seu substituto). Sou o governador que morre repentinamente. Os pensamentos do sonho tratam do futuro dos meus familiares após a minha morte prematura. Nenhum outro pensamento penoso encontra-se nos pensamentos do sonho. O susto, que no sonho está preso à visão do navio de guerra, precisa ser solto de lá e colocado aqui. Inversamente, a análise mostra que a região dos pensamentos do sonho de onde o navio de guerra foi tomado está repleta de reminiscências. Um ano antes em Veneza, em um dia magicamente belo, e da janela de nosso quarto na Rua Riva Schiavoni, olhávamos para a lagoa azul, na qual havia mais movimento do que o normal. Estavam sendo esperados navios ingleses que seriam recebidos com festejos, e de repente minha esposa gritou animada como uma criança: “Lá vem o navio de guerra inglês!”. No sonho eu me assustei com as mesmas palavras; vemos novamente que as falas no sonho provêm de falas na vida. Mostrarei a qualquer momento que mesmo o elemento “inglês” nessa fala não foi perdido para o trabalho do sonho. Entre os pensamentos do sonho e o conteúdo do sonho, eu inverto aqui, portanto, a alegria em susto e só preciso indicar que, com essa transformação, eu mesmo dou expressão a uma parte do conteúdo latente. Mas o exemplo demonstra que o trabalho do sonho tem a liberdade de desatar aquilo que ocasiona o afeto de suas ligações nos pensamentos do sonho e ligá-lo em qualquer outro lugar no conteúdo do sonho.

Aproveito a oportunidade que se oferece para inclusive submeter a uma análise mais atenta o "navio do café da manhã", cujo aparecimento no sonho conclui, de maneira absurda, uma situação mantida em nível racional. Se examino melhor o objeto do sonho, ocorre-me posteriormente a ideia de que ele era preto, e, pelo seu corte no sentido da maior largura nessa extremidade, ele acabava se parecendo extremamente com um objeto que achamos interessante nos museus das cidades etruscas. Era uma bandeja retangular de argila negra com duas alças, na qual estavam coisas como xícaras de café ou de chá, não inteiramente diferente de nossos serviços modernos para a *mesa do café da manhã*. Quando perguntamos, descobrimos que era o conjunto para a toalete de uma dama etrusca, com recipientes para maquiagem e pó de arroz; e dissemos em brincadeira que não seria nada mau levarmos uma coisa dessas para a dona de casa. O objeto do sonho significa portanto – *toalete negra*, luto, e alude diretamente a um caso de morte. Na outra extremidade, o objeto do sonho recorda as "barcas" [*Nachen*], da raiz "νέΚυς" [cadáver], como comunicou meu amigo filólogo, sobre as quais, em tempos primordiais, o cadáver era depositado e deixado ao mar como sepultura. Aqui se alinha a razão de os navios retornarem no sonho.

> Sereno, a salvo em seu barco, o velho navega até o porto
>
> [*Still, auf gerettetem Boot, treibt in den Hafen der Greis*][i]

No retorno após o naufrágio [*Schiffbruch* = quebra do navio], o navio do café da manhã [*Frühstücksschiff*] está, de fato, como que quebrado em sua largura. Mas de onde vem o nome navio "do café da manhã"? Aqui tem utilização o "inglês" que nos tinha sobrado dos navios de guerra. "*Früstück*" [café da manhã] = "*breakfast*", *quebra do jejum* [*Fastenbrecher*]. O *quebrar* [*Brechen*] faz parte novamente de [*Schiff*bruch = *quebra* do navio], e jejuar [*Fasten*] se liga à toalete negra.

Mas, nesse navio do café da manhã, apenas o nome é uma nova construção do sonho. A coisa existia e me lembra uma das horas mais animadas da última viagem. Desconfiados de como seriam as refeições em

---

[i] De *Nachträge zu den Xenien* (*Adendos às Xênias*), "Erwartung und Erfüllung" (Expectativa e realização), de Friedrich Schiller. (N.R.)

Aquileia, levamos conosco algumas provisões de Görz, compramos uma garrafa do excelente vinho da Ístria em Aquileia, e, enquanto o pequeno vapor do correio navegava lentamente pelo canal Delle Mee, atravessando o trecho da deserta lagoa até Grado, nós, os únicos passageiros, no mais animado humor, tomamos no convés o café da manhã, que saboreamos como raramente o fizemos antes. Esse era, portanto, o "*navio do café da manhã*", e justamente atrás dessa reminiscência do mais ditoso dos deleites da vida o sonho esconde os mais entristecedores pensamentos sobre um futuro desconhecido e infamiliar [*unheimlich*].

O desprendimento de afetos das massas de representação que provocaram a sua liberação é o que lhes acontece de mais notável na formação do sonho, mas não é a única nem a mais essencial alteração que eles sofrem no caminho dos pensamentos do sonho para o conteúdo manifesto. Se comparamos os afetos nos pensamentos do sonho com os afetos do sonho, uma coisa fica imediatamente clara: onde quer que no sonho se encontre um afeto, ele também vai se encontrar nos pensamentos do sonho, mas não o inverso. O sonho, de maneira geral, é mais pobre de afetos do que o material psíquico, de cuja elaboração ele surgiu. Se reconstruo os pensamentos do sonho, posso enxergar como neles as moções mais intensas da alma lutam regularmente para se fazer valer, na maioria das vezes em combate com outras que nitidamente as contrariam. Se depois volto a olhar para o sonho, não é raro que eu o encontre sem cor, sem qualquer tonalidade de sentimentos mais intensa. Através do trabalho do sonho, não apenas o conteúdo, mas também, com frequência, a tonalidade de sentimentos do meu pensar foi levada ao nível do que é indiferente. Eu poderia dizer que através do trabalho do sonho produziu-se uma *repressão dos afetos*. Tomemos, por exemplo, o sonho da monografia botânica. A ele corresponde, no pensamento, uma defesa apaixonada de minha liberdade de agir como ajo, de organizar minha vida única e exclusivamente como me parece correto. O sonho que daí surgiu soa indiferente: escrevi uma monografia, ela está diante de mim, tem ilustrações coloridas, plantas secas acompanhavam cada exemplar. Parece a calma de um campo repleto de cadáveres; não se percebe mais nada do furor da batalha.

Isso também pode ser diferente, no próprio sonho podem introduzir-se vívidas manifestações de afeto; mas primeiro queremos nos deter no fato indiscutível de que tantos sonhos parecem indiferentes, ao passo que nunca podemos nos transportar para os pensamentos do sonho sem uma profunda comoção.

O completo esclarecimento teórico dessa repressão dos afetos durante o trabalho do sonho não pode ser fornecido aqui; ele pressuporia uma penetração das mais cuidadosas na teoria dos afetos e no mecanismo do recalcamento. Permito-me aqui apenas mencionar dois pensamentos. Sou compelido – por outras razões – a conceber a liberação de afeto como um processo centrífugo voltado para o interior do corpo, análogo aos processos de inervação motora e secretora. Assim como no estado de sono parece suspenso o envio de impulsos motores em direção ao mundo exterior assim também o despertar centrífugo dos afetos pelo pensar inconsciente durante o sonho poderia ser dificultado. As moções de afeto que se produzem durante o curso dos pensamentos do sonho seriam por si mesmas moções fracas, por isso as que chegam ao sonho também não são mais fortes. De acordo com essa linha de pensamento, a "repressão dos afetos" não seria absolutamente resultado do trabalho do sonho, mas uma consequência do estado de sono. Isso pode ser assim, mas é impossível que isso seja tudo. Precisamos também pensar que todo sonho mais complexo revela-se ser também o resultado de compromisso de um conflito de forças psíquicas. Por um lado, os pensamentos que formam o desejo tiveram de combater o protesto vindo de uma instância censora, e, por outro, vimos com frequência que, no próprio pensar inconsciente, toda cadeia de pensamento está conectada ao seu oposto contraditório. Como todas essas cadeias de pensamento são capazes de afeto, dificilmente vamos errar, de maneira geral, se concebermos a repressão dos afetos como consequência da inibição que os opostos exercem uns contra os outros e que exerce a censura contra as aspirações reprimidas por ela. *A repressão do afeto seria então o segundo resultado da censura do sonho, como a deformação no sonho foi seu primeiro.*

Quero inserir um exemplo de sonho no qual o tom de sensação indiferente do conteúdo do sonho pode ser explicado pela oposição nos pensamentos do sonho. Tenho para contar o seguinte sonho breve, do qual todo leitor tomará conhecimento com nojo.

IV

Uma colina, sobre a qual algo como um toalete ao ar livre, um banco longo, em cuja extremidade há um grande buraco de toalete. Toda a borda de trás está coberta com montinhos de excremento de todos os tamanhos e graus de frescor. Atrás do banco, um arbusto. Eu urino sobre o banco; um longo jato de urina lava e limpa tudo, as placas de excremento soltam-se facilmente e caem dentro da abertura. Como se no final ainda tivesse restado alguma coisa.

Por que não sinto nenhum nojo por esse sonho?

Porque, como mostra a análise, os pensamentos mais agradáveis e mais satisfatórios colaboraram na produção desse sonho. Na análise, ocorre-me imediatamente a ideia do estábulo de Augias, que Hércules limpou. Esse Hércules sou eu. A colina e o arbusto fazem parte de Aussee, onde se encontram os meus filhos agora. Eu tinha descoberto a etiologia infantil das neuroses e com isso preservado meus próprios filhos do adoecimento. O banco (com exceção, naturalmente, do buraco do toalete) é a cópia fiel de um móvel que me foi presenteado por uma paciente agradecida. Ele me lembra o quanto os meus pacientes me respeitam. E até mesmo o museu de excrementos humanos é suscetível de uma interpretação reconfortante. Por mais que eu pudesse me enojar diante disso, no sonho trata-se de uma reminiscência do belo país da Itália, em cujas pequenas cidades, como se sabe, os W.C. estão equipados assim. O jato de urina que lava e limpa tudo é uma inequívoca alusão à grandeza. Foi assim que *Gulliver* apagou o grande incêndio dos liliputianos; no entanto, com isso, ele atraiu para si o desagrado da minúscula rainha. Mas também *Gargântua*, o super-homem do mestre *Rabelais*, toma, do mesmo modo, a sua vingança dos parisienses, indo a cavalo até Notre-Dame e dirigindo seu jato de urina para a cidade. E justamente ontem, antes de ir dormir, eu havia folheado as ilustrações de Garnier para as obras de *Rabelais*. E, curiosamente, mais uma vez uma prova de que sou o super-homem! A plataforma de Notre-Dame era meu lugar preferido em Paris; toda tarde livre eu costumava subir até as torres da igreja e ficar entre os monstros e as gárgulas. Que todo o excremento desapareça tão depressa com o jato alude ao lema: *Afflavit et dissipati sunt* [Soprou e foram dispersados], que um dia eu colocaria como epígrafe ao capítulo sobre a terapia da histeria.

E agora a causa efetiva do sonho. Era uma tarde quente de verão, e nas aulas da noite eu tinha feito a minha conferência sobre a relação entre a histeria e as perversões, e tudo o que fui capaz de dizer me foi profundamente deplorável e desprovido de qualquer valor. Estava cansado, sem vestígio de contentamento pelo meu árduo trabalho, ansiava por não mais escavar a sujeira humana e pelos meus filhos, e depois pelas belezas da Itália. Nesse estado de ânimo, saí da sala de conferências e fui para um café ao ar livre, para fazer uma refeição modesta, pois minha vontade de comer tinha me abandonado. Mas um de meus ouvintes me acompanhou; pediu permissão para se sentar comigo enquanto eu tomava o meu café e comia meu *croissant* com muito custo, e pôs-se a me lisonjear. Falou do quanto tinha aprendido comigo, que agora via tudo com outros olhos, que eu tinha limpado o estábulo de Augias dos erros e preconceitos da doutrina das neuroses, em suma, que eu era um grande homem. Meu ânimo se ajustava mal a esse hino de louvor; debati-me com o enjoo, fui cedo para casa para me livrar daquilo, folheei Rabelais ainda antes de dormir e li uma novela de C. F. Meyer, *Os sofrimentos de um menino* [*Die Leiden eines Knaben*].

O sonho emergiu desse material; a novela de Meyer acrescentou a lembrança de cenas da infância (cf. o sonho do conde Thun, última imagem). O humor do dia, pleno de nojo e de irritação, impôs-se ao sonho, na medida em que ele podia fornecer quase que todo o material ao conteúdo do sonho. Mas durante a noite foi despertado o humor oposto, de uma vigorosa e até mesmo exagerada afirmação, e suspendeu o primeiro. O conteúdo do sonho precisou tomar uma forma tal que possibilitasse a expressão do delírio de inferioridade, bem como da autoestima excessiva no mesmo material. Dessa formação de compromisso resultou um conteúdo de sonho ambíguo, mas também, por inibição recíproca dos opostos, uma sensação com tonalidade indiferente.

De acordo com a teoria da realização de desejo, esse sonho não teria se tornado possível se a cadeia de pensamentos do delírio de grandeza, oposta, reprimida na verdade, mas marcada de prazer, não tivesse se juntado à cadeia de pensamentos de nojo. Pois o que é penoso não deve ser figurado no sonho; o penoso dos nossos pensamentos diurnos só pode forçar a entrada no sonho se o seu disfarce for ao mesmo tempo uma realização de desejo.

O trabalho do sonho ainda pode fazer outra coisa com os afetos dos pensamentos do sonho além de deixá-los entrar ou reduzi-los ao ponto zero. Ele pode *invertê-los em seu contrário*. Já tomamos conhecimento da regra de interpretação, segundo a qual cada elemento do sonho, para a interpretação, também pode figurar o seu oposto, bem como a si próprio. Não sabemos nunca com antecedência se devemos apostar em um ou em outro; só o contexto decide sobre isso. A consciência popular tem evidentemente um pressentimento em relação a esse estado de coisas; os livros sobre sonhos, quando interpretam os sonhos, adotam um procedimento de acordo com o princípio do contraste. Essa transformação no contrário se torna possível pelo íntimo encadeamento associativo que em nosso pensar prende a representação de uma coisa à representação de sua oposição.

Como qualquer outro deslocamento, ela serve aos fins da censura, mas é também, com frequência, a obra da realização de desejo, pois a realização de desejo não consiste em nada além da substituição de uma coisa malquista por seu oposto. Da mesma forma como as representações de coisa [*Dingvorstellungen*], os afetos dos pensamentos do sonho também podem, portanto, aparecer invertidos no contrário no sonho, e é provável que essa inversão de afeto seja efetuada, na maioria das vezes, pela censura do sonho. Na vida social, que nos mostrou sua analogia comum com a censura do sonho, a *repressão de afeto* assim como a *inversão de afeto* servem sobretudo à *dissimulação*. Quando mantenho contato verbal com uma pessoa a quem preciso mostrar respeito, mas a quem gostaria de dizer coisas hostis, é quase mais importante esconder-lhe as manifestações de meu afeto do que atenuar a versão literal de meus pensamentos. Se eu falar com ela não com palavras descorteses, mas acompanhadas de um olhar ou de um gesto de ódio ou de desrespeito, o efeito que produzo nessa pessoa não é muito diferente do que se eu tivesse jogado meu desprezo na cara abertamente. A censura me manda, portanto, antes de tudo, reprimir meus afetos, e, se sou um mestre em dissimulação, vou fingir o afeto contrário, vou sorrir quando eu deveria me indignar, e vou me fazer de carinhoso quando eu gostaria de aniquilar.

Já conhecemos um excelente exemplo dessa inversão de afeto no sonho, a serviço da censura. No sonho com "a barba do meu tio" (p. 313), sinto uma grande ternura pelo meu amigo R., enquanto e porque os pensamentos do sonho o incriminam como cabeça-dura. Foi desse exemplo de inversão de afetos que tomamos o primeiro indício da existência da censura do sonho. Aqui também não é necessário supor que o trabalho do sonho crie, inteiramente novo, um contra-afeto dessa espécie; ele o encontra habitualmente pronto no material dos pensamentos do sonho e apenas o intensifica com a força psíquica dos motivos da defesa, até que ele possa prevalecer na formação do sonho. Nesse sonho com o tio mencionado por último, o contra-afeto de ternura vem provavelmente de uma fonte infantil (como sugere a continuação do sonho), pois a relação entre tio e sobrinho tornou-se para mim, através da natureza particular das minhas mais remotas vivências da infância (cf. a análise à p. 425 [cf. tb. p. 474]), a fonte de todas as amizades e de todo o ódio.

Um excelente exemplo de uma inversão de afeto como essa nos oferece um sonho relatado por Ferenczi[i]: "Um senhor mais velho foi despertado na

[i] *Internat. Zeitschr. f. Psychoanalyse*, IV, 1916.

madrugada por sua esposa, que tinha ficado amedrontada por ele rir tão alto e desenfreadamente no sonho. Mais tarde o marido contou ter tido o seguinte sonho: *Eu estava deitado em minha cama, entrou um senhor conhecido, eu quis acender a luz, mas não conseguia, continuei sempre tentando – em vão. Em seguida minha mulher saiu da cama para me ajudar, mas também não conseguiu fazer nada; mas, como ela estava envergonhada diante do senhor por causa do seu* négligé, *ela desistiu e deitou-se de novo na cama; tudo isso foi tão engraçado que eu tive de morrer de rir. A mulher disse: 'Por que você está rindo, por que você está rindo?', mas eu só continuava a rir, até que acordei.* – Dias depois, esse senhor estava extremamente abatido, com dor de cabeça – 'por causa de toda essa risada que me abalou', disse ele. [1919]

"Considerado analiticamente, o sonho parece menos engraçado. O 'senhor conhecido' que entra é, nos pensamentos latentes do sonho, a imagem, evocada no dia anterior, da morte como o 'grande desconhecido'.[31] O velho senhor, sofrendo de arteriosclerose, teve, no dia anterior, motivo para pensar em morrer. A risada desenfreada substitui o lugar do chorar e do soluçar diante da ideia de que ele tem de morrer. É a luz da vida que ele não pode mais acender. Esse pensamento triste pode ser conectado às tentativas de coito que fizera há pouco, mas que foram fracassadas, nas quais a ajuda de sua mulher em *négligé* também não bastou; ele percebeu que estava em declínio. O trabalho do sonho conseguiu transformar a ideia da impotência e de morrer em uma cena engraçada, e o soluço em risada." [1919]

Há uma classe de sonhos que podem ser caracterizados como "hipócritas" e colocam à teoria da realização de desejo uma dura prova. Fiquei atento a eles quando a Sra. Dra. Hilferding trouxe para discussão na Sociedade Psicanalítica de Viena o relatório do sonho de Rosegger abaixo reproduzido. [1911]

Rosegger (em *Waldheimat* [*A floresta natal*], v. II.) relata, na história "Demitido" (p. 303): "Normalmente desfruto de um sono sadio, mas perdi a tranquilidade de muitas noites; é que junto à minha modesta existência de estudante e de literato, arrastei por longos anos a sombra de uma verdadeira vida de alfaiate, como um fantasma, sem poder me livrar dele. [1911]

"Não é verdade que durante o dia, com tanta frequência e tão animado, eu me ocupasse de pensamentos com o meu passado. Aquele que se despiu da pele de um filisteu e passou a conquistar os céus e o mundo tem mais coisa a fazer. Mas o garoto cheio de energia também quase não deve ter pensado em seus sonhos noturnos; só mais tarde, quando me acostumei a refletir sobre tudo, ou também quando o filisteu que há em mim começou novamente a se agitar um pouco, foi que percebi que – se por acaso eu sonhasse – em todas as vezes eu era sempre o aprendiz de alfaiate, e, como tal, eu já trabalhava há muito tempo na oficina da casa do meu mestre, sem nenhum pagamento. Quando eu estava sentado ao lado dele, costurando e passando a ferro, eu estava perfeitamente consciente de que, na verdade, eu não mais pertencia àquele lugar, de que, como cidadão, eu tinha de lidar com outras coisas; no entanto, eu sempre tinha férias, estava sempre ao ar livre no verão, e era assim que eu ficava sentado para ajudar o meu mestre. Isso muitas vezes me causava mal-estar, eu lamentava a perda do tempo no qual eu poderia ter me ocupado de maneira melhor e mais útil. Vez por outra, quando algo não saía bem de acordo com a medida ou o corte, eu tinha de suportar uma repreensão do mestre; entretanto, nunca se falou de um salário semanal. Muitas vezes, quando eu estava lá sentado com as costas curvadas naquela oficina escura, eu tomava a decisão de deixar o trabalho e me demitir. Uma vez até cheguei a fazê-lo, mas o mestre nem percebeu, e em seguida lá estava eu sentado ao lado dele e costurando. [1911]

"Como me fazia feliz acordar depois de horas tediosas como essas! Então eu me propunha, caso esse sonho insistente aparecesse de novo, a afastá-lo de mim com energia e a gritar: Isso é só uma ilusão, estou deitado na cama e quero dormir... E na noite seguinte eu estava de novo sentado na oficina do alfaiate. [1911]

"E isso continuou assim durante anos com uma regularidade inquietante. Houve então uma vez em que nós, o mestre e eu, trabalhávamos na casa de Alpelhofer, o camponês em cuja casa eu iniciei o aprendizado, e meu mestre se mostrou particularmente insatisfeito com os meus trabalhos. 'Só gostaria de saber onde você está com a cabeça!', ele disse e me olhou de modo sombrio. Eu pensei que o mais razoável seria se eu me levantasse e desse a entender ao mestre que eu estava com ele apenas por complacência e depois sair dali. Mas não o fiz. Aceitei resignadamente quando o mestre empregou um aprendiz e me ordenou que lhe desse um lugar no banco. Recuei para o canto e continuei costurando. No mesmo dia, o mestre aceitou mais um companheiro, um beato – era o bôemo, que trabalhou conosco há 19 anos e, na época, caiu no riacho no caminho de volta da taberna. Quando ele quis se sentar, não havia mais nenhum lugar. Ele olhou para o mestre com um olhar interrogativo, e este me disse: 'Você não tem nenhuma sensibilidade para ser alfaiate, *você pode ir embora, você está despedido*'. – Com isso, meu susto foi tão avassalador que acordei. [1911]

"O alvorecer brilhava para dentro das janelas claras do meu lar, tão acolhedor. Objetos de arte me rodeavam; na elegante estante de livros me esperavam o Homero eterno, o Dante gigantesco, o Shakespeare incomparável, o Goethe glorioso – os magníficos, todos eles imortais. Do cômodo ao lado ressoavam as vozezinhas nítidas das crianças que estavam acordando e brincando com sua mãe. Sentia-me como se tivesse reencontrado essa vida suave e idílica, serenamente pacífica, plena de poesia e iluminada espiritualmente, na qual senti tantas vezes e tão profundamente a felicidade humana da contemplação. E, no entanto, irritava-me o fato de eu não ter me adiantado ao mestre pedindo a minha demissão, mas de ter sido demitido por ele. [1911]

"E, para mim, isso é muito notável: depois daquela noite em que o mestre me 'demitiu', desfruto de tranquilidade, não sonho mais com o meu tempo de alfaiate que ficou no passado longínquo, tempo que era tão alegre em sua despretensão e que mesmo assim lançou uma sombra tão vasta nos anos posteriores de minha vida." [1911]

Nessa série de sonhos do poeta, que em seus anos de juventude tinha sido aprendiz de alfaiate, é difícil reconhecer o predomínio da realização de desejo. Tudo o que traz prazer se encontra na vida diurna, enquanto o sonho parece rebocar a sombra fantasmagórica de uma existência infeliz finalmente superada. Meus próprios sonhos de natureza semelhante me colocaram na posição de fornecer algum esclarecimento sobre sonhos como esses. Quando eu era um jovem médico, trabalhei por longo tempo no instituto de química, sem conseguir trazer nada para as habilidades ali exigidas, por isso, quando estou acordado, nunca penso com prazer nesse período infrutífero e, na verdade, vergonhoso do meu aprendizado. Por outro lado, tornou-se para mim um sonho recorrente que eu trabalho no laboratório, faço análises e vivencio toda espécie de coisas etc.; esses sonhos trazem um mal-estar semelhante ao dos sonhos com provas, e eles nunca são muito nítidos. Ao analisar um desses sonhos, finalmente me chamou a atenção a palavra "*análise*", que me ofereceu a chave para a compreensão. Desde então me tornei "analista", faço análises que são muito elogiadas, na verdade, *psicoanálises*. Agora eu entendia: se me tornei orgulhoso desse tipo de análise na vida diurna, se gostaria de me vangloriar por ter chegado tão longe, durante a noite o sonho coloca em minha frente aquelas outras análises malsucedidas, das quais eu não teria nenhuma razão para estar orgulhoso; são sonhos de punição de um emergente, como os do aprendiz de alfaiate que se tornou um poeta celebrado. Mas como é possível ao sonho, no conflito entre o orgulho do emergente e a autocrítica, colocar-se a serviço do último e tomar por conteúdo uma advertência racional em vez de uma realização de desejo não permitida? Já mencionei que responder a essa pergunta traz dificuldades. Podemos concluir que primeiro uma fantasia presunçosa de ambição formou o fundamento do sonho; mas, em seu lugar, foram a sua atenuação e a vergonha que chegaram até o conteúdo do sonho. Permitimo-nos lembrar que existem tendências masoquistas na vida anímica às quais podemos atribuir uma inversão como essa. [1911] Eu não poderia ter nada contra a distinção entre *sonhos de punição* e *sonhos de realização de desejo*. Eu não veria nisso nenhuma restrição à teoria do sonho sustentada até agora, mas meramente uma concessão de linguagem feita à concepção para a qual a coincidência de opostos parece estranha. [1919] Mas um exame mais preciso em alguns desses sonhos permite reconhecer ainda outra coisa. Na obra acessória e não nítida de um de meus sonhos com laboratório, eu tinha justamente aquela idade que me transportava para o ano mais sombrio e menos bem-sucedido de minha carreira médica; eu não tinha uma posição e não sabia como ganhar a vida, mas ao mesmo tempo aconteceu de repente de eu ter a escolha entre várias mulheres com as quais eu poderia me casar! Eu era, portanto, jovem de novo, e, acima de tudo, ela era jovem de novo, a mulher que dividiu comigo todos esses anos difíceis. Assim, um dos desejos que corrói sem cessar o homem que está envelhecendo revelou ser o incitador inconsciente do sonho. A luta que se travava em outras camadas psíquicas entre vaidade e autocrítica tinha na verdade determinado o conteúdo do sonho, mas foi só o desejo mais profundamente enraizado de ser jovem que o tornou possível como sonho. Mesmo no estado de vigília às vezes nos dizemos: Hoje está tudo muito bem, e houve uma vez um tempo difícil; mas mesmo assim foi um tempo bom; você ainda era muito jovem.[i] [1911]

Quando julgamos os sonhos que nos comunica um poeta, temos mais de uma vez o direito de supor que ele excluiu de sua comunicação os detalhes do conteúdo do sonho que ele sentia como perturbadores e considerava não essenciais. Seus sonhos nos propõem então enigmas que poderíamos resolver em seguida, se a reprodução do conteúdo do sonho fosse exata. [1911]

---

[i] [Nota acrescentada em 1930:] Depois que a psicanálise decompôs a pessoa em um Eu e um Supereu (*Psicologia das massas e análise do Eu* [*Massenpsychologie und Ich-Analyse*], 1921, *Ges. Werke*, v. XIII), é fácil reconhecer nesses sonhos de punição realizações de desejo do Supereu.

Otto Rank me chamou a atenção para o fato de que, no conto dos Grimm sobre o pequeno alfaiate valente, ou "Sete de um só golpe" [Sieben auf einen Streich], encontramos relatado um sonho de um emergente inteiramente semelhante. O alfaiate, que se tornou um herói e é genro do rei, sonha certa noite com seu ofício, deitado ao lado da princesa, sua esposa; esta, desconfiada, pede homens armados para a noite seguinte, que devem escutar o que será dito no sonho e se certificar sobre a pessoa do sonhador. Mas o alfaiatezinho foi prevenido e agora sabe como corrigir o sonho. [1911]

Outro grupo de sonhos que encontrei em mim mesmo com frequência e que reconheci como hipócritas tem como conteúdo a reconciliação com pessoas com as quais as relações de amizade se apagaram há muito tempo. A análise descobre então regularmente um ensejo que poderia me incentivar a deixar de lado o último resto de consideração por esses antigos amigos e a tratá-los como desconhecidos ou como inimigos. Mas o sonho se compraz em pintar a relação oposta.[32] [1919]

A complexidade dos processos de suspensão [*Aufhebung*], subtração e inversão, através dos quais os afetos dos pensamentos do sonho finalmente se tornam os afetos do sonho, deixa-se ver num bom panorama através de sínteses apropriadas de sonhos analisados completamente. Quero aqui tratar ainda de alguns exemplos da moção de afeto no sonho que mostram como realizados alguns dos casos discutidos.

V

No sonho com a tarefa esquisita, no qual o velho Brücke me encarregou de fazer uma dissecação de minha própria pelve, *sinto falta, no próprio sonho, do horror que lhe é próprio*. Pois bem, isso é uma realização de desejo em mais de um sentido. A dissecação significa a autoanálise, que eu concretizo, por assim dizer, através da publicação do livro do sonho, que verdadeiramente me foi tão penosa que adiei por mais de um ano a impressão do manuscrito que já estava pronto. Manifesta-se então o desejo de que eu pudesse superar essa sensação de tolhimento, e é por isso que não sinto no sonho nenhum *horror* [*Grauen*]. Desse "*Grauen*" no outro sentido [ficar grisalho] eu também gostaria muito de sentir falta; já estou ficando bem grisalho, e esse *cinza* [*Grau*] dos cabelos ao mesmo tempo me adverte a não me deter por mais tempo. Já sabemos que, no final do sonho, consegue chegar à figuração o pensamento de que eu teria de deixar por conta dos meus filhos o alcance da meta nessa difícil caminhada.

Nos dois sonhos que transportam a expressão de satisfação para os instantes imediatos após o despertar, essa satisfação é, uma vez, motivada pela expectativa de que agora vou ficar sabendo o que quer dizer "eu já sonhei com isso" (p. 443) e se refere, na verdade, ao nascimento dos primeiros filhos, e, na outra vez, através da convicção de que agora vai se confirmar "o que se anunciou por um presságio", e essa satisfação é a mesma que, na época, saudou a chegada do segundo filho. Aqui, os afetos que dominam nos pensamentos do sonho permaneceram no sonho, mas certamente em nenhum sonho as coisas são assim tão simples. Se nos aprofundarmos nas duas análises, descobriremos que essa satisfação que não se submeteu à censura recebe um afluxo de uma fonte que deve temer a censura e cujo afeto certamente provocaria protesto se ele não fosse coberto pelo afeto de satisfação da mesma espécie, facilmente aceito e oriundo de uma fonte autorizada e se insinuando, por assim dizer, atrás dele. Infelizmente não posso mostrar isso no exemplo do próprio sonho, mas um exemplo vindo de outra esfera tornará compreensível a minha opinião. Tomo o caso seguinte: suponhamos que próximo a mim haja uma pessoa que eu odeio, de modo que se produz em mim uma moção viva de me alegrar caso algo adverso lhe aconteça. Mas o que há de moral em minha natureza não cede a essa moção; não ouso expressar meu desejo de infortúnio, e depois, caso algo lhe ocorra, sem que haja culpa dela, reprimo a minha satisfação a esse respeito e me forço a manifestações e pensamentos de pesar. Qualquer pessoa já deve ter-se encontrado em uma situação como essa. Mas acontece que a pessoa odiada através de uma transgressão atrai para si um desconforto bem merecido; tenho então o direito de dar livre curso à minha satisfação de que ela foi atingida pela punição justa, e com isso me declaro de acordo com muitos outros que são imparciais. Mas posso observar que a minha satisfação se mostra mais intensa do que a dos outros; ela recebeu um afluxo da fonte de meu ódio, que até então tinha sido impedido pela censura interior de fornecer afeto e que, sob as circunstâncias modificadas, não está mais impedido. Esse caso é encontrado em geral na sociedade quando pessoas antipáticas ou membros de uma minoria malvista carregam consigo uma culpa. Sua punição habitualmente não corresponde ao seu delito, mas a esse delito é acrescentada a má vontade até então sem efeito, que é dirigida contra elas. Não há dúvida de que com isso aqueles que punem cometem uma injustiça; mas são impedidos de percebê-la pela satisfação que lhes proporciona a suspensão [*Aufhebung*] de uma repressão mantida por longo tempo em seu íntimo. Em casos como esses, o afeto está na verdade justificado quanto à sua qualidade, mas não quanto à sua medida; e o apaziguamento da autocrítica no primeiro ponto negligencia com muita facilidade o exame do segundo ponto. Uma vez que a porta foi aberta, atravessam por ela sem esforço mais pessoas do que se tinha a intenção de deixar passar originariamente.

O traço notável do caráter neurótico, a saber, que ensejos de afeto têm nele um efeito que, qualitativamente justificado, ultrapassa quantitativamente a medida, explica-se dessa maneira, na medida em que ele admite, em absoluto, uma explicação psicológica. Mas o excedente provém de fontes de afeto que permaneceram inconscientes, reprimidas até então, que podem estabelecer uma ligação com o ensejo real, e é para a sua liberação de afeto que a fonte de afeto admitida e isenta de objeção abre o trilhamento [*Bahnung*][33] desejado. Assim, chama-nos a atenção o fato de que, entre a instância psíquica reprimida e a instância psíquica repressora, não podemos considerar exclusivamente as relações de inibição recíproca. Também são dignos de atenção os casos nos quais as duas instâncias produzem um efeito patológico, através de uma ação conjunta e reforço recíproco. Queremos agora utilizar essas observações indicativas sobre a mecânica psíquica para a compreensão das manifestações de afeto do sonho. Uma satisfação que se dá a conhecer no sonho, e que naturalmente deve ser logo detectada em seu lugar nos pensamentos do sonho, nem sempre fica completamente esclarecida por essa única evidência. Via de regra, haverá que procurar para ela uma segunda fonte nos pensamentos do sonho, sobre a qual pese a pressão da censura e que, sob essa pressão, não teria produzido satisfação, e sim o afeto oposto, mas que, devido à presença da primeira fonte do sonho, seja colocada na posição de subtrair seu afeto de satisfação do recalcamento e deixar que ele se junte, como reforço, à satisfação vinda de outra fonte. Assim, os afetos no sonho aparecem como compostos por várias afluências e como sobredeterminados com relação ao material dos pensamentos do sonho; *fontes de afeto que podem fornecer o mesmo afeto se juntam no trabalho do sonho para a formação deste.*[i]

---

[i] [Nota acrescentada em 1909:] Expliquei de maneira análoga o efeito de prazer extraordinariamente forte do chiste tendencioso.

Compreendemos algo dessas relações confusas através da análise do belo sonho no qual "*non vixit*" constitui o ponto central (cf. p. 422). Nesse sonho, as manifestações de afeto de qualidade diversa são comprimidas em duas passagens do conteúdo manifesto. Moções hostis e penosas (no próprio sonho se diz: "tomado por afetos curiosos") se superpõem lá onde eu aniquilo o amigo adversário com as duas palavras. No final do sonho, encontro-me alegre de maneira incomum e julgo então, admitindo uma possibilidade que no estado de vigília reconheço como absurda, que, de fato, existem fantasmas [*Revenants*] que retornam, que podemos eliminar por um mero desejo.

Ainda não comuniquei a circunstância que ocasionou esse sonho. Ela é essencial e leva ao mais profundo da compreensão do sonho. Eu tinha recebido uma notícia de meu amigo de Berlim (que caracterizei como Fl.) de que ele iria se submeter a uma operação e que seus parentes que moravam em Viena iriam me passar as informações sobre seu estado. Essas primeiras notícias depois da operação não tinham um teor de alento e me causaram preocupação. Eu teria preferido viajar pessoalmente até ele, mas justamente nessa época eu estava acometido por uma doença dolorosa que fazia de cada um dos meus movimentos uma tortura. Pelos pensamentos do sonho, descobri que temia pela vida do meu caro amigo. Sua única irmã, que nunca conheci, tinha morrido, de acordo com o que eu sabia, muito jovem, depois de uma doença muito breve. (No sonho: *Fl. conta sobre a sua irmã e diz: Em três quartos de hora ela estava morta.*) Eu devo ter fantasiado que a sua própria constituição não era muito mais resistente e imaginado que, se recebesse mais más notícias, eu teria de finalmente viajar – e chegaria muito *tarde*, pelo que eu iria me fazer eternas reprimendas.[i] Essa reprimenda por causa de chegar tarde tornou-se o ponto central do sonho, mas se figurou naquela cena em que Brücke, o venerado mestre de meus anos de estudante, repreende-me com aquela mirada terrível de seus olhos azuis. Logo se verá o que levou a esse desvio da cena; o sonho não pode reproduzir a própria cena tal como eu a vivenciei. Na verdade, ele deixa o outro com os olhos azuis, mas me dá o papel aniquilador, uma inversão que evidentemente é a obra da realização de desejo. A preocupação pela vida do meu amigo, a reprimenda por não

[i] Era essa fantasia, proveniente dos pensamentos inconscientes do sonho, que exigia imperativamente "*non vivit*" em vez de "*non vixit*". "Você chegou muito tarde, ele não está mais vivo." Foi indicado à p. 422 que a situação manifesta do sonho também aponta para *non vivit*.

viajar até ele, minha vergonha (ele veio a Viena, "discretamente", até mim), minha necessidade de me considerar desculpado pela minha doença, tudo isso compõe a tempestade de sentimentos que, percebida nitidamente no sonho, agita-se naquela região dos pensamentos do sonho.

Mas, na circunstância que ocasionou o sonho, havia ainda outra coisa que teve sobre mim um efeito inteiramente oposto. Entre as notícias desfavoráveis dos primeiros dias da operação, recebi também a advertência para não falar com ninguém sobre a situação, o que me ofendeu, por pressupor uma desnecessária desconfiança de minha discrição. Na verdade, eu sabia que essa instrução não vinha do meu amigo, mas correspondia a uma falta de tato ou a um excesso de cuidado do mensageiro, no entanto, eu fui penosamente afetado por essa reprimenda velada, porque ela – não era de todo injustificada. Como sabemos, outras reprimendas que não essas, nas quais "há alguma verdade", não afetam, não têm nenhum poder de emocionar. Certamente não é a situação do meu amigo, mas, certa vez, há muito tempo, em meus jovens anos, entre dois amigos que também queriam honrar-me com esse nome, comentei levianamente o que um havia dito sobre o outro. E também não esqueci as reprimendas que eu tive de ouvir na época. Um dos amigos entre os quais eu fui o semeador da discórdia era o professor Fleischl, o outro pode ser substituído pelo nome de Josef, que era também o de P., meu amigo e oponente que aparece no sonho.

Sobre a repreensão por eu não conseguir guardar nada para mim testemunham no sonho os elementos *discretamente* e a pergunta de Fl. sobre *o quanto de seus assuntos eu tinha então comunicado a P.* Mas foi a interferência dessa lembrança que mudou de lugar, do presente para a época em que eu vivia no laboratório de Brücke, a repreensão por chegar tarde, e, ao substituir a segunda pessoa na cena de aniquilação do sonho por um certo Josef, permito a essa cena não apenas figurar uma das repreensões de que eu cheguei tarde, mas também aquela mais intensamente atingida pelo recalcamento, a de que eu não guardo nenhum segredo. O trabalho de condensação e de deslocamento do sonho, bem como os seus motivos, tornam-se evidentes nesse caso.

Mas o aborrecimento, pouco importante no presente, sobre a advertência para não contar nada, busca reforços nas fontes que fluem nas profundezas e se infla de maneira a se tornar uma corrente de moções hostis contra pessoas amadas na realidade. A fonte que fornece o reforço flui para dentro do que é infantil. Já contei (p. 424 e ss.) que minhas calorosas amizades, bem como as minhas inimizades com pessoas de minha idade, remontam ao contato que eu tinha quando criança com um sobrinho que era um ano mais velho que eu, contato no qual, como ele era superior, eu aprendi muito cedo a me defender, e no qual éramos inseparáveis na vida e nos amávamos, e, entretanto, como o testemunham as comunicações de pessoas mais velhas, nós brigávamos e – *nos acusávamos*. Todos os meus amigos são em certo sentido encarnações dessa primeira figura que "outrora logo se mostrou ao turvo olhar", *fantasmas que retornam* [*revenants*]. Meu sobrinho retornou pessoalmente em meus anos de juventude, e na época interpretamos juntos a cena entre César e Brutus. Um amigo íntimo e um inimigo odiado sempre foram, para mim, exigências necessárias de minha vida sentimental; eu sempre fiz por encontrar os dois novamente, a cada vez, e não raramente esse ideal de infância se estabelecia de tal maneira que amigo e inimigo se conjugavam na mesma pessoa, é claro que não mais ao mesmo tempo nem em uma alternância repetida muitas vezes, como deve ter sido o caso nos primeiros anos da infância.

Não pretendo investigar aqui o modo como um recente ensejo de um afeto possa remontar ao infantil para se fazer substituir por ele para fins do efeito do afeto. Isso pertence à psicologia do pensar inconsciente e encontraria seu lugar em um esclarecimento psicológico das neuroses. Suponhamos, para os nossos propósitos de interpretação do sonho, que se apresente uma lembrança infantil ou uma lembrança como essa formada na fantasia com, por exemplo, o seguinte conteúdo: as duas crianças entram em disputa por um objeto – deixemos em suspenso qual seria ele, mesmo que a lembrança ou a ilusão da lembrança tenham em vista um objeto bem determinado –; cada um deles afirma *que chegou primeiro* e que tem, portanto, um direito prioritário sobre ele; passa-se aos golpes, a força vem antes do direito; de acordo com as indicações do sonho, eu posso ter sabido que eu não tinha razão (*percebendo o próprio erro*); mas dessa vez sou eu que permaneço o mais forte, domino o campo de batalha, o vencido corre para o meu pai, respectivamente o seu avô, acusa-me e eu me defendo com as palavras que conheço através do relato de meu pai: *Eu bati nele porque ele me bateu*, e, então, essa lembrança ou provável fantasia que se impõe a mim durante a análise do sonho – sem outra garantia, eu mesmo não sei como – é uma peça central dos pensamentos do sonho que reúne as moções de afeto predominantemente nos pensamentos do sonho, como a concha de uma fonte recolhe as águas que chegam até ela. A partir daqui os pensamentos do sonho fluem pelos seguintes caminhos: Foi bem feito para você ter de me deixar o seu lugar; por que você quis me desalojar do lugar? Não preciso de você, vou encontrar outro com quem brincar etc. Então abrem-se os caminhos pelos quais esses pensamentos desembocam novamente na figuração do sonho. Uma expressão como essa "*Ôte-toi que je m'y mette*" ["Saia daí que o lugar é meu"] eu tive de usar, na época, em uma repreensão ao meu falecido amigo Josef. Ele seguiu minhas pegadas entrando como aspirante no laboratório de Brücke, mas lá a promoção era demorada. Nenhum dos dois assistentes se movia do lugar, e a juventude ficava impaciente. Meu amigo, que sabia da duração limitada de sua vida e que nenhuma relação íntima o ligava ao seu superior, eventualmente dava expressão à sua impaciência em voz alta. Como esse superior [*Fleischl*] era alguém gravemente doente, o desejo de vê-lo afastado além do sentido "através de uma promoção", poderia também admitir uma chocante interpretação secundária. Naturalmente, alguns anos antes, o mesmo desejo de assumir um lugar que ficou livre tinha sido ainda mais vivo em mim; onde quer que no mundo haja hierarquia e promoção, está aberta a via para desejos que necessitam de repressão. O príncipe Hal, de Shakespeare, nem sequer no leito de seu pai doente conseguiu escapar da tentação de provar uma vez como lhe ficava a coroa. Mas, como é compreensível, não é em mim, mas nele, que o sonho pune esse desejo sem consideração.[i]

"Porque ele era ávido por poder, eu o abati." Porque ele não pôde aguardar até que outro lhe deixasse o lugar, ele mesmo foi tirado de seu lugar. Alimentei esses pensamentos imediatamente depois de ter assistido na universidade à inauguração do monumento consagrado ao outro. Uma parte da satisfação sentida no sonho pode então ser interpretada assim: "Punição justa; foi bem feito para você".

No enterro desse amigo, um jovem fez a observação que pareceu descabida: O orador falou como se agora o mundo não pudesse mais existir sem esse homem. Elevou-se nele a revolta do ser humano sincero, cuja dor é perturbada pelo exagero. Mas a essa fala conectam-se estes pensamentos do sonho: ninguém é realmente insubstituível; quantos eu já não acompanhei

---

[i] Deve ter chamado a atenção o fato de o nome de Josef ter desempenhado um papel tão grande em meus sonhos (ver o sonho do tio). Meu Eu pode se esconder no sonho com uma facilidade particular por trás das pessoas que têm esse nome, pois José [Josef] também era o nome do conhecido *intérprete de sonho* da Bíblia.

até o túmulo; mas ainda estou vivo; sobrevivi a todos eles, eu reivindico o lugar. Um pensamento como esse, no momento em que temo não mais encontrar meu amigo entre os vivos, se eu viajar até ele, só admite o seguinte desenvolvimento, o de que me alegro por novamente ter sobrevivido a alguém, por não ter sido *eu* a morrer, e sim *ele*, por eu ficar com o lugar, como, na época, na cena infantil fantasiada. Essa satisfação vinda do infantil, de que eu fico com o lugar, cobre a parte principal do afeto acolhido no sonho. Alegro-me pelo fato de ter sobrevivido e o expresso com o egoísmo ingênuo da anedota entre cônjuges: "Se um de nós morrer, eu me mudo para Paris". Para a minha expectativa, está bem entendido que esse não sou eu.

Não podemos esconder de nós mesmos que interpretar e comunicar os próprios sonhos implica uma difícil superação de si. Temos de nos revelar como sendo o único vilão entre todos os nobres com os quais compartilhamos a vida. Portanto eu acho bastante razoável que os *revenants* [fantasmas] só existam enquanto se queira e que eles possam ser eliminados pelo desejo. E é por isso que meu amigo Josef foi punido. Mas os fantasmas que retornam são as encarnações sucessivas de meu amigo da infância; portanto, também estou satisfeito por sempre ter podido encontrar substitutos para essa pessoa, e também para aquele que estou em vias de perder haverei de encontrar o substituto. Ninguém é insubstituível.

Mas o que foi feito da censura do sonho nesse caso? Por que ela não ergue a oposição mais enérgica contra essa linha de pensamento isento de objeção do mais grosseiro egoísmo e não transforma a satisfação colada a ele em grave desprazer? Penso que seja porque outras linhas de pensamentos, isentas de objeção, sobre as mesmas pessoas culminam igualmente em satisfação e recobrem, com seu afeto, aquele que provém da fonte infantil proibida. Em outra camada de pensamentos, eu disse a mim mesmo por ocasião daquela inauguração solene do monumento: Perdi tantos amigos queridos, alguns por morte, outros por dissolução da amizade; e é muito bom ter podido substituí-los, que eu tenha ganhado outro que significa para mim mais do que os outros puderam significar, o qual eu agora, em uma idade em que não se pode fazer novas amizades com facilidade, guardarei para sempre. No sonho, tenho o direito de retomar inalterada a satisfação de ter encontrado esse substituto para os amigos perdidos, mas por trás dela se insinua a satisfação hostil que procede de fonte infantil. A ternura infantil ajuda certamente a reforçar a ternura justificada hoje; mas o ódio infantil também abriu seu caminho na figuração.

Mas, além disso, também está contida no sonho uma nítida indicação a outra linha de pensamento, que pode desembocar na satisfação. Um pouco antes, o meu amigo, depois de longa espera, tinha tido uma filhinha. Sei como ele tinha se enlutado depois da perda precoce da irmã e lhe escrevi que ele iria transferir a essa criança o amor que sentia por sua irmã; essa menininha iria fazê-lo finalmente esquecer a perda irreparável.

Assim, essa série se conecta novamente aos pensamentos intermediários do conteúdo do sonho, do qual os caminhos se dispersam em direções opostas: ninguém é insubstituível. Vejam, são apenas *revenants* [fantasmas]; tudo o que se perdeu retorna. E agora as ligações associativas entre os componentes contraditórios dos pensamentos do sonho se atraem mais estreitamente através da circunstância acidental de que a filhinha do meu amigo tem o mesmo nome que a pequena companheira de brincadeiras, a irmã, da mesma idade que eu, do meu mais antigo amigo e oponente. Eu ouvi o nome "Pauline" com *satisfação* e, para aludir a essa coincidência, substituí no sonho um Josef por outro Josef e achei impossível reprimir a semelhança do som inicial nos nomes Fleischl e Fl. A partir daqui corre um fio de pensamentos que leva até a atribuição de nomes aos meus próprios filhos. Fiz questão de que seus nomes não fossem escolhidos de acordo com a moda do dia, mas que fossem determinados pela lembrança de pessoas queridas. Seus nomes fazem dos filhos "*fantasmas que retornam*". E, por último, ter filhos não é para nós o único acesso à *imortalidade*?

Sobre os afetos do sonho, apenas acrescentarei poucas observações ainda a partir de outro ponto de vista. Na alma daquele que dorme, pode estar contida uma inclinação afetiva – o que chamamos estado de ânimo [*Stimmung*] – como elemento dominante e, então, ajudar a moldar o sonho. Esse humor pode provir das vivências e das linhas de pensamento do dia, ele pode ter fontes somáticas; nos dois casos ele pode vir acompanhado de linhas de pensamento que lhe correspondem. Que esse conteúdo de representação dos pensamentos do sonho, no primeiro caso, condicione de maneira primária a inclinação afetiva e que no outro caso ele seja despertado de maneira secundária pela disposição de sentimento a ser explicada somaticamente é indiferente para a formação do sonho. Em todo caso, ela se encontra sob a restrição de que só pode figurar o que for realização de desejo, e de só poder emprestar sua força de pulsão psíquica ao desejo. O estado de ânimo presente receberá o mesmo tratamento que a sensação que emerge durante o sono sensação que será negligenciada ou reinterpretada no sentido de uma realização de desejo. Estados de ânimo penosos durante o sono tornam-se as forças pulsionais do sonho, despertando desejos enérgicos que o sonho deve realizar. O material ao qual aderem esses estados de ânimo é retrabalhado de tal maneira até poder ser utilizado para a expressão da realização de desejo. Quanto mais intenso e mais dominante for o elemento do estado de ânimo penoso nos pensamentos do sonho, mais seguras se tornarão as moções de desejo mais fortemente reprimidas para aproveitar a oportunidade de chegar à figuração, tendo em vista que, através da existência atual do desprazer, que normalmente elas teriam de produzir por si mesmas, elas já encontram resolvida a parte difícil do trabalho de forçar passagem até a figuração, e com essas considerações tocamos de novo no problema dos sonhos de angústia, que vão se revelar o caso-limite da realização do sonho [*Traumleistung*].

I
A ELABORAÇÃO SECUNDÁRIA

Queremos agora, finalmente, começar a enfatizar o quarto dos fatores que participam da formação do sonho.

Se continuarmos com a investigação do conteúdo do sonho da maneira como a desenvolvemos anteriormente, verificando a origem de incidentes marcantes no conteúdo do sonho a partir dos pensamentos do sonho, também nos depararemos com elementos para cujo esclarecimento seria necessária uma suposição inteiramente nova. Lembro-me dos casos em que no sonho nos surpreendemos, irritamo-nos, relutamos e, a saber, contra um fragmento do próprio conteúdo do sonho. A maioria dessas moções de crítica no sonho não são dirigidas contra o conteúdo do sonho, mas se revelam como partes do material do sonho retomadas e utilizadas de maneira conveniente, como expus com exemplos adequados. Mas uma parte dessas moções não se presta a uma derivação como essa; não se consegue encontrar seu correlato no material do sonho. O que significa, por exemplo, essa crítica nada rara no sonho: Mas isto é só um sonho? Essa é uma verdadeira crítica ao sonho, tal como eu poderia fazer no estado de vigília. Também não raramente ela é a precursora do despertar; ainda com maior frequência, ela própria é precedida de um sentimento penoso que se apazigua depois da constatação do estado de sonho. Mas o pensamento: "Mas isto é só um sonho" visa, durante o sono, à mesma coisa que ele deve enunciar no palco, pela boca da bela Helena, de Offenbach; ele quer rebaixar a importância do que acabou de ser vivenciado e possibilitar a tolerância do que está por vir. Ele serve para adormecer certa instância que, nesse dado momento, teria todos os motivos para se agitar e proibir a continuação do sonho – ou da cena. Mas é mais cômodo continuar a dormir e tolerar o sonho, "porque ele não passa de um sonho". Eu imagino que a crítica depreciativa: "é apenas um sonho" só entra no sonho se a censura, que jamais dorme completamente, sente-se pega de surpresa pelo sonho que já foi admitido. É muito tarde para reprimi-lo, e com aquela observação, por conseguinte, ela enfrenta a angústia ou a sensação penosa que se suscitou no sonho. É uma expressão do *esprit d'escalier*[34] por parte da censura psíquica.

Mas com esse exemplo temos uma prova irrefutável de que nem tudo o que o sonho contém provém dos pensamentos do sonho, mas que uma função psíquica que não se distingue do nosso pensar de vigília pode fornecer contribuições ao conteúdo do sonho. Pergunta-se então: isso ocorre excepcionalmente, ou cabe a essa instância psíquica, que normalmente atua apenas como censura, uma participação regular na formação do sonho?

Temos de nos decidir, sem hesitação, pela última alternativa. É indubitável que a instância censora, cuja influência reconhecemos até agora apenas por limitações, por omissões no conteúdo do sonho, também é responsável por intercalações e acréscimos nele. Essas intercalações são fáceis de reconhecer; elas são relatadas timidamente, introduzidas com um "como se", não têm, em si e por si, nenhuma vivacidade particularmente intensa e são constantemente colocadas em lugares onde podem servir para a conexão de duas partes do conteúdo do sonho ou abrir uma trilha [*Anbahnung*] no contexto entre duas partes do sonho. Elas apresentam uma menor durabilidade na memória do que os verdadeiros derivados do material do sonho; se o sonho é submetido ao esquecimento, elas são as primeiras a desaparecer, e tenho a forte suspeita de que a nossa queixa frequente de que sonhamos muito, de que esquecemos a maior parte e de que só retivemos fragmentos se fundamenta no rápido desaparecimento justamente desses pensamentos-argamassa. Em uma análise completa, essas intercalações se revelam às vezes pelo fato de não haver para elas nenhum material nos pensamentos do sonho. Entretanto, depois de um exame cuidadoso, tenho de caracterizar esse caso como o mais raro; na maioria das vezes, podemos, mesmo assim, reconduzir esses pensamentos intercalados a algum material nos pensamentos do sonho, material que, no entanto, nem por seu próprio valor nem por sobredeterminação poderia pretender ser acolhido no sonho. Na formação do sonho, parece que a função psíquica que agora estamos considerando só passa em casos extremos a fazer novas criações; enquanto ainda for possível, ela utiliza o que pode escolher de adequado no material do sonho.

O que caracteriza e revela essa parte do trabalho do sonho é sua tendência. Essa função procede de maneira semelhante ao que o poeta afirma maldosamente sobre o filósofo: com seus trapos e remendos ela tapa as lacunas da estrutura do sonho. A consequência do seu esforço é que o sonho perde a aparência de absurdo e de incoerência e se aproxima do modelo de uma vivência inteligível. Mas esse esforço não é a cada vez coroado de pleno êxito. Assim, acontecem sonhos que, para a observação superficial, parecem impecavelmente lógicos e corretos; eles partem de uma situação possível, prolongam-na através de modificações isentas de objeção e a levam, embora isso seja muito raro, a uma conclusão nada desconcertante. Esses sonhos sofreram a mais profunda das elaborações através dessa função psíquica semelhante ao pensar de vigília; eles parecem ter um sentido, mas esse sentido está o mais distante possível do efetivo significado do sonho. Quando o analisamos, convencemo-nos de que aqui a elaboração secundária do sonho fez malabarismos da maneira mais livre com o material, conservando minimamente as suas relações. São sonhos que, por assim dizer, já foram interpretados uma vez, antes que os submetêssemos à interpretação no estado de vigília. Em outros sonhos, essa elaboração tendenciosa só conseguiu chegar até certo ponto; até aí parece dominar a coerência, então o sonho torna-se absurdo ou confuso, talvez para se erguer ainda uma segunda vez em seu desenvolvimento até a aparência do inteligível. Em outros sonhos, a elaboração fracassa completamente; ficamos como que desamparados diante de um monte sem sentido de pedaços de conteúdo.

A essa quarta força que dá forma ao sonho, que logo nos parecerá conhecida – na realidade, ela é a única que, entre os quatro formadores do sonho, também nos é familiar de outra forma –, a esse quarto fator, portanto, eu não gostaria de negar peremptoriamente a capacidade de fornecer ao sonho novas contribuições criativas. Mas certamente sua influência também se manifesta, tal como a dos outros, sobretudo na preferência e na escolha de material psíquico já formado nos pensamentos do sonho. Pois bem, há um caso em que o trabalho, por assim dizer, de construir para o sonho uma fachada fica-lhe poupado em grande parte, pelo fato de que no material dos pensamentos do sonho já se encontra pronta uma estrutura, aguardando para ser utilizada. O elemento dos pensamentos do sonho que tenho em vista costumo caracterizar como "*fantasia*"; talvez eu evite mal-entendidos dando-lhe o nome de *sonho diurno* [*Tagtraum*], que lhe é análogo na vida de vigília.[i] O papel desse elemento em nossa vida anímica ainda não foi exaustivamente reconhecido pelos psiquiatras e colocado a descoberto; M. Benedikt, em sua apreciação, conseguiu, ao que me parece, um início promissor. A importância do sonho diurno não escapou ao olhar certeiro e perspicaz do poeta; é conhecida de todos a descrição que esboça Daudet, em *O nababo*, dos sonhos diurnos de um dos personagens secundários desse conto. O estudo das psiconeuroses leva a descobertas surpreendentes de que essas fantasias ou esses sonhos diurnos são os estágios preliminares mais próximos dos sintomas histéricos – ao menos de toda uma série deles; não é das próprias lembranças, mas das fantasias construídas no fundamento das lembranças que dependem em primeiro lugar os sintomas histéricos. A ocorrência frequente dessas fantasias diurnas conscientes traz essas formações ao nosso conhecimento; mas, assim como há fantasias conscientes como essas, há também em abundância as inconscientes que, por causa de seu conteúdo e de sua origem de material recalcado, precisam permanecer inconscientes. Um estudo mais aprofundado das características dessas fantasias diurnas nos ensina como é justo que essas formações recebam o mesmo nome que têm as nossas produções noturnas de pensamentos, o nome de *sonhos*. Elas têm em comum com os sonhos noturnos uma parte essencial de suas propriedades; sua investigação teria podido, na verdade, abrir-nos o melhor e mais imediato acesso para a compreensão dos sonhos noturnos.

Como os sonhos, elas são realizações de desejo; como os sonhos, elas se baseiam em boa parte nas impressões de vivências infantis; como os sonhos, elas desfrutam de certo relaxamento da censura para as suas criações. Se rastrearmos a sua estrutura, perceberemos como o motivo de desejo que atua na sua produção misturou, rearranjou e compôs em um novo conjunto o material do qual são construídas. Elas estão, para as lembranças da infância às quais elas retornam, quase que na mesma proporção que estão alguns palácios barrocos em Roma em relação às antigas ruínas, cujas pedras talhadas e cujos pilares forneceram o material para a construção em formas modernas.

[i] *Rêve – petit roman – day dream, story.*

Na "elaboração secundária", que atribuímos, em relação ao conteúdo do sonho, ao nosso quarto fator formador do sonho, encontramos novamente a mesma atividade que pode se manifestar na criação do sonho, sem ser inibida por outras influências. Poderíamos dizer, sem mais, que esse nosso quarto fator procura dar forma, a partir do material que lhe é oferecido, a *algo como um sonho diurno*. Mas lá onde um sonho diurno como esse já se encontra formado no contexto dos pensamentos do sonho, esse fator do trabalho do sonho vai, de preferência, apossar-se dele e agir no sentido de que ele chegue ao conteúdo do sonho. Há sonhos como esses que só consistem na repetição de uma fantasia diurna, talvez uma que permaneceu inconsciente, como o sonho do menino que está em uma biga de combate com os heróis da guerra de Troia. Em meu sonho "*Autodidasker*" (p. 318), pelo menos a segunda parte do sonho é a repetição fiel de uma fantasia diurna em si inocente sobre meu contato com o professor N. Deve-se à complicação das condições que o sonho tem de satisfazer quando de seu surgimento o fato de, com muita frequência, a fantasia já existente só formar uma parte do sonho, ou de apenas uma parte dela penetrar até o conteúdo do sonho. No conjunto, a fantasia então será tratada como qualquer outro componente do material latente; mas no sonho ela ainda é frequentemente reconhecível como um todo. Em meus sonhos muitas vezes surgem partes que se destacam das outras pela impressão diversa que provocam. Elas me parecem fluidas, dotadas de uma melhor coerência e ao mesmo tempo mais fugazes do que outras partes do mesmo sonho; sei que elas são fantasias inconscientes que estão em ligação quando chegam ao sonho, mas nunca consegui fixar uma fantasia como essa. De resto, essas fantasias, bem como outros componentes dos pensamentos do sonho, são comprimidas, condensadas, superpostas umas às outras etc.; mas há transições, desde o caso em que elas podem formar, quase sem modificação, o conteúdo do sonho, ou pelo menos a fachada do sonho, até o caso oposto, em que elas só são representadas no conteúdo do sonho por um de seus elementos ou por uma alusão remota a um deles. No que diz respeito ao destino das fantasias nos pensamentos do sonho, é evidentemente determinante quais vantagens elas podem oferecer em relação às exigências da censura e da compulsão à condensação.

Em minha seleção de exemplos para a interpretação do sonho, procurei desviar o quanto possível de sonhos nos quais fantasias inconscientes desempenham um papel considerável, porque a introdução desse elemento psíquico teria exigido extensas discussões a partir da psicologia do pensar inconsciente. Mas, mesmo nesse contexto, não posso contornar totalmente a "fantasia", porque com frequência ela chega inteira ao sonho, e ainda mais frequentemente ela transparece nitidamente através dele. Quero ainda citar um sonho que parece composto por duas fantasias distintas, opostas e que se recobrem uma à outra em algumas passagens, das quais uma é superficial e a outra se torna, por assim dizer, a interpretação da primeira.[i]

O sonho – o único para o qual não possuo nenhuma anotação cuidadosa – é mais ou menos o seguinte: o sonhador – um jovem não casado – está, ele o vê com exatidão, sentado em seu restaurante habitual; em seguida aparecem mais pessoas para buscá-lo, entre elas uma que quer prendê-lo. Ele diz aos companheiros de mesa: Eu pago mais tarde, eu vou voltar. Mas eles exclamam, com sorrisos zombeteiros: Isso nós já conhecemos, todos dizem isso. Outro cliente grita para ele: Lá se vai mais um. Então ele é levado a um local estreito onde encontra uma figura feminina com uma criança nos braços. Um dos acompanhantes diz: Este é o senhor Müller. Um comissário ou qualquer outro funcionário está folheando um pacote de papéis ou de documentos enquanto repete: Müller, Müller, Müller. Finalmente ele lhe faz uma pergunta que ele responde com um sim. Depois ele se vira para olhar para a figura feminina e percebe que apareceu nela uma grande barba.

Nesse caso é fácil separar os dois componentes. O componente superficial é uma *fantasia de prisão*, ela nos parece ser uma formação nova do trabalho do sonho. Mas por trás fica visível, como material que sofreu uma leve reconfiguração pelo trabalho do sonho, a *fantasia do casamento*, e os traços que podem ser comuns às duas se destacam novamente com particular nitidez, como em uma fotografia mista de Galton. A promessa do rapaz, solteiro até agora, de voltar para tomar o seu lugar na mesa reservada,

---

[i] [Nota acrescentada em 1909:] Analisei em 1905, em *Fragmento de uma análise de um caso de histeria* [Publicado nesta coleção no volume *Histórias clínicas*], um bom exemplo de um sonho como esse, nascido da superposição de várias fantasias. A propósito, subestimei a importância dessas fantasias para a formação do sonho, enquanto eu elaborava principalmente os meus próprios sonhos, em cujo fundamento encontram-se discussões e conflitos de pensamento, mas raramente sonhos diurnos. Em muitas pessoas é, com frequência, muito mais fácil demonstrar *a completa analogia do sonho noturno com o sonho diurno*. É frequente que nos histéricos se consiga substituir um ataque por um sonho; podemos então facilmente nos convencer de que a fantasia do sonho diurno é, para as duas formações psíquicas, o estágio preliminar mais próximo.

a descrença dos companheiros de taberna calejados pela experiência, a exclamação: Lá se vai (se casa) mais um são traços facilmente compreensíveis também para a outra interpretação. Da mesma forma a palavra "sim", que é respondida para o funcionário. Folhear a pilha de papéis repetindo o mesmo nome corresponde a um traço menor, mas bem reconhecível, das cerimônias de casamento e da leitura em voz alta dos telegramas de felicitações empilhados, que, é claro, tinham todos o mesmo nome.

Com a entrada em cena da noiva em pessoa nesse sonho, a fantasia de casamento até mesmo venceu a fantasia de prisão. Que essa noiva no final exiba uma barba pude explicá-lo por uma informação – não se chegou a fazer uma análise. O sonhador estava indo por uma rua dias antes com um amigo que era tão avesso a casamento quanto ele, e chamou a atenção desse amigo para uma beldade morena que vinha em sua direção. Mas o amigo tinha feito a observação: Se pelo menos com o passar dos anos essas mulheres não ficassem barbudas como os seus pais...

Naturalmente, também não faltam nesse sonho elementos nos quais a deformação do sonho tenha executado um trabalho mais profundo. Assim, a fala: "Eu pago mais tarde" pode visar à conduta a ser temida do sogro em relação ao dote. É evidente que toda espécie de reservas detém o sonhador de se entregar com todo o gosto à fantasia de casamento. Uma dessas reservas, a de que com o casamento se perde a liberdade, incorporou-se na transformação em uma cena de prisão.

Se quisermos mais uma vez retornar ao fato de que o trabalho do sonho se serve de bom grado de uma fantasia encontrada pronta, em vez de compô-la só a partir do material dos pensamentos do sonho, resolvemos, com esse modo de pensar, talvez um dos mais interessantes enigmas do sonho. Na p. 71 relatei o sonho de Maury, que, atingido na nuca por um pedaço de madeira, acorda, tendo tido um longo sonho, de um romance completo do tempo da Revolução. Tendo em vista que o sonho é tido como coerente e se organiza inteiramente em função da explicação do estímulo despertador, cuja ocorrência aquele que dormia não podia prever, então parece restar apenas a suposição de que todo esse sonho rico só pode ter sido composto e ter acontecido no curto espaço de tempo entre a queda da madeira sobre a vértebra cervical de Maury e seu despertar provocado pelo golpe. Não ousaríamos atribuir ao trabalho do pensar no estado de vigília uma rapidez como essa e acabaríamos por conceder ao trabalho do sonho o privilégio de uma aceleração notável de seu decurso.

Contra essa conclusão, que se tornou rapidamente popular, autores mais recentes (Le Lorrain, Egger, entre outros) levantaram a mais viva objeção. Em parte, eles duvidam da exatidão do relato do sonho por parte de Maury e, em parte, eles tentam demonstrar que a rapidez das operações do nosso pensar de vigília não fica atrás do que se pode conceder sem reservas à realização do sonho. A discussão levanta questões de princípio, cuja solução não me parece próxima. Mas devo confessar que a argumentação, por exemplo, de Egger, justamente contra o sonho da guilhotina de Maury, não me passou nenhuma impressão convincente. Eu sugeriria a seguinte explicação para esse sonho: seria tão improvável que o sonho de Maury figurasse uma fantasia já pronta que foi conservada em sua memória por anos e que foi despertada – eu gostaria de dizer: *aludida* – no momento em que ele reconheceu o estímulo que o acordou? Anula-se, então, em primeiro lugar, toda a dificuldade de compor uma história tão longa com todos os seus detalhes em um espaço de tempo extremamente breve que, no caso, está à disposição do sonhador; ela já estava composta. Se a madeira tivesse atingido a nuca de Maury no estado de vigília, talvez tivesse havido espaço para o pensamento: Isso é exatamente como se eu fosse guilhotinado. Mas, como ele foi atingido pelo pedaço de madeira enquanto estava dormindo, o trabalho do sono utiliza rapidamente o estímulo que chega para produzir uma realização de desejo, *como se* ele pensasse (isto é para ser tomado inteiramente no sentido figurado): "Agora é uma ótima oportunidade de tornar verdadeira a fantasia de desejo que eu imaginei para mim em tal ou tal época com a leitura". Parece-me incontestável que o romance sonhado seja justamente aquele habitualmente imaginado pelo jovem sob o efeito de poderosas impressões excitantes. Quem não teria se sentido cativado – ainda mais um francês e historiador da cultura – pelas descrições da época do Terror, em que a nobreza, homens e mulheres, a flor da nação, mostravam como se podia morrer com a alma serena e manter o frescor de seu espírito e a elegância de sua maneira de viver até o chamado fatal? Que tentador fantasiar-se no meio deles como um dos jovens que se despediam das damas com um beijo na mão, para subirem destemidos ao cadafalso! Ou se a ambição foi o motivo principal da fantasia, colocar-se no lugar de uma daquelas potentes individualidades que só pela força de seus pensamentos e de sua ardente eloquência dominavam a cidade, na qual nessa época palpitava convulsivamente o coração da humanidade, eles que, por convicção, enviavam à morte milhares de seres humanos e abriam as vias para a transformação da Europa, ao mesmo tempo que suas cabeças não estavam seguras e um dia estariam sob a lâmina da guilhotina, colocando-se, por exemplo, no papel dos girondinos ou do herói Danton? Que a fantasia de Maury tenha sido a de uma ambição como essa é o que parece indicar o traço guardado na lembrança "acompanhado por uma multidão a perder de vista".

Mas essa fantasia, já pronta há muito tempo, também não precisa ser toda repassada durante o sono; basta que ela seja, por assim dizer, "tocada de leve". Eu penso isso da seguinte maneira: quando ouço alguns compassos e alguém diz, como no *Don Giovanni*: "Isso são as *Bodas de Fígaro*, de Mozart", de uma só vez se agita em mim uma onda de lembranças, das quais no momento seguinte nenhuma pode se elevar até a consciência. A palavra-chave serve como uma estação de proteção contra invasão, a partir da qual todo um conjunto é simultaneamente colocado em estado de excitação. Não precisaria ser diferente no pensar inconsciente. Através do estímulo que desperta é excitada a estação psíquica que franqueia o acesso à fantasia inteira da guilhotina. Mas esta não é repassada ainda durante o sono, e sim apenas na lembrança daquele que está desperto. Uma vez acordado, ele se lembra então detalhadamente da fantasia que foi tocada como um todo no sonho. Nesse caso, não se tem nenhum meio que assegure que algo realmente sonhado está sendo lembrado. Essa mesma explicação, de que se trata de fantasias prontas que são excitadas como um todo pelo estímulo despertador, pode ser ainda utilizada para outros sonhos que são regulados pelo estímulo despertador, por exemplo, para o sonho de Napoleão com a batalha, antes da explosão da máquina infernal.

Entre os sonhos que Justine Tobowolska reuniu em sua dissertação sobre a aparente duração do tempo no sonho, o que me parece mais probatório é aquele relatado por Macario (1857) sobre um autor teatral, Casimir Bonjour.[i] Esse homem quis numa noite assistir à primeira apresentação de uma de suas peças, mas estava tão cansado que cochilou em seu assento atrás dos bastidores no momento exato em que a cortina se levantou. Em seu sono, ele passou por todos os cinco atos de sua peça e observou os diversos sinais de emoção que os espectadores manifestavam em cada uma das cenas. Quando a apresentação terminou, ele ouviu então radiante seu nome ser aclamado sob as mais vivas salvas de palmas. De repente, ele acorda. Ele não

[i] Tobowolska, p. 53.

queria acreditar nem em seus olhos nem em seus ouvidos, a apresentação não tinha passado dos primeiros versos da primeira cena; ele não deve ter dormido mais do que dois minutos. Certamente não será muito ousado afirmar sobre esse sonho que a passagem pelos cinco atos da peça teatral e a atenção à conduta do público em cada uma das passagens não precisa se originar de nenhuma produção nova ocorrida durante o sono, mas pode estar repetindo, no sentido indicado, um trabalho de fantasia já consumado. Com outros autores, Tobowolska destaca, como característica comum dos sonhos com o curso acelerado de representações, que eles parecem particularmente coerentes, que eles não têm nenhuma semelhança com outros sonhos e que a lembrança que se tem deles é muito mais sumária do que detalhada. Mas esses seriam justamente os sinais distintivos que teriam de ser concedidos às fantasias já prontas, tocadas pelo trabalho do sonho, conclusão que, entretanto, os autores não extraem. **[1914]**

Não quero afirmar que todos os sonhos de despertar admitem essa explicação, ou que dessa maneira nos livramos absolutamente do problema da aceleração do curso das representações no sonho.

É inevitável que agora cuidemos da relação dessa elaboração secundária do conteúdo do sonho com os fatores do trabalho do sonho. Acaso poderia acontecer de os fatores formadores do sonho, ou seja, o esforço pela condensação, a compulsão a escapar da censura e a consideração à figurabilidade nos meios do sonho, formarem inicialmente, a partir do material, um conteúdo de sonho provisório, e este então posteriormente ser reconfigurado até que ele satisfaça, tanto quanto possível, as exigências de uma segunda instância? Isso é quase improvável. Precisamos antes supor que as reivindicações dessa instância estabeleçam desde o início uma das condições que o sonho deve satisfazer e que essa condição, bem como a da condensação, a da censura da resistência e a da figurabilidade, exerçam um efeito simultaneamente indutor e seletivo sobre o vasto material dos pensamentos do sonho. Mas, entre as quatro condições da formação do sonho, a que reconhecemos por último é, em todo caso, aquela cujas reivindicações parecem menos imperiosas para o sonho. A identificação dessa função psíquica, que empreende a assim chamada elaboração secundária do conteúdo do sonho, com o trabalho do nosso pensar de vigília, resulta, com toda a probabilidade, da seguinte consideração: nosso pensar de vigília (pré-consciente) comporta-se em relação a qualquer material perceptivo do mesmo modo como a função em questão em relação ao conteúdo do sonho. É de sua natureza colocar ordem nesse material, estabelecer relações, adequá-lo à expectativa de uma coerência inteligível. Nesse aspecto vamos longe demais; os truques dos ilusionistas nos enganam, porque se apoiam nesse nosso hábito intelectual. No esforço de compor as impressões sensoriais que se nos oferecem de maneira compreensível, muitas vezes cometemos erros curiosos ou mesmo falseamos a verdade do material que está diante de nós. As provas que se relacionam a esse caso são demasiadamente conhecidas por todos, para que seja necessário expô-las extensamente. Conseguimos ler passando por cima de erros de impressão que prejudicam o sentido criando a ilusão de que estamos lendo o que é correto. Dizem que o redator de um jornal francês muito lido apostou que ele mandaria inserir na impressão de cada frase de um longo artigo "pela frente" ou "por trás", sem que qualquer leitor o percebesse. Ele ganhou a aposta. Um exemplo engraçado de falsa conexão chamou minha atenção há anos ao ler um jornal. Depois daquela sessão da câmara francesa em que Dupuy fez cessar, com as corajosas palavras: *La séance continue* [A sessão continua], o susto causado pelo estouro da bomba jogada na sala por um anarquista, os ocupantes da galeria foram chamados a testemunhar sobre suas impressões sobre o atentado. Entre eles encontravam-se duas pessoas da província, das quais uma contou que, imediatamente depois do término de uma fala, ele de fato percebeu uma detonação, mas pensou que seria um hábito no Parlamento disparar um tiro toda vez que um orador tivesse terminado. O outro, que provavelmente já tinha ouvido vários oradores, entregou-se ao mesmo juízo, entretanto, com a modificação de que esse tiro era um reconhecimento, mas só era disparado depois de falas especialmente bem-sucedidas.

Certamente não é, portanto, nenhuma outra instância psíquica a não ser o nosso pensar que aborda o conteúdo do sonho com a reivindicação de que ele seja compreensível, que o submete a uma primeira interpretação e assim provoca seu total desentendimento. Para a nossa interpretação, permanece como prescrição, em todos os casos, ignorar a coerência aparente no sonho, suspeita por sua procedência, e, partindo do que é claro, bem como do que é confuso, tomar o mesmo caminho de regresso que leva ao material do sonho.

Percebemos então de que depende essencialmente a escala de qualidades do sonho mencionada acima, que vai da confusão até a clareza. Parecem-nos claras as partes do sonho nas quais a elaboração secundária conseguiu alguma coisa, e confusas as outras onde a força dessa operação falhou. Como as partes confusas do sonho são também com frequência as menos marcadas com vivacidade, permitimo-nos concluir que o trabalho secundário do sonho deve ser responsabilizado por uma contribuição à intensidade plástica de cada uma das formações do sonho.

Se eu devo procurar em algum lugar um objeto de comparação para a configuração definitiva do sonho, tal como ela se produz com a cooperação do pensar normal, não se me oferece nenhum outro além daquelas inscrições enigmáticas com as quais os *Fliegenden Blätter* divertiram seus leitores por tanto tempo. Em relação a certa frase, que pertence por contraste ao dialeto e de significado o mais bizarro possível, deve ser despertada a expectativa de que ela contenha uma inscrição em latim. Para esse fim, os elementos que são as letras das palavras são arrancados de sua articulação em sílabas e colocados em uma nova ordem. Aqui e ali aparece uma autêntica palavra latina, e em outras passagens acreditamos ver diante de nós abreviaturas de palavras latinas e, em outras passagens ainda – levados pela aparência de partes desgastadas ou lacunas da inscrição – deixamo-nos enganar pela falta de sentido das letras que ficaram isoladas. Se não quisermos cair no engodo, precisaremos deixar de lado todos os requisitos de uma inscrição, encarar as letras e, sem nos preocuparmos com o ordenamento proposto, compô-las em palavras da nossa língua materna.

A elaboração secundária é o fator do trabalho do sonho que foi observado pela maioria dos autores e apreciado em sua importância. Em uma forma visual divertida, H. Ellis descreve a sua operação (Introdução, p. 10): [1914]

"De fato, podemos pensar essa situação da seguinte maneira: a consciência adormecida diz a si mesma: aí vem o nosso mestre, a consciência desperta, que dá um valor enorme à razão, lógica etc. Rápido! Arrume as coisas, coloque-as em ordem, qualquer ordem serve – antes que ela entre para tomar posse da cena." [1914]

A identidade desse modo de trabalho com o do pensar de vigília foi afirmada por Delacroix (p. 526) de maneira particularmente clara: [1914]

"*Cette fonction d'interprétation n'est pas particulière au rêve; c'est le même travail de coordination logique que nous faisons sur nos sensations pendant la veille*" [Essa função de interpretação não é específica do sonho; é o mesmo trabalho de coordenação lógica que fazemos com as nossas sensações durante o estado de vigília]. [1914]

J. Sully defende essa mesma concepção. Assim como Tobowolska:

"*Sur ces successions incohérentes d'hallucinations, l'esprit s'efforce de faire le même travail de coordination logique qu'il fait pendant la veille sur les sensations. Il relie entre elles par un lien imaginaire toutes ces images décousues et bouche les écarts trop grands qui se trouvaient entre elles*" (p. 93) [Com essas sucessões incoerentes de alucinações, o espírito se esforça por fazer o mesmo trabalho de coordenação lógica que ele faz com as sensações durante a vigília. Ele une entre si, através de um laço imaginário, todas essas imagens descosidas e preenche as lacunas demasiadamente grandes que havia entre elas]. [1914]

De acordo com alguns autores, essa atividade de ordenação e de interpretação se inicia ainda durante o sonhar e continua na vigília. Assim, Paulhan (p. 547): [1914]

"*Cependant j'ai pensé qu'il pouvait y avoir une certaine déformation, ou plutôt reformation du rêve dans le souvenir ... La tendance systématisant de l'imagination pourrait fort bien achever après le réveil ce qu'elle a ébauché pendant le sommeil. De la sorte, la rapidité réelle de la pensée serait augmentée en apparence par les perfectionnements dus à l'imagination éveillée*" [Entretanto, pensei muitas vezes que aí poderia haver certa deformação, ou melhor, uma reformação do sonho na lembrança ... a tendência sistematizante da imaginação poderia muito bem concluir após o despertar aquilo que ela esboçou durante o sono. Desse modo, a rapidez real do pensamento seria aparentemente aumentada pelos aperfeiçoamentos devidos à imaginação desperta]. [1914]

Leroy e Tobowolska (p. 592):

"*dans le rêve, au contraire, l'interprétation et la coordination se font non seulement à l'aide des données du rêve, mais encore à l'aide de celles de la veille...*" [no sonho, ao contrário, a interpretação e a coordenação se fazem não apenas com a ajuda dos dados do sonho, mas também com a ajuda daqueles da vigília...]. [1914]

Era então inevitável que esse único fator reconhecido da formação do sonho fosse superestimado em sua importância, de modo que lhe foi atribuída toda a operação de ter criado o sonho. Essa criação devia se consumar no momento de acordar, como supunham Goblot e, ainda mais extensamente, Foucault, que atribuíam ao pensar da vigília a capacidade de formar o sonho a partir dos pensamentos que emergiam no sono. [1914]

Leroy e Tobowolska dizem a respeito dessa concepção: "*On a cru pouvoir placer le rêve au moment du réveil et ils ont attribué à la pensée de la veille la fonction de construire le rêve avec les images présentés dans la pensée du sommeil*" [Acreditou-se poder situar o sonho no momento do despertar, e eles atribuíram ao pensamento de vigília a função de construir o sonho com as imagens presentes no pensamento do sono]. [1914]

A essa apreciação da elaboração secundária acrescento a apreciação de uma nova contribuição ao trabalho do sonho apontada pelas sutis observações de H. Silberer. Como foi mencionado em outra passagem, Silberer surpreendeu, por assim dizer, em flagrante a transposição de pensamentos em imagens ao se forçar a uma atividade intelectual [*geistiger*] em estado de cansaço e sonolência. Em seguida, desaparecia-lhe o pensamento elaborado e em seu lugar se instalava uma visão que se revelava ser o substituto do pensamento na maioria das vezes abstrato. (Cf. os exemplos à p. 356 e ss.) Durante esses experimentos, acontecia então que a imagem que emergia, equiparável a um elemento do sonho, figurava algo diferente do pensamento à espera de elaboração, a saber, o próprio cansaço, a dificuldade ou o desprazer de fazer esse trabalho, portanto, o estado subjetivo e o modo de funcionamento da pessoa que se esforça, em vez do objeto de seu esforço. Silberer chamou esse caso, que lhe ocorria com muita frequência, de "o fenômeno *funcional*", para diferenciá-lo do fenômeno "*material*" que se deveria esperar. [1914]

"Por exemplo: Uma tarde, estou deitado em meu sofá, muito sonolento, e me obrigo a refletir sobre um problema filosófico. Estou procurando comparar, a esse propósito, as opiniões de Kant e de Schopenhauer sobre o tempo. Por causa de minha sonolência, não consigo manter paralelamente a linha de pensamento de ambos, o que seria necessário para a comparação. Depois de muitas tentativas em vão, gravo, mais uma vez, a dedução kantiana, com toda a força de vontade, para utilizá-la então na colocação do problema de Schopenhauer. Em seguida, dirijo minha atenção a esse último; e agora, quando quero retornar a Kant, revela-se que ele desapareceu novamente, esforço-me em vão para recuperá-lo de novo. Esse esforço em vão de reencontrar imediatamente os arquivos de Kant situados em algum lugar de minha cabeça é figurado então, de repente, com os olhos fechados, em uma imagem de sonho como símbolo visual e plástico: Peço uma informação a um secretário mal-humorado que, curvado sobre uma escrivaninha, não se deixa perturbar com a minha pressão. Meio que em pé, ele me olha contrariado e friamente" (*Jahrb.*, I, p. 514). [1914]

Outros exemplos que se referem à oscilação entre sono e o estado de vigília: [1914]

"Exemplo n.º 2 – Condições: de manhã, ao acordar. Em um sono de certa profundidade (estado crepuscular) refletindo sobre um sonho anterior, de certa maneira ressonhando-o ou retomando-o, sinto que me aproximo da consciência de vigília, entretanto quero ainda permanecer no estado crepuscular. [1914]

"Cena: *Piso com um pé em um riacho, mas o retiro rapidamente, procurando ficar na borda de cá*" (*Jahrb.*, III, p. 625). [1914]

"Exemplo n.º 6 – Condições como as do Exemplo n.º 4. (Ele quer ficar mais um pouco deitado, sem pegar no sono.) Eu quero me entregar ao sono mais um pouco. [1914]

"Cena: *Despeço-me de alguém e combino com ele (ou com ela) de encontrá-lo(la) de novo.*" [1914]

O fenômeno "funcional", a "figuração do que é próprio do estado em vez do que é próprio do objeto", foi observado por Silberer essencialmente sob as duas condições do adormecer e do acordar. É fácil entender que, para a interpretação do sonho, só o último caso é levado em conta. Silberer mostrou com bons exemplos que as partes finais do conteúdo manifesto de muitos sonhos, às quais se segue imediatamente o despertar, não figuram nada além do propósito ou do processo do próprio despertar. Estão a serviço dessa intenção: o ato de atravessar um limiar (simbolismo do limiar), sair de um cômodo para entrar em outro, partir em viagem, voltar para casa, a separação de um acompanhante, entrar na água e outros. Entretanto, não posso reprimir a observação de que em meus próprios sonhos, bem como nos das pessoas analisadas por mim, encontrei elementos do sonho que se referem ao simbolismo do limiar muito mais raramente do que o esperado de acordo com as comunicações de Silberer. [1914]

De forma alguma é impensável ou improvável que esse "simbolismo do limiar" venha esclarecer também certos elementos no meio do contexto de um sonho, por exemplo, em lugares em que se trataria de oscilações na profundidade do sonho e da tendência a interromper o sonho. Entretanto, ainda não se apresentaram exemplos que garantam essa ocorrência. Mais frequente parece ser o caso da sobredeterminação, a saber, que um lugar do sonho que extrai seu conteúdo material da estrutura dos pensamentos do sonho foi utilizado, *além disso*, para a figuração de algo que seja próprio ao estado na atividade anímica. [1914]

O interessantíssimo fenômeno funcional de Silberer levou a muitos abusos, sem que seu descobridor seja o responsável, pois a velha tendência à interpretação simbólica abstrata dos sonhos encontrou nele um apoio. A preferência à "categoria funcional" chega tão longe em alguns, que eles falam do fenômeno funcional onde quer que apareçam no conteúdo dos pensamentos do sonho atividades intelectuais ou processos de sentimento, embora esse material não tenha nem mais nem menos direito que os outros de entrar no sonho enquanto resto diurno. [1914]

Queremos reconhecer que os fenômenos de Silberer constituem uma segunda contribuição para a formação do sonho por parte do pensar de vigília, embora seja menos constante e menos significativo do que a primeira, introduzida sob o nome de "elaboração secundária". Tinha sido mostrado que uma parte da atenção ativa durante o dia também permanece voltada para o sonho durante o estado de sono, controla-o, critica-o e se reserva o poder de interrompê-lo. Estivemos muito perto de reconhecer nessa instância anímica que permanece desperta o censor que exerce uma intensa influência restritiva na configuração do sonho. O que as observações de Silberer acrescentam a isso é o fato de que, em certas circunstâncias, uma espécie de auto-observação também vem cooperar, fornecendo a sua contribuição para o conteúdo do sonho. Sobre as prováveis relações dessa instância auto-observadora, que deve se tornar prioritária particularmente nas cabeças filosóficas, com a percepção endopsíquica, com o delírio de ser observado, com a consciência moral e com o censor do sonho, convém tratar em outro lugar.[i] [1914]

Passo agora a resumir as extensas discussões sobre o trabalho do sonho. Tínhamos nos deparado com a questão sobre se o psiquismo utiliza, na formação do sonho, todas as suas capacidades em um desenvolvimento não inibido, ou apenas uma fração delas inibidas em sua realização. Nossas investigações nos levam a rejeitar absolutamente esse modo de colocar a questão como inadequado às circunstâncias. Entretanto, se, ao responder, tivermos de permanecer no mesmo terreno ao qual a pergunta nos força a ir, então temos de responder afirmativamente às duas concepções que parecem se excluir uma à outra por oposição. O trabalho anímico na formação do sonho se decompõe em duas realizações: a produção dos pensamentos do sonho e a sua transformação em conteúdo do sonho. Os pensamentos do sonho são totalmente corretos e formados com todo o dispêndio psíquico de que somos capazes; eles pertencem ao nosso pensar que não se tornou consciente, do qual, através de certa transposição, também provêm os pensamentos

---

[i] [Nota acrescentada em 1914:] Para introduzir o narcisismo [Zur Einführung des Narzissmus]. *Jahrbuch der Psychoanalyse*, VI, 1914. (*Ges. Werke*, v. X.)

conscientes. Por mais que eles sejam dignos de interesse e enigmáticos, esses enigmas não têm, de fato, nenhuma relação particular com o sonho e não merecem ser tratados entre os problemas do sonho.[i] Por outro lado, essa parte do trabalho que transforma os pensamentos inconscientes no conteúdo do sonho é peculiar à vida onírica e é dela característica. Esse trabalho do sonho propriamente dito se distancia ainda mais do modelo do pensar de vigília do que pensaram até mesmo os mais decididos depreciadores da realização psíquica do funcionamento psíquico na formação do sonho. Não é que ele seja mais descuidado, mais incorreto, mais esquecido e mais incompleto do que o pensar de vigília; ele difere deste de maneira inteiramente qualitativa e, por isso, em princípio, não pode ser comparado com ele. Ele não pensa, não calcula, não julga de forma alguma, mas se limita a dar outra forma. Ele pode ser exaustivamente descrito se tivermos à vista as condições que o seu produto deve satisfazer. Esse produto, o sonho, deve, sobretudo, subtrair-se à *censura*, e para esse fim o trabalho do sonho se serve do *deslocamento das intensidades psíquicas* até chegar à revaloração de todos os valores psíquicos; os pensamentos devem ser reproduzidos exclusiva ou predominantemente no material de traços visuais e sonoros de lembranças, e dessa exigência nasce, para o trabalho do sonho, a *consideração à figurabilidade*, que ele cumpre através de novos deslocamentos. Devem (provavelmente) ser produzidas intensidades maiores do que as disponíveis à noite nos pensamentos do sonho, e, para essa finalidade, serve a extensa *condensação* que é empreendida com os componentes dos pensamentos do sonho. Sobre as relações lógicas

---

[i] [Nota acrescentada em 1925:] Antes eu achava extraordinariamente difícil acostumar os leitores à distinção entre o conteúdo manifesto do sonho e o conteúdo latente do sonho. Continuamente se colocavam argumentos e objeções a partir do sonho não interpretado, tal como a lembrança o havia conservado, e se ignorava a exigência da interpretação do sonho. Mas, agora que pelo menos os analistas se familiarizaram com substituir o sonho manifesto pelo sentido encontrado por sua interpretação, muito deles se tornam responsáveis por outra confusão, à qual se aferram obstinadamente da mesma forma. Eles procuram a essência do sonho nesse conteúdo latente e, ao fazê-lo, passam por cima da distinção entre pensamentos latentes do sonho e trabalho do sonho. O sonho, no fundo, não é outra coisa a não ser uma *forma* particular do nosso pensar, possibilitada pelas condições do estado de sono. É o *trabalho do sonho* que produz essa forma, e só ela constitui a essência do sonho, a explicação de sua singularidade. Digo isso para dar o devido valor à mal-afamada "tendência prospectiva" do sonho. O fato de o sonho se ocupar com tentativas de solucionar as tarefas que se apresentam à nossa vida anímica não é mais notável do que o fato que o faça a nossa vida consciente de vigília, e o que se acrescenta é que esse trabalho também pode ter lugar no pré-consciente, mas isso já nos é conhecido.

do material dos pensamentos recai pouca consideração; elas encontram no final uma figuração oculta entre as peculiaridades *formais* do sonho. Os afetos dos pensamentos do sonho são submetidos a modificações menores do que o conteúdo de representações desses pensamentos. Em regra geral, eles são reprimidos [*unterdrückt*]; onde permanecem conservados, eles são descolados das representações e compostos de acordo com o tipo de sua semelhança. Só uma parte do trabalho do sonho, a reelaboração em sua extensão inconstante, efetuada pelo pensar de vigília parcialmente desperto, é que se ajusta, em certa medida, à concepção que os autores queriam fazer valer para toda a atividade da formação do sonho.[i]

[i] Da quarta até a sétima edição (1914 a 1922), entravam nesse ponto dois artigos de Otto Rank: "Traum und Dichtung" (Sonho e criação literária) e "Traum und Mythus" (Sonho e mito). A partir da publicação de *Gesammelte Schriften* (1925), esses dois artigos desapareceram de todas as edições. (N.E.)

NOTAS

[1] A palavra "*Sprache*" pode significar tanto "língua" (idioma), quanto "linguagem" ou mesmo "fala". Aqui poderíamos também traduzir a analogia de Freud como uma tradução entre duas "línguas", mas preferimos *linguagens* pensando em dois "sistemas". (N.R.)

[2] Termo com o qual Kafka descreve a forma adotada pelo protagonista Gregor Samsa em sua novela *A metamorfose/A transformação* (*Die Verwandlung*). "*Ungeziefer*" é uma forma de se referir a insetos ou pequenos animais asquerosos. (N.R.)

[3] Clara referência a Wilhelm Fließ, aquele com quem Freud se correspondia regularmente no processo de "gestação" da psicanálise. As cartas de Freud a Fließ foram por isso publicadas na França sob o título *O nascimento da psicanálise* (*La Naissance de la psychanalyse*). (N.R.)

[4] Wilhelm Fließ. Ver nota anterior. (N.R.)

[5] Como Freud concebe a representação como um processo associativo, ele a supõe constituída pela intervenção simultânea de componentes acústicos, visuais e motores. No texto sobre as afasias, a palavra corresponde a uma associação de imagens mnêmicas, e seu significado sobrevém da articulação da imagem acústica com as associações-objeto ou associações-coisa. No entanto, essas associações não constituem o objeto ou a coisa externa, de onde a palavra retiraria o seu significado. As associações-objeto ou associações-coisa parecem ser externas à palavra, embora mantenham uma necessária relação com ela. Com essa concepção de representação, é possível o sonho tratar a palavra como objeto ou coisa (Freud, Sigmund. *Sobre a concepção das afasias: um estudo crítico* [1891]. Tradução de Emiliano de Brito Rossi. Belo Horizonte: Autêntica, 2013. p. 102. (Obras Incompletas de Sigmund Freud).). (N.T.)

[6] Revista humorística de Munique. (N.T.)

[7] Cabe aqui mencionar que as letras iniciais "v" e "f" produzem no alemão o mesmo som fricativo labiodental surdo da letra "f" em português. (N.R.)

[8] Cabe destacar que o som do "a" tremado, "ä", em alemão se aproxima de "é", o "e" aberto em português. (N.R.)

[9] Curioso que Freud aqui coloque em destaque a palavra "*geheim*" (secreto, em segredo) no contexto em que se refere a "*Villa*" ou "*Casa*", já que, em seu ensaio "Das Unheimliche" (O infamiliar), de 1919, ele aponta para a relação etimológica entre "*unheimlich*" (infamiliar), "*Heim*" (lar) e "*geheim*". (N.R.)

[10] Alusão à expressão de Nietzsche "Umwertung aller Werte" (revaloração de todos os valores). (N.R.)

[11] Literalmente, "desejo de saber" (N.R.)

[12] Literalmente, "desejo de saber" (N.R.)

[13] No original, "*Rücksicht auf Darstellbarkeit*". Morfologicamente, "*Rücksicht*" deriva de "*Sicht*" (visão), matizada pelo prefixo "*rück-*", que remete a um "voltar-se para trás" – algo análogo ao que o prefixo "retro-" evoca em português (como em "retroagir", "retroalimentar"), conforme destaca Christian Dunker (comunicação pessoal). A acepção mais comum de "*Rücksicht*" é "consideração", especialmente no sentido de "levar algo em conta", embora também possa significar "respeito" ou "cuidado". Freud adota inequivocamente o primeiro sentido: trata-se do que *deve ser considerado*. Já "*Darstellbarkeit*" é a forma nominalizada do

adjetivo "*darstellbar*", derivado, por sua vez, do verbo "*darstellen*", que pode ser traduzido como "apresentar", "representar" ou "figurar". É essencial distinguir aqui "*darstellen*" de "*vorstellen*". Enquanto "*vorstellen*" implica "colocar algo diante (*vor*) dos olhos" – ou seja, remete a uma imagem mental ou antecipação –, "*darstellen*" refere-se à produção material de uma apresentação: como a *representação* (*Darstellung*) de um papel no palco, com personagem, figurino, gesto, maquiagem. Freud está, portanto, apontando para o que precisa ser considerado quanto à *possibilidade de figurar* os pensamentos latentes por meio de recursos materiais, imagéticos, acústicos, linguísticos etc. no conteúdo manifesto do sonho. Nas traduções estrangeiras, José L. Etcheverry optou na Argentina por "*miramiento por la figurabilidad*"; François Robert empregou na França "*prise en considération de la présentabilité*"; e Jean-Pierre Lefebvre preferiu "*prise en compte de la figurabilité*". Em todo caso, o campo metafórico dessa expressão remete inequivocamente ao campo artístico. Roman Jakobson consagrou a expressão "tradução intersemiótica", quando, na transposição de um texto literário para teatro ou cinema, devemos levar em conta os meios e elementos cênicos disponíveis. (N.R.; N.E.).

14 A expressão "*wie Kraut und Rüben*" (literalmente, "como couve e nabos") serve para denotar "confusão". (N.R.)

15 Ver, adiante, nota sobre "*Bahnung*" (trilhamento ou via facilitada). (N.E.)

16 Nas três primeiras edições (1900, 1909 e 1911), esse parágrafo foi precedido pelo parágrafo a seguir, que foi omitido a partir de 1914:

"Devo mencionar ainda outra esfera de representações que, com frequência, serve no sonho, bem como na neurose, para dissimular um conteúdo sexual. Eu diria que é a mudança de domicílio. [Em alemão,] mudar de domicílio [*seine Wohnung wechseln*] pode ser substituído com frequência por '*ausziehen*' [mudar de casa ou desvestir-se], palavra multívoca que leva à esfera de representações das *vestimentas*. Quando também há no sonho um *lift* [ascensor], vamos nos lembrar que '*to lift*' significa levantar, portanto, 'levantar a roupa'".

17 Com exceção de dois parágrafos, a primeira edição de *A interpretação do sonho* não incluía essa seção E. Os acréscimos de 1909 e 1911 foram primeiramente inseridos no capítulo V (seção D), com o título "Sonhos típicos". A seção E, sob a forma atual, só aparece em 1914; ela é constituída por uma parte dos acréscimos do capítulo V e por outra parte com material novo. Acrescentaram-se ainda outros parágrafos em 1919 e 1925. O ano de inserção de cada acréscimo (frase ou parágrafo) está indicado entre colchetes. (N.E.)

18 A palavra "*Frauenzimmer*" é uma antiga designação menos deferente para "mulher", mas ela se forma a partir dos substantivos "*Frau*" ("mulher" na forma mais habitual) e "*Zimmer*" (cômodo de uma casa). (N.R.)

19 Importante parque no centro de Viena. (N.R.)

20 O item 12, intitulado "Sonho de um químico", foi acrescentado em 1909. Mas, ao longo do tempo, Freud ainda fez várias modificações, acrescentando pequenos trechos e, até mesmo, reutilizando dois parágrafos inteiros da primeira edição. As inserções posteriores a 1909 estão datadas parágrafo por parágrafo. Os dois parágrafos reaproveitados da primeira edição estão assinalados com 1900. Portanto, caso indicação em contrário, todo esse longo desenvolvimento data de 1909. (N.E.)

21 No original, "*Kolben*" – termo genérico alemão para frasco ou balão de vidro de laboratório. Na análise a seguir, Freud especifica o tipo de frasco (*Retorte*), recipiente curvo usado

em destilações, cuja forma alongada e cujo tubo afunilado por onde a substância evapora, condensa e goteja evocam simbolicamente o pênis. O sonho – no qual o sujeito se transforma em magnésio, enfia as pernas no frasco e depois as retira, insistindo que tudo "foi feito corretamente" – é exemplar por seu absurdo. A leitura de Freud se move no limiar entre simbolismo (que ele problematiza) e método associativo (que ele institui): o símbolo só adquire valor quando se inscreve numa economia libidinal singular. (N.E.)

22 *Fidélio*: única ópera de Beethoven. Apresenta Leonore, que, sob o disfarce masculino de Fidélio ("fiel"), infiltra-se na prisão para resgatar seu marido, vítima de uma condenação injusta. (N.E.)

23 Aqui Freud mostra um interessante jogo de palavras em torno do verbo "*werfen*" (lançar, arremessar, jogar). Trata-se do mesmo verbo que remete à *Verwerfung* (rejeição ou forclusão), como mecanismo de negação das psicoses. (N.R.)

24 Freud observa que na gíria austríaca existia a expressão vulgar "*sich einen ausreißen*" (arrancar uma para si) como referência ao ato masturbatório – e que essa formulação poderia explicar a associação simbólica com o ato de arrancar um dente. Em português, a expressão equivalente seria "tocar uma" ou "bater uma". Esse exemplo reaparece no capítulo VI, em contribuição de Otto Rank que cita a própria *Traumdeutung*. (N.E.).

25 Freud refere-se à própria obra, às vezes, omitindo o artigo definido "A" (*A intepretação do sonho*). Além disso, essa forma um tanto incomum de referir-se ao próprio livro denota o caráter colaborativo da escrita, que contém inserções de discípulos, como Otto Rank, entre outros. Ver a esse respeito a "Nota do editor brasileiro", ao final do volume. (N.E.)

26 Conforme informam os editores da edição de estudos alemã, a palavra "duas" é um resquício das edições de 1909 e de 1911, nas quais todas as considerações sobre os sonhos "típicos" tinham sido agrupadas no capítulo V. A observação I começava pelo parágrafo "Quanto mais nos ocupamos..." (acima) e terminava no final da seção E do capítulo VI. A observação II começava com o atual parágrafo 4 da mesma seção E, e terminava com "se ele tivesse perdido o encontro", que finalizava o capítulo V. Esse material foi enriquecido nas edições posteriores, passando de cinco páginas em 1909 para 42 em 1930. (N.T.; N.E.)

27 Há aqui um trocadilho que envolve a morfologia de "preferência", formada pelo prefixo "*vor*", "diante", "de frente" ou "para a frente", e "Zug", substantivo derivado do verbo "*ziehen*", "puxar". (N.R.)

28 O trocadilho aqui envolve palavras que têm como prefixo a preposição "*gegen*", "contra", "oposto a". (N.R.)

29 Daqui até o final do livro, salvo indicação em contrário, a maior parte do texto contém poucas alterações em relação à primeira edição, de 1900. (N.E.)

30 O mencionado ensaio "[Fragment über] die Natur" era atribuído erroneamente a Goethe, sendo, na verdade, de autoria de Georg Christoph Tobler, publicado pela primeira vez em 1783 no *Tiefurt Journal*. Mesmo assim, influenciou fortemente a escolha do jovem Sigmund Freud pela medicina.

31 A palavra "morte" em alemão é masculina e costuma ser representada como um homem. (N.R.)

32 Esse parágrafo foi deslocado para o local correto. (N.E.)

[33] O termo "*Bahnung*" (trilhamento, facilitação) já aparece em *Sobre a concepção das afasias*, de 1891 (Autêntica, 2013), num contexto claramente neurológico relativo às vias (*Bahn*) neurais. No alemão corrente, "*Bahn*" é utilizado em palavras compostas para tratar de vias de condução, por exemplo, "*Eisenbahn*" (via férrea), "*Autobahn*" (via automotiva, estrada). Aqui, no contexto do aparelho anímico, seguindo o paradigma da metáfora tópica, "*Bahnung*" aparece como uma espécie de "trilhamento" ou "via facilitada". (N.R.)

[34] Literalmente, "espírito de escada", expressão que designa alguém que demora a entender alguma coisa. (N.R.)

VII A psicologia dos processos oníricos

Entre os sonhos que conheci pelo relato de outras pessoas, há um que agora reivindica nossa atenção de maneira muito especial. Ele me foi contado por uma paciente que, por sua vez, tomou conhecimento dele em uma conferência sobre o sonho; sua verdadeira fonte permaneceu desconhecida para mim. Mas ele impressionou à dama por seu conteúdo, pois ela não deixou de "ressonhá-lo", isto é, de repetir elementos do sonho em um sonho próprio, para expressar, por meio dessa transferência, sua concordância sobre um ponto determinado.

As condições preliminares desse sonho-modelo são as seguintes: um pai velou seu filho doente, durante dias e noites, à cabeceira do leito. Depois que o filho morreu, ele se dirigiu a um cômodo vizinho para descansar, mas deixou a porta aberta, para poder enxergar de seu quarto o aposento em que estava exposto o corpo da criança, rodeado de grandes velas. Um homem idoso foi encarregado de fazer a vigília e sentou-se junto ao corpo murmurando orações. Depois de algumas horas de sono, o pai sonha *que o filho está em pé ao lado de sua cama, pega o seu braço e sussurra-lhe em tom repreensivo: "Pai, então você não vê que eu estou queimando?"*. Ele desperta, percebe um clarão brilhante que vem do quarto onde está o corpo, corre até lá, encontra o guardião idoso adormecido, a mortalha e um braço do corpo amado queimados por uma vela que caíra acesa.

A explicação desse sonho comovente é bastante simples e também foi dada corretamente pelo conferencista, segundo relata a paciente. O clarão brilhante penetrou pela porta que ficou aberta e chegou aos olhos daquele que estava dormindo, incitando-o à mesma conclusão que ele tiraria se estivesse acordado, ou seja, que através da queda de uma vela teria sido provocado um incêndio junto ao corpo. É até provável que o pai tenha levado consigo para o sono a preocupação de que o velho guardião não fosse capaz de cumprir sua tarefa.

Nós também não encontramos nada a modificar nessa interpretação, a não ser que acrescentemos a observação de que o conteúdo do sonho só pode ter sido sobredeterminado e a fala do filho foi composta de falas que ele realmente enunciou em vida e se conectam com acontecimentos importantes para o pai. Por exemplo, a queixa: *Estou queimando* liga-se à febre da qual a criança morreu, e as palavras: *Pai, então você não vê?*, a outra situação desconhecida por nós, mas carregada de afeto.

Mas, depois de termos reconhecido esse sonho como um processo pleno de sentido, passível de ser inserido no contexto do funcionamento psíquico, podemos nos admirar pelo fato de um sonho ter ocorrido sob circunstâncias como essas, que demandavam o mais rápido despertar. Percebemos então que também esse sonho não prescinde de uma realização de desejo. No sonho, o filho morto procede como se estivesse vivo, ele até mesmo adverte o pai, vai até a sua cama, pega-lhe o braço, como provavelmente o fez naquela lembrança da qual o sonho tomou a primeira parte da fala da criança. Devido a essa realização de desejo, o pai prolongou então o seu sono por mais um momento. O sonho prevaleceu sobre a reflexão na vigília, porque pôde mostrar a criança viva mais uma vez. Se o pai tivesse antes acordado e depois tirado a conclusão que o levou ao quarto, ele teria então, por assim dizer, abreviado a vida do filho em mais esse momento.

Não pode haver dúvida quanto à peculiaridade que cativa nosso interesse por esse breve sonho. Até agora estivemos interessados sobretudo em saber no que consiste o sentido secreto dos sonhos, por qual via esse sentido é encontrado e de quais meios o trabalho do sonho se serviu para ocultá-lo. As tarefas da interpretação do sonho estiveram até agora no ponto central do nosso campo de visão. E agora nos deparamos com esse sonho que não impõe nenhum desafio à interpretação, cujo sentido está dado sem disfarce, e percebemos que esse sonho ainda conserva as características essenciais pelas quais um sonho difere notavelmente do nosso pensar de vigília e, portanto, ativa a nossa necessidade de explicação. Só depois de descartar tudo aquilo que diz respeito ao trabalho de interpretação podemos perceber quão incompleta ficou a nossa psicologia do sonho.

Mas, antes de tomarmos esse novo caminho com os nossos pensamentos, queremos fazer uma parada e olhar para trás, para ver se nessa nossa caminhada até aqui não deixamos passar despercebida alguma coisa importante. Pois precisamos ter claro para nós que um trecho confortável e agradável de nosso caminho ficou para trás. Até então, todos os caminhos que percorremos, se eu não estiver errado, conduziram-nos à luz, ao esclarecimento e à plena compreensão; a partir do momento em que quisermos penetrar mais profundamente nos processos anímicos do sonhar, todas as sendas vão desembocar na escuridão. É impossível, para nós, conseguir *esclarecer* o sonho enquanto processo psíquico, pois esclarecer quer dizer remontar ao que é conhecido, e neste momento não existe nenhum conhecimento psicológico ao qual podemos subordinar o que se deixa inferir como fundamento de explicação a partir do exame psicológico dos sonhos. Ao contrário, seremos forçados a estabelecer uma série de suposições que abordem com conjecturas a estrutura do aparelho anímico e o jogo das forças que nele atuam, suposições que devemos ter o cuidado de não desenvolver muito além da primeira articulação lógica, pois do contrário seu valor se perde no indeterminável. Ainda que não cometamos nenhum erro de conclusão e levemos em conta todas as possibilidades lógicas, a provável incompletude na colocação dos elementos ameaça-nos com o fracasso completo do cálculo. Mesmo através da mais cuidadosa investigação do sonho ou de qualquer outra operação *isolada*, não obteremos uma indicação, ou pelo menos não poderemos fundamentá-la, sobre a construção e sobre o modo de trabalho do instrumento psíquico, mas para esse fim será necessário reunir, no estudo comparativo de uma série inteira de operações psíquicas, aquilo que se revela ser constantemente exigido. Assim, as suposições psicológicas que extraímos da análise dos processos oníricos terão de aguardar em um ponto de parada, por assim dizer, até terem encontrado uma conexão com os resultados de outras investigações que, partindo de outro ponto de abordagem, queiram avançar até o núcleo do mesmo problema.

A
O ESQUECIMENTO DOS SONHOS

Sugiro portanto, que antes nos voltemos para um tema do qual decorre uma objeção negligenciada até aqui, que pode minar nossos esforços dedicados à interpretação do sonho. Ouvimos, de diversas fontes, a objeção de que não conhecemos propriamente o sonho que queremos interpretar, ou, mais exatamente, de que não temos nenhuma garantia de conhecê-lo da maneira como ele realmente ocorreu (cf. p. 86 e ss.).

O que lembramos do sonho e sobre o que praticamos nossas artes interpretativas já foi primeiramente mutilado pela infidelidade de nossa memória, que parece ser, em um grau particularmente elevado, incapaz de preservar o sonho e talvez já tenha perdido justamente as partes mais importantes de seu conteúdo. Quando queremos prestar atenção em nossos sonhos, somos muitas vezes inclinados a nos queixar de que sonhamos muito mais do que conseguimos lembrar, e, de que, infelizmente não sabemos muito mais do que apenas aquele fragmento; e até essa própria lembrança nos parece singularmente incerta. Em segundo lugar, tudo indica que a nossa lembrança reproduz o sonho não apenas de maneira lacunar, mas também de maneira infiel e falseada. Da mesma forma que, por um lado, podemos duvidar se o que foi sonhado era realmente tão incoerente e nebuloso quanto o temos na memória, por outro lado, também é possível questionar se um sonho tenha sido tão coerente quanto o contamos, e se nós, ao tentar reproduzi-lo, não preenchemos lacunas já existentes ou outras produzidas pelo esquecimento com material novo escolhido arbitrariamente, ou ainda se não enfeitamos, arredondamos e retocamos o sonho, a ponto de tornar impossível fazer qualquer julgamento sobre como teria sido, de fato, o real conteúdo do nosso sonho. Sim, um autor (Spitta)[i] levanta a conjectura de que toda e qualquer ordem e coerência só teriam sido acrescentadas ao sonho durante a tentativa de evocá-lo. Assim, corremos o risco de que nos arranquem das mãos o próprio objeto cujo valor nos propusemos determinar.

Ignoramos essas advertências em nossas interpretações de sonhos até agora. Ao contrário, não consideramos que a convocação à interpretação possa ser menos digna de ser percebida nos menores, menos destacados e mais incertos componentes do conteúdo do sonho, do que nos seus componentes preservados de maneira nítida e garantida. No sonho da *injeção de Irma* (p. 145) foi dito: Eu chamo *depressa* o Dr. M., e supúnhamos que esse acréscimo não teria chegado até o sonho se ele não admitisse uma derivação particular. Foi assim que chegamos, então, à história daquela infeliz paciente, a cujo leito chamei "depressa" o colega mais velho. No sonho aparentemente absurdo que trata a diferença entre 51 e 56 como *quantité négligeable*, o número 51 foi o mais mencionado. Em vez de achar isso evidente ou indiferente, inferimos daí um segundo curso de pensamento no conteúdo latente do sonho que levou ao número 51, e o vestígio que

[i] O mesmo em Foucault e Tannery.

continuamos rastreando levou a apreensões que estabelecem que 51 anos é o limite da vida, em radical oposição a uma cadeia de pensamentos dominante que era pródiga com os anos de vida. No sonho "*Non vixit*" (p. 422) havia uma intercalação imperceptível que de início eu ignorei, a passagem: "*Como P. não o entende, Fl. me pergunta*" etc. Quando então a interpretação estancou, retomei essas palavras e, a partir delas, encontrei o caminho para a fantasia infantil que surge nos pensamentos do sonho como ponto nodal intermediário. Isso aconteceu graças aos versos do poeta:

> Raramente vocês me *compreenderam*,
> Também raramente compreendi vocês,
> Foi só quando nos encontramos na lama,
> Que logo nos entendemos![i]
> *[Selten habt ihr mich verstanden,*
> *Selten auch verstand ich Euch,*
> *Nur wenn wir im Kot fanden,*
> *So verstanden wir uns gleich!].*

Toda análise poderia provar com exemplos como justamente os traços mais insignificantes do sonho são imprescindíveis para a interpretação, e como a execução da tarefa é retardada quando a atenção é voltada para eles somente tardiamente. Na interpretação do sonho, apreciamos da mesma maneira cada nuance da expressão verbal na qual o sonho se nos apresentou; e até quando nos era oferecido um enunciado absurdo ou insuficiente, como se não tivesse sido bem-sucedido o esforço de traduzir o sonho para a versão correta, também respeitamos essas falhas de expressão. Em suma, o que, na opinião dos autores, seria uma improvisação arbitrária formada às pressas pelo embaraço, tratamos como se fosse um texto sagrado. Essa contradição requer esclarecimento.

Esse esclarecimento nos é favorável, sem tirar com isso a razão dos autores. Do ponto de vista dos nossos mais novos conhecimentos adquiridos sobre a origem do sonho, essas contradições se unificam inteiramente. Está correto dizer que deformamos o sonho na tentativa de reproduzi-lo; aqui encontramos novamente o que caracterizamos como a elaboração secundária e muitas vezes mal compreendida do sonho, pela instância do pensar normal. Mas essa deformação, por sua vez, não é nada além de uma parte

---

[i] Heine, Heinrich. *Buch der Lieder* [*Livro de canções*], "Wiederkehr" [O Retorno], n. 78.

da elaboração, à qual são submetidos legitimamente os pensamentos do sonho em consequência da censura onírica. Aqui os autores pressentiram ou perceberam a parte da deformação do sonho que trabalha de maneira manifesta; isso pouco nos abate, pois sabemos que um trabalho de deformação muito mais extenso e menos fácil de apreender escolheu o sonho como objeto já a partir dos pensamentos oníricos ocultos. Os autores só erram por julgar arbitrária a modificação do sonho ao ser lembrado e na sua forma de expressão, portanto, por ela impossibilitar a sua solução, e consequentemente a consideram capaz de nos induzir ao erro no reconhecimento do sonho. Eles subestimam o determinismo no psíquico. Aí não há nada de arbitrário. Podemos mostrar, de maneira geral, que uma segunda cadeia de pensamentos assume imediatamente a determinação de um elemento que foi deixado indeterminado pela primeira. Por exemplo, quero que arbitrariamente me ocorra um número; isso não é possível; o número que me ocorre está determinado de maneira unívoca e necessária por pensamentos em mim que podem estar distantes do meu propósito no momento.[i] Da mesma forma, tampouco são arbitrárias as modificações que sofre o sonho na configuração da vida de vigília. Elas permanecem em conexão associativa com o conteúdo, em cujo lugar elas se colocam e servem para nos mostrar o caminho que leva a esse conteúdo, que por sua vez pode ser novamente o substituto de outro.

Nas análises de sonho que faço com pacientes, costumo submeter essa afirmação ao seguinte teste que sempre se confirmou. Quando o relato de um sonho me parece de difícil compreensão, peço àquele que o está contando para repeti-lo. É raro que isso aconteça então com as mesmas palavras. Mas as passagens em que ele alterou a expressão me indicam como os pontos frágeis do disfarce do sonho e me servem como o signo bordado no manto de Siegfried serviu a Hagen.[1] É aí que pode começar a interpretação do sonho. Minha solicitação advertiu o narrador de que eu tinha a intenção de utilizar um esforço particular para solucionar o sonho; rapidamente ele protege, sob a pressão da resistência, os pontos fracos do disfarce do sonho, substituindo uma expressão reveladora por outra mais distante. Assim, ele

---

[i] [Nota acrescentada em 1909:] Cf. *Psicopatologia da vida cotidiana* [*Psychopathologie des Alltagslebens*], 1. ed., 1901 e 1904, 11. ed. 1929 (*Ges. Werke*, v. IV). [Cf. Freud, Sigmund. *Psicopatologia da vida cotidiana: sobre esquecimentos, lapsos verbais, ações equivocadas, superstições e erros.* Tradução de Elisabeth Brose. Belo Horizonte: Autêntica, 2023. (Obras Incompletas de Sigmund Freud). N.E.)]

chama a minha atenção para a expressão descartada. Do esforço com que ele visa obstruir a solução do sonho também posso inferir o cuidado com que o sonho teceu seu manto.

Outros autores têm menos razão quando dão tanto espaço à dúvida com a qual o nosso julgamento enfrenta o relato do sonho. Na verdade, essa dúvida dispensa uma garantia intelectual; nossa memória não conhece absolutamente nenhuma garantia, e, no entanto, submetemo-nos com muito mais frequência do que seria objetivamente justificado à pressão de dar crédito aos seus dados. A dúvida sobre a correta reprodução do sonho ou de alguns dados do sonho é novamente apenas um derivado da censura do sonho, da resistência contra a penetração dos pensamentos do sonho na consciência. Essa resistência nem sempre se esgotou nos deslocamentos e nas substituições impostos por ela, e ainda se adere como dúvida ao que foi franqueado. Podemos negligenciar essa dúvida com mais facilidade, quando ela se utiliza do cuidado de nunca atacar elementos intensos do sonho, mas apenas os meramente fracos e indistintos. Mas já sabemos agora que, entre os pensamentos do sonho e o sonho, houve uma completa transvaloração de todos os valores psíquicos; a deformação só foi possível através de uma subtração de valor, esta se manifesta regularmente e eventualmente se contenta com ela. Se a um elemento não nítido do conteúdo do sonho ainda se acrescenta a dúvida, podemos, seguindo esse indício, reconhecer nele um derivado direto de um dos pensamentos proscritos do sonho. É como depois de uma grande revolução em uma das repúblicas da Antiguidade ou do Renascimento. As famílias nobres e poderosas que antes reinavam foram agora banidas, todos os altos cargos foram ocupados por emergentes; são ainda tolerados na cidade apenas membros inteiramente empobrecidos e sem poder ou dependentes afastados dos destronados. Mas mesmo estes não desfrutam de todos os direitos civis, são vigiados com desconfiança. No lugar da desconfiança, no exemplo, está, no nosso caso, a dúvida. É por isso que, na análise de um sonho, eu exijo que se abandone toda a escala de avaliação da certeza, e eu trato a menor possibilidade de que algo deste ou daquele tipo apareça no sonho como certeza plena. Enquanto alguém, ao rastrear um elemento do sonho, não se decidir por renunciar a essa consideração, durante esse tempo a análise não avançará. O menosprezo pelo elemento em questão tem, no analisando, o efeito psíquico de nada lhe ocorrer das representações involuntárias que estão por trás desse elemento. Esse efeito, na verdade, não é evidente; não seria um contrassenso se alguém dissesse:

Se isto ou aquilo estava contido no sonho eu não tenho certeza; mas sobre isso me ocorre o seguinte. Ele jamais diz isso, e justamente esse efeito da dúvida, perturbador da análise, permite desmascará-la como um derivado e como um instrumento da resistência psíquica. A psicanálise é desconfiada, e com razão. Uma de suas regras diz: *Tudo o que perturba a continuidade do trabalho é uma resistência.*[i]

O esquecimento dos sonhos também seguirá incompreensível, enquanto não utilizarmos o poder da censura para a sua explicação. A sensação de que sonhamos muito em uma noite e só retivemos poucas coisas pode, em uma série de casos, ter outro sentido, ou seja, que o trabalho do sonho esteve perceptivelmente ativo noite adentro e deixou ficar com apenas um breve sonho. Por outro lado, sobre o fato de que esquecemos o sonho cada vez mais depois que acordamos não é possível ter nenhuma dúvida. Muitas vezes o esquecemos apesar dos penosos esforços para gravá-lo. Entretanto, eu penso que, assim como em regra superestimamos a extensão desse esquecimento, superestimamos também as perdas no conhecimento do sonho ligadas ao seu caráter lacunar. Tudo o que o esquecimento custou em conteúdo de sonho pode, com frequência, ser recuperado pela análise; pelo menos em um grande número de casos podemos, a partir de um só fragmento que restou, encontrar não o sonho, na verdade – pois, afinal, ele não importa –, mas certamente todos os pensamentos do sonho. Essa análise exige um dispêndio maior de atenção e de autossuperação; isso é tudo, mas isso também certamente revela que não faltou uma intenção hostil no esquecimento do sonho.[ii]

---

[i] [Nota acrescentada em 1925:] A tese formulada aqui de maneira tão peremptória: "Tudo o que perturba a continuidade do trabalho é uma resistência" poderia facilmente ser mal compreendida. Ela só tem naturalmente o significado de uma regra técnica, de uma advertência para o analista. Não se pode contestar que durante uma análise podem ocorrer diversos incidentes que não podemos imputar à intenção do analisando. O pai do paciente pode morrer, sem que ele o tenha matado, também pode irromper uma guerra que ponha um fim à análise. Mas, atrás do exagero evidente dessa tese, esconde-se certamente um sentido novo e bom. Mesmo que o acontecimento perturbador seja da realidade e independente do paciente, depende com frequência apenas dele o quanto desse efeito perturbador ele admitirá para si, e a resistência se revela, de maneira inconfundível, na exploração voluntária e exagerada de uma oportunidade como essa.

[ii] [Nota acrescentada em 1919:] Como exemplo do significado da dúvida e da incerteza no sonho na simultânea contração do conteúdo onírico em um único elemento, tomo de minhas *Conferências de introdução à psicanálise* (1916) [*Vorlesungen zur Einführung in die Psychoanalyse*, *GW*, v. XI, p. 116-117] o seguinte sonho, cuja análise, apesar de um breve adiamento temporal, acabou sendo bem-sucedida:

Nas análises, obtemos uma prova convincente da natureza tendenciosa do esquecimento do sonho,[i] a serviço da resistência, a partir da apreciação de um estágio preliminar do esquecimento. Não é raro acontecer que, no meio do trabalho de interpretação, emerja de repente uma parte omitida do sonho que até então era dada como esquecida. Essa parte arrancada do esquecimento é, a cada vez, a mais importante; ela fica no caminho mais curto que leva à solução do sonho e por isso está, mais do que todas, exposta à resistência. Entre os exemplos de sonhos espalhados no conjunto desse tratado, aconteceu uma vez de eu intercalar uma parte como essa de conteúdo de sonho *a posteriori*. Trata-se de um sonho de viagem, no qual eu me vingo de dois companheiros de viagem pouco amáveis, e que, por

---

"*Uma paciente cética tem um sonho mais longo, no qual acontece que certas pessoas lhe contam sobre o meu livro que trata do 'chiste' e o elogiam bastante. Então algo é mencionado sobre um 'CANAL', TALVEZ UM OUTRO LIVRO NO QUAL APARECE UM CANAL, OU QUALQUER OUTRA COISA COM CANAL... ELA NÃO SABE DIREITO... NÃO ESTÁ BEM CLARO.*

"Certamente os senhores estarão inclinados a acreditar que o elemento 'canal' se subtrairá à interpretação, porque ele próprio é muito indefinido. Os senhores têm razão em suspeitar dessa dificuldade, entretanto ele não é difícil pela falta de nitidez, mas ele é pouco nítido por outra razão, a mesma que também torna difícil a interpretação. À sonhadora não ocorre nenhuma ideia em relação a canal; naturalmente eu também não sei o que dizer. Algum tempo mais tarde, na verdade, no dia seguinte, ela conta que lhe ocorreu algo que *talvez* tenha a ver com isso. Na verdade, trata-se de um chiste que ela ouviu contar. Em um navio entre Dover e Calais, um escritor conhecido conversa com um inglês, que, em certo contexto, cita a frase: *Du sublime au ridicule il n'y a qu'un pas* [Do sublime ao ridículo não há mais que um passo]. O escritor responde: *Oui, le pas de Calais* [Sim, o Passo de Calais], querendo dizer com isso que achava a França sublime, e a Inglaterra, ridícula. Mas o *Pas de Calais* é de fato um *canal*, o Canal da Mancha. Por acaso eu penso que essa ideia que ocorreu tem algo a ver com o sonho? Mas com certeza, digo eu, ela realmente dá a solução para o elemento enigmático do sonho. Ou os senhores duvidam de que esse chiste já estava presente antes do sonho como inconsciente do elemento 'canal', e acaso conseguem supor que ele foi encontrado *a posteriori*? A ocorrência dessa ideia testemunha o ceticismo que nela se esconde por trás da admiração insistente, e a resistência é, sem dúvida, a razão comum das duas, tanto pelo fato de a ideia que lhe ocorreu ter vindo de maneira hesitante, como também pelo elemento correspondente do sonho ter se tornado tão indefinido. Observem nesse caso a relação entre o elemento do sonho e seu conteúdo inconsciente. Ele é como um pedacinho desse inconsciente, como uma alusão a ele; por seu isolamento ele se tornou inteiramente incompreensível."

[i] Cf., sobre o propósito do esquecimento em geral, meu pequeno artigo sobre o "Mecanismo psíquico do esquecimento" [Psychischen Mechanismus der Vergeßlichkeit], na *Monatsschrift für Psychiatrie und Neurologie*, 1898 (que se tornou depois o capítulo I da *Psicopatologia da vida cotidiana* [*Psychopathologie des Alltagslebens*], *Ges. Werke*, v. IV).

causa de seu conteúdo em parte grosseiramente obsceno, deixei quase sem interpretar. A parte omitida era: *Eu digo a propósito de um livro de Schiller: It is from… mas me corrijo, eu mesmo percebendo o erro: It is by… Sobre isso, o homem observa à sua irmã: "Estava certo o que ele disse".*[i]

A autocorreção no sonho, que a muitos autores pareceu tão maravilhosa, certamente não merece ocupar-nos. Prefiro mostrar, para o erro gramatical no sonho, o modelo da minha lembrança. Estive pela primeira vez na Inglaterra com 19 anos e um dia fiquei deitado na praia do Mar da Irlanda. Deleitava-me naturalmente apanhando animais marinhos deixados para trás pela maré, e estava justamente às voltas com uma estrela-do-mar (o sonho começa com: *Hollthurn-Holothurien*) (p. 451), quando uma menininha encantadora veio em minha direção e perguntou: *Is it a starfish? Is it alive?*. Respondi: *Yes, he is alive* [o correto seria "*it is alive*"], mas fiquei então envergonhado pela incorreção e repeti a frase corretamente. No lugar do erro gramatical que cometi na época, o sonho coloca agora outro, no qual um alemão pode recair facilmente. "*Das Buch ist von Schiller*" [O livro é de Schiller], não devemos traduzir "de" [*von*] por "*from*"…, mas por "*by*". Que o trabalho do sonho efetue essa substituição porque "*from*", por sua homofonia com o adjetivo alemão "*fromm*" [piedoso], possibilita uma grandiosa condensação não pode mais nos surpreender, depois de tudo o que vimos sobre os propósitos do trabalho do sonho e sobre a falta de consideração na escolha dos meios. Mas o que quer dizer a lembrança inocente da beira da praia no contexto do sonho? Ela ilustra, com o exemplo o mais inocente possível, que eu utilizo o *pronome* [*Geschlechtswort* = palavra que indica gênero, sexo, espécie] no lugar errado, portanto, coloco o gênero, sexo, (*he*), onde não é seu lugar. Essa é, a propósito, uma das chaves para a solução do sonho. E quem, além disso, escutou a derivação do título do livro "**Ma***tter and* **Mo***tion*" [*Matéria e movimento*] (**Mo***lière* em *Le* **Ma***lade imaginaire* [O doente imaginário]*: La* **ma***tière est-elle laudable*? [A matéria é louvável?] – a **mo***tion of the bowels*) [um movimento dos intestinos] poderá facilmente completar o que falta.

[i] [Nota acrescentada em 1914:] Correções como essas no uso de línguas estrangeiras não são raras em sonhos, mas é mais frequente que sejam atribuídas a pessoas estrangeiras. Maury (p. 143) sonhou uma vez, na época em que aprendia inglês, que ele informou outra pessoa que a tinha procurado no dia anterior usando as seguintes palavras: *I called for you yesterday*. O outro respondeu corretamente: Dizemos: *I called on you yesterday*.

Posso, além disso, concluir a prova de que o esquecimento do sonho é, em grande parte, uma operação de resistência com uma *demonstratio ad oculos* [demonstração visual]. Um paciente conta que sonhou, mas se esqueceu do sonho, que não deixou vestígios; então, é como se ele não tivesse acontecido. Continuamos o trabalho, deparo-me com uma resistência, esclareço alguma coisa ao paciente, ajudo-o, com incentivo e pressão, a se reconciliar com algum pensamento desagradável, e, mal isso deu certo, ele exclama: Agora sei de novo o que eu tinha sonhado. A mesma resistência que nesse dia o tinha perturbado no trabalho também o fez esquecer o sonho. Através da superação dessa resistência, encorajei o sonho até a lembrança.

Da mesma forma, um paciente pode se lembrar, ao chegar a certo ponto do trabalho, de um sonho que ocorreu três, quatro ou mais dias antes e que até então tinha ficado no esquecimento.[i]

A experiência psicanalítica nos brindou com mais uma prova de que o esquecimento dos sonhos depende muito mais da resistência do que do estranhamento entre os estados de vigília e de sono, como pensam os autores. Não é raro acontecer comigo, bem como com outros analistas e com o paciente que esteja em um tratamento como esse, que, despertados do sono por um sonho, comecemos, digamos assim, imediatamente depois, em plena posse de nossa atividade de pensamento, a interpretar o sonho. Em casos como esse, eu muitas vezes não descansava até conseguir obter a plena compreensão do sonho, e, no entanto, podia acontecer que, depois de acordar, eu tivesse esquecido inteiramente tanto o trabalho de interpretação como o conteúdo do sonho, embora eu soubesse que tinha sonhado e que tinha interpretado o sonho. Com muito mais frequência, porém, o sonho arrastava consigo para o esquecimento o resultado do trabalho de interpretação, muito mais do que a atividade intelectual conseguia conservar o sonho na lembrança. Mas, entre esse trabalho de interpretação e o pensar de vigília, não há aquele abismo psíquico através do qual os autores querem explicar o esquecimento do sonho de maneira exclusiva. **[1911]**

Quando Morton Prince objetou à minha explicação do esquecimento do sonho – segundo a qual ele seria apenas um caso especial de amnésia em estados anímicos de cisão (*dissociated states*) –, alegando que a impossibilidade

[i] [Nota acrescentada em 1914:] E. Jones [1912] descreveu um caso semelhante e frequente, no qual, durante a análise de um sonho, um segundo sonho da mesma noite é lembrado, que até então esteve esquecido e do qual nem sequer se suspeitou alguma vez.

de transferir minha explicação dessa amnésia especial para outros tipos de amnésia a tornava sem valor até mesmo para seu propósito imediato, o leitor deve se lembrar de que ele, em todas as suas descrições desses estados dissociados, nunca tentou encontrar uma explicação dinâmica para esses fenômenos. Se o tivesse feito, teria forçosamente descoberto que o recalcamento (ou mais precisamente a resistência criada por ele) é a causa tanto dessas cisões quanto da amnésia em seu conteúdo psíquico. [1911]

A experiência que adquiri enquanto redigia esse manuscrito foi a de que, assim como os demais atos anímicos, os sonhos não são esquecidos e podem muito bem ser comparados a outras operações psíquicas quanto a sua capacidade de retenção pela memória. Em minhas anotações, eu havia guardado uma quantidade significativa de sonhos meus que, na época, por algum motivo só submeti incompletamente ou não submeti absolutamente à interpretação. Com alguns destes, me propus então tentar interpretá-los um ou dois anos mais tarde, com a intenção de obter material para ilustrar as minhas afirmações. Essa tentativa sempre foi bem-sucedida; eu gostaria até mesmo de afirmar que a interpretação, depois de tanto tempo, deu-se mais facilmente do que na época, enquanto os sonhos eram vivências frescas – e, como possível explicação para isso, sugeriria que, desde então, consegui ultrapassar algumas resistências que na época me perturbavam em meu íntimo. Nessas interpretações *a posteriori*, comparei os resultados de pensamentos oníricos da época aos de hoje, em sua maioria muito mais ricos em conteúdo, e reencontrei o resultado da época inalterado nos [resultados] atuais. Contive meu assombro com isso, quando me lembrei de que com meus pacientes tenho há muito tempo, de fato, a prática de deixá-los interpretar sonhos de anos anteriores que eventualmente me contam, de acordo com o mesmo procedimento e com o mesmo sucesso, como se fossem sonhos da noite anterior. Quando formos discutir os sonhos de angústia, comunicarei dois exemplos de interpretação de sonho tardia. Ao realizar essa tentativa pela primeira vez, fui guiado pela justificada expectativa de que o sonho também nesse caso só podia se comportar como um sintoma neurótico. É que, quando trato de um psiconeurótico, uma histeria, por exemplo, por meio da psicanálise, tenho de obter esclarecimento tanto sobre os seus primeiros sintomas de sofrimento, superados há muito tempo, quanto sobre os que subsistem ainda hoje, que o trouxeram até mim, só que costumo achar mais fácil solucionar essa primeira tarefa do que a atual, mais urgente. Já nos *Estudos sobre a histeria*, publicados em 1895, pude comunicar o esclarecimento de um primeiro ataque histérico que uma senhora de mais de 40 anos havia tido com 15 anos de idade.[i]

Quero ainda trazer aqui, como um acréscimo menos ordenado, algo que tenho a observar sobre a interpretação de sonhos e que talvez possa orientar o leitor que queira, comigo, conferir algo ao aplicar o trabalho aos seus próprios sonhos.

Ninguém tem o direito de esperar que, sem nenhum esforço, a interpretação de seus sonhos lhe caia no colo. Mesmo para a percepção de fenômenos entópticos e outras sensações que escapam à atenção, a prática é necessária, embora nenhum motivo psíquico se rebele contra esse grupo de percepções. É consideravelmente mais difícil capturar as "representações involuntárias". Quem fizer essa exigência terá de preencher as expectativas que são suscitadas neste tratado e, seguindo as regras aqui estabelecidas, esforçar-se, durante o trabalho, por se abster de toda crítica, toda opinião preconcebida, toda tomada de partido afetiva ou intelectual. Deverá se lembrar do preceito que Claude Bernard estabeleceu para o experimentador do laboratório de fisiologia: *Travailler comme une bête* [Trabalhar como um animal], isto é, com muita tenacidade, mas também não se preocupando com o resultado. Quem seguir esses conselhos certamente não mais achará difícil a tarefa. A interpretação de um sonho nem sempre se consuma de uma só vez; não é raro nos sentirmos esgotados em nossas capacidades, quando, depois de termos seguido uma cadeia associativa de ocorrências [*Einfällen*], o sonho não nos diz mais nada nesse dia; então fazemos bem em interromper, para retornar ao trabalho em um outro dia. Eis que então outra parte do conteúdo do sonho atrai a atenção sobre si, e encontramos o acesso a uma nova camada de pensamentos do sonho. Podemos chamar isso de interpretação de sonho "fracionada".

O mais difícil é levar o iniciante na interpretação do sonho a reconhecer o fato de que sua tarefa não está plenamente resolvida quando ele tem em mãos uma interpretação completa do sonho, que é rica de sentido, é coerente e informa sobre todos os elementos do conteúdo do sonho. Além disso, é possível haver outra, uma sobreinterpretação [*Überdeutung*] do

---

[i] [Acrescentado ao texto em 1919 e transferido para nota em 1930:] Sonhos que ocorreram nos primeiros anos da infância e que não raramente se conservaram na memória por décadas com todo o frescor sensorial chegam quase sempre a atingir uma grande importância para a compreensão do desenvolvimento e da neurose do sonhador. Sua análise protege o médico contra erros e incertezas que também poderiam levá-lo a confusões teóricas.

mesmo sonho que lhe escapou. Realmente não é fácil conceber a riqueza de uma série de pensamentos inconscientes lutando por expressão em nosso entendimento e acreditar na habilidade com a qual o trabalho do sonho, por meio de modos de expressão polissêmicos, a cada vez, acerta sete moscas com um só golpe, como o aprendiz de alfaiate no conto popular. O leitor sempre estará inclinado a recriminar o autor por desperdiçar a sua perspicácia desnecessariamente; quem adquiriu por si mesmo a experiência o saberá melhor.

Mas, por outro lado, não posso estar de acordo com a afirmação, primeiramente apresentada por H. Silberer, de que todo sonho – ou pelo menos um grande número, ou certos grupos deles – exige duas interpretações diversas, que estão até mesmo em uma relação fixa uma com a outra. Uma dessas interpretações, que Silberer chama de *psicanalítica*, dá ao sonho um sentido qualquer, na maioria das vezes, infantil-sexual; a outra, mais importante, chamada por ele de *anagógica*, revela os pensamentos mais sérios, frequentemente de sentido profundo, que o trabalho do sonho assumiu. Silberer não provou essa afirmação comunicando uma série de sonhos que ele teria analisado nas duas direções. Preciso objetar que tal fato não existe. A maioria dos sonhos certamente não exigem uma sobreinterpretação e não são particularmente suscetíveis a uma interpretação anagógica. A influência de uma tendência que visa dissimular as circunstâncias fundamentais da formação do sonho e desviar o interesse de suas raízes pulsionais foi subestimada na teoria de Silberer, bem como nos outros esforços teóricos dos últimos anos. Para um bom número de casos, pude confirmar os dados de Silberer; a análise me mostrou então que o trabalho do sonho se viu diante da tarefa de transformar em um sonho, tomando-os da vida de vigília, uma série de pensamentos muito abstratos e incapazes de uma figuração direta. Ele procurou solucionar essa tarefa apoderando-se de outro material de pensamentos que mantinha uma relação mais solta, podendo ser chamada de *alegórica*, com os pensamentos abstratos e com isso oferecia menores dificuldades à figuração. A interpretação abstrata de um sonho que surgiu dessa forma é dada de imediato pelo sonhador; a interpretação correta do material que foi furtivamente substituído deve ser buscada com os meios técnicos conhecidos. [1919]

A questão de saber se todo sonho pode ser interpretado deve ser respondida com um *não*. Não podemos esquecer que no trabalho de interpretação temos contra nós as forças psíquicas que são responsáveis pela deformação do sonho. Isso se torna então uma questão de relação de forças, de saber se, com o nosso interesse intelectual, a nossa capacidade de autossuperação, os nossos conhecimentos psicológicos e a nossa prática na interpretação do sonho, podemos nos mostrar senhores de nossas resistências internas. É sempre possível avançar um pouco, o bastante, pelo menos, para ganhar a convicção de que o sonho é uma formação rica de sentido, e também com frequência para obter uma noção desse sentido. Muito frequentemente, um sonho que vem a seguir permite assegurar e levar adiante a interpretação adotada para o primeiro. Toda uma série de sonhos que se estende por semanas ou meses baseia-se num solo comum e deve ser submetida à interpretação na relação da série de sonhos. Em sonhos que se seguem um ao outro, podemos perceber com frequência que um toma como centro o que no seguinte é indicado só na periferia, e o inverso, de modo que os dois completam um ao outro também na interpretação. Já demonstrei com exemplos que os diversos sonhos da mesma noite devem ser tratados, em geral, como um todo pelo trabalho de interpretação.

Nos sonhos que foram mais bem interpretados, é preciso, com frequência, deixar um ponto no escuro, porque percebemos, ao longo da interpretação que ali se inicia um emaranhado [*Knäuel*] de pensamentos oníricos que não se deixa desembaraçar, mas que tampouco fornece nenhuma outra contribuição para o conteúdo do sonho. Esse é então o "umbigo" do sonho, o ponto em que ele repousa no incognoscível [*Unerkannten*] [p. 148, nota ii].[2] Os pensamentos do sonho aos quais chegamos com a interpretação precisam, de maneira bem geral, permanecer inconclusos e ramificar por todos os lados para dentro da rede emaranhada de nosso mundo de pensamentos. De um ponto mais denso dessa trama, eleva-se então o desejo do sonho como um cogumelo de seu micélio.

Retornemos aos fatos do esquecimento do sonho. Pois na verdade deixamos de tirar deles uma importante conclusão. Se a vida de vigília mostra a inequívoca intenção de esquecer o sonho que foi formado durante a noite, seja como um todo imediatamente após o despertar, seja pedaço por pedaço no curso do dia, e se reconhecemos que a resistência anímica contra o sonho é a principal participante nesse esquecimento, resistência que já fez o possível contra o sonho durante a noite, coloca-se então a questão de saber o que, afinal, em desacordo com essa resistência, possibilitou efetivamente a formação do sonho. Tomemos o caso mais flagrante, no qual a vida de vigília elimina novamente o sonho como se ele simplesmente não tivesse ocorrido. Se aqui levarmos em consideração o jogo das forças psíquicas, teremos de declarar que o sonho não teria absolutamente ocorrido se a resistência tivesse exercido o seu poder à noite, como ela o faz de dia. Nossa conclusão é que ela perdeu uma parte do seu poder durante o período da noite; sabemos que ela não foi eliminada, pois pudemos comprovar com a deformação do sonho a sua participação na formação onírica. Mas se impõe a nós a possibilidade de que ela seja diminuída durante a noite, de que, através dessa diminuição da resistência, a formação do sonho se torne possível, e assim entendemos facilmente que, restabelecida a sua força com o despertar, ela elimina de imediato novamente aquilo que ela precisou admitir quando estava enfraquecida. A psicologia descritiva já nos ensina que a principal condição para a formação do sonho é o estado anímico de sono; poderíamos agora acrescentar a isso esta explicação: *o estado de sono possibilita a formação de sonho rebaixando a censura endopsíquica.*

Certamente somos tentados a ver nessa conclusão a única possível a partir dos fatos do esquecimento do sonho, e a desenvolver, a partir dela, outras inferências sobre as relações de energia no sono e na vigília. Mas provisoriamente vamos nos deter aqui. Quando tivermos penetrado um pouco mais a fundo na psicologia do sonho, descobriremos que podemos conceber ainda de outra maneira a possibilidade da formação do sonho. Talvez a resistência contra a tomada de consciência dos pensamentos do sonho também possa ser contornada sem que ela precise sofrer um rebaixamento. Também é plausível que os dois fatores favoráveis à formação do sonho, o rebaixamento bem como o contornar da resistência, sejam possibilitados simultaneamente pelo estado de sono. Paremos aqui, para logo darmos sequência.

Há outra série de objeções contra o nosso procedimento em relação à interpretação do sonho, com a qual precisamos nos ocupar agora. Procedemos de maneira a abandonar todas as representações intencionais [*Zielvorstellungen*] que normalmente dominam a reflexão, a dirigir nossa atenção a um único elemento do sonho e depois a anotar os pensamentos involuntários que nos ocorrem em relação a ele. Depois tomamos a parte seguinte do conteúdo do sonho, repetimos nela o mesmo trabalho, sem nos preocupar com a direção na qual são impelidos os pensamentos, e nos deixamos continuar sendo guiados por eles, e assim – como costumamos dizer – damos um grande passo. Ao fazê-lo, nutrimos a expectativa confiante de ao final chegarmos, como que desimplicados, aos pensamentos do sonho, dos quais o sonho procedeu. Contra isso a crítica pode objetar: que cheguemos a algum lugar, a partir de um único elemento do sonho, não é nada admirável. A cada representação algo pode se conectar associativamente; a única coisa curiosa é que desse curso de pensamentos sem meta e arbitrário se consegue chegar justamente aos pensamentos do sonho. É provável que isso seja um autoengano; seguimos a cadeia de associações partindo de um elemento até perceber que ela se rompe por uma razão qualquer; se então tomamos um segundo elemento, é mais que natural que o caráter originariamente irrestrito da associação sofra agora uma restrição. Ainda temos na lembrança a cadeia de pensamentos anterior, e é por isso que, na análise da segunda representação de sonho, vamos nos deparar mais facilmente com algumas ocorrências de ideias [*Einfälle*] que também têm algo em comum com as ocorrências provindas da primeira cadeia. Imaginamos então ter encontrado um pensamento que figura um ponto nodal entre dois elementos do sonho. Como normalmente nos damos toda a liberdade para a ligação de pensamentos e só excluímos, na verdade, as transições de uma representação para a outra que vigoram no pensamento normal, então não será por fim difícil, de uma série de "pensamentos intermediários", formar alguma coisa que chamamos de pensamentos do sonho e, sem qualquer garantia, já que estes normalmente não são conhecidos, considerá-los como o substituto psíquico do sonho. Mas tudo isso é arbitrário e também uma aparente exploração casual do que é engenhoso, e qualquer um que se submeter a esse esforço inútil poderá, por essa via, cogitar uma conveniência, uma interpretação qualquer para determinado sonho.

Se objeções como essas nos forem realmente feitas, poderemos, em nossa defesa, apelar para a impressão que causam nossas interpretações de sonho, para as surpreendentes ligações com outros elementos de sonho que se revelam durante o rastreamento de representações isoladas e para a improbabilidade de que algo que recubra e esclareça o sonho tão exaustivamente quanto uma de nossas interpretações de sonho possa ser obtido de outra maneira, a não ser seguindo as ligações psíquicas estabelecidas previamente. Poderíamos alegar também, para a nossa justificativa, que o procedimento adotado na interpretação do sonho é idêntico ao utilizado na compreensão dos sintomas histéricos, no qual a justeza do procedimento é atestada pela emergência e pelo desaparecimento dos sintomas em um mesmo lugar, no qual, portanto, a explicação do texto encontra apoio nas ilustrações intercaladas. Mas não temos nenhuma razão para nos esquivar do problema de como é possível, ao rastrearmos uma série de pensamentos que se desenvolve arbitrariamente e sem intenção, chegarmos a uma meta preexistente, tendo em vista que, ainda que não consigamos resolver esse problema, podemos contorná-lo completamente.

Acontece que é comprovadamente incorreto que nos entreguemos a um curso de representações sem meta quando, no caso do trabalho de interpretação do sonho, abandonamos a nossa reflexão e deixamos emergirem as representações involuntárias. É possível mostrar que sempre só podemos desistir das representações intencionais conhecidas e que, com a cessação delas, vêm ao poder representações intencionais desconhecidas – como dizemos de maneira imprecisa: inconscientes, que então mantêm determinado o curso das representações involuntárias. Um pensar sem representações intencionais é absolutamente impossível de se estabelecer sem a nossa própria influência sobre a nossa vida anímica; mas também desconheço em quais outros estados de desorganização psíquica ele poderia se estabelecer.[i] Nesse ponto, os psiquiatras renunciaram cedo demais à

[i] [Nota acrescentada em 1914:] Só mais tarde chamou a minha atenção o fato de Eduard von Hartmann defender a mesma opinião sobre esse ponto psicológico importante: "Por ocasião da discussão sobre o papel do inconsciente na criação artística (Filosofia do inconsciente [Philosophie des Unbewussten], v. I, sessão B, cap. V), Eduard von Hartmann afirmou com palavras claras a lei de associação de ideias guiada por representações intencionais inconscientes, sem entretanto estar consciente do alcance dessa lei. O que lhe importa é demonstrar que 'toda combinação de representações sensoriais, quando não é deixada puramente ao acaso, mas que deva conduzir a uma meta determinada, necessita do auxílio do inconsciente', e que o interesse consciente em determinada ligação de pensamentos é para o inconsciente um estímulo para procurar, entre as incontáveis representações possíveis, aquela que corresponde a esse fim. 'É o inconsciente que escolhe de acordo com as finalidades do interesse: e isso vale para a *associação de ideias no pensar abstrato, enquanto representar sensorial ou combinação artística, e para a ocorrência engenhosa de ideias*. Por isso, não é possível manter uma restrição de associação de ideias à representação provocadora e à provocada no sentido da pura psicologia da associação. Uma restrição como essa 'só seria então de fato justificada se existissem na vida humana estados nos quais o ser humano estivesse livre não apenas de qualquer propósito consciente, mas também do domínio ou da influência de qualquer interesse inconsciente, livre de todo humor. Mas esse é um estado que dificilmente teria jamais existido, *pois mesmo que aparentemente deixemos entregue inteiramente ao acaso nossa sequência de pensamentos ou mesmo que nos abandonemos aos sonhos involuntários da fantasia, sempre vão prevalecer no ânimo, em determinado momento, outros interesses principais, sentimentos e humores decisivos sobre outros, e estes vão exercer, a cada vez, uma influência sobre a associação de ideias*' (*Filosofia do inconsciente*, 11. ed., 246). Nos sonhos semi-inconscientes [*halbunbewußten*], sempre só comparecem aquelas representações que correspondem ao interesse principal (inconsciente) do momento (*op. cit.*). O destaque da

crença na solidez da estrutura psíquica. Sei que um curso de pensamentos não regrado, desprovido de representações intencionais, aparece tão pouco no quadro da histeria e da paranoia quanto na formação ou na resolução dos sonhos. Talvez ele não ocorra absolutamente nas afecções psíquicas endógenas; mesmo os delírios nos estados confusionais são, de acordo com uma perspicaz suposição de Leuret, plenos de sentido e só se tornam incompreensíveis para nós pelas omissões. Obtive a mesma convicção sempre que me foi oferecida a oportunidade para a observação. Os delírios são obra de uma censura que não mais se dá ao trabalho de esconder o seu domínio e que, em vez de emprestar a sua influência a uma reelaboração que não seja mais chocante, rasura, sem consideração, tudo aquilo contra o que ela objeta, em consequência do que o restante se torna incoerente. Essa censura procede de maneira inteiramente análoga à censura russa de jornais na fronteira, que só deixa chegar às mãos dos leitores protegidos jornais estrangeiros inteiramente cruzados por tarjas pretas.

O livre jogo das representações de acordo com um encadeamento qualquer de associações pode talvez vir à luz nos processos cerebrais orgânicos destrutivos; o que nas psiconeuroses é considerado como algo desse tipo pode ser explicado a cada vez através da influência da censura sobre uma série de pensamentos, que foi deslocada para o primeiro plano por representações intencionais que permaneceram ocultas.[i] Tomamos como um sinal inequívoco da associação livre de representações intencionais o fato de as representações emergentes (ou imagens) parecerem conectadas uma à outra através dos laços da assim chamada associação superficial, portanto, por assonância, por duplo sentido de palavras, por conjunção no tempo sem relação interna de sentido, por todas as associações que nos permitimos utilizar no chiste e no jogo de palavras. Esse sinal distintivo vale para as ligações de pensamentos que nos

---

influência dos sentimentos e humores sobre a livre sequência de pensamentos faz com que o procedimento metódico da psicanálise pareça inteiramente justificado, também do ponto de vista psicológico de Hartmann" (N. E. Pohorilles, em *Internat. Zeitschr. f. Ärztl. PsA.*, I, 1913, p. 605 e ss.). – Du Prel conclui do fato de um nome do qual tentamos nos lembrar em vão nos ocorrer com frequência novamente de repente e de maneira inesperada que existe um pensar inconsciente e, no entanto, dirigido a uma meta, cujo resultado emerge em seguida na consciência (*Die Philosophie der Mystik* [*Filosofia da mística*], p. 107).

[i] [Nota acrescentada em 1909:] A esse propósito, cf. a brilhante confirmação dessa afirmação, que C. G. Jung forneceu a partir de análises da *dementia precox* (*Zur Psychologie der Dementia Praecox*, 1907).

conduzem desde os elementos do conteúdo do sonho até os pensamentos intermediários e destes até os verdadeiros pensamentos do sonho; em muitas das análises de sonho, encontramos exemplos disso que só puderam despertar o nosso estranhamento. Nenhuma conexão era frouxa demais, nenhum chiste era repreensível demais para que não pudesse formar a ponte de um pensamento a outro. Mas a compreensão correta de uma complacência como essa não está distante. *Cada vez que um elemento psíquico estiver ligado a outro por uma associação chocante e superficial, existirá também entre eles uma conexão correta e mais profunda que está submetida à resistência da censura.*

É a pressão da censura, e não a suspensão das representações intencionais, a real razão para o predomínio das associações superficiais. As associações superficiais substituem, na figuração, as profundas, quando a censura torna intransitáveis essas vias normais de ligação. É como quando um obstáculo geral, por exemplo, uma inundação, torna intransitáveis as estradas grandes e largas nas montanhas; o trânsito é então mantido por sendas desconfortáveis e íngremes, percorridas normalmente apenas pelos caçadores.

Podemos aqui distinguir dois casos que em essência são um só. Ou bem a censura se dirige apenas contra a relação entre dois pensamentos que, separados um do outro, escapam da objeção. Nesse caso, os dois pensamentos entram então um após o outro na consciência; sua relação permanece oculta; mas, em seu lugar, vem-nos à ideia uma conexão superficial entre os dois, na qual não teríamos pensado normalmente, e que em regra começa em outra região do complexo de representações, diferente daquela de onde provém a essencial ligação reprimida. Ou bem os dois pensamentos submetem-se à censura por causa de seu conteúdo; depois os dois aparecem, não em uma forma correta, mas modificada, substituída, e os dois pensamentos substitutos são escolhidos de modo a reproduzir, através da associação superficial, a ligação essencial onde se encontram os pensamentos por eles substituídos. *Sob a pressão da censura, ocorreu aqui, nos dois casos, um deslocamento, de uma associação normal e séria para uma associação superficial aparentemente absurda.*

Uma vez que sabemos sobre esses deslocamentos, na interpretação do sonho confiamos também, sem nenhuma hesitação, nas associações superficiais.[i]

---

[i] As mesmas menções valem naturalmente também para o caso em que as associações superficiais são francamente expostas no conteúdo do sonho, como nos dois sonhos comunicados

A psicanálise faz nas neuroses o mais intenso uso dessas duas proposições, a saber, que, com o abandono das representações intencionais conscientes, o domínio sobre o curso das representações passa às representações intencionais ocultas, e que associações superficiais são apenas um substituto por deslocamento de associações reprimidas mais profundas; ela até mesmo eleva as duas proposições a pilares fundamentais de sua técnica. Quando instruo um paciente a abandonar qualquer reflexão e a me relatar então tudo o que lhe vier à cabeça, atenho-me firmemente ao pressuposto de que ele não pode abandonar as representações intencionais do tratamento, e considero-me autorizado a concluir que o que há de aparentemente mais inofensivo e mais arbitrário no que ele me relata está relacionado com seu estado de adoecimento. Outra representação intencional da qual o paciente nada suspeita é a que se refere à minha pessoa. A apreciação plena bem como a demonstração detalhada destas duas compreensões, fazem parte, portanto, da exposição da técnica psicanalítica enquanto método terapêutico. Atingimos aqui um dos pontos de conexão nos quais abandonamos o tema da interpretação do sonho.[i]

Só uma coisa é certa e subsiste a essas objeções, a saber, que não precisamos atribuir todas as ideias que ocorrem no trabalho de interpretação também ao trabalho noturno do sonho. Na interpretação no estado de vigília, fazemos de fato um caminho que retrocede dos elementos do sonho até os pensamentos do sonho. O trabalho do sonho toma o caminho inverso, e não é nem um pouco provável que esses caminhos sejam transitáveis em ambas direções. Comprova-se, isso sim, que durante o dia, passando por novas ligações de pensamentos, fazemos sondagens que encontram os pensamentos intermediários e os pensamentos do sonho, ora neste, ora naquele lugar. Podemos ver como o fresco material de pensamentos do dia se imiscui nas séries interpretativas, e provavelmente a intensificação da resistência que se juntou desde a noite obriga também a novos e mais distantes desvios. Mas o número ou a espécie de fios colaterais de pensamentos que tecemos

---

por Maury (p. 99: *pèlerinage – Pelletier – pelle*; *Kilometer – Kilogramm – Gilolo – Lobelia – Lopez – Lotto*). A partir do trabalho com neuróticos, sei qual reminiscência figura assim de bom grado. Trata-se da pesquisa no dicionário enciclopédico (qualquer dicionário em geral) na qual a grande maioria das pessoas, na época da curiosidade da puberdade, apaziguou sua necessidade de esclarecimento dos enigmas sexuais.

[i] [Nota acrescentada em 1909:] As proposições apresentadas aqui e que na época soavam muito improváveis receberam mais tarde uma justificativa experimental e uma utilização através de "estudos diagnósticos de associação" de Jung e seus alunos.

assim de dia não têm nenhuma importância psicológica, contanto que apenas nos guiem pelo caminho até os procurados pensamentos do sonho.

B
A REGRESSÃO

Mas, agora que nos protegemos contra as objeções, ou pelo menos mostramos onde se encontram as nossas armas para a defesa, não podemos adiar por mais tempo o início das investigações psicológicas, para as quais nos equipamos há algum tempo. Agrupemos os principais resultados de nossa investigação até aqui. O sonho é um ato psíquico de plena importância; sua força motriz [*Antrieb*] é, sempre, um desejo a ser realizado; o fato de não ser reconhecido como desejo e suas muitas singularidades e absurdos provêm da influência da censura psíquica que ele experimentou quando foi formado; além da pressão para esquivar-se da censura, contribuíram para a sua formação uma pressão para a condensação do material psíquico, uma consideração quanto à figurabilidade em imagens sensoriais e – mesmo que não regularmente – uma consideração por um aspecto racional e inteligível da estrutura do sonho. De cada uma dessas proposições o caminho prossegue até postulados psicológicos e conjecturas; a relação recíproca entre desejo motivador e as quatro condições, bem como a relação destas uma com a outra, precisa ser investigada; o sonho deve ser incorporado ao contexto da vida anímica.

Colocamos um sonho no início deste capítulo para nos advertir dos enigmas ainda sem solução. A interpretação desse sonho da criança queimando não nos impôs dificuldades, embora, para o nosso sentido, ela não tenha sido completamente feita. Perguntamo-nos por que, de fato, isso tinha sido sonhado em vez de fazer o pai despertar, e reconhecemos como sendo um dos motivos do sonhador o desejo de imaginar o filho ainda vivo. Que ainda outro desejo tenha aí um papel é o que poderemos entender após posteriores discussões. Em primeiro lugar, portanto, foi em nome de uma realização de desejo que o processo de pensamento do sono foi transformado em um sonho.

Se desconsiderarmos essa realização de desejo, só restará uma característica que diferencia as duas espécies de eventos psíquicos. O pensamento do sonho deveria ter sido: Vejo um clarão vindo do quarto em que está o corpo. Talvez uma vela tenha tombado e a criança esteja queimando! O sonho devolve o resultado dessa reflexão sem alteração, mas figurado em uma situação que deve ser entendida no presente e com os sentidos, como se fosse uma vivência do estado de vigília. Mas esse é o caráter psicológico mais geral e mais notável do sonhar; um pensamento, via de regra, desejado é objetivado no sonho, figurado como cena ou, como acreditamos, vivido.

Como devemos explicar então essa peculiaridade característica do trabalho do sonho, ou – em termos mais modestos – inseri-la no contexto dos processos psíquicos?

Olhando mais atentamente, percebemos que, de fato, na forma como esse sonho aparece, estão marcadas duas características quase que independentes uma da outra. Uma delas é a figuração da situação enquanto presente, omitindo o "talvez"; a outra é a transposição do pensamento em imagens visuais e em fala.

A transformação que experimentam os pensamentos do sonho quando a expectativa neles expressa é transposta para o tempo presente talvez não pareça tão notável justamente nesse sonho. Isso tem a ver com o papel especial, na verdade secundário, da realização de desejo nesse sonho. Tomemos outro sonho, no qual o desejo onírico não se separa da continuidade dos pensamentos de vigília que entram no sono, por exemplo, o da injeção de Irma. Nesse caso, o pensamento do sonho que chegou para ser figurado é um pensamento condicional: "Se Otto apenas fosse culpado pela doença de Irma!". O sonho recalca o pensamento condicional e o substitui por um simples presente: "Sim, Otto é culpado pela doença de Irma". Essa é, portanto, a primeira das transformações, que mesmo o sonho sem deformação empreende com os pensamentos oníricos. Não vamos nos deter por muito tempo nessa primeira particularidade do sonho. Nós a resolvemos através da referência à fantasia consciente, ao sonho diurno, que procede da mesma maneira com seu conteúdo de representação. Quando o senhor Joyeuse, de Daudet, desocupado, anda sem rumo pelas ruas de Paris enquanto suas filhas têm necessariamente de acreditar que ele tem um emprego e está em seu escritório, ele sonha, também no tempo presente, com circunstâncias que devem ajudá-lo a obter proteção e um emprego. O sonho utiliza o tempo presente da mesma maneira e com a mesma justeza que o sonho diurno. O presente é o tempo verbal no qual o desejo figura como realizado.

Mas o que é peculiar apenas ao sonho e o distingue do devaneio é a segunda característica, a de que o conteúdo de representação não é pensado, mas transformado em imagens sensoriais, às quais damos crédito e que acreditamos vivenciar. Acrescentemos logo a isso que nem todos os sonhos mostram a transformação de representação para imagem sensorial; há sonhos que consistem apenas de pensamentos, aos quais, por causa disso, não contestaremos a essência dos sonhos. Meu sonho: "*Autodidasker* – a fantasia diurna com o professor N." é um desses, no qual dificilmente se misturam mais elementos sensoriais do que se eu tivesse pensado o seu conteúdo durante o dia. Também há elementos em todo sonho mais longo que não participaram da transformação em algo sensorial, elementos que simplesmente são pensados ou sabidos, como estamos acostumados no estado de vigília. Além disso, inferimos aqui que essa transformação de representações em imagens sensoriais não ocorre apenas no sonho, mas também nas alucinações, nas visões, que podem aparecer de maneira independente no estado de saúde ou como sintomas das psiconeuroses. Em suma, a relação que estamos investigando não é exclusiva de forma alguma; mas o que se mantém é que essa característica do sonho, onde quer que ela ocorra, vai nos parecer como a mais notável, de modo que não poderíamos pensar a vida onírica sem ela. Mas a sua compreensão exige discussões de longo alcance.

Entre todas as observações à teoria do sonhar que podemos encontrar nos autores, gostaria de destacar uma digna de ser tomada como ponto de conexão. O grande G. Th. Fechner enuncia, em sua *Psicofísica* [*Psychophysik*] (parte II, p. 520), em relação com algumas discussões que ele dedica ao sonho, a suposição de que *a cena dos sonhos é diferente daquela da vida representacional de vigília.*[3] Nenhuma outra conjectura permitiria entender as peculiaridades particulares da vida onírica.

A ideia que é colocada à nossa disposição é a de uma *localidade psíquica.*[4] Deixamos inteiramente de lado que o aparelho psíquico em questão também nos seja conhecido como uma preparação anatômica e queremos evitar cuidadosamente a tentação de determinar a localidade psíquica como se fosse anatômica. Permanecemos no terreno psicológico e pretendemos seguir apenas a solicitação de nos representar o instrumento que serve às operações da alma como se fosse, por exemplo, um microscópio composto, um aparelho fotográfico ou algo semelhante. A localidade psíquica corresponde então a um lugar no interior de um aparelho no qual se produz um dos estágios preliminares da imagem. No microscópio e no telescópio, elas são, como se sabe, em parte localidades ideais, regiões nas quais não se situa nenhum componente palpável do aparelho. Considero supérfluo procurar me desculpar pelas imperfeições dessa e de todas as imagens semelhantes. Essas comparações devem apenas nos apoiar em uma tentativa de tornar compreensíveis para nós as complicações da operação psíquica, decompondo essa operação e atribuindo a cada um dos componentes do aparelho as diferentes operações. Ainda não se ousou tentar descobrir a composição do instrumento anímico a partir de uma dissecação como essa. Ela me parece inofensiva. Penso que poderemos dar livre curso às nossas suposições se, ao fazê-lo, preservarmos o nosso frio julgamento de não tomar o andaime pelo edifício. Já que não temos necessidade de outra coisa a não ser de representações auxiliares para a primeira aproximação de algo desconhecido, preferiremos inicialmente a todas as outras as suposições mais brutas e mais palpáveis.

Representamo-nos, portanto, o aparelho anímico como um instrumento composto, cujos componentes queremos chamar de *instâncias* ou, para melhor visualizar, *sistemas*. Construímos então a expectativa de que esses sistemas mantenham uma orientação espacial constante entre si, um pouco como os diversos sistemas de lentes ficam uns atrás dos outros no telescópio. Rigorosamente falando, não precisamos realmente supor uma ordenação espacial dos sistemas psíquicos. Basta-nos que seja estabelecida uma sequência fixa, de modo que, em certos processos psíquicos, os sistemas sejam percorridos pela excitação em uma determinada sequência temporal. A sequência pode sofrer uma modificação em outros processos; queremos deixar em aberto uma possibilidade como essa. A partir de agora, por questão de concisão, queremos falar dos componentes do aparelho como sendo "sistemas Ψ".

Agora, a primeira coisa que nos salta aos olhos é que esse aparelho composto por sistemas Ψ tem uma direção. Toda a nossa atividade psíquica parte de estímulos (internos ou externos) e termina em inervações. Assim, atribuímos ao aparelho uma extremidade sensível e uma motora; na extremidade sensível encontra-se um sistema que recebe as percepções (P), na extremidade motora, outro, que abre as comportas da motilidade (M). O processo psíquico transcorre, em geral, da extremidade da percepção para a extremidade da motilidade. O esquema geral do aparelho psíquico teria, portanto, o seguinte aspecto:

Figura 1

Mas esse é apenas o cumprimento da exigência com a qual estamos familiarizados há muito tempo, de que o aparelho psíquico deve ser construído como um aparelho reflexo. O processo reflexo permanece sendo o modelo de toda atividade psíquica.

Temos motivo para agora introduzir na extremidade sensível uma primeira diferenciação. Das percepções que nos chegam, permanece em nosso aparelho psíquico um traço, que podemos chamar de "rastro mnêmico" [*Erinnerungsspur*]. À função que está relacionada a esse rastro menêmico chamamos de "memória". Se levarmos a sério o propósito de conectar os processos psíquicos a sistemas, o rastro menêmico só pode consistir em modificações permanentes nos elementos do sistema. Como já foi exposto em outro lugar,[5] o que traz consigo dificuldades evidentes é o fato de um só e mesmo sistema dever conservar fielmente as modificações em seus elementos, e ainda assim enfrentar novas ocasiões de modificação, conservando-se sempre fresco e capaz de recepção. De acordo com o princípio que guia a nossa tentativa, vamos então repartir essas duas operações em sistemas diversos. Supomos então que um sistema mais dianteiro do aparelho receba os estímulos de percepção, mas não conserve nada deles, portanto, que não tenha nenhuma memória, e que atrás dele se encontre um segundo sistema que transponha a excitação momentânea do primeiro em traços permanentes. Esta seria então a imagem de nosso aparelho psíquico:

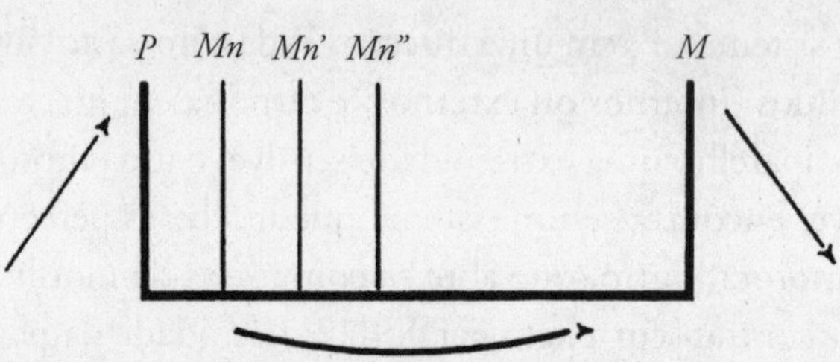

Figura 2[6]

Sabemos que conservamos permanentemente algo além do conteúdo das percepções que atuam sobre o sistema P. Nossas percepções também revelam estar ligadas entre si na memória, e, na verdade, sobretudo após terem ocorrido simultaneamente. Chamamos esse fato de *associação* [*Assoziation*].[7] Agora fica claro que, se o sistema P não possui memória, tampouco pode conservar os traços para a associação. Os diferentes elementos de P ficariam intoleravelmente bloqueados em sua função se um resto de conexão anterior influísse numa nova percepção. Portanto, devemos supor que a base da associação são muito mais os sistemas de memória (Mn). A associação consiste então em que, por consequência de reduções da resistência e de trilhamentos [*Bahnungen*] de um dos elementos Mn, a excitação se propague mais a um segundo do que a um terceiro elemento Mn.[8]

Observando mais detalhadamente, revela-se a necessidade de supor não um, mas vários elementos Mn como esse, nos quais a mesma excitação propagada pelos elementos P experimenta uma fixação de natureza diversa. O primeiro desses sistemas Mn conterá, de qualquer forma, a fixação da associação por simultaneidade, e, naqueles que estão um pouco mais distantes, o mesmo material de excitação se organizará de acordo com outros tipos de encontro, de modo que, por exemplo, relações de semelhança etc. seriam figuradas por esses sistemas posteriores.[9] Seria naturalmente ocioso querer indicar com palavras a importância psíquica de um sistema como esse. Sua característica residiria na intimidade de suas relações com os elementos do material bruto de lembranças, isto é, se quisermos apontar para uma teoria de alcance mais profundo, ela residiria nas gradações da resistência de condução voltada a esses elementos.

Cabe aqui uma observação de natureza geral que talvez aponte para algo importante. O sistema P que não tem nenhuma capacidade de conservar modificações, portanto não tem nenhuma memória, fornece à nossa consciência toda a variedade das qualidades sensoriais. Inversamente, as nossas memórias, sem excetuar as que estão impressas em nós mais profundamente, são em si inconscientes. Elas podem ser tornadas conscientes; mas não há nenhuma dúvida de que no estado inconsciente produzem todos os seus efeitos. O que chamamos de nosso caráter fundamenta-se em rastros mnêmicos de nossas impressões, e na verdade são justamente as impressões que tiveram o efeito mais intenso sobre nós, as de nossa primeira infância, aquelas que quase nunca se tornam conscientes. Mas, quando as lembranças se tornam novamente conscientes, elas não mostram nenhuma qualidade sensorial, ou uma qualidade muito reduzida em comparação às percepções. Se pudéssemos confirmar *que memória e qualidade se excluem mutuamente para a consciência nos sistemas Ψ*, abrir-se-ia uma perspectiva muito mais promissora sobre as condições da excitação.[i]

---

[i] [Nota acrescentada em 1925:] Afirmei depois que a consciência surge precisamente em lugar do rastro mnêmico [*Erinnerungsspur*] (cf. por último: "Nota sobre o bloco mágico" [Notiz über den Wunderblock], 1925, *Ges. Werke*, v. XIV).

O que supusemos até aqui sobre a composição do aparelho psíquico na extremidade sensorial foi sem levar em conta o sonho e os esclarecimentos psicológicos que dele podem derivar. Mas, para o conhecimento de outra parte do aparelho, o sonho se torNa para nós uma fonte de evidências. Vimos [cap. IV, p. 180] que seria impossível explicar a formação do sonho sem supor duas instâncias psíquicas, das quais uma submete a atividade da outra a uma crítica que tem por consequência a exclusão do tornar-se consciente.

A instância que critica, concluímos, mantém relações mais próximas com a consciência do que a criticada. Ela fica, entre esta e a consciência, como uma tela de proteção. Além disso, encontramos sustentação para identificar a instância que critica com aquilo que guia a nossa vida de vigília e decide sobre o nosso agir voluntário, consciente. Se agora substituirmos essas instâncias, conforme nossa suposição, por sistemas, o sistema que critica está próximo, de acordo com as relações citadas por último, da extremidade motora. Agora vamos inserir os dois sistemas em nosso esquema e expressaremos, nos nomes emprestados a eles, a sua relação com a consciência.

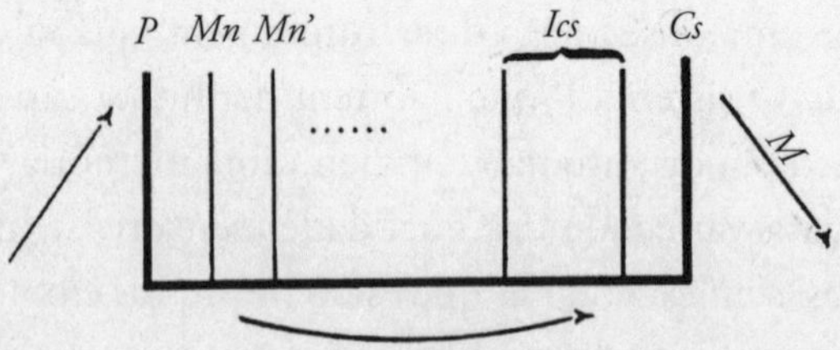

Figura 3

O último sistema na extremidade motora chamamos de *pré-consciente* [*Vorbewußte*], para indicar que nele os processos de excitação podem chegar à consciência sem maiores obstáculos, caso certas condições ainda sejam cumpridas, por exemplo: atingir certo grau de intensidade, haver certa distribuição daquela função chamada de atenção etc. Ele é ao mesmo tempo o sistema que detém as chaves da motilidade voluntária. O sistema que está por trás dele denominamos *inconsciente* [*Unbewußte*], porque ele não tem nenhum acesso à consciência, *a não ser através do pré-consciente*, passagem através da qual seu processo de excitação tem, necessariamente, de suportar modificações.[i]

[i] [Nota acrescentada em 1919:] A próxima apresentação desse esquema, desenvolvido linearmente, terá de contar com a suposição de que o sistema que se segue ao *Pcs* [pré-consciente]

Em qual desses sistemas situamos então o ímpeto à formação do sonho? Para simplificar, no sistema *Ics*. Na verdade, em discussões posteriores, veremos que isso não está inteiramente correto, que a formação do sonho é obrigada a conectar-se com pensamentos do sonho, que pertencem ao sistema do pré-consciente. Descobriremos também em outra passagem, quando estivermos tratando do desejo do sonho, que a força propulsora para o sonho é fornecida pelo *Ics*, e, por causa desse último fator, queremos supor o sistema inconsciente como o ponto de partida da formação do sonho. Essa excitação do sonho vai então manifestar, como todas as outras formações de pensamentos, o anseio de prosseguir no *Pcs* e, a partir dele, obter o acesso à consciência.

A experiência nos ensina que essa via que passa pelo pré-consciente e leva até a consciência é barrada aos pensamentos do sonho durante o dia pela censura da resistência. Durante a noite eles conseguem o acesso à consciência, mas se coloca a questão de saber por qual caminho e graças a qual modificação. Se isso fosse possibilitado aos pensamentos do sonho, pelo fato de que durante a noite há o rebaixamento da resistência que monta guarda na fronteira entre o inconsciente e o pré-consciente, teríamos, no material de nossas representações, sonhos que não mostrariam o caráter alucinatório que agora nos interessa.

O rebaixamento da censura entre os dois sistemas *Ics* e *Pcs* só pode, portanto, explicar-nos essas formações oníricas como *Autodidasker*, mas não sonhos como o da *criança queimando*, que apresentamos como problema no início dessas investigações.

O que se passa no sonho alucinatório não podemos descrever de outra maneira a não ser dizendo: a excitação toma um caminho *para trás*. Em vez de ela se propagar em direção à extremidade motora do aparelho, ela o faz em direção à extremidade sensível e finalmente chega ao sistema das percepções. Se chamarmos de *progressiva* a direção a qual o processo psíquico se prolonga, a partir do inconsciente no estado de vigília, então podemos declarar sobre o sonho que ele possui um caráter *regressivo*.[i]

é aquele ao qual devemos atribuir a consciência, e que, portanto, *P* [percepção] = *Cs* [consciência].

[i] [Nota acrescentada em 1914:] A primeira indicação sobre o fator da regressão já se encontra em Albert Magnus. A *imaginatio*, diz ele, constrói o sonho a partir de imagens conservadas dos objetos sensoriais. O processo se consuma de maneira inversa ao do estado de vigília (de acordo com Diepgen, p. 14). – Hobbes diz (no *Leviatã*, 1651): "*In sum, our dreams are the*

Essa regressão é então certamente uma das peculiaridades psicológicas do processo onírico; mas não devemos esquecer que ela não é própria apenas do sonhar. O lembrar-se deliberado e outros processos parciais do nosso pensar normal também correspondem, no aparelho psíquico, a uma retrogradação, partindo de alguma espécie de ato representacional complexo até o material bruto dos rastros mnêmicos que o fundamentam. Mas, durante o estado de vigília, esse buscar na lembrança nunca vai além das imagens de lembranças; ele não consegue produzir a vivificação alucinatória das imagens de percepção. Por que isso é diferente no sonho? Quando falávamos sobre o trabalho de condensação do sonho, não pudemos nos esquivar da suposição de que, pelo trabalho do sonho, as intensidades inerentes às representações são transferidas integralmente de uma para a outra. Talvez seja essa modificação do processo psíquico normal que torne possível investir o sistema P na direção inversa, partindo dos pensamentos até a completa vivacidade sensorial.

Espero que estejamos longe de nos enganar sobre o alcance dessas discussões. Não fizemos nada além de dar um nome para um fenômeno inexplicável. Chamamos de regressão quando no sonho a representação se transforma de volta na imagem sensorial a partir da qual ela se originou em dado momento. Mas mesmo esse passo exige justificativa. Para que serve uma nomeação se ela não nos ensina nada de novo? Penso então que o nome "regressão" nos serve na medida em que ele conecta o fato que nos é conhecido com o esquema do aparelho anímico dotado de uma direção. Mas, pela primeira vez, vale a pena nesse ponto ter apresentado um esquema como esse. Pois só com a ajuda do esquema outra peculiaridade da formação do sonho vai se tornar inteligível para nós, sem nova reflexão. Se tomamos o processo onírico como sendo uma regressão no interior do aparelho anímico suposto por nós, explica-se então, sem dificuldades, o fato, estabelecido empiricamente, de que todas as relações dos pensamentos do sonho se perdem no trabalho do sonho ou só encontram expressão com muito esforço. Essas relações do pensar não estão contidas, segundo o nosso esquema, nos primeiros sistemas Mn, mas nos sistemas situados

---

reverse of our waking imaginations, the motion, when we are awake, beginning at one end, and when we dream at another" [Em suma, nossos sonhos são o inverso de nossas imaginações de vigília, começando o movimento em uma extremidade quando estamos acordados e quando dormimos, na outra] (de acordo com H. Ellis, p. 112).

muito mais adiante, e, quando da regressão até as imagens de percepção, elas têm, necessariamente, de ficar despojadas de sua expressão. *Na regressão, a estrutura dos pensamentos do sonho transforma-se em seu material bruto.*

Mas através de qual modificação se torna possível essa regressão que é impossível durante o dia? Aqui vamos nos contentar com suposições. Deve-se tratar de modificações nas energias de investimento de cada um dos sistemas, através das quais eles se tornam mais ou menos transitáveis para o curso da excitação; mas, em cada aparelho como esse, o mesmo efeito no caminho da excitação poderia ser produzido por mais de um tipo de modificação como essa. Naturalmente, pensamos de imediato no estado de sono e nas modificações de investimento que ele provoca na extremidade sensível do aparelho. De dia há uma corrente que flui continuamente do sistema Ψ, da P até a motilidade; ela cessa de noite e não poderia mais oferecer nenhum obstáculo a uma corrente reversa da excitação. Esta seria o "isolamento em relação ao mundo exterior", que, na teoria de alguns autores, deve esclarecer as características psicológicas do sonho (cf. p. 91). Entretanto, na explicação da regressão do sonho, devemos levar em consideração aquelas outras regressões que se produzem nos estados patológicos de vigília. Para essas formas, a explicação que acabou de ser dada não nos ajuda. Passa-se à regressão, apesar de a corrente sensível ininterrupta estar indo na direção progressiva.

Para as alucinações da histeria e da paranoia e para as visões das pessoas psiquicamente normais, posso dar o esclarecimento de que elas, de fato, correspondem a regressões, ou seja, a pensamentos transformados em imagens, e que só experimentam essa transformação aqueles pensamentos que estão em íntima relação com lembranças reprimidas ou que permaneceram inconscientes. Por exemplo, um de meus mais jovens pacientes histéricos, um rapaz de 12 anos, não consegue adormecer por causa de "*rostos verdes com olhos vermelhos*", diante dos quais ele fica horrorizado. A fonte dessa aparição é a lembrança reprimida, mas outrora consciente, de um rapaz que ele via com frequência quatro anos antes e que lhe oferecia uma imagem assustadora de alguns maus hábitos infantis, entre eles também o do onanismo, do qual ele mesmo se faz agora uma reprimenda *a posteriori*. Sua mãe tinha percebido na época que esse menino malcriado tinha o rosto com uma cor *esverdeada* e olhos *vermelhos* (isto é, avermelhados). Vem daí o espectro assustador que, a propósito, só está destinado a lembrá-lo de outra predição da mãe, de que esses jovens ficam abobados, não conseguem aprender nada na escola e morrem cedo. Nosso pequeno paciente faz com que se cumpra uma parte dessa profecia; ele não progride na escola e, como o mostra a escuta das ideias que lhe ocorrem, ele teme horrorizado a segunda parte. No entanto, depois de pouco tempo, o tratamento teve o resultado de ele conseguir dormir, perder a sua ansiedade e terminar seu ano escolar com um excelente boletim.

Posso acrescentar aqui a explicação de uma visão que me foi contada por uma histérica de 40 anos que ela teve na época em que estava com boa saúde. Certa manhã, ela abre os olhos e vê no quarto o seu irmão, que, no entanto, encontra-se, como ela bem sabe, no manicômio. Seu filho pequeno está dormindo na cama, perto dela. Para que a criança não se *assuste* e *entre em convulsão* quando vir o tio, ela puxa o *lençol da cama* sobre ele, e então a aparição se dissipa. Essa visão é a reelaboração de uma lembrança infantil da senhora, que na verdade era consciente, mas que estava, no interior dela mesma, na relação mais íntima com todo o material inconsciente. Sua babá tinha lhe contado que sua mãe, que morreu muito cedo (ela só tinha 1 ano e meio na época do falecimento), sofria de ataques epilépticos ou histéricos e, na verdade, a partir de um susto que seu irmão havia lhe pregado (o tio de minha paciente), ao aparecer para ela como um fantasma, usando um lençol de cama sobre a cabeça. A visão contém os mesmos elementos da lembrança: a aparição do irmão, o lençol da cama, o susto e seu efeito. Mas esses elementos se ordenaram em um novo contexto e se transferiram para outras pessoas. O motivo manifesto da visão, o pensamento substituído por ela, é a preocupação de que seu filho pequeno, fisicamente tão parecido com seu tio, pudesse partilhar o mesmo destino que ele.

Os dois exemplos citados aqui não estão livres de qualquer relação com o estado de sono e talvez por isso não sejam apropriados para a demonstração de que eu preciso. Portanto, remeto à minha análise de uma paranoia alucinatória[i] e aos resultados de meus estudos, ainda não publicados, sobre a psicologia das psiconeuroses, para confirmar que não podemos deixar de ver, nesses casos de transformação regressiva de pensamentos, a influência de uma lembrança, na maioria das vezes infantil, que foi reprimida ou que permaneceu inconsciente. Essa lembrança atrai, por assim dizer, o pensamento que está vinculado a ela e que está impedido em sua expressão pela censura para a regressão, como sendo aquela forma de figuração em que a

---

[i] "Novas observações sobre as neuropsicoses de defesa" ["Weitere Bemerkungen über die Abwehr-Neuropsychosen"]. *Neurologisches Zentralblatt*, 1896, n. 10 (*Ges. Werke*, v. I).

lembrança mesma está psiquicamente presente. Autorizo-me a mencionar aqui, como um resultado dos *Estudos sobre a histeria*, que as cenas infantis (sejam elas lembranças ou fantasias), quando conseguimos torná-las conscientes, são vistas de modo alucinatório e perdem esse caráter quando são comunicadas. Também é sabido que, mesmo em pessoas que não são visuais em suas lembranças, as lembranças mais precoces de sua infância conservam o caráter da vivacidade sensorial até idades mais avançadas.

Se agora nos lembramos do papel que cabe, nos pensamentos do sonho, às vivências infantis ou às fantasias nelas fundamentadas, de com que frequência partes delas emergem novamente no conteúdo do sonho e como os próprios desejos do sonho são delas derivados, então não podemos objetar a probabilidade de que também no sonho a transformação de pensamentos em imagens visuais possa ser, em parte, a consequência da *atração* que essa lembrança figurada visualmente e que anseia ser reavivada exerce sobre o pensamento separado da consciência que luta por expressão. A partir dessa concepção, o sonho também poderia ser descrito como *o substituto da cena infantil modificada pela transferência para algo recente*. A cena infantil não pode impor a sua renovação; ela precisa se contentar com o retorno enquanto sonho.

A referência à importância, em certa medida exemplar, das cenas infantis (ou suas repetições como fantasias) para o conteúdo do sonho torna supérflua uma das suposições de Scherner e de seus discípulos sobre as fontes de estímulos internos. Scherner supõe um estado de "estímulo visual", de excitação interna no órgão da visão, quando os sonhos mostram uma vivacidade particular de seus elementos visuais ou uma particular abundância desses elementos. Não precisamos relutar contra essa suposição, contentamo-nos em poder postular um estado de excitação como esse meramente para o sistema psíquico das percepções do órgão da visão, mas faremos valer que esse estado de excitação seja estabelecido pela lembrança, a renovação de uma excitação da visão, atual em seu tempo. Não disponho, de minha própria experiência, de nenhum bom exemplo para uma influência como essa de uma lembrança infantil; meus sonhos são menos ricos em elementos sensoriais do que os que devo apreciar em outras pessoas; mas no sonho mais bonito e mais vívido desses últimos anos pude facilmente remeter a nitidez alucinatória do conteúdo do sonho a qualidades sensoriais de impressões recentes e havidas pouco tempo antes. Na p. 459 mencionei um sonho no qual a cor azul profundo da água, a cor marrom da fumaça que saía das chaminés dos navios e o marrom e o vermelho escuros das construções que eu vi me deixaram uma profunda impressão. Se existe um sonho que deveria ser interpretado em referência a um estímulo visual, seria esse. E o que tinha colocado meu órgão da visão nesse estado de estimulação? Uma impressão recente que tinha a ver com uma série de outras anteriores. As cores que eu vi eram primeiramente as dos blocos de brinquedo para construir com os quais, no dia anterior ao meu sonho, as crianças tinham feito uma grandiosa construção, para oferecê-la à minha admiração. Lá se encontrava o mesmo vermelho austero nos blocos maiores e o azul e o marrom nos blocos menores. A isso se juntaram as impressões em cores das últimas viagens à Itália, o belo azul do Isonzo e da lagoa e o marrom do Carso. A beleza das cores do sonho foi apenas a repetição daquela que foi vista na lembrança.

Resumamos o que descobrimos sobre a peculiaridade do sonho em refundir seu conteúdo de representação em imagens sensoriais. Na verdade, nós não explicamos esse caráter do trabalho do sonho remetendo-o a leis conhecidas da psicologia, mas o destacamos como aquele que indica relações desconhecidas e o distinguimos com o nome de caráter "regressivo". Pensamos que essa regressão seja, sem dúvida, onde quer que ela ocorra, um efeito da resistência, que se opõe à entrada do pensamento na consciência pela via normal, bem como um efeito da atração simultânea que exercem sobre ele lembranças presentes e dotadas de grande força sensorial.[i] No caso do sonho, talvez se acrescentasse, para facilitar a regressão, o cessar da corrente progressiva diurna que provém dos órgãos dos sentidos, fator auxiliar que, nas outras formas de regressão, deve ser compensado pelo reforço dos outros motivos da regressão. Também não podemos nos esquecer de observar que, nesses casos patológicos de regressão, assim como no sonho, o processo da transferência de energia poderia ser diferente do que nas regressões da vida anímica normal, pois ele possibilita um completo investimento alucinatório dos sistemas de percepção. O que descrevemos como "consideração à figurabilidade" na análise do trabalho do sonho poderia ser colocado em relação com a

[i] [Nota acrescentada em 1914:] Em uma apresentação da doutrina do recalcamento, deveria ser exposto que um pensamento cai no recalcamento pelo efeito conjugado de dois fatores que o influenciam. Ele é repelido por uma das partes (a censura da *Cs*) e atraído pela outra (o *Ics*), portanto, da mesma maneira como chegamos até o topo da grande pirâmide. [Acrescentado em 1919:] (Cf. o ensaio "O recalcamento", *Ges. Werke*, v. X.)

atração seletiva das cenas lembradas visualmente e que são tocadas pelos pensamentos do sonho.

Sobre a regressão, queremos ainda observar que ela não tem um papel menor na teoria da formação do sintoma neurótico do que na do sonho. Distinguimos então três espécies de regressão: *a*) uma regressão *tópica*, no sentido do esquema aqui desenvolvido dos sistemas Ψ, *b*) uma regressão *temporal*, na medida em que se trata de uma retroação a formações psíquicas mais antigas, e *c*) uma regressão *formal*, quando modos primitivos de expressão e de figuração substituem os habituais. Mas todas as três espécies de regressão são no fundo uma só e coincidem na maioria dos casos, pois o que é mais antigo no tempo é, ao mesmo tempo, o que é formalmente primitivo, e na topologia psíquica é o mais próximo da extremidade perceptiva. [1914]

Também não podemos deixar o tema da regressão no sonho sem expor uma impressão que já se impôs a nós repetidas vezes, e que retornará, novamente fortalecida, depois que nos aprofundarmos no estudo das psiconeuroses: o sonhar seria em seu todo uma forma de regressão às condições mais precoces do sonhador, uma revivificação de sua infância, das moções pulsionais que nela dominaram e de modos de expressão que lá estiveram disponíveis. Por trás dessa infância individual, é-nos então possível uma visão da infância filogenética, do desenvolvimento da espécie humana, no qual o de cada indivíduo é de fato uma repetição abreviada, influenciada pelas circunstâncias fortuitas da vida. Percebemos como são pertinentes as palavras de Friedrich Nietzsche, segundo as quais no sonho "segue atuando uma parte ancestral da humanidade à qual dificilmente se pode chegar pela via direta",[10] e isso gera a expectativa de, pela análise dos sonhos, conhecer a herança arcaica do ser humano e reconhecer nele aquilo que é animicamente inato. Parece que sonho e neurose conservaram para nós mais das antiguidades anímicas do que poderíamos supor, de modo que a psicanálise pode reclamar um lugar elevado entre as ciências que se esforçam por reconstruir as fases mais antigas e obscuras do início da humanidade. [1919]

É bem possível que essa primeira parte de nossa apreciação psicológica do sonho não satisfaça particularmente a nós mesmos. Consolemo-nos com o fato de que fomos obrigados a construir no escuro. Se não estivermos completamente enganados, então temos de partir de outro ponto de abordagem e chegar mais ou menos à mesma região, na qual talvez possamos nos orientar melhor.

C
A REALIZAÇÃO DE DESEJO

O sonho anteriormente relatado, da criança queimando, oferece-nos uma boa ocasião para apreciar dificuldades com que se depara a doutrina da realização de desejo. Todos nós recebemos certamente com assombro a afirmação de que o sonho não deve ser nada além de uma realização de desejo, e talvez não unicamente por causa da contradição que parte do sonho de angústia. Depois que, através da análise, os primeiros esclarecimentos nos ensinaram que, por trás do sonho, escondem-se sentido e valor psíquico, nossa expectativa não estava de forma alguma preparada para uma determinação tão unívoca desse sentido. De acordo com a definição correta, mas insuficiente, de Aristóteles, o sonho é o pensamento que tem continuidade no estado de sono – contanto que estejamos dormindo. Se então, durante o dia, nosso pensar cria atos psíquicos de natureza tão diversa, julgamentos, conclusões, refutações, expectativas, projetos etc., através de que ele deve ser obrigado, de noite, a se restringir apenas à produção de desejos? Não haverá, ao contrário, uma abundância de sonhos que possam apresentar um ato psíquico de outra espécie convertido na configuração de sonho, como uma preocupação, e acaso o sonho anterior, particularmente transparente, do pai não é justamente um sonho como esse? A partir do clarão que atinge seu olho, mesmo dormindo, ele tira preocupado a conclusão de que uma vela caiu e pode estar queimando o corpo; ele transforma essa conclusão em um sonho, vestindo-a com uma situação evidente aos sentidos e no tempo presente. Que papel tem aí a realização de desejo, e será que podemos, de alguma forma, menosprezar aqui o predomínio do pensamento que continua desde o estado de vigília ou que foi excitado por uma nova impressão sensorial?

Tudo isso está correto e nos obriga a examinar mais de perto o papel da realização de desejo no sonho e a importância dos pensamentos de vigília que continuam no sono.

Foi justamente a realização de desejo que já nos levou a uma separação dos sonhos em dois grupos. Encontramos sonhos que se apresentavam abertamente como realização de desejo; outros, em que a realização de desejo era irreconhecível e com frequência estava escondida por todos os meios. Nos últimos reconhecemos as operações da censura do sonho. Os sonhos de desejos não deformados encontramos principalmente em crianças;

sonhos de desejo *curtos* e francos *pareciam* – insisto nessa reserva – ocorrer também em adultos.

Podemos então perguntar de onde vem, a cada vez, o desejo que se realiza no sonho. Mas com qual oposição ou com qual diversidade relacionamos esse "de onde"? Penso que seja com a oposição entre a vida diurna que se tornou consciente e uma atividade psíquica que permaneceu inconsciente, que só pode se fazer notar durante a noite. Encontro três possibilidades para a proveniência de um desejo. Ele pode 1) ser excitado de dia e, em consequência de circunstâncias exteriores, não ter encontrado satisfação; resta então para a noite um desejo reconhecido e não resolvido; 2) ele pode ter emergido de dia, mas encontrado uma rejeição [*Verwerfung*]; resta-nos então um desejo não resolvido, mas reprimido; ou 3) ele pode estar sem relação com a vida diurna e pertencer àqueles desejos que só se agitam em nós de noite, a partir do que é reprimido. Se tomarmos o nosso esquema, localizamos um desejo da primeira espécie no sistema *Pcs*; sobre o desejo da segunda espécie, supomos que ele tenha sido forçado a retroceder do sistema *Pcs* para o *Ics*, e, se é que deve ser mantido em algum lugar, só pode ser lá; e, sobre a moção de desejo da terceira espécie, acreditamos que ela seja absolutamente incapaz de transpor o sistema do *Ics*. Pois bem, será que os desejos dessas diversas fontes têm o mesmo valor para o sonho, o mesmo poder de instigar um sonho?

Uma visão panorâmica dos sonhos de que dispomos para responder a essa pergunta nos adverte, de início, que é preciso acrescentar, como quarta fonte do desejo do sonho, as moções de desejo atuais que surgem ao longo da noite (por exemplo, ao estímulo da sede, da necessidade sexual). Em segundo lugar, parece-nos provável que a procedência do desejo do sonho nada altera em sua capacidade de instigar um sonho. Faço lembrar o sonho da menininha que dá continuidade à viagem pelo lago interrompida durante o dia, e outros sonhos de crianças (p. 164); eles se explicam por um desejo do dia, não realizado, mas não reprimido. Exemplos de um desejo reprimido durante o dia que tem livre curso no sonho são extremamente abundantes para se comprovar; eu poderia acrescentar aqui um desejo muito simples dessa espécie. Uma dama brincalhona cuja amiga havia ficado noiva responde, ao longo do dia, as perguntas dos conhecidos que queriam saber se ela conhecia o noivo e o que ela pensava dele, e com elogios irrestritos, com os quais ela impôs silêncio ao seu julgamento, pois ela gostaria de ter dito a verdade: *Ele é um Dutzendmensch* [uma pessoa que encontramos às dúzias]. À noite ela sonha que a mesma pergunta lhe é dirigida e ela responde com a fórmula: *Para novas encomendas basta indicar o número*. Enfim, descobrimos como resultado de numerosas análises que, em todos os sonhos submetidos à deformação, o desejo provém do inconsciente e não pode se tornar perceptível durante o dia. Assim, todos os desejos parecem ter, à primeira vista, o mesmo valor e o mesmo poder para a formação do sonho.

Não posso provar aqui, apesar de tudo, que as coisas são diferentes, mas inclino-me bastante pela suposição de que, para o desejo do sonho, haja uma condicionalidade mais rigorosa. Os sonhos de crianças não deixam certamente nenhuma dúvida de que um desejo não resolvido de dia pode ser o instigador do sonho. Mas não se pode esquecer que esse é então o desejo de uma criança, uma moção de desejo com a força própria do infantil. Considero inteiramente duvidoso que um desejo não realizado durante o dia seja o bastante para produzir um sonho em um adulto. Parece-me muito mais que, com o domínio crescente da nossa vida pulsional pela atividade pensante, renunciamos cada vez mais, por considerarmos inútil, à formação ou à conservação de desejos tão intensos quanto os da criança. É possível que nesse caso se façam valer diversidades individuais e um conserve por mais tempo que o outro o tipo infantil dos processos anímicos, assim como também existem diferenças semelhantes no que diz respeito ao enfraquecimento da atividade de representação, nitidamente visual, originariamente. Mas, em geral, acredito que no adulto o desejo do dia que permaneceu irrealizado não bastará para criar um sonho. Admito de bom grado que a moção de desejo que provém do consciente contribuirá para instigar o sonho, mas provavelmente não mais que isso. O sonho não se originaria se o desejo pré-consciente não soubesse obter um reforço de algum outro lugar.

Ou seja, do inconsciente. *Suponho que o desejo consciente só possa se tornar instigador do sonho se ele conseguir despertar um desejo inconsciente que tenha um teor semelhante, através do qual ele se fortalece.* Esses desejos inconscientes, eu os tenho, de acordo com as indicações da psicanálise das neuroses, como sempre animados, a qualquer momento prontos a obter expressão, quando a eles se oferece a oportunidade de se aliar a uma moção vinda do consciente, de transferir a sua grande intensidade sobre aquela menor, desse último.[i] Dessa maneira, só pode parecer que o desejo

---

[i] Eles partilham esse caráter de indestrutibilidade com todos os outros atos anímicos realmente inconscientes, isto é, que pertençam unicamente ao sistema *Ics*. Esses são caminhos

consciente seria o único a se realizar no sonho; acontece que uma pequena peculiaridade na configuração desse sonho se tornará para nós um indício que nos colocará no rastro do poderoso auxiliar que vem do inconsciente. Esses desejos sempre ativos, por assim dizer, imortais, do nosso inconsciente, que lembram os Titãs da mitologia, sobre os quais pesa, desde os tempos primordiais, o fardo das massas montanhosas que outrora foram roladas sobre eles pelos deuses vitoriosos, e que ainda agora são abaladas de tempos em tempos pelas convulsões de seus membros; – mas esses desejos, eu dizia, que se encontram recalcados, são eles mesmos de procedência infantil, como aprendemos com a investigação psicológica das neuroses. Eu gostaria então de abandonar a frase que formulei antes, de que a procedência do desejo do sonho é indiferente, e substituí-la por outra: *O desejo que se figura no sonho tem, necessariamente, de ser um desejo infantil.* Então, no adulto, ele vem do *Ics*; na criança, em que ainda não há separação e censura entre *Pcs* e *Ics*, ou em que ela só se estabelece pouco a pouco, ele é um desejo não realizado, não recalcado, da vida de vigília. Sei que essa visão das coisas não é demonstrável de maneira geral; mas afirmo que ela é frequentemente demonstrável, até mesmo onde não se teria suspeitado dela, e, de maneira geral, ela não é refutável.

As moções de desejo restantes da vida consciente de vigília, eu as faço passar, portanto, para o plano de fundo, na formação do sonho. Não quero lhes conceder nenhum outro papel a não ser o de material de sensações atuais durante o sono para o conteúdo do sonho. Permaneço na linha que me prescreve esse raciocínio quando passo agora a considerar as outras instigações psíquicas que restam da vida diurna e que não são desejos. Podemos encerrar provisoriamente os investimentos de energia do nosso pensar de vigília quando decidimos dormir. Quem o conseguir é um bom dormidor; o primeiro Napoleão parece ter sido um modelo desse gênero. Mas nem sempre o conseguimos e nem sempre completamente. Problemas não resolvidos, preocupações atormentadoras, um excesso de impressões faz

---

facilitados [*gebahnte*, trilhados, N.T.] de uma vez por todas, que nunca ficam sem uso e não cessam de levar o processo de excitação à descarga, sempre que a excitação inconsciente volta a investi-los. Para me servir de uma comparação: não existe para eles nenhuma outra forma de aniquilação além das sombras do mundo subterrâneo da *Odisseia*, que despertavam para uma nova vida assim que bebiam sangue. Os processos que dependem do sistema pré--consciente são destrutíveis em um sentido inteiramente diferente. É sobre essa diferença que se fundamenta a psicoterapia das neuroses.

com que a atividade de pensar continue também durante o sono e mantêm os processos anímicos no sistema que caracterizamos como o pré-consciente. Se tivermos de fazer uma ordenação dessas moções de pensamento que se prolongam no sono, podemos apresentar os seguintes grupos: 1) aquilo que não foi concluído durante o dia por causa de um obstáculo casual, 2) aquilo que não foi resolvido em consequência da fadiga de nossa capacidade de pensar, o não solucionado, 3) aquilo que, durante o dia, foi rechaçado e reprimido. A esses se junta um poderoso quarto grupo, daquilo que, ao longo do dia, através do trabalho do pré-consciente, foi ativado em nosso *Ics*, e, finalmente, podemos acrescentar como o quinto grupo: as impressões indiferentes do dia e que por isso permaneceram não elaboradas.

As intensidades psíquicas que são introduzidas no estado de sono pelos resíduos da vida diurna, sobretudo as que provêm do grupo do não solucionado, não precisam ser subestimadas. Certamente essas excitações lutam por expressão, mesmo durante a noite, e estamos da mesma forma autorizados a supor que o estado de sono torna impossível o avanço habitual do processo de excitação no pré-consciente e sua conclusão através do tornar-se consciente. Na medida em que podemos nos tornar conscientes dos nossos processos de pensamento pela via normal, mesmo durante a noite, nessa mesma medida, justamente, nós não dormimos. Não sei indicar o tipo de modificação que o estado de sono provoca no sistema *Pcs*;[i] mas é indubitável que a característica psicológica do sono deva ser buscada essencialmente nas modificações de investimento justamente desse sistema, que também domina o acesso à motilidade paralisada durante o sono. Em oposição a isso, eu não saberia indicar nenhum motivo vindo da psicologia do sonho que nos levasse a supor que o sono modifique algo que não seja secundário nas relações do sistema *Ics*. Portanto, não resta outro caminho à excitação noturna no *Pcs* que não seja aquele que tomam as excitações de desejo provenientes do *Ics*; ela precisa buscar o reforço a partir do *Ics* e acompanhar os desvios das excitações inconscientes. Mas como se relacionam os restos pré-conscientes do dia quanto ao sonho? Não há dúvida de que eles penetram nos sonhos de maneira abundante, que eles utilizam o

[i] [Nota acrescentada em 1919:] No artigo "Complemento metapsicológico à doutrina do sonho" [Metapsychologische Ergänzung zur Traumlehre] (*Int. Zschr. f. PsA.*, IV, 1916-1918, *Ges. Werke*, v. X), tentei avançar mais no conhecimento das relações do estado de sono e das condições da alucinação.

conteúdo do sonho para se impor, mesmo durante a noite, à consciência; eles chegam mesmo a dominar eventualmente o conteúdo do sonho, obrigando-o a continuar o trabalho do dia; também é certo que os restos do dia podem muito bem ter qualquer outra característica que não seja a dos desejos; mas nesse caso é altamente instrutivo e absolutamente decisivo para a doutrina da realização de desejo ver a que condições eles têm de se adaptar para encontrar acolhida no sonho.

Destaquemos um dos exemplos anteriores de sonhos como o sonho que faz meu amigo Otto me aparecer com os sinais da doença de Basedow (p. 290). Durante o dia desenvolvi uma preocupação, devida à aparência de Otto, e essa preocupação me tocou de perto, como tudo o que concerne a essa pessoa. Ela me acompanhou, se posso supô-lo, também no sono. Provavelmente eu queria descobrir o que poderia estar errado com ele. Durante a noite, essa preocupação encontrou expressão no sonho que comuniquei, cujo conteúdo, em primeiro lugar, era absurdo, e, em segundo lugar, não correspondia a nenhuma realização de desejo. Mas comecei a investigar de onde viria a expressão inadequada da preocupação sentida durante o dia e pela análise encontrei uma conexão em que eu o identificava com um Barão L., e a mim mesmo com o professor R. Para eu ter tido que escolher justamente esse substituto para o pensamento diurno só havia uma explicação. Eu devia estar sempre preparado, no *Ics*, para a identificação com o professor R., pois através dela se realizava um dos desejos infantis imortais, esse desejo que é a sede de grandeza. Pensamentos ofensivos em relação ao meu amigo, certamente destinados à rejeição durante o dia, tinham aproveitado a oportunidade de se imiscuir para serem figurados, mas a preocupação do dia também tinha alcançado um modo de expressão através de um substituto no conteúdo do sonho. O pensamento do dia, que não era em si um desejo, mas uma preocupação, teve de arranjar, por algum caminho, a conexão com um desejo infantil, agora inconsciente e reprimido, que então o fez, ainda que convenientemente ajustado, "surgir" para a consciência. Quanto mais dominante fosse a preocupação, mais forçada se tornaria a ligação a ser estabelecida; entre o conteúdo do desejo e o da preocupação, não era necessário que existisse qualquer relação, e em nosso exemplo também não existiu.

Talvez seja apropriado tratar essa mesma questão também na forma de uma investigação sobre como o sonho procede quando nos pensamentos oníricos lhe é oferecido um material que se opõe inteiramente a uma realização de desejo, portanto, preocupações justificadas, considerações dolorosas, modos de pensar desagradáveis. A variedade dos possíveis resultados pode articular-se da seguinte maneira: *a*) o trabalho do sonho consegue substituir todas as representações desagradáveis por opostos e reprimir os afetos que pertencem a elas. Isso tem então por resultado um puro sonho de satisfação, uma "realização de desejo" palpável, sobre a qual parece não haver mais nada a discutir; *b*) as representações desagradáveis chegam, mais ou menos modificadas, mas ainda bem reconhecíveis, ao conteúdo manifesto do sonho. Esse é o caso que desperta dúvidas sobre a teoria do desejo no sonho e demanda uma investigação complementar. Esses sonhos de conteúdo penoso podem ser sentidos como indiferentes ou trazer consigo todo o afeto desagradável que lhes corresponde, ou mesmo levar ao despertar em meio ao desenvolvimento de angústia.

A análise comprova depois que mesmo esses sonhos desprazerosos são realizações de desejo. Um desejo inconsciente e recalcado [*verdrängter*], cuja realização não poderia ser sentida de outra maneira pelo Eu do sonhador a não ser como penosa, serviu-se da oportunidade que lhe foi oferecida pelo fato de os restos do dia desagradáveis permanecerem investidos; esse desejo emprestou-lhes seu apoio e através desse apoio tornou-os capazes de entrar em um sonho. Mas, enquanto no caso *a* o desejo inconsciente coincidia com o desejo consciente, no caso *b* fica exposta a cisão entre o inconsciente e o consciente – entre o recalcado e o Eu – e realizada a situação do conto dos três desejos que a fada concede ao casal (cf. abaixo, p. 562, nota i). A satisfação pela realização do desejo recalcado pode revelar-se tão grande que ela mantém o equilíbrio dos afetos desagradáveis ligados aos restos diurnos; o sonho é então indiferente em sua tonalidade de sentimento, apesar de ser, por um lado, a realização de um desejo [*Erfüllung eines Wunsches*], e, por outro, a realização de um temor. Ou pode acontecer de o Eu que está dormindo ter uma participação ainda mais considerável na formação do sonho, reagir com uma forte indignação à satisfação que foi alcançada pelo desejo recalcado e até mesmo pôr fim a um sonho, pressionado pela angústia. Portanto, não é difícil reconhecer que os sonhos de desprazer e de angústia, no sentido da teoria, são realizações de desejo tanto quanto os sonhos de satisfação pura e simples.

Sonhos de desprazer também podem ser "*sonhos de punição*". Deve-se admitir que, através de seu reconhecimento, alguma coisa nova se acrescenta à teoria do sonho, em certo sentido. O que através deles é realizado é igualmente um desejo inconsciente, o de uma punição do sonhador por uma moção de desejo não permitida e recalcada. Nessa medida, os sonhos se adéquam à exigência aqui defendida, de que a força propulsora para a formação do sonho só pode ser fornecida por um desejo pertencente ao inconsciente. Mas um recorte mais fino permite reconhecer a sua diferença em relação aos outros sonhos de desejos. Nos casos do grupo *b*, o desejo inconsciente, formador do sonho, pertencia ao inconsciente, já nos sonhos de punição, trata-se igualmente de um desejo inconsciente, mas não precisamos atribuí-lo ao recalcado, e sim ao "Eu". Os sonhos de punição indicam, portanto, a possibilidade de uma participação ainda mais extensa do *Eu* na formação do sonho. O mecanismo da formação do sonho se torna, aliás, muito mais transparente se, em lugar da oposição entre "consciente" e "inconsciente", inserirmos a oposição entre "Eu" e "recalcado". Isso não pode ocorrer sem levar em consideração os processos da psiconeurose e por isso não foi levado a cabo neste livro. Observo apenas que os sonhos de punição não estão ligados, em geral, à condição de que haja restos diurnos penosos. Ao contrário, eles surgem com muito mais facilidade sob a premissa oposta, de que os restos diurnos são pensamentos de natureza satisfatória, mas que expressam satisfações não permitidas. Desses pensamentos nada chega então ao sonho manifesto, a não ser seu oposto direto, como era o caso nos sonhos do grupo *a*. O caráter essencial dos sonhos de punição seria, portanto, que neles o que se torna o formador do sonho não é o desejo inconsciente que provém do recalcado (do sistema *Ics*), mas o desejo de punição que reage contra ele, pertencente ao Eu, mesmo que inconsciente (isto é, pré-consciente).[i]

Quero ilustrar com um sonho meu algo do que foi trazido aqui, sobretudo a maneira como o trabalho do sonho procede com um resto do dia de expectativas penosas: [1919]

"Começo sem nitidez. *Digo à minha esposa que tenho uma notícia para ela, algo bastante especial. Ela se assusta e não quer ouvir nada. Eu lhe asseguro que, ao contrário, é algo que vai deixá-la muito contente, e começo a contar que o corpo de oficiais de nosso filho enviou uma soma de dinheiro (5 mil coroas?), ...algo sobre reconhecimento... distribuição... Nisso, eu entro com ela em um pequeno quarto, como uma despensa, para procurar alguma coisa.*

---

[i] [Nota acrescentada em 1930:] Este é o lugar para inserir o *Super-Eu*, descoberto mais tarde pela psicanálise.

De repente, vejo meu filho aparecer, ele não está de uniforme, mas, na verdade, usando um traje esportivo apertado (parecendo uma foca?), com um pequeno boné. Ele sobe em um cesto que se encontra ao lado de um armário, como que para colocar alguma coisa sobre esse armário. Eu o chamo; nenhuma resposta. Parece-me que ele está com o rosto ou a testa enfaixados, ele coloca alguma coisa na boca, empurra um pouco para dentro. Além disso, seus cabelos têm um brilho acinzentado. Eu penso: será que ele está tão esgotado? E será que ele tem dentes postiços? Antes de poder chamá-lo novamente, desperto sem angústia, mas com palpitações. Meu relógio de cabeceira marca 2h30". [1919]

A comunicação de uma análise completa é impossível também dessa vez. Limito-me a destacar alguns pontos decisivos. O fator que ocasionou o sonho foi fornecido pelas atormentadoras expectativas do dia; daquele que lutava na frente de batalha ficamos mais uma vez sem notícias por mais de uma semana. É fácil ver que o conteúdo do sonho encontra expressão na convicção de que ele está ferido ou "caído" em combate. No início do sonho, percebe-se o esforço enérgico para substituir os pensamentos penosos por seu contrário. Tenho a comunicar algo altamente promissor, algo sobre envio de dinheiro, reconhecimento, distribuição. (A quantia de dinheiro provém de um acontecimento alentador no consultório médico, portanto, a todo custo ela quer desviar do assunto.) Mas esse esforço falha. A mãe pressente algo terrível e não quer me ouvir. Os disfarces também são muito fracos; por toda parte transparece a relação com aquilo que deve ser reprimido. Se meu filho foi morto em combate, seus camaradas vão devolver seus pertences; eu vou distribuir o que ele deixou entre os irmãos e outros; reconhecimentos são outorgados ao oficial frequentemente após a sua "morte heroica". O sonho procede dando expressão direta àquilo que no início ele queria negar [*verleugnen*], enquanto a tendência a realizar o desejo se faz notar ainda através de desfigurações. (A mudança da localidade no sonho deve certamente ser entendida como "simbolismo do limiar", de acordo com Silberer.) De onde, afinal, provém a força propulsora [*Triebkraft*] requerida para isso? No entanto, o filho não aparece como aquele que "cai", mas como aquele que "sobe". Na verdade, ele também foi um ousado montanhista. Ele não está usando uniforme, mas um traje esportivo, ou seja, no lugar do acidente agora temido entrou outro que ele sofreu ao praticar esporte, quando caiu numa pista de esqui e quebrou o fêmur. Mas a maneira como ele estava vestido, parecendo uma foca, faz lembrar imediatamente alguém mais jovem, nosso engraçado netinho; o cabelo cinza lembra seu pai, nosso genro, duramente afetado pela guerra. O que significa isso? Mas deixemos isso de lado; a localidade, uma despensa, o armário, no qual ele quer pegar alguma coisa (colocar alguma coisa, no sonho), são alusões inconfundíveis a um acidente que eu mesmo me causei quando tinha mais de 2 e menos de 3 anos de idade. Na despensa, subi em um banquinho para pegar alguma coisa boa que estava sobre um armário ou uma mesa. O banquinho tombou e me atingiu com sua borda por trás do maxilar inferior. Eu também poderia ter perdido todos os dentes. Aqui se anuncia uma advertência: foi bem feito para você, como uma moção hostil contra o valoroso guerreiro. O aprofundamento da análise me permite encontrar então a moção escondida que poderia se satisfazer com o acidente temido do filho. É a inveja da juventude que o homem envelhecido acredita ter sufocado radicalmente na vida, e é inegável que seja justamente a força da comoção dolorosa, no caso de esse acidente ter realmente ocorrido, que, para alívio da mesma, almeja uma realização de desejo recalcado como essa.

Agora posso caracterizar rigorosamente o que o desejo inconsciente significa para o sonho. Quero admitir que há toda uma classe de sonhos para os quais a incitação provém, de maneira preponderante ou mesmo exclusiva, dos restos da vida diurna, e penso que mesmo um desejo de finalmente me tornar *professor extraordinarius* teria me deixado dormir tranquilo naquela noite, se a preocupação pela saúde do meu amigo não tivesse permanecido ativa ao longo do dia. Mas essa preocupação ainda não teria produzido nenhum sonho, a força motriz de que o sonho necessitava tinha de receber a contribuição de um desejo; cabia à preocupação arranjar-se um desejo como esse, como força de impulsionadora do sonho. Para dizê-lo com uma comparação: é certamente possível que um pensamento diurno faça o papel do empreendedor para o sonho; mas o empreendedor, que, como dizemos, tem a ideia e o ímpeto [*Drang*] de transpô-la em ação, não pode, entretanto, fazer nada sem capital; ele precisa de um capitalista que custeie os gastos, e esse capitalista que banca o gasto psíquico para o sonho é, todas as vezes e indiscutivelmente, seja qual for o pensamento diurno, *um desejo que provém do inconsciente*. [1919]

Outras vezes, o próprio capitalista é o empreendedor; para o sonho, esse é até mesmo o caso mais habitual. Pelo trabalho diurno, um desejo inconsciente foi incitado, e este então cria o sonho. E, também, para todas as possibilidades da relação econômica utilizada aqui como exemplo, os processos oníricos têm um paralelo; o próprio empreendedor pode fazer uma pequena contribuição para o capital; vários empreendedores podem voltar-se para o mesmo capitalista; vários capitalistas podem, em comum, contribuir com o necessário para os empreendedores. Assim, há sonhos que são sustentados por mais de um desejo onírico, assim como mais variações dessa espécie, que são fáceis de se negligenciar e não nos oferecem mais nenhum interesse. O que ainda falta nessa discussão sobre o desejo do sonho poderemos completar só mais tarde. [1919]

O *tertium comparationis* [elemento comum entre dois objetos] das comparações utilizadas aqui, a quantidade colocada à livre disposição em um montante adequado, permite uma utilização ainda mais refinada para esclarecer a estrutura do sonho. Na maioria dos sonhos, pode ser reconhecido um centro dotado de uma intensidade sensorial particular, como expusemos à p. 323. Ele é, em regra, a figuração direta da realização de desejo, pois, se revertermos os deslocamentos do trabalho do sonho, encontraremos a intensidade psíquica dos elementos nos pensamentos do sonho substituída pela intensidade sensorial dos elementos no conteúdo do sonho. Os elementos nas proximidades da realização de desejo muitas vezes não têm nada a ver com o sentido dela, mas revelam ser derivados de pensamentos penosos que contrariam o desejo. Mas, através da relação com frequência estabelecida artificialmente com o elemento central, eles receberam tanta intensidade que se tornaram capazes de figuração. Assim se difunde a força de figuração da realização de desejo sobre a esfera de determinado contexto, dentro da qual todos os elementos, mesmo aqueles em si desprovidos de meios, são promovidos à figuração. Em sonhos com vários desejos estimuladores, consegue-se facilmente demarcar, uma em relação à outra, as esferas de cada uma das realizações de desejo, e com frequência também entender as lacunas como zonas fronteiriças no sonho. [1919]

Mesmo que, com as observações anteriores, tenhamos limitado a importância dos restos do dia para o sonho, vale a pena o esforço de voltar-lhes mais um pouco de atenção. Eles têm, necessariamente, de ser um ingrediente necessário à formação do sonho, se a experiência puder nos surpreender com o fato de que todo sonho permite reconhecer em seu conteúdo uma conexão com uma impressão diurna recente, com frequência do tipo mais indiferente. Ainda não fomos capazes de entender a necessidade desse suplemento à mistura formadora do sonho (p. 213). Ela também só surge se nos ativermos firmemente ao papel do desejo inconsciente e depois recorrermos à psicologia das neuroses. Dela aprendemos que a representação inconsciente como tal é absolutamente incapaz de penetrar no pré-consciente, e que lá ela só pode exercer um efeito, colocando-se em ligação com uma representação inofensiva, já pertencente ao pré-consciente, transferindo para ela a sua intensidade e deixando-se encobrir por ela. Esse é o fato da *transferência*, que contém o esclarecimento para tantos incidentes notáveis da vida anímica dos neuróticos. A transferência pode deixar inalterada a representação provinda do pré-consciente, que assim atinge uma intensidade imerecidamente grande, ou até mesmo impor-lhe uma modificação por meio do conteúdo da representação transferida. Perdoem-me a inclinação pelas comparações da vida cotidiana, mas fico tentado a dizer que o estado de coisas para a representação recalcada é semelhante ao que acontece em nossa pátria com o dentista norte-americano que não tem o direito de exercer sua atividade se não se valer, como subterfúgio e como cobertura perante a lei, de um doutor em Medicina devidamente diplomado. E, da mesma forma que não são justamente os médicos mais ocupados que fazem essas alianças com o técnico dentista, também no psíquico não são escolhidas para encobrir uma representação recalcada aquelas representações pré-conscientes ou conscientes que já tenham atraído sobre si mesmas o suficiente da atenção das representações ativas no pré-consciente. O inconsciente tece suas ligações de preferência em torno daquelas impressões e representações do pré-consciente que não receberam atenção por serem indiferentes, ou em torno das quais a atenção foi de novo prontamente retirada por rejeição [*Verwerfung*]. É uma proposição conhecida da doutrina da associação, confirmada por toda a experiência, que representações que travaram uma ligação muito íntima em determinada direção procedem à maneira de recusa, no que diz respeito a grupos inteiros de novas ligações, ou procedem como que recusando, por assim dizer, grupos inteiros de novas ligações; fiz certa vez a tentativa de fundamentar uma teoria das paralisias histéricas nessa proposição.[11] [1919]

Se supusermos que se faz valer também no sonho essa mesma necessidade de transferência da parte das representações recalcadas que a análise das neuroses nos ensinou, explicam-se ainda de uma só vez dois dos enigmas do sonho, a saber, que toda análise de sonho põe em evidência um entretecer de uma impressão recente e que esse elemento recente é, com frequência, de natureza irrelevante. A isso acrescentamos aquilo que já aprendemos em outro lugar, que esses elementos recentes e indiferentes chegam com tanta frequência ao conteúdo do sonho como substitutos dos mais antigos entre os pensamentos do sonho porque eles são ao mesmo tempo os que menos têm a temer a censura colocada pela resistência. Mas, enquanto a isenção de censura nos esclarece apenas a preferência pelos elementos triviais, a constância dos elementos recentes aponta para uma coação à transferência. Os dois grupos de impressões atendem à exigência por parte do recalcado de ter um material ainda isento de associações: as impressões indiferentes, porque não deram ocasião para ligações abundantes, as recentes, porque para isso ainda lhes faltou o tempo. [1919]

Vemos, assim, que os restos diurnos aos quais temos agora o direito de integrar as impressões indiferentes não apenas tomam algo do *Ics* quando participam na formação do sonho, a saber, a força motriz de que dispõe o desejo recalcado, mas também oferecem ao inconsciente algo indispensável, o ponto de aderência necessário para a transferência. Se quisermos penetrar mais profundamente nos processos anímicos, precisamos iluminar mais incisivamente o jogo das excitações entre pré-consciente e inconsciente, algo a que certamente o estudo das psiconeuroses nos impele, mas a que justamente o sonho não oferece nenhum apoio. [1919]

Apenas mais uma observação sobre os restos do dia. Não há dúvida de que eles são os verdadeiros perturbadores do sono, e não o sonho, que se esforça muito mais para proteger o sono. A esse ponto ainda voltaremos mais tarde. [1919]

Até aqui, seguimos de perto o desejo do sonho, o derivamos do território do *Ics* e detalhamos a sua relação com os restos do dia, que, por sua vez, podem ser desejos ou moções psíquicas de qualquer outra espécie, ou simplesmente impressões recentes. Assim, abrimos espaço para as reivindicações que possam ser feitas em favor da importância que tem, para a formação do sonho, o trabalho do pensar de vigília em toda a sua diversidade. Não seria impossível que, fundamentando-nos em nossa série de pensamentos, chegássemos até mesmo a esclarecer aqueles casos mais extremos nos quais o sonho, como continuador do trabalho do dia, levasse a um final feliz uma tarefa não solucionada do estado de vigília. Faltar-nos-ia apenas um exemplo dessa espécie, para descobrir, através de sua análise, a fonte de desejo infantil ou recalcada, cuja evocação reforçou com tanto sucesso o esforço da atividade pré-consciente. Entretanto, não demos sequer um passo para nos aproximar da solução do enigma de por que o inconsciente, durante o sono, não pode oferecer nada além da força motriz para uma realização de desejo. Responder a essa questão só pode lançar uma luz sobre a natureza psíquica do desejar; ela será dada com a ajuda do esquema do aparelho psíquico. [1919]

Também não duvidamos de que esse aparelho só tenha atingido a sua perfeição atual pela via de um longo desenvolvimento. Tentemos colocá-lo de volta a um estágio anterior de sua capacidade de funcionamento. Hipóteses que devem ser fundamentadas de outra maneira nos dizem que o aparelho seguiu, de início, a tendência de se manter, sempre que possível, livre de estímulos, e por isso adotou, em sua primeira construção, o esquema do aparelho reflexo, que lhe permitia descarregar prontamente por via motora uma excitação sensorial que lhe chegasse de fora. Mas as urgências da vida perturbam essa função simples. A ela o aparelho também deve o incentivo para o desenvolvimento posterior. É primeiro na forma das grandes necessidades corporais que as urgências da vida o abordam. A excitação configurada pela necessidade interna buscará um escoamento na motilidade, que podemos caracterizar como "modificação interna" ou como "expressão de emoção". A criança faminta vai chorar e espernear em desamparo. Mas a situação permanece inalterada, pois a excitação que parte da necessidade interna não corresponde a uma força de impacto momentâneo, mas a uma força de efeito continuado. Uma viragem só pode ocorrer se por alguma via, no caso da criança através de ajuda alheia, for vivenciada a *experiência de satisfação*,[12] que suspende o estímulo interno. Uma parte essencial dessa vivência é o aparecimento de certa percepção (a da nutrição, no exemplo) cuja imagem de lembrança fica, a partir de então, associada a um rastro de memória da excitação da necessidade. Tão logo essa necessidade sobrevenha uma próxima vez, vai se produzir, graças à conexão estabelecida, uma moção psíquica que vai investir novamente aquela percepção e evocar novamente a própria percepção, portanto, restabelecer, na verdade, a mesma situação da primeira satisfação. Uma moção como essa é o que chamamos de desejo; o reaparecimento da percepção é a realização de desejo, e o pleno investimento da percepção a partir da excitação da necessidade é o caminho mais curto para a realização de desejo. Nada nos impede de supor um estado primitivo do aparelho psíquico no qual esse caminho tenha sido realmente percorrido dessa maneira, o desejar terminando em um alucinar. Essa primeira atividade psíquica visa, portanto, a uma *identidade de percepção*, ou seja, à repetição daquela percepção que está conectada à satisfação da necessidade. [1919]

Uma experiência de vida amarga deve ter modificado essa atividade de pensar primitiva em uma atividade secundária mais adequada aos fins. O estabelecimento de uma identidade de percepção pela curta via regressiva no interior do aparelho não tem, em outro lugar, a consequência ligada ao investimento da mesma percepção a partir do exterior. A satisfação não ocorre, a necessidade perdura. Para tornar o investimento interno equivalente ao investimento externo, ela teria de ser mantida continuamente, como realmente ocorre nas psicoses alucinatórias e nas fantasias de inanição, em que a atividade psíquica se esgota no apego ao objeto desejado. Para alcançar uma utilização da força psíquica mais adequada aos fins, será necessário deter a regressão completa, de modo que ela não vá além da imagem de lembrança e, a partir dessa imagem, possa procurar outros caminhos que levem finalmente ao estabelecimento da identidade desejada a partir do mundo exterior.[i] Essa inibição, bem como o consequente desvio da excitação, torna-se a tarefa de um segundo sistema que domina a motilidade voluntária, isto é, um sistema a cujo funcionamento se liga em primeiro lugar a utilização da motilidade para finalidades lembradas de antemão. Mas toda essa atividade complicada do pensar que continua se tecendo, da imagem da lembrança até o estabelecimento da identidade de percepção pelo mundo exterior, figura, entretanto, apenas um *rodeio para a realização de desejo* que se tornou necessário pela experiência.[ii] O pensar não é de fato outra coisa senão o substituto do desejo alucinatório, e, se o sonho é uma realização de desejo, fica então evidente que nada diferente de um desejo é capaz de impelir nosso aparelho anímico ao trabalho. Com isso, o sonho, que realiza seus desejos por curtos caminhos regressivos, só fez preservar para nós uma prova do modo de trabalho *primário* do aparelho psíquico, que foi abandonado por ser inadequado. Parece que foi banido para a vida noturna aquilo que outrora dominava na vida de vigília, quando a vida psíquica ainda era jovem e ineficiente, um pouco como reencontramos no quarto das crianças a flecha e o arco, as armas primitivas abandonadas pela humanidade adulta. *O sonhar é uma parte da*

---

[i] [Nota acrescentada em 1919:] Em outras palavras: reconhece-se como necessária a instauração de uma "prova de realidade".

[ii] Le Lorrain louva, com razão, da realização de desejo: "*Sans fatigue sérieuse, sans être obligé de recourir à cette lutte opiniâtre et longue qui use et corrode les jouissances poursuivies*" [Sem fadiga séria, sem ser obrigada a recorrer a essa luta obstinada e longa que desgasta e corrói as fruições buscadas].

vida anímica infantil superada. Nas psicoses, esses modos de trabalho do aparelho psíquico, normalmente reprimidos na vida de vigília, voltam a impor seu vigor e então manifestam sua incapacidade de satisfazer nossas necessidades em relação ao mundo exterior.[i] [1919]

As moções inconscientes de desejo procuram vigorar evidentemente também de dia, e o fato da transferência, assim como as psicoses, ensinam-nos que elas gostariam de penetrar pelo sistema do pré-consciente até a consciência e chegar ao domínio da motilidade. Na censura entre *Ics* e *Pcs*, cuja suposição o sonho nos obriga fazer, devemos, portanto, reconhecer e honrar o guardião da nossa saúde psíquica. Pois bem, não seria um descuido do guardião reduzir sua atividade no período da noite, deixando que cheguem à expressão as moções reprimidas do *Ics* e tornando de novo possível a regressão alucinatória? Penso que não, pois, quando o guardião crítico se volta ao descanso – temos provas de que, no entanto, ele não dorme profundamente –, ele também fecha a porta para a motilidade. Quaisquer que sejam as moções provindas do *Ics*, normalmente inibido, que pululem no palco, podemos deixá-las à vontade, elas permanecem inofensivas, porque não são capazes de colocar o aparelho motor em movimento, o único que pode influenciar o mundo exterior, modificando-o. O estado de sono garante a segurança da fortaleza a ser vigiada. A situação se configura menos inofensiva quando o deslocamento de forças não é produzido pelo relaxamento noturno do dispêndio de forças da censura crítica, e sim por um enfraquecimento patológico desta, ou pelo reforço patológico das excitações inconscientes, enquanto o pré-consciente estiver investido e as portas para a motilidade estiverem abertas. Nesse caso, o guardião é subjugado, as excitações inconscientes submetem-se ao *Pcs*, dominam, a partir dele, nossas falas e ações, ou impõem a regressão alucinatória, e dirigem o aparelho, que não é destinado a elas, graças à atração que exercem as percepções sobre a distribuição da nossa energia psíquica. Esse estado chamamos de psicose. [1919]

Encontramo-nos aqui no melhor caminho para continuar construindo o arcabouço psicológico que abandonamos ao inserir os sistemas *Ics* e *Pcs*.

---

[i] [Nota acrescentada em 1914:] Desenvolvi esse movimento de pensamento e com mais detalhes em outro lugar ("Formulações sobre os dois princípios do acontecer psíquico" [Formulierungen über die zwei Prinzipien des psychischen Geschehens], *Ges. Werke*, v. VIII) e coloquei como os dois princípios o princípio de prazer e o princípio de realidade.

Mas ainda temos motivos suficientes para nos demorarmos na apreciação do desejo como a única força motriz psíquica para o sonho. Aceitamos o esclarecimento de que o sonho é, a cada vez, uma realização de desejo, porque ele é uma operação do sistema *Ics* que não conhece nenhuma outra meta de seu trabalho a não ser a realização de desejo e que não dispõe de nenhuma outra força a não ser a das moções de desejo. Se agora quisermos nos ater, por mais um momento, ao direito de, a partir da interpretação do sonho, desenvolver especulações psicológicas tão extensas, devemos mostrar que através delas inserimos o sonho em um contexto que também pode abranger outras formações psíquicas. Se existe um sistema *Ics* – ou algo semelhante a ele para as nossas discussões –, o sonho não pode ser sua única manifestação; todo sonho pode ser uma realização de desejo, mas precisa ainda haver, necessariamente, outras formas anormais de realização de desejo, além do sonho. E, realmente, a teoria de todos os sintomas psiconeuróticos culmina em uma proposição, a *de que eles também devem ser concebidos como realizações de desejo do inconsciente.*[i] Através do nosso esclarecimento, o sonho se torna apenas o primeiro membro de uma série altamente importante para o psiquiatra, cuja compreensão significa a solução da parte puramente psicológica da tarefa psiquiátrica.[ii] Mas, sobre outros membros dessa série de realizações de desejo, por exemplo, sobre os sintomas histéricos, conheço uma característica essencial de que ainda sinto falta no sonho. O fato é que sei, pelas investigações indicadas no curso deste livro, que, para a formação de um sintoma histérico, duas correntes de nossa vida anímica precisam se encontrar. O sintoma não é meramente a expressão de um desejo inconsciente realizado; é preciso ainda que aí se junte um desejo provindo do pré-consciente, que se realize por meio do mesmo sintoma, de modo que o sintoma seja *pelo menos* duplamente determinado, cada vez a partir de um dos sintomas que se encontram em conflito. Como ocorre no sonho, não são colocados limites para outra sobredeterminação. Até onde posso ver, a determinação que não se origina no inconsciente é, regularmente, uma sequência de

---

[i] [Nota acrescentada em 1914:] Para dizer mais corretamente: uma parte do sintoma corresponde à realização de desejo inconsciente, a outra parte, a uma formação reativa em relação a ela.

[ii] [Nota acrescentada em 1914:] Hughlings Jackson tinha declarado: Se encontrarem a essência do sonho, terão encontrado tudo o que se pode saber sobre a loucura (*Find out all about dreams and you will have found out all about insanity*).

pensamentos de reação contra o desejo inconsciente, por exemplo, uma autopunição. | Posso dizer, portanto, de maneira bem geral, que *um sintoma histérico só surge lá onde duas realizações de desejo opostas, cada uma procedendo da fonte de um sistema psíquico diferente, podem se encontrar em uma única expressão*. (Cf., em relação a isso, minhas últimas formulações sobre o surgimento de sintomas histéricos no artigo "Fantasias histéricas e sua relação com a bissexualidade" [Hysterische Phantasien und ihre Beziehung zur Bisexualität], 1908. *Ges. Werke*, v. VII.) **[1919]** Exemplos seriam aqui infrutíferos, já que só o desvelamento completo da complicação que se apresenta pode despertar a convicção. Por isso, limito-me a uma afirmação e trago um exemplo apenas devido ao seu valor de ilustração, e não por sua força probatória. O vômito histérico, portanto, no caso de uma paciente, revelou ser, por sua vez, a realização de uma fantasia dos anos de puberdade, a saber, o desejo de estar continuamente grávida, de ter inúmeros filhos, ao que se juntou mais tarde a seguinte extensão: de tantos homens quanto fosse possível. Contra esse desejo indomado ergueu-se uma poderosa moção de defesa. Mas, tendo em vista que a paciente poderia perder, pelo vômito, a plenitude de suas formas e sua beleza, de modo que não agradaria mais a nenhum homem, o sintoma também estava em conformidade com o movimento punitivo de pensamento e pode, autorizado pelos dois lados, tornar-se realidade. Trata-se da mesma forma de abordar uma realização de desejo que aquela escolhida pela rainha dos partos em relação ao triúnviro Crasso. Ela achou que ele tinha empreendido a campanha de guerra devido à sua ganância por ouro; logo ela mandou despejar ouro fundido na garganta do cadáver, dizendo: "Aqui você tem o que você desejou". Só sabemos sobre o sonho até agora que ele expressa uma realização de desejo do inconsciente; parece que o sistema pré-consciente, dominante, deixa essa realização acontecer depois de ter-lhe imposto certas desfigurações. Na realidade, também não temos condições de demonstrar, de maneira geral, uma corrente de pensamento oposta ao desejo do sonho e que se torne realidade no sonho como sua contraparte. Só aqui e ali nos deparamos, nas análises de sonhos, com indícios de criações reativas, como a ternura pelo amigo R. no sonho do tio (p. 223). Mas esse ingrediente do pré-consciente que aqui está faltando, podemos descobri-lo em outro lugar. O sonho pode dar expressão a um desejo vindo do *Ics* depois de todo tipo de deformação, enquanto o sistema dominante se recolheu ao *desejo de dormir*, e realiza esse desejo estabelecendo modificações de investimento que lhe são possíveis no interior do aparelho psíquico, e finalmente aferra-se a esse desejo por toda a duração do sono.[i]

Esse desejo de dormir ao qual se aferra o pré-consciente atua, de maneira geral, facilitando a formação do sonho. Pensemos no sonho do pai, que o clarão vindo do quarto do morto incitou a concluir que o corpo podia estar se queimando. Indicamos, como uma das forças psíquicas decisivas que levam o pai a tirar essa conclusão, em vez de se deixar acordar pelo clarão, o desejo de prolongar por um momento a vida do filho representado no sonho. Outros desejos que provêm do recalcado nos escapam, porque provavelmente não pudemos fazer a análise desse sonho. Mas, como segunda força motriz desse sonho, temos o direito de acrescentar a necessidade de dormir do pai; assim como a vida do filho foi prolongada pelo sonho por um momento, assim também o foi o sono do pai. "Deixarei o sonho fazer o que quiser, senão preciso acordar", é o que essa motivação quer dizer. E, assim como para esse sonho, o desejo de dormir também empresta seu apoio, em todos os outros sonhos, ao desejo inconsciente. À p. 160 relatamos sonhos que se apresentam claramente como sonhos de comodidade. Na verdade, todos os sonhos merecem essa caracterização. A eficácia do desejo de continuar dormindo é mais fácil de reconhecer nos sonhos de despertar, que elaboram o estímulo sensorial externo de maneira que ele se torne conciliável com a continuação do sono, entretecendo-o em um sonho, para destituí-lo das reivindicações que ele poderia fazer como uma advertência à existência do mundo exterior. Mas esse mesmo desejo também deve ter sua parte na autorização dada a todos os outros sonhos, de só poderem perturbar o estado de sono, enquanto despertadores, a partir do interior. O que o *Pcs* comunica à consciência em alguns casos, quando o sonho vai longe demais, ou seja: "Deixa como está e continua dormindo", "Isso é só um sonho" – isso descreve, de maneira bem geral, mesmo que não seja dito em voz alta, o procedimento da nossa atividade anímica dominante em relação ao sonhar. Tenho, necessariamente, de extrair a conclusão de que, *durante todo o estado de sono, sabemos que estamos sonhando com a mesma certeza com que sabemos que estamos dormindo*. É absolutamente necessário desconsiderar a objeção contrária, de que nossa

---

[i] Tomo emprestado esse pensamento da teoria do sono de Liébault, que fez despertar a investigação sobre a hipnose em nossos dias (*Du Sommeil provoqué* etc., Paris, 1889).

consciência nunca se volta em direção a um desses saberes, e em direção ao outro só em determinada ocasião, quando a censura se sente como que surpreendida.

Por outro lado, há pessoas para as quais continuar sabendo que estão dormindo e sonhando fica inteiramente evidente, e para as quais, portanto, parece ser uma característica a capacidade consciente de dirigir a vida anímica. Um sonhador como esse que, por exemplo, não esteja satisfeito com o rumo tomado pelo sonho, o interrompe, sem acordar, e o reinicia, para dar-lhe outra continuação, como um escritor popular que, a pedido, dá à sua peça um final mais feliz. Ou outra vez dormindo, quando o sonho o coloca em uma situação sexualmente excitante, ele pode pensar: "Não quero continuar sonhando com isso para não me esgotar em uma polução, em vez disso, prefiro guardá-la para uma situação real". [1909]

O marquês d'Hervey (Vaschide, p. 139) afirmava ter adquirido tal poder sobre seus sonhos que conseguia acelerar seu curso como lhe aprouvesse e dar-lhes uma direção que ele preferisse. Parece que no seu caso o desejo de dormir concedeu espaço a um outro sonho pré-consciente, o de observar seus sonhos e de deleitar-se com eles. O sono é tão conciliável com um propósito de desejo como esse quanto com uma condição feita para o despertar (sono da babá) (p. 376) Também é sabido que, em todas as pessoas, o interesse pelo sonho aumenta consideravelmente o número de sonhos lembrados depois do despertar. [1914]

Em relação a outras observações sobre esse direcionamento dos sonhos, diz Ferenczi: "O sonho elabora, a partir de todos os lados, o pensamento que está justamente ocupando a vida anímica, abandona uma das imagens oníricas quando há perigo ameaçando a realização de desejo de fracassar, tenta-o com outra espécie de solução, até que finalmente consegue criar uma realização de desejo que satisfaça, numa forma de compromisso, as duas instâncias da vida anímica". [1914]

D
O DESPERTAR PELO SONHO – A FUNÇÃO DO SONHO – O SONHO DE ANGÚSTIA

Já sabendo que durante a noite o pré-consciente está pautado no desejo de dormir, podemos adiantar nossa compreensão do processo onírico. Mas antes vamos resumir o que sabemos até aqui. Do trabalho de vigília, ou bem ficaram restos do dia dos quais a energia de investimento não pode ser inteiramente retirada, ou durante o dia um dos desejos inconscientes é colocado em movimento pelo trabalho de vigília, ou então os dois casos convergem. Já discutimos essas várias possibilidades. Ainda no decorrer do dia, ou só com o estabelecimento do estado de sono, o desejo inconsciente abre caminho [*gebahnt*] para si até os restos do dia e efetua sua transferência sobre eles. Surge então um desejo transferido para o material recente, ou o desejo reprimido recente é reavivado pelo reforço provindo do inconsciente. Ele gostaria então de avançar para a consciência pelo caminho normal dos processos de pensamento, passando pelo *Pcs*, ao qual ele na verdade pertence por um de seus componentes. Mas ele se depara com a censura, que ainda persiste e a cuja influência ele agora se submete. Aqui ele assume a deformação, cuja trilha já havia sido aberta [*angebahnt*] pela transferência para o material recente. Até agora ele está então em vias de se tornar algo semelhante a uma representação obsessiva, a uma ideia delirante etc., a saber, um pensamento reforçado pela transferência e desfigurado em sua expressão pela censura. Mas agora o estado de sono do pré-consciente não permite que ele avance ainda mais; provavelmente o sistema se protegeu contra essa entrada através do rebaixamento de suas excitações. O processo onírico toma então a via da regressão, que justamente foi aberta pela peculiaridade do estado de sono, e segue, ao fazê-lo, a atração que grupos de lembranças exercem sobre ele, que em parte não estão eles mesmos presentes, a não ser como investimentos visuais, não como tradução para os signos do sistema posterior. No caminho para a regressão, ele adquire figurabilidade. Trataremos mais tarde da compressão. Agora ele percorreu a segunda parte de seu percurso sinuoso. A primeira parte teve um desenvolvimento progressivo, desde as cenas inconscientes ou fantasias até o pré-consciente; a segunda parte procura chegar novamente às percepções a partir da fronteira da censura. Mas, quando o processo onírico se tornou conteúdo de percepção, ele contornou, por assim dizer, o obstáculo que lhe foi colocado pela censura e pelo estado de sono no *Pcs*. Ele consegue atrair atenção para si e ser percebido pela consciência. Com efeito, a consciência, que tem para nós o significado de um órgão sensorial para a apreensão das qualidades psíquicas, pode ser excitada no estado de vigília a partir de dois lados. Em primeiro lugar, a partir da periferia do aparelho inteiro, o sistema de percepção; além disso, a partir das excitações de prazer e de desprazer que se revelam ser quase a única qualidade psíquica nas transposições de energia no interior do aparelho. Todos os outros processos nos sistemas Ψ, inclusive os do *Pcs*, não têm nenhuma qualidade psíquica, por isso não são objeto da consciência, na medida em que não oferecem prazer ou desprazer para a sua percepção. Teremos de nos decidir pela suposição de que *essas liberações de prazer e de desprazer regulam automaticamente o curso dos processos de investimentos*. Mas, posteriormente, para tornar possíveis operações mais refinadas, apresentou-se a necessidade de dar ao curso das representações uma forma mais independente dos sinais de desprazer. Para esse fim, o sistema *Pcs* precisava ter qualidades próprias, que pudessem atrair a consciência, e as obteve, muito provavelmente, através da conexão dos processos pré-conscientes com o sistema mnêmico, não desprovido de qualidades, dos signos linguísticos. Através das qualidades desse sistema, a consciência, que antes era apenas um órgão sensorial para as percepções, torna-se agora também um órgão sensorial para uma parte de nossos processos de pensamento. Agora existem, por assim dizer, duas superfícies sensoriais, uma voltada para a percepção, a outra para os processos de pensamento pré-conscientes.

Tenho de supor que a superfície sensorial da consciência voltada para o *Pcs* torne-se, pelo estado de sono, muito menos excitável do que a direcionada aos sistemas *P*. Então, o abandono do interesse pelos processos de pensar noturnos também é, afinal, apropriado nesse caso. Nada deve acontecer no pensar; o *Pcs* exige dormir. Mas, uma vez que o sonho se tornou percepção, ele pode excitar a consciência através das qualidades que ele agora adquiriu. Essa excitação sensorial executa aquilo em que consiste de fato a sua função; ela dirige uma parte da energia de investimento disponível no *Pcs*, na forma de atenção, ao elemento excitante. Assim devemos, portanto, admitir que o sonho, a cada vez, desperta, coloca em atividade uma parte da força em repouso do *Pcs*. Dessa força ele sofre então aquela influência que caracterizamos como elaboração secundária, que leva em consideração a coerência e a inteligibilidade. Isso quer dizer que o sonho é tratado por ela como qualquer outro conteúdo de percepção; ele é submetido às mesmas representações de expectativa até onde seu material as admita. No que diz respeito a uma direção de curso nessa terceira parte do processo de sonho, ela é novamente a progressiva.

Para evitar mal-entendidos, será certamente oportuno dizer uma palavra sobre as propriedades temporais dos processos de sonho. Um raciocínio muito atraente de Goblot, que foi claramente suscitado pelo enigma do sonho da guilhotina de Maury, procura mostrar que o sonho não considera nenhum outro tempo a não ser o período de transição entre dormir e acordar. O acordar precisa de tempo; nesse tempo surge o sonho. Acredita-se que a última imagem do sonho tenha sido tão intensa que levou ao despertar. Na verdade, ela só foi tão intensa porque, com ela, já estávamos muito próximos do despertar. "*Un rêve c'est un réveil qui commence*" [Um sonho é um despertar que começa].

Já foi assinalado por Dugas que Goblot precisa eliminar muitos fatos para manter a generalidade de sua tese. Também existem sonhos dos quais não acordamos, por exemplo, aqueles nos quais sonhamos que estamos sonhando. De acordo com o nosso conhecimento sobre o trabalho do sonho, não podemos aceitar que eles se estendam apenas pelo período do despertar. Ao contrário, só pode ser provável para nós que a primeira parte do trabalho do sonho já se inicie de dia, ainda sob o domínio do pré-consciente. Sua segunda parte, a modificação pela censura, a atração pelas cenas inconscientes, a penetração até a percepção, isso continua certamente pela noite afora, e nessa medida sempre podemos ter razão quando temos a sensação de ter sonhado a noite toda, mesmo quando não sabemos dizer com o quê. Mas acredito que não seja necessário supor que os processos oníricos, até se tornarem conscientes, mantenham realmente a sequência temporal que descrevemos; primeiro estaria presente o desejo do sonho transferido, depois ocorreria a deformação pela censura e posteriormente se seguiria a modificação de direção pela regressão etc. Tivemos de apresentar uma sucessão como essa por causa da descrição; na verdade, trata-se certamente muito mais de um testar simultâneo deste ou daquele caminho, de uma flutuação da excitação de um lado para o outro, até que finalmente, através de sua acumulação mais apropriada, esse seja justamente o agrupamento que permaneça. Eu mesmo gostaria de acreditar, de acordo com certas experiências pessoais, que o trabalho do sonho leva, com frequência, mais de um dia e uma noite para fornecer seu resultado, o que faz com que se perca o que há de maravilhoso na arte extraordinária de construção do sonho. Mesmo a consideração à inteligibilidade como acontecimento de percepção pode entrar em ação, de acordo com a minha opinião, antes que o sonho atraia para si a consciência. A partir daí o processo sofre, entretanto, uma aceleração, já que o sonho recebe o mesmo tratamento que qualquer outra coisa percebida. É como um fogo de artifício, que é preparado por horas a fio e se incendeia em um instante.

Através do trabalho do sonho, o processo onírico adquire então a intensidade suficiente para atrair para si a consciência e despertar o pré-consciente, de modo inteiramente independente do tempo e da profundidade do sono; ou sua intensidade não basta para isso e ele precisa ficar preparado até que, imediatamente antes do despertar, venha ao seu encontro a atenção que se tornou mais móvel. A maioria dos sonhos parece trabalhar com intensidades psíquicas comparativamente reduzidas, pois elas aguardam o despertar. Mas também é assim que se explica que, em regra, percebemos que alguma coisa foi sonhada quando nos arrancam repentinamente de um sono profundo. Nesse caso, como no despertar espontâneo, o primeiro olhar encontra o conteúdo de percepção criado pelo trabalho do sonho, depois o seguinte, aquilo que nos é dado de fora.

Mas o interesse teórico maior se volta para os sonhos que são capazes de nos despertar no meio do sono. Podemos pensar no caráter da adequação às finalidades que é normalmente comprovável em toda parte e nos perguntar por que é deixado ao sonho, portanto, ao desejo inconsciente, o poder de perturbar o sono, ou seja, a realização do desejo pré-consciente. Isso certamente é devido a relações de energia, cuja compreensão não possuímos. Se a tivéssemos, provavelmente descobriríamos que deixar o sonho seguir o seu curso e despender certa atenção desinteressada representa para ele uma economia de energia, em comparação com o caso em que o inconsciente deve ser refreado de noite, como de dia. Como mostra a experiência, o sonhar, mesmo que ele interrompa o sono várias vezes em uma noite, permanece compatível com o dormir. Acordamos por um momento e voltamos a adormecer imediatamente. É como se, dormindo, espantássemos uma mosca; despertamos *ad hoc*. Ao voltarmos a adormecer, eliminamos a perturbação. A realização do desejo de dormir, como o mostram os exemplos conhecidos do sono das babás etc., é inteiramente conciliável com a manutenção de certo gasto de atenção em uma direção determinada.

Mas aqui surge uma objeção que se fundamenta em um melhor conhecimento dos processos inconscientes. Nós próprios caracterizamos os desejos inconscientes como estando sempre ativos. Apesar disso, eles não seriam fortes o suficiente durante o dia para se fazerem sentir. Mas, se o estado de sono está presente e o desejo inconsciente mostrou a força para formar um sonho, e com ele despertar o pré-consciente, por que essa força se esgota depois que se tomou conhecimento do sonho? O sonho não deveria muito mais se renovar continuamente, justamente como a mosca perturbadora gosta de tornar a voltar sempre, mesmo depois de ser espantada? Com que direito afirmamos que o sonho afasta a perturbação do sono?

É inteiramente correto afirmar que os desejos inconscientes permanecem sempre ativos. Eles traçam caminhos sempre transitáveis, sempre que um *quantum* de excitação se servir deles. É até mesmo uma particularidade notável dos processos inconscientes o fato de permanecerem indestrutíveis. No inconsciente nada se acaba, nada é passado ou esquecido. Obtemos a esse respeito a mais intensa impressão no estudo das neuroses, especialmente da histeria. O caminho do pensamento inconsciente que leva à descarga no ataque histérico se torna imediatamente transitável de novo desde que tenha se acumulado excitação suficiente. A ofensa ocorrida trinta anos antes, após ter conseguido acesso às fontes de afeto inconscientes, age como se fosse recente depois de todo esse tempo. Assim que a sua lembrança é tocada, ela revive e se mostra investida por uma excitação que encontra descarga motora em um ataque. É exatamente aqui que a psicoterapia deve intervir. Sua tarefa é conseguir uma resolução e um esquecimento para os processos inconscientes. É que aquilo a que de fato estamos inclinados a tomar como evidente e a explicar como uma influência primária do tempo sobre os restos de lembranças anímicas, a saber, o esmaecimento das lembranças e o enfraquecimento dos afetos das impressões que não são mais recentes, são, na realidade, modificações secundárias que se efetuam através de trabalho árduo. É o pré-consciente que executa esse trabalho, *e a psicoterapia não pode tomar nenhum outro caminho a não ser o de submeter o* Ics *ao domínio do* Pcs.

Para cada um dos processos de excitação inconscientes há, portanto, duas saídas. Ou ele fica abandonado à própria sorte e então acaba finalmente irrompendo em algum lugar e só dessa vez consegue uma descarga na motilidade para a sua excitação, ou ele se submete à influência do pré-consciente e sua excitação é *ligada* por ele, em vez de ser *descarregada. Mas é essa segunda saída que ocorre no processo onírico.* O investimento que, da parte do *Pcs*, vem ao encontro do sonho que se tornou percepção porque esse investimento foi direcionado ao sonho pela excitação da consciência liga a excitação onírica inconsciente e a torna inofensiva como perturbação. Se o sonhador desperta por um momento, então ele realmente espantou a mosca que ameaçava perturbar o sono. Podemos agora perceber que foi realmente mais apropriado e mais econômico deixar o desejo inconsciente seguir seu curso, liberar-lhe o caminho para a regressão, para que ele formasse um sonho, e então ligar e encerrar esse sonho através de um pequeno dispêndio de trabalho pré-consciente, do que manter o inconsciente refreado durante todo o período de sono. Era de fato de se esperar que o sonho, mesmo não sendo originariamente um processo apropriado para uma finalidade, tenha, no jogo de forças da vida anímica, se apoderado de uma função. Vemos qual é essa função. Ele assumiu a tarefa de trazer novamente, sob o domínio do pré-consciente, a excitação do *Ics* que foi deixada livre; ao fazê-lo, ele descarrega a excitação do *Ics*, serve-lhe de válvula e garante, simultaneamente, em troca de um gasto mínimo de atividade de vigília, o sono do pré-consciente. Assim, apresentando-se como um compromisso, e exatamente como as outras formações psíquicas de sua série, ele serve simultaneamente a dois sistemas, realizando os dois desejos, contanto que eles sejam conciliáveis entre si. Uma olhada na comunicação da "teoria da excreção" de Robert, à p. 117, mostrará que precisamos dar razão a esse autor, naquilo que tem a ver com o principal, na determinação da função do sonho, enquanto, em relação aos pressupostos e à apreciação do processo onírico, nós nos afastaremos dele.[i]

---

[i] [Nota acrescentada em 1914:] Essa é a única função que podemos conceder ao sonho? Não conheço nenhuma outra. A. Maeder fez a tentativa de considerar para o sonho outras funções, "secundárias". Ele partiu da correta observação de que certos sonhos contêm tentativas de solução de conflitos, que mais tarde são realmente executadas, e procedem, portanto, como exercícios preliminares às atividades de vigília. Por isso, ele coloca o sonhar em paralelo com a brincadeira dos animais e das crianças, que deve ser concebida como atividade preparatória de instintos inatos e como preparação para uma ação séria posterior, e estabelece uma *fonction ludique* do sonhar. Pouco tempo antes de Maeder, Alfred Adler acentuou a função do sonho de "premeditadora". (Em uma análise publicada por mim em 1905 [*Fragmento da análise de uma histeria*, publicado nesta coleção no volume intitulado *Histórias clínicas*], um sonho que foi concebido com um propósito foi repetido toda noite até a sua execução.)

Mas uma ligeira reflexão deve nos ensinar que essa função "secundária" do sonho não merece nenhum reconhecimento no quadro de uma interpretação do sonho. O pensar com antecedência, o conceber propósitos, o esboçar tentativas de solução que depois podem ser eventualmente realizadas na vida de vigília, isso e muitas outras coisas são operações da atividade inconsciente e pré-consciente do psiquismo, que continuam no estado de sono como "resto do dia" e depois podem se associar a um desejo inconsciente para formar um sonho (cf. p. 537). Portanto, a função do sonho de pensar com antecipação é muito mais uma função do pensar de vigília pré-consciente, cujo resultado pode nos ser revelado pela análise dos sonhos ou também pela de outros fenômenos. Depois de termos deixado por tanto tempo o sonho coincidir com seu conteúdo manifesto, precisamos agora também nos precaver contra confundir o sonho com os pensamentos oníricos latentes.

A restrição, *contanto que os dois desejos sejam conciliáveis entre si*, contém uma indicação dos possíveis casos nos quais a função do sonho fracassa. O processo de sonho é inicialmente autorizado como realização de desejo do inconsciente; se essa tentativa de realização de desejo agita o pré-consciente tão intensamente que ele não consegue mais conservar a sua tranquilidade, então o sonho quebrou o compromisso, não mais cumpriu a outra parte de sua tarefa. Ele é, em consequência, imediatamente interrompido e substituído pelo completo despertar. Também nesse caso não é, afinal, culpa do sonho, que normalmente é o guardião do sono e agora tem de aparecer como seu perturbador, e isso não precisa nos predispor contra o seu caráter de adequação a um fim. Esse não é o primeiro caso no organismo em que um dispositivo normalmente adequado a um fim se torna inadequado e perturbador, assim que algo seja modificado nas condições de seu surgimento, e então essa perturbação serve pelo menos ao novo propósito de indicar a modificação e de evocar contra ela os meios de regulação do organismo. Tenho naturalmente em vista o caso do sonho de angústia, e, para que isso não tenha a aparência de que eu evito esse testemunho contra a teoria da realização de desejo a cada vez que me deparo com ele, quero abordar a explicação do sonho de angústia pelo menos através de indicações.

Que um processo que desenvolva angústia possa, mesmo assim, ser uma realização de desejo há muito tempo não apresenta mais nenhuma contradição para nós. Sabemos nos explicar essa ocorrência através do fato de que o desejo pertence a um sistema, ao *Ics*, enquanto o sistema do *Pcs* rechaçou [*verworfen*] e reprimiu [*unterdrückt*] esse desejo.[i] Mesmo no

---

[i] [Nota acrescentada em 1919:] "Um segundo fator, muito mais importante e mais arraigado, que é igualmente negligenciado pelo leigo é o seguinte. Uma realização de desejo deveria necessariamente trazer prazer, mas também perguntamos, para quem? Naturalmente para aquele que tem o desejo. Mas sabemos sobre o sonhador que ele mantém uma relação muito particular com os seus desejos. Ele os rechaça [*verwirft*], censura-os, em suma, não gosta deles. Uma realização desses desejos não pode, portanto, trazer-lhe nenhum prazer, mas apenas o contrário. A experiência mostra então que esse contrário, que ainda deve ser explicado, surge na forma de angústia. O sonhador só pode, portanto, em sua relação com os desejos do sonho, ser comparado a uma soma de duas pessoas que, entretanto, estão ligadas por um forte elemento comum. Em lugar de quaisquer outros comentários, ofereço-lhes um conto de fadas conhecido, no qual os senhores encontrarão as mesmas relações: uma boa fada promete ao casal pobre, marido e mulher, a realização de seus primeiros três desejos. Eles se sentem abençoados e se propõem escolher com cuidado esses três desejos. Mas a mulher se deixa levar pelo odor de salsichas grelhadas da choupana vizinha e acaba desejando ter para si algumas dessas salsichas. Imediatamente lá estavam elas; essa é a

caso de plena saúde psíquica, a submissão do *Ics* pelo *Pcs* não é completa; a medida dessa repressão fornece o grau de nossa normalidade psíquica. Os sintomas neuróticos nos mostram que os dois sistemas se encontram em conflito um com o outro, eles são os resultados de compromisso desse conflito e lhes dão um fim provisório. Por um lado, eles permitem ao *Ics* um escape para o fluxo de sua excitação, servem-lhe de saída de emergência, e, por outro, eles dão ao mesmo tempo ao *Pcs* a possibilidade de dominar o *Ics* em certa medida. É muito instrutivo considerar, por exemplo, o significado de uma fobia histérica ou da agorafobia. Suponhamos que um neurótico seja incapaz de atravessar a rua sozinho, ao que, com razão, damos o nome de "sintoma". Suspendamos então esse sintoma, obrigando-o a essa ação à qual ele se acredita incapaz. Segue-se agora um ataque de angústia, da mesma forma como com frequência um ataque de angústia ocorrido na rua se tornou a ocasião para o estabelecimento da agorafobia. Descobrimos assim que o sintoma foi constituído para prevenir a irrupção da angústia; a fobia se colocou em relação à angústia como uma fortaleza de fronteira.

Nossa discussão não poderá avançar se não abordarmos o papel dos afetos nesses processos, o que, entretanto, só será possível de maneira incompleta. Formulemos, então, a proposição de que a repressão [*Unterdrückung*] do *Ics* é necessária, sobretudo porque o curso da representação no *Ics* deixado a si mesmo desenvolveria um afeto que originariamente teria o caráter de prazer, mas a partir do processo de recalcamento [*Verdrängung*] se revestiria do caráter de desprazer. A repressão tem a finalidade, mas também como resultado, prevenir esse desenvolvimento de desprazer. A repressão estende-se até o conteúdo de representação do *Ics*, porque é a partir do conteúdo de representação que poderia se seguir a liberação do desprazer. Fundamenta o que está sendo dito aqui uma suposição bastante determinada sobre a natureza

---

primeira realização de desejo. Então o homem fica bravo e em seu rancor deseja que as salsichas fiquem penduradas no nariz da mulher. Isso também se consuma, e as salsichas não podem ser tiradas desse novo lugar; essa é então a segunda realização de desejo, mas esse desejo é o do homem; para a mulher, essa realização de desejo é muito desagradável. Os senhores sabem como continua esse conto de fadas. Como no fundo os dois são um só, marido e mulher, o terceiro desejo só pode ser que as salsichas possam se soltar do nariz da mulher. Podemos utilizar esse conto de fadas mais de uma vez em outro contexto; aqui ele nos serve apenas como ilustração da possibilidade de que a realização de desejo de um pode levar ao desprazer do outro, quando os dois não estão de acordo" (*Conferências de introdução à psicanálise* [*Vorlesungen zur Einführung in die Psychoanalyse*], XIV, *Ges. Werke*, v. XI).

do desenvolvimento do afeto. Este é considerado uma operação motora ou secretória, para a qual a chave de inervação se encontra nas representações do *Ics*. Através do domínio por parte do *Pcs*, essas representações são, por assim dizer, obstruídas, inibidas na emissão de impulsos que desenvolvam o afeto. O perigo, quando cessa o investimento da parte do *Pcs*, consiste em que as excitações inconscientes liberam um afeto como esse, que – em consequência do recalcamento que teve lugar anteriormente – só pode ser percebido como desprazer, como angústia.

Esse perigo é desencadeado pelo livre curso do processo onírico. As condições para a sua realização são que recalcamentos tenham ocorrido, e que as moções de desejo reprimidas possam se tornar suficientemente fortes. Portanto, estas se encontram inteiramente fora do quadro psicológico da formação do sonho. Não fosse o fato de que o nosso tema, através desse único fator, ou seja, a liberação do *Ics* durante o sono, tenha entrado em conexão com o tema do desenvolvimento de afeto, eu poderia renunciar à discussão do sonho de angústia e me poupar aqui de todas as obscuridades que a ele se ligam.

A doutrina do sonho de angústia faz parte, como eu já declarei repetidamente, da psicologia das neuroses.[13] Não temos mais nada a fazer com ela, depois que expusemos seu ponto de contato com o tema do processo onírico. Ainda posso fazer uma única coisa. Como afirmei que a angústia neurótica provém de fontes sexuais, posso submeter à análise alguns sonhos de angústia, para colocar em evidência o material sexual em seus pensamentos oníricos.

Tenho boas razões para aqui renunciar a todos os exemplos que me oferecem em abundância os pacientes neuróticos e para dar preferência a sonhos de angústia de pessoas jovens.

Eu mesmo não tenho tido há décadas mais nenhum sonho propriamente de angústia. Lembro-me de um sonho como esse de quando eu tinha 7 ou 8 anos e que submeti à análise cerca de 30 anos depois. Ele era muito vívido e *mostrava a minha querida mãe com uma expressão facial singularmente calma e adormecida, sendo carregada por duas (ou três) pessoas com bicos de pássaros para dentro do quarto e colocada na cama*. Acordei chorando e gritando e perturbei o sono dos meus pais. As figuras alongadas com bicos de pássaros – singularmente vestidas –, eu as tinha tomado das ilustrações da Bíblia de Philippson; acredito que fossem deuses com cabeças de gavião do relevo de uma tumba egípcia. Mas além disso a análise me fornece a lembrança de um menino mal-educado, filho de um síndico, que costumava brincar conosco quando crianças no gramado na frente da casa; e eu gostaria de dizer que seu nome era Philipp. Depois me parece que eu teria ouvido desse menino pela primeira vez a palavra vulgar que caracteriza o intercurso sexual e que é substituída pelas pessoas cultas só por uma palavra latina, "*coitieren*" ["*vögeln*" = "passarinhar", de "*Vogel*" = pássaro], mas que foi caracterizada com suficiente nitidez pela escolha das cabeças de gavião. Eu devo ter adivinhado o significado sexual da palavra pela feição desse mestre conhecedor das coisas da vida. A expressão facial da minha mãe no sonho foi copiada do semblante de meu avô, que eu vi roncando em coma alguns dias antes de sua morte. Mas a interpretação feita no sonho pela elaboração secundária deve ter sido a de que minha *mãe* morria, o que também se harmoniza com o relevo da *tumba*. Foi nessa angústia que acordei e não descansei até acordar meus pais. Lembro-me de ter me tranquilizado de repente quando vi o rosto de minha mãe, como se eu tivesse necessidade desse apaziguamento: então ela não morreu. Mas essa interpretação secundária do sonho já aconteceu sob a influência da angústia desenvolvida. Não é que eu estivesse angustiado porque sonhei que minha mãe tinha morrido; mas interpretei assim o sonho na elaboração pré-consciente porque eu já estava sob o domínio da angústia. Mas a angústia pode ser reconduzida, por meio do recalcamento, a um obscuro apetite [*Gelüste*] flagrantemente sexual, que tenha encontrado boa expressão no conteúdo visual do sonho.

Um homem de 27 anos, que há um ano sofre de uma enfermidade grave, sonhou repetidamente, entre 11 e 13 anos, sob uma grave angústia: *um homem o perseguia com um machado; ele queria correr, mas estava como que paralisado e não conseguia sair do lugar*. Esse é certamente um bom modelo de um sonho de angústia muito comum e insuspeito do ponto de vista sexual. Durante a análise, o sonhador traz primeiro o relato de seu tio, posterior no tempo, em que ele foi uma noite atacado na rua por um indivíduo suspeito, e ele próprio conclui, a partir dessa ideia que lhe ocorre, que na época do sonho ele pode ter ouvido falar de uma vivência semelhante. Em relação ao machado, ele se lembra de, naquela época da vida, ter ferido a mão com o machado ao cortar lenha em pedaços pequenos. Em seguida, ele se volta repentinamente para sua relação com seu irmão mais jovem, a quem ele costumava maltratar e jogar no chão, lembrando-se especialmente de uma vez em que ele atingiu sua cabeça com a bota, de modo que ele sangrou, e a mãe declarou: *Tenho medo de que algum dia ele o mate*. Enquanto ele parecia estar assim agarrado ao tema do *ato de violência*, emerge nele de repente uma lembrança do seu nono ano de vida. Os pais chegaram em casa tarde da noite e foram, enquanto ele fingia dormir, para cama, e então ele ouviu um ofegar e outros ruídos que lhe pareceram infamiliares [*unheimlich*], mas também conseguiu imaginar a posição dos dois na cama. Seus outros pensamentos mostram que ele tinha estabelecido uma analogia entre essa relação dos pais e a sua ligação com seu irmão mais novo. Ele subsumiu o que acontecia entre os pais sob o conceito: *ato de violência* e *briga*. Uma prova a favor dessa concepção era, para ele, ter muitas vezes visto *sangue na cama da mãe*.

Que o intercurso sexual dos adultos pareça infamiliar [*unheimlich*] para as crianças que o percebem e lhes desperte angústia é, eu gostaria de dizer, resultado da experiência cotidiana. Dei para essa angústia a explicação de que se trata de uma excitação sexual com a qual a sua compreensão não consegue lidar, e que certamente também se depara com uma recusa porque os pais estão nela envolvidos e que por isso se transforma em angústia. Em um período de vida ainda mais remoto, a moção sexual dirigida à figura parental do sexo oposto ainda não se depara com o recalcamento e manifesta-se livremente, como vimos.

Em relação aos ataques de angústia noturnos com alucinação (o *pavor nocturnus*), tão frequentes nas crianças, eu utilizaria, sem hesitar, a mesma explicação. Nesse caso, só pode se tratar também de moções sexuais não compreendidas e recusadas, em cujo registro apareceria também provavelmente uma periodicidade temporal, pois uma intensificação da libido sexual pode ser produzida por impressões casuais excitantes, como também por processos espontâneos de desenvolvimento que sobrevêm por ondas.

Falta-me o material indispensável para levar a cabo essa explicação.[i] Aos pediatras, ao contrário, parece faltar o único ponto de vista que permite compreender toda a série de fenômenos, tanto no aspecto somático quanto no psíquico. Como um exemplo divertido de quão perto podemos chegar de passar por alto na compreensão de casos como esses por termos sido cegados pelos antolhos da mitologia médica, gostaria de introduzir o caso que encontrei na tese de Debacker (p. 66) sobre o *pavor nocturnus*.

---

[i] [Nota acrescentada em 1919:] Desde então, esse material foi fornecido abundantemente pela literatura psicanalítica.

Um menino de 13 anos, com saúde frágil, começou a ficar angustiado e sonhador [*verträumt*], seu sono ficou inquieto e quase toda semana era interrompido por um grave ataque de angústia com alucinações. A lembrança desses sonhos era sempre nítida. Ele podia, portanto, contar que o *diabo* tinha gritado para ele: Agora te pegamos, agora te pegamos, e então surgia um cheiro de piche e enxofre, e o fogo queimava sua pele. Desse sonho ele acordava assustado e de início não conseguia gritar, até que a voz se soltava e se podia ouvi-lo dizer claramente: "Não, não, eu não, eu não fiz nada", ou também: "Por favor, não, eu nunca mais vou fazer isso". Outras vezes ele também dizia: "O Albert não fez isso". Mais tarde, ele evitava se despir, "porque o fogo só o alcançava quando ele estava despido". No meio desses sonhos com o diabo que colocavam sua saúde em perigo, ele foi enviado ao interior, restabeleceu-se por lá no decurso de um ano e meio, e uma vez confessou, com a idade de 15 anos: "*Je n'osais pas l'avouer, mais j'éprouvais continuellement des picotements et des surexcitations aux PARTIES;*[i] *à la fin, cela m'énervait tant que plusieurs fois, j'ai pensé me jeter para la fenêtre du dortoir*" [Não ousava admiti-lo, mas eu sentia continuamente formigamentos e fortes excitações nas *partes*; por fim, isso me enervava tanto que várias vezes pensei em me jogar da janela do dormitório].

Na verdade, não é difícil adivinhar 1) que o menino se masturbava em anos anteriores, provavelmente havia negado isso e foi ameaçado com pesados castigos por sua malcriação (sua confissão: *Je ne le ferai plus* [nunca mais vou fazer isso]; sua negação: *Albert n'a jamais fait ça* [O Albert nunca fez isso]); 2) que, sob a pressão da puberdade e com a coceira nos genitais, despertou-se novamente a tentação de se masturbar; mas que agora 3) eclodiu nele uma luta de recalcamento que reprimiu a libido e a transformou em angústia, angústia que *a posteriori* assumiu os castigos com que ele foi ameaçado.

Vejamos, no entanto, as conclusões do nosso autor (p. 69): "Dessa observação resulta que

1) A influência da puberdade pode produzir em um menino de saúde delicada um estado de grande debilidade e levar a uma *anemia cerebral muito considerável.*[ii]

---

[i] Destacado por mim; aliás, sem mal-entendido possível.

[ii] Os destaques são meus.

"2) Essa anemia cerebral produz uma mudança de caráter, alucinações demonomaníacas e estados muito graves de angústia noturna, talvez também diurnos.

"3) A demonomania e as autorrecriminações do menino remontam à educação religiosa que agiu sobre ele quando era criança.

"4) Todas as manifestações desapareceram em consequência de uma prolongada estadia no interior, através de exercício corporal e do retorno das forças, uma vez transcorrida a puberdade.

"5) Talvez se possa atribuir à hereditariedade e à antiga sífilis do pai uma influência que predispõe sobre o surgimento do estado cerebral na criança".

A palavra final: "*Nous avons fait entrer cette observation dans le cadre des délires apyrétiques d'inanition, car c'est à l'ischémie cérébrale que nous rattachons cet état particulier*" [Incluímos essa observação no quadro dos delírios apiréticos de inanição, pois é à isquemia cerebral que atribuímos esse estado particular].

E
O PROCESSO PRIMÁRIO E O SECUNDÁRIO – O RECALCAMENTO

Arriscando avançar mais profundamente na psicologia dos processos oníricos, empreendi uma tarefa difícil, da qual minha forma de apresentação mal estava à altura. Reproduzir a simultaneidade de um contexto tão complicado através de uma sucessão em sua descrição e, ao mesmo tempo, fazer cada formulação parecer isenta de pressupostos foi pesado demais para as minhas forças. O que retorna contra mim é não poder seguir o desenvolvimento histórico de minhas concepções na exposição da psicologia do sonho. Os pontos de vista utilizados para a concepção do sonho me foram fornecidos por trabalhos anteriores sobre a psicologia das neuroses, aos quais não devo me referir aqui e aos quais, no entanto, sempre preciso tornar a me referir, ao passo que eu deveria seguir em direção contrária e, partindo do sonho, alcançar a conexão com a psicologia das neuroses. Conheço todos os inconvenientes que isso pode produzir para o leitor; mas não conheço nenhum meio para evitá-los.

Insatisfeito com esse estado de coisas, vou de bom grado me delongar em outro ponto de vista que me parece realçar o valor de meu esforço. Encontrei um tema dominado pelas mais extremas contradições nas opiniões dos autores, como o mostrou a introdução do primeiro capítulo. Depois de nossa elaboração dos problemas do sonho, abriu-se um espaço para a maioria dessas contradições. De nossa parte, só tivemos de refutar categoricamente duas das opiniões expressas, a saber, a de que o sonho é desprovido de sentido e a de que é um processo somático; mas concordamos com todas as outras opiniões que se contradiziam mutuamente em algum lugar desse contexto emaranhado e pudemos demonstrar que elas tinham descoberto algo de correto. Foi confirmado, de maneira bem geral, pela descoberta dos pensamentos do sonho, que o sonho dá continuidade às incitações e aos interesses da vida de vigília. Estes só se ocupam com o que nos parece importante e nos interessa fortemente. O sonho nunca se entrega a miudezas. Mas também fizemos valer o contrário, a saber, que o sonho recolhe os rejeitos indiferentes do dia e não pode apoderar-se de um grande interesse diurno antes de ser subtraído, em certa medida, ao trabalho de vigília. Achamos que isso era válido para o conteúdo do sonho, que dá aos pensamentos oníricos uma expressão alterada pela deformação. Dissemos que o processo onírico, por motivos da mecânica da associação, apodera-se com mais facilidade do material de representação recente ou indiferente, ainda não monopolizado pela atividade do pensar de vigília, e por razões de censura ele transfere a intensidade psíquica daquilo que é importante, mas chocante, para o que indiferente. A hipermnésia do sonho e a possibilidade de ter à sua disposição o material da infância tornaram-se os pilares fundamentais da nossa doutrina; em nossa teoria do sonho, atribuímos ao desejo que provém do que é infantil o papel do motor indispensável para a formação do sonho. Naturalmente não nos passou pela cabeça duvidar da importância, experimentalmente comprovada, dos estímulos sensoriais externos durante o sono, mas colocamos esse material na mesma relação com o desejo do sonho que os restos de pensamentos pendentes do trabalho diurno. Não precisamos contestar que o sonho interpreta o estímulo sensorial objetivo à maneira de uma ilusão, mas acrescentamos o motivo dessa interpretação, que foi deixado indeterminado pelos autores. A interpretação é feita de modo que o objeto percebido se torne inócuo para a perturbação do sono e utilizável para a realização de desejo. O estado de excitação subjetivo dos órgãos dos sentidos durante o sono que parece ter sido demonstrado por Trumbull Ladd, não o aceitamos na verdade como fonte onírica particular, mas sabemos como explicá-lo através da revivescência regressiva das lembranças em ação por trás do sonho. Mesmo às sensações orgânicas internas que foram tomadas com predileção como ponto central da explicação do sonho atribuímos, em nossa concepção, um papel, ainda que modesto. Elas – as sensações de cair, de flutuar, de estar inibido – figuram um material sempre pronto, do qual se serve o trabalho do sonho para expressar os pensamentos oníricos, a cada vez que se fizer necessário.

Que o processo onírico seja rápido, momentâneo, parece-nos correto, no que diz respeito à percepção, pela consciência, do conteúdo onírico pré-formado no pré-consciente; para etapas precedentes do conteúdo do sonho, nós achamos provável que seu curso seja lento e flutuante. Para o enigma do conteúdo do sonho extremamente rico e comprimido no momento mais curto, pudemos trazer o esclarecimento de que nesse caso se trata da retomada de estruturas psíquicas já prontas. Achamos correto que o sonho seja desfigurado e mutilado pela lembrança, mas não como um obstáculo, tendo em vista que essa é apenas a última parte de um trabalho de deformação que age desde do início da formação do sonho. Na luta acirrada e aparentemente inconciliável sobre se a vida anímica dorme de noite ou se, como durante o dia, dispõe de toda a sua capacidade de funcionamento, pudemos dar razão às duas partes, sem, no entanto, poder dar inteira razão a nenhuma delas. Nos pensamentos do sonho, encontramos as provas de um desempenho intelectual extremamente complicado, trabalhando com quase todos os meios do aparelho anímico; no entanto, não se pode rejeitar que esses pensamentos de sonho tenham surgido durante o dia, e é indispensável supor que exista um estado de sono da vida anímica. Foi assim que mesmo a doutrina do sono parcial foi validada; no entanto, não foi na desagregação das relações anímicas que encontramos a característica do estado de sono, e sim na orientação do sistema psíquico que domina o dia quanto ao desejo de dormir. O afastamento em relação ao mundo exterior também conservou sua importância para a nossa concepção; ele ajuda, ainda que não seja como único fator, a tornar possível a regressão da figuração do sonho. A renúncia a direcionar voluntariamente o curso das representações é incontestável; mas não é por isso que a vida psíquica se torna desprovida de meta, pois sabemos que, depois do abandono das representações-meta intencionais, as involuntárias chegam ao comando. Nós não apenas reconhecemos no sonho o relaxamento da conexão associativa, mas também consideramos seu domínio muito maior do que se poderia imaginar; mas descobrimos que essa conexão frouxa é apenas o substituto forçado de outra, correta e plena de sentido. Certamente também chamamos o sonho de absurdo; mas os exemplos puderam nos ensinar como o sonho é inteligente quando se faz passar por absurdo. Quanto às funções que foram reconhecidas ao sonho, nenhuma objeção nos separa. Que o sonho alivia o peso da alma como uma válvula e que, de acordo com a expressão de Robert, tudo o que é prejudicial se torna inofensivo através da atividade de representar não apenas coincide exatamente com a nossa doutrina sobre a dupla realização de desejo pelo sonho, mas também se torna para nós, conforme justificação, mais compreensível do que em Robert. A segura liberdade da alma no jogo de suas capacidades é reencontrada no livre curso do sonho através da atividade pré-consciente. O "retorno ao ponto de vista embrionário da vida anímica no sonho" e a observação de Havelock Ellis, "*an archaic world of vast emotions and imperfect thoughts*" [um mundo arcaico de vastas emoções e pensamentos imperfeitos], parecem-nos felizes antecipações de nossas elaborações, de que modos de trabalho *primitivos*, reprimidos durante o dia, tomam parte na formação do sonho; [1914] a afirmação de Sully, de que "o sonho traz de volta as nossas personalidades anteriores, que se desenvolveram sucessivamente, nossa antiga maneira de ver as coisas, impulsos e modos de reação que nos dominaram durante muito tempo", poderíamos fazê-la nossa, em todo o seu alcance, assim como para Delage, o "reprimido" [*Unterdrückte*] se torna, para nós, a mola propulsora [*Triebfeder*] do sonho.

O papel que Scherner atribui à fantasia do sonho e as interpretações do próprio Scherner foram reconhecidos por nós em toda a sua extensão, mas tivemos de indicar-lhes outra localidade, por assim dizer, no problema. Não é o sonho que forma a fantasia, mas a atividade inconsciente da fantasia que tem a parte maior nos pensamentos do sonho. Permanecemos em dívida com Scherner por ter indicado a fonte dos pensamentos do sonho; mas quase tudo que ele atribui ao trabalho do sonho deve ser imputado à atividade do inconsciente, em ação durante o dia, que produz as excitações para os sonhos, não menos do que para os sintomas neuróticos. Tivemos de separar o trabalho do sonho dessa atividade como sendo algo inteiramente distinto e muito mais ligado. Por último, de modo algum desistimos da relação do sonho com as perturbações da alma, mas a fundamos mais solidamente em um novo terreno.

Encontramos, portanto, os resultados mais variados e contraditórios dos autores, mantidos juntos através da novidade de nossa doutrina do sonho, bem como através de uma unidade superior, inseridos em nosso edifício, de sorte que alguns desses resultados foram utilizados de maneira diferente, e apenas a minoria foi inteiramente rejeitada. Mas nossa construção ainda está inacabada. Independentemente da falta de clareza que atraímos para nós ao penetrarmos nas trevas da psicologia, uma nova contradição ainda parece nos pressionar. Por um lado, fizemos nascer os pensamentos do sonho como resultado de um trabalho intelectual plenamente normal, mas, por outro, encontramos sob os pensamentos do sonho, e a partir deles até o conteúdo do sonho, toda uma série de processos de pensamento inteiramente anormais, que repetimos então na interpretação do sonho. Tudo o que chamamos de "trabalho do sonho" parece distanciar-se tanto dos processos reconhecidos por nós como corretos que os julgamentos mais duros dos autores sobre o baixo rendimento psíquico do sonhar só podem se nos afigurar como pertinentes.

Neste ponto, talvez só avançando um pouco mais, obtemos esclarecimento e auxílio. Quero destacar uma das conjecturas que levam à formação do sonho:

Descobrimos que o sonho substitui certo número de pensamentos que provêm da nossa vida diurna e que são dispostos de maneira perfeitamente lógica. Por isso não podemos duvidar de que esses pensamentos provenham de nossa vida intelectual normal. Todas as propriedades que tanto prezamos em nossos pensamentos, através dos quais elas se caracterizam como operações complicadas de uma ordem superior, reencontramos nos pensamentos do sonho. Mas não há nenhuma necessidade de supor que esse trabalho de pensamento tenha sido consumado durante o sono, o que confundiria seriamente a concepção que mantivemos até aqui sobre o estado psíquico do sono. Esses pensamentos podem muito bem provir do dia, ter prosseguido, desde o seu início, despercebidos pela consciência, encontrando-se prontos no momento de adormecer. Se pudermos extrair algo dessa situação, será, no máximo, a prova *de que as operações mais complicadas do pensamento são possíveis sem a participação da consciência*, o que, de toda forma, não deixamos de descobrir a partir de qualquer análise de um histérico ou de uma pessoa que tenha ideias obsessivas. Esses pensamentos de sonho certamente não são em si incapazes de chegar à consciência; se durante o dia eles não se tornaram conscientes, isso pode ter diversas razões. O tornar-se consciente está relacionado à dedicação por parte de determinada função psíquica, a atenção, que, como parece, só é utilizada em determinada quantidade, a qual pode ter sido desviada do curso de pensamento em questão para outras metas. Outra maneira de esses ciclos de pensamento poderem ser privados de consciência é a seguinte: de nossa atividade reflexiva consciente, sabemos que, ao utilizarmos a atenção, seguimos determinado caminho. Se por esse caminho chegarmos a uma representação que não faz frente à crítica, cancelamos; abandonamos o investimento da atenção. Parece, então, que o curso de pensamento iniciado e abandonado pode em seguida continuar a se entretecer, sem que a atenção se volte de novo para ele, a menos que ele atinja em algum lugar uma intensidade particularmente elevada, que force a atenção. Uma rejeição inicial, eventualmente acompanhada de consciência, feita pelo julgamento de que um processo de pensamento é considerado incorreto ou inutilizável para os fins atuais do ato de pensar, pode, portanto, ser a causa de um processo prosseguir, não percebido pela consciência, até o adormecer.

Resumamos dizendo que chamamos de *pré-consciente* um curso de pensamento como esse, que o consideramos inteiramente correto e que ele pode tanto ser um curso de pensamento meramente negligenciado quanto um interrompido, reprimido. Digamos também, francamente, como nós visualizamos o curso de representação. Acreditamos que, a partir de uma representação intencional, certa magnitude de excitação, que chamamos de "energia de investimento", é deslocada ao longo de vias de associação escolhidas por essa representação intencional. Um curso de pensamento "negligenciado" não recebeu um investimento como esse; de um curso de pensamento "reprimido" ou "rejeitado" o investimento foi novamente retirado; os dois são abandonados às suas próprias excitações. O curso de pensamento investido com uma meta torna-se capaz, sob certas condições, de atrair sobre si a atenção da consciência e recebe, então, por intermédio desta, um "superinvestimento" [Überbesetzung]. Um pouco mais adiante teremos de explicar as nossas suposições sobre a natureza e a atividade da consciência.

Um curso de pensamento incitado dessa maneira no pré-consciente pode extinguir-se espontaneamente ou se conservar. Imaginamos essa primeira possibilidade de tal forma que sua energia se difunda por todas as direções associativas que partem dele, colocando toda a cadeia de pensamentos em um estado de excitação que se sustenta por um tempo, mas depois decai, na medida em que a excitação que necessitava de descarga vai se transformando em investimento quiescente. Se essa primeira possibilidade ocorre, então o processo não tem mais nenhuma importância para a formação do sonho.

Mas em nosso pré-consciente espreitam outras representações intencionais, que provêm das fontes de nossos desejos inconscientes e que estão sempre em movimento. Estas podem apoderar-se da excitação do círculo de pensamentos deixados a seu próprio curso, estabelecer a ligação entre ele e o desejo inconsciente, *transferir*-lhe a energia própria ao inconsciente, e a partir daí o curso de pensamento negligenciado ou reprimido fica em condições de se conservar, embora pela via desse reforço ele não obtenha nenhum direito de acesso à consciência. Podemos dizer que o curso de pensamento até agora pré-consciente *foi atraído para o inconsciente*.

Outras conjecturas para a formação do sonho seriam que o curso de pensamento pré-consciente tenha estado, desde o início, em ligação com o desejo inconsciente, e por isso se deparou com a recusa por parte do investimento-meta dominante, ou que um desejo inconsciente foi ativado por outras razões (talvez somáticas) e, não tendo nada que venha ao seu encontro, busca uma transferência sobre os restos psíquicos não investidos do *Pcs*. Todos os três casos se reúnem, finalmente, em um resultado, o de que passou a existir no pré-consciente um curso de pensamento que, abandonado pelo investimento pré-consciente, encontrou investimento vindo do desejo inconsciente.

A partir daí, o curso de pensamento sofre uma série de transformações que não reconhecemos mais como processos psíquicos normais e que produzem um resultado que nos desconcerta, uma formação psicopatológica. Queremos destacar e compilar esses processos:

1) As intensidades de cada uma das representações se tornam capazes de escoamento em todo o seu montante e passam de uma representação para a outra, de modo que são formadas algumas representações dotadas de grande intensidade. Depois que esse processo se repetiu várias vezes, a intensidade de todo um curso de pensamento pode finalmente ser reunida em um único elemento de representação. Esse é o fato da *compressão* ou *condensação*, que nós conhecemos durante o trabalho do sonho. Ele carrega a responsabilidade principal pela impressão desconcertante do sonho, pois algo que lhe seja análogo, que provenha da vida anímica normal e que tenha acesso à consciência nos é inteiramente desconhecido. Também nesse caso temos representações que, como pontos nodais ou como resultados finais de cadeias inteiras de pensamentos, possuem uma grande importância psíquica, mas esse valor não se manifesta em nenhuma característica sensorialmente evidente para a percepção interna; e é por isso que o que nelas é representado

não se torna mais intenso de nenhuma maneira. No processo de condensação, todo o contexto psíquico se converte na *intensidade* do conteúdo de representação. É o próprio caso de quando em um livro eu faço imprimir espaçada ou em negrito uma palavra à qual eu confiro um valor fora do comum para a concepção do texto. Na fala, eu pronunciaria essa palavra com voz mais alta e devagar, e com ênfase especial. A primeira alegoria leva diretamente a um dos exemplos tomados de empréstimo do trabalho do sonho (*trimetilamina*, no sonho da injeção de Irma). Os historiadores da arte chamam nossa atenção para o fato de que as esculturas históricas mais antigas seguiam um princípio parecido, quando expressavam o grau de importância das pessoas figuradas através do tamanho da figura. O rei era esculpido duas ou três vezes maior que seu súdito ou que o inimigo vencido. Uma escultura da época dos romanos se servirá de meios mais sutis para o mesmo fim. A figura do imperador será colocada no meio, vai mostrá-lo em pé, ereto, vai dedicar um cuidado especial na estruturação de sua forma, colocar seus inimigos a seus pés, mas não o fará mais parecer como gigante entre anões. Entretanto, a reverência do subalterno em relação ao seu superior em nosso meio é, ainda hoje, um eco daquele antigo princípio de figuração.

A direção na qual prosseguem as condensações do sonho é prescrita, por um lado, através das relações pré-conscientes corretas dos pensamentos do sonho e, por outro, através da atração das lembranças visuais que se encontram no inconsciente. O resultado do trabalho de condensação visa àquelas intensidades que são exigidas para o avanço em direção aos sistemas de percepção.

2) Por sua vez, através da liberdade com que podem ser transferidas as intensidades, e a serviço da condensação, são formadas *representações intermediárias*, compromissos, por assim dizer (cf. os inúmeros exemplos). Da mesma forma, há algo inaudito no curso normal das representações, no qual o que interessa são sobretudo a escolha e a retenção do elemento de representação "correto". Por outro lado, produzem-se, com uma frequência extraordinária, formações mistas, bem como formações de compromisso, quando procuramos a expressão linguística para os pensamentos pré-conscientes, e elas são mencionadas como espécies de "lapsos verbais".

3) As representações que transferem sua intensidade uma a outra mantêm entre si as *relações mais frouxas* e são conectadas por aqueles tipos de associação que são desprezados pelo nosso pensar e só são abandonados

para a exploração do efeito de chiste. São particularmente consideradas equiparáveis umas às outras as associações de homofonia e as associações de paronímia.

4) Pensamentos que se contradizem uns aos outros não procuram anular-se mutuamente, mas existem lado a lado e com frequência se juntam como produtos de condensação, *como se não houvesse nenhuma contradição*, ou formam compromissos que nunca perdoaríamos ao nosso pensar, mas que com frequência são bem recebidos por nossa ação.

Esses seriam alguns dos processos anormais mais notáveis aos quais os pensamentos do sonho, formados anteriormente de maneira racional, são submetidos no trabalho do sonho. Reconhecemos como sua principal característica o fato de ser dada toda a importância para tornar móvel e *passível de descarga* a energia que investe; o conteúdo e a importância própria dos elementos psíquicos, aos quais esses investimentos aderem, tornam-se coisa secundária. Poderíamos ainda pensar que a condensação e a formação de compromisso só acontecem a serviço da regressão, quando se trata de transformar pensamentos em imagens. Só que a análise – e ainda mais nitidamente a síntese – de sonhos como esses, que dispensam a regressão a imagens, como o sonho "Autodidasker – conversa com o professor N.", revela os mesmos processos de deslocamento e de condensação que os demais.

Assim, não podemos, portanto, nos fechar à compreensão de que na formação do sonho tomam parte dois processos psíquicos essencialmente diferentes; um deles cria pensamentos de sonho perfeitamente corretos, de valor equivalente ao pensar normal; o outro procede em relação a eles de uma maneira extremamente desconcertante, incorreta. Esse último, nós já distinguimos no capítulo VI como sendo o trabalho do sonho propriamente dito. O que podemos trazer agora em relação à proveniência desse último processo psíquico?

Não poderíamos dar aqui uma resposta se não tivéssemos penetrado um pouco mais na psicologia das neuroses, especialmente da histeria. A partir dela, descobrimos, no entanto, que os mesmos processos psíquicos incorretos – e ainda outros não enumerados – dominam a produção dos sintomas histéricos. Também na histeria encontramos de início uma série de pensamentos plenamente corretos, inteiramente equivalentes aos nossos pensamentos conscientes, mas de cuja existência sob essa forma nada podemos saber e os quais só reconstruímos *a posteriori*. Se, em algum lugar, eles conseguem penetrar a nossa percepção, podemos averiguar, a partir da análise do sintoma formado, que esses pensamentos normais sofreram um tratamento anormal, e, *por meio da condensação, da formação de compromisso, passando por associações superficiais, sob o acobertamento das contradições, eventualmente pela via da regressão, foram trasladados para o sintoma.* Dada a total identidade entre as peculiaridades do trabalho do sonho e da atividade psíquica que desemboca nos sintomas psiconeuróticos, vamos nos considerar justificados em transferir ao sonho as conclusões às quais a histeria nos obriga.

Da doutrina da histeria extraímos o enunciado de que *uma elaboração psíquica anormal como essa de uma cadeia normal de pensamento só ocorre quando este se tornou a transferência de um desejo inconsciente que provém do infantil e se encontra no recalcamento.* Por causa desse enunciado, construímos a teoria do sonho sobre a suposição de que o desejo onírico impelente se origina, todas as vezes, do inconsciente, o que, como nós mesmos admitimos, não pode ser demonstrado de maneira geral, mas também não pode ser refutado. Mas, para poder dizer o que é o "recalcamento", um nome com o qual jogamos tão frequentemente, temos de continuar construindo mais um pouco de nosso andaime psicológico.

Tínhamos nos aprofundado na ficção de um aparelho psíquico primitivo, cujo trabalho era regrado pela tendência a evitar a acumulação de excitação e a se conservar tanto quanto possível isento de excitação. Por isso ele foi construído de acordo com o esquema do aparelho reflexo; a motilidade, sendo inicialmente o caminho para a alteração interna do corpo, era a via de descarga de que ele dispunha. Discutimos então as consequências psíquicas de uma vivência de satisfação e, ao fazê-lo, já podíamos introduzir a segunda suposição, de que a acumulação da excitação – de acordo com certas modalidades das quais não nos ocupamos – era sentida como desprazer e colocava o aparelho em atividade, para provocar novamente o resultado da satisfação, no qual a diminuição da excitação é sentida como prazer. A uma corrente como essa, que no aparelho parte do desprazer e visa ao prazer, chamamos de desejo [*Wunsch*]; dissemos que nada além de um desejo é capaz de colocar o aparelho em movimento, e que nele o curso da excitação é regrado automaticamente pelas percepções de prazer e de desprazer. O primeiro desejar pode bem ter sido um investir alucinatório da lembrança de satisfação. Mas essa alucinação, quando não podia ser mantida até o esgotamento, revelou ser incapaz de provocar a cessação da necessidade, portanto, o prazer ligado à satisfação.

Assim, fez-se necessária uma segunda atividade – em nosso modo de expressão, a atividade de um segundo sistema –, que não permitisse que o investimento da lembrança avançasse até a percepção e a partir de lá ligasse as forças psíquicas, mas que conduzisse a excitação, que partia do estímulo da necessidade, por um desvio que finalmente, passando pela motilidade voluntária, modificasse o mundo externo de tal maneira que pudesse surgir a percepção real do objeto de satisfação. Foi até aqui que chegamos com o esquema do aparelho psíquico; os dois sistemas são o gérmen daquilo que introduzimos como *Ics* e *Pcs* no aparelho plenamente constituído.

Para poder modificar o mundo externo, através da motilidade, de uma maneira adequada a uma finalidade, é necessária a acumulação de uma grande soma de experiências nos sistemas mnêmicos e uma fixação múltipla das relações que são evocadas pelas diversas representações intencionais nesse material de lembrança. Vamos agora continuar com as nossas suposições. A atividade do segundo sistema que procede tateando em múltiplas direções, enviando investimentos e os recolhendo novamente necessita, por um lado, dispor livremente de todo o material das lembranças; por outro, seria um gasto supérfluo se ele enviasse grandes quantidades de investimento por cada uma das vias do pensar, as quais se escoariam sem finalidade e consequentemente reduziriam a quantidade necessária para a modificação do mundo exterior. Considerando a adequação à finalidade, postulo, portanto, que o segundo sistema consegue manter a maior parte dos investimentos de energia em repouso e utilizar apenas uma pequena parte para o deslocamento. A mecânica desses processos me é inteiramente desconhecida; quem quisesse levar a sério essas ideias deveria procurar as analogias na física e abrir-se um caminho até a visualização do processo de movimento na excitação neuronal. Atenho-me apenas à representação de que a atividade do primeiro sistema Ψ está voltada *para o escoamento livre das quantidades de excitações*, e que o segundo sistema, através dos investimentos que partem dele, provoca uma inibição desse escoamento, uma transformação em investimento quiescente, sem dúvida, sob elevação de nível. Suponho, portanto, que, sob o domínio do segundo sistema, o curso da excitação se conecta a circunstâncias mecânicas inteiramente diferentes do que sob o domínio do primeiro. Uma vez que o segundo sistema terminou seu trabalho probatório de pensar, ele também anula a inibição e o represamento das excitações e deixa que elas se escoem para a motilidade.

Produz-se então uma interessante série de pensamentos, se consideramos a relação dessa inibição do escoamento pelo segundo sistema com a regulação através do princípio de desprazer. Tomemos a contraparte à vivência primária de satisfação, a vivência exterior de pavor. Suponhamos que um estímulo de percepção atue sobre o aparelho primitivo, sendo esse estímulo a fonte de uma excitação dolorosa. Seguem-se então manifestações motoras desordenadas, até que uma delas subtraia o aparelho da percepção e ao mesmo tempo da dor, e essa manifestação motora será imediatamente repetida com o reaparecimento da percepção (por exemplo, como um movimento de fuga), até que a percepção desapareça novamente. Mas aqui não restará nenhuma tendência a reinvestir, de maneira alucinatória ou de outra, a percepção da fonte de dor. Ao contrário, existirá no aparelho primário a tendência a abandonar novamente a imagem de lembrança penosa, caso de alguma forma ela seja evocada, porque o transbordamento de sua excitação sobre a percepção provocaria desprazer (mais corretamente: começaria a provocar). O afastamento da lembrança, que constitui apenas uma repetição da antiga fuga diante da percepção, também é facilitado pelo fato de que a lembrança não possui qualidade suficiente como a percepção para excitar a consciência e com isso atrair para si um novo investimento. Esse afastamento que o processo psíquico opera sem esforço e de maneira regular em relação à lembrança do que outrora foi penoso nos dá o modelo e o primeiro exemplo do *recalcamento psíquico*. É conhecido por todos o quanto desse afastamento em relação ao que é penoso, da tática do avestruz, ainda permaneceu passível de ser comprovado na vida anímica do adulto.

Em consequência do princípio de desprazer, o primeiro sistema Ψ é, portanto, absolutamente incapaz de atrair qualquer coisa desagradável para dentro do contexto do pensamento. Esse sistema não pode fazer nada além de desejar. Se isso permanecesse assim, ficaria tolhido o trabalho de pensar do segundo sistema, que precisa dispor de todas as lembranças consignadas na experiência. Abrem-se então dois caminhos; ou o trabalho do segundo sistema se libera completamente do princípio de desprazer e segue seu caminho, sem se ocupar com o desprazer da lembrança; ou ele consegue investir o desprazer da lembrança de tal maneira que a liberação de desprazer seja nesse caso evitada. Podemos descartar a primeira possibilidade, pois o princípio de desprazer se revela ser também o regulador do curso da excitação do segundo sistema; com isso, somos remetidos para a segunda possibilidade, a de que esse sistema investe uma lembrança de tal modo que o escoamento a partir dela é inibido, e, portanto, também o é o escoamento que leva ao desenvolvimento de desprazer, o que é comparável a uma inervação motora. À hipótese de que o investimento pelo segundo sistema representa ao mesmo tempo uma inibição para o escoamento das excitações somos levados a partir de dois pontos, a saber, a partir da consideração ao princípio de desprazer e ao princípio do menor dispêndio de inervação. Mas insistamos firmemente – pois se trata da chave para a doutrina do recalcamento – *que o segundo sistema só pode investir uma representação se ele for capaz de inibir o desenvolvimento de desprazer que parte dela.* O que eventualmente se subtraísse a essa inibição permaneceria inacessível também para o segundo sistema e seria abandonado de acordo com o princípio de desprazer. Entretanto, a inibição do desprazer não precisa ser completa; um início de desprazer deve necessariamente ser admitido, pois ele indica ao segundo sistema a natureza da lembrança e sua qualificação insuficiente para o fim buscado pelo pensar.

O único processo psíquico que o primeiro sistema admite, vou chamá-lo agora de *processo primário*; e aquele que se produz sob a inibição do segundo sistema, de *processo secundário.* Posso dar ainda outra indicação de com que finalidade o segundo sistema precisa, necessariamente, corrigir o processo primário. O processo primário visa à descarga da excitação, para produzir com a quantidade de excitação assim reunida uma *identidade de percepção*; o processo secundário abandonou essa intenção e, em seu lugar, adotou outra, a de obter uma identidade de pensamento. Todo o pensar é apenas um desvio, da lembrança de satisfação tomada como representação intencional até o investimento idêntico da mesma lembrança, que deve ser alcançado novamente pela via que passa pelas experiências motoras. O pensar tem de se interessar pelas vias de ligação entre as representações, sem se deixar confundir pelas intensidades delas. Mas é claro que as condensações de representações, as formações intermediárias e as de compromisso são empecilhos para alcançar essa meta de identidade; ao tomarem uma representação por outra, elas desviam do caminho que, a partir da primeira, teria levado adiante. Processos como esses são, portanto, cuidadosamente evitados no pensar secundário. Também não é difícil entender que o princípio de desprazer, que normalmente oferece ao processo de pensar os mais importantes pontos de apoio, também lhe coloque no caminho dificuldades no rastreamento da identidade de pensamento. A tendência do pensar tem, portanto, de se encaminhar para se libertar cada vez mais da regulação exclusiva pelo princípio de desprazer e para limitar o desenvolvimento de afeto pelo trabalho do pensamento a um mínimo que ainda seja utilizado como sinal. É por meio de um novo superinvestimento fornecido pela consciência que esse refinamento de funcionamento será alcançado. Mas sabemos que mesmo na vida anímica normal ele raramente dá certo completamente e que nosso pensar permanece sempre acessível ao falseamento pela intervenção do princípio de desprazer.

Mas não é essa a lacuna na eficiência da função de nosso aparelho anímico, através da qual se tornará possível que pensamentos que se apresentem como resultados do trabalho secundário de pensamento se entreguem ao processo psíquico primário, fórmula com a qual nós podemos agora descrever o trabalho que leva ao sonho e aos sintomas histéricos. Esse caso de insuficiência se produz através da reunião de dois fatores de nossa história de desenvolvimento, dos quais um é inteiramente inerente ao aparelho anímico e exerceu uma influência decisiva na relação entre os dois sistemas, enquanto o outro se afirma com uma contribuição variável e introduz na vida anímica forças pulsionais de origem orgânica. Os dois se originam na vida infantil e constituem um precipitado da alteração que sofreu o nosso organismo anímico e somático desde os tempos da infância.

Quando dei o nome de *primário* a um dos processos psíquicos no aparelho anímico, não o fiz apenas em consideração à ordem hierárquica e à capacidade de operação, mas eu tinha o direito de também deixar entrarem em jogo as relações temporais com essa nomeação. Um aparelho psíquico que possuísse apenas o processo primário na verdade não existiria, pelo que sabemos, e, nessa medida, ele é uma ficção teórica; mas pelo menos é fato que nele os processos primários estão dados desde o início, enquanto os secundários só se formam lentamente no curso da vida, inibem e armazenam os primários, só atingindo o domínio total sobre eles talvez com o passar da vida. Em consequência dessa chegada em atraso dos processos secundários, o cerne do nosso ser, que consiste de moções de desejo inconscientes, permanece inapreensível e impossível de inibir para o pré-consciente, cujo papel está limitado, de uma vez por todas, a indicar os caminhos mais apropriados às moções de desejo vindas do inconsciente. Esses desejos inconscientes configuram, para todas as aspirações anímicas posteriores, uma compulsão [Zwang], à qual elas devem se adequar, e da qual elas podem eventualmente se esforçar por desviar e dirigir para metas mais elevadas. Um grande campo do material de lembranças também permanece inacessível em consequência desse atraso do investimento pré-consciente.

Entre essas moções de desejo provenientes do infantil, indestrutíveis e impossíveis de inibir, encontram-se também algumas cujas realizações entraram em uma relação de contradição com as representações intencionais do pensar secundário. A realização desses desejos não provocaria mais um afeto de prazer, mas um afeto de desprazer, *e é justamente essa transformação de afeto que constitui a essência do que caracterizamos como "recalcamento"*. Por qual caminho, através de quais forças pulsionais pode ocorrer uma transformação como essa, é isso que constitui o problema do recalcamento, que aqui só precisamos tocar de leve. Basta-nos reter que uma transformação de afeto como essa acontece no curso do desenvolvimento (pensemos apenas no aparecimento do nojo, ausente no início da vida infantil) e que ela está conectada à atividade do sistema secundário. As lembranças, a partir das quais o desejo inconsciente provoca a liberação de afeto, nunca foram acessíveis ao *Pcs*; é por isso também que sua liberação de afeto não pode ser inibida. Justamente por causa desse desenvolvimento de afeto essas representações também não são acessíveis a partir dos pensamentos pré-conscientes, para os quais elas transferiram sua força de desejo. Ao contrário, o princípio de desprazer entra em vigor e faz com que o *Pcs* se afaste desses pensamentos de transferência. Estes são abandonados a si mesmos, "recalcados", e com isso a existência de um tesouro infantil de lembranças, subtraído desde o início ao *Pcs*, passa a ser a precondição do recalcamento.

No caso mais favorável, o desenvolvimento de desprazer chega ao fim, assim que é retirado o investimento dos pensamentos de transferência no *Pcs*, e esse resultado marca a intervenção do princípio de desprazer como adequada a um fim. Mas é diferente quando o desejo inconsciente recalcado experimenta um reforço orgânico, que ele pode emprestar aos seus pensamentos de transferência, de modo a poder colocá-los na posição de tentar uma entrada com a sua excitação, mesmo que tenham sido abandonados pelo investimento do *Pcs*. Chega-se então a uma luta defensiva, na qual o *Pcs* reforça a oposição contra os pensamentos recalcados (contrainvestimento), e, na sequência, passa-se à irrupção, sob alguma forma de compromisso por meio de formação de sintoma, dos pensamentos de transferência, os portadores do desejo inconsciente. Contudo, a partir do momento em que os pensamentos recalcados são investidos vigorosamente pela excitação de desejo inconsciente, mas, por outro lado, são abandonados pelo investimento pré-consciente, eles são submetidos ao processo psíquico primário, visam apenas à descarga motora ou, quando o caminho está livre, visam à revivescência alucinatória da desejada identidade de percepção. Antes tínhamos descoberto empiricamente que os processos que descrevemos como incorretos só se desenrolam com pensamentos que se encontram sob recalcamento. Agora entendemos mais uma parte desse contexto. Esses processos incorretos são os *primários* no aparelho psíquico; eles surgem onde quer que representações tenham sido abandonadas pelo investimento pré-consciente, deixadas a si mesmas e possam se preencher com energia não inibida e que tende ao escoamento, proveniente do inconsciente. Algumas outras observações se acrescentam para apoiar a concepção de que esses processos chamados de incorretos não são realmente falseamentos do processo normal, erros de pensamento, mas modos de trabalho do aparelho psíquico que foram liberados de uma inibição. Vemos, assim, que a passagem da excitação pré-consciente para a motilidade acontece seguindo os mesmos processos, e que a conexão das representações pré-conscientes com palavras mostra facilmente os mesmos deslocamentos e as mesmas misturas que atribuímos à desatenção. Por fim, poderíamos ver uma prova do aumento de trabalho que se torna necessário no caso da inibição desses modos primários de decurso no fato de que visamos a um efeito *cômico*, a um excedente que deve ser descarregado pelo *riso, quando deixamos esses modos de decurso do pensar penetrar na consciência.*

A teoria das psiconeuroses afirma, com segurança justificada, que só podem ter sido moções sexuais de desejo procedentes do infantil que, nos períodos de desenvolvimento da infância, experimentaram o recalcamento (transformação do afeto), e que então, em períodos posteriores de desenvolvimento, são suscetíveis de uma renovação, seja em consequência da constituição sexual, que se configura a partir da bissexualidade originária, seja em consequência de influências desfavoráveis da vida sexual, e que assim fornecem as forças pulsionais para toda a formação de sintoma psiconeurótico. Só através da introdução dessas forças sexuais podem ser preenchidas as lacunas ainda identificáveis na teoria do recalcamento. Quero deixar em aberto se temos o direito de levantar a exigência do sexual e do infantil também para a teoria do sonho; deixo aqui incompleta essa teoria, porque, através da suposição de que o desejo do sonho provém, a cada vez, do inconsciente, eu já dei um passo além do que é demonstrável.[i] Também

---

[i] Aqui, como em outros lugares, há lacunas na elaboração do tema, as quais deixei de propósito, pois preenchê-las exigiria, por um lado, um dispêndio muito grande, e, por outro, o

não quero continuar investigando em que consiste a diferença, no jogo das forças psíquicas na formação do sonho e na formação dos sintomas histéricos; para isso, falta-nos, de fato, um conhecimento mais preciso de um dos membros a entrar na comparação. Mas dou importância a outro ponto e antecipo a confissão de que foi só por causa desse ponto que assumi aqui todas as discussões sobre os dois sistemas psíquicos, seus modos de trabalho e o recalcamento. É preciso que se saiba que agora não importa se abordei as relações psicológicas em questão de maneira aproximadamente correta ou, como é facilmente possível em coisas tão difíceis, de maneira atravessada e lacunar. Como quer que possa se alterar a interpretação da censura psíquica, da elaboração correta e da anormal do conteúdo do sonho, permanece válido que processos como esses estão agindo na formação do sonho e que essencialmente eles revelam a maior analogia com os processos reconhecidos na formação do sintoma histérico. Pois bem, o sonho não é nenhum fenômeno patológico; ele não tem como pressuposição nenhuma perturbação do equilíbrio psíquico; ele não deixa atrás de si nenhum enfraquecimento da capacidade funcional. A objeção de que meus sonhos e os de meus pacientes neuróticos não permitem concluir sobre os sonhos de pessoas sadias pode ser rejeitada sem apreciação. Se, portanto, a partir dos

---

apoio de um material alheio ao sonho. Então, por exemplo, evitei indicar se ligo à palavra "reprimido" [*unterdrückt*] um sentido diferente que à palavra "recalcado" [*verdrängt*]. Mas deveria pelo menos ter ficado claro que o último acentua mais intensamente o pertencimento ao inconsciente do que o primeiro. Também não abordei o problema evidente de por que os pensamentos do sonho sofrem a deformação pela censura, mesmo no caso em que eles renunciam ao avanço progressivo em direção à consciência e decidem pela via da regressão, além de outras omissões. Importava-me, sobretudo, despertar uma impressão dos problemas aos quais conduz a posterior fragmentação do trabalho do sonho e indicar os outros temas com os quais essa impressão entraria em contato. A decisão sobre em que ponto interromper esse rastreamento nem sempre me foi fácil. – Que eu não tenha tratado exaustivamente o papel da vida representacional sexual para o sonho e que eu tenha evitado a interpretação de sonhos com conteúdo abertamente sexual se deve a uma motivação particular que talvez não coincida com a expectativa do leitor. Está completamente distante de minhas perspectivas e opiniões teóricas que represento na neuropatologia considerar a vida sexual justamente como um *pudendum* [algo vergonhoso] que não deve preocupar nem o médico nem o investigador científico. Também acho ridícula a indignação moral que levou o tradutor de Artemidoro de Daldis sobre o "simbolismo dos sonhos" a subtrair do conhecimento dos leitores o capítulo lá contido sobre sonhos sexuais. Para mim só foi decisivo entender que, na explicação de sonhos sexuais, eu precisaria me enredar profundamente nos problemas ainda não esclarecidos da perversão e da bissexualidade, e então me reservei esse material para outro contexto.

fenômenos, concluímos a sua força motriz, reconhecemos que o mecanismo psíquico, do qual a neurose se serve, não foi só criado por uma perturbação mórbida que atingiu a vida anímica, mas já se encontra pronto na estrutura do aparelho anímico. Os dois sistemas psíquicos, a censura na passagem entre eles, a inibição e o armazenamento de uma atividade sobre a outra, a relação dos dois com a consciência – ou o que uma interpretação mais correta das condições de fato puder produzir em seu lugar –; tudo isso faz parte da estrutura normal de nosso instrumento anímico, e o sonho nos mostra um dos caminhos para o conhecimento de sua estrutura. Se quisermos nos contentar com um aumento mínimo de conhecimento plenamente assegurado, diremos que o sonho nos prova que *o reprimido continua a existir mesmo em seres humanos normais e permanece capaz de operações psíquicas.* O próprio sonho é uma das manifestações desse reprimido; de acordo com a teoria, ele o é em todos os casos, e, de acordo com a experiência palpável, pelo menos em um grande número de casos, que exibem justamente da maneira mais nítida as características mais notáveis da vida onírica. O reprimido anímico, que na vida de vigília foi impedido de chegar à expressão pela *eliminação antitética das contradições* e que foi cortado da percepção externa, encontra na vida noturna e sob o domínio das formações de compromisso meios e caminhos para impor-se à consciência.

> *Flectere si nequeo Superos, Acheronta movebo*
>
> [Se não posso dobrar o que vem das alturas, revolverei o Aqueronte]

Mas a interpretação do sonho é a via régia para o conhecimento do inconsciente na vida anímica. [1909]

Ao seguirmos com a análise do sonho, obtemos um pouco mais de entendimento da composição desse instrumento, que de todos é o mais maravilhoso e o mais cheio de segredos, é claro que é só um pouco, mas com isso foi dado um início para continuar a penetrar depois, a partir de outras formações – que devem ser chamadas de patológicas – na sua desmontagem. Pois a doença – ao menos aquela chamada com razão de funcional – não tem como pressuposto o despedaçamento desse aparelho, o estabelecimento de novas cisões em seu interior; ela deve ser esclarecida como dinâmica, pelo fortalecimento e enfraquecimento dos componentes do jogo de forças, do qual tantos efeitos permanecem encobertos durante a função normal. Em outro lugar ainda poderia ser mostrado como a composição do aparelho a partir de duas instâncias permite um refinamento até da função normal, que se fosse só uma seria impossível.[i] [1909]

F
O INCONSCIENTE E A CONSCIÊNCIA – A REALIDADE

Se olharmos mais detidamente, não é a existência de dois sistemas próximos da extremidade motora do aparelho, mas *de dois tipos de processos* ou *modos de descarga da excitação*, cuja suposição foi sugerida pelas discussões psicológicas nas seções anteriores. Isso nos seria indiferente; pois precisamos estar sempre prontos a abandonar nossas representações auxiliares [*Hilfsvorstellungen*] quando acreditamos estar em condições de substituí-las por algo diferente que se aproxime mais da realidade desconhecida. Tentemos agora retificar alguns pontos de vista que podem ter se formado por um mal-entendido, quando tínhamos em vista os dois sistemas, no sentido mais imediato e grosseiro, como duas localidades no interior do aparelho anímico, pontos de vista que deixaram como uma forma de precipitado as expressões "recalcar" [*verdrängen* – de forma mais cotidiana "desalojar"/ "deslocar", N.T.] e "penetrar" [*durchdringen* – literalmente "forçar entrada através", N.T.]. Quando dizemos, portanto, que um pensamento inconsciente anseia em ser traduzido para o pré-consciente, para depois penetrar na consciência, não estamos querendo dizer que um segundo pensamento, situado em um novo lugar, deva ser formado, uma reinscrição, por assim dizer, ao lado da qual o original continua existindo; e também em relação à penetração na consciência, queremos cuidadosamente descolar qualquer ideia de uma mudança de lugar. Quando dizemos que um pensamento pré-consciente é recalcado e depois acolhido pelo inconsciente, essas imagens, tomadas emprestadas de um círculo de representações da luta por um terreno, poderiam nos induzir à suposição de que, realmente, em uma das

[i] O sonho não é o único fenômeno que a psicopatologia permite fundamentar sobre a psicologia. Em uma pequena série de artigos, ainda não completada, para a *Monatsschrift für Psychiatrie und Neurologie* ("Sobre o mecanismo psíquico do esquecimento", 1898 – "Sobre lembranças encobridoras", 1899), eu tento interpretar certo número de fenômenos psíquicos cotidianos como apoio para esse mesmo conhecimento. [Acrescentado em 1909:] Esses artigos, e outros sobre esquecimento, lapsos verbais, ações equivocadas etc., foram publicados depois, reunidos com o nome de *Psicopatologia da vida cotidiana* (1904, 11. ed., 1929, *Ges. Werke*, v. IV). [Publicado também em Obras Incompletas de Sigmund Freud (Belo Horizonte: Autêntica, 2023)]

localidades psíquicas, um ordenamento é dissolvido para ser substituído por um novo na outra localidade. No lugar dessas comparações, vamos colocar o que parece corresponder melhor ao estado real das coisas, ou seja, que um investimento de energia é transposto para determinado ordenamento ou retirado dele, de modo que a estrutura psíquica cai sob o domínio de uma instância ou é subtraída dela. Estamos aqui novamente substituindo um modo de representação tópico por um dinâmico; não é a estrutura psíquica que nos parece ser o móbil, mas a sua inervação.[i]

Ainda assim, considero apropriado e justificado continuar mantendo a representação visual dos dois sistemas. Evitaremos qualquer mau uso desse modo de figuração, se nos lembrarmos que representações, pensamentos, estruturas psíquicas em geral não podem, absolutamente ser localizados nos elementos orgânicos do sistema nervoso, mas, por assim dizer, *entre eles*, onde resistências e vias trilhadas [*Bahnungen*] formam o correlato que lhes é correspondente. Tudo o que pode se tornar objeto de nossa percepção interna é *virtual*, como a imagem apresentada pelo trajeto dos raios de luz no telescópio. Mas os sistemas, que não são eles próprios nada de psíquico, e nunca serão acessíveis à nossa percepção psíquica, estamos justificados a supor que eles sejam semelhantes às lentes do telescópio, que projetam a imagem. Continuando com essa comparação, a censura entre dois sistemas corresponderia à refração dos raios na passagem para um novo meio.

Até aqui fizemos psicologia de próprio punho; está na hora de darmos uma olhada nas opiniões teóricas que dominam a psicologia de hoje e examinar a sua relação com as nossas elaborações. A questão do inconsciente na psicologia é, nas palavras vigorosas de Lipps,[ii] menos *uma* questão psicológica do que *a* questão da psicologia. Enquanto a psicologia liquidava essa questão pela explicação verbal de que o "psíquico" seria justamente o "consciente", e "processos psíquicos inconscientes" seriam um contrassenso patente, ficava excluída uma apreciação psicológica das observações que um médico poderia adquirir dos estados anímicos anormais. Só então se

---

[i] [Nota acrescentada em 1925:] Essa concepção sofreu uma reconfiguração e uma modificação, depois que foi reconhecido que o caráter essencial de uma representação pré-consciente é a ligação com restos de representações-palavra ("O inconsciente" [Das Unbewußte], 1915, *Ges. Werke*, v. X).

[ii] "O conceito de inconsciente na psicologia" [Der Begriff des Unbewußten in der Psychologie]. Conferência no terceiro Congresso Internacional de Psicologia de Munique, 1897.

reúnem o médico e o filósofo, quando ambos reconhecem que processos psíquicos inconscientes são "a expressão adequada e plenamente justificada para um fato estabelecido". O médico não pode fazer outra coisa a não ser rejeitar, encolhendo os ombros, a asserção de que "a consciência é o caráter indispensável do psíquico" e, eventualmente, se seu respeito pelas manifestações dos filósofos ainda for forte o suficiente, ele pode supor que eles não estavam tratando do mesmo objeto e não praticavam a mesma ciência. Pois apenas uma única observação perspicaz da vida anímica de um neurótico, uma única análise de sonho, deve impor-lhe a convicção inabalável de que os cursos de pensamento os mais complicados e os mais corretos, aos quais certamente não pode ser recusado o nome de processos psíquicos, podem ocorrer sem excitar a consciência da pessoa.[i] É certo que o médico não tem notícia desses processos inconscientes antes que eles tenham exercido sobre a consciência um efeito passível de comunicação ou de observação. Mas esse efeito de consciência pode mostrar um caráter psíquico inteiramente divergente do processo inconsciente, de modo que é impossível para a percepção interna reconhecer um como sendo o substituto do outro. O médico tem de se reservar o direito de avançar, através de um *processo de inferência*, do efeito de consciência ao processo psíquico inconsciente; por essa via, ele descobre que o efeito de consciência é apenas um efeito psíquico distante do processo inconsciente e que o último não se tornou consciente como tal, mesmo que ele tenha existido e agido sem se trair de alguma forma para a consciência.

A reversão da superestimação da propriedade da consciência se torna a pré-condição indispensável para qualquer compreensão correta da proveniência do psíquico. O inconsciente, de acordo com a expressão de Lipps, deve ser suposto como a base geral da vida psíquica. O inconsciente é o círculo maior que inclui em si o círculo menor do consciente; tudo o que é

[i] [Nota acrescentada em 1914:] Alegro-me por poder remeter a um autor que chegou à mesma conclusão a partir do estudo do sonho sobre a relação da atividade consciente para com a inconsciente.
Du Prel diz: "A questão de saber o que é a alma exige, evidentemente, uma investigação prévia, sobre se consciência e alma são idênticas. Justamente essa questão prévia é negada pelo sonho, que mostra que o conceito de alma ultrapassa em muito o de consciência, da mesma maneira que a força de atração de um astro ultrapassa a sua esfera de luminosidade" (*Philos. der Mystik*, p. 47).
"É uma verdade que não pode ser destacada com suficiente expressão que consciência e alma não são conceitos de mesma extensão" (p. 306).

consciente tem um estágio preliminar inconsciente, enquanto o inconsciente pode permanecer nesse estágio e mesmo assim reivindicar o valor pleno de uma operação psíquica. O inconsciente é, no fundo, o psíquico real, *tão desconhecido para nós em sua natureza íntima quanto o real do mundo exterior, e nos é apresentado através dos dados da consciência de maneira tão incompleta quanto o é o mundo exterior através dos dados de nossos órgãos dos sentidos.*

Se a velha oposição entre vida consciente e vida de sonho está desvalorizada pela introdução do psíquico inconsciente em seu devido lugar, abandona-se toda uma série de problemas que ainda ocuparam profundamente autores anteriores. Assim, muitas operações, sobre cuja execução no sonho poderíamos nos admirar, já não são mais imputáveis ao sonho, mas ao pensar inconsciente que também trabalha durante o dia. Se, de acordo com Scherner, o sonho parece brincar com uma figuração simbolizante do corpo, sabemos que essa é a operação de certas fantasias inconscientes que provavelmente cedem a moções sexuais e que não se expressam apenas em sonho, mas também nas fobias histéricas e em outros sintomas. Se o sonho dá continuidade e liquida trabalhos do dia, e até mesmo traz à luz valiosas ocorrências [*Einfälle*], só temos nesse caso de lhe retirar o disfarce onírico, que é a realização do trabalho do sonho e a marca da operação auxiliar de forças obscuras das profundezas da alma (cf. o diabo no sonho da sonata, de Tartini). A própria operação intelectual se deve às mesmas forças anímicas que, durante o dia, consumam todas as operações como essas. É provável que nos inclinemos demasiadamente a também superestimar o caráter consciente da produção intelectual e artística. Entretanto, a partir das comunicações de algumas pessoas altamente produtivas como Goethe e Helmholtz, descobrimos que o que há de essencial e novo em suas criações lhes foi dado à maneira de ideias repentinas e lhes veio quase pronto à sua percepção. A cooperação da atividade consciente não tem nada de desconcertante em outros casos, em que um esforço de todas as forças intelectuais estava presente. Mas é o privilégio da atividade consciente, do qual muito se abusa, deixar que ela esconda de nós todas as outras, sempre que ela participa.

Quase não vale a pena o esforço de expor como um tema particular a importância histórica dos sonhos. Quando um chefe, por exemplo, é levado por um sonho a um empreendimento ousado, cujo êxito inscreveu-se na história, modificando-a, surge então um novo problema só enquanto contrastarmos o sonho, enquanto uma força estranha, com outras forças anímicas mais familiares, mas não se o considerarmos uma *forma de expressão* de moções, sobre as quais durante o dia pesou uma resistência e que de noite puderam buscar um reforço de fontes de excitação situadas nas profundezas.[i] Mas o respeito que o sonho encontrou entre os povos antigos é uma homenagem, fundada em uma intuição psicológica correta, ao indomável e indestrutível que há na alma humana, ao *daimoníaco*, que engendra o desejo onírico e que reencontramos em nosso inconsciente.

Não é sem intenção que digo *em nosso inconsciente*, pois o que assim chamamos não coincide com o inconsciente dos filósofos, e também não com o inconsciente de Lipps. Lá, ele deve meramente caracterizar a oposição ao consciente; que além dos processos conscientes existam também processos psíquicos inconscientes é a conclusão ardentemente contestada e energicamente defendida. Em Lipps encontramos uma proposição de alcance mais amplo, de que todo o psíquico existe como psíquico inconsciente, e uma parte dele também como consciente. Mas não foi para provar *essa* proposição que recorremos aos fenômenos do sonho e à formação do sintoma histérico; só a observação da vida diurna normal basta para estabelecê-la acima de qualquer dúvida. O que é novo, o que nos ensinou a análise das formações psicopatológicas e já de seu primeiro membro, a dos sonhos, consiste em que o inconsciente – portanto, o psíquico – se apresenta como função de dois sistemas separados e já se apresenta assim na vida anímica normal. Há, portanto, *duas espécies de inconsciente*, o que ainda não encontramos separado pelos psicólogos. Os dois são o inconsciente no sentido da psicologia; mas, no nosso, um deles, que chamamos de *Ics*, também é *incapaz de consciência*, enquanto o outro, o *Pcs*, é assim chamado por nós porque suas excitações podem chegar à consciência, na verdade, em observância a certas regras, e talvez só depois da superação de uma nova censura, no entanto, sem consideração pelo sistema *Ics*. O fato de que as excitações, para poderem chegar à consciência, tenham de passar por uma sequência invariável, por uma cadeia de instâncias que nos foi revelada pela alteração que lhes impôs a censura, serviu-nos para estabelecer uma comparação a partir da espacialidade. Descrevemos as relações dos dois sistemas um com o outro e com a consciência ao dizermos que o sistema *Pcs* se situa como uma tela entre o sistema *Ics* e a consciência. O sistema *Pcs* não apenas barra

---

[i] [Nota acrescentada em 1911:] Sobre isso cf. (p. 138, nota i) o sonho (Σα-τυρος) comunicado por Alexandre, o Grande, durante o cerco de Tiro.

o acesso à consciência, ele também domina o acesso à motilidade voluntária e dispõe sobre o envio de uma energia de investimento móvel, que nos é familiar como a atenção.[i]

Também temos de nos manter afastados da diferenciação *supra* [*Ober*] e *subconsciência* [*Unter*], que se tornou tão popular na literatura mais recente sobre as psiconeuroses, pois justamente parece acentuar a equivalência entre o psíquico e o consciente.

Que papel resta, em nossa apresentação, à consciência, outrora poderosa quando recobria todo o resto? Nenhum outro, a não ser *o de um órgão sensorial para a percepção de qualidades psíquicas.* A partir do pensamento que fundamenta a nossa tentativa de esquematizar, só podemos conceber a percepção consciente como a única operação de um sistema particular, para o qual é recomendável a caracterização abreviada *Cs*. Pensamos esse sistema, em suas características mecânicas, semelhantemente aos sistemas de percepção *P*, ou seja, excitável por qualidades e incapaz de conservar o rastro de modificações, portanto, sem memória. O aparelho psíquico que, com o órgão sensorial dos sistemas *P*, está voltado para o mundo externo é, ele próprio, o mundo externo para o órgão sensorial da *Cs*, cuja justificação teleológica reside nessa relação. O princípio da cadeia de instâncias que parece dominar o edifício do aparelho vem mais uma vez ao nosso encontro. O material de excitações flui para o órgão sensorial *Cs* a partir de dois lados, a partir do sistema *P*, cuja excitação condicionada por qualidades passa provavelmente por uma nova elaboração, até que ela se torne uma sensação consciente, e a partir do próprio interior do aparelho, cujos processos quantitativos são sentidos como séries de qualidades de prazer e desprazer, quando eles chegam a certas modificações.

Os filósofos, que se deram conta de que formações de pensamento corretas e altamente complexas são possíveis sem intervenção da consciência, consideraram uma dificuldade atribuir uma função à consciência; ela lhes pareceu ser um reflexo supérfluo do processo psíquico consumado. A analogia do nosso sistema *Cs* com os sistemas de percepção nos tira desse embaraço. Vemos que a percepção dos sentidos pelos nossos órgãos tem

[i] [Nota acrescentada em 1914:] A esse propósito, cf. meu trabalho "Observações sobre o conceito de inconsciente na psicanálise" [Bemerkungen des Unbewußten in der Psychoanalyse] (publicado em inglês em *Proceedings of the Society for Psychical Research*, v. XXVI), no qual distingui os significados descritivo, dinâmico e sistemático dessa polissêmica palavra "inconsciente".

como consequência orientar um investimento de atenção sobre os caminhos a partir dos quais se propaga a excitação sensorial que se apresenta; a excitação qualitativa do sistema *P* serve como regulador do escoamento da quantidade móbil no aparelho psíquico. Podemos reivindicar essa mesma função para o órgão sensorial sobreposto do sistema *Cs*. Ao perceber novas qualidades, ele fornece uma nova contribuição para a orientação e a distribuição adequadas das quantidades móveis de investimento. Por meio da percepção de prazer e desprazer, ele influencia o curso dos investimentos no interior do aparelho psíquico, que normalmente trabalha de maneira inconsciente e através de deslocamentos de quantidades. É provável que, de início, o princípio de desprazer regule automaticamente os deslocamentos de investimento; mas é certamente possível que a consciência acrescente a essas qualidades uma segunda regulação mais refinada, que pode até mesmo opor-se à primeira, e que aperfeiçoe a capacidade de funcionamento do aparelho, ao colocá-lo na posição, indo contra a sua disposição originária, de submeter ao investimento e à elaboração aquilo que também estiver conectado com a liberação de desprazer. A psicologia das neuroses nos ensina que, na atividade funcional do aparelho, está reservado um grande papel a essas regulações operadas pela excitação de qualidades dos órgãos sensoriais. O domínio automático do princípio de desprazer primário e a restrição a ele ligada da capacidade de operação são rompidos pelas regulações sensíveis que, por sua vez, são novamente automatismos. Vemos que o recalcamento, originariamente apropriado, desemboca, entretanto, em uma renúncia prejudicial à inibição e ao domínio anímico, atinge muito mais facilmente lembranças do que percepções, porque, no caso das lembranças, falta o aumento de investimento devido à excitação dos órgãos sensoriais psíquicos. Se, por um lado, um pensamento do qual é preciso se defender não se torna consciente porque foi submetido ao recalcamento, outras vezes ele pode ser recalcado só porque foi subtraído da percepção da consciência por outras razões. Essas são indicações das quais se serve a terapia para reverter recalcamentos já efetuados.

O valor do superinvestimento que é instaurado através da influência reguladora do órgão sensorial da *Cs* sobre as quantidades móveis não encontra melhor expressão na ordem teleológica do que através da criação de uma nova série de qualidades e com ela uma nova regulação, que constitui o privilégio do ser humano em relação aos animais. Com efeito, os processos do pensar são em si desprovidos de qualidade, a não ser pelas qualidades de prazer e de desprazer que os acompanham e que devem ser refreadas como possível perturbação do pensar. Para conferir-lhes uma qualidade, elas são, no ser humano, associadas com as lembranças de palavras, cujos restos de qualidade bastam para atrair a atenção da consciência sobre si mesmas e, a partir dela, direcionar ao pensamento um novo investimento móvel.

Só podemos abranger toda a diversidade de problemas da consciência pela fragmentação dos processos de pensamento histéricos. Ficamos então com a impressão de que a passagem do pré-consciente para o investimento de consciência também está conectada com uma censura semelhante à censura entre *Ics* e *Pcs*. Essa censura também só se instala a partir de certo limite quantitativo, de modo que lhe escapam formações de pensamento pouco intensas. Todos os possíveis casos de manutenção do afastamento da consciência, bem como de penetração nela sob restrições, encontram-se reunidos no quadro dos fenômenos psiconeuróticos; todos eles apontam para a relação íntima e recíproca entre censura e consciência. Quero encerrar essas discussões psicológicas com a comunicação de dois episódios desse tipo.

Uma consulta de um colega médico levou-me no ano passado até uma jovem de olhar inteligente e desenvolto. Vestia-se de modo inusitado; quando normalmente a mulher se dedica profundamente à vestimenta nos menores detalhes, ela estava com uma meia solta, e dois botões de sua blusa estavam abertos. Ela se queixava de dores na perna e, sem ser solicitada, desnudou a barriga da perna. Mas sua principal queixa era, em suas palavras: ela tem uma sensação no corpo, como se *ali estivesse algo enfiado*, que se *movimenta para lá e para cá* e que a *abala* completamente. De vez em quando, isso faz seu corpo inteiro ficar *rijo*. Meu colega ali presente me lança um olhar; ele acha que a queixa não leva a mal-entendidos. O que parece curioso para nós é que a mãe da paciente não perceba nada sobre o que acontece; ela deve ter se encontrado repetidas vezes na situação que sua filha descreve. A própria jovem não tem ideia da relevância de sua fala; do contrário ela não a teria verbalizado. Nesse caso, conseguiu-se cegar a censura de tal maneira que uma fantasia que normalmente permaneceria no pré-consciente é admitida na consciência como algo inocente, sob a máscara de uma queixa.

Outro exemplo: inicio um tratamento psicanalítico com um rapaz de 14 anos que sofre de um *tic convulsiv*, vômitos histéricos, dor de cabeça etc., assegurando-lhe que depois de fechar os olhos ele verá imagens ou lhe ocorrerão algumas ideias que ele deve me comunicar. Ele responde em imagens.

A última impressão que teve antes de vir até mim ele revive visualmente em sua lembrança. Ele tinha jogado damas com seu tio e vê agora o tabuleiro em sua frente. Ele comenta diversas posições que são favoráveis ou desfavoráveis, jogadas que não são permitidas. Então ele vê um punhal sobre o tabuleiro, um objeto que seu pai possui, mas que sua fantasia colocou no tabuleiro. Depois há uma pequena foice sobre o tabuleiro e logo se acrescenta uma gadanha, e então entra a imagem de um velho camponês que corta a grama com a gadanha na frente da distante casa familiar. Depois de alguns dias, consegui compreender esse encadeamento de imagens. Relações familiares desagradáveis levaram o rapaz à aflição. Um pai duro, colérico, que vivia em discórdia com a mãe, e cujos meios de educação eram ameaças; a separação entre o pai e essa mãe doce e carinhosa; o novo casamento do pai, que certo dia trouxe para casa uma mulher jovem que seria a nova mamãe. Nos primeiros dias depois disso, eclodiu a doença desse rapaz de 14 anos. Foi a raiva reprimida contra o pai que reuniu aquelas imagens em alusões compreensíveis. Uma reminiscência da mitologia forneceu o material. A foice é aquela com que Zeus emasculou o pai, a gadanha e a imagem do camponês descrevem Cronos, o velho violento que devora seus filhos, e do qual Zeus se vinga de maneira nada filial. O casamento do pai foi uma oportunidade para devolver-lhe as reprimendas e ameaças que a criança um dia teve de ouvir dele por *brincar* [*spielte* – jogar, atuar, etc., como *to play*, em inglês, N.T.] com os genitais (o tabuleiro; as jogadas proibidas; o punhal, com o qual se pode matar). Aqui, são as lembranças recalcadas por muito tempo e seus derivados que permaneceram inconscientes que, pelo desvio que lhes foi aberto, insinuam-se na consciência como imagens *aparentemente desprovidas de sentido*.

Assim, eu estaria buscando, portanto, o valor teórico do envolvimento com o sonho nas contribuições ao conhecimento psicológico e na preparação para a compreensão das psiconeuroses. Quem consegue imaginar o quão importante pode ser um conhecimento aprofundado da estrutura e das funções do aparelho anímico, se já o estado atual de nosso saber permite exercer uma influência terapêutica favorável sobre as formas tratáveis de psiconeuroses? E qual o valor prático desse envolvimento, ouço perguntarem, para o conhecimento da alma, para a descoberta das propriedades ocultas do caráter de cada um? Então as moções inconscientes que o sonho põe a descoberto não têm o valor de poderes reais na vida anímica? A importância ética dos desejos reprimidos deve ser avaliada como limitada, a ponto de se pensar que, assim como eles criam sonhos, eles podem um dia criar outra coisa?

Não me sinto autorizado a responder a essas perguntas. Meus pensamentos não avançaram no acompanhamento desse aspecto do problema do sonho. Só penso que, de qualquer maneira, o imperador romano não teve razão quando mandou executar um súdito porque ele sonhou que tinha assassinado o imperador. Ele primeiro devia ter se informado sobre o que esse sonho significava; provavelmente não era a mesma coisa que ele dava a ver. E, mesmo se um sonho com um enunciado diferente tivesse esse significado de lesa-majestade, ainda se poderia lembrar das palavras de Platão, segundo as quais o virtuoso se contenta em sonhar com aquilo que o malvado faz na vida. Penso, portanto, que é melhor deixar os sonhos livres. Se podemos atribuir *realidade* aos desejos inconscientes eu não sei dizer. Naturalmente ela deve ser negada a todos os pensamentos de transição e intermediários. [1919]: Se temos diante de nós os desejos inconscientes levados a sua última e mais verdadeira expressão, temos, necessariamente, de dizer que a *realidade psíquica* é uma forma de existência particular que não deve ser confundida com a realidade *material*. Parece então injustificado quando os seres humanos relutam para assumir a responsabilidade pela imoralidade de seus sonhos. Através da apreciação do modo de funcionamento do aparelho anímico e da compreensão da relação entre consciente e inconsciente, tende a desaparecer em sua maior parte o que houver de eticamente chocante na nossa vida anímica de fantasia.

"O que o sonho trouxe ao nosso conhecimento quanto às relações com o presente (realidade) também queremos procurar na consciência, e não devemos nos surpreender se o monstro que vimos sob a lupa da análise se mostrar então como um pequeno infusório" (H. Sachs). [1914]

Para a necessidade prática de julgamento do caráter do ser humano bastam, na maioria das vezes, os atos e as convicções expressos conscientemente. Os atos merecem ser colocados na primeira linha, pois muitos impulsos que penetraram na consciência são ainda suspensos pelas forças reais da vida anímica, antes de desembocarem em atos; de fato, eles muitas vezes não encontram nenhum obstáculo psíquico em seu caminho, porque o inconsciente está seguro de que eles serão impedidos em outra etapa. De qualquer forma, permanece instrutivo aprender a conhecer o terreno tão revolvido no qual se levantam orgulhosas as nossas virtudes. A complexidade do caráter humano, movimentada dinamicamente em todas as direções, presta-se, de maneira extremamente rara, a uma solução por uma alternativa simples, como o gostaria a nossa ultrapassada doutrina moral.

E quanto ao valor do sonho para o conhecimento do futuro? Isso naturalmente está fora de questão. Em vez disso, podemos dizer de seu valor para o conhecimento do passado. Pois é do passado que provém o sonho em todos os sentidos. Na verdade, a antiga crença de que o sonho nos mostra o futuro não é inteiramente desprovida de verdade. Ao nos representar um desejo como realizado, o sonho nos leva, de fato, ao futuro; mas esse futuro, tomado pelo sonhador como presente, foi configurado pelo desejo indestrutível à própria imagem daquele passado.

NOTAS

1 Trata-se de referência a uma conhecida passagem do clássico *A canção dos nibelungos* (*Das Nibelungenlied*), poema épico dos primórdios da literatura alemã. Instruída por Hagen, Cremilda bordou uma pequena cruz na parte da roupa que cobria o ponto vital de Siegfried para que ele ali fosse atingido. (N.R.)

2 "Umbigo do sonho" (*Nabel des Traums*) é expressão cunhada por Freud para designar o ponto de opacidade irredutível do sonho – aquilo que resiste à interpretação e marca seu limite. Cf. também, no capítulo II, a primeira ocorrência da expressão "umbigo do sonho". (N.E.)

3 Cf. cap. I – E – As particularidades psicológicas do sonho, p. 89. (N.T.)

4 No texto de Freud sobre as afasias, ele se recusa de início a aceitar a localização como efeito de uma causalidade físico-psíquica, propondo que o correspondente fisiológico da representação seja algo da natureza de um processo, processo que *distribui* [*verträgt*] a localização (p. 79). Consequentemente ele não pode aceitar a localização pontual da função da linguagem nos "centros" estabelecidos por Broca e Wernicke e propõe uma localização articulada e contínua, em função de um campo complexo de associações – o aparelho de linguagem (p. 62) (cf. Freud, Sigmund. *Sobre a concepção das afasias: um estudo crítico* [1891]. Tradução de Emiliano de Brito Rossi. Belo Horizonte: Autêntica, 2013. (Obras Incompletas de Sigmund Freud).). (N.T.)

5 Exposto por Breuer, em uma nota, na primeira seção da contribuição teórica aos *Estudos sobre a histeria*, em que escreve na apresentação do caso Anna O.: "O espelho de um telescópio de reflexão não pode ser ao mesmo tempo uma chapa fotográfica" (cf. *Ges. Werke: Nachtragsband – Texte aus den Jahren 1885-1938*, p. 248). (N.T.)

6 As abreviaturas empregadas por Freud neste esquema foram traduzidas da seguinte forma: **P** para "percepção" [*Wahrnehmung*], **Mn** para "rastro mnêmico" [*Erinnerungsspur*] e **M** para "motilidade" [*Motilität*]. Nesta edição, optamos por adotar sempre que possível uma distinção entre os termos alemães ***Erinnerung***, vertido como lembrança e ***Gedächtnis***, traduzido por "memória". Apenas nos casos em que Freud utiliza o termo ***Erinnerungsspur*** no sentido técnico, optamos por traduzi-lo por "rastro mnêmico". Mas nada impede que o leitor substitua "rastro mnêmico" por "rastro de lembrança", ambos igualmente defensáveis. (N.E.)

7 Reservamos a palavra "associação" para traduzir seu cognato alemão "*Assoziation*". No caso das ocorrências ou ideias incidentes (*Einfälle*) relacionadas na clínica com o *livre associar* ou a *associação livre*, preferimos essas outras traduções (N.R.)

8 Perceber, para Freud, é um processo complexo. Em uma percepção, não há apenas o seu conteúdo. Perceber não é condição para a memória. É preciso que uma percepção esteja ligada a outra por simultaneidade na memória. Esse é o fato da associação. Freud não está dizendo que primeiro há dois elementos que se associam, mas colocando primeiro o encontro de dois, ou seja, a simultaneidade. É a simultaneidade que faz a associação. A associação por simultaneidade, por sua vez, não é exterior aos elementos. É por isso que Freud, no final do parágrafo, não remete ao terceiro elemento, mas a um segundo. (N.T.)

9 Remeto à Carta 52 de Freud a Fließ, de 6 de dezembro de 1896, em Masson, Jeffrey Moussaieff (ed.). *A correspondência completa de Sigmund Freud para Wilhelm Fließ: 1887-1904*. Tradução de Vera Ribeiro. Rio de Janeiro: Imago, 1986. p. 208, tradução modificada: "[...] W [*Wahrnehmungen* (percepções)] são os neurônios de onde se originam

as *percepções*, às quais a consciência se liga, mas que, em si mesmos, não retêm nenhum vestígio do que aconteceu. E isso porque *consciência e memória são mutuamente exclusivas*. Wz [*Wahrnehmungszeichen* (signos de percepção)] é o primeiro tipo de colocação por escrito [*Niederschrift*] das percepções; inteiramente incapaz de consciência e se organiza de acordo com associações por simultaneidade. Ub [*Unbewusstsein* (inconsciência)] é o segundo tipo de colocação por escrito, disposto de acordo com outras relações, talvez causais. Os traços do Ub [inconsciência] talvez correspondam a lembranças conceituais; igualmente inacessíveis à consciência [...]. (N.T.)

[10] Não encontramos em Nietzsche essas mesmas palavras. No entanto, temos em *Humano, demasiadamente humano* (*Menschliches, allzumenschliches*), § 13, "A lógica do sonho" (Logik des Traumes): "Nos sonhos, essa antiga parte da humanidade segue existindo em nós, porque é a base sobre a qual a razão superior se desenvolveu e ainda está se desenvolvendo em cada ser humano" ("*Im Traum übt sich dieses uralte Stück Menschentum in uns fort, denn es ist die Grundlage, auf der die höhere Vernunft sich entwickelte und in jedem Menschen sich noch entwickelt*"). (N.R.)

[11] Cf. Freud, Sigmund. Algumas considerações para um estudo comparativo das paralisias motoras orgânicas e histéricas [1893]. *In*: *Publicações pré-psicanalíticas e esboços inéditos (1886-1889)*. Rio de Janeiro: Imago, 1996. p. 203-216. (Edição Standard Brasileira das Obras Psicológicas Completas de Sigmund Freud, v. 1). (N.T.)

[12] "O organismo humano, no início, é incapaz de levar a cabo uma *ação específica*. Ela se efetua por *ajuda alheia*, [...] na medida em que um indivíduo experiente atenta para o estado da criança [...] Se o indivíduo prestativo realizou o trabalho da ação específica no mundo externo para o desamparado, este foi capaz, através de organizações reflexas, de executar sem demora a operação necessária no interior de seu corpo para cancelar o estímulo endógeno [...] Assim, origina-se, através da experiência de satisfação, uma via trilhada [*Bahnung*] entre duas imagens de lembrança e os neurônios nucleares investidos... Com o reaparecimento do estado de excitação ou de desejo, o investimento prossegue agora também para as duas lembranças e as anima [...] Não tenho dúvidas de que essa animação de desejo resulte em primeiro lugar no mesmo que a percepção, ou seja, em *alucinação* [...]" (cf. Freud, Sigmund. *Projeto de uma psicologia* [1895]. Tradução de Osmyr Faria Gabbi Junior. Rio de Janeiro: Imago, 1995. p. 31-33. Tradução modificada). (N.T.)

[13] Em 1911, foi acrescentada nesse ponto a seguinte frase, que foi suprimida a partir de 1925: "A angústia no sonho, gostaria de insistir, é um problema de angústia, e não um problema do sonho". (N.T.)

BIBLIOGRAFIA

A bibliografia que acompanha *A interpretação do sonho* cresceu substancialmente ao longo das edições, refletindo tanto o avanço das pesquisas sobre o sonho quanto o lugar progressivamente consolidado da psicanálise. Freud já inaugura o livro com um levantamento notável da literatura antiga e moderna, mas a partir da terceira edição (1911) esse aparato se amplia de forma sistemática. Otto Rank, então seu secretário, passa a colaborar na coleta e na atualização de referências – sobretudo artigos e monografias recentes –, contribuição reconhecida por Freud no prefácio à sexta edição (1921). Ainda assim, como mostram Lydia Marinelli e Andreas Mayer, Freud continua introduzindo acréscimos por iniciativa própria, muitas vezes sem integrá-los diretamente ao corpo do texto. A bibliografia passa a operar como um arquivo paralelo, registrando silenciosamente os deslocamentos da obra. Em 1929, na oitava edição, Freud opta por suprimir a literatura posterior a 1900 e retirar os ensaios independentes de Rank, apresentando o livro como "documento histórico" e fixando uma versão mais estável de seu percurso. Ao fim e ao cabo, a bibliografia da edição canônica da obra, foi dividida em dois grandes blocos: (A) títulos publicados antes de 1900 e (B) títulos publicados depois de 1900. Freud marcaria assim sua própria obra como divisor de águas na literatura sobre o sonho. As listas a seguir seguem a da edição de 1999, publicada originalmente em 1942. Foram feitos alguns acréscimos e ligeiras correções. (N.E.)

A. TÍTULOS PUBLICADOS ANTES DE 1900

Abel (Karl). Über den Gegensinn der Urworte. Leipzig, 1884.

Achmetis (F. Serim). *Oneirocriticae.* Ed. Nik. Rigaltius. Paris, 1603.

Alberti (Michael). *Diss. de insomniorum influxi in sanitatem et morbos.* Resp. Titius Halae M., 1744.

Alix. Les Rêves. *Rev. Scientif.*, 3ª série, v. VI (32º da col.), 3º ano, 2º sem., nov. 1883, p. 554-561.

— Etude du rêve. *Mém. de l'acad. de sc. etc. de Toulouse*, 9ª série, v. I, p. 283-326. Toulouse, 1889.

Almoli (Salomo). *Pithrôn Chalômôth*. Solkiew, 1848.

Aristóteles. *Über Träume und Traumdeutungen*. Übersetzt von Bender.

— *Von der Weissagung im Traume*.

Artemidoro de Daldis. *Symbolik der Träume*. Übersetzt von Friedrich S. Krauss. Wien, 1881.

— Erotische Träume und ihre Symbolik. Aus dem Griechischen übersetzt von Dr. Hans Licht. *Anthropophyteia*, v. IX. p. 316-328.

Artigues. *Essai sur la valeur séméiologique du rêve*. Dissertação. Paris, 1884.

Bacci (Domenico). *Sui sogni e sul sonnambulismo, pensieri fisiologico metafisici*. Venezia, 1857.

Ball. *La Morphinomanie, les rêves prolongés*. Paris, 1885.

Benezé (Emil). *Das Traummotiv in der mittelhochdeutschen Dichtung bis 1250 und in alten deutschen Volksliedern*. Halle, 1897. (Benezé. Sagengesch. und lit. -hist. Unters. 1. Das Traummotiv.)

Benini (V.). La memoria e la durata dei sogni. *Rivista italiana di filosofia*, mar.--abr. 1898.

— Nel moneto dei sogni. *Il Pensiero nuovo*, abr. 1898.

Binz (C.). Über den Traum. Bonn, 1878.

Birkmaier (Hieron). *Licht im Finsternüß der nächtlichen Gesichte und Träume*. Nürnberg, 1715.

Bisland (E.). Dreams and their Mysteries. *N. Ann. Rev.*, 1896, 152, p. 716-726.

Börner (J.). *Das Alpdrücken, seine Begründung und Verhütung*. Würzburg, 1855.

Bradley (J. H.). On the Failure of Movement in Dream. *Mind*, July 1894.

Brander (R.). *Der Schlaf und das Traumleben*. Leipzig, 1884.

Bouché-Leclercq (A.). *Histoire de la divination dans l'antiquité*. Paris, 1879. v. 1.

Bremer (L.). Traum und Krankheiten. *New York med. Monatschr.*, 1893, V, 281-286.

Büchsenschütz (B.). *Traum und Traumdeutung im Altertum*. Berlin, 1868.

Burdach (K. F.). *Die Physiologie als Erfahrungswissenschaft*. 1830. v. 3.

Bussola (Serafino). *De somniis*. Dissertação. Ticini Reg., 1834.

Caëtani-Lovatelli (E.). I sogni e l'ipnotismo nel mondo antico. *Nuova Antol.*, 1º dic. 1889.

Calkins (Mary Whiton). Statistics of Dreams. *Amer. J. of Psychology*, V, 1893.

Cane (Francis E.). The Physiology of Dreams. *The Lancet*, Dec. 1889.

Cardanus (Hieron). *Synesiorum somniorum, omnis generis insomnia explicantes libri IV*. Basileae, 1562. (2. ed. em Opera omnia Cardani, v. V, p. 593-727. Lugduni, 1603.)

Cariero (Alessandro). *De somniis deque divinatione per somnia*. Patavii, 1575.

Carpenter. Dreaming. *In*: *Cyclop. of anat. and phys.*, IV, p. 687.

Chabaneix (P.). *Le Subconscient chez les artistes, les savants et les écrivains*. Paris, 1897.

Chaslin (Ph.). *Du rôle du rêve dans l'évolution du délire*. Tese. Paris, 1887.

Clavière. La Rapidité de la pensée dans le rêve. *Revue philosophique*, XLIII, 1897.

Coutts (G. A.). Night-terrors. *Americ. J. of Med. Sc.*, 1896.

D. L. A propos de l'appréciation du temps dans le rêve. *Rev. Philos.*, v. 40, 1895, p. 69-72.

Dagonet (H.). Du rêve et du délire alcoolique. *Ann. méd.-psychol.*, 1889, série 7, v. X, p. 193.

Dandolo (G.). *La coscienza nel sonno*. Padova, 1889.

Davidson (Wolf). *Versuch über den Schlaf.* 2. ed. Berlin, 1799.

Debacker (F.). *Terreurs nocturnes des enfants*. Tese. Paris, 1881.

Dechambre (A.). Cauchemar. *Dict. encycl. de sc. méd.*, v. 2, p. 48, 1880.

Delage (Yves). Une théorie du rêve. *Revue scientifique*, 11 juil. 1891.

Delboeuf (J.). *Le Sommeil et les rêves*. Paris, 1885.

Dietrich (Joh. Dav.). *An ea, que hominibus in somno et somnio accidunt, iisdem possint imputari?* Resp. Gava Wittemberg, 1726.

Dochmasa (A. M.). *Dreams and their Significance as Forebodings of Disease*. Kazan, 1890.

Dreher (E.). Sinneswahrnehmung und Traumbild. *Reichs-med. Anzeiger*, Leipzig, 1890, XV.

Ducosté (M.). *Les Songes d'attaques épileptiques*. 1899.

Dugas (L.). Le Souvenir du rêve. *Revue philosophique*, XLIV, 1897.

— Le Sommeil et la cérébration inconsciente durant le sommeil. *Revue philosophique*, XLIII, 1897, p. 410-442.

Du Prel (Carl). Oneirokritikon: der Traum vom Standpunkte des transcend. Idealismus. *Deutsche Vierteljahrschrift*, v. II, Stuttgart, 1869.

— *Psychologie der Lyrik*. Leipzig, 1880.

— *Die Philosophie der Mystik*. Leipzig, 1887.

— Künstliche Träume. *Monatsschrift Sphinx*, Juli 1889.

Egger (V.). Le Sommeil et la certitude, le sommeil et la mémoire. *La Critique philos.*, mai 1888, I, p. 341-350.

— La Durée apparente des rêves. *Revue philosophique*, juil. 1895, p. 41-59.

— Le Souvenir dans le rêve. *Revue philosophique*, XLVI, 1898, p. 154-157.

Ellis (Havelock). On Dreaming of the Dead. *The psychological Review*, II, n. 5, Sept. 1895.

— The Stuff that Dreams Are Made of. *Appleton's popular science monthly*, Apr. 1899.

— A Note on Hypnagogic Paramnesia. *Mind*, Apr. 1897.

Erdmann (J. E.). *Psychologische Briefe*. 6. ed. Leipzig, 1848.

— *Ernste Spiele (XII: Das Träumen)*. 3. ed. Berlin, 1875.

Erk (Vinz v.). Über *den Unterschied von Traum und Wachen*. Prag, 1874.

Escande de Messières. *Les Rêves chez les hystériques*. Tese. Bordeaux, 1895.

Faure. Étude sur les rêves morbides. Rêves persistants. *Arch. génér. de méd.*, 1876, v. I, p. 558.

Fechner (G. Th.). *Elemente der Psychophysik*. 2. ed. 1889.

Fenizia. L'azione suggestiva delle cause esterne nei sogni. *Arch. per l'Anthrop.*, XXVI, 1896.

Féré (Ch.). A Contribution to the Pathology of Dreams and of Hysterical Paralysis. *Brain*, Jan. 1887.

— Les Rêves d'accès chez les épileptiques. *La Med. Mod.*, 8 dic. 1897.

Fichte (J. H.). *Psychologie. Die Lehre vom bewußten Geiste des Menschen.* Parte I. Leipzig, 1864.

Fischer (Joh.). *Ad artis veterum onirocriticae historiam symbola.* Dissertação. Jena, 1899.

Florentin (V.). Das Traumleben. Plauderei. *Die alte und die neue Welt*, 1899, v. 33, p. 725.

Fornaschon (H.). Geschichte eines Traumes als Beitrag der transcendentalen Psychologie. *Psychische Studien*, 1897, p. 274-281.

Freiligrath. *Traumbuch* (de acordo com a biografia de Buchner).

Frensberg. *Schlaf und Traum*. Samml. gemeinverst. wiss. Vortr. Virchow-Holtzendorf. Série XX, H. 466. Berlin, 1885.

Frerichs (Joh. H.). *Der Mensch: Traum, Herz, Verstand*. 2. ed. Norden, 1878.

Galeno. *Von der Weissagung im Traume*.

Gießler (C. M.). *Beitrag zur Phänomenologie des Traumlebens*. Halle, 1888.

— *Aus den Tiefen des Traumlebens*. Halle, 1890.

— *Die physiologischen Beziehungen der Traumvorgänge*. Halle, 1896.

Girgensohn (L.). *Der Traum, psychol.-physiol. Versuch*., S. A., 1845.

Gleichen-Rußwurm (A. v.). Traum in der Dichtung. *National-Ztg*., 1899, n. 553-559.

Gley (E.). Appréciation du temps pendant le sommeil. *L'Intermédiaire des Biologistes*, 20 mars 1898, n. 10, p. 228.

Goblot (E.). Sur le souvenir des rêves. *Revue philosophique*, XLII, 1896.

Gomperz (Th.). *Traumdeutung und Zauberei*. Conferência. Wien, 1866.

Gorton (D. A.). Psychology of the Unconscious. *N. Y. Med. Times*, 1896, XXIV, 33, 37.

Gould (G. M.). Dreams-Sleep-Consciousness. *Open Court*, 1899.

Grabener (Gottl. Chr.). *Ex antiquitate iudaica de menûdim bachalôm sive excommunicatis per insomnia exerc. resp. Klebius*. Witemberg, 1710.

Graffunder (P. C.). *Traum und Traumdeutung*. 1894.

Greenwood (F.). *Imaginations in Dreams and their Study*. London, 1899.

Griesinger (W.). *Pathologie und Therapie der psychischen Krankheiten*. 3. ed. 1871.

Grot (Nicolas). *Die Träume, ein Gegenstand wissenschaftl. Analyse* (em russo). Kiew, 1878.

Guardia (J. M.). La Personnalité dans les rêves. *Rev. philos*., Paris, 1892, XXXIV, 225-258.

Gutfeldt (J.). Ein Traum. *Psych. Studien*, 1899, p. 491-494.

Haffner (P.). Schlafen und Träumen. 1884. *Frankfurter zeitgemäße Broschüren*, v. 5, caderno 10.

Hallam (Fl.) e Weed (Sarah). A Study of the Dream Consciousness. *Amer. J. of Psychology*, VII, n. 3, Apr. 1896.

Hampe (Th.). Über Hans Sachsens Traumgedichte. *Zeitschrift für den deutschen Unterricht*, 10. Jahrg., 1896, p. 616 e ss.

Heerwagen. Statist. Untersuch. über Träume u. Schlaf. *Philos. Stud.*, V, 1888, p. 88.

Hennings (Justus Chr.). *Von Träumen und Nachtwandlern*. Weimar 1802.

Henzen (Wilh.). Über die Träume in der altnord. *Sagaliteratur*. Dissertação. Leipzig, 1890.

Hervey de Saint-Denys. *Les Rêves et les moyens de les diriger*. Paris, 1867. (anonym.)

Hildebrandt (F. W.). *Der Traum und seine Verwertung fürs Leben*. Leipzig, 1875.

Hiller (G.). Traum. Ein Kapitel zu den zwölf Nächten. *Leipz. Tagbl. und Anz.*, 1899, n. 657, 1. Beil.

Hipócrates. *Buch über die Träume.* (*Sämtliche Werke* übersetzt von Dr. Robert Fuchs. München, 1895-1900. v. I. p. 361-369.)

Hitschmann (F.). Über das Traumleben der Blinden. *Zeitschr. f. Psychol.*, VII, 5-6, 1894.

Ideler (K. W.). Die Entstehung des Wahnsinns aus den Träumen. *Charité Annalen*, 1862, v. III.

Jastrow (J.). The Dreams of the Blind. *New Princetown Rev.*, New-York, Jan. 1888.

Jean Paul. Blicke in die Traumwelt. *Museum* (1813) II (Werke hg. v. Hempel, 44, p. 128-152).

— Über Wahl- und Halbträume. *Ibidem*, p. 142 e ss.

— *Wahrheit aus seinem Leben*, 2, p. 106-126.

Jensen (Julius). *Traum und Denken*. Berlin, 1871. (Samml. gemeinverst. wiss. Vortr. Virchow-Holtzendorf Ser. VI, H. 134.)

Jessen (P.). *Versuch einer wissenschaftlichen Begründung der Psychologie*. Berlin, 1856.

Jodl (F.). *Lehrbuch der Psychologie*. Stuttgart, 1896. (3. ed., 1908.)

Kant (I.). *Anthropologie in pragmatischer Hinsicht*. Kirchmannsche Ausgabe. Leipzig, 1880.

Kingsford (A. B.). *Dreams and Dream-stories*. Ed. by Maitland. 2. ed. London, 1888.

Kloepfel (F.). Träumerei und Traum. Allerlei aus unserem Traumleben. *Universum*, 1899, 15. J., Sp. 2469-2484, 2607-2622.

Kramář (Oldřich). *O spánku a snu*. Prager Akad. Gymn., 1882.

Krasnicki (E. v.). Karls IV. Wahrtraum. *Psych. Stud.*, 1897, p. 697.

Krauß (A.). Der Sinn im Wahnsinn. *Allgemeine Zeitschrift für Psychologie*, XV--XVI. 1858-1859.

Kućera (Ed.). *Aus dem Traumleben*. Mähr. Weißkirchen, Gymn., 1895.

Ladd (G. T.). Contribution to the Psychology of Visual Dreams. *Mind*, Apr. 1892.

Laistner (Ludw.). *Das Rätsel der Sphinx*. Berlin, 1889. 2. v.

Landau (M.). Aus dem Traumleben. *Münchner Neueste Nachrichten*, 9. Jan. 1892.

Lasègue (G.). Le Délire alcoolique n'est pas un délire, mais un rêve. *Arch. gén. de méd.*, 1881. (Réimp. in Études méd., v. II, p. 203-227, Paris, 7e série, v. VI, p. 513-536, 1884.)

Laupts. Le Fonctionnement cérébral pendant le rêve et pendant le sommeil hypnotique. *Annales méd.-psychol.*, 1895.

Leidesdorf (M.). *Das Traumleben*. Wien, 1880. Sammlung der "Alma Mater".

Le Lorrain (J.). La Durée du temps dans le rêves. *Rev. philos.*, v. 38, 1894, p. 275-279.

— Le Rêve. *Revue philosophique*, juil. 1895.

Lélut (L.-F.). Mémoire sur le sommeil, les songes et le somnambulisme. *Ann. méd.-psych.*, 1852, v. IV.

Lemoine (A.). *Du sommeil au point de vue physiologique et psychologique*. Paris, 1855.

Lerch (Math. Fr.). *Das Traumleben und seine Bedeutung*. Gymn. Progr. Komotau, 1883-1884.

Liberali (Francesco). *Dei sogni*. Dissertação. Padova, 1834.

Liébeault (A.). *Le Sommeil provoqué et les états analogues*. Paris, 1889.

— A travers les états passifs, le sommeil et les rêves. *Rev. de l'hypnot. etc.*, Paris, 1893, 4, VIII, 41, 65, 106.

Lipps (Th.). *Grundtatsachen des Seelenlebens*. Bonn, 1883.

Luksch (L.). *Wunderbare Traumerfüllung als Inhalt des wirkl. Lebens*. Leipzig, 1894.

Macario (M. M. A.). Du Sommeil, des rêves et du somnambulisme dans l'état de santé et dans l'état de maladie. *Ann. méd.-psychol.*, 1858, v. IV, V.

— Des rêves considérés sous le rapport physiologique et pathologique. *Ibidem*, 1846. v. VIII.

— Des rêves morbides. *Gaz. méd. de Paris*, 1889, n. 8.

Macfarlane (A. W.). Dreaming. *The Edinb. Med. J.*, 1890, v. 36.

Maine de Biran (M. F. P.). *Nouvelles considérations sur le sommeil, les songes et le somnambulisme*. Ed. Cousin. 1792.

Manaceine (Marie de). *Le Sommeil, tiers de notre vie*. Paris, 1896.

— *Sleep; its Physiology, Pathology and Psychology*. London, 1897.

Maudsley. *The Pathology of Mind.* 1879.

Maury (A.). Analogies des phénomènes du rêve et de l'aliénation mentale. *Annales méd. Psych.*, 1853, V, VI.

— De certains faits observés dans les rêves. *Ann. méd.-psychol.*, 1857, v. III.

— *Le Sommeil et les rêves*. Paris, 1878.

Meisel (pseud). *Natürlich-göttliche und teuflische Träume*. Sieghartstein, 1783.

Mélinand (M. C.). Dream and Reality. *Pop. Sc. Mo.*, v. LIV, p. 96-103, 1898.

Melzentin (C.). Über wissenschaftliche Traumdeutung. *Die Gegenwart*, 1899, n. 50.

Mentz (Rich). *Die Träume in den altfranzösischen Karls- und Artus-Epen*. Marburg, 1888. (Ausg. u. Abh. aus d. Geb. d. roman. Phil., v. 73.)

Monroe (W. S.). A Study of Taste-dreams. *Am. J. of Psychol.*, Jan. 1899.

Moreau de la Sarthe (J. L.). Rêve. *Dict. des sc. méd.*, v. 48, Paris, 1820.

Moreau (de Tours) (J.). De l'identité de l'état de rêve et de folie. *Annales méd. psych.*, 1855, p. 261.

Morselli (A.). *Dei sogni nei Genii*. La Cultura, 1899.

Motet (A.). Cauchemar. *Dict. de méd. et de chir. pratiques.*

Murray (J. C.). Do We Ever Dream of Tasting?. *Proc. of the Americ. Psychol.*, 1894, 20.

Nagele (Anton). *Der Traum in der epischen Dichtung*. Programm der Realschule in Marburg, 1889.

Nelson (J.). A Study of Dreams. *Amer. J. of Psychology*, I, 1888.

Newbold (W. R.). Sub-conscious Reasoning. *Proc. Soc. Ps. Res.*, 1896, XII, 11-20.

— Über Traumleistungen. *Psychol. Rev.*, Mar. 1896, p. 132.

Passavanti (Jac.). *Libro dei sogni*. Ausg. d. Bibl. diamante. Roma, 1891.

Paulhan (F.). *L'Activité mentale et les éléments de l'esprit*. Paris, 1889.

— A propos de l'activité de l'esprit dans le rêve. *Rev. Philos.*, v. 38, 1894, p. 546-548.

Pfaff (E. R.). *Das Traumleben und seine Deutung nach den Prinzipien der Araber, Perser, Griechen, Indier und Ägypter*. Leipzig, 1868.

Pichon (A. E.). *Contribution à l'étude de délires oniriques ou délires de rêve*. Tese. Bordeaux, 1896.

Pick (A.). Über pathologische Träumerei und ihre Beziehungen zur Hysterie. *Jahrbuch für Psychiatrie*, 1896.

Pilcz (A.). Über eine gewisse Gesetzmäßigkeit in den Träumen. Autorreferat in *Monatsschrift für Psychologie und Neurologie*, März 1899.

Prévost. Quelques observations psychologiques sur le sommeil. *Bibl. univ. des sc., belles-lettres et arts*, 1834. v. I: Littérature, p. 225-248.

Purkinje (J. E.). Wachen, Schlaf, Traum und verwandte Zustände, in Wagners *Handwörterbuch der Physiologie*, 1846.

Radestock (P.). *Schlaf und Traum*. Leipzig, 1878.

Ramm (Konrad). *Diss. pertractans somnia*. Wien, 1889.

Régis. Les Rêves. *La Gironde* (Variétés), Bordeaux, 31 mai 1890.

— Des hallucinations oniriques des dégénérés mystiques. *C. R. du Congrès des méd. aliénistes etc.*, Paris, 1895, p. 260.

-- Rêves et l'hypnotisme. *Le Monde*, 25 août. 1890.

Richard (Jérôme). *La Theorie des songes*. Paris, 1766.

Richardson (B. W.). The Physiology of Dreams. *The Asclep.*, London, 1892, IX, 129, 160.

Robert (W.). *Der Traum als Naturnotwendigkeit erklärt.* Hamburg, 1886.

Richier (E.). *Onéirologie ou dissertation sur les songes considérés dans l'état de maladie*. Tese. Paris, 1816.

Robinson (L.). What Dreams Are Made of. *N. Americ. Rev.*, New York, 1893, CI, VII, 687-697.

Rousset (C.). *Contribution à l'étude du cauchemar*. Tese. Paris, 1876.

Roux (J.). Les Rêves et les dèlires oniriques. *Province méd.*, 1898, p. 212.

Ryff (Walther Herm.). *Traumbüchlein*. Straßburg, 1554.

Sanctis (Sante de). *Emozione e sogni.* 1896.

— I sogni nei delinquente. *Arch. di psichiatr. e antrop. criminale*, Torino, 1896, XVII, 488-498.

— *I sogni e il sonno nell'isterismo e nella epilessia*. Roma, 1896.

— Les Maladies mentales et les rêves, 1897. Extrait des *Annales de la Société de médecine de Gand.*

— Sui rapporti d'identità, di somiglianza, di analogia e di equivalenza fra sogno e pazzia. *Rivista quindicinale di Psicologia, Psichiatria, Neuropatologia*, 15 nov. 1897.

— I sogni dei neuropatici e dei pazzi. *Arch. di psichiatr. e antrop. crim.*, 1898, caderno 4.

— Psychoses et rêves. Rapport au Congrès de neurol. et d'hypnologie de Bruxelles, 1898. *Comptes rendus*. H. 1. p. 137.

— *I Sogni*. Torino, 1899. (Tradução de O. Schmidt, Halle, 1901.)

Santel (Anton). *Poskus raz kladbe nekterih pomentjivih prikazni spanja in sanj*. Progr. Gym. Görz, 1874.

Sarlo (F. de). *I sogni. Saggio psicologico*. Napoli, 1887.

Sch. (Fr.). Etwas über Träume. *Psych. Studien*, 1897, 686-694.

Scherner (R. A.). *Das Leben des Traumes*. Berlin, 1861.

Schleich (K. L.). Traum und Schlaf. *Die Zukunft*, 1899, v. 29, 14-27, 54-65.

Schleiermacher (Fr.). *Psychologie*. Herausgegeben von L. George. Berlin, 1862.

Scholz (Fr.). *Schlaf und Traum*. Leipzig, 1887.

Schopenhauer (A.). Versuch über das Geistersehen und was damit zusammenhängt. *In*: *Parerga und Paralipomena*, v. I, 1857.

Schubert (Gotthilf Heinrich). *Die Symbolik des Traumes*. Bamberg, 1814.

Schwartzkopff (P.). *Das Leben im Traum. Eine Studie*. Leipzig, 1887.

Science of Dreams. *The Lyceum*. Dublin, Oct. 1890, p. 28.

Siebek (A.). *Das Traumleben der Seele*. 1877 (Sammlung Virchow-Holtzendorf, n. 279).

Simon (M.). *Le Monde des rêves*. Paris, 1888. (Bibliothèque scientifique contemporaine).

Spitta (W.). *Die Schlaf- und Traumzustände der menschlichen Seele*. 2. ed. Freiburg i. B., 1892.

Stevenson (R. L.). A Chapter on Dreams (*In*: *Across the Plain*), 1892.

Stricker (S.). *Studien über das Bewußtsein*. Wien, 1879.

— *Studien über die Assoziation der Vorstellungen*. Wien, 1883.

Strümpell (L.). *Die Natur und Entstehung der Träume*. Leipzig, 1877.

Stryk (M. v.). Der Traum und die Wirklichkeit (de acordo com C. Mélinand). *Baltische Monatsschrift*, Riga, 1899, p. 189-210.

Stumpf (E. J. G.). *Der Traum und seine Deutung*. Leipzig, 1899.

Sully (J.). Étude sur les rêves. *Rev. scientif.*, 1882, p. 385.

— Les Illusions des sens et de l'esprit. *Bibl. scientif. internat.*, v. 62, Paris.

— *Human Mind*. London, 1892.

— The Dreams as a Revelation. *Fortnightly Rev.*, Mar. 1893.

— Laws of Dream Fancy. *Cornhill Mag.*, v. L, p. 540.

— Dreams. *In*: *Enc. Brit.*, 9. ed.

Summers (T. O.). The Physiology of Dreaming. *Saint-Louis Clin.*, 1895, VIII, 401-406.

Surbled (G.). *Le Rêve*. 2. ed. 1898.

— Origine des rêves. *Rev. de quest. scient.*, 1895.

Sinésio (de Sirena). *Oneiromantik*. (Tradução alemã de Krauss). Wien, 1888.

Tannery (M. P.). Sur l'activité de l'esprit dans le rêve. *Rev. philos.*, v. 38, p. 630-634, 1894.

— Sur les rêves des mathématiciens. *Rev. philos.*, 1898, I, p. 639.

— Sur la paramnésie dans les rêves. *Rev. philos.*, 1898.

— Sur la mémoire dans le rêve. *Revue philosophique*, XLV. 1898.

Thièry (A.). Aristote et Psychologie physiologique du rêve. *Rev. Neo-scol.*, 1896, III, 260-271.

Thomayer (S.). Sur la signification de quelques rêves. *Rev. neurol.*, n. 4, 1897.

— *Beitr. zur Pathologie der Träume* (tschechisch). Poliklinik der tschechischen Universität in Prag, 1897.

Tissié (Ph.). Les Rêves; rêves pathogènes et thérapeutiques; rêves photographiés. *Journ. de méd. de Bordeaux*, 1896, XXVI.

— *Les Rêves, physiologie et pathologie*. 1898. (Bibliothèque de philosophie contemporaine).

Titchener (E. B.). Taste Dreams. *Amer. J. of Psychology*, VI, 1893.

Tonnini (S.). Suggestione e sogni. *Arch. di psichiatr. antrop. crim.*, III, 1887.

Tonsor (J. Heinrich). *Disp. de vigilia, somno et somniis, prop. Lucas*. Marburg, 1627.

Traum. Artigo na *Enciclopédia geral da ciência e das artes*, de Ersch e Gruber.

Traumbuch. *Apomasaris . . . auss griechischer Sprach ins Latein bracht durch Lewenklaw jetzt und . . . verteutschet*. Wittemberg.

Tuke (Hack). Dreaming. *In*: *Dict. of Psycholog. Med.*, 1892.

Ullrich (M. W.). *Der Schlaf und das Traumleben, Geisteskraft und Geistesschwäche*. 3. ed. Berlin, 1897.

Unger (F.). *Die Magie des Traumes als Unsterblichkeitsbeweis*. Nebst e. Vorwort: Okkultismus und Sozialismus von C. du Prel. 2. ed. Münster, 1898.

Utility of Dreams. Edit. J. Comp. Neurol. Granville, 1893. III, 17-34.

Vaschide (N.). Recherches experim. sur les rêves. *Comptes rendus de l'acad. des sciences*, 17 juil. 1899.

Vespa (B.). I sogni nei neuro-psicopatici. *Bull. Soc. Lancisiana*, Roma, 1897.

Vignoli (T.). Von den Träumen, Illusionen und Halluzinationen. *Internationale wissenschaftliche Bibliothek*, v. 47.

Vischer (F. Th.). Studien über den Traum. *Beilage zur allg. Ztg.*, 1876, n. 105-107.

Volkelt (J.). *Die Traumphantasie*. Stuttgart, 1875.

Vold (J. Mourly). Einige Experimente über Gesichtsbilder im Traume. Dritter internationaler Kongreß für Psychologie in München, 1897. *Zeitschrift für Psychologie und Physiologie der Sinnesorgane*, XIII, 66-74.

— *Expériences sur les rêves et en particulier sur ceux d'origine musculaire et optique*. Christiania, 1896. Referat in *Revue philosophique*, XLII, 1896.

Vykoukal (F.V.). Über Träume und Traumdeutungen (em tcheco). Prag, 1898.

Wedel (R.). Untersuchungen ausländischer Gelehrter über gew. Traumphänomene. *Beiträge zur Grenzwissenschaft*, 1899, p. 24-77.

Weed, Hallam e Phinney. A Study of the Dream-consciousness. *Americ. J. of Psychol.*, v. VII, 1895, p. 405-411.

Wehr (Hans). *Das Unbewußte im menschlichen Denken*. Programm der Oberrealschule zu Klagenfurt, 1887.

Weil (Alex). *La Philosophie du rêve*. Paris.

Wendt (K.). *Kriemhilds Traum*. Dissertação. Rostock, 1858.

Weygandt (W.). *Entstehung der Träume*. Leipzig, 1893.

Wilks (S.). On the Nature of Dreams. *Med. Mag.*, London, 1893-1894, II, 597-606.

Williams (H. S.). The Dreams State and Its Psychic Correlatives. *Americ. J. of Insanity*, 1891-1892, v. 17, 445-457.

Woodworth (R. S.). Note on the Rapidity of Dreams. *Psychol. Review*, IV, 1897, n. 5.

— Ce qu'on peut rêver en cinq seconds. *Rev. sc.*, 3ª série, I, XII, 30 oct. 1886.

Wundt (W.). *Grundzüge der physiologischen Psychologie*. 2. ed. 1880. v. II.

Zucarrelli. Pollutions nocturnes et épilepsie. *Bull. de la Soc. de méd. ment. de Belgique*, mars 1895.

B. TÍTULOS PUBLICADOS DEPOIS DE 1900
(*Os trabalhos precedidos de asterisco referem-se diretamente a *A interpretação do sonho*)

*Abraham (Karl). Traum und Mythos. Eine Studie zur Völkerpsychologie *Schriften z. angew. Seelenkunde*. Wien; Leipzig, 1909. Caderno 4.

*— Über hysterische Traumzustände. *Jahrbuch f. psychoanalyt. und psychopathol. Forschungen*, v. II, 1910.

*— Sollen wir die Pat. ihre Träume aufschreiben lassen?. *Intern. Zeitschr. f. ärztl. Ps.-A.*, v. I, 1913, p. 194.

— Zur narzißtischen Bewertung der Exkretionsvorgänge im Traum und Neurose. *Internat. Zeitschr. f. Ps.-A.*, v. VI, 64.

*Adler (Alfred). Zwei Träume einer Prostituierten. *Zeitschrift f. Sexualwissenschaft*, n. 2, 1908.

*— Ein erlogener Traum. *Zentralbl. f. Psychoanalyse*, v. I, Jahrg. 1910, caderno 3.

*— Traum und Traumdeutung. *Ibidem*, v. III, 1912-1913, p. 174.

Amram (Nathan). *Sepher pithrôn chalômôth*. Jerusalem, 1901.

Betlheim e Hartmann. Über Fehlreaktionen bei der Korsakoffschen Psychose. *Arch. f. Psychiatrie*, v. 72, 1924.

Bianchieri (F.). I sogni dei bambini di cinque anni. *Riv. di Psicol.*, v. 8, p. 325-330.

*Bleuler (E.). Die Psychoanalyse Freuds. *Jahrb. f. psychoanalyt. u. psychopatholog. Forschungen*, v. II., 1910.

*— Träume mit auf der Hand liegender Deutung. *Münch. Med. Woch.*, 60. Jhg., n. 47, II, Nov. 1913.

*Bloch (Ernst). Beitrag zu den Träumen nach Coitus interruptus. *Zentralbl. f. Ps.-A.*, v. II, 1911-1912, p. 276.

*Brewster (E. T.). Dreams and Forgetting. New Discoveries in Dream Psychology. *McClure's Magazin*, Oct. 1912.

*Brill (A. A.). Dreams and their Relation to the Neurosis. *New York Medical Journ.*, 23 Apr., 1910.

*— *Psychoanalysis, Its Theory and Practical Application*. Philadelphia; New York, 1912.

*— Hysterical Dreamy States. *New York Med. Journ.*, 25 May, 1912.

— Artificial Dreams and Lying. *Journ. of Abn. Psych.*, v. IX, p. 321.

— Fairy Tales as a Determinant of Dreams and Neurotic Symptoms. *New York Med. Journ.*, 21 Mar., 1914.

*Brown (W.). Dreams, the Latent Views of Science. *Strand Magaz.*, Jan. 1913. (Vergl. auch Dez. 1913.)

*— Freud's Theory of Dreams. *The Lancet*, 19 and 26 Apr., 1913.

*Bruce (A.H.). The Marvels of Dream Analysis. *McClure's Magaz.*, Nov. 1912.

*Burckhard (M.). Ein modernes Traumbuch. *Die Zeit*, 1900, n. 275, 276.

Busemann (A.). Traumleben der Schulkinder. *Ztschr. f. päd. Psychol.*, 10, 1909, 294-301.

— Psychol. d. kindl. Traumerlebnisse. *Zeitschr. f. pädag. Psychol.*, 1910, XI, p. 320.

Claparède (E.). Esquisse d'une théorie biologique du sommeil. *Arch. de Psychol.*, v. IV, n. 15-16, fév.-mars 1905.

— Rêve utile. *Arch. de Psychol.*, 9, 1910, 148.

*Coriat (I.). Zwei sexual-symbolische Beispiele von Zahnarzt-Träumen. *Zentralbl. f. Ps.-A.*, III, 1912-1913, p. 440.

— Träume vom Kahlwerden. *Int. Zeitschr. f. Ps.-A*, II, p. 460.

— *The Meaning of Dreams*. London: Heinemann. (Mind and Health Series).

*Delacroix (H.). Sur la structure logique du rêve. *Rev. métaphys.*, nov. 1904.

— Note sur la cohérence des rêves. Anais e notas do 2º Congresso Intern. de Philos., p. 556-560.

Delage (Y.). La Nature des images hypnagogiques et le rôle des lueurs entoptiques dans le rêve. *Bull. de l'Instit. général psychol.*, 1903, p. 235-247.

Doglia (S.) e Bianchieri (F.). I sogni dei bambini di tre anni. L'inizio dell'attività onirica. *Contributi psicol.*, 1, 9.

*Eder (M. D.). Freud's Theory of Dreams. *Transactions of the Psycho-Medic. Soc. London*, v. III, part. 3, 1912.

*— Augenträume. *Internat. Ztschr. f. ärztl. Ps.-A.*, I, 1913, p. 157.

*Eeden (Frederik van.). A Study of Dreams. *Proceedings of the Society for Psych. Research*, part. LXVII, v. XXVI.

Ellis (H.). The Logic of Dreams. *Contemp. Rev.*, 98, 1910, 353-359.

*— The Symbolism of Dreams. *The Popular Science Monthly*, July 1910.

*— Symbolismen in den Träumen. *Zeitschr. f. Psychotherapie*, III, 1911, p. 29-46.

*— *The World of Dreams*. London, 1911. (Deutsch v. H. Kurella. Würzburg, 1911.)

*— The Relation of Erotic Dreams to Vesical Dreams. *Journ. of abn. Psychol.*, VIII, 3, Aug.-Sept. 1913.

*Federn (Paul). Ein Fall von pavor nocturnus mit subjektiven Lichterscheinungen. *Intern. Ztschr. f. ärztl. Ps.-A.*, I, 1913, H. 6.

— Über zwei typische Traumsensationen. *Jahrb. F. Ps-A*, VI, p. 89.

— Zur Frage des Hemmungstraumes. *Internat. Zeitschr. f. Ps.-A*, VI, p. 73.

*Ferenczi (S.). Die psychologische Analyse der Träume. *Psychiatrisch-Neurologische Wochenschrift*, XII. Jahrg., n. 11-13, Juni 1910. (Traduzido para o inglês com o título "The Psychological Analysis of Dreams", em *The American Journal of Psychology*, Apr. 1910.)

*— Symbolische Darstellung des Lust- und Realitätsprinzips im Ödipus-Mythos. *Imago*, I, 1912, p. 276.

*— Über lenkbare Träume. *Zentralbl. f. Ps.-A.*, II, 1911-1912, p. 31.

— Vergessen eines Symptoms und seine Aufklärung im Traume. *Internat. Zeitschr. f. Ps.-A.*, II, p. 384.

— Affektvertauschung im Traum. *Internat. Zeitschr. f. Ps.-A.*, IV, p. 112.

— Träume von Ahnungslosen. *Internat. Zeitschr. f. Ps.-A.*, IV, p. 208.

— Pollution ohne orgastischen Traum und Orgasmus im Traum ohne Pollution. *Internat. Zeitschr. f. Ps.-A.*, IV, p. 187.

Flourmoy. Quelques rêves au sujet de la signification symbolique de l'eau et du feu. *Internat. Zeitschr. f. Ps.-A.*, VI, p. 328.

Förster (M.). Das lat.-altengl. Traumbuch. *Arch. f. d. Stud. d. n. Spr. u. Lit.*, v. 120, p. 43 ff., v. 125, p. 39-70, v. 127, p. 1 ff.

— Mittelenglische Traumbücher. *Herrings Archiv*, 1911.

*Foucault (Marcel). *Le Rêve. Études et observations*. Paris, 1906. (Bibl. de Philosophie contemporaine).

*Friedjung (J. K.). Traum eines sechsjährigen Mädchens. *Intern. Ztschr. für ärztl. Ps.-A.*, I, 1913, p. 71.

*Frink (H. W.). Dreams and their Analysis in Reference to Psychotherapy. *Med. Record*, 27 May, 1911.

*— On Freud's Theory of Dreams. *Americ. Med.*, Burlington, New York, VI, p. 652-661.

— Dream and Neurosis. *Interstate Med. Journ.*, 1915.

*Gincburg (Mira). Mitteilung von Kindheitsträumen mit spezieller Bedeutung. *Internat. Ztschr. f. ärztl. Ps.-A.*, I, 1913, p. 79.

*Gottschalk. Le Rêve. D'après les idées du prof. Freud. *Archives de Neurol.*, 1912, n. 4.

Gregory (J. C.). Dreams as a Bye-product of Waking Activity. *Westm. Rev.*, London, 1911, v.. 175, p. 561-567.

*Hárnik (J.). Gelungene Auslegung eines Traumes. *Zentralbl. f. Ps.-A.*, II, 1911-1912, p. 417.

*Hitschmann (Ed.). *Freuds Neurosenlehre. Nach ihrem gegenwärtigen Stande zusammenfassend dargestellt*. Wien; Leipzig, 1911. 2. ed., 1913. (Kap. V.: Der Traum.) (Tradução para o inglês de C. R. Payne. New York, 1912.)

* — Ein Fall von Symbolik für Ungläubige. *Zentralbl. f. Ps.-A.*, I, 1910-1911, p. 235.

*— Beiträge zur Sexualsymbolik des Traumes. *Ibidem*, p. 561.

*— Weitere Mitt. v. Kindheitsträumen mit spez. Bedeutung. *Intern. Ztschr. f. ärztl. Ps.-A.*, I, 1913, p. 476.

*— Goethe als Vatersymbol in Träumen. *Ibidem*, caderno 6.

— Über Träume Gottfried Kellers. *Internat. Zeitschr. f. Ps.-A.*, II, p. 41.

— Weitere Mitteilung von Kindheitsträumen mit spezieller Bedeutung. *Internat. Zeitschr. f. Ps.-A.*, II, p. 31.

— Über eine im Traum angekündigte Reminiszenz an ein sexuelles Jugenderlebnis. *Internat. Seitschr. F. Ps.-A.*, V, p. 205.

*Hug-Hellmuth (H. v.). Analyse eines Traumes eines 5½jähr. Knaben. Zentralbl. f. Ps.-A., II, 1911-1912, p. 122-127.

*— Kinderträume. *Internat. Ztschr. f. ärztl Ps.-A.*, I, 1913, p. 470.

*— Aus dem Seelenleben des Kindes. *Schr. z. angew. Seelenk.*, herausg. v. Freud. H. 15. Wien; Leipzig, 1913.

— Ein Traum, de sich selber deutet. *Internat. Zeitschr. f. Ps.-A.*, III, p. 33.

*Jones (E.). On the Nightmare. *Americ. J. of Insanity*, Jan. 1910.

*— The Oedipus-Complex as an Explanation of Hamlet's Mystery: A Study in Motive. *American Journ. of Psychology*, Jan. 1910, p. 72-113. (Tradução para o alemão: "Das Problem des Hamlet und der Ödipus-Komplex". *Schriften z. angew. Seelenkunde*, H. 10, 1912.)

*— Freud's Theory of Dreams. *American Journal of Psychology*, Apr. 1910.

*— Remarks on Dr. M. Prince's Article: The Mechanism and Interpr. of Dreams. *Journ. of abn. Psychol.*, 1910-1911, p. 328-336.

*— Some Instances of the Influence of Dreams on Waking Life. *The Journal of Abnormal Psychology*, Apr.-May 1911.

*— The Relationship between Dreams and Psychoneurotic Symptoms. *Americ. J. of Insanity*, v. 68, n. 1, July 1911.

*— A Forgotten Dream. *J. of abn. Psychol.*, Apr.-May 1912.

*— *Papers on Psycho-Analysis*. London, 1912.

*— Der Alptraum in seiner Beziehung zu gewissen Formen des mittelalterl. Aberglaubens. *Schriften zur angew. Seelenk.*, hg. v. Freud. H. 14. Wien; Leipzig, 1912.

— Die Theorie der Symbolik. *Internat. Zeitschr. f. Ps.-A.*, V, p. 244.

*Jung (C. G.) L'Analyse des rêves. *L'Année Psychologique*, v. XV.

*— Assoziation, Traum und hysterisches Symptom. Diagnostische Assoziationsstudien. *Beiträge zur experimentellen Psychopathologie*, hg. von Doz. C. G. Jung. v. II. Leipzig, 1910. (n. VIII, p. 31-66).

*— Ein Beitrag z. Psychologie des Gerüchtes. *Zentralbl. f. Psychoanalyse*, I. Jahrg.. 1910, caderno 3.

*— Ein Beitrag zur Kenntnis des Zahlentraumes. *Ibidem*, 1910-1911, p. 567-572.

*— Morton Prince's: The Mechanism and Interpretation of Dreams. Eine kritische Besprechung. *Jahrb. f. Ps.-A. u. psychopathol. Forsch.*, III, 1911.

Iwaya (S). *Traumdeutung in Japan*. Ostasien, 1902. p. 312.

Karpinska (L.). Ein Beitrag zur Analyse sinnloser Worte im Traume. *Internat. Zeitschr. f. Ps.-A.*, III, p. 164.

Kazodowsky (A.). Zusammenhang von Träumen und Wahnvorstellungen. *Neurol. Cbl.*, 1901, p. 440-447, 508-514.

*Kostyleff. Freud et le problème des rêves. *Rev. philos.*, v. 72, jul.-déc. 1911, p. 491-522.

Kraepelin (E.). Über Sprachstörungen im Traume. *Psychol. Arbeiten*, 5, Leipzig, 1907.

*Lauer (Ch.). Das Wesen des Traumes in der Beurteilung der talmudischen und rabbinischen Literatur. *Intern. Zeitschr. f. ärztl. Ps.-A.*, I, 1913, caderno 5.

Lehmann (A.). *Aberglaube und Zauberei von den ältesten Zeiten bis in die Gegenwart*. Deutsch v. Petersen. 2. ed., Stuttgart, 1908.

Leroy (B.). A propos de quelques rêves symboliques. *Journ. de psychol. Norm. et pathol.*, 5, 1908, p. 358-365.

— e Tobowolska (J.). Mécanisme intellectuel du rêve. *Rev. Philos.*, 1901, I, v. 51, p. 570-593.

Löwinger. Der Traum in der jüdischen Literatur. Leipzig, 1908. *Mitteilungen zur jüd. Volkskunde*, 10. Jahrg., cadernos 1 e 2.

*Maeder (Alphonse). Essai d'interprètation de quelques rêves. *Archives de Psychol.*, t. VI, n. 24, avr. 1907.

*— Die Symbolik in den Legenden, Märchen, Gebräuchen und Träumen. *Psychiatrisch-Neurolog. Wochenschr.*, X. Jahrg., 1908.

*— Zur Entstehung der Symbolik im Traum, in der Dementia praecox etc. *Zentralbl. f. Ps.-A.*, I, 1910-1911, p. 383-389.

*— Über die Funktion des Traumes. *Jahrb. f. psychoanalyt. Forsch.*, IV, 1912.

*— Über das Traumproblem. *Ibidem*, V, 1913, p. 647.

— Zur Frage der teleologischen Traumfunktion. *Ibidem*, p. 453.

*Marcinowski (J.). Gezeichnete Träume. *Zentralbl. f. Ps.-A.*, II, 1911-1912, p. 490-518.

*— Drei Romane in Zahlen. *Ibidem*, p. 619-638.

Mitchell (A.). *About Dreaming, Laughing and Blushing*. London, 1905.

Miura (K.). Japanische Traumdeuterei. *Mitt. d. deutsch. Ges. f. Natur- u. Völkerk. Ostasiens*, X, 291-306.

Näcke (P.). Über sexuelle Träume. *H. Groß' Arch.*, 1903, p. 307.

— Der Traum als feinstes Reagens f. d. Art d. sexuellen Empfindens. *Monatsschr. f. Krim.-Psychol.*, 1905.

— Kontrastträume und spez. sexuelle Kontrastträume. *H. Groß' Arch.*, v. 24, 1907, p. 1-19.

— Beiträge zu den sexuellen Träumen. *H. Groß' Arch.*, 29, p. 363 e ss.

— Die diagnostische und prognostische Brauchbarkeit der sex. Träume. Ärztl. Sachv. Ztg., 1911, n. 2.

Negelein (J. v.). *Der Traumschlüssel des Yaggaddeva*. Gießen, 1912. (Relig. Gesch. Vers. XI, 4.)

Pachantoni (D.). Der Traum als Ursprung von Wahnideen bei Alkoholdeliranten. *Zentralbl. f. Nervenheilk.*, 32. Jahrg., 1909, p. 796.

*Pear (T. H.). The Analysis of some Personal Dreams, with Special Reference to Freud's Interpretation. Meeting at the British Assoc. for the Advancement of Science. Birmingham, 16-17 Sept., 1913. *British Journ. of Psychol.*, VI, 3-4, Feb. 1914.

*Pfister (Oskar). Wahnvorstellung und Schülerselbstmord. Auf Grund einer Traumanalyse beleuchtet. *Schweiz. Blätter für Schulgesundheitspflege*, 1909. n. 1.

*— Kryptolalie, Kryptographie und unbewußtes Vexierbild bei Normalen. *Jahrb. f. ps.-a. Forschg.*, V, 1, 1913.

Pötzl (Otto). Experimentell erregte Traumbilder in ihren Beziehungen zum indirekten Sehen. *Zeitschr. f. d. ges. Neurol. und Psych.*, v. 39, 1917.

*Prince (Morton). The Mechanism and Interpretation of Dreams. *The Journal of abnorm. Psych.*, Oct.-Nov. 1910.

*— The Mechanism and Interpr. of Dreams; A Reply to Dr. Jones. *Journ. of abn. Psychol.*, 1910-1911, p. 337-353.

*Putnam (J. J.). Aus der Analyse zweier Treppen-Träume. *Zentralbl. f. Ps.-A.*, II, 1911-1912, p. 264.

*— Ein charakteristischer Kindertraum. *Ibidem*, p. 328.

— Dream Interpretation and the Theory of Psychoanalysis. *Journ. of abnorm. Psych.*, IX, n. 1, p. 36.

Raalte (F. Van.). Kinderdroomen. *Het Kind*, Jan., 1912.

*Rank Otto. Der Mythus von der Geburt des Helden. *Schr. z. angew. Seelenkunde.* Heft 5. Wien; Leipzig, 1909.

*— Beispiel eines verkappten Ödipus-Traumes. *Zentralblatt für Psychoanalyse*, I. Jahrg., 1910.

*— Zum Thema der Zahnreizträume. *Ibidem.*

*— Das Verlieren als Symptomhandlung. Zugleich ein Beitrag zum Verständnis der Beziehungen des Traumlebens zu den Fehlleistungen des Alltagslebens. *Ibidem.*

*— Ein Traum, der sich selbst deutet. *Jahrbuch für psychoanalyt. und psychopathol. Forschungen*, v. II, 1910.

*— Ein Beitrag zum Narzissismus. *Ibidem*, v. III, 1911.

*— Fehlleistung und Traum. *Zentralbl. f. Ps.-A.*, II, 1911-1912, p. 266.

*— Aktuelle Sexualregungen als Traumanlässe. *Ibidem*, p. 596-602.

*— Die Symbolschichtung im Wecktraum und ihre Wiederkehr im mythischen Denken. *Jahrb. f. Ps.-A.*, IV, 1912.

*— *Das Inzestmotiv in Dichtung und Sage. Grundzüge einer Psychologie des dichterischen Schaffens.* Wien; Leipzig, 1912.

*— Die Nacktheit in Sage und Dichtung. Eine Ps.-A. Studie. *Imago*, II, 1912.

*— Eine noch nicht beschriebene Form des Ödipus-Traumes. *Intern. Zeitschr. f. ärztl. Ps.-A.*, I, 1913, p. 151.

— Fehlhandlung und Traum. *Internat. Zeitschr. f. Ps.-A.*, III, p. 158.

— Die Geburtsrettungsphantasie in Traum und Dichtung. *Internat. Seitschr. F. Ps.-A.*, II, p. 43.

— Ein gedichteter Traum. *Internat. Zeitschr. f. Ps.-A.*, III, p. 231.

*Rank (O.) e Sachs (H.). Die Bedeutung der Psychoanalyse für die Geisteswissenschaften. *Grenzfr. d. Nerven- u. Seelenlebens*, hg. v. Löwenfeld. Caderno 93. Wiesbaden, 1913.

*Reik (Th.). Zwei Träume Flauberts. *Zentralbl. f. Ps.-A.*, III, 1912-1913, p. 223.

*— Kriemhilds Traum. *Ibidem*, II, p. 416.

*— Beruf und Traumsymbolik. *Ibidem*, p. 531.

— Der Nacktheitstraum eines Forschungreisenden. *Internat. Zeitschr. f. Ps.-A.*, II, p. 463.

— Gotthilf Schuberts "Symbolik des Traumes". *Internat. Zeitschr. f. Ps.-A.*, III, p. 295.

— Völkerpsychologische Parallelen zum Traumsymbol des Mantels. *Internat. Zeitschr. f. Ps.-A.*, VI, p. 310.

-- Zum Thema: Traum und Traumwandeln. *Internat. Zeitschr. f. Ps.-A.*, VI, p. 311.

*Robitsek (Alfred). Die Analyse von Egmonts Traum. *Jahrb. für psychoanalyt. und psychopathol. Forschungen*, v. II, 1910.

*— Die Stiege, Leiter, als sexuelles Symbol in der Antike. *Zentralbl. f. Ps.-A.*, I, 1910-1911, p. 586.

*— Zur Frage der Symbolik in den Träumen Gesunder. *Ibidem*, II, p. 340.

Roheim (G.). Die Urszene im Traume. *Internat. Seitschr. F. Os.-A.*, VI, p. 337.

*Sachs (Hanns). Zur Darstellungstechnik des Traumes. *Zentralbl. f. Os.-A.*, I, 1910-1911.

*— Ein Fall intensiver Traumentstellung. *Ibidem*, p. 588.

*— Traumdeutung und Menschenkenntnis. *Jahrb. f. Ps.-A.*, III, 1911, p. 568.

*— Ein Traum Bismarcks. *Internat. Zeitschr. f. ärztl. Ps.-A.*, I, 1913, caderno 1.

*— Traumdarstellungen analer Weckreize. *Ibidem*, p. 489.

— Das Zimmer als Traumdarstellung des Weibes. *Internat. Zeitschr. f. Ps.-A.*, II, p. 35.

— Ein absurder Traum. *Internat. Zeitschr. f. Ps.-A.*, III, p. 35.

*Sadger (J.). Über das Unbewußte und die Träume bei Hebbel. *Imago*, Juni 1913.

*Schrötter (Karl). Experimentelle Träume. *Zentralbl. f. Ps.-A.*, II, 1912, p. 638.

Schwarz (F.). Traum u. Traumdeutung nach "Abdalganī an Nābulusī". *Zeitschr. d. deutsch. morgenl. Ges.*, v. 67, 1913, III. H., p. 473-493.

Secker (F.). Chines. Ansichten über den Traum. *Neue metaph. Rdschr.*, v. 17, 1909-1910, p. 101.

*Silberer (Herbert). Bericht über eine Methode, gewisse symbolische Halluzinationserscheinungen hervorzurufen und zu beobachten. *Jahrb.*, v. I, 1909.

*— Phantasie und Mythos. *Ibidem*, v. II, 1910.

*— Symbolik des Erwachens und Schwellensymbolik überh. *Ibidem*, III, 1911.

*— Über die Symbolbildung. *Ibidem*.

*— Zur Symbolbildung. *Ibidem*, IV, 1912.

*— Spermatozoenträume. *Ibidem*.

*— Zur Frage der Spermatozoenträume. *Ibidem*.

*Spielrein (S.). Traum vom "Pater Freudenreich". *Intern. Ztschr. f. ärztl. Ps.-A.*, I, 1913, p. 484.

Spitteler (Karl). Meine frühesten Erlebnisse. I. Hilflos und sprachlos. Die Träume des Kindes. *Südd. Monatsh.*, Okt. 1913.

*Stärcke (August). Ein Traum, der das Gegenteil einer Wunscherfüllung zu verwirklichen schien, zugleich ein Beispiel eines Traumes, der von einem andern Traum gedeutet wird. *Zentralbl. f. Ps.-A.*, II, 1911-1912, p. 86.

— Traumbeispiele. *Internat. Zeitenschr. F. Ps.-A.*, II, p. 381.

*Stärcke (Johann). Neue Traumexperimente in Zusammenhang mit älteren und neueren Traumtheorien. *Jahrb. f. Ps.-A.*, V, 1913, p. 233.

*Stegmann (Marg.). Darstellung epileptischer Anfälle im Traume. *Internat. Zeitschr. f. ärztl. Ps.-A.*, I, 1913.

*— Ein Vexiertraum. *Ibidem*, p. 486.

*Stekel (Wilhelm). Beiträge zur Traumdeutung. *Jahrbuch für psychoanalytische und psychopatholog. Forschungen*, v. I, 1909.

*— *Nervöse Angstzustände und ihre Behandlung*. Wien; Berlin, 1908; 2. ed. 1912.

*— *Die Sprache des Traumes. Eine Darstellung der Symbolik und Deutung des Traumes in ihren Beziehungen zur kranken und gesunden Seele für Ärzte und Psychologen*. Wiesbaden, 1911.

*— *Die Träume der Dichter*. Wiesbaden, 1912.

*— Ein prophetischer Nummerntraum. *Zentralbl. f. Ps.-A.*, II, 1911-1912, p. 128-130.

*— Fortschritte der Traumdeutung. *Zentralbl. f. Ps.-A.*, III, 1912-1913, p. 154, 426.

*— Darstellung der Neurose im Traum. *Ebenda*, p. 26.

*Swoboda Hermann. *Die Perioden des menschlichen Organismus*. Wien; Leipzig, 1904.

*Tausk (V). Zur Psychologie der Kindersexualität. *Internat. Zeitschr. f. ärztl. Ps.-A.*, I, 1913, p. 444.

Tfinkdji (Joseph, Abée). Essai sur les songes et l'art de les interpréter (onirocritie) en Mésopotamie. *Anthropos*, VIII, 2-3, mar.-juin 1913.

Tobowolska (Justine). Étude sur les illusions de temps dans les rêves du sommeil normal. Tese. Paris, 1900.

*Vaschide (N.). *Le Sommeil et les rêves*. Paris, 1911. (Bibl. de Philos. Scient., 66) (mit Literaturangabe der übrigen zahlreichen Arbeiten desselben Autors über Traum und Schlaf [com dados bibliográficos dos vários outros trabalhos deste mesmo autor acerca do sonho e do sono]).

— e Piéron. *La psychol. du rêve au point de vue médical.* Paris, 1902.

Vold (J. Mourly). Über den Traum. Experimentell-psychologische *Untersuchungen.* Herausgegeben von O. Klemm. Primeiro volume. Leipzig, 1910. v. II, 1912.

Weiss (Edoardo). Totemmaterial im Traume. *Internat. Zeitschr. f. Ps.-A.*, II, p. 159.

Weiss (Karl). Ein Pollutionstraum. *Internat. Zeitschr. f. Ps.-A.*, VI, p. 343.

Weygandt (W.). Beitr. z. Psychologie des Traumes. *Philos. Studien*, v. 20, 1902, p. 456-486.

Wiggam (A.). A Contribution to the Data of Dream Psychology. *Pedagogical Seminary*, June 1909.

*Winterstein (Alfr. v.). Zum Thema: Lenkbare Träume. *Zentralbl. f. Ps.-A.*, II, 1911-1912, p. 290.

*Wulff (M.). Ein interessanter Zusammenhang von Traum, Symbolhandlung und Krankheitssymptom. *Internat. Zeitschr. f. ärztl. Ps.-A.*, I, 1913, caderno 6.

NOTA DO EDITOR BRASILEIRO

DIE TRAUMDEUTUNG (1900)

1899/1900: Primeira publicação: *Die Traumdeutung*. Leipzig e Viena: Franz Deuticke, novembro de 1899 (datado de 1900). IV + 375 p.

1909-1922: Edições ampliadas e revistas: segunda (1909), terceira (1911), quarta (1914), quinta (1919), sexta (1921) e sétima (1922). A partir da terceira, Freud incorpora acréscimos substanciais, incluindo material de seus colaboradores, especialmente Otto Rank e Wilhelm Stekel.

1925: Edição publicada na coleção *Gesammelte Schriften* (Obras Reunidas). Viena: Internationaler Psychoanalytischer Verlag, v. II e III. Apresenta tentativa de isolar o texto da primeira edição, com os acréscimos destacados separadamente – antecipando a estrutura da edição definitiva.

1930: Versão definitiva: *Gesammelte Werke*, v. II-III, p. 1-636, organizada por Freud. O texto é tratado como "documento histórico", com supressão de acréscimos posteriores não freudianos.

1942: Reimpressão tipográfica da versão definitiva em *Gesammelte Werke*, com paginação estendida: XV + 642 p.

1966: Edição crítica de referência: *Studienausgabe*, v. II: *Die Traumdeutung*. Frankfurt am Main: Fischer Verlag. Editado por A. Mitscherlich, A. Richards e J. Strachey. Coeditora do volume suplementar: Ilse Grubrich-Simitis. Baseada na versão definitiva de 1930, apresenta introdução crítica, notas editoriais e apêndice documental.

TRADUÇÕES DE REFERÊNCIA

Inglês: *The Interpretation of Dreams.* Translated by James Strachey. London: Hogarth Press, 1953. (The Standard Edition, v. IV-V); *The Interpretation of Dreams*. Translated by James Strachey. Revised edition by Mark Solms, in collaboration with Ilse Grubrich-Simitis. Lanhan, M.D.: Rowan & Littlefield; London: The Institute of Psychoanalysis, 2024 (The Revised Standard Edition, v. IV-V).

Francês: *La Science des rêves*. Traduction par Ignace Meyerson. Paris: Félix Alcan, 1926. Primeira tradução estrangeira de *Die Traumdeutung*, autorizada por Freud; *L'Interprétation du rêve*. Traduction par Jean-Pierre Lefebvre. Paris: Éditions du Seuil, 2020. (Freud – Œuvres Complètes, sob a direção de Jacques Le Rider); *L'Interprétation du rêve*. *In*: *Œuvres complètes: Psychoanalyse*. Paris: Presses Universitaires de France, 2003. v. IV. Edição organizada por Jean Laplanche, com notas críticas, variantes e aparato filológico.

Espanhol: *La interpretación de los sueños*. Traducción de Luis López-Ballesteros y de Torres. Madrid: Biblioteca Nueva, 1923. (Obras Completas, v. 4-5; *La interpretación de los sueños*. Traducción de José Luis Etcheverry. Buenos Aires: Amorrortu Editores, 1973. (Obras Completas, v. 1).

Italiano: *L'interpretazione dei sogni*. Traduzione di Cesare Musatti. Torino: Bollati Boringhieri, 1966.

Português: Traduções anteriores incluem versões indiretas, por Octavio de Faria (Delta, 1958) e Jayme Salomão (Imago, 1972), esta última integrada à Edição Standard Brasileira; além de traduções diretas do alemão por Paulo César de Souza (Companhia das Letras, 2010) e Renato Zwick (L&PM, 2016).

***

A interpretação do sonho foi publicada no fim de 1899, mas datada de 1900 – gesto simbólico com que Freud pretendia marcar a entrada de um novo século e de um novo campo do saber. Escrita ao longo de quatro anos, entre autoanálise e observações clínicas, a obra escapa a gêneros fixos: é, ao mesmo tempo, tratado, diário especulativo e ensaio clínico.

A primeira edição era significativamente mais enxuta que a versão atual. Ao longo das décadas seguintes, Freud acrescentou notas, exemplos e digressões teóricas. Como observam Lydia Marinelli e Andreas Mayer (2009), *Die Traumdeutung* não foi escrita de uma vez só, mas sucessivamente composta, reformulada e transformada – tornando-se, com o tempo, o arquivo vivo da clínica que a fundou. A versão definitiva, organizada por

Freud em 1930 nos volumes II e III das *Gesammelte Werke*, é cerca de um terço maior que a edição original. Essa ampliação revela uma mudança de função: de ensaio clínico-experimental a fórum editorial em expansão. O capítulo VI, em particular, encarna essa mutação, acumulando contribuições externas (de Otto Rank e Wilhelm Stekel), resíduos simbólicos e novas figuras do trabalho onírico.

Apesar da recepção inicialmente modesta, o livro tornou-se, ao longo das décadas seguintes, a obra inaugural da psicanálise. Freud revisou-o em praticamente todas as reedições até 1930. Segundo Marinelli e Mayer (2009), sua evolução pode ser dividida em três fases: (1) de 1900 a 1909, quando o texto atua como um substituto metodológico para uma técnica ainda incipiente; (2) de 1909 a 1918, quando se transforma num verdadeiro fórum editorial para o movimento psicanalítico nascente; e (3) de 1919 a 1930, quando passa a ser tratado como monumento histórico e estabilizado.

Esse deslocamento alterou não apenas o escopo do livro, mas também sua forma e sua autoria. A partir da terceira edição (1911), Freud passou a integrar materiais diversos: contribuições textuais de Otto Rank (como capítulos sobre mito e poesia, posteriormente removidos), reflexos dos debates com Wilhelm Stekel (especialmente sobre o método e o alcance da interpretação simbólica) e, a partir de 1914, discussões sobre conceitos como o "fenômeno funcional" de Herbert Silberer. Esses acréscimos e debates foram frequentemente incorporados ao capítulo VI, dedicado ao trabalho do sonho [*Traumarbeit*], conferindo-lhe uma estrutura mais heterogênea e enciclopédica. Na quarta edição (1914), o nome de Rank chegou a figurar na folha de rosto. Posteriormente, Freud não apenas retirou essa menção, mas também suprimiu as contribuições textuais de seus antigos colaboradores – gesto que marca a passagem da obra coletiva para o texto canonizado. Além dessas contribuições teóricas e metodológicas, o próprio acervo de sonhos exemplares foi sendo ampliado ao longo das edições, com a inclusão de material clínico e relatos provenientes de diversos integrantes do círculo psicanalítico (como Bernhard Dattner, mencionado nas discussões sobre simbolismo, entre outros), enriquecendo a casuística apresentada. A trajetória editorial da obra revela, também, contribuições indiretas ou periféricas, como as interpretações de Karl Abraham e o ensaio onírico de Alexander Freud, incluído postumamente em edições críticas recentes. Como nota John Burnham (2005), *Die Traumdeutung* funcionou, por duas décadas, como uma espécie de "revista improvisada" do movimento psicanalítico.

Ao contrário do que muitos acreditam, a famosa frase que identifica a interpretação dos sonhos como a "via régia" para o inconsciente não aparece na primeira edição (1900) – embora a passagem correspondente (no final do capítulo VII) já utilizasse o termo alemão "*Königstraße*" (estrada real); a célebre formulação associada à via régia foi acrescentada apenas na segunda edição, de 1909. O mesmo se aplica à expressão "complexo de Édipo", que surge pela primeira vez na edição de 1914, como nota retrospectiva. No entanto, já na versão original, Freud se vale da tragédia de Sófocles para ilustrar a universalidade inconsciente de desejos infantis recalcados – especialmente o desejo da morte do pai e a atração pela mãe. O mito não opera ali como metáfora ilustrativa, mas como cifra narrativa que antecipa, sem nomear, a estrutura que será formalizada nos anos seguintes.

Além dessas reformulações conceituais e intervenções externas, há também transformações internas de linguagem, estilo e posicionamento discursivo. Freud inicialmente desejava que o livro começasse com a análise do sonho da injeção de Irma, considerado por ele o núcleo teórico e metodológico da obra. No entanto, como relata em cartas a Wilhelm Fließ entre setembro e outubro de 1897, sentiu-se compelido a incluir um capítulo introdutório sobre a literatura científica do sonho – uma tarefa que descreveu como "penosa" e que foi assumida, ao que tudo indica, mais por prudência estratégica do que por interesse teórico direto. Ilse Grubrich-Simitis (1999) observa que essa seção, ao mesmo tempo deslocada e densa, seria posteriormente conservada mesmo com a consolidação do livro como obra inaugural da psicanálise. Andreas Mayer (2009) complementa: embora não haja prova documental de uma exigência explícita do editor, é provável que Freud tenha tomado a decisão em resposta a um contexto editorial pouco receptivo a textos fortemente autorreferenciais ou metodologicamente experimentais. O capítulo VI, por sua vez, é aquele que mais sofreu acréscimos, reorganizações e cortes ao longo das edições, tornando-se um palimpsesto clínico e doutrinário. O capítulo VII, dedicado à psicologia dos processos oníricos, permaneceu quase intacto – e talvez por isso seja o mais rigorosamente metapsicológico do conjunto.

A edição de 1925, publicada pela Internationaler Psychoanalytischer Verlag, introduz uma separação explícita entre o texto de 1900 e os acréscimos posteriores, oferecendo, pela primeira vez, uma organização que antecipa a versão definitiva das *Gesammelte Werke*. Essa versão dupla revela a coexistência de dois gestos: um texto de invenção, movido pela autoanálise e pela escuta clínica, e um texto de sistematização, voltado à consolidação institucional da psicanálise. Em 1930, Freud organiza uma versão definitiva para as *Gesammelte Werke*, na qual opta por suprimir os acréscimos de outros autores, fixando assim uma forma autoral e homogênea que por vezes encobre a natureza experimental e aberta do livro original.

Durante mais de um ano, a *Traumdeutung* permaneceu ignorada pelas principais revistas científicas, aparecendo apenas em jornais e periódicos de cultura geral, frequentemente de modo desfavorável. As primeiras menções surgem ainda em 1899. Em 21 de dezembro, Carl Metzentin, escrevendo para *Die Gegenwart*, reconhece tratar-se de uma obra que marca época (*epochales Werk*), mas critica seu conteúdo como confuso e lacunar. No mês seguinte, em 8 de janeiro de 1900, Max Burckhardt publica, em *Die Zeit*, uma resenha intitulada "Ein modernes Traumbuch" (Um moderno livro sobre o sonho), à qual Freud posteriormente se referirá como "estúpida", acusando-a de ter "assassinado o livro em Viena". Em 1º de fevereiro de 1900, a revista *La Nation* publicou uma recensão assinada por J. J. David (pseudônimo de Alfred Fuchs). O tom exaltado e obscuro do texto foi interpretado por autores como Jones e Mayer como uma paródia velada. Freud, contudo, a descreveu como "gentil e sutil, embora um pouco confusa".

Entre as primeiras reações a *A interpretação do sonho*, destaca-se a de Emma Eckstein – figura central da clínica freudiana da virada do século. Seu caso é relatado na segunda parte de *Entwurf einer Psychologie* (mais conhecido entre nós como *Projeto*), de 1895, como exemplo clínico decisivo na formulação da causação *nachträglich* do sintoma, e ela aparece também como um dos personagens condensados no sonho da injeção de Irma. Em 21 de outubro de 1900, o jornal *Arbeiter-Zeitung* publicou uma resenha intitulada "Das Seelenleben im Traum" (A vida anímica no sonho). Durante décadas atribuída erroneamente a um autor masculino, "F. Eckstein", essa leitura crítica foi posteriormente reconhecida como obra de Emma Eckstein. Como observam Marinelli e Mayer (2009), ela fala ali como leitora engajada e testemunha privilegiada, embora silencie sua condição de paciente. O texto não apenas legitima a obra de Freud como também antecipa uma objeção crítica à universalidade da teoria da realização de desejo. Vale lembrar que Emma participou ativamente dos círculos feministas vienenses, defendendo pautas como a educação sexual e os direitos das mulheres. Sua resenha condensa, assim, um duplo gesto: a adesão ao projeto freudiano e a interrogação precoce sobre o alcance de suas generalizações.

Outras resenhas valem mais pela forma como Freud reagiu a elas do que por seu próprio conteúdo. Enquanto considera Carl Oppenheimer "amável, mas desprovido de inteligência", Ludwig Karell é tachado de "idiota". Somente em 1901 o livro começa a ser discutido em revistas científicas especializadas. Aparecem então duas resenhas importantes: uma por W. Stern (*Zeitschrift für Psychologie und Physiologie der Sinnesorgane*) e outra por Liepmann (*Monatsschrift für Neurologie und Psychiatrie*). Segundo levantamento sistemático de Gerd Kimmerle (1986), ao menos 17 recensões críticas circularam entre 1899 e 1903.

A recepção de *A interpretação do sonho* foi progressivamente consagradora, mas marcada, desde o início, por tensões e recusas. Vários pioneiros da psicanálise – Hanns Sachs, Ernest Jones, Melanie Klein e Helene Deutsch – relataram ter descoberto Freud a partir da leitura da obra, que operou para eles como verdadeiro *schibboleth* de entrada na doutrina. Em contraste, Sándor Ferenczi – mais tarde um de seus maiores defensores – teria rejeitado o livro ao primeiro contato, ainda jovem médico em Budapeste, por "tédio ou aversão", segundo comentário malicioso do próprio Freud (*GW*, XVI, 329).

***

A circulação internacional da obra também seguiu caminhos sinuosos. A primeira tradução francesa de *Die Traumdeutung*, realizada por Ignace Meyerson, em 1926, recebeu o título *La Science des rêves* (A ciência dos sonhos). Essa versão, amplamente utilizada na França durante décadas, é frequentemente citada por Jacques Lacan em seus primeiros seminários – o que demonstra como a recepção da obra foi marcada, desde cedo, por deslocamentos interpretativos e escolhas editoriais não neutras.

No Brasil, um marco importante na chegada dos textos de Freud em formato de livro ocorreu em 1935, com a publicação da coletânea *A interpretação dos sonhos e outros ensaios*, traduzida por Odilon Gallotti. Embora o título possa sugerir uma tradução da obra principal de 1900 (*Die Traumdeutung*), tratava-se, na verdade, de uma antologia pioneira que reunia textos freudianos mais acessíveis e introdutórios, incluindo muito possivelmente o resumo "Sobre o sonho" ("Über den Traum", 1901) e outros ensaios fundamentais da primeira fase da psicanálise. A tradução, feita de forma indireta (provavelmente a partir do francês), não corresponde a uma edição integral nem filológica, mas sim a um esforço inicial de divulgação, marcado por cortes, adaptações e ausência de aparato crítico. Essa edição integrou um projeto de tradução das obras de Freud conduzido pela Sociedade Brasileira de Psicanálise na década de 1930, com publicações a cargo da Editora Guanabara (Bottmann, 2014). Ainda assim, a coletânea foi crucial para a introdução das ideias de Freud no Brasil, especialmente fora do meio médico-acadêmico, e antecedeu em mais de duas décadas a edição da Editora Delta (1958), consolidando-se como o primeiro volume em português a circular com o nome de Freud no título.

Vale lembrar que a recepção da teoria freudiana dos sonhos no Brasil antecedeu em décadas sua tradução sistemática, manifestando-se de forma criativa no contexto do modernismo e da antropofagia cultural. Mário de Andrade foi seu principal articulador, em um engajamento profundo, porém singular, iniciado ainda na primeira metade da década de 1920. Em carta de 1924, já utilizava a expressão "recalcado (como diz Freud)", evidenciando uma assimilação precoce do vocabulário freudiano. Lendo Freud – e comentadores – em francês, como *Le Rêve*, *Cinq leçons* e *Introduction à la psychanalyse*, apropriou-se de noções como realização de desejo, inconsciente e recalque, que traduziu criativamente como "sequestro", não para a interpretação clínica de sonhos individuais, mas como ferramentas para sua investigação sobre o folclore, a subjetividade e a formação cultural brasileira. Manifestações populares, especialmente aquelas ligadas à figura da "dona ausente", eram por ele lidas como produções oníricas coletivas, análogas à realização de desejo freudiana. Obras como *Amar, verbo intransitivo* (1927) foram estruturadas, segundo o próprio autor, "seguindo passo a passo a doutrina freudiana". Fontes secundárias, como Georges Politzer, pareceram orientar decisivamente sua compreensão da teoria dos sonhos – entendida como dramatização simbólica de desejos – mais do que uma leitura sistemática da *Traumdeutung*. Como mostra Torquato (2012), trata-se de uma recepção ativamente antropofágica: Freud era menos um saber europeu a ser seguido do que um vocabulário a ser deglutido, reinventado e aplicado à realidade tropical, recalcada e pós-colonial do Brasil.

Essa apropriação, embora singular em profundidade e elaboração conceitual, não ocorreu isoladamente. No ambiente modernista da década de 1920, diversos intelectuais demonstraram interesse pelas ideias freudianas – ora como instrumento de leitura cultural, ora como chave para pensar a subjetividade artística. É o caso do psiquiatra Osório César, que, em

A expressão artística nos alienados (1929), aplicou a teoria freudiana dos sonhos à análise da produção estética de pacientes psiquiátricos, propondo uma leitura simbólica e inconsciente da arte popular e marginal. Sua interlocução com o movimento modernista reforça o caráter plural e experimental da recepção freudiana no Brasil, antes de sua sistematização acadêmica, clínica ou editorial.

A publicação da tradução de *A interpretação dos sonhos* por Jayme Salomão, em 1972, em dois volumes da Edição Standard Brasileira (ESB), representou um ponto de inflexão na história da recepção da obra no país. Pela primeira vez, o texto integral da *Traumdeutung* tornou-se acessível em português de forma sistemática, com entrada direta nos circuitos de formação analítica e universitária. Esse novo regime de leitura, de caráter institucionalizado, deslocou a apropriação ensaística e criativa das décadas anteriores em direção a um modelo disciplinar, mediado pelas categorias conceituais estabilizadas da tradução inglesa. A padronização promovida pela edição – embora funcional do ponto de vista técnico – comprometeu, em muitos aspectos, a espessura semântica e a tensão conceitual da linguagem freudiana. Ainda assim, a ESB passou a ser tratada como edição de referência no Brasil, em parte por sua ampla presença em bibliografias acadêmicas, clínicas e institucionais, sobretudo nas décadas seguintes à sua publicação. Consolidava-se, assim, uma leitura mais técnica e doutrinária da obra, que, embora formadora, distanciou a psicanálise de sua interlocução mais direta com os impasses culturais e políticos do Brasil. Perde-se aí a verve que animava a leitura antropofágica ensaiada por Mário de Andrade. Nos últimos anos, essa centralidade tem sido parcialmente deslocada com o surgimento de novas traduções diretas do alemão, incluindo esta edição, que busca restituir à escrita freudiana sua espessura linguística, sua complexidade teórica e sua abertura transdisciplinar.

***

Do ponto de vista doutrinário, o livro teve desdobramentos decisivos desde sua segunda edição (1909), com intervenções como *Sonho e mito*, de Karl Abraham, e a conferência de Ernest Jones sobre a "teoria freudiana dos sonhos". Nas décadas seguintes, o impacto da *Traumdeutung* é tamanho que é quase impossível reconstruir suas principais linhas de força. As reverberações de *A interpretação do sonho* atravessam toda a tradição analítica.

Sándor Ferenczi questionou a universalidade da realização de desejo, ao mostrar que certos sonhos funcionam como revivescências não simbólicas de experiências traumáticas. Melanie Klein retomou a hipótese freudiana do inconsciente para formular sua teoria das fantasias inconscientes, atuantes desde os primeiros vínculos com os objetos internos. Wilfred Bion concebeu o sonhar como função alfa, essencial à metabolização da experiência emocional bruta. Donald Winnicott, embora não tenha elaborado uma teoria sistemática dos sonhos, situou o sonhar no espaço potencial, próximo do brincar, como experiência simbólica de integração do self. Ernest Jones, por sua vez, aprofundou o estudo dos símbolos oníricos, buscando ampliar sua compreensão cultural e universal.

Entre os leitores de Freud no século XX, destaca-se Jacques Lacan, para quem *Die Traumdeutung* ocupa um lugar absolutamente central. Ao lado de *Psicopatologia da vida cotidiana* e *O chiste e sua relação com o inconsciente*, a obra formaria, segundo ele, o tripé inaugural da teoria freudiana do inconsciente, concebido como estrutura significante. Lacan retoma e reformula a teoria do sonho em registros diversos ao longo de seu ensino. Nos seminários iniciais e intermediários – especialmente os seminários 1, 2, 3, 5, 6 e 11 –, trabalha intensamente com a *Traumdeutung*, extraindo dela a lógica do significante, os mecanismos de condensação e deslocamento (reformulados como metáfora e metonímia), a estrutura do desejo e o funcionamento do aparelho psíquico. No eixo clínico-técnico (seminários 1 e 2), o sonho é analisado como via de acesso ao inconsciente, no manejo da transferência e na constituição do Eu. No eixo das formações do inconsciente e suas estruturas (seminários 5, 6 e 11), o sonho aparece como formação privilegiada do inconsciente: estruturado como linguagem (seminário 5), articulado à lógica do desejo (seminário 6) e vinculado à repetição e à irrupção do real (seminário 11). No eixo lógico (seminários 10 e 14), Lacan relaciona o sonho à angústia e ao objeto a (seminário 10) e à lógica do fantasma/fantasia (seminário 14), mantendo sua articulação com o desejo e a cena onírica. E, nas últimas reformulações de seu ensino, menciona o sonho como formação do inconsciente no contexto da articulação borromeana dos registros (seminário 22) e reinscreve a *Traumdeutung* como obra-fonte na elaboração final de sua doutrina (seminário 25). Em *O desejo e sua interpretação* (1958-1959), define *A interpretação do sonho* como um "livro mágico", um "livro do inconsciente". Mesmo após sua cristalização editorial, *A interpretação do sonho* continuou a operar como obra formativa. Lacan não se cansou de insistir que todo analista deveria percorrer o caminho traçado por Freud nesse livro, pois ali se encontram não apenas os fundamentos da teoria, mas também o modelo clínico de sua construção.

Como observou Ilse Grubrich-Simitis (1996), a leitura crítica da *Traumdeutung* exige que se trate o texto como um documento de camadas – cujos acréscimos, cortes e reformulações não devem ser apenas historiados, mas também escutados como parte da própria dinâmica inconsciente que o livro tenta teorizar.

REFERÊNCIAS

Assoun, Paul-Laurent. *Dictionnaire des œuvres psychanalytiques*. Paris: Presses Universitaires de France, 2009.

Burnham, John C. Resenha de Marinelli, Lydia; Mayer, Andreas. Soñar por Freud: la historia de la Interpretación de los sueños. *Journal of European Psychoanalysis*, n. 17, Summer–Winter 2003, p. 58-70.

Bottmann, Denise. Curiosidades freudianas (1931-1969). *Revista Belas Infiéis*, São Paulo, v. 2, n. 2, 2014, p. 159-173.

César, Osório. *A expressão artística nos alienados: contribuição para o estudo dos símbolos na arte*. São Paulo: Monteiro Lobato & Cia., 1929.

Freud, Sigmund. *L'Interprétation du rêve (1899-1900)*. *In*: *Œuvres complètes: Psychanalyse*. Direction scientifique par Jean Laplanche. Traduction et édition par Janine Altounian, Pierre Cotet, René Lainé, Alain Rauzy et François Robert. Paris: Presses Universitaires de France, 2003. v. IV.

Grubrich-Simitis, Ilse. *De volta aos textos de Freud: fazer falar documentos silenciosos*. Tradução de Claudia Berliner. Rio de Janeiro: Imago, 1999.

Kimmerle, Gerd. *Freuds Traumdeutung. Frühen Rezensionen 1899-1903*. Tübingen: Edition Diskord, 1986.

Marinelli, Lydia; Mayer, Andreas. *Soñar por Freud: la historia de la Interpretación de los sueños*. Buenos Aires: Katz Editores, 2009.

Torquato, Luciana Cavalcante. *A psicanálise de um país: Mário de Andrade e Freud*. 2012. Dissertação (Mestrado em Psicologia) – Universidade Federal de Minas Gerais, Belo Horizonte, 2012.

APÊNDICE

CARTA A FLIEß 112 [52][1]

6 de dezembro de 1896

Meu querido Wilhelm!

Depois de ter hoje desfrutado da plena medida de trabalho e de rendimento de que preciso para o meu bem-estar (10 horas e 100 florins), [depois] de estar morto de cansaço e espiritualmente bem-disposto, quero tentar te apresentar, de maneira simples, um pouquinho da última especulação.

Você sabe que eu trabalho com a suposição de que nosso mecanismo psíquico tenha surgido de uma sobreposição de camadas, na qual, de tempos em tempos, o material presente na forma de traços mnêmicos [*Erinnerungsspuren*] sofre uma reorganização, uma reescrita,[2] a partir de novas relações. Portanto, o que há de fundamentalmente novo em minha teoria é a afirmação de que a memória não está disposta em apenas uma, mas em várias camadas, que é escrita[3] com vários tipos de signos [*Zeichen*]. Postulei a existência de uma reorganização semelhante algum tempo atrás (Afasia)[4] para as vias [*Bahnungen*] que provêm da periferia do corpo até o córtex. Quantos desses tipos de escrita existem eu não sei. Pelo menos três, provavelmente mais. Isso pode ser visto no diagrama esquemático abaixo, que pressupõe que os diferentes modos de escrita [*Niederschriften*][5] sejam também separados (não necessariamente em termos tópicos) de acordo com seus neurônios portadores [*Neuronträgern*].

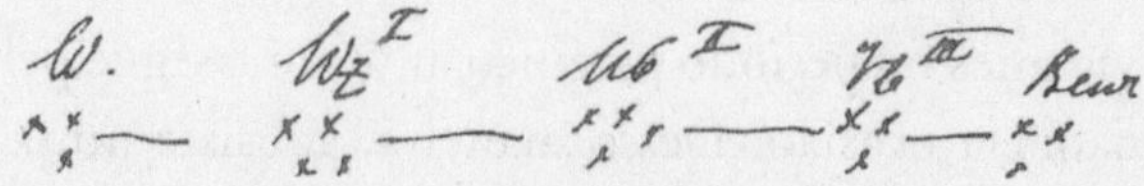

	I	II	III	
P	sP	Ic	Pc	Cs
x x / x	x x / x x	x x / x x	x x / x	x x / x

Figura 1[6]

P são neurônios em que se originam as percepções às quais a consciência se liga, mas que, em si, não retêm nenhum vestígio [*Spur*] do que aconteceu. Vale dizer que consciência e memória excluem-se mutuamente.

sP (signos de percepção) são o primeiro modo de escrita das percepções, totalmente incapaz de produzir consciência e organizado a partir de associações por simultaneidade.

Ic (inconsciência)[7] é o segundo modo de escrita, disposto a partir de outras relações, talvez causais. Traços Ic corresponderiam talvez a lembranças conceituais e seriam, da mesma forma, inacessíveis à consciência.

Pc (pré-consciência) é o terceiro modo de escrita, ligado a representações de palavra [*Wortvorstellungen*], correspondendo ao nosso Eu oficial. Os investimentos [*Besetzungen*] provenientes dessa Pc tornam-se conscientes de acordo com determinadas regras, e na verdade essa consciência secundária do pensamento é algo da ordem da posterioridade [*nachträgliches*], no que diz respeito ao tempo, provavelmente ligado à reanimação alucinatória de representações de palavra, de modo que os neurônios da consciência seriam novamente neurônios de percepção e, em si, sem memória.

Se eu pudesse fornecer as características da percepção e dos três modos de escrita eu teria descrito uma nova psicologia. Tenho algum material à disposição, mas essa não é minha intenção agora.

Quero enfatizar que os modos de escrita sobrepostos em sequência representam o trabalho psíquico de épocas sucessivas da vida. Na fronteira de duas dessas épocas precisa acontecer a tradução [*Übersetzung*][8] do material psíquico. Explico as singularidades das psiconeuroses através do fato de essa tradução não ter ocorrido para um determinado material, o que tem determinadas consequências. Isso porque persistimos na tendência à equivalência quantitativa. Cada escrita sobreposta [*Überschrift*] posterior inibe a anterior e desvia seu processo excitatório. Onde quer que falte a escrita sobreposta posterior, a excitação é resolvida de acordo com as leis psicológicas vigentes no período psíquico anterior e segue pelos caminhos disponíveis naquela ocasião. Dessa maneira, subsiste um anacronismo: numa determinada província ainda vigoram os *fueros*;[9] "sobrevivências" acontecem.

A falha da tradução [*die Versagung der Übersetzung*], é isso que clinicamente se chama "recalcamento". Seu motivo é sempre uma liberação de desprazer que seria gerado pela tradução, como se esse desprazer provocasse uma perturbação no pensamento, que não permitisse o trabalho de tradução.

Dentro da mesma fase psíquica e entre modos de escrita da mesma espécie faz-se valer uma defesa normal por causa do desenvolvimento de desprazer; mas a defesa patológica só ocorre contra um vestígio de lembrança [*Erinnerungsspur*] ainda não traduzido da fase anterior.

Não pode ser pela magnitude da liberação de desprazer que a defesa consiga promover o recalcamento.[10] Com frequência nos esforçamos em vão, justamente contra lembranças de mais intenso desprazer. Então chegamos à seguinte configuração: se um evento A, enquanto era atual, despertou um determinado desprazer, então sua escrita mnêmica [*Erinnerungsniederschrift*] AI ou AII encontra um meio de inibir a liberação de desprazer no caso de reativação [da lembrança]. Quanto mais for lembrado, mais inibida, por fim, torna-se a liberação. No entanto, existe um caso para o qual a inibição não basta: se A, enquanto era atual, ocasionou determinado desprazer e, no despertar, libera um novo desprazer, então este não pode ser inibido. A lembrança comporta-se, então, como se fosse algo atual. Esse caso só é possível em ocorrências sexuais, porque as magnitudes das excitações que elas liberam aumentam por si só no decorrer do tempo (com o desenvolvimento sexual).

Portanto, a ocorrência sexual em uma fase tem efeito atual e consequentemente não é passível de inibição na fase seguinte. Portanto, a condição da defesa patológica (recalcamento) é a da natureza sexual do evento e sua ocorrência em uma fase anterior.

Nem todos os eventos sexuais geram desprazer, a maioria gera prazer. Então, a reprodução da maioria deles deve estar ligada a um prazer não passível de inibição. Esse tipo de prazer não passível de inibição constitui uma compulsão [*Zwang*]. Assim, chegamos às seguintes teses: quando um evento sexual com diferença de fase é lembrado, surge uma compulsão na geração de prazer e recalcamento na geração de desprazer. Em ambos os casos parece estar inibida a tradução para os signos da nova fase. (?)

A clínica nos apresenta três grupos de psiconeuroses sexuais: histeria, neurose obsessiva e paranoia, e ensina que as lembranças recalcadas – no caso da primeira, na idade de 1 ano e meio até 4 anos; no caso da neurose obsessiva, na idade de 4 até 8 anos; e paranoia, na idade de 8 até 14 anos – figuram como algo atual. Mas antes dos 4 anos ainda não ocorre nenhum recalcamento, portanto, os períodos psíquicos do desenvolvimento e as fases sexuais não coincidem:

[idade]	1½	4	8	14-15
psíquico	Ia	Ib	II	III
sexual	I		II	III

O seguinte pequeno esquema deve ser exposto neste ponto:

	sP	sP + Ic	sP + Ic + Pc	idem
	até 4 anos	até 8 anos	até 14/15 anos	
histeria	atual	compulsão	recalcada em sP	
neurose obsessiva	-	atual	recalcada nos signos Ic	
paranoia	-	-	atual	recalcada nos signos Pc
perversão	atual	atual	compulsão (atual)	recalcamento impossível ou não tentado

Outra consequência das vivências sexuais prematuras é a perversão, cuja condição parece ser o fato de a defesa não ocorrer antes de o aparelho psíquico ter se constituído por completo, ou de jamais ocorrer.

Até aqui [tratamos da] superestrutura [*Oberbau*]. Agora [segue] a tentativa de colocá-la sobre a base orgânica. É preciso esclarecer por que experiências sexuais geradoras de prazer quando eram atuais, ao serem recordadas numa fase diferente, produzem desprazer em algumas pessoas e persistem como compulsão em outras. No primeiro caso, elas precisam claramente produzir mais tarde um desprazer que no início não foi liberado.

É preciso também mostrar as derivações das diferentes fases: as psicológicas e as sexuais. As últimas[11] você me ensinou a conhecer como múltiplos especiais do ciclo feminino de 28 dias.[12]

100 π = 7 ¾ anos, além de 20 π = 1 ano e 6 ½ meses

200 π = 15 anos, 50 π = 3 anos e 10 meses[13]

Se eu tomar todos os períodos observados como múltiplos desse tipo, teremos, de um lado, que o período de 23 dias continuará não sendo considerado, e, de outro, continuará sem explicação por que fases psíquicas e sexuais não coincidem (4 anos) e por que surge ora a perversão, ora a neurose.

Faço, então, a tentativa de supor que há uma substância masculina de 23 dias, cuja liberação será sentida como prazer em ambos os sexos, e uma substância de 28 dias, cuja liberação será sentida como desprazer.

Percebo então que posso apresentar todos os períodos psíquicos como múltiplos de períodos (π) de 23 dias, se eu *incluir no cálculo* o período de gestação (276 dias = 12 π).

3 × 12 π = 1 ½ anos
6 × 12 π = 3 ¾ anos
12 × 12 π = 8 anos
18 × 12 π = 12 1/3 anos
21 × 12 π = 14 ¼ anos
24 × 12 π = 17 anos

Isso significaria que o desenvolvimento psíquico ocorre em períodos de 23 dias, que se somariam a múltiplos de 3, 6, 12, ... 24, caso em que o sistema duodecimal seria eficaz.

A unidade seria, em todos os casos, o *período de gestação*, que é igual a 10 π ou 12 π (aproximadamente). O resultado seria apenas que o desenvolvimento psíquico progrediria de acordo com os múltiplos 3 × 6 × 12 dessa unidade, enquanto o período de gestação *é igual a 12 π*, e o desenvolvimento sexual de acordo com os múltiplos 5 × 10 × 20, enquanto o mesmo tempo *é igual a 10 π*.

Há dois pontos dignos de nota: 1) que no desenvolvimento psíquico o tempo intrauterino precisa ser levado em conta, não há outro jeito; enquanto no sexual, o cálculo só pode começar no nascimento. Isso faz lembrar que durante a gravidez ocorre um acúmulo da substância de 28 dias, que só é liberada no parto; 2) que os períodos de 28 dias somam-se de maneira mais rara e mais intensa que os de 23 dias, como se o desenvolvimento humano superior dependesse dessa característica (vergonha, moral).

Os dois tipos de fase estariam assim entrelaçados:

		1½	3¾	8	12¼	14¼	17
psíquico 0		3 T	6 T	12 T	18 T	21 T	24 T
sexual				100 π 10 T		200 π 20 T	
	[7 ¾] 15						

A maioria das fases psíquicas se encaixaria muito bem na suposição [da existência] de ainda outras traduções ou inovações no aparelho psíquico. Observa-se também que a somação no curso da vida abrange unidades temporais cada vez maiores.

Para decidir entre perversão ou neurose, sirvo-me da bissexualidade de todos os seres humanos. Num ser puramente masculino haveria, também nas duas barreiras sexuais, um excesso de liberação masculina, portanto, produção de prazer e, em consequência, perversão; no puramente feminino, um excesso de substância desprazerosa nessas ocasiões. Nas primeiras fases, ambas as liberações seriam paralelas, isto é, produziriam um excesso normal de prazer. Daí é possível explicar a preferência das mulheres genuínas pelas neuroses de defesa.

Desse modo, a natureza intelectual dos homens estaria comprovada na base da tua teoria.

Por fim, não posso ignorar [*unterdrücken*][14] a suposição de que a distinção, clinicamente identificada por mim, entre a neurastenia e a neurose de angústia esteja ligada à existência de ambas as substâncias de 23 e de 28 dias. Além das duas aqui supostas, poderia haver várias de cada espécie.

A histeria me é cada vez mais apontada como consequência da *perversão* do sedutor; a hereditariedade *cada vez mais* como sedução por parte do pai. Assim, surge uma alternância entre as gerações:

1ª geração: perversão.

2ª geração: histeria, que então é estéril. Às vezes, na mesma pessoa uma metamorfose: perversa na idade vigorosa e depois, a partir de um período de angústia: histérica. Afinal, a histeria não é sexualidade repudiada [*abgelehnte*], mas, melhor dizendo, *perversão repudiada*.

Por trás disso, então, a ideia das *zonas erógenas* abandonadas, isto é, na infância a liberação sexual seria obtida por várias partes do corpo, as quais então, posteriormente, só conseguem liberar a substância da angústia de 28 dias, e não as outras. Nessa diferenciação e limitação residiriam o progresso da cultura e o desenvolvimento moral e individual.

O ataque histérico não é um descarregamento [*Entladung*], e sim uma *ação* e preserva o caráter original de qualquer ação – o de ser um meio de reprodução de prazer. Isso é o que ele é ao menos essencialmente; além disso, ele se motiva a partir do pré-consciente com toda espécie de outras razões. Assim, têm ataques de sono aqueles doentes aos quais foi feito algo sexual *enquanto dormiam*; eles voltam a dormir para vivenciar a mesma coisa e, com isso, provocam em si frequentemente desmaios histéricos; a tontura, os acessos de choro, tudo isso visa ao *outro*, na maioria das vezes, no entanto, visa àquele outro pré-histórico inesquecível, que ninguém mais pode alcançar. Até o sintoma crônico de *ficar deitado na cama* [*Bettsucht*][16] se explica assim. Um de meus pacientes ainda choraminga dormindo, tal como fazia naquela época (para ser levado para a cama pela mãe, que morreu quando ele tinha 22 meses); o ataque nunca parece ocorrer como "expressão intensificada da emoção".[15,16]

Eis um pouquinho da minha experiência cotidiana: uma de minhas pacientes, em cuja história o pai altamente perverso desempenha o papel principal, tem um irmão mais novo que é tido como um perfeito mau-caráter. Um belo dia ele aparece em meu consultório para declarar, chorando, que não é um mau-caráter, e sim um doente com impulsos anormais e uma inibição da vontade. Além disso, ele se queixa, num comentário totalmente à parte, do que certamente são dores de cabeça de origem nasal. Eu lhe recomendo procurar a irmã e o cunhado, os quais ele vai efetivamente visitar. De noite, a irmã me chama por causa de uma situação grave. Fico sabendo no dia seguinte que após a partida do irmão ela teve um acesso, dos mais pavorosos, de dor de cabeça, que ela normalmente nunca tem. Motivo: o irmão tinha contado que quando tinha 12 anos, sua atividade sexual consistia em beijar (lamber) os pés das irmãs quando elas se despiam de noite. A respeito disso chegou a ela no inconsciente a lembrança de uma cena na qual ela (com 4 anos) observa o pai, em pleno arrebatamento sexual, lambendo os pés de uma ama de leite. Com isso ela tinha intuído que as preferências sexuais do filho derivavam das do pai. Logo, que este fora também o sedutor do filho. Agora ela podia identificar-se com ele e assumir sua dor de cabeça. Ela pôde fazê-lo, aliás, porque na mesma cena o pai enfurecido havia atingido com a bota a cabeça da criança escondida (embaixo da cama).

O irmão odeia qualquer perversidade, ao mesmo tempo que sofre de impulsos compulsivos. Portanto, ele recalcou determinados impulsos que são substituídos por outros com compulsão. Esse é, de modo geral, o segredo dos impulsos compulsivos [*Zwangsimpulse*]. Se ele conseguisse ser perverso, seria saudável como o pai.

É interessante que o cálculo, após somas sucessivas, não revela *nada*, quer se inclua ou não o período intrauterino nas contas.

I. $12\,\pi$ = T [período de gestação] = 276 dias (intrauterino)

+

$3 \times 12\,\pi = 3T$ = 2 anos e 3 meses (extrauterino)

+

$6 \times 12\,\pi = 9T$ = 6 anos e 9 meses

+

$12 \times 12 \cdot \pi = 21T$ = 15 anos e 9 meses

II. $12\,\pi = 9$ meses

+

$3 \times 12\,\pi = 4T = 3$ anos

+

$6 \times 12\,\pi = 10T = 7$ anos e 6 meses

+

$12 \times 12\,\pi = 22T = 16\,½$ anos

Isso só funciona quando os 12 π intrauterinos são incluídos no cálculo e na soma total, como colocado na última carta.[17] Isso significa alguma coisa?

Fico feliz por eles não terem mais colocado em foco a tua conferência. Assim podemos xingá-los tranquilamente; eles são um bando de idiotas e deveriam nos deixar em paz.

Agora um assunto particular: Oscar e Melanie estiveram em casa e causaram boa impressão. Preciso voltar a gostar dele. Sobre a veracidade de um boato que vem ligando Marie B[ondy] e Robert Br[euer], *não* quero te perguntar explicitamente, apenas indicar que estou sabendo sobre ele. Desejo-lhes tudo de bom, só que tenho certeza absoluta de que não quero me encontrar com o clã dos Breuer.

Tenho estado trabalhando de 10 a 11 horas diariamente e me sentindo consideravelmente bem, mas quase rouco. Será que isso é tensão excessiva das cordas vocais ou aneurisma? Também não é preciso *nenhuma* resposta. O melhor é: *travailler sans raisonner* [trabalhar sem pensar], como aconselha o velho Candide.

Sobre a resolução espontânea da paralisia pupilar no caso do olhar fixo não sei realmente nada, e duvido que possa descobrir algo. É claro que *a priori* é muito improvável. Certamente fósforo, não é?

Agora enfeitei minha sala com cópias de estátuas florentinas. Foi uma fonte de extraordinário revigoramento para mim; estou pensando em ficar rico para poder repetir essas viagens. Um congresso[18] em solo italiano! (Nápoles, Pompeia).

As mais cordiais saudações a todos vocês.

Teu Sigm.

Briefe an Wilhelm Fließ

1950 *Aus den Anfängen der Psychoanalyse*, estabelecida por Marie Bonaparte, Anna Freud e Ernst Kris

198 *The complete letters of Sigmund Freud to Wilhelm Fließ* (1887-1904), editadas por J.M. Masson

198 *Briefe an Wilhelm Fließ*, 1887-1904. Ungekürzte Ausgabe.

É difícil exagerar a importância que a correspondência com Fließ teve para a constituição das principais linhas de força do pensamento de Freud. Em 06 de outubro de 1910, numa carta a Ferenczi, alguns anos depois da ruptura com Fließ, no contexto de seu esforço de desinvestir o afeto dirigido a este, Freud escreve uma frase que se tornou célebre: "Uma porção de investimento homossexual foi retraída e empregada no engrandecimento do próprio Eu. Me foi possível ter êxito onde fracassa o paranoico".

A existência desses documentos não era conhecida até a Segunda Guerra Mundial. Foi o pulso firme da princesa Marie Bonaparte que, além de adquirir o material, logrou conservá-lo apesar das instâncias do próprio Freud de destruí-lo, devido a seu caráter íntimo. A primeira edição completa desse material apareceu apenas em 1985, depois que Jeffrey Masson convenceu Anna Freud de sua importância.

A famosa Carta 112 [52], dpe 6 de dezembro 1896, é, com justiça, considerada uma das mais importantes. Ela apresenta um esboço da teoria do aparelho psíquico, que será sistematizado no capítulo VII de *A intepretação do sonho*. Ela tem ainda o interesse de articular a reflexão clínica e nosográfica – ao distinguir histeria, neurose obsessiva, paranoia e perversão – à reflexão tópica. O leitor poderá estranhar um longo desenvolvimento de quase duas páginas em que Freud se esforça para vincular suas descobertas à teoria de Fließ acerca dos "períodos", esforço este que logo se demonstrará infecundo. A edição de 1950, assim como a *Standard Edition*, preferiram omitir esse trecho. Nem mesmo a *The Revised Standard Edition* publicada em 2024 corrigiu essa omissão. De todo modo, cabe ao leitor, e não aos editores, excluir ou não o que assim desejar.

NOTAS

1 A numeração entre colchetes refere-se à seleção publicada em 1950 por Anna Freud; o outro número refere-se à edição completa estabelecida por Masson em 1985 e retomada na edição alemã de 1986. (N.E.)

2 Traduzimos o termo *Umschrift* por "reescrita". Tomamos a liberdade de assim fazê-lo tendo em vista o fato de não se tratar de uma nova inscrição. Tomando o prefixo *um* como um movimento circular, entendemos que a palavra *Umschrift* remete mais a um escrever com o já escrito, reescrever, do que a uma nova inscrição. (N.T.)

3 *Niedergelegt*, particípio passado de *baixar*, *pôr no chão*, *consignar*, *deitar por escrito*. (N.T.)

4 Freud refere-se ao texto "Sobre a concepção das afasias" (Zur Auffassung der Aphasien: eine kritische Studie), publicado nesta coleção em 2013. Essa é uma das raras passagens em que o próprio Freud faz menção à semelhança entre o estudo das afasias e seus trabalhos posteriores. (N.T.)

[5] Freud concebe o aparelho psíquico como um sistema de escrita. Os próprios termos escolhidos mostram isso: os efeitos ou a impressão [*Eindruck*] do mundo exterior são dispostos como uma escrita [*Niederschrift*] e posterior reescrita [*Umschrift*] do signo [*Zeichen*], que se modifica em traço de memória [*Erinnerungsspur*]. Todos esses processos são da ordem da escrita. Se Freud insiste em caracterizar esse material como literal, está nos dizendo que o inconsciente, sistema de memória, tem como suporte a dimensão do escrito. Isso está também de acordo com a reorganização [*Umordnung*] proposta por Freud no texto. (N.T.)

[6] As siglas designam P: percepções; sP: signos de percepção; Ic: inconsciência; Pc: pré--consciência; Cs: consciência. No original alemão, correspondem a *W: Wahrnehmungen*; *Wz: Wahrnehmungszeichen*; *Ub: Unbewusstsein*; *Vb: Vorbewusstsein*; *Bew: Bewusstsein*. (N.E.)

[7] Note-se que Freud faz uso da forma *Unbewusstsein* (inconsciência) e não ainda da forma que se tornaria célebre, *Das Unbewusste:* o inconsciente. O mesmo vale para a instância seguinte, a pré-consciência. Por essa razão, não empregamos aqui a consagrada sigla ICS (inconsciente), mas apenas Ic. (N.E.)

[8] *Übersetzung* tem em "tradução" a sua acepção mais usual, embora possa aqui também ser interpretado como "transposição". (N.R.)

[9] O termo *fuero*, em espanhol no original, deriva do latim *forum* ("foro" em português). De maneira geral, designa o conjunto de direitos locais espanhóis da Idade Média. Originalmente, o *fuero* não era necessariamente escrito. Na modernidade, o termo adquiriu uma nova significação. Com a unificação da nação espanhola sob a égide do direito castelhano, muitos de seus territórios passam a reivindicar sua própria constituição frente ao centralismo do Estado moderno. Os *fueros* passam a significar, pois, o "direito especial de uma região", como de Aragão, Navarra ou Valência. (Cf. García-Gallo de Diego, Alfonso. Aportación al estudio de los fueros. *Anuario de historia del derecho español*, n. 26, p. 387-446, 1956.) (N.E.)

[10] Os próximos parágrafos ligam as suposições sobre a função do aparelho psíquico com aquelas sobre a posição privilegiada do recalcamento como defesa contra traumas sexuais. Essas suposições encontram-se ainda no campo da "hipótese de sedução". (N.T.)

[11] Na versão original editada por Moussaieff Masson (p. 221) consta que a expressão foi corrigida para "as primeiras" (*A correspondência completa de Sigmund Freud para Wilhelm Fließ – 1887-1904*. Editado por Jeffrey Moussaieff Masson; tradução de Vera Ribeiro. Rio de Janeiro: Imago, 1986). (N.T.)

[12] O trecho que segue continua na Carta 113 e constitui o auge dos esforços de Freud em ligar seus pontos de vista aos de Fließ. (N.T.) [A primeira edição alemã (*Aus den Anfängen der Psychoanalyse*), assim como a edição inglesa (*Standard Edition*), omitiu o trecho abaixo. Na presente edição, a cor cinza indica trechos suprimidos naquelas edições. (N.E.)]

[13] Nessa clara, e fracassada, tentativa de Freud de estabelecer relações entre suas teses e as de Fließ, a letra grega pi (π) é utilizada como abreviação para *Periode* (período). (N.R.)

[14] Quando usado como vocábulo da metapsicologia, trata-se do *reprimir*, relacionado ao *recalcar* [*verdrängen*]. Aqui parece o caso de um uso corrente, como "deixar de lado", "não levar em conta". (N.R.)

[15] No artigo "As neuropsicoses de defesa" (1894) Freud cita a frase de Oppenheim: "a histeria é uma expressão intensificada de emoção" [*gesteigerter Ausdruck der Gemütsbewegung*]. (N.T.)

[16] A edição *Standard*, seguindo a primeira edição alemã [*Anfängen*], interrompe a carta nesse ponto. (N.E.)

[17] Trata-se desta mesma carta, e não da carta anterior. (N.T.)

[18] Ironicamente, Freud e Fließ chamavam seus encontros de "congressos". (N.R.)

POSFÁCIO

Sonhar no século XXI, sonhar o século XXI

Gilson Iannini
Hanna Limulja
Sidarta Ribeiro

> *Naquele Império, a Arte da Cartografia atingiu tal perfeição que o mapa de uma só Província ocupava uma Cidade inteira, e o mapa do Império, uma Província inteira. Com o tempo, esses Mapas Desmedidos deixaram de satisfazer e os Colégios de Cartógrafos levantaram um Mapa do Império que tinha o tamanho do Império e coincidia com ele ponto por ponto. Menos dedicadas ao estudo da Cartografia, as Gerações seguintes entenderam que esse extenso Mapa era inútil e não sem impiedade o entregaram às Inclemências do Sol e do Inverno. Nas regiões ocidentais permanecem ruínas do Mapa, habitadas por Animais e por Mendigos; em todo o país não há outra relíquia das Disciplinas Geográficas.*
> Jorge Luis Borges

O SONHO HOJE

O sonho, uma experiência ao mesmo tempo universal e singular – concebida de maneiras radicalmente distintas entre culturas –, permanece um dos aspectos mais inquietantes da experiência humana. Desde tempos imemoriais ele nos fascina, suscitando interpretações mitológicas, xamânicas, religiosas, filosóficas, médicas, artísticas, entre outras. Com a publicação de *A interpretação do sonho*, em 1900, Sigmund Freud inaugura uma investigação sistemática do sonho como formação do inconsciente, promovendo uma inflexão sem precedentes na pesquisa clínica, científica e epistêmica do sonho na era moderna. Nas décadas seguintes, esse campo se expandiu e se diversificou. A partir da década de 1950, a descoberta do sono REM impulsionou uma vertente neurobiológica da pesquisa, dedicada ao mapeamento dos correlatos neurais da atividade onírica. Nos últimos 25 anos, essa vertente foi profundamente refinada: as neurociências passaram a mapear com precisão crescente os padrões dinâmicos da atividade onírica em diferentes estados do ciclo do sono. Por outro lado, pesquisas etnológicas desestabilizaram alguns pressupostos universalistas, revelando ontologias do sonho profundamente distintas, em que o sonhar não é concebido apenas como atividade interna ou privada, mas também como modo de relação com outros seres e mundos. A psicanálise, por seu turno, aprimorou suas ferramentas teóricas e clínicas, preservando seu compromisso com a escuta da singularidade, apostando no sonho como via régia não apenas para o inconsciente, mas também para a própria prática.

A cada avanço técnico ou teórico, renova-se a ambição de descrever o sonho em diferentes níveis – neurobiológicos, culturais, psíquicos, linguísticos, clínicos e assim por diante –, como se fosse possível construir um mapa que coincidisse ponto por ponto com o território. Mas, como adverte Borges na fábula sobre o império dos cartógrafos, quando o mapa se torna idêntico ao que pretende mapear, ele perde sua função, tornando-se inútil. Aplicada aos sonhos, essa metáfora aponta não apenas para o risco de que a busca por uma representação integral apague justamente aquilo que torna o sonho algo tão interessante – sua opacidade, sua resistência à tradução, sua complexidade, seu caráter fugidio –, mas também para o risco de inflação interna de cada modelo teórico. Toda vez que uma abordagem – seja ela neurobiológica, psicanalítica, etnográfica ou qualquer outra – opera como se pudesse, sozinha, abarcar por completo o fenômeno do sonho, ela se aproxima do destino do mapa borgeano: torna-se um modelo tão extenso, tão desmesurado, que já não serve para nada. A fragmentação entre disciplinas que o abordam não é mero acidente, muito menos índice de alguma imaturidade epistêmica; ela reflete características inerentes ao próprio sonhar, que envolve, ao mesmo tempo, dimensões neurobiológicas, psíquicas e socioculturais. É nesse contexto que se coloca a pergunta pela possibilidade – e, sobretudo, pelos limites – de uma abordagem verdadeiramente interdisciplinar. Mais do que uma síntese conciliatória, trata-se de sustentar o entrechoque dessas perspectivas sem apagá-las – reconhecendo que nenhuma, por si só, esgota a experiência do sonho.

A SOMBRA DURADOURA DE FREUD

A publicação de *A interpretação do sonho*, por Sigmund Freud, representa um marco fundamental na história do pensamento ocidental e, mais especificamente, nos estudos sobre a vida onírica. Antes dele, os sonhos eram geralmente tratados como manifestações fisiológicas residuais, presságios sobrenaturais ou ecos desconexos da vigília. Freud propôs uma viragem radical, ao afirmar que os sonhos possuem sentido e que "a interpretação do sonho é a via régia para o conhecimento do inconsciente na vida anímica" (neste volume, p. 585). Sua tese central sustentava que "o sonho é a realização (disfarçada) de um desejo (reprimido, recalcado)" (neste volume, p. 194), articulada por meio de um complexo processo de trabalho do sonho.

A influência de Freud nesse campo é persistente. Mesmo mais de um século após a publicação da *Traumdeutung*, ele segue como referência incontornável – seja como marco inaugural, seja como contraponto teórico. Sua teoria permanece como pano de fundo contra o qual se destacam e contrastam muitas das descobertas empíricas sobre os correlatos neurais e os mecanismos da atividade onírica. O foco neurocientífico recai sobretudo na identificação das bases neurais da mente adormecida e nas funções psicobiológicas do sonhar (Siclari *et al.*, 2017), afastando-se da ênfase freudiana na singularidade e na produção de sentido. Não raro, a teoria freudiana dos sonhos é criticada com base em leituras simplificadas, que tomam como alvo noções triviais de realização de desejo ou de censura onírica. Outros ainda insistem em opor a alta prevalência de sonhos com conteúdo negativo, ansioso ou traumático como evidência contrária à hipótese freudiana. O próprio Freud, no entanto, examinou exaustivamente, na própria *Traumdeutung*, contraexemplos de sonhos e conteúdos desprazerosos, numa postura quase popperiana *avant la lettre*. Mais adiante, em *Além do princípio de prazer* (1920), reformulou sua teoria para dar conta de sonhos repetitivos de traumatizados de guerra.

Ao ignorar essas complexidades, parte da crítica neurocientífica projeta sobre Freud um espantalho teórico. Essa caricatura também cumpre uma função disciplinar: reforça a identidade empírica e quantificável da neurociência em contraste com a suposta especulação "não científica" da psicanálise. Tal caricatura serve menos para refutar Freud do que para consolidar fronteiras disciplinares. Essa simplificação reiterada cumpre uma função identitária: reforça o *ethos* empírico e quantificável da neurociência, que se apresenta como ciência "séria", em contraste com a suposta especulação "não falsificável" da psicanálise (cf. Dunker; Iannini, 2023). Na verdade, diversas descobertas da psicanálise foram testadas e efetivamente corroboradas por pesquisadores biomédicos, com ou sem reconhecimento dessa matriz de pensamento. Não se trata, portanto, apenas de um desacordo teórico, mas de um gesto institucional que assegura os limites do campo científico contemporâneo. A primeira tarefa para um diálogo fecundo entre neurociências e psicanálise é delimitar o papel e os limites de cada disciplinas, sem descuidar dos eventuais pontos de tensionamento e disputa. Para isso, é preciso afastar a sombra do espantalho e não recuar diante da incomensurabilidade relativa entre os campos.

No entanto, iniciativas contemporâneas indicam que a oposição entre Freud e as neurociências não é de princípio, mas de método, linguagem e foco. Mark Solms (2000), por exemplo, associa o sistema dopaminérgico de recompensa ao impulso desejante que anima o sonho. De modo mais amplo, estruturas como o sistema límbico, a "rede de modo padrão" *(default mode network*) e a chamada "zona quente" posterior têm sido relacionadas a processos que dialogam diretamente com categorias psicanalíticas. Solms sugere que a consciência emerge não das regiões pré-frontais do córtex cerebral responsáveis pelo raciocínio lógico, pela tomada de decisões e pelo controle inibitório, mas sim de regiões subcorticais ligadas aos sentimentos e à motivação para a busca de estímulos prazerosos e a evitação de estímulos aversivos. Talvez sua principal contribuição, contudo, seja de caráter ontológico: ele mostra que Freud não adota um dualismo corpo-alma à maneira cartesiana, tampouco se deixa seduzir por algum reducionismo fisicalista, em que a mente não passa de um epifenômeno da atividade cerebral. Essa posição complexa pode ser descrita como um monismo de duplo aspecto (*dual-aspect monism*) (Solms, 2021).

Apesar do potencial de síntese que propõe, a neuropsicanálise ocupa posição minoritária tanto entre neurocientistas quanto entre psicanalistas. A versão de Solms talvez seja a mais conhecida, por seu papel inaugural, mas não é única, tampouco consensual – mesmo dentro do campo dos esforços de integração ou diálogo entre as áreas. Não por acaso, a reativação do diálogo entre neurociência e psicanálise não se dá sem fricções. Na tradição psicanalítica francesa contemporânea, sobretudo entre os herdeiros da linhagem lacaniana, persiste uma reserva crítica diante de iniciativas desse gênero, recebidas como tentativas de naturalizar o inconsciente, motivada pela desconfiança quanto à colonização de uma disciplina por outra. François Ansermet e Pierre Magistretti, por exemplo, buscaram outro regime de interlocução, insistindo na incomensurabilidade de métodos e de objetos. Sua hipótese de trabalho parte da ideia de que a plasticidade cerebral – a capacidade do cérebro de se reorganizar em função das experiências – oferece um modelo material para pensar a singularidade subjetiva, tal como conceituada pela psicanálise. "A cada um seu cérebro" (Ansermet; Magistretti, 2004), porque cada um tem sua história, seus traços, suas marcas, suas contingências. *A interpretação do sonho*, nesse registro, não inaugura uma ciência positiva da mente, mas sim uma ética da escuta – um compromisso com a opacidade do desejo, a polissemia do sintoma e a irredutibilidade do sujeito. Ao tomarem a plasticidade cerebral como operador central e ao recusarem qualquer determinismo biológico em sentido unidirecional, os autores enfatizam que o cérebro não é um suporte fixo, mas uma estrutura dinâmica permanentemente moldada pela contingência das experiências e pela singularidade dos traços psíquicos. A plasticidade (Ansermet; Magistretti, 2004; Ribeiro, 2012) oferece, assim, matriz material e dinâmica de variação que não contradiz, mas sim reforça a tese freudiana de que o sujeito é efeito de inscrições singulares.

Refutar a teoria freudiana dos sonhos porque se descobriram seus fundamentos neurobiológicos equivaleria a afirmar que o conhecimento da engenharia estrutural torna a arquitetura obsoleta. Ambas as disciplinas operam em níveis distintos de análise e com objetivos diferentes – uma voltada para os mecanismos neurobiológicos subjacentes, empenhada em identificar padrões gerais; outra interessada pelos mecanismos de transformação que fazem de padrões gerais instâncias singulares passíveis de leitura e interpretação. Pretender, portanto, que a identificação de substratos cerebrais implicaria a invalidação da teoria do aparelho psíquico e seus sistemas, processos e mecanismos seria como alegar que a composição dos pigmentos basta para explicar o fenômeno da cor, como, aliás, mostra Goethe em sua crítica à ótica de Newton: há uma diferença essencial entre o dado físico e a experiência – entre o espectro ótico e o olhar. Do mesmo modo, o inconsciente freudiano não se reduz à atividade cerebral: ele emerge do entrelaçamento entre corpo, linguagem e desejo. Não podemos nos esquecer de que o sujeito freudiano não é uma entidade puramente "mental": o inconsciente psíquico emerge a partir de exigências pulsionais situadas *entre* corpo e psiquismo.

OUTRAS ONTOLOGIAS DO SONHO

A recepção da concepção psicanalítica do sonho permanece ainda mais distante – e mais disputada – no vasto campo das ciências sociais. Entre estas, a etnologia tende a abordar os sonhos a partir de perspectivas que frequentemente se distanciam criticamente da – ou mesmo rejeitam explicitamente a – teoria psicanalítica. A crítica recai sobretudo sobre o que se percebe como universalismo, individualismo e etnocentrismo da psicanálise, em especial sua ênfase nos conflitos intrapsíquicos, tratados por vezes como dissociados do contexto social, cultural e histórico mais amplo. Nessas abordagens, a atenção desloca-se para a produção social dos sonhos, seus significados culturalmente compartilhados, sua função nas práticas rituais e sua inscrição nas dinâmicas de poder e nos modos de subjetivação coletiva. Importa, no entanto, sublinhar que essa crítica não implica a rejeição da perspectiva da psicanálise enquanto tal. Desde sua formulação – e isso se torna ainda mais evidente nos textos escritos após o final da Primeira Guerra Mundial –, o inconsciente freudiano não é um espaço interior, privado ou autocentrado, mas um dispositivo estruturalmente transindividual, tecido por cadeias simbólicas, heranças transgeracionais e processos de transmissão intersubjetiva. O sujeito que Freud interroga é sempre um sujeito fendido, atravessado pela alteridade e estruturado na e pela linguagem. De fato, a concepção de sujeito para a psicanálise nunca se confundiu com a noção de um indivíduo solipsista ou dotado de uma interioridade fechada sobre si mesma. Em termos estritamente freudianos, o sujeito do inconsciente "sempre se situou na fronteira tênue entre a psicologia individual e a psicologia social" (Iannini, 2024, p. 227).

Contudo, recusar a teoria freudiana dos sonhos por sua ênfase no sujeito seria tão impreciso quanto considerar irrelevante a arquitetura por se ocupar de habitações, enquanto outras disciplinas pensam o espaço a partir de territórios, rituais e relações sociais. A arquitetura, mesmo centrada no edifício, articula volumes, vizinhanças e usos – e por isso não se opõe às abordagens territoriais, mas as complementa em outro nível de análise. Isso vale também para a psicanálise: embora opere na escuta da singularidade, ela nunca se afastou inteiramente do campo do coletivo. O sujeito que ela interroga não é uma interioridade isolada, mas uma formação atravessada por normas, discursos e heranças simbólicas transindividuais. Nesse sentido, a distinção entre *repressão* – marcada pelas formas históricas da normatividade de cada cultura – e *recalque* – mecanismo estrutural que opera independentemente das formas contingentes desta ou daquela configuração social – revela uma sensibilidade freudiana a camadas histórico-sociais da subjetividade. É possível, portanto, reconhecer em Freud uma ambivalência fértil: sua teoria do sujeito é ao mesmo tempo enraizada na experiência singular e sensível à inscrição de normas e valores coletivos, em instâncias que atuam na base do conflito subjetivo. Ele esboça, assim, uma concepção de subjetividade porosa, situada entre disposições herdadas, construções culturais internalizadas e as próprias experiências contingentes de cada um.

Tentar fazer coincidir essas perspectivas num único modelo totalizante seria repetir o gesto dos cartógrafos de Borges: traçar um mapa que se confunde com o território, apenas para vê-lo, mais tarde, abandonado às inclemências do Sol e do inverno. O que neurociências, psicanálise e antropologia nos oferecem não é um mapa único, tampouco sobreponível, mas diferentes tipos de cartografia – tão diversos entre si quanto o são os mapas políticos, topográficos, climáticos ou geológicos, ou, ainda, aqueles "desenhados com pincel finíssimo de pelo de camelo", para lembrar de Borges. Cada um enfatiza certos aspectos do terreno e silencia outros; cada um mobiliza uma gramática própria de representação, abstração e função; cada um sonha uma aplicação ou um uso diverso. Da mesma forma, os mapas dos sonhos traçados por essas disciplinas variam conforme o objeto que recortam, os métodos que priorizam, a angulação de suas lentes e os regimes de sentido que acionam: há mapas das ativações neurais e de seus circuitos; mapas das formações do desejo, da linguagem e da memória que constituem o sujeito; e mapas das mediações culturais, ontológicas e coletivas que modelam a experiência onírica. Nenhum deles coincide com o território – tampouco deveriam fazê-lo. Juntos, compõem uma cartografia diferencial do sonho, não como reprodução mimética da realidade, mas como campo de tensões e traduções parciais entre regimes de saber heterogêneos, que continuam em constante expansão na contemporaneidade.

ARQUITETURAS E REDES: SONO E SONHO

A investigação neurocientífica recente tem proporcionado avanços significativos na compreensão dos mecanismos cerebrais subjacentes à experiência onírica, afastando-se de modelos simplistas e revelando um panorama mais complexo e dinâmico da atividade cerebral durante o sono.

Uma das mudanças conceituais mais importantes foi o afastamento do "REM-centrismo". Historicamente, o sonho esteve fortemente associado ao sono REM, caracterizado por uma atividade cerebral semelhante à da vigília. No entanto, tornou-se cada vez mais claro que a atividade mental significativa, incluindo experiências oníricas, ocorre também durante o sono não REM (NREM). Nas diferentes fases do sono contidas em um ciclo completo de aproximadamente 90 minutos, atravessamos os estágios NREM1, NREM2, NREM3 e REM. Embora os sonhos REM possam ser, em média, mais longos, vívidos, bizarros e emocionalmente intensos, os sonhos NREM são frequentes e podem partilhar muitas características com os sonhos REM. Essa constatação desafia modelos que dependem exclusivamente da fisiologia específica do sono REM para explicar a geração dos sonhos.

A progressão das investigações levou à identificação de correlatos neurais mais específicos associados à experiência subjetiva durante o sono, independentemente da fase. Estudos que comparam despertares seguidos de relatos de sonhos com despertares sem relatos, dentro da mesma fase, revelaram um padrão consistente: a presença de experiência onírica está associada a uma diminuição local da atividade de baixa frequência e/ou um aumento da atividade de alta frequência em regiões corticais posteriores. A monitorização dessa zona permite prever, em tempo real e com boa precisão, se um indivíduo relatará ter sonhado ao ser despertado do sono NREM (Siclari *et al.*, 2018). Esse achado representa um potencial correlato neural central da própria experiência consciente durante o sono, marcando uma mudança do foco nas fases do sono para os correlatos da experiência subjetiva dentro do sono. Abaixo do córtex cerebral, entretanto, múltiplas estruturas subcorticais participam de forma dinâmica das transformações imagéticas e emocionais que o sonho expressa (Mota *et al.*, 2022), como o hipocampo, que abriga memórias declarativas, a amígdala, que abriga memórias emocionais, e a área tegmental ventral, que produz e provê dopamina a vastas porções cerebrais. Não surpreendentemente, a experiência onírica é modulada por complexas interações neuroquímicas. Teorias iniciais enfatizavam a prevalência colinérgica da neuromodulação durante o sono REM. Investigações mais recentes, entretanto, apontam também o papel essencial da dopamina no sono REM e no sonho (Solms, 2000), um neurotransmissor diretamente envolvido em sensações de prazer e em processos ligados à motivação para a busca de estímulos positivos e a evitação de estímulos aversivos.

Outra hipótese freudiana mais consistentemente corroborada pela pesquisa contemporânea é a hipótese da continuidade entre sonho e vigília. Trata-se, no entanto, de uma continuidade que não supõe reprodução direta nem equivalência formal, mas uma espécie de continuidade descontínua. Há evidências suficientes da incorporação de experiências recentes, descritas como "restos diurnos", nos sonhos. No entanto, essa incorporação raramente é fiel: as experiências são frequentemente fragmentadas, recombinadas de forma bizarra ou inseridas em contextos novos e inesperados. Estudos sugerem que a intensidade das experiências, mais do que sua frequência, determina a probabilidade de serem incorporadas nos sonhos. Também se observa uma diminuição do pensamento crítico e do teste de realidade durante o sonho: o sonhador aceita eventos improváveis ou impossíveis como reais. A consistência das evidências empíricas para a hipótese da continuidade convive com argumentos teóricos e dados correlacionais que apontam para diversas funções do sonho. Isso sugere um duplo aspecto: os sonhos refletem o que ocupa nossas mentes, ao mesmo tempo que processam esse material de modo criativo e transformador. Tudo isso é amplamente convergente com a perspectiva freudiana.

Uma investigação sistemática sobre as relações entre as diferentes fases do sono e os distintos tipos de sonho, a partir do *corpus* onírico freudiano, ainda está por ser realizada. É possível, contudo, esboçar algumas hipóteses preliminares. Parece plausível supor que certos sonhos mais complexos – como o sonho da injeção de Irma –, nos quais a cena onírica articula elementos visuais, encadeamentos narrativos, interações verbais e operações psicolinguísticas, atravessados por uma densa rede de sobredeterminações, parecem corresponder, em sua arquitetura formal, ao que hoje reconhecemos como sonhos típicos do sono REM. De fato, o sonho-modelo relatado no capítulo II e analisado ao longo de quase toda *A interpretação do sonho* apresenta uma arquitetura extensamente narrativa, quase cinematográfica: encadeamento de cenas sucessivas, personagens condensados, riqueza de detalhes visuais, interações verbais estruturadas na forma de diálogos internos e forte carga afetiva. Um dos elementos centrais dessa organização é a irrupção, no interior da cena, da fórmula química da trimetilamina – $\mathbf{N(CH_3)_3}$ –, inscrita graficamente no espaço onírico, destacada em negrito, como uma imagem lexical de alta saliência. Esse signo condensa simultaneamente três registros: o corpo em sua dimensão bioquímica (a trimetilamina como marcador dos processos orgânicos da vida sexual), o saber médico-científico (a química como matriz epistemológica do método analítico) e o desejo de deslocamento da culpa (o contexto transferencial com Fließ). Mas seu papel estrutural excede essas cadeias: a fórmula emerge como cifra da própria ideia de solução – *Lösung*, *Auflösung* –, funcionando como metáfora condensada da decifração do enigma dos sonhos. Sua aparição formaliza, no próprio tecido do sonho, a fantasia epistêmica de Freud de ter encontrado a chave do inconsciente. No plano do trabalho do sonho, opera como estabilizador de sentido, nó de condensação e operador de satisfação; no plano neurofuncional, traduz-se muito provavelmente na coativação de redes semânticas (léxico técnico), imagéticas (visualização gráfica) e afetivas (atribuição de saliência), num regime característico do sono REM, marcado por hiperassociatividade, ativação do circuito visual-linguístico e modulação dopaminérgica.

Em contraste, outros sonhos igualmente decisivos na teia argumentativa da *Traumdeutung* sugerem, por sua economia formal, maior proximidade com aquilo que hoje descrevemos como sonhos próprios ao sono NREM – menos imagéticos, menos narrativos, mais econômicos em afeto e predominantemente linguísticos. É o que se observa no sonho do "*Autodidasker*", que representa, dentro do *corpus* freudiano, uma modalidade radicalmente distinta daquela exemplificada pelo sonho de Irma. Se o sonho de Irma se organiza como uma sequência narrativa densa, complexa, multimodal, o do "*Autodidasker*" se condensa na aparição de um artefato linguístico isolado – um neologismo, uma formação de palavra condensada – que opera como disparador associativo, sem qualquer desenvolvimento de cena, corpo, espaço ou personagens. A própria ausência de figurabilidade não é secundária, mas constitutiva: o sonho se reduz aqui a um gesto puramente linguístico, condensado no significante, sem transposição ao campo visual, muito menos à narrativa. Entre esses dois polos – o da cena narrativa figurada (característico de sono REM, exemplificado pelo sonho da injeção de Irma) e o do artefato linguístico (característico de NREM, como no sonho do "*Autodidasker*"), há dezenas de sonhos que misturam elementos os mais diversos.

Esse mapeamento, que se organiza provisoriamente entre polos linguísticos e imagéticos, narrativos e conceituais, encontra no sonho que inaugura o capítulo VII – "Pai, não vês que estou queimando?" – um ponto de inflexão. Trata-se de um sonho curto, estruturalmente distinto do sonho-modelo que sustenta a engenharia argumentativa da obra, mas absolutamente decisivo na economia do livro, precisamente porque opera no salto decisivo que abre o capítulo mais especulativo da *Traumdeutung*, aquele em que Freud desloca sua análise do sonho enquanto formação onírica para uma teoria geral do aparelho psíquico. Formalmente, esse sonho se apresenta como uma microcena condensada, acionada por um estímulo sensorial externo – o clarão vindo do cômodo vizinho –, mas centralizado na enunciação: "Pai, não vês que estou queimando?". A imagem – o filho queimando – não se apresenta figurada; ela não comparece como representação visual, mas como portador de uma frase derradeira. Como observa Koretsky (2023), não é o estímulo externo – o clarão da luz – que provoca o despertar, pois este é absorvido e metabolizado pela trama simbólica e imagética do sonho. O que leva o trabalho do sonho ao seu limite, precipitando o despertar, é a irrupção de uma realidade psíquica inassimilável, condensada na frase dita pela criança, que escapa às operações típicas do trabalho onírico – condensação, deslocamento, figurabilidade – e se impõe como limite interno da própria função do sonho. Esse não parece ser um sonho do tipo REM clássico, tampouco um sonho NREM típico; é, antes, um sonho de despertar, situado talvez na borda instável entre REM terminal e vigília, onde se joga a última tentativa – fracassada – do aparelho psíquico de preservar o sono pela via da simbolização. O pai acorda, mas justamente para voltar a "dormir" na realidade.

OUTRAS ONTOLOGIAS DO SONHAR

A experiência e a interpretação dos sonhos não ocorrem num vácuo individual, mas estão profundamente inseridas em contextos sociais e culturais que moldam seu significado, seu conteúdo e sua função percebida. A antropologia tem se interessado pelo tema do sonho de forma mais consistente ao longo das últimas décadas, revelando uma diversidade impressionante na forma como diferentes culturas o concebem e o utilizam. Em contraste com as perspectivas ocidentais, focadas no indivíduo e em suas experiências privadas, muitas sociedades não ocidentais veem os sonhos de maneira bastante distinta. Para os Yanomami ou os povos originários australianos, com seu conceito de "sonho diurno", os sonhos não são mera imaginação ou fantasia, mas experiências reais, fontes de conhecimento genuíno, comunicação com outros mundos, seres e eventos capazes de influenciar a vida de vigília.

Um dos aspectos interessantes para pensar o sonho e seu lugar dentro do pensamento indígena se refere ao entrelaçamento das experiências vivenciadas no tempo da vigília e no tempo do sonho. Para os Yanomami, o sonho é o momento em que a imagem (*pei utupë*), parte constituinte da pessoa yanomami, separa-se do corpo e vive as experiências oníricas, interagindo com os outros seres do cosmos (Limulja, 2022). Tudo o que se vê em sonho é imagem; e é, portanto, nesse "tempo do sonho" que as imagens podem se encontrar. Há uma inversão entre o dia e a noite: o dia está para o corpo, para a matéria, assim como a noite está para as imagens, para os espíritos e os mortos. As experiências que acontecem no tempo do sonho podem influenciar os acontecimentos da vigília, e vice-versa. Os Yanomami sabem que o que vivenciam nos sonhos é diferente do que experimentam em estado de vigília. Aqui não há uma confusão entre essas experiências. No entanto, aquilo que experimentam sonhando é considerado tão ou mais importante que as experiências da vigília. São formas complementares de estar e de se relacionar com o mundo e com os seres que o povoam.

Aqui a imagem da fita de Moebius ajuda a pensar essas experiências opostas e complementares. É como se um lado da fita correspondesse às experiências diurnas, do corpo, da matéria; e, o outro, às experiências oníricas, da imagem, do imaterial. Aquilo que acontece de um lado passa para o outro, revelando-se um único lado, no sentido de que ambas as experiências afetam a pessoa, cada uma a seu modo. As experiências se desenrolam como se corpo e imagem ocupassem posições alternadas no percurso da fita: enquanto uma se manifesta, a outra permanece latente, e vice-versa. À noite, é o corpo que repousa, e a imagem sai a vagar no tempo do sonho; de dia, é a imagem que, alojada no corpo, permanece em estado de latência, enquanto o corpo se manifesta. Mas a dobra fundamental para que imagem e corpo se encontrem se dá através da consciência (*pei pihi), que se manifesta por meio da linguagem. Aqui sobressai outro ponto fundamental da concepção de sonho entre os Yanomami, seu aspecto coletivo. Não basta sonhar, é preciso compartilhá-lo, e nesse sentido a fala é a dobra da fita, pois não apenas permite que aquilo que afeta a imagem possa alcançar o corpo, como também torna manifesta essa experiência no tempo da vigília.*

Se por um lado, o sonho é a coisa mais bem distribuída na floresta yanomami, não basta apenas sonhar, é preciso contar o sonho. Aqui a dimensão do compartilhamento da experiência onírica é fundamental, não apenas para dar sentido ao que foi vivido em sonho, como também para remediar o mau presságio que o sonho pode conter. Nesse sentido, é preciso falar para que o sonho possa então completar a dobra da fita e irromper do tempo do sonho para o tempo da vigília. Novamente a dimensão coletiva do sonho toma lugar, porque o sonho dentro do pensamento indígena diz respeito ao outro, ou melhor, ele só pode existir em referência ao outro. E não se trata aqui de uma prevalência do *alter* sobre o *ego*, mas antes de uma ênfase na relação que é necessária existir para que um e outro possam se encontrar. É desse encontro que surge o sonho ameríndio.

A arte de sonhar parece ter se perdido na maior parte das culturas atravessadas pelo capitalismo colonizador europeu e estadunidense, mas tem sido resgatada nesses mesmos territórios pela psicanálise e pela psicologia analítica. Entretanto, salvo honrosas exceções, essas vertentes ainda não resgataram a arte de compartilhar e interpretar sonhos coletivamente. Se os desejos e os medos de quem sonha são essenciais para interpretar os sonhos e navegar a vida, considerar os desejos e os medos de todos os seres sonhados amplia consideravelmente a perspectiva da navegação, permitindo mapear melhor os obstáculos adiante.

GENEALOGIAS DA LEITURA DE SONHOS

A forma como as sociedades interpretam os sonhos evoluiu drasticamente ao longo da história, refletindo mudanças nas crenças, no conhecimento e nos paradigmas culturais. No mundo antigo, os sonhos eram frequentemente vistos como mensagens divinas, presságios ou fontes de cura. Civilizações como a Mesopotâmia (sumérios, babilônios, assírios), o Egito e a Grécia/Roma atribuíam grande importância aos sonhos para fins de adivinhação e orientação. Textos antigos como a *Epopeia de Gilgamesh,* papiros egípcios como o *Chester Beatty Papyrus* e relatos bíblicos estão repletos de exemplos de sonhos proféticos ou mensagens divinas. Sacerdotes ou intérpretes especializados eram consultados para decifrar esses sonhos. O livro *Oneirocritica*, de Artemidoro de Daldis (século II ou III d.C.), foi um dos primeiros e mais influentes compêndios de interpretação dos sonhos, enfatizando já a importância do contexto individual do sonhador. Embora filósofos como Aristóteles tenham oferecido visões mais naturalistas, sugerindo que os sonhos estavam relacionados à atividade anímica e fisiológica da vigília, a concepção dos sonhos como dotados de atributos sobrenaturais persistiu por séculos.

A "revolução freudiana" no final do século XIX e início do século XX marcou uma virada decisiva. Independentemente da validade científica das diferentes teorias sobre a função ou a geração dos sonhos, um fato permanece constante ao longo da história e entre culturas: o forte impulso humano para interpretar os sonhos. Essa persistência do "impulso interpretativo" sugere que o próprio ato de interpretar – e, frequentemente, partilhar – sonhos pode cumprir funções evolutivas, psicológicas e sociais relevantes, como a criação de sentido, o processamento de afetos e emoções ou o fortalecimento de laços sociais. Não restam dúvidas quanto à necessidade de maior colaboração e fertilização cruzada entre diferentes disciplinas, ainda que se reconheçam tensões inevitáveis. Cabe, sobretudo, determinar qual o escopo e quais os ângulos específicos que interessam a cada uma das disciplinas do sonho. A partir desse giro freudiano, a leitura do sonho se pluraliza no século XX e XXI, rearticulando sua função não apenas como expressão de conflitos psíquicos individuais, mas também como testemunho coletivo, sintoma histórico e operador de recomposição subjetiva diante do mal-estar.

Essa pluralização de escutas encontra um precursor histórico e político na obra de Charlotte Beradt. Em *Sonhos no Terceiro Reich* (2017), a autora recolheu cerca de 300 sonhos vividos à época do crescente regime nazista, revelando como a censura, o medo e a vigilância se infiltravam na vida psíquica noturna. Os sonhos, ali, não apenas expressam angústias, mas também testemunham – num idioma cifrado – a introjeção do terror. Essa linhagem se prolonga em *Sonhos confinados* (Dunker *et al.*, 2021), ao tratar o sonho como formação coletiva e testemunho subjetivo do mal-estar pandêmico, sugerindo que o sonho revela não apenas algo acerca do indivíduo, mas também a inscrição subjetiva de um mal-estar compartilhado. Essa perspectiva encontra ressonância nas elaborações de René Kaës, particularmente em sua articulação do sonho com a transmissão psíquica intergeracional. Segundo o autor, certos sonhos poderiam expressar não apenas conflitos individuais, mas também "formações psíquicas de partilha" (Kaës, 2009). Já na perspectiva de Jacques Lacan, a singularidade radical do sonho não contradiz o caráter transindividual do inconsciente, cuja estrutura é homóloga à fita de Moebius – superfície em que interior e exterior se tornam indiscerníveis (Lacan, 1998).

Mas esse campo se alarga ainda mais ao considerar perspectivas ontológicas não modernas. O sonho, tal como o define a tradição ocidental, é frequentemente concebido como fenômeno "interior", expressão da vida psíquica de um indivíduo fechado em si mesmo. Ainda que essa visão seja uma leitura empobrecida de Freud, foi ela que se consolidou no imaginário cultural do século XX. A *Traumdeutung*, nesse registro, passa a ser não apenas uma teoria do inconsciente moderno, mas também uma cartografia parcial entre ontologias em conflito.

Essa convergência com a teoria freudiana tem sido ampliada por abordagens que inscrevem o sonhar numa longa história natural e simbólica. Nessa perspectiva, o sonho não é apenas uma função psíquica individual, mas também um artefato evolutivo e cultural, atravessado por mitos, cosmologias e práticas de escuta. Ele simula futuros, dramatiza desejos, metaboliza experiências – e sua estrutura narrativa revela camadas de codificação que articulam dados biológicos e regimes históricos de sentido (cf. Ribeiro, 2019). A história da "interpretação dos sonhos", assim, não é apenas uma história de teorias, mas também uma história de regimes de sentido, práticas de escuta e modos de habitar o desejo, o tempo e a alteridade.

SONHAR EM REDES

Estudos recentes sugerem que os sonhos, quando analisados em termos de sua estrutura lexical por meio de grafos, revelam padrões de conectividade capazes de distinguir com alta precisão diferentes perfis psicopatológicos – como os de pacientes com esquizofrenia e transtorno bipolar. Essas análises formais, fundadas em propriedades topológicas das narrativas oníricas, permitem observar recorrências, bifurcações, bloqueios e repetições que configuram assinaturas estilísticas ligadas a formas específicas de sofrimento psíquico. O uso clínico desses achados ainda é limitado, mas indica uma convergência inesperada entre uma teoria concebida há mais de um século e pesquisas contemporâneas de ponta.

Com efeito, ao representar graficamente as cadeias associativas da mente – como no célebre episódio do esquecimento do nome "Signorelli", em *Psicopatologia da vida cotidiana* –, Freud parece antecipar conceitos centrais da teoria de redes, ensaiando uma modelização reticulada do funcionamento psíquico, em detrimento de esquemas hierárquicos ou lineares (Ribeiro, 2018). Essa formalização, longe de reduzir a escuta clínica, mostra o funcionamento reticular do inconsciente, que opera na forma do sonho: sua lógica de encadeamento, seus pontos de ruptura, suas repetições e derivações – formas que articulam experiências singulares a matrizes históricas e culturais. Importa notar, no entanto, que a análise do esquecimento de "Signorelli" só foi possível porque Freud já havia experimentado, em *A interpretação do sonho*, uma abordagem em rede dos processos psíquicos, especialmente no tratamento das cadeias associativas que emergem na fala do sonhador. É a própria essência do método freudiano de decomposição do relato onírico em seus elementos constitutivos (daí a analogia com a química) que pressupõe a sobredeterminação do sonho.

Nesse sentido, tudo parece indicar que Freud opera intuitivamente com uma lógica de redes. Os sentidos emergem da configuração provisória dos enlaces, dos nós e dos percursos que se constroem na associação, em especial no contexto da transferência. Isso fica particularmente evidente no tratamento freudiano do *Traumarbeit*, o trabalho do sonho. Ao descrever como os elementos latentes se transformam na cena onírica manifesta, Freud delineia um funcionamento que é, essencialmente, de natureza reticular: cadeias associativas que se bifurcam, condensações que fazem convergir múltiplos traços num único signo, deslocamentos que desviam o sentido de um elemento para outro, e a montagem final da figurabilidade onírica como efeito transitório dessa malha. O sonho, assim, não se organiza como uma narrativa sequencial, mas como um campo de forças associativas, no qual vetores de desejo, restos mnêmicos, censura e figurabilidade se entrelaçam em uma rede altamente dinâmica. É nesse sentido que se pode afirmar que *A interpretação do sonho* não é apenas a fundação de uma hermenêutica do desejo, mas também a antecipação de uma epistemologia das redes – uma topologia psíquica operando antes de qualquer formalização matemática, mas já inscrita na própria lógica do inconsciente. A estrutura do inconsciente não é uma arquitetura linear, mas uma rede emaranhada de múltiplos níveis.

Sonhos como o da injeção de Irma, o da monografia de botânica, o do "*Autodidasker*" e tantos outros mostram, inequivocamente, que Freud trabalhava implicitamente com uma teoria linguística não trivial, ainda não disponível em seu tempo. Essa leitura formal do funcionamento associativo encontrou, décadas depois, uma formulação rigorosa em Lacan. Ao retomar as noções freudianas de deslocamento e condensação, o psicanalista francês identificou nelas uma homologia formal com os mecanismos linguísticos da metonímia e da metáfora. Podemos hoje avançar um passo adicional e sustentar que tanto o psiquismo quanto a linguagem operam em arquitetura reticular, na qual formações complexas emergem da dinâmica interdependente entre níveis de organização – que estruturam cadeias associativas e seus furos – e as variações contingentes que se produzem localmente.

Há um ponto, contudo, em que a rede se interrompe e se transforma em um emaranhado de nós – o umbigo –, que é justamente o que confere singularidade ao sonho. Essa lógica encontra seu limite no que Freud nomeia como o "umbigo do sonho" – ponto de condensação no qual os fios associativos se entrelaçam de modo irresolúvel, marcando a zona opaca de toda interpretação. Ele escreve:

> Nos sonhos que foram mais bem interpretados, é preciso, com frequência, deixar um ponto no escuro, porque percebemos, ao longo da interpretação, que ali se inicia um emaranhado [*Knäuel*] de pensamentos oníricos que não se deixa desembaraçar [...]. Esse é então o "umbigo" do sonho, o ponto em que ele repousa no incognoscível [*Unerkannten*] (neste volume, p. 515).

Freud, ao fundar a psicanálise, não se limitou a antecipar com meios rudimentares uma futura neurociência dos processos mentais. Sua descoberta do inconsciente – como campo de alteridade simbólica, de deslocamento do sentido e de resistência à captura plena – inaugura uma ruptura epistemológica que permanece incontornável. Mesmo diante dos avanços da neurociência, o inconsciente freudiano não se deixa reduzir a circuitos neuronais nem a padrões de ativação cerebral. A *Traumdeutung* propõe uma escuta que não desconsidera o corpo biológico, mas que se fixa nos pontos de falha da representação, nos restos e nos enigmas que nenhum correlato neural pode esgotar.

SONHAR O TEMPO

O sonho se adensou. Ele deixou de ser apenas uma cena clínica. Passou a ser escutado em muitas línguas, por muitos corpos, em múltiplas plataformas. Sonhos da pandemia, sonhos coletivos, sonhos narrados à máquina. Sonhos como mapas da angústia e da esperança. No cruzamento entre perspectivas tecnocientíficas e cosmopolíticas, o sonho se apresenta como linguagem transversal, anterior à compartimentalização disciplinar. Ele pode ser descrito em termos gráficos, simbólicos ou relacionais, conforme o regime epistêmico de origem. O sonho no século XXI excede os limites de um só campo de saber, de um único método ou de uma gramática exclusiva. Ele se revela comum, político, cosmológico, clínico e digital – mas também extrapola essas categorias, exigindo linguagens novas para dar conta de sua multiplicidade. Talvez estejamos diante de uma torção epistemológica análoga àquela que Freud operou ao escutar o rébus do sonho como cifra do desejo. No século XXI, essa escuta ampliada exige novos corpos, novas línguas e novas topologias. Nessa encruzilhada, o sonho se revela como dobra e torção, expondo-nos ao desejo de outros – humanos ou não, históricos ou maquínicos – que atravessam e reconfiguram o campo onírico.

As diferentes abordagens – psicanalítica, neurocientífica e antropológica – não oferecem mapas concorrentes de um mesmo território, mas sim construções parciais que respondem a regimes distintos de realidade, de formalização e de interpretação. Isso ocorre porque o próprio sonho não se organiza como um território contínuo nem como uma narrativa linear. Sua lógica é topológica: opera por nós, laços, dobras e cortes que não obedecem às coordenadas convencionais de tempo e espaço. Interpretá-lo, descrevê-lo ou mapeá-lo implica reconhecer esse princípio formal e aceitar que todo mapa, como na fábula de Borges, carrega em si o limite daquilo que não pode representar.

A fita de Moebius, nesse sentido, pode figurar não só a estrutura do sonho, mas também a própria dinâmica da escuta: uma operação que, ao contornar o sonho, transforma também aquele que escuta. É preciso lembrar, ademais, que o sonho não se restringe à noite. Não por acaso, tantas línguas embaralham o sonho como experiência onírica e o sonho como aspiração ou projeto. Essa polissemia não é uma característica apenas do português ou de línguas da mesma família, mas se distribui em diversos troncos linguísticos. Mesmo quando não se expressa diretamente no léxico, como em certas línguas asiáticas ou ameríndias, reaparece como uma sobreposição de planos ontológicos, em que sonhar já é, em si, desejar, projetar e negociar futuros. *Ontologias ameríndias costumam* não distinguir entre o sonho como experiência onírica e o sonho como aspiração, desejo ou projeto não se estabelece nos mesmos termos que na tradição ocidental. Sonhar é, ao mesmo tempo, uma experiência, um modo de saber, uma prática de relação e uma forma de agir sobre o mundo. A separação entre esses dois sentidos, tal como se consolidou no Ocidente, é um processo histórico relativamente recente, vinculado à emergência de uma ontologia moderna que opõe mente e mundo, interioridade e exterioridade. Embora esboços dessa diferenciação já apareçam na filosofia grega e nas tradições cristãs medievais, é sobretudo a partir dos séculos XVII e XVIII, com o avanço do racionalismo e da psicologia moderna, que o sonho se torna predominantemente um fenômeno psíquico, distinto do campo das aspirações, dos projetos e das construções coletivas. O que não impede que o sentido esquecido ou negado do sonho retorne nas brechas de nossa forma de falar: "Sonhei com você ontem à noite", "Sonho com um futuro melhor para nós". Nesse duplo aspecto, o sonho se manifesta como prática diurna, coletiva e insurgente: na imaginação do que ainda não existe, no desejo por mundos possíveis, na insubmissão ao peso da "realidade" ou ao "fim da história". Sonhar o século XXI exige ainda repensarmos anseios por um planeta habitável e por um tempo que transcenda a mera sobrevivência individual.

O sonho pode ser considerado uma pequena morte cotidiana, pois o que esse momento enseja seria uma espécie de simulacro da morte última e derradeira. Pelo menos, essa é a visão que se pode depreender de cosmologias ameríndias, em que o sonho é uma espécie de prenúncio da separação definitiva: a morte como a incapacidade da *imagem* de retornar ao seu invólucro físico, ocasião em que a imagem não poderá mais retornar para o corpo. O deslocamento da parte imaterial do corpo, traduzido como imagem, alma, espírito, duplo – a depender do povo ao qual se refere –, permite compreender que há uma parte da pessoa que pode se encontrar com outros seres e mundos quando acessa o tempo do sonho. E, a cada quase morte que o sonho precipita, é possível encontrar os mortos, os espíritos e tudo aquilo que no tempo da vigília não seria acessível. Tudo se passa como se toda noite, ao sonhar, a pessoa morresse para voltar a viver. E a volta dessa morte é também um ato de resistência, pois, mesmo sabendo que, ao cabo e ao fim, todos vamos morrer, é preciso ainda estar vivo para continuar sonhando.

Mas, se essas ontologias nos oferecem a oportunidade de pensar o sonho como travessia, é decisivo reconhecer que a psicanálise – e, em particular, *A interpretação do sonho* – já tensionava, desde sua origem, essa mesma cisão moderna. Para Freud, o sonho não se organiza no tempo cronológico nem responde às coordenadas sucessivas da consciência. Seu tempo é regido pela atemporalidade do inconsciente, em que coexistem simultaneamente fragmentos do presente, do passado infantil, dos legados transgeracionais e de traços mais arcaicos da história pulsional. Evidentemente, o tempo do sonho freudiano e o tempo do sonho ameríndio não são equivalentes, nem poderiam ser, mas compartilham uma propriedade formal decisiva: ambos suspendem a cronologia, ambos desestabilizam o sujeito, ambos exigem que o sonhador aceite não ser senhor da cena que habita – e, de certo modo, ser também sonhado por forças que o excedem.

O ato de sonhar, na contemporaneidade, talvez implique aceitar ser, também, sonhado por outros – por outras lógicas, outros desejos. Essa pluralidade de escutas – da neuroquímica à alteridade ontológica, da inteligência artificial à etnopolítica – não invalida o gesto freudiano. Ao contrário, revela a força propulsora de *A interpretação do sonho* como obra inaugural de uma prática de escuta radical. Com ela, Freud inaugura um método para decifrar o desejo onde antes se percebia apenas ruído. É por isso que, mais de um século depois, a *Traumdeutung* continua a nos convocar – não apenas a interpretar os sonhos, mas também a reimaginar o que pode ainda ser a vida.

Afinal, o sonho só pode ser compreendido a partir de uma relação de alteridade, em que o sonhador, para existir, precisa, antes de tudo, ser sonhado. E esse sonho, por sua vez, nunca diz respeito apenas àquele que sonha, mas antes é resultado de um encontro entre seres e mundos de natureza diversa e que estão em constante transformação. Assim, para que o céu não caia, novamente, sobre nossas cabeças, não basta que os xamãs yanomami sonhem. É preciso que o sonho seja compartilhado e que "o povo da mercadoria", como diz Davi Kopenawa, comece a sonhar para além de seu próprio mundo. Quando isso acontecer, talvez ainda seja possível vislumbrar um outro amanhã.

REFERÊNCIAS

Ansermet, François; Magistretti, Pierre. *A chacun son cerveau: plasticité cérébrale et psychanalyse.* Paris: Odile Jacob, 2004.

Beradt, Charlotte. *Sonhos no Terceiro Reich.* São Paulo: Três Estrelas, 2017.

Dunker, Christian; Gurski, Rose; Iannini, Gilson; Perrone, Cláudia (org.). *Sonhos confinados: o que sonham os brasileiros em tempos de pandemia.* Belo Horizonte: Autêntica, 2021.

Dunker, Christian, Iannini, Gilson. Ciência pouca é bobagem: por que psicanálise não é pseudociência. São Paulo: Ubu, 2023.

Iannini, Gilson. *Freud no século XXI: volume 1: O que é psicanálise?.* Belo Horizonte: Autêntica, 2024.

Kaës, René. *Le Rêve comme formation groupale.* Paris: Dunod, 2001.

Koretsky, Carolina. *O despertar: dormir, sonhar, acordar, talvez*. Belo Horizonte: Autêntica, 2023.

Lacan, Jacques. Escritos. Rio de Janeiro: Zahar, 1998.

Limulja, Hanna. *O desejo dos outros: uma etnografia dos sonhos yanomami*. São Paulo: Ubu, 2022.

Mota, Natália Bezerra; Soares, Ernesto; Altszyler, Edgar; Sánchez-Gendriz, Ignacio; Muto, Vincenzo; Heib, Dominik; Slezak, Diego F.; Sigman, Mariano; Copelli, Mauro; Schabus, Manuel; Ribeiro, Sidarta. Imagetic and Affective Measures of Memory Reverberation Diverge at Sleep Onset in Association with Theta Rhythm. *NeuroImage*, v. 264, 119690, 2022. DOI: https://doi.org/10.1016/j.neuroimage.2022.119690.

Ribeiro, Sidarta. A cerebração de Freud: contribuições do pensamento freudiano para a neurociência e vice-versa. *In*: Kupermann, Daniel (org.). *Por que Freud hoje?*. São Paulo: Zagodoni, 2018. p. 139-166.

Ribeiro, Sidarta. Sleep and Plasticity. *Pflugers Archiv: European Journal of Physiology*, v. 463, n. 1, p. 111-120, 2012. DOI: https://doi.org/10.1007/s00424-011-1031-5.

Siclari, Francesca; Baird, Benjamin; Perogamvros, Lampros; Bernardi, Giulio; Larocque, Joshua J.; Riedner, Brady; Boly, Melanie; Postle, Bradley R.; Tononi, Giulio. The Neural Correlates of Dreaming. *Nature Neuroscience*, v. 20, n. 6, p. 872-878, 2017. DOI: https://doi.org/10.1038/nn.4545.

Siclari, Francesca; Bernardi, Giulio; Cataldi, Jacinthe; Tononi, Giulio. Dreaming in NREM Sleep: A High-Density EEG Study of Slow Waves and Spindles. *The Journal of Neuroscience: The Official Journal of the Society for Neuroscience*, v. 38, n. 43, p. 9175-9185, 2018. DOI: https://doi.org/10.1523/JNEUROSCI.0855-18.2018.

Solms, Mark. Dreaming and REM Sleep Are Controlled by Different Brain Mechanisms. *The Behavioral and Brain Sciences*, v. 23, n. 6, p. 843-1121, 2000. DOI: https://doi.org/10.1017/s0140525x00003988.

Solms, Mark. *The Hidden Spring: A Journey to the Source of Consciousness*. New York: W. W. Norton & Company, 2021.

ÍNDICE DE SONHOS

Este índice sistematiza, em diferentes seções, o vasto repertório de sonhos analisados ou citados por Freud em *A Interpretação do Sonho*. Ele está dividido em duas partes. A primeira e segunda partes contém, em ordem alfabética (A) sonhos do próprio Freud e (B) sonhos de outras pessoas. Os sonhos de outras pessoas (exceto os de Freud), foram agrupados em outras subcategorias, como pacientes de Freud, amigos e familiares de Freud, relatos de outros psicanalistas, sonhos da literatura científica pré- ou extra-psicanalítica, sonhos de personagens históricos e ficcionais e sonhos de crianças.

Alguns sonhos são apenas brevemente mencionados, ao passo que outros foram extensivamente analisados. Buscamos nomear cada sonho da maneira mais literal possível.

A. SONHOS DE FREUD

B. SONHOS DE OUTRAS PESSOAS

Pacientes de Freud

Relatos de Freud envolvendo amigos, familiares, conhecidos (exceto pacientes)

Sonhos relatados por outros psicanalistas (e/ou publicados em periódicos de psicanálise)

Sonhos na literatura científica e filosófica (pré-psicanalítica e/ou exterior à psicanálise)

Personagens míticos, bíblicos, históricos e ficcionais

Sonhos de crianças[1]

NOTA

[1] A duplicação de alguns sonhos já listados em outras categorias nesta seção justifica-se pelo critério de agrupamento por idade do sonhador, facilitando a análise comparada do sonho infantil.

ÍNDICE DE NOMES PRÓPRIOS (INCLUINDO PERSONAGENS HISTÓRICOS E FICCIONAIS)

ÍNDICE DE PALAVRAS E CONCEITOS

A

Obras incompletas de Sigmund Freud

A tradução e a edição da obra de Freud envolvem múltiplos aspectos e dificuldades. Ao lado do rigor filológico e do cuidado estilístico, ao menos em igual proporção, deve figurar a precisão conceitual. Embora Freud seja um escritor talentoso, tendo sido agraciado com o prêmio Goethe, entre outros motivos, pela qualidade literária de sua prosa científica, seus textos fundamentam uma prática: a clínica psicanalítica. É claro que os conceitos que emanam da Psicanálise também interessam, em maior ou menor grau, a áreas conexas, como a crítica social, a teoria literária, a prática filosófica, etc. Nesse sentido, uma tradução nunca é neutra ou anódina. Isso porque existem dimensões não apenas linguísticas (terminológicas, semânticas, estilísticas) envolvidas na tradução, mas também éticas, políticas, teóricas e, sobretudo, clínicas. Assim, escolhas terminológicas não são sem efeitos práticos.

A tradução de Freud – autor tão multifacetado – deve ser encarada de forma complexa. Sua tradução não envolve somente o conhecimento das duas línguas e de uma boa técnica de tradução. Do texto de Freud se traduz também o substrato teórico que sustenta uma prática clínica amparada nas capacidades transformadoras da palavra. A questão é que, na estilística de Freud e nas suas opções de vocabulário, via de regra, forma e conteúdo confluem. É fundamental, portanto, proceder à "escuta do texto" para que alguém possa desse autor se tornar "intérprete".

A coleção Obras Incompletas de Sigmund Freud não pretende apenas oferecer uma nova tradução, direta do alemão e atenta ao uso dos conceitos pela comunidade psicanalítica brasileira. Ela pretende ainda oferecer uma nova maneira de organizar e de tratar os textos.

VOLUMES TEMÁTICOS

I - Psicanálise

- O interesse pela Psicanálise [1913]
- História do movimento psicanalítico [1914]
- Psicanálise e Psiquiatria [1917]
- Uma dificuldade da Psicanálise [1917]
- A Psicanálise deve ser ensinada na universidade? [1919]
- "Psicanálise" e "Teoria da libido" [1922-1923]
- Breve compêndio de Psicanálise [1924]
- As resistências à Psicanálise [1924]
- "Autoapresentação" [1924]
- Psico-Análise [1926]
- Sobre uma visão de mundo [1933]

II - Fundamentos da clínica psicanalítica

Publicado em 2017 | Tradução de Claudia Dornbusch

- Tratamento psíquico (tratamento anímico) [1890]
- Carta a Fließ 242 [133] [16 de abril de 1900]
- O método psicanalítico freudiano [1904 (1905)]
- Sobre psicoterapia [1905 (1904)]
- Sobre Psicanálise "selvagem" [1910]
- Recomendações ao médico para o tratamento psicanalítico [1912]
- Sobre a dinâmica da transferência [1912]
- Sobre o início do tratamento [1913]
- Lembrar, repetir e perlaborar [1914]
- Observações sobre o amor transferencial [1915 (1914)]
- Sobre *fausse reconnaissance* (*déjà raconté*) durante o trabalho psicanalítico [1914]
- Caminhos da terapia psicanalítica [1919 (1918)]
- A questão da análise leiga: conversas com uma pessoa imparcial [1926]
- Análise finita e infinita [1937]
- Construções em análise [1937]

III - Conceitos fundamentais da Psicanálise

- Cartas e rascunhos
- O mecanismo psíquico do esquecimento [1898]
- Lembranças encobridoras [1899]
- Formulações sobre dois princípios do acontecer psíquico [1911]
- Algumas considerações sobre o conceito de inconsciente na Psicanálise [1912]
- Para introduzir o narcisismo [1914]
- As pulsões e seus destinos [1915]
- O recalque [1915]
- O inconsciente [1915]
- A transferência [1917]

- Além do princípio de prazer [1920]
- O Eu e o Isso [1923]
- Nota sobre o bloco mágico [1925]
- A decomposição da personalidade psíquica [1933]

IV - Sonhos, sintomas e atos falhos

- Sobre o sonho [1901]
- Manejo da interpretação dos sonhos [1911]
- Sonhos e folclore [1911]
- Um sonho como meio de comprovação [1913]
- Material de contos de fadas em sonhos [1913]
- Complementação metapsicológica à doutrina dos sonhos [1915]
- Uma relação entre um símbolo e um sintoma [1916]
- Os atos falhos [1916]
- O sentido do sintoma [1917]
- Os caminhos da formação de sintoma [1917]
- Observações sobre teoria e prática da interpretação de sonhos [1922]
- Notas posteriores à totalidade da interpretação dos sonhos [1925]
- Inibição, sintoma e angústia [1925]
- Revisão da doutrina dos sonhos [1933]
- As sutilezas de um ato falho [1935]
- Distúrbio de memória na Acrópole [1936]

V - Histórias clínicas

Publicado em 2022 | Tradução de Tito Lívio Cruz Romão

- Fragmento de uma análise de histeria (caso Dora) [1905]
- Análise da fobia de um garoto de 5 anos (caso Pequeno Hans) [1909]
- Observações sobre um caso de neurose obsessiva (caso Homem dos Ratos) [1909]
- Observações psicanalíticas sobre um caso de paranoia relatado de forma autobiográfica [*dementia paranoides*] (caso Schreber) [1912 (1911)]
- Da história de uma neurose infantil (caso Homem dos Lobos) [1918]

VI - Histeria, neurose obsessiva e outras neuroses

- Cartas e rascunhos
- Sobre o mecanismo psíquico dos fenômenos histéricos [1893]
- Obsessões e fobias: seu mecanismo psíquico e sua etiologia [1894]
- As neuropsicoses de defesa [1894]
- Observações adicionais sobre as neuropsicoses de defesa [1896]
- A etiologia da histeria [1896]
- A hereditariedade e a etiologia das neuroses [1896]
- A sexualidade na etiologia das neuroses [1898]
- Minhas perspectivas sobre o papel da sexualidade na etiologia das neuroses [1905]
- Atos obsessivos e práticas religiosas [1907]
- Fantasias histéricas e sua ligação com a bissexualidade [1908]
- Considerações gerais sobre o ataque histérico [1908]

- Caráter e erotismo anal [1908]
- O romance familiar dos neuróticos [1908]
- A disposição para a neurose obsessiva: uma contribuição ao problema da escolha da neurose [1913]
- Paralelos mitológicos de uma representação obsessiva visual/plástica [1916]
- Sobre transposições da pulsão, especialmente no erotismo anal [1917]

VII - Neurose, psicose, perversão

Publicado em 2016 | Tradução de Maria Rita Salzano Moraes

- Cartas e rascunhos
- Sobre o sentido antitético das palavras primitivas [1910]
- Sobre tipos neuróticos de adoecimento [1912]
- Comunicação de um caso de paranoia que contraria a teoria psicanalítica [1915]
- Luto e melancolia [1917]
- "Bate-se numa criança" : contribuição para o estudo da origem das perversões sexuais [1919]
- Sobre a psicogênese de um caso de homossexualidade feminina [1920]
- Sobre alguns mecanismos neuróticos no ciúme, na paranoia e na homossexualidade [1922]
- Uma neurose demoníaca no século XVII [1923]
- O declínio do complexo de Édipo [1924]
- Neurose e psicose [1924]
- A perda da realidade na neurose e na psicose [1924]
- O problema econômico do masoquismo [1924]
- A negação [1925]
- Fetichismo [1927]

VIII - Arte, literatura e os artistas

Publicado em 2015 | Tradução de Ernani Chaves

- Personagens psicopáticos no palco [1942 (1905-1906)]
- O poeta e o fantasiar [1908]
- Uma lembrança de infância de Leonardo da Vinci [1910]
- O motivo da escolha dos cofrinhos [1913]
- O Moisés, de Michelangelo [1914]
- Transitoriedade [1915]
- Alguns tipos de caráter a partir do trabalho psicanalítico [1916]
- Uma lembrança de infância em *Poesia e verdade* [1917]
- O humor [1927]
- Dostoiévski e o parricídio [1927]
- Prêmio Goethe [1930]

IX - Amor, sexualidade e feminilidade

Publicado em 2018 | Tradução de Maria Rita Salzano Moraes

- Cartas sobre a bissexualidade [1898-1904]

- Sobre o esclarecimento sexual das crianças [1907]
- Sobre teorias sexuais infantis [1908]
- Contribuições para a psicologia da vida amorosa [1910-1918]:
  a) Sobre um tipo particular de escolha de objeto nos homens [1910]
  b) Sobre a mais geral degradação da vida amorosa [1912]
  c) O tabu da virgindade [1918]
- Duas mentiras infantis [1913]
- A vida sexual humana [1916]
- Desenvolvimento da libido e as organizações sexuais [1916]
- Organização genital infantil [1923]
- O declínio do complexo de Édipo [1924]
- Algumas consequências psíquicas da distinção anatômica entre os sexos [1925]
- Sobre tipos libidinais [1931]
- Sobre a sexualidade feminina [1931]
- A feminilidade [1933]
- Carta a uma mãe preocupada com a homossexualidade de seu filho [1935]

X - Cultura, sociedade, religião: *O mal-estar na cultura* e outros escritos

Publicado em 2020 | Tradução de Maria Rita Salzano Moraes

- A moral sexual "civilizada" e doença nervosa moderna [1908]
- Considerações contemporâneas sobre guerra e morte [1915]
- Psicologia de massas e análise do Eu [1921]
- O futuro de uma ilusão [1927]
- Uma vivência religiosa [1927]
- O mal-estar na cultura [1930]
- Sobre a conquista do fogo [1932]
- Por que a guerra? [1933]
- Comentário sobre o antissemitismo [1938]

VOLUMES MONOGRÁFICOS

- **As pulsões e seus destinos [edição bilíngue]**
  Publicado em 2013 | Tradução de Pedro Heliodoro
- **Sobre a concepção das afasias**
  Publicado em 2013 | Tradução de Emiliano de Brito Rossi
- **Compêndio de Psicanálise e outros escritos inacabados**
  Publicado em 2014 | Tradução de Pedro Heliodoro
- **O infamiliar [*Das Unheimliche*] (edição bilíngue). Seguido de "O Homem da Areia" (de E. T. A. Hoffmann)**
  Publicado em 2019 | Tradução de Ernani Chaves, Pedro Heliodoro e Romero Freitas
- **Além do princípio de prazer (edição bilíngue)**
  Publicado em 2020 | Tradução de Maria Rita Salzano Moraes

- O delírio e os sonhos na "Gradiva" de Jensen. Seguido de "Gradiva" (de W. Jensen)
- Três ensaios sobre a teoria sexual
- Psicopatologia da vida cotidiana
- Publicado em 2023 | Tradução de Elizabeth Brose
- O chiste e sua relação com o inconsciente
- Estudos sobre histeria
- Cinco lições de Psicanálise
- Totem e tabu
- O homem Moisés e a religião monoteísta
- A interpretação do sonho

Gilson Iannini

Professor titular do Departamento de Psicologia da UFMG, ensinou no Departamento de Filosofia da UFOP por quase duas décadas. Doutor em Filosofia (USP) e mestre em Psicanálise (Université Paris VIII). Autor de *Freud no século XXI*, vol. 1: *O que é psicanálise* (Autêntica, 2024) e *Estilo e verdade em Jacques Lacan* (Autêntica, 2012). Coautor, com Christian Dunker, de *Ciência pouca é bobagem: por que psicanálise não é pseudociência* (Ubu, 2023).

Pedro Heliodoro

Psicanalista, germanista, tradutor. De 2018 a 2025, foi professor adjunto na área de Alemão no Departamento de Língua e Literatura Estrangeiras da Universidade Federal de Santa Catarina. Entre 2011 e 2018 foi Professor da Área de Alemão – Língua, Literatura e Tradução (USP). Doutor em Psicanálise e Psicopatologia (Université Paris VII). Autor de *Versões de Freud* (7Letras, 2011) e co-organizador de *Tradução e psicanálise* (7Letras, 2013).

Maria Rita Salzano Moraes

Professora do Departamento de Linguística Aplicada da Unicamp. Doutora em Linguística (Unicamp) e mestre em Linguística Aplicada (Unicamp). Tradutora.

Hanna Limulja

Antropóloga, indigenista e professora no curso de Licenciatura Intercultural do Instituto Insikiran de Formação Superior Indígena da Universidade Federal de Roraima (UFRR). Trabalha com os Yanomami desde 2008, tendo atuado em ONGs no Brasil e no exterior. É autora do livro *O Desejo dos Outros – Uma Etnografia dos Sonhos Yanomami* (2022), fruto de sua tese de doutorado (UFSC) e do livro infantil *Mari hi – a árvore dos sonhos* (2023), ambos lançados pela editora Ubu.

Sidarta Ribeiro

Biólogo, professor titular de neurociências do Instituto do Cérebro da Universidade Federal do Rio Grande do Norte (UFRN) e pesquisador do Centro de Estudos Estratégicos da Fundação Oswaldo Cruz (FIOCRUZ). É autor dos livros *O Oráculo da Noite – A História e a Ciência do Sonho* (2019, Companhia das Letras), *Sonho Manifesto* (2022, Companhia das Letras) e *As Flores do Bem* (2023, Fósforo).

Título original: *Die Traumdeutung*

EDITOR DA COLEÇÃO
Gilson Iannini

EDITORAS RESPONSÁVEIS
Rejane Dias
Cecília Martins

ORGANIZAÇÃO
Gilson Iannini
Pedro Heliodoro

CONSULTORIA CIENTÍFICA
Jésus Santiago
Ricardo Augusto de Souza

ÍNDICE DE SONHOS
Gilson Iannini

REVISÃO
Aline Sobreira

PROJETO GRÁFICO
Diogo Droschi

CAPA
Diogo Droschi
(fotografia de K. Urbaniak/
Freud Museum London/

DIAGRAMAÇÃO
Waldênia Alvarenga

Dados Internacionais de Catalogação na Publicação (CIP)
(Câmara Brasileira do Livro, SP, Brasil)

Freud, Sigmund, 1856-1939
A interpretação do sonho / Sigmund Freud ; tradução Maria Rita Salzano Moraes ; revisão de tradução Pedro Heliodoro ; edição Gilson Iannini. -- 1. ed. -- Belo Horizonte, MG : Autêntica Editora, 2025. -- (Obras Incompletas de Sigmund Freud)

Título original: *Die Traumdeutung*

ISBN 978-65-5928-611-9

1. Interpretação de sonhos 2. Psicanálise 3. Psicologia I. Heliodoro, Pedro. I. Iannini, Gilson. III. Moraes, Maria Rita Salzano. IV. Título. V. Série.

25-285165 CDD-154.63

Índices para catálogo sistemático:
1. Sonhos : Interpretação : Psicologia 154.63

Cibele Maria Dias - Bibliotecária - CRB-8/9427

GRUPO **AUTÊNTICA**

Belo Horizonte
Rua Carlos Turner, 420
Silveira . 31140-520
Belo Horizonte . MG
Tel.: (55 31) 3465 4500

São Paulo
Av. Paulista, 2.073, Conjunto Nacional
Horsa I . Salas 404-406 . Bela Vista
01311-940 . São Paulo . SP
Tel.: (55 11) 3034 4468

www.grupoautentica.com.br
SAC: atendimentoleitor@grupoautentica.com.br

Este livro foi composto com tipografia Adobe Garamond Pro e impresso em papel Off-White 70 g/m² na Formato Artes Gráficas.